伏尔泰文集

第 9 卷

路易十五时代简史
巴黎高等法院史

吴模信　译

商务印书馆
创于1897　The Commercial Press

2019 年·北京

Voltaire

LE PRÉCIS DU SIÈCLE DE LOUIS XV

HISTOIRE DU PARLEMENT DE PARIS

中译本均根据巴黎加尼埃兄弟出版社（Garnier Frères）1878 年版译出

目　　录

路易十五时代简史

查理-阿尔贝当选为德意志皇帝 这位君王被宣布为法国

国王的副长官 他当选 他获得成功 他迅速失败

巴黎高等法院史

路易十五时代简史

中译本序言

1715年，法国国王路易十四去世。在欧洲大陆西北的这片六边形的土地上，"太阳"从此一落不复升起。法国的封建王朝自此由盛转衰。1793年1月21日，法国国王路易十六被送上断头台。曾经一度宏伟壮丽、金碧辉煌的法国绝对君主制大厦轰然倒塌，一个时代宣告结束，法兰西的历史从此翻开新的一页。"冰冻三尺，非一日之寒"，法国的封建王朝由盛转衰，又由衰而亡，是历史的必然，自有其从量变到质变的过程。本书叙述的就是这一过程的前半段——路易十五在位时期——的情况。路易十五其人，历来贬者有之，褒者有之。贬者谓其纵情声色，荒废国政，丧邦失土；褒者则赞之为"受爱戴的路易"。众说纷纭中，何妨一读出自伏尔泰笔下的这部历史著作《路易十五时代简史》。

了解世界史的人都知道，伟大的启蒙思想家、哲学家、政论家伏尔泰对专制政体一贯深恶痛绝，猛烈抨击。他不畏强暴，大声疾呼，坚决反对宗教迷信、宗教狂热、宗教迫害和教派斗争。卓越的文学家伏尔泰是文学艺术领域内的多面手。他是诗人、剧作家、小说家、艺术理论家。他的哲理小说以辛辣、幽默之笔，针砭时弊，宣扬理性，嬉笑怒骂，旁敲侧击，对封建统治的黑暗无情揭露。

这里还要特别指出，优秀的历史学家伏尔泰治史严谨。为了弄清历史真相,他广读深研史料,遍访有关人证。他曾任史官,更深得其便。他深入细致地考察路易十四时代的情况二十年以上,于 1715 年出版《路易十四时代》。他自 1740 年起开始研究世界各国的习俗风尚。于 1756 年完成记述自罗马帝国覆亡起的世界历史进程的巨著《风俗论》。此前他已于 1731 年出版了叙述 17 世纪末 18 世纪初的侵略好战、穷兵黩武的瑞典国王查理十二其人其事的《查理十二传》。以上三部著作使伏尔泰跻身世界史学大师之林。《路易十五时代简史》《彼得大帝在位时期的俄罗斯帝国史》和《巴黎高等法院史》也是伏尔泰的重要历史著作。路易十五在位时期,法国宫廷争权夺位,阴谋四伏;法国国内国王与巴黎高等法院长期对立,争执不休;王权与教会纠纷迭起,长期持续;欧洲政局错综复杂,扑朔迷离;欧洲列强觊觎疆土,争夺霸权;欧洲战火燃遍各国,生灵涂炭;法国海外领地接连丧失。凡此种种在《路易十五时代简史》一书中均有比较详细的记述。此书还谈及当时法国的宗教、法律、思想方面的情况,值得一读。还应提到,伏尔泰治史,不蹈常袭故,不陷入前人窠臼。他一反希腊、罗马史家的以政治、军事为主,兼论当时帝王将相的写法,把人物置于时代范围内加以评述,写时兼及财贸、宗教、文化等领域。他把人类精神和思想的进步置于应有的地位,从而开撰写世界文化史的先河。他的文笔明晰畅达,在长篇叙事中偶作三言两语之评。这种风格颇得史家赞赏。当然,因局限于世界观、历史观,他论断是非,臧否人物,今日观之难免有尚可商榷之处。译者深信我国今日之读者对此定能正确对待。

本书根据巴黎加尼埃兄弟出版社 1878 年版本译出。原书有大量编者注及少量作者注。前者为校勘性质,冗长而烦琐;后者则为驳伪性质,因此略译。译者适当另加注释。

译者以耄耋之年,奋笔数月译成此书。欣悦之余,深感从事此译力有未逮。于法文理解,于中文表述,疏误粗拙自在书中。尚盼读者有以教我。

此书面世承商务印书馆有关领导大力支持,得乐眉云、吴煜幽、张新木三位教授热情帮助,在此谨向他们深致谢忱。

译者

2008 年 4 月

第 一 章

路易十四去世后的欧洲图景

本书作者曾经用过若干篇幅让人了解路易十四时代的梗概。这是一个伟人辈出、艺术繁荣、习俗优雅的时代。不错,这个时代如同其他时代一样,有过与人类本性无法分离的和个人的灾难。但是,一切能够慰藉那些处于弱势的、注定消亡的地位的人的事物,在这个时代都被慷慨施与。现在,必须审视一下继路易十四的统治之后发生的情况:这个统治时期终结后,法国国内始则狂风暴雨、动荡不安;继则在五十年内灿烂辉煌达到顶点;接着,这一辉煌局面又复杂多变,或逆境险恶,或国泰民安;最后则在乱党骚动之后以相当悲惨的局面告终。

路易十五是孤儿王子。(1715 年 9 月)当时处理来自各方的对摄政权位觊觎的三级会议可能会旷日持久,而且事情过分棘手和危险。在这之前,巴黎高等法院曾经把这一权位给予两位王后,[①]现在则转而授予奥尔良公爵。[②] 这个机构曾经撤销路易十三

---

① 指法国国王亨利四世之妻玛丽·德·美第奇及法国国王路易十三之妻奥地利的安娜。她们均于夫王死后短期摄政。(本书页下注均为译者注。)

② 奥尔良公爵(菲利普二世,1674—1723 年),法国国王路易十四之弟奥尔良公爵(菲利普一世)之子。

的遗嘱,现在又将路易十四的遗嘱废除。"法兰西的孙子"奥尔良公爵菲利普被这一机构宣布为绝对主人,但不久又被这同一机构流放。

(1715年)为了更好地感知这个世界的事态怎样受着一种盲目的天命主宰,这里必须展示奥斯曼帝国的情况。这个帝国敢于在1710年的长期战争中进攻德意志帝国①。等到普世和平全部终结,它向基督教徒发动了战争。1715年,土耳其人攻占伯罗奔尼撒半岛。在17世纪行将结束之际,绰号"伯罗奔尼撒亚克佬"的著名的摩罗西尼②曾经从土耳其人手中夺回这个半岛。卡尔洛维茨和约③让这个半岛留在威尼斯人手中。这项和约的保证人德意志皇帝被迫宣称他反对土耳其人。欧仁亲王④以前曾经在曾塔打败过土耳其人。当时他渡过多瑙河,在彼得瓦拉丁附近向土耳其素丹的宠臣、大首相阿里开战,获得举世瞩目的胜利。

虽然这些细节并未画入欧洲的这幅总的图景,但笔者仍然不禁要在这里叙述一个著名的法国人通过神奇的冒险完成的业绩:一个因对内阁心怀不满而脱离法国国家公务,当时正在欧仁亲王麾下担任参将之职的博内瓦尔公爵,在这一战役中被土耳其近卫军的一支大军包围;他身边只有他所属的那个团的两百人;他拼命抵抗整整一小时,被长矛刺伤;他身边还剩下的10名士兵把他抬

① 即神圣罗马帝国。
② 摩罗西尼(1618—1694年),威尼斯总督。
③ 卡尔洛维茨,前南斯拉夫城市。1699年土耳其作战兵败,在此与奥地利等国缔结和约,把大片领土割让给奥、波、俄及威尼斯。
④ 欧仁亲王(1663—1736年),奥地利帝国名将。在奥土战争及西班牙王位继承战争中屡立战功。

到得胜的军中。这个人在法国遭到流放，之后在巴黎公开结婚。几年以后，他在君士坦丁堡戴上头巾。他在该地去世时，身任帕夏①之职。

土耳其大首相在这一战役中阵亡。当时土耳其的习俗尚未趋于温良宽厚。这位大首相在一息尚有之时下令杀死一名被他俘获的德意志皇帝的将领。

次年（1717 年），欧仁亲王包围贝尔格莱德。该地守卫部队近15000 人。然而，欧仁亲王本身又被另一支数量巨大的土耳其军队包围。这支土耳其军队向他的营地进逼，并挖掘战壕把他的营地团团围困。他这时的处境正是恺撒在包围阿莱西亚时的处境。他像恺撒那样摆脱了这一险境。他打垮了敌军，攻占了这座城市。他的军队本会遭到全歼，但是纪律严明的军队战胜了力量强大、数量占优势的军队。

（1718 年）欧仁亲王因帕萨罗维茨和约②的缔结，荣誉达到了顶峰。该和约将贝尔格莱德和特梅斯瓦尔两地划归德意志皇帝所有。但是，人们曾为之作战的威尼斯人却被抛弃。他们从此永远丧失了希腊。

信奉基督教的王侯之间的纠纷争执同样云谲波诡，变幻莫测。法国和西班牙之间的串通联合过去一贯令人惴惴不安，使得颇多国家惶惶不可终日。但路易十四闭上眼睛以后，这种串通联合却从此中断。法国的摄政王奥尔良公爵虽然在苦心孤诣照顾受他监

---

① 帕夏，奥斯曼帝国各省总督及旧时土耳其显赫人物的荣誉称号。

② 帕萨罗维茨，前南斯拉夫城市。1718 年土耳其作战兵败，与奥地利、威尼斯在此缔结和约，把北塞尔维亚等地割让给奥地利。

护的孩童方面无可指摘,但为人行事却俨然这个孩子是他的继承人。他与被视为法国天然仇敌的英国紧密联合,并公开与统治马德里的波旁支系断绝关系。曾经根据和约放弃对法国王位继承权的菲利普五世①煽起,或者说得更确切些,允许假他之名在法国煽起动乱。这些动乱可能给予他在一个他能够统治的国家的摄政权位。这样,在路易十四去世后,一切意图、一切谈判、一切政略都在这位国王的家庭内和所有王侯中发生了变化。

西班牙首相阿尔贝罗尼红衣主教意欲带头把欧洲搞得天翻地覆。他即将实现他的这一图谋。他曾经在短短几年内,振兴西班牙王朝的财政和国力。他制订了把当时属于德意志皇帝的撒丁岛和自从乌得勒支和约②缔结以来就为萨伏依公爵拥有的西西里并入西班牙的计划。他即将改变英国的国家结构以防止英国反对他的图谋。他本着这一意图,准备在法国煽动起内战。他同时与土耳其素丹政府、沙皇彼得大帝、查理十二③进行谈判。他准备唆使土耳其人重启反对德意志的争端。查理十二同沙皇联合起来将引导英国的觊觎王位者④行动,并使他重新登上他祖先的王位。

与此同时,这位红衣主教首相在法国煽起布列塔尼暴动。他

① 菲利普五世(1683—1746 年),西班牙国王,西班牙波旁王朝创始人。即位时遭奥、英、葡等国反对,引起西班牙王位继承战争(1701—1714 年)。

② 乌得勒支,荷兰名城。1714 年西班牙王位继承战争结束,法、西、英等国在此签订和约。

③ 查理十二(1682—1718 年),瑞典国王。在位时期加强王权,进行北方战争,击败丹麦、俄国、萨克森和波兰。

④ 指苏格兰国王詹姆士·爱德华(1688—1766 年)。

已经命令几支化装为盐工的军队潜入法国。这些军队由一个名叫科里内里的人率领，将与布列塔尼的叛乱分子会合。曼恩公爵夫人、波利尼亚克红衣主教和其他人策划的阴谋即将爆发，其图谋是：如果可能，就剥夺奥尔良公爵的摄政权位，并将这一权位给予西班牙国王菲利普五世。就这样，从前曾经在帕尔玛附近的一个村庄任本堂神甫的阿尔贝罗尼红衣主教将一身二任，兼为西班牙和法国的首相，并使整个欧洲面目一新。

命运使这种种庞大的计划烟消云散，统统化为泡影。一个普通的宫中女侍在巴黎觉察这起阴谋。这一阴谋一旦被人知悉，就枉费心机，徒劳无功。关于这起事件，一个细节值得提及。这一细节让人看到最微不足道的方法手段如何往往创造出非常的命运。

西班牙驻巴黎大使塞拉玛尔亲王策划领导这整个阴谋。同他一起行动的有年轻的修道院长波尔托-卡雷罗。这位修道院院长是玩弄政治和追求玩乐的新手。一个名叫菲隆的，以前曾经在社会上上蹿下跳的底层妓女，在成了有点头面的皮条客以后，向这位年轻人提供女人。她过去长期为时任外交事务国务秘书、此后升任红衣主教和首相的杜布瓦修道院长效劳。杜布瓦让菲隆在他的新部门中任职。菲隆让一个十分灵活干练的少女展开活动。这个少女在谁也不会想到自己的荷包的娱乐消遣时刻，在波尔托-卡雷罗修道院长的荷包里，连同几张钞票，窃取到一些重要文件。这几张钞票仍然留在她那里。这些文件却被送到奥尔良公爵手中。这些文件使人对这起阴谋的真相有了几分了解，但仍然不能揭露阴谋的全盘计划安排。

波尔托-卡雷罗修道院长眼见他的文件丢失得无影无踪后，

再也找不到这个少女，于是立刻离开法国，前往西班牙。他被人紧紧跟踪，在普瓦蒂埃附近被捕。阴谋计划和塞拉玛尔亲王的来信在他的箱子里被一并发现。阴谋的内容是煽动法兰西王国的一部分起来叛乱并引发一场内战。极为惹人注目的是，这位只谈点燃火药和让地雷爆炸的大使，竟然也谈到**神的慈悲**。他这是在对谁说呢？是对阿尔贝罗尼红衣主教说。后者和他的竞争对手杜布瓦红衣主教同样受到神的慈悲深深感染。

阿尔贝罗尼红衣主教在意欲把法国搞得动荡不安的同时，也企图借助查理十二之手把詹姆士国王①的儿子——英国的觊觎王位者，扶立于英国王位之上。这位轻率冒失的瑞典英雄在挪威作战阵亡。但是，阿尔贝罗尼红衣主教却毫不心灰意冷、沮丧失望。这位红衣主教的部分计划已经开始付诸实施。他已经筹划准备停当大量手段办法。他那支已经武装起来的舰队于1717年南下撒丁，并在短短几天内征服了这个岛屿，使之臣服于西班牙。此后不久，这支舰队又于1718年占领了差不多整个西西里岛。

然而，阿尔贝罗尼红衣主教却未能成功阻止土耳其人为完成他们与德意志皇帝查理六世缔结和约而采取的行动，也未能在法国和英国挑起内战。他同一时期眼见德意志皇帝、法国摄政王和英国国王乔治一世②联合起来同他分庭抗礼。

法国摄政王与英国人协同一致对西班牙作战，以致在路易十五统治下进行的首次战争仍是针对他的伯叔的。他的这位伯叔是

---

① 指苏格兰人的国王詹姆士二世(1633—1701年)之子詹姆士三世。
② 乔治一世(1660—1727年)，汉诺威王朝第一代国王。

路易十四以大量鲜血为代价扶立起来的。① 这实际上是一场内战。但这位年轻的法国国王对这一点却浑然不觉。西班牙国王②注意叫人在他的军队的军旗上全部画上三朵百合花③。曾经为巩固西班牙国王的王位打赢了几仗的同一位贝尔维克元帅此时正指挥法国军队。元帅的儿子利里雅公爵则是西班牙军队的将领（1719 年）。父亲用一封哀婉动人的信规劝儿子善尽他反对自己的职责。此后成为红衣主教的杜布瓦修道院长同阿尔贝罗尼红衣主教一样，是命运之子，而且其性格和阿尔贝罗尼红衣主教同样为人行事独特古怪。此次行动由他指挥。法兰西学院的拉莫特-乌达尔④撰写一篇声明，但这一文告却无人署名。

　　一支英国舰队在墨西拿附近海域击败西班牙舰队。于是阿尔贝罗尼红衣主教的所有计划全被打乱；于是这位六个月之前还被视为伟大的政治家的首相，现在只被看作是个鲁莽冒失、糊涂昏聩之徒。奥尔良公爵只愿在菲利普五世罢免其首相的条件下给予他和平。阿尔贝罗尼红衣主教被西班牙国王解交法国军队。法国军队把这位首相解送到朝向意大利边界的地区。这同一个人此后成了教皇派驻博洛涅的使节。他再也无法从事把一些

---

① 1700 年 11 月，哈布斯堡家族的西班牙国王查理二世死而无嗣。争夺西班牙王位继承权的战争于 1701 年爆发。交战一方为西班牙、法国等，另一方为奥地利、英国、普鲁士等。双方先后签订乌得勒支条约（1713 年 4 月）、拉施塔特条约（1714 年 3月）及安特卫普条约（1715 年 11 月），结束了这场战争。根据上述条约，路易十四之孙——路易十五的伯叔——成为西班牙国王菲利普五世。法国割让一些地方给奥地利和荷兰。

② 指西班牙国王菲利普五世。

③ 法国曾称百合花王国。

④ 拉莫特-乌达尔（1672—1731 年），法国人文学者、法兰西学院院士。

王国搞得天翻地覆、动乱不堪的活动了。但他却在公余之暇企图搞垮圣马兰共和国。(1720 年)他策划的全部大规模的阴谋导致各国商定把西西里给予德意志皇帝,把撒丁岛给予萨伏依公爵。此后,萨伏依公爵始终拥有该岛,并取得撒丁国王的称号。但是,奥地利家族却丧失了西西里。这个岛屿从此脱离奥地利家族,一去不复返。

这些国家事件广为人知。但是,不为人知而又千真万确的是,法国摄政王打算把他自己的女儿蒙特庞西埃嫁给阿斯杜里亲王①堂·路易斯、把西班牙公主嫁给法国国王这两件事作为缔结和约的条件的这一图谋,在他把菲利普五世的听忏悔教士、耶稣会教士多本东争取到手之后才得以实现。这位耶稣会教士让西班牙国王做出决定,同意这双重婚姻。然而,这是以曾经声称反对耶稣会教士的奥尔良公爵成为这两宗婚姻的保护人、他将使这种结合得到登记注册这两件事作为条件的。这往往是在国家和教会发生巨大变化的过程中使用的秘密计谋和手段。被指派担任康布雷的大主教的杜布瓦修道院长单独一人策划指挥了这起事件。而正是这一点使他获得了红衣主教的名位。他使教皇谕旨无条件地被大御前会议,或者说得更准确些,尽管大御前会议反对,被各位血亲亲王、公爵、贵卿、法国元帅、行政法院法官和诉状审理庭法官,特别被掌玺大臣达格索本人登记在案。达格索因这一缺点不是在政界人士眼中,而是在民众眼中使自己声名狼藉。杜布瓦修道院长甚至让诺阿耶红衣主教收回前言。在这起阴谋事件中,某些时候相同的

————————————

① 阿斯杜里亲王为西班牙王储称号。

利益把法国摄政王和耶稣会教士多本东结合起来。

　　菲利普五世开始患忧郁症，长年郁郁寡欢。这种疾病再加上他对宗教的虔诚，使他弃绝王位的种种繁难和困扰，把王位让给他的长子堂·路易斯。实际上他自 1724 年起就已经在执行这项计划。他把这一秘密告诉多本东。这位耶稣会教士听到他的忏悔者将不再是西班牙的主人、他本人将失去他的权势和影响、他因此将沦落到追随他的忏悔者隐没孤寂的境地等情况时，真是不寒而栗。他向奥尔良公爵泄露了菲利普五世的忏悔，毫不怀疑这位亲王将尽力阻止这位西班牙国王放弃王位。然而，这位摄政王却执截然不同的观点。因为他的女婿当上国王、一个在国家事务管理中百般束缚他的见解判断和爱好风格的耶稣会教士不能再向他规定种种条件，这正中他下怀，对他来说真是求之不得。他对此心满意足。他把多本东的信送交西班牙国王。这位君主冷冷地把这封信给他的听忏悔神甫看。这位教士读完立刻昏倒在地，不久后就一命呜呼。

第 二 章

欧洲图景（续）　奥尔良公爵摄政　劳或拉斯的
体制

最使欧洲各国宫廷惊诧的是，它们在 1724 年和 1725 年之后
的某个时期看到，过去拼得你死我活、不共戴天的菲利普五世和德
意志皇帝查理六世，现在却紧密团结起来。国际事务的进程越出
自然轨道，以致马德里的内阁整整一年统治着维也纳宫廷。[①] 这
个宫廷除了关闭封锁西班牙的法兰西家族通往意大利的所有通路
之外，从来别无其他意图。它受人诱导牵引，背离自己的立场观
点，直至把菲利普五世同他的第二任妻子帕尔玛的伊丽莎白所生
的儿子接纳到这同一个人们想把所有法国人和西班牙人排拒于门
外的意大利来。德意志皇帝查理六世把帕尔玛、皮亚琴察的封地
和托斯卡纳大公爵领地授予他的竞争对手的这个幼子。这些邦州
的继承事宜尚未开始，堂·卡洛斯就已经率领西班牙军队 6000 人
进驻这些地区。西班牙为此仅仅付给维也纳 20 万皮斯卡尔。

德意志皇帝查理六世的枢密院所犯的这个错误不在有利于人

---

① 指神圣罗马帝国的宫廷。

的错误之列。这个错误随后让这个机构付出更加昂贵的代价。在这项协定中，一切都稀奇怪异：两个势不两立的敌对家族互相团结，而又互相猜疑；千方百计废黜菲利普五世之后，又从他手中夺走米诺卡和直布罗陀的英国人是这项条约的居中调停者；是一个被册封为公爵、在西班牙权倾朝野的名叫里帕达的荷兰人签署了这项条约。这个荷兰人签署该约后失宠，随后前往摩洛哥王国，并死于该地。他试图在那里创建一种新宗教。

这时，奥尔良公爵在法国摄政。虽然他的秘密仇敌和紊乱不堪的财政本会使他这次摄政在所有摄政中最动荡不安，但实际上却最安定、最幸运。法国人在路易十四统治时期已经养成的服从的习惯，使这位摄政王平安无事，使公众安宁无忧。阿尔贝罗尼红衣主教遥控指挥的，并在法国策划不当的谋反，一经启动就东窗事发，烟消云散。高等法院在路易十四未成年时期，曾经为十二个诉状审理庭法官的职位发动内战，曾经以少于撤销普通私人遗嘱的手续的手续撤销路易十三和路易十四的遗嘱。当法国货币超出常规价格三倍，增加法定价值后，这个机构几乎失去向国王谏诤的自由。它的成员从大理院的主要法庭步行进军到卢浮宫。此举引起民众的冷嘲热讽。曾经发布过的最错误的敕令，亦即禁止一个王国的所有居民在家中拥有多于500法郎现金的那道敕令，并没有引发任何激变。民众手中货币全面紧缺。民众全体成群结队，急急忙忙前往某个局所，用充斥法国全境的、极度贬值的票据换取日常生活不可缺少的货币。好些国民在人群中被挤压倒地，任人踩踏。他们的尸体被抬进罗亚尔宫。这起事故表面上看来并未引发任何骚乱。最后，拉斯的著名体制看来必将毁灭摄政政府和国家，而事实上却因始料未及的后果支撑住了这两者。

拉斯体制在国民的各个阶层——从最底层的民众到行政官吏，从主教到王侯——中激发起来的贪婪，把所有人的头脑从对公共利益的、对公共财富的一切关注转移开来，从对政治的以及野心勃勃的意图转移开来，让这些头脑塞满对丧失钱财的恐惧和对捞取钱财的渴求。这是一场异乎寻常的新赌博。在这场赌博中，全体国民互相赌赛。疯狂的赌徒不放弃手中的牌，使得政府心烦意乱、忐忑不安。由于一种其活力只有最训练有素、最精细锐利的眼睛才能辨识感知的魔力，一个极其空幻的体制产生了一种实实在在的商业贸易，并使印度公司得以复活。这家公司以前由大名鼎鼎的柯尔柏①创建，后因历次战乱破产。最后，尽管有大量私人财富遭到毁损，国家仍然不久就更加商业发达、更加殷实富有。这个体制正如历次内战使人们更加勇敢一样，启发开导了人们的头脑。

这是一种从法国传到荷兰和英国的传染病。它颇值得后世注意。因为这种疾病绝不符合两三个把一些国家搞得天翻地覆的君王的政治利益。各国民众自动猛然投入这种疯狂错乱的状态中。这种状态使某些家庭一夜暴富、大发横财，却使更多家庭啼饥号寒、乞讨度日。这里要展示一下这种有大量其他疯狂情态作为其前导或后续的疯狂情态的根源何在。

一个曾经除了是个工于心计的大赌棍之外别无其他职业，因为一起凶案被迫逃离英国的，我们法国人现在名之为让·拉斯的

---

① 柯尔柏(1619—1683年)，法国国王路易十四时期的财政大臣、海军国务大臣。在职期间兴办工商业、扩大国际贸易、发展海军。

名叫约翰·劳的苏格兰人，长期以来就拟定一家公司的组建计划。这家公司将用纸币支付国债，并用其盈利来收回贷款和费用。这一体制十分复杂。但是，究其终极，可能十分有用。这是对英格兰银行和对它的印度公司的模仿。约翰·劳向其后成为撒丁的首任国王维克多·阿梅代一世的萨伏依公爵建议建立这个机构。这位国王回答说，他的力量不够强大，经受不起倾家荡产的灾难。这个苏格兰人转而向该国总监提出同一建议。但是，当时一场不幸的战争正在进行。这个时期信用丧失殆尽，而这一体制的基础正是人的信任。

最后，约翰·劳发现在奥尔良公爵的摄政时期，一切都对他有利：当时法国有两千万利弗的债务需要偿付；一项和约使法国政府有了充裕时间；法国有一位亲王和一个民族热爱新生事物。

1716年，他首先以自己的名义创建了一家银行。这家银行不久就成为法兰西王国税务总局。密西西比公司加入这家银行。人们希望这家公司产生巨大效益。公众受到利润引诱，迫不及待，狂热地购买这家公司和这家银行联合发行的股票。从前因疑虑而紧缩的财富，大量流动周转。钞票使这些财富翻了一番之后，又翻了四番。的确，法国因信誉卓著而堆金积玉。百业繁荣兴旺。这种繁荣兴旺景象传到法国的邻国。这些国家参与这项买卖。

1718年，这家银行被宣布为国王银行。它承担塞内加尔的贸易。它获得前印度公司享有的特权。前印度公司由著名的柯尔柏创立，此后衰落破产，把贸易转交给圣马洛商人。这家银行承担管理王国的总的包税事务。现在一切都落入苏格兰人拉斯手中。法兰西王国的全部金融财政都从属和依靠一家贸易公司。

　　这家公司似乎建立在十分宽广的基础上。它发行的股票在它的初始价值之外增加了二十倍。奥尔良公爵听任民众自行其是。这毫无疑问铸成大错。对政府来说,刹住这股狂热轻而易举,并非难事。但是,朝臣近幸的贪婪和利用这种混乱局势的愿望,却使政府裹足不前,无所作为。证券价格的频繁波动,让一些无名之辈朝夕之间腰缠万贯。他们之中好几个在不到半年之内便大大富于很多王侯。拉斯本人也受到他自己的体制的诱惑,陶醉于公众的和他自己的狂热之中而不能自拔。他发行的钞票数额极为巨大,以至股票的空幻价值在 1719 年是所有能够在王国流通的钱款的八十倍。政府用证券、票据偿付国家的全体靠利息或年金生活的人。

　　摄政王再也无法操控一部这样庞大、这样复杂的机器。他身不由己,任其快速运转卷带。旧时的金融家和现在的银行巨头沆瀣一气,从国王银行提取巨额钱款,使王家银行枯竭耗尽。人人都寻求把自己手中的票据兑换成现金。然而这两者的数量过于悬殊,朝夕之间国家信誉一落千丈。摄政王意欲通过种种决定恢复这种信誉。但这些决定却都使这种信誉化为乌有。人们只看到票据和证券。一种实实在在的苦难,开始取代大量虚幻不实的财富。正是这时,国家财政总监职位授予了拉斯。正好这个时期,他不可能履行这一职责。正是在 1720 年,国家处于私人的全部财富和王国的金融财政遭到颠覆破坏的时期。人们在很短的时间内看到这个让·拉斯归化入籍,从苏格兰人变成法国人,从新教徒变为天主教徒,从冒险投机家变为最美丽富饶的土地的主子,从银行家变为国务大臣。本书作者见过他被人前呼后拥,来到罗亚尔宫大厅,有公爵和重臣、法国元帅和主教跟随。国家局势混乱之极,无以复加。巴黎高等法院竭尽所能,反对这种种改变,被流放到蓬图瓦兹。最后,同年,拉斯遭到公众切齿痛恨,被迫逃离这个他曾经想使之富裕,而又被他搞得天翻地覆、动荡不已的国家。他乘一辆波旁-孔代公爵向他提供的驿站快车离去,身上只有两千路易。这几乎就是他昙花一现的财富的唯一残余。

这个时期流传于社会的讥谤性小册子指责摄政王侵占王国的全部钱款以实现其野心勃勃的图谋。他死时债台高筑,欠下可要求偿还的钱款 700 万利弗。此事确凿无疑。拉斯则被指控把法国在国外的货币据为一己私利。他曾在伦敦居留一些时间,靠拉赛侯爵的慷慨赠予为生。他死于 1729 年,死时几乎一贫如洗,身无长物。本书作者在布鲁塞尔见到他的遗孀,她当年在巴黎何等得意洋洋、心高气傲,这时她就何等灰心丧气、丢脸受辱。

这一时期,瘟疫使普罗旺斯万户萧疏、田园荒芜。对西班牙的战争正在进行。布列塔尼酝酿叛乱。反对摄政王的阴谋活动已经策划。然而摄政王却几乎轻而易举就做成所有他想在国内外做的事。王国陷入一种令人惶惶不可终日的混乱状态。但奢侈豪华、骄奢淫逸之风却风靡全国,盛行一时。

拉斯体制破灭之后,必须对国家进行整顿改革,对国民的全部财富进行了清查统计。这是一项其奇异独特毫不逊于拉斯的所作所为的举措。这是在一个国家曾经进行过的最重大的、最困难的活动。这项活动将近 1712 年末开始,由到那时为止从来未在公共事务中担任过主角,但却因他们的才干和劳绩而值得被托付以国家命运的四个兄弟构想、拟就、领导。他们设立了足够数量的诉状审理庭,设置了另一些法官职位。他们建立起一种很可靠的、很明确的秩序,使混乱状态得以整顿清理。51万零6个国民——其中大多数是一家之主——把他们的证券、票据等纸上财富带到法院。这笔不可胜数的债款,以将近16亿3千1百万利弗有效银币偿付结清。这笔用来偿付的巨款由国家负担。这场不可思议的、由一个外国的无名之辈让法国全民参与的赌博就此告终。

拉斯的这座大胆设计的并压垮了设计师本人的宏伟大厦坍塌后,在它残存的断垣颓壁、破砖碎瓦中还剩下印度公司。某个时期这个机构在巴黎还被认为是伦敦和阿姆斯特丹的竞争对手。

曾经侵袭法国人的股票赌博,也使荷兰人和英国人亢奋不已、活跃起来。那些曾经在法国目睹种种计谋手段的人,把同样的妙计和狂热带到阿姆斯特丹和伦敦。成千上万的个人使用这些计谋手段在人们轻信和公众灾难的基础上很快堆金积玉,一夜暴富。现今,人们谈到这一癫狂时代和这场政治灾难,还惊讶不置。但是,同内战,同那些长期使欧洲尸横遍野、血流成河的战争相比,同那些人民对抗人民,或者说得更确切些,那些王侯对抗王侯而让大片地区玉石俱焚、荒无人烟的战争相比,这场灾难实在是小巫见大巫,无足轻重,不值一提。在伦敦和阿姆斯特丹都有欺诈行骗的江湖骗子。有人开了一些子虚乌有的商业公司。阿姆斯特丹人很快恍然大悟。鹿特丹一段时间内衰败凋敝。1720年伦敦被搞得天翻地覆。这种狂癖产生的后果是:在法国和英国,破产、欺诈、抢劫公众和个人等事情层出不穷,多得不可思议。此外还有疯狂的贪婪引发的风习败坏和道德沦丧。

第 三 章

身兼康布雷大主教、红衣主教和首相的杜布瓦修
道院长　法国摄政王奥尔良公爵之死

不应该对杜布瓦红衣主教的内阁略而不谈。这位主教的父亲是位于利穆赞腹地的布里夫拉盖亚尔德的药剂师。主教本人最初是奥尔良公爵的家庭教师。其后他伺候他的学生休闲娱乐，颇得信任。他小有才能、耽于吃喝、机敏灵活。尤其是他主子对奇行异操的爱好，使他得以飞黄腾达。如果这位红衣主教首相是个严肃认真的人，这种命运一定会使他怒火中烧。但对他来说，这种命运只不过是笑料一桩而已。奥尔良公爵丝毫不把他的首相放在眼里，这很像那个任命他的耍猴人为红衣主教的教皇①。在奥尔良公爵摄政时期，一切都成为笑谈和戏谑。撇开内战这一点，这是与投石党②时代毫无二致的精神和思想。法兰西民族的这种特性，摄政王已经使它在路易十四的最后岁月的深切悲伤忧戚之后复活。

---

① 指教皇尤里乌斯三世(1487—1555 年)。
② 1648—1653 年发生于法国的反对封建专制制度的政治运动。

第三章　23

杜布瓦红衣主教是康布雷的大主教,死于输尿管溃疡。这是他生活的必然结果。为了在自己弥留之际不被天主教的宗教仪式弄得疲惫不堪,他找到一个应付办法。此后的大臣对这个办法的重视程度毫不比他逊色。他的借口是:对红衣主教有一种特殊仪式;红衣主教不像其他人那样接受临终涂圣油和临终圣体。凡尔赛的本堂神甫前往探听消息。恰在此时,杜布瓦于 1723 年 8 月 10 日死去。我们嘲笑他的死亡,正如嘲笑他的内阁一样。这就是习惯于玩世不恭、嘲弄一切的法国人的爱好。

当时奥尔良公爵取得首相称号,因为国王已经成年,不再存在摄政问题。但是,这位亲王马上就唯他的红衣主教马首是瞻。这是一位人们只能责备他耽于玩乐嬉戏和新鲜事物的亲王。

在所有亨利四世①的后代中,菲利普·奥尔良最像他。这位后裔勇敢、能干、仁慈、宽容、欢快、随和、坦率,再加上学养较高。他的仪容面貌和行为举止高贵优雅、无与伦比。这正是亨利四世所具有的。他有时喜欢打皱领。这时他就成了变美的亨利四世。

他当时有一项奇特的计划。他的猝然死亡使法国因祸得福,幸免于难。这项计划的内容是:召回逃亡威尼斯避难并已被人抛到脑后的拉斯;要人重振拉斯的体制。他计算修正这一体制的弊端,添加它的优点。无论什么都无法说服他摆脱创设一家负责支付国家的全部债款的总银行的念头。威尼斯的、荷兰的、英国的例子使他产生幻想和错觉。他的秘书梅隆是个头脑

---

① 亨利四世(1553—1610 年),法国波旁王朝的第一代国王。曾颁布《南特敕令》。

清晰、有条不紊、十分开明但却沉溺于想入非非的人。梅隆启发开导他，让他接受这项计划，并且日复一日使他信念更加坚定。他忘记了大自然在法国人的天性同人们意欲模仿的民族的天性之间确立的差别以及需要多少时间来使得这样的计划设施获得成功。他忘记了当时法国国民对拉斯体制切齿痛恨的程度大大超过当初他们被这一体制诱惑迷醉的程度。他忘记了如果拉斯返回法国第二次用钞票把法国搞得天翻地覆，他必将在法国遇到比他在他威望最高时他必须与之争斗的敌人更加警惕、更加顽强、更加强大的敌人。

对这一强有力的、诱惑他的举措不断反复思考，对这一举措将激起的动荡骚乱深思熟虑，使这位亲王血液沸腾，兴奋不已。口腹之奉、声色之乐进一步使他五内失调。他最初忽略的一次轻微中风，引起他的注意。这次中风1723年12月2日在凡尔赛引发他第二次中风。他死于这第二次遭受袭击的那个时刻。

他的儿子夏尔特公爵生性软弱怪异，不企求他父亲的权位。他更适于在圣热纳维埃芙①的单人禅房里进行修炼，而不适于治国理财。他在这间禅房里度过余生。波旁公爵是大孔代的曾孙。他在奥尔良公爵死后迫不及待向已经成年的午轻国王要求首相一职。国王此时正与他的家庭老师、前弗雷儒斯主教弗勒里在一起。他用眼神请教这位胸怀雄心壮志、思虑周密的老人。老人不敢摇头反对这位王侯的请求。

---

① 圣热纳维埃芙(422? —502? 年)，巴黎女主保圣人。相传匈人进攻巴黎时她曾劝说巴黎居民留城固守并击退匈人。

首相的特许文书已经由国务秘书拉弗利埃尔起草完毕。波旁公爵孔代亲王在特许文书两份原本中被定为王国的主管。

历代孔代亲王的命运始终受到神甫压制。第一位孔代亲王是路易,亨利四世的叔父,终生都受到罗马和法国神甫的迫害,并在雅尔纳克①战役失利之后在战场上立即被人谋害。

第二位孔代亲王是亨利四世的堂兄弟。同盟②的神甫更对他纠缠折磨,在圣让-当热利被人投毒丧命。

第三位孔代亲王亨利二世,在弗罗伦坦·孔奇尼③统治时期曾经锒铛入狱,此后一直遭受黎塞留④红衣主教折磨,尽管他此前已让他的儿子娶了这位红衣主教的侄女为妻。

第四位孔代亲王,即大孔代,曾被监禁于万森和勒阿弗尔。他即使在法兰西王国境外也受到马扎然⑤红衣主教追踪。

最后是本书作者正谈到的那位我们称之为波旁公爵孔代亲王殿下的孔代亲王。他受人排挤,被驱逐出宫廷,被弗雷儒斯主教、不久后成为红衣主教的弗勒里流放。

这里谈到的就是那场令法国人大为惊讶,而归根结底只不过是内阁更迭的革命的经过情况。在各国宫廷中,这种更迭司空见惯、不足为奇。孔代亲王殿下首先把天主教会所有的部门、对加尔

---

① 法国地名。1569 年法国天主教徒领袖昂儒公爵率领天主教徒在此战胜新教徒。

② 指 1565—1598 年法国内战中与新教徒敌对的天主教同盟。

③ 弗罗伦坦·孔奇尼,意大利元帅。玛丽·德·美第奇摄政时来法国从政,颇受宠信。

④ 黎塞留(1585—1642 年),法国国王路易十三的国务秘书兼御前会议主席。

⑤ 马扎然(1602—1661 年),意大利籍法国首相。

文教派①教徒和对冉森派②教徒的起诉等事项都交由弗雷儒斯主教处理,自己则保留对其他事物的领导管理。这种划分在他和主教之间产生了纷争纠葛。这位亲王殿下首相受到帕里斯兄弟中的一个名叫迪韦内的人支配操纵。此人在拉斯的空想推翻幻灭之后,在清理全体国民的财富这项闻所未闻的工作中,举足轻重。另外一个人更加心欢意满地控制操纵着孔代亲王殿下首相。此人就是嫁给普里侯爵为妻的税收承包人普勒纳夫的女儿。这个年轻女人惹人注目、水性杨花、头脑灵活、逗人喜爱。当时已年逾古稀的73岁的弗雷儒斯主教弗勒里不受任何人支配操纵。他对他的学生影响最大。这种影响是一位家庭教师对他的弟子具有的权威和自身的历练结出的果实。

帕里斯-迪韦内同这位普里侯爵夫人勾结串通,共同下定决心让法国国王完全依附孔代亲王殿下,并驱逐国王的家庭教师。笔者已经得知法国摄政王奥尔良公爵为了结束他同西班牙国王菲利普五世的战争,让这位西班牙君主同帕尔玛公主所生的女儿、当时五岁半的公主嫁给当时十五岁的法国国王。需要至少等待将近十年才会毫无把握地等到一位王太子出生。普里侯爵夫人同迪韦内以此作为借口,把西班牙公主送回她父亲那里,让法国国王同波旁公爵孔代亲王殿下的一个姐妹真正结婚。公爵的这个姐妹天生丽质,能够顺利生下几个孩子。她以韦芒杜瓦王妃这个名字在丰特弗洛被抚养成人。

---

① 基督教新教主要教派之一,由加尔文(1509—1564年)创立。

② 荷兰天主教正统教派,由冉森(1585—1638年)创立,被教皇视为异端。

在找到一个更加成熟的女人之前，让那个五岁多的女孩回到老家。以此作为开端。让她返回老家这件事事先并没有向她的父母作过任何试探，没有用花言巧语，也没有用托辞来减轻这一举动的冷酷无情。法国国王的膳食总管的儿子、当时任驻葡萄牙公使的利弗里—桑干被委托只在西班牙国王和王后的孩子在被护送回国期间、每天赶路不多的途中才把这个情况告知他们。这样把所有礼仪统统抛到脑后弃之不顾，并非缘于法国和西班牙两国宫廷之间的任何纠葛。这样一个举动似乎只能归因于迪韦内的性格。此人童年时代在他母亲家乡多菲内当过酒吧侍者，青年时代在警卫队服役，此后投身金融业。这三种职业在他整个人生留下严冷无情的印记。普里侯爵夫人从未考虑过这个举动的后果。波旁公爵孔代亲王殿下并不是个捭阖纵横、玩弄权术的人。

被这样送回的公主此后成了葡萄牙的王后。她给约瑟夫一世①生育了几个有人不愿她给路易十五生育的孩子，但她并不因此更加幸福。

她被送回西班牙后几个月，普里侯爵夫人乘快车很快赶到韦特弗罗，试探韦芒杜瓦公主是否同法国国王般配，是否能够通过她操纵左右这位国王。这位王妃骄矜傲慢超过侯爵夫人的轻佻冒失。她轻蔑不屑地接见普里侯爵夫人，并且让侯爵夫人感到她对他的兄弟向她派来这样一位使者十分气愤。就是这一次会见使她失去了王后的位置。她被安置到她的修道院去耍骄横脾气。三年以后，她死去，死时任博蒙·勒·图尔的女修道院院长。

---

① 约瑟夫一世(1715—1777 年)，葡萄牙国王。

巴黎有个特克西埃夫人。这个女人是一个当过兵的名叫沃雄的人的情妇。她死去的丈夫是普勒纳夫下属的出纳员。普勒纳夫是普里侯爵夫人的父亲。特克西埃夫人身患一种毁损了她半个面孔的可怕疾病。这个病使她成年累月缠绵床笫。沃雄对她谈到斯塔尼斯拉斯·列琴斯基这个人。此人被瑞典国王查理十二立为波兰国王,但遭到彼得大帝罢黜。他避居阿尔萨斯边境的韦桑堡,在该地靠一笔法国政府时断时续、零零散散付给他的菲薄年金生活。他有一个女儿。这个孩子自呱呱坠地之日起就在苦难不幸、粗茶淡饭中,在使她的苦难不幸变为更加引人注目的美德中被抚养成人。特克西埃夫人请普里侯爵夫人来看望她。这位夫人曾经对侯爵夫人谈起这位公主。过去曾经有人提出为这位公主介绍一些低于法国国王身份的婚姻对象。两天后,普里侯爵夫人前往韦桑堡看望这位不幸的波兰公主,发现别人并没有向她充分介绍这位公主的情况。她让她成了法国国王的王后。

在为决定这宗婚姻召开的私人御前会议上,弗雷儒斯主教三言两语,说他从来没有插手过谁的婚姻。他让人缔结这宗婚姻,自己既不推崇,也不反对。新王后对波旁公爵孔代亲王殿下万分感激,感激之深就同西班牙国王、王后对西班牙公主被送回,或者说得更确切些,被撵走一事愤恨之深不相上下。

过些时候,凡尔赛和巴黎满腹牢骚怨言。波旁公爵孔代亲王殿下和国王的家庭教师前弗雷儒斯主教之间的猜疑与日俱增,在宫廷中形成两派。有识之士开始乖戾起来。主教最后向首相波旁公爵孔代亲王殿下宣称,防止此事后果的不二法门是把普里侯爵夫人撵出宫廷。普里侯爵夫人是王后的宫中女官。她在她那方面，则决定根据宫廷战争规则，让国王的家庭教师弗勒里离开。

　　首相波旁公爵孔代亲王殿下受到的凌辱之一是：当他同国王一起处理国务时，弗勒里始终参与；当弗勒里让国王签署下达给教会的命令时，他始终未获准参与。某天国王因职责所在，来到王后的一个房间就一些无足轻重的小事举行小御前会议。当弗勒里想进入这间房子时，房门关闭。弗勒里琢磨不透国王是否参与了阴谋，于是立即拿定主意，退隐到位于巴黎和凡尔赛之间的伊西村，住在属于一所神学院的乡村房屋里。这是当他心怀不满或者装着不满时的避居处。

　　首相的朋党在几个钟头内得意洋洋，以为已操胜券，殊不知这是第二个"受骗者日"①，这个日子与广为人知的一天十分相似：这一天，黎塞留红衣主教被玛丽·德·美第奇以及这位主教的仇敌赶走后又轮到这位主教把他们赶走。

　　年轻的路易十五已经习惯同他的家庭教师弗雷儒斯主教弗勒里相处。他喜爱他，因为他是个到那时为止从未提出过任何要求的老人。这位老人念兹在兹的除了他的学生的利益之外，别无其他利益。弗勒里以他温和的性格、自然平易的性情的魅力令法国国王极为喜爱。他温和的性格、严肃的容貌、他发出的声音，他身上没有一样东西不让法国国王倾倒。大自然赋予波旁公爵孔代亲王殿下的却是一些与此迥然不同、截然相反的性格。这种性格在法国国王心中引起一种秘而不宣的反感厌恶情绪。

---

　　①　"受骗者日"指在玛丽·德·美第奇掌权时坚信失去法国国王路易十三宠信的阿尔芒·让·迪普莱西再次得宠之日。

这个过去从未显示自己的意愿,过去眼见自己的家庭教师维勒鲁瓦元帅被摄政王奥尔良公爵放逐而无动于衷,娶了一个 6 岁的女孩为妻而不为此感到惊奇,在看见这个女孩像人们换了笼子的小鸟那样离去,在娶了斯塔尼斯拉斯·列琴斯基的女儿而对她和她的父亲毫不亲切,最后什么对他来说都显得千篇一律、毫无区别的君主,这次对弗雷儒斯主教的离去退隐却的的确确万分痛苦。他热切地、强烈地再度向主教提出要求。他不是像一个换了乳母时十分气恼的孩子那样,而是像一个开始感到主教是自己的师长的君主那样。他责备他的王后。王后只用眼泪来回答他。波旁公爵孔代亲王殿下被迫自己写信给主教,以国王的名义恳请他返回。

这起小小的家庭纠纷立刻成了所有近臣、内宠以及所有住在凡尔赛的人的谈资话题。本书作者注意到,这起纠纷给才智之士的印象比此后任何一次不祥的、悲惨的战争的一切消息给法国和给欧洲的印象都更加深刻。人们激动不安,七嘴八舌,激烈争论,自问自答,议论纷纷,迷惑不解,疑神疑鬼。一些人希望发生一场巨大革命;另一些人则惧怕这场革命到来。人人忧心忡忡,惶恐不安。

这一天宫廷中出现这样一个景象:上演《布里塔尼居斯》①。国王和王后比平时晚一小时到达。大家都看出王后已经哭过。本书作者记得当剧中人物纳尔西斯口诵"大人,你为什么迟迟不休掉她"这一诗句时,全场观众都把目光投向王后,用一种轻率冒失多

---

① 法国剧作家拉辛(1639—1699 年)的剧作。

于凶狠恶毒的好奇心盯住她。

第二天弗勒里归返宫廷。他装着若无其事，毫无怨言。他似乎并不要求赔礼道歉，进行报复。他首先满足于毫不张扬、悄无声息地掌理国事。最后，1729 年 6 月 11 日那天，国王邀请波旁公爵孔代亲王殿下来朗布依埃的娱乐馆过夜，并离开王宫前往该处等待他，此时，警卫长夏罗斯卡特公爵在这位亲王的套房逮捕了他。他把这位亲王交到一个警卫队队长手中。这个队长把他带领到他的祖先的暂住地亦即他的流放地香蒂利。

弗雷儒斯主教执行这项举措时掩饰隐蔽，不露声色。这倒也并不是什么异乎寻常的事。国王掩饰隐蔽却显得异乎寻常。但是，国王的这位家庭教师却让他的学生了解到他的一些性格。再说，长期以来就有人说过："**谁不会掩饰隐蔽，谁就不会统治执政。**"[①]这句王家的谚语是为重大场合创造出来的，直至用于细小场合。

帕里斯-迪韦内从这时起就不再是国家的主宰。国王在一次非常御前会议上宣布弗勒里应该是国家的主宰；全部大臣都应去弗雷儒斯主教那里工作，意即弗勒里行将掌权统治。帕里斯兄弟遭到流放。不久后迪韦内被投入巴士底狱。

就是这同一个迪韦内，我们看到他此后又平步青云，飞黄腾达，大受宠信倚重。他是军校的倡办者和真正的创建者。至于普里侯爵夫人，她被派到诺曼底的腹地，不久后在悲伤失望引起的惊厥抽搐中死去。

---

① 此为法国国王路易十一（1423—1483 年）的话。

弗勒里还差红衣主教这个称号。这个称号对一个教会或者对一个国家来说都是一种外来的资格身份。所有可能取得这一资格身份的罗马天主教教士都对之趋之若鹜，疯狂追求。历届教皇长期以来就让人对之朝思暮想，以便招纳党羽亲信。各国国王用一种代替理性甚至政治的古老习俗，在自己国内尊重这一资格身份。

波旁公爵孔代亲王殿下曾经秘密通过驻罗马大使波利尼亚克红衣主教，罗特兰修道院长阻止向弗勒里发送这顶人们朝思暮想、对之垂涎欲滴的红衣主教法冠。这顶帽子不久送来。弗勒里以他接受首相职位时的、与作为他一生中行动指南的同样明显的质朴接受了这顶法冠。他从来不让人在他脸上，或者在他眉宇之间看到隐隐约约的骄傲的表情或者虚伪的神态。

如果在这地球上有过什么幸福的人的话，毫无疑问，那就是这位弗勒里红衣主教。他直到 73 岁高龄都一直被认为是最和蔼可亲、最令人感到与之交往十分愉快的人。他在这个很多老人已经从社交界隐退的年龄，还把国家大事牢牢掌握在手中。他被看作最英明的人物之一。从 1726 年到 1742 年，他身上一切都如日中天，兴旺发达。他差不多一直到 90 岁都保持着健康的、自由的、能处理事务的头脑。如果考虑到在一千个当代人中达到如此高龄的人极为罕有，那么人们就不得不承认弗勒里红衣主教命运独一无二。如果说他的崇高伟大开始得如此之晚，但持续得如此之长又如此圆满这一点是奇特的，那么，他行事有节、为人稳重、习尚温和亲切也同样奇特。众所周知的对教皇的三重冠垂涎欲滴的昂布瓦兹红衣主教①的财富何等巨大、生活何等奢侈。格齐梅纳②何等虚伪、何等骄横也同样为人所知。此人自己出资招兵买马。此人身着教士长袍，身佩勋章饰带，指挥、领导西班牙的最高贵族。众人皆知黎塞留乘坚策肥、排场豪侈。众人皆知马扎然堆金积玉、家财万贯。而弗勒里红衣主教则谨言慎行、虚怀若谷、品德高洁。他方方面面都克勤克俭。他心地朴实，从不言行矛盾。但他的性格缺少高扬显贵的气质。这个缺点与他那温和、平稳、喜好秩序和安定的性格有关。他证明温和的、易于与人和解的人，是为领导他人造就出来的。

他厉行节约、倡导储蓄。他在让弗雷儒斯主教辖区摆脱了债务之后，在实行和解大大造福于这个辖区之后，尽早辞去这个辖区的主教职位。这是他的性格的两个主导部分。他以健康状况不佳为由向他的主教辖区教徒提出辞职。他的健康状况让他此后无法照管他的羊群。但幸运的是，他从未生病。

弗雷儒斯主教辖区远离宫廷，位于一个令人憎恶的地方。他一直对这个地方疾首蹙额。他说，自从他看见他的妻子之后，他就对他的婚姻厌恶之极。他在一封致基里尼红衣主教的开玩笑的信中署名为：**因神怒而成为弗雷儒斯主教的弗勒里**。他将近1715年年初辞职。以前维勒鲁瓦元帅曾经再三央求，使得路易十四颁发授予官阶敕书任命弗雷儒斯的主教为王子家庭教师。但是，以下是这位新家庭教师在一封他致基里尼红衣主教的信中对此事所做

---

① 昂布瓦兹红衣主教（1460—1510年），法国国王路易十二在位时曾任首相。
② 格齐梅纳（1436—1517年），西班牙红衣主教、宗教法庭大法官、政治人物。

的解释：

"我多次对弗雷儒斯的荒僻孤寂深感惋惜。我到达时获悉国
王处于困境。蒙圣上赏赐荣誉，任命我为他孙子的家庭教师。如
圣上能屈尊俯聆我言，我恳请圣上解除这一令我诚惶诚恐之职。
但圣上驾崩之后，无人愿意听我进言。我曾为此深感苦恼。我因
丧失自由，无法自慰。"

他暗中奠定他的伟大的基础，丝毫不寻求受人青睐、得到重
用，毫不怨天尤人，不让自己遭到拒绝，不卷入任何阴谋活动。他
暗地学习理政治国，学习办理外交。他为人行事周全谨慎，具有令
人喜爱的精神魅力，让法国人渴求他领导国务。他是第二个统治
法国的家庭教师。他不要首相这个称号，只满足于实行绝对专制。
他治国理政引起的质疑和艳羡，少于黎塞留和马扎然在他们如日
中天时的管理统治。他的荣誉地位没有丝毫改变他的习俗。在廷
臣之中，他最令人喜爱、最大公无私。人们对此感到惊奇。国家的
福祉和他的温良节制长期吻合一致，并行不悖。法国人需要他热
爱的这种和平安宁。他视一切体制为敝屣，因为他幸运地对金融
知之甚少，只要求下属大臣厉行节约。他没有能力成为政府的公
务员，却有能力理政治国。

他安安稳稳使法国弥补了所遭受的损失。他通过大规模的贸
易使国民发家致富，而不进行任何改革。他对待国家就像对待人
的强壮的身体那样，使之自行康复。

政治事务难以觉察地回归自然秩序。欧洲是幸运的。英国首
相罗伯特·沃尔波尔①也性格平和。这两个人几乎持续不断地让

---

① 罗伯特·沃尔波尔(1676—1745 年)，英国辉格党领袖、财政大臣、英国第一任
首相。

整个欧洲维持一种自从乌得勒支和约签订之日起一直延续到1733年的和平安宁状态。这种和平安宁只受到过1718年和1726年的战争干扰。对所有那些竞相发展、培植贸易和艺术，把所有过去的灾难全都置之脑后的国家来说，这真是个国泰民安、河清海晏的幸福时代。

在这个时期出现了自这个世纪以来欧洲从未听说过的两个强国。一个是俄罗斯。沙皇彼得大帝让这个国家脱离了朴野无文的蛮荒状态。在他即位之前，这个国家拥有的只不过是广阔无垠的大片荒漠和一个像历来鞑靼人那样的，毫无法纪、愚昧无知的民族。这个国家对法国来说非常陌生，颇不了解，以致当1668年路易十四接见莫斯科大使时，竟然为庆祝这一时机把这位大使当成暹罗使节，授予他一枚纪念章。这个新兴帝国开始对欧洲所有事务产生影响。它在战胜瑞典之后统治主宰北欧。第二个强国老谋深算、纵横捭阖，建立在比较狭窄的基础之上。这个国家就是普鲁士。它的力量正在集聚蕴蓄，尚未发挥施展。

奥地利家族差不多仍然处于乌得勒支和约使之处于的状态中。英国保有它的海上力量。荷兰则不知不觉就丧失了它的海上力量。这个蕞尔小国，通过别的国家的工业和技术而强盛，现在则因它的邻国自己进行曾经被它掌控支配的贸易而江河日下，日益式微。瑞典正衰颓不堪，日薄西山。丹麦则蒸蒸日上、欣欣向荣。西班牙和葡萄牙依靠美洲继续存在。意大利始终国势衰弱，豆剖瓜分，四分五裂，分成大量邦国，以致在这个世纪之初沦为奥地利家族的家业，只有曼图亚除外。

萨伏依向世界呈现一个宏伟的景象，并给予君主们一个巨

大的教训。这位撒丁国王、萨伏依公爵,这位维克多-阿梅代,时
而与法国和奥地利交友结盟,时而同它们反目成仇。变幻莫测、
犹豫不决,已经被视为他奉行的政策。他对国家事务,对自身都
感到厌倦不堪。他任性行事,于 1730 年 64 岁时放弃他作为他
的家族中的第一个人取得的王位。但一年后,他又因另一次任
性行事而后悔不迭。他与他那个后来成了他的妻子的情妇的交
往、他对宗教的虔信、他的休息,都不能让一个五十年来一直为
欧洲事务劳心费神的灵魂得到满足。他让人看到人的弱点究为
何物,而让他身居王位时和离开王位后的心充实起来又何等困
难。在这个世纪有过四位君主放弃王位。他们是:克里斯蒂
娜[1]、卡西米尔[2]、菲利普五世和维克多-阿梅代。菲利普五世身
不由己才再度登位统治。卡西米尔从未想到这一点。克里斯蒂
娜居留罗马期间由于一种厌倦情绪,某些时候曾经渴望东山再
起,返登王位。只有阿梅代希望凭借武力重登他因忧心如焚、惴
惴不安而弃离的王位。这一企图的后果众所周知。如果这个身
为人父的维克多-阿梅代向他的儿子讨还这顶王冠,如果时机允
许,他的儿子查理-埃马努埃尔本会通过交还他父亲他得自他父
亲的这顶王冠,获得高于所有王冠的光荣。但是,据说意欲进
行统治的是一个野心勃勃的情妇。御前会议被迫为了预防不
祥的后果下令逮捕曾经是它的君王的那个人。维克多-阿梅
代于 1732 年死于狱中。正如这个时期的一些回忆录所谈到

---

① 克里斯蒂娜(1626—1689 年),瑞典女王。
② 卡西米尔(1648—1667 年),波兰国王。

的,法国宫廷意欲派遣一支两万人的军队保护这位父亲、对抗
儿子。这真是大谬不然。这位国王放弃王位、他意欲拿回君王
权杖、他锒铛入狱、他的死,都没有在邻国兴起哪怕一丝波澜。
这是一起没有产生任何后果的事件。人们能够说的是,对所有
基督教王侯来说,令人悲伤的是穆罕默德二世已经把他父亲阿
穆拉特放弃的王位交还他的父亲。一个萨伏伊的公爵却不步
其后尘,让他父亲死于狱中。

当波兰国王、萨克森选帝侯、奥古斯特二世之死再度把欧洲投
入纷争和冲突的、它很少幸免的深重灾祸苦难之中的时候,这时从
俄罗斯到西班牙,整个欧洲太平无事。

第 四 章

两次登上波兰王位,两次被剥夺王位的斯塔尼斯
拉斯·列琴斯基 1734 年的战争 合并入法国的
洛林

波兰国王斯塔尼斯拉斯是路易十五的岳父,1704 年被指定为
国王之后,又于 1733 年被以最合理合法的、最庄严隆重的方式选
为国王。但是,德意志皇帝查理六世却让人举行了另外一次波兰
国王选举。这次选举得到他的军队和俄罗斯军队的支持。波兰前
国王的儿子萨克森选帝侯①因已娶查理六世的侄女为妻,在他与
斯塔尼斯拉斯的竞争中占有上风。就这样,过去没有能力把西
班牙和西印度为自己保存起来,甚至最终未能在奥斯坦德建立
贸易公司的奥地利家族,却能师出有名,把波兰王位从路易十五
的岳父手中夺走。法国目睹孔蒂亲王曾经经历的事件重现。这
位亲王也曾被庄严隆重地选为波兰国王,但却因一无钱财,二无
军队,得到的推荐多于得到的支持,因而丧失他被召引前去登基
的王国。

---

① 指有权选举神圣罗马帝国皇帝的诸侯和高级神职人员。

斯塔尼斯拉斯国王前去但泽支持对他的选举。选举他的人虽然数量巨大,却很快屈服于为数不多的他的反对者。在这个国家,民众是奴隶,贵族出卖民众的选票,国库从无维持军队所需费用,法律毫无效力可言,自由只能导致国家四分五裂。本书作者要谈及这个枉费心机、吹嘘自己拥有多达 10 万能上马作战的尚武好战的贵族的国家。俄罗斯军队 1 万人首先把聚集起来、拥戴斯塔尼斯拉斯的人赶得四处逃散。一个世纪前,波兰民族还对俄罗斯嗤之以鼻,颇为不屑,现在则受其恐吓和颐指气使。俄罗斯帝国自受彼得大帝培育之日起,就令人生畏。1 万名纪律严明的俄罗斯奴隶驱散了全体波兰贵族。斯塔尼斯拉斯国王被再度监禁于但泽城内,不久就被一支俄罗斯军队围困起来。

德意志皇帝与俄罗斯联合起来,可稳操左券。要维持欧洲均势,法国必须经由海洋派出一支大军。但是,英国不会目睹这些大规模的备战活动而无动于衷,不置可否。弗勒里红衣主教照顾英国,既不愿为完全抛弃斯塔尼斯拉斯国王感到汗颜,也不愿为救助这位君主冒险大事典兵动武。他下令由一名队长指挥的一支载有 500 名水兵的舰队驶离法国前往波兰。这名军官并不认为他受命完成的任务是严肃认真之举。当他抵达但泽附近时,他认为他会白白牺牲他的士兵,于是舰队在丹麦港口停泊。法国派驻丹麦国王处的大使普来洛目睹这一退避行动,异常愤怒。这一行动在他看来使他丢尽颜面。这位大使是个把对发迹高升当之无愧的英雄情操结合进对文学和哲学的研究中的青年。他下定决心使用这支 500 人小部队支持但泽抵抗一支军队,不然就在但泽殉职。他在登上战船之前致函一位国务秘书。这封信结尾说:"我确信我不能返回。我把我的妻子和孩子托付给您。"他到达但泽的船舰停泊处，登岸向俄罗斯军队发起攻击。正如他所预料到的，他被接连捅伤，倒地身亡。他的信函与他的死讯同时到达。但泽被敌攻占。法国驻波兰大使尽管享有这一职位的特权，也在但泽被当作战俘。斯塔尼斯拉斯国王看到自己的人头被俄军将军慕尼黑伯爵在城内，在一个自由国家，在他自己的祖国，在一个曾经按照各项法律选举他为国王的民众中间张榜悬赏索求。他被迫化装成水手，九死一生，才得以逃脱。这里，让我们注意到这一点：这位慕尼黑伯爵元帅冷酷无情，对波兰国王穷追不舍，自己却在不久以后被流放西伯利亚。他在该地，在极为可怕的苦难中生活了 20 年。接着他在圣彼得堡东山再起，享受荣华富贵，度过他动乱不安的一生的最后岁月。这就是荣华富贵的盛衰起落。

　　至于被轻率冒失地派去对抗整整一支俄国军队的 1500 名法国军人，他们体体面面投降。但就在此时，一艘俄国船被法国的一艘军舰俘获。于是，上述 1500 名法国人被扣押起来，运往圣彼得堡附近。预计他们会在一个在本世纪初被人视为野蛮国家的国家里受到不人道的待遇。当时安娜女皇统治俄国。她像对待大使那样对待被俘法国军官，颁旨发给法国士兵新鲜食物和衣服。这种到那时为止闻所未闻的慷慨大度，既是沙皇彼得在俄罗斯宫廷创造的神奇变化产生的效果，也是这个宫廷意欲对对它不利的风言风语所做的一种高尚报复。一些国家的古老陈旧的偏见仍然使人根据这些风言风语观察这个宫廷。

　　法国政府如果不为它在波兰遭受的欺压凌辱报仇雪耻，它就会把对维持它的伟大来说不可或缺的声誉丧失殆尽。但这种复仇如果毫无用处,就会无足轻重。法俄之间遥隔万里,不允许法国人向俄罗斯人奔涌。政治要求复仇的矛头指向德意志皇帝。这一举措在德意志和意大利十分奏效。法国联合西班牙和撒丁。这三个国家利益各异。但不同的利益汇合为一,有助于达到削弱奥地利这一共同目的。

长期以来,历代萨伏依公爵时而援助德意志皇帝,时而声称反对他们。撒丁国王查理-艾玛努埃尔希望获得米兰内。凡尔赛和马德里已经承诺给予他这一地区。西班牙国王菲利普五世,或者说得更确切些,帕尔玛的伊丽莎白女王,希望为她的子女取得比帕尔玛和皮亚琴察更大的殖民地。当时,弗勒里为法国考虑的只是它的政府的荣誉。这种荣誉建立在很可能取得的成功之上。他只隐隐约约、模模糊糊看到他可以利用这种成功从即将实现的和平中得到某些实实在在的好处。因为两百多年以来,所有基督教国家遵循的惯例是:相互之间进行有损自身的战争以求其后通过一项几个下属漫无目的地安排的条约获得赔偿。

当时谁也没有料到洛林会成为这次战争的果实。从来就几乎总是事件支配左右人,而人很少支配左右事件。从来没有过一次谈判比使这三位君主联合一致的谈判更快结束。

长期以来一直习惯于表态支持奥地利,反对法国的英国和荷兰在这一时机却对奥地利弃之不顾。这是法国宫廷大公无私、温和节制的名声取得的成果。法国的和平的和摆脱了野心的念头,甚至在它进行战争期间也使它的天然仇敌十分倾倒。没有什么使让这些国家了解法国能够对德意志皇帝作战而不惊扰欧洲的自由这一点,更为法国政府带来了荣誉了。因此,欧洲所有的专制君主都冷眼旁观、泰然自若,目睹法国迅速得胜。法国军队控制莱茵河平原。法国、西班牙和萨伏依的军队会合一起,控制意大利。(1734 年)维拉尔元帅被宣布为法国、西班牙和皮埃蒙联军的最高统帅。他在攻占米兰之后,在 82 岁时结束了他光辉的一生。他的继承者科瓦尼元帅取得两次战役的胜利。此时,西班牙将军蒙特马尔公爵在那不勒斯王国的比通托也打了胜仗。这一地区的名称就成了这位公爵的绰号。这是西班牙宫廷效法古罗马人经常授予个人的一种奖赏。堂·卡洛斯已被承认为托斯卡纳的王储。不久以后他又当上那不勒斯和西西里两地的国王。德意志皇帝查理六世就这样为了给予波兰一个国王,几乎丧失了整个意大利。西班牙国王的一个儿子在两次战役中得到从前多次得而复失、失而复得的西西里和那不勒斯。这两个岛屿在两个多世纪内一直是奥地利家族始终关注的对象。

这场意大利战争对法国人来说是自查理曼①以来唯一的取得实实在在的成果的战争。理由是:法国人有了阿尔卑斯山的守卫者,这个守卫者成了这些地区最强大的王侯;法国人得到西班牙最精锐的部队的支援;军队始终给养充足。

德意志皇帝觉得取得胜利的法国向他提出的和约的条件正中下怀,喜出望外。法国首相弗勒里红衣主教明智审慎,阻止了英国同荷兰参加这场战争;也通权达变,多谋善断,在没有这两个国家的干预的情况下顺利地结束了这场战争。

---

①　即查理曼(742—814 年),法兰克国王。在位期间扩展疆土,建成庞大帝国,加强集权统治。

　　堂·卡洛斯通过这项和约被承认为那不勒斯和西西里两地的
国王。欧洲已经对邦国的诞生和发展演变习以为常、见惯不惊。
德意志皇帝查理六世的女婿弗朗索瓦·洛林公爵被给予曾经授予
堂·卡洛斯的美第奇家族①的遗产。最后一个托斯卡纳大公爵在
临终之际询问"是否不会给他第三个继承人？德意志帝国和法国
想给他一个什么后裔？"这并不是因为托斯卡纳大公爵领地被视为
德意志帝国的采邑。但德意志皇帝却认为情况如此。这正如始终
被罗马教廷索要，而最后一个帕尔玛公爵为表敬意又将其赠予教
皇的帕尔玛和皮亚琴察一样。如此之多的权利因星移斗转而变化
无常真是何等频繁，史不绝书。通过这项和约，血统权利使菲利普
五世和帕尔玛的一位公主所生的儿子堂·卡洛斯获得的帕尔玛和
皮亚琴察公爵领地，便作为产业让与德意志皇帝查理六世。

　　撒丁国王、萨伏依公爵过去指望得到米兰内。他那个不断繁
衍扩大的家族长期以来就企图获得这一地区。他只得到这个地区
的一小部分，就像纳瓦尔、托尔托因和朗日采邑一样。他从西班牙
国王菲利普二世②的一个女儿那里获得拥有米兰内的权利。他是
这位公主的后代。法国也通过这一公爵领地的天然继承人路易十
二③这个系统长期以来就多次要求得到这块领地。菲利普五世由
于这块领地再三对他的祖先——四位西班牙国王——依附和臣
服，也提出他的要求。但是，这种种要求都让位于对适宜性和公益

---

①　意大利佛罗伦萨的著名家族。
②　菲利普二世（1527—1598年），西班牙国王、英国女王玛丽一世的丈夫。在位
期间兼并葡萄牙，反对宗教改革，加强专制统治。
③　路易十二（1462—1515年），法国国王。

性的考虑。德意志皇帝保留米兰内。这个地区不是他应该作为封地授予他人的采邑。这原来是并入德意志帝国的伦巴第王国。这个王国后来成了在维斯孔蒂斯①和斯福塞斯家族②统治下的采邑，最后成了隶属德意志皇帝的一个邦州。实话实说，这个邦州已被瓜分，但它连同托斯卡纳和曼图亚，使德意志帝国家族在意大利变得非常强大。

通过这项条约，斯塔尼斯拉斯国王放弃了他曾经两度拥有、但未能为他保存下来的王国。他仅仅保持国王称号而已。必须给予他补偿。这项补偿更主要是给予法国，而不是给予他。弗勒里红衣主教首先满足于得到巴罗瓦。洛林公爵本应将这个地区连同法国具有的归还权给予斯塔尼斯拉斯。只有当洛林公爵拥有整个托斯卡纳时，洛林才应让与。这就使这项让与取决于很多偶然因素。这使人极少从巨大的成功和最有利的时机中得益。掌玺大臣肖弗兰怂惠弗勒里红衣主教利用这些好处。弗勒里红衣主教以与取得巴罗瓦的条件相同的条件要求得到洛林。他如愿以偿。

他只花了若干现金。在托斯卡纳交到他手中以前，一笔数额为 350 万利弗的年金交付给弗朗索瓦公爵。

就这样洛林从此亘古不变地归并入法兰西王国。这一归并法国曾经多次尝试过，但都徒劳无功。波兰国王通过此举移居洛林。这个省份最后一次有位君主居住。这位君主使这个省份民康物阜，和平安定。历代洛林王侯的统治家族成了托斯卡纳的统治者。

---

① 维斯孔蒂斯家族，意大利著名家族，1277—1477 年间统治米兰。

② 斯福塞斯家族，意大利著名家族，1450—1535 年间统治米兰。

西班牙国王的次子转移到那不勒斯。人们本来能够重新制作特拉
让①的纪念章：REGNA ASSIGNATA(**授予的王位**)。

除了西班牙和英国之间因美洲贸易新近发生纠纷之外，基督
教君主之间太平无事。法国宫廷继续被视为欧洲的仲裁者。

德意志皇帝没有与这个帝国的各个邦国的首脑商量就向土耳
其人发动战争。这场战争极为悲惨不幸。路易十五通过他的调解
把这位皇帝从悬崖绝壁拉了回来。他派驻土耳其政府的大使维尔
纳夫大人前往匈牙利，于1739年与奥斯曼帝国首相签订了德意志
皇帝需要的和约。

几乎在同一时期，单单路易十五这个名字就平定了热那亚。
这个国家当时正受到内战威胁。这个名字在一个时期内降伏、软
化了科西嘉人。科西嘉人摆脱热那亚的桎梏。同一个法国政府把
它的关怀扩展到日内瓦，并平息了在这个城市发生的一场内战。

路易十五特别在西班牙和英国之间进行斡旋。这两个国家开
始在海上进行一场战争。这场战争对它们国力的耗费大于它们在
海上争夺的权利为它们带来的好处。法国政府曾经于1735年在
西班牙和葡萄牙之间进行调解。法国的邻国没有一个对法国抱怨
不满。所有国家都把法国视为它们的调解人和共同母亲。但是，
这种光荣和这种至福为期不长。

---

① 特拉让(52—117年)，古罗马皇帝。在位时期改革财政，大兴土木，修建城市、
港口，发动侵略战争，向东扩张直至波斯湾。

第　五　章

　　德意志皇帝查理六世之死　四个强国争夺
对奥地利家族遗产的继承　匈牙利女王在她父
亲的各个邦国得到承认　西里西亚被普鲁士国
王占领

　　德意志皇帝查理六世于 1740 年 10 月去世,终年 56 岁。如
果说波兰国王奥古斯特二世之死曾经引起剧烈动荡的话,奥地
利家族的最后一个君主查理六世之死则将引发多次其他革命。
这个家族的遗产似乎特别会被撕成碎片。问题在于匈牙利和波
西米亚。这是两个长期以来选任的、历代奥地利家族的王侯已
经使之成为世袭王国的王国。问题在于被称为前奥地利的**奥地
利的苏阿布**;问题在于 13 世纪被占领的上下奥地利、斯蒂里、卡
林西亚、卡尼俄尔、弗兰德尔、布尔戈、四个森林城市、布里斯考、
弗里乌尔、蒂罗尔、米兰内、曼图亚和帕尔玛公爵领地。至于那
不勒斯和西西里,这两个王国在西班牙国王菲利普五世之子
堂·卡洛斯的手中。

　　查理六世的长女玛丽亚·特蕾西亚继承的根据是:召引她继
承她的父亲的天然权利、一项庄严的由国君颁布的确认这一继承

国事诏书和各国的保证。巴伐利亚选帝侯查理-阿尔贝则根据查理五世[①]的兄弟德意志皇帝斐迪南一世的遗嘱要求继承。

波兰国王、萨克森选帝侯奥古斯特[②]三世援引更新近的权利，即他的妻子、德意志皇帝约瑟夫一世的长女的权利，作为要求继承的理由。约瑟夫一世是查理六世的长兄。

西班牙国王把他的要求扩展到奥地利家族的所有邦国，把继承的根据上溯到德意志皇帝马克西米利安二世的女儿、菲利普二世的妻子。菲利普五世通过女方支系是这位公主的后代。路易十五本来可以和任何人同样正当理由要求这一继承，既然通过路易十三的妻子和路易十四的妻子的传承，他是奥地利家族男方支系的直传后代。但对他来说，与作为竞争者相比，他更适于充当仲裁人和保护人，因为这样他就可以和半个欧洲协调一致决定这一继承问题，决定德意志帝国的命运。如果他也要求这一继承，他就会与欧洲兵戎相见。在整个基督教世界，一些公众的陈情表和申请书为众多戴着王冠的脑袋打的这宗官司进行辩护。所有王侯、所有个人都对此十分关注。人们预期会爆发一场世界大战。然而，把人类政治弄得混淆不清的却是，暴风雨在此前谁也没有把目光转向那里的那一边开始。

本世纪之初，一个新兴王国已经崛起。德意志皇帝利奥波德，使用历代德意志皇帝一直赋予自己的创设国王职位的权利，

---

①　查理五世(1500—1558年)，西班牙国王、神圣罗马帝国皇帝。在位期间镇压城市公社起义，反对宗教改革，与新教诸侯和法国、土耳其进行战争，争夺霸权。

②　巴黎加尼埃兄弟出版社 1878 年版本编者注："伏尔泰在本书第三十二章中仍称此人为奥古斯特三世。但在第十四章中称此人为奥古斯特二世。"

为了勃兰登堡选帝侯腓特烈－威廉的利益，于 1701 年把公爵领地级的普鲁士建为王国。当时的普鲁士还仅仅是一大片荒凉不毛之地。但是，这个地区的第二任国王腓特烈－威廉二世执行与他那个时代的王侯的政策迥然不同的政策，花费一笔约等于我们法国的 2500 万利弗的巨款开垦这些荒地，建立村落，移民定居。他让一些苏阿布和弗朗科尼的家庭移居该地。他把 16000 多个萨尔茨堡移民吸引到该地，向他们全体提供定居所需和劳动所需。他就这样缔造了一个新兴国家。他通过一种奇特的经济手段，建立起另一种强国。他每月把德意志的一笔大约等于 40 万埃居的钱款储存起来，有时多些，有时少些。这一举措在他二十年的统治期间聚积一笔巨大的财富。他没有储存在保险箱里的钱则供他建立一支由 7 万精挑细选的人组成的军队之用。他亲自用一种新办法使这支军队纪律严明。但他并没有使用过这支军队。他的儿子腓特烈三世使用了父亲准备的全部资财手段。他对全欧大乱早有先见之明，并且争分夺秒不失时机，对这个乱局加以利用。他要求得到西里西亚的四块公爵领地。他的祖先曾经一再通过妥协和解放弃他们对这些领地的全部要求，因为他们国弱民贫。腓特烈三世现在强大起来，要求取得这些领地。

法国、西班牙、巴伐利亚、萨克森不遗余力扶立一个德意志皇帝。巴伐利亚敦促法国让它至少分得奥地利家族的一部分遗产。选帝侯腓特烈三世通过文书要求获得全部遗产。但他不敢通过他的大臣要求完完整整得到全部。这时，洛林的托斯卡纳·弗朗索瓦大公的妻子玛丽亚·特蕾西亚首先开始拥有她父亲德意志皇帝查理六世为她留下的全部领地。1740 年 9 月 7 日，她在维也纳接受奥地利各个等级的臣从宣誓。意大利各省、波西米亚派来代表宣誓。她特别归顺服从，重宣安德烈二世国王[①] 1222 年所宣的誓而颇得匈牙利民心。这一誓言说："如果我或者我的某些继承者在某一时期意欲违犯你们的特权，根据我的这一承诺，你们和你们的后代将获准自卫，而不被说成是叛乱分子。"

这位大公夫人——女王的祖先越显得对履行这些诺言冷漠轻视，笔者刚才谈到的认真审慎行为就越使这位公主对匈牙利人来说更加亲切。匈牙利这个民族一直想摆脱奥地利家族的枷锁，选择特蕾西亚的管束。在叛乱、仇恨和内战连绵不绝两百年之后，这个民族一下转入个人崇拜。这位女王在几个月以后，1741 年 6 月 24 日才在普雷斯堡加冕。但她一直是君主。她因为和蔼可亲颇得人心，在民众心中已经是君主。这种作风在她的祖先身上极为罕见。她废弃那种会使王位变的更令人憎恶，而不使之变得令人尊敬的繁文缛节。她的姑母大公夫人、荷兰的总督夫人从来不同别人同席进餐。玛丽亚·特蕾西亚则准许所有夫人、所有杰出军官与她同桌用膳。社会各个等级的代表对她谈话毫不拘谨。她从未拒绝接见任何人，从未在接见完毕后怨恨不满。

她首先关注的是确保她的丈夫托斯卡纳·弗朗索瓦大公能以共同摄政的名义分享王权而丝毫不丧失她的最高权力，不违反国事诏书。最初她庆幸她用以装饰她的这位王侯丈夫的显职高位为他铺平了通往德意志帝国御座的道路。但是，这位公主钱财短缺。

[①]　安德烈国王（1205—1235 年），匈牙利国王。在位期间曾参加十字军东征。

她的军队分散在她辽阔的各个邦国。

普鲁士国王腓特烈三世于是让人向她建议把下西里西亚让给他。他向她提供贷款、援助、军队、价值500万法郎的钱款,以保证她拥有其余地区,并把德意志帝国给予她的丈夫。一些精明能干、高瞻远瞩的大臣预见到,假使匈牙利女王拒绝这些建议,德意志很快就会狼烟四起,烽火连天,天下大乱。但是,在这位女王的血管里流着的历代德意志皇帝的血,并没有留给她瓜分祖产的念头。她国势衰弱,但英勇无畏。普鲁士国王看到这个强国①虚有其表,只不过是个显赫的名字而已。欧洲当时的局势将万无一失地使他得到一些盟友,于是在1740年12月中旬向西里西亚进军。

有人想把这句格言写在旗帜上:Pro Deo etpatria(拥护上帝和祖国)。他涂去了Pro Deo(拥护上帝)。他说不应该这样把上帝的名字掺进世人间的纠纷。问题在于一个省份,而不在于一种宗教。他下令在他的警卫团队的队伍前面抬着一只在一根镀金的权杖的上端凸起的罗马雄鹰。这种创新事物迫使他必须各个方面所向披靡、战无不胜。他向他的军队训话,以便在各个方面都同古代的罗马人相似。然后,他进入西里西亚。他占领了差不多全省。他过去曾经被拒绝得到这个省份的一部分。但是一切仍属未定之天。诺伊帕格将军率领一支大约24000人的奥地利军队前来援救这个已被侵占的省份。他迫使普鲁士国王在尼斯和附近的摩尔维茨作战。于是,人们目睹普鲁士步兵如何英勇善战。普鲁士国王的骑兵数量差不多不及奥地利骑兵的一半,被全部击溃。他的步

---

① 指德意志帝国,即神圣罗马帝国。

兵的第一道防线侧翼已被攻占。有人认为这次战斗已经打输,毫无希望。普鲁士国王的辎重已被抢劫一光。这位王侯身处被俘险境,被他的亲随左右拖离战场。步兵的第二道防线,由于普鲁士人已经习惯的那种无法撼动、坚定不移的纪律,由于它们连续不断的射击,得以力挽狂澜,重振颓局。他们每人每分钟至少发射 5 发子弹,有个时候竟把铁棍装在刺刀上。普鲁士国王终于打赢了这一仗。这一事件成了一场燃遍全欧的熊熊烈火的信号。

第 六 章

法国国王联合普鲁士国王和波兰国王使巴伐利
亚选帝侯查理-阿尔贝当选为德意志皇帝　这位君王
被宣布为法国国王的副长官　他当选　他获得成功
他迅速失败

当普鲁士国王腓特烈三世占领西里西亚时,欧洲人认为他已
经同法国步调一致。这种看法大错特错。当人们根据只不过似乎
确有其事的事物进行思考和推理论证的时候,这种情况几乎总会
出现。普鲁士国王正如他自己承认的,真是暴虎冯河,大冒风险。
但是,他预见到法国不会错失这一协助他的大好良机。当时法国
的利益似乎在于帮助它的旧时盟友巴伐利亚选帝侯反对奥地利。
这位选帝侯的父亲从前曾经为了法国,在霍赫施泰特战役之后什
么都丧失殆尽。同样这个巴伐利亚选帝侯查理-阿尔贝曾经在童
年时代遭到奥地利人囚禁。奥地利人把他的一切,直到他的巴伐
利亚这个名字都抢得精光。法国人为他报仇雪恨,有利可得。与
此同时为他取得德意志帝国和奥地利的遗产似乎轻而易举,马到
成功。由此人们从新奥地利-洛林家族那里夺走那种旧奥地利-洛
林家族曾经对欧洲其他专制君主具有的优势。波旁家族和奥地利

家族之间的这种宿怨旧仇和竞争敌对正被消除。人们做的超过亨利四世和黎塞留红衣主教所能期望的。

腓特烈三世前往西里西亚时，第一个隐隐约约预感到这场革命。这场革命尚未打下任何基础。他没有同弗勒里主教采取任何措施。这一点千真万确，以致当受法国国王派遣前往柏林祝贺新君主的博沃侯爵在看到普鲁士军队新的调动和行军时，还不知道这些军队是否用于对抗法国或者对抗奥地利。腓特烈国王离开时对侯爵说："我认为，我会帮你一手。如果好牌到了我手里，我们就瓜分吧。"

这就是还遥遥无期的谈判的唯一开端。法国政府长期犹豫不决。已届85岁高龄的弗勒里红衣主教不想在一场新战争中损害自己的隆名盛誉，损害自己的高龄长寿，损害法国。法国国王颁布的国事诏书已经签署，真正得到保证。这就拦阻他进行这场战争。

此后成为贝尔-伊斯尔公爵元帅的伯爵和他的袍泽、著名的富凯[①]的孙子两人都既在国务方面没有什么权势影响，也不能接近国王，对弗勒里红衣主教的所思所想也无能为力，但却下定决心采取这一行动。

贝尔-伊斯尔元帅并没有做过什么惊天动地的大事，建过什么丰功伟绩，但却享有盛名。他没有任过大臣，也没有当过将军，但却被视为超群绝伦的国家和军队的领导人。但是，他体弱多病，这往往毁损他的雄才大略可能取得的成果。他不断行动，足智

---

① 富凯(1615—1680年)，路易十四在位时期的财政大臣。因侵吞公款被捕并被判刑。

多谋,满腹经纶。他的躯体因不堪他心智的重压而倒下。他作为讨人喜欢的近臣彬彬有礼,作为士兵胸无城府,坦率真诚,受人喜爱。他说服别人而不滔滔不绝表白自己,因为他总是显得信心百倍。

他的兄弟贝尔-伊斯尔骑士怀有同样抱负,具有同样观点。但这位骑士的观点更加深刻,因为更加壮实的身体使他工作起来更加孜孜不倦,不遗余力。他忧郁的神情使他的吸引力较小,但一经他的兄弟对他做出暗示,他会克制自己。他口若悬河,正如他英勇无畏。从他那冷峻而且十分急切的神态中人们感到某种激烈强劲的东西。他什么都能想象,什么都能处理,什么都能进行。

这两个人主要是因为观点一致,而不是因为血缘相同而紧密团结,采取行动改变了欧洲的面貌。

最初一切都似乎一帆风顺。贝尔-伊斯尔元帅先被派往法兰克福普鲁士国王的营帐,然后又被派往德累斯顿去协调执行因大批王侯会集和协作而万无一失的庞大计划。他各方面都与普鲁士国王和波兰国王萨克森选帝侯意见一致,十分协调。他在德意志全境往来奔走进行谈判。他是那个必须为一个自身碌碌无为的王侯取得一个帝国和世袭王位的党派的灵魂。法国既把金钱,又把盟友、选票、军队给予巴伐利亚选帝侯。(1741 年 7 月 31 日)法国国王向这位选帝侯派去一支他曾经答应派去的军队,并通过国王致议会的诏书把那个他将立为德意志皇帝的人设置为他的副长官。

巴伐利亚选帝侯获得大量援助,轻而易举进入奥地利。这时玛丽亚·特蕾西亚正在艰苦奋战,抗击普鲁士国王。这位选帝侯首先攻占隶属帕绍主教、把上奥地利和巴伐利亚隔开的德意志帝国城市帕绍。他抵达上奥地利的首府林茨。（8 月 15 日）一些支队推进到距离维也纳 3 里①处。处处风声鹤唳，草木皆兵。敌方匆匆忙忙准备顶抗包围。郊区房舍几乎全部拆毁。靠近防御工事的一座宏伟建筑也被拆毁。多瑙河上只见满载人们寻求安全妥藏的金银细软、宝贵财物的船只。巴伐利亚选帝侯甚至叫人向维也纳总督克文弗勒发去警告和勒令。

当时英国和荷兰远未把这种它们长期企图拥有的天平掌握在手中。荷兰三级会议目睹一支驻在威斯特伐利亚的马伊布瓦元帅②的军队却保持缄默。这支军队使英国国王畏服。他为他在汉诺威的各个邦州深感忧虑。他本人当时正在汉诺威。他征募了5000 人，以便援救玛丽亚·特蕾西亚。但是，他不得不率领这支为她征募的军队抛弃了她，不得不签署一项中立条约。

当时在德意志帝国内外没有任何一个强国支持这份众多国家曾经保证的君主颁布的国事诏书。维也纳在它深受敌方威胁的边境设防极差，几乎无法进行抵抗，不堪一击。那些对德意志和国家事务了解最深的人认为：随着维也纳被占，匈牙利人的道路已被封堵；剩下的一切都向胜利之师敞开；一切要求都得到处理；和平已经给予德国和欧洲。

（1741 年 9 月 11 日）玛丽亚·特蕾西亚的败亡越显得不可避免，她就越英勇顽强。她从维也纳出走，投入匈牙利人怀抱。匈牙

---

① 法国古里（约合 4 公里），下同。
② 马伊布瓦（1682—1762 年），曾率兵征战意大利。

利人曾经遭到她的父亲和祖父等人冷酷无情的对待。她在普雷斯堡召集这个邦国的四个等级开会。她抱着她那个几乎还睡摇篮的大儿子出现在与会者中。她用流利的拉丁文对与会者讲话。下面几乎就是她的原话："我被朋友抛弃,受敌人迫害,受近亲攻击。我除了你们的忠诚、你们的勇敢、你们的坚定忠贞之外,别的什么都没有,我已经山穷水尽。我把你们国王的女儿和儿子交到你们手中。他们等待你们拯救。"省长和总督深受感动和激励,全都拔剑出鞘,高呼:"Moria pro rege nostra Maria-Theresia!(让我们为我们的女王玛丽亚·特蕾西亚战死吧!)"他们始终把国王称号给予他们的女王。从未有一位公主比她更配得上女王这个称号。他们全部泪流满面,宣誓保卫她。只有她自己强忍眼泪。但是,当她同女侍退出集会时,她刚才坚毅地强忍住的眼泪泉水般喷涌出来。她当时已有孕在身。此前不久,她曾经致函她的婆母洛林公爵夫人说:"我还不知道我是否还剩下一个城市来分娩呢。"

在这种情况下,她激励了曾臣属于她的匈牙利人的热情。她振奋了英国和荷兰,有利于己。这两个国家给予她金钱援助。她在德意志帝国进行活动。她同撒丁国王进行谈判。她所属各省向她提供兵员。

英国举国上下振作激奋,这对她颇为有利。这个民族不属于那种抒发己见唯主子马首是瞻的民族。一些个人建议给予这位公主无偿赠与。马尔巴勒公爵[①]夫人,那个曾经为查理六世作战的

---

① 马尔巴勒(1650—1722年),英国名将。曾在莱尼姆、拉米、德纳尔德等地与法军作战,取得大捷。

人的遗孀,召集了伦敦的头面人物的夫人。她们承担向匈牙利女王提供 10 万英镑。马尔巴勒公爵夫人本人提供其中 4 万。这位女王高尚伟大,不接受人们慷慨提供的这笔钱。她只要那笔她等待的、来自这个全民意志汇集在一个议会里的国家①的钱。

人们以为得胜的法国和巴伐利亚的军队即将包围维也纳。必须始终令敌人心惊肉跳、提心吊胆。这是决定性打击中的一次。这是命运某次提供的、千载难逢的、失而不会复得的时机之一。巴伐利亚选帝侯敢于怀抱攻占维也纳的希望,但他对进行这次围城未做任何准备。他既无大炮,也无弹药。弗勒里红衣主教根本不打算给予他这个首都。因为折中办法很合他的心意。他本来愿意在得到战利品之前就将其瓜分。他并不认为他扶立的德意志皇帝拥有全部继承权。

法国军队听从巴伐利亚选帝侯指挥,在萨克森军队两万人的协助下,于 1741 年 6 月 25 日向布拉格进军。波兰国王的非婚生兄弟、萨克森的莫里斯伯爵,进攻这座城市。这位将领具有父王的特别身躯的力量,具有父王温和的性情和同样的勇气,具有作战的卓越才能。他的声望使他于 1726 年 6 月 28 日被一致选为库朗德公爵。然而,在北欧发号施令的俄罗斯却从他手中夺走整整一个民族的选票给予他的东西。他在为法国人效劳时,在这个国家与人交往得到乐趣时,自我安慰。这个国家对他还了解不深。

在短短几天内攻占布拉格或者放弃这一行动,二者必择其一。粮食奇缺,季节提前。这座大城市虽然设防甚差,却轻易顶住最初

---

① 指英国。

几次进攻。在要塞担任指挥的、身为爱尔兰人的奥吉尔维将军有卫戍部队3000人。女王的丈夫托斯卡纳大公率领一支3万人的军队前往援助。9月25日,他已经抵达布拉格。法国人和萨克森人当夜发起进攻。

他们发起两次进攻。炮声隆隆,不绝于耳。炮声把整个卫戍部队吸引到他们那个方向。这个时刻萨克森伯爵悄然下令,准备在一个远离进攻的地点向新城的城堡围墙单独搭起一架梯子。当时担任博斯团中校的谢维尔大人第一个登上梯子。布罗格利元帅的长子紧随其后。攻城士兵抵达城堡围墙跟时,在几步远的地方发现只有一名哨兵。于是大批登上,占领这座城市。该城整个卫戍部队放下武器。奥吉尔维同他率领的3000人全体被俘。萨克森伯爵让这座城市免遭劫掠。奇怪的是,战胜者同战败者混杂达三天之久。法国人、萨克森人、巴伐利亚人、波西米亚人混杂在一起,无法辨认。这场战斗真是兵不血刃。

巴伐利亚选帝侯刚刚到达营帐,就向法国国王禀报这次胜利,正如书面向一个他率领其军队的将领禀报一样。他在攻占该城的同一天进入波西米亚首府,并于12月在该地让人加冕。与此同时,无法拯救这个首府、无法在这座城市附近继续坚持的托斯卡纳大公,撤到这个省份东南,让他的兄弟洛林的查理亲王统率他的军队。

与此同时,普鲁士国王攻占了位于波西米亚和西里西亚之间的省份摩拉维亚。这样玛丽亚·特蕾西亚就似乎四面楚歌,受到压逼。她的这个竞争者已在林茨被加冕为奥地利大公,又刚刚在布拉格戴上波西米亚的王冠,接着又从该地前往法兰克福以查理七世之名接受德意志皇帝的冠冕。

　　跟随这个竞争者从布拉格来法兰克福的贝尔-伊斯尔元帅似乎更主要是首批选帝侯之一，而不是法国大使。他谨慎对待各种意愿和看法，领导各种谈判。他接受他作为给予德意志皇帝帝位的国王的代表应该得到的荣誉。主持德意志皇帝选举的美因茨选帝侯在他的宫中向他伸出手，而法国大使却在他自己家中只向选帝侯们伸出手，而且走在所有其他王侯前面。他的全权授予证书被译为法文。直到那时为止，大公首相府一直要求这类文书用拉丁文撰写，正如拉丁文是一种有着罗马帝国称号的政府的文字一样。查理-阿尔贝于 1742 年 1 月以最平静、最庄严的方式当选。人们本会认为他已经达到光荣和幸福的顶峰。但是，天有不测风云，人有旦夕祸福，运道骤然生变。正由于他的地位上升，他成了世界上最不幸的王侯之一。

第 七 章

紧随德意志皇帝巴伐利亚的查理-阿尔贝取
得的胜利 迅速降临的灾难

短缺骑兵这个错误开始被感受到。贝尔-伊斯尔元帅在法兰
克福病倒。他既想指导进行谈判，又想遥控指挥一支军队。盟国
开始同床异梦，各怀心志。萨克森人对普鲁士人抱怨连天，而普鲁
士人又对法国人怨声载道。法国人也对普鲁士人大事责备。玛
丽-泰蕾丝在自己坚定不移的意志的支撑下，得到英国、荷兰和威
尼斯的金钱支援，得到佛兰德尔的贷款支援，特别得到最后来自四
面八方的联合起来的军队的那股拼命狠劲的支援。法国军队由一
些威信不高的将军率领，疲惫不堪，加以疠疫流行、逃跑投敌事件
时有发生，因而颇受折损。新兵补充极其困难。而古斯塔夫-阿
道夫方面的情况却远非如此。这位将领在德意志开始作战，过去
率领不到 1 万人，现在率军却达 3 万人之多。随着他在这里获得
进展，他扩充了部队。得胜的法军每天都遭到削弱，而奥地利军队
却得到加强。托斯卡纳·弗朗索瓦大公的兄弟、洛林的查理亲王
率军 35000 人进驻波西米亚中部。全体居民都拥护他。他开始成
功地进行一次防御战，方式是：持续不断让敌人处于惊恐状态；切

断他们的运输车队；用大量匈牙利骑兵、克罗地亚人、匈牙利非正
规部队和塔尔帕奇军从四面八方袭扰敌人。匈牙利非正规部队是
居住在德拉瓦河和萨瓦河沿岸的斯卡拉冯人。他们身穿长衣，腰
上挂着手枪数支、马刀1把、匕首1把。塔尔帕奇军是匈牙利的一
支步兵。他们每人配备步枪1支、手枪2支和马刀1把。克罗地
亚人在法国叫作克拉瓦特人，参加这次战斗的是克罗地亚民兵。
匈牙利骑兵是匈牙利骑士。他们乘骑轻捷耐劳的小马。他们使分
散驻守过多据点而配备骑兵很少的军队心烦意乱、坐立不安。法
国和巴伐利亚的军队就是在这种情况下分驻各地。德意志皇帝查
理七世意欲使用少量兵力保有大片土地。人们认为这大片土地匈
牙利女王没有能力夺回。然而，整片土地全都收复。最后战争从
多瑙河蔓延到莱茵河。

　　弗勒里红衣主教眼见很多希望破灭：开始一帆风顺之后，每况
愈下，灾难接踵而至。他致函科尼格塞克将军。他让贝尔－伊斯
尔元帅将此函交给这位将军。他在信中对正在进行的战争表示歉
意，但为之申辩。他承认自己已被卷带超过限度。（1742年7月
11日）他说："很多人都知道我多么反对您做出的决定。在某种程
度我是被迫同意这些决定的。阁下对发生的一切了若指掌，不会
猜不出谁千方百计让国王加入一个同我的看法大相径庭、同我的
原则背道而驰的联盟。"

　　匈牙利女王的全部答复是教人把弗勒里红衣主教的这封信印
刷出来公诸于众。很容易看到这封信产生了何种恶劣的作用：首
先，它显然把对战争的一切非难指责都加在奉派同科尼格赛克伯
爵进行谈判的将军的身上，使这位将军声名狼藉，令人憎恶，而不

是让谈判易于进行；其次，这封信承认政府的软弱无能。不能预见到这种软弱无能会被人滥用、不能预见到法国的盟国会由热变冷、不能预见到它的敌人竟会变得胆大，凡此种种就是对人了解甚差。弗勒里红衣主教看到这封信印刷出来后，写了第二封信。他在信中向这位奥地利将军抱怨他的第一封信被人公诸于众。他对他说，他以后再不会写信告诉他自己的所思所想。这第二封信比第一封信造成的损害更大。他在几份公开的文件中否认这两封信。但谁也没有受到这个行为的欺骗。这个否认使最不指责挑剔别人的人所原谅的一个年高87岁的人的身上的错误行径达到顶点。这个老人对糟糕的胜利已经感到十分厌倦。最后，巴伐利亚的德意志皇帝让人向伦敦提出和平方案，特别是有利于汉诺威的主教管辖区的世俗化。英国政府认为为了取得这种世俗化并不需要争取德意志帝国，于是公开这些建议，乃是表示对之嗤之以鼻。德意志皇帝像弗勒里红衣主教否认战争一样，被迫撤回这些和平建议。

争吵比过去任何时候都更加激烈。法国为一方，英国为另一方——这实际上是以助手为名义的两方——都力图用武力掌握天平。波旁家族第二次被迫顶抗几乎整个欧洲。

弗勒里红衣主教过于年迈，不能支撑如此沉重的担子。他遗憾地把法国的大量财富用于他颇不情愿、无可奈何进行的战争。他只看到他的错误招致的不幸。他过去从未想到需要一支海军。法国所余的海上力量舰创船沉，被英国人全部摧毁。法国的外省全部暴露于外敌侵犯之下。法国树立的德意志皇帝三次被驱逐出他自己的邦国。

　　法国军队未经重大战役就在巴伐利亚和波西米亚遭到歼灭。兵连祸结，内忧外患，灾难重重，以致需要的和似乎难以实施的撤退被视为一大幸事。（1742 年 12 月）贝尔-伊斯尔元帅拯救了被围困在布拉格的法国军队的残余，并在敌人的眼皮下，经由一条在坚冰中的长 38 里的偏离正道的小路把约 3 万法军从布拉格带回埃格拉。最后，战争从奥地利的腹地转移到莱茵河。

　　（1743 年 1 月 29 日）弗勒里红衣主教在这重重灾难之中死于伊西村，把战争、海军、财政以及政治事务遗留在毁损了他治国理政的光荣，而不是搅扰了他灵魂的安宁的危机中。

　　从这时起路易十五下定决心亲自治国理政，亲自统帅军队。他身处与他的曾祖父①曾经身处的那场被称为王位继承战争的战争②相同的处境。

　　他必须支撑法国和西班牙对抗同样的敌人，即奥地利、英国、荷兰和萨伏依。要对法国国王感到的困境、人们面临的危险以及他们的手段、谋略、人力资源有一个正确概念，必须看看英国怎样掀起欧洲所有的这些震荡。

---

①　指法国国王路易十四。
②　指 1701－1714 年的西班牙王位继承战争。

第 八 章

英国、西班牙、撒丁国王和意大利各个国
家的行为　土伦战役

众所周知,在乌得勒支和约缔结之后的祥和幸福、国泰民安的
时期,据有米诺卡岛和直布罗陀海峡的英国人已经从马德里宫廷
取得马德里的保护者法国人所没有的特权。英国商人前往西班牙
殖民地出售他们在非洲购买的黑人,使之沦为新世界的奴隶。一
些人被另一些人以每人 33 皮阿斯特的价格出卖。这笔钱付给西
班牙政府。这些被出售者是提供巨大收益的物体。因为英国公司
通过提供 4800 个黑人,获得出售 800 个黑人而无须缴付税款的好
处。其他国家被排除在外,英国人得到最大的好处是,让这家公司
获准自 1716 年起派遣一艘船到贝洛港。

这艘船最初只应载重 800 吨,1717 年通过协议能够载重 850
吨,但实际上因过度装载,达到了 1000 吨。这就使装载货物价值
两百万。这 1000 吨还是英国公司的贸易的最小目标。一艘借口
向这艘船运去粮食、始终跟随这艘船的海关检查艇不断穿梭来往,
驶来驶去。这艘小艇在英国殖民地装载它向载货船运去的物品。
这艘载货船从不卸货。它这样操作取代整整一支船队。甚至经常

有其他船只来扮演这艘获得特准的船只的角色。这些船只中的小艇沿美洲海岸航行，运载民众需要的货物，使西班牙政府蒙受损失，甚至使参与在墨西哥海湾的西班牙港口进行贸易的国家受到损失。西班牙总督对待英国商人十分严厉，而且总是过于严厉。

一个名叫詹金斯的英国船主1739年来到英国下议院。此人直爽而质朴，过去从未从事过任何非法贸易，但他的船在西班牙人不愿忍受英国船只骚扰之苦的美洲的一个沿岸海域遇到一艘海岸护卫舰。护卫舰的西班牙艇长扣留了詹金斯的船，让船员带上脚镣手铐，割下这个船主的鼻子、耳朵。詹金斯就用这个缺鼻少耳的模样来到英国下议院。他以他的职业的和性格的朴实与爽直叙述他的险遇。他说：“先生们，当我这样被人弄残废后，我受到死亡威吓。我等待死亡到来。我把我的灵魂托付给上帝，把我的复仇雪恨托付给祖国。”这些话直截了当、自自然然说了出来，在全体议员中激起一片怜悯的、愤怒的叫喊。伦敦民众在议会门前呼喊：“**不让大海自由航行，就打仗！**”英国的议会里或许从来没有人谈论别的议题比谈论这个议题时更加口若悬河、滔滔不绝。本书作者不知道是否古时在雅典或者在罗马，人们在差不多类似的场合发表的经过深思熟虑、字斟句酌的演讲胜过温德哈姆骑士、卡特雷特爵士、罗伯特·沃尔波尔大臣、切斯特菲德伯爵、普特内伯爵①（此后是巴西伯爵）等人当时的即席发言。这些发言是英国政府和英国精神产生的自然结果，有时令外国人大为惊讶，正如某个国家的一

①　以上五人均为当时英国政界头面人物。其中卡特雷特曾任国务大臣。

种在当地贱价出售却在别处被人花大力气、仔细用心搜求的产品一样。但是,细读这些感情用事、受到党派思想支配的演说必须谨慎小心。国家的真情实况在这些演说中几乎总是掩盖得严严实实。执政党在这类演说中总是把政府描绘得欣欣向荣、蒸蒸日上;而反对党却向人肯定一切都江河日下,衰败朽落。不实之词处处充斥。于是,一个英国下议院的议员大声疾呼,问道:"什么时候一个陆军大臣说过没有英国的允许不得在欧洲大胆开一炮呢?"

国家的呼声终于使英国议会和英国国王下定决心。1739 年末英国在既合乎程式又合乎礼仪的情况下向西班牙宣战。

这场战争的战场先是海洋。在这场战争中,两国的海上行劫者,备有国王颁发给议会的诏书,在欧洲和美洲攻击所有商船,互相破坏他们为之斗争的商业贸易。不久以后,双方终于开始更大规模的敌对行动。

(1740 年 3 月)弗农海军元帅[①]率军深入墨西哥湾,攻占贝洛港。这个港口是新世界的财富的货栈。这位元帅平毁该港,使之成为一条经由此地英国人可以手执武器进行贸易的自由通道。这次远征行动被英国人视为为国家立下的最大功劳之一。英国议会上、下两院对弗农海军元帅深致谢忱。两院致函这位元帅,如同在霍赫施泰特[②]战斗日之后曾经致函马尔巴勒公爵一样。从这个时期起,尽管国家的开支巨大,英国人的南方公司的股票却坚挺上扬。于是英国人希望征服西班牙所属美洲。他们认为弗农元帅攻

---

① 弗农(1684—1757 年),1739 年率舰队前往攻占西班牙在美洲的殖民地。

② 霍赫施泰特为德意志巴伐利亚城市。1704 年 8 月欧仁和马尔巴勒曾率军在此战胜法军。

无不克，所向披靡。不久以后，当这位海军元帅即将围困卡塔赫纳港时，他们如此急不可待、匆匆忙忙地筹备庆祝攻占该城，以致正当弗农撤围时，他们教人轧制有卡塔赫纳港及其近郊的图像的勋章。勋章正面铭文是：**"他攻占了卡塔赫纳"**。勋章背面是弗农的像，铭文是**"致为他的祖国报仇雪恨者"**。如果更加翔实、更加准确的历史未能防止这些错误的话，这些过早制作的勋章就会蒙骗后代。类似的例子真是举不胜举。

法国只有一支弱小的海军，因此当时对此事未置一词，没有公开表态。但是，法国政府竭尽全力援助西班牙。

当德意志皇帝查理六世之死在欧洲引起动乱之际，西班牙人同英国人之间的关系就是这样。奥地利和巴伐利亚之间的争执在德意志产生了什么后果已为世人所知。意大利不久以后也饱受奥地利王位继承问题的困扰折磨。西班牙家族要求得到米兰内。帕尔玛和皮亚琴察因一个生为帕尔玛公主的王后的儿子拥有的出身权而应回归此人。如果菲利普五世曾经想为此人拥有米兰内，他本会让意大利惶惶不可终日。如果人们曾经把帕尔玛和皮亚琴察预定给已经是那不勒斯和西西里的主人的堂·卡洛斯，那么在这同一位君王统治下联合在一起的过多邦国就会更加令人惊恐万状。堂·卡洛斯之弟堂·菲利普，是第一个米兰内和帕尔玛桑被预留给他的人。米兰内的女主人、匈牙利女王苦心孤诣，力求在该地维持下去。撒丁国王萨伏依公爵要求得到他对这个省份拥有的权利。他担心看到这个省份落入与奥地利家族联结的洛林家族手中。奥地利家族同时拥有米兰内和托斯卡纳。这个家族有朝一日能够把已经通过 1737 年的和 1738 年的条约让与撒丁国王的土地从这位国王的手中夺走。但是,当这位国王看到波旁家族的另一个亲王是那不勒斯和西西里的主人时,更担心受到法国和这个家族一位亲王的压逼。

从 1742 年开始,堂·菲利普就下定决心同匈牙利女王联合起来,但并不与她协调一致。他们团结起来仅仅是为了对付现实的危险而已,彼此并不让对方得到什么别的好处。撒丁国王甚至为自己保留在他想采取其他举措时采取这些举措的权利。这是一项两个只想自卫不受第三者攻击的仇敌之间的条约。西班牙宫廷派遣堂·菲利普王子进攻撒丁公爵国王。这位国王既不愿以西班牙宫廷为友,也不愿以这个宫廷为邻。弗勒里红衣主教曾经让堂·菲利普和一部分他的军队通过法国,但并不愿意向他提供军队。

在一段时间内人们做得太多,在另一段时间又担心做得不够。这种心态和行为的原因是:人们还自以为能把撒丁国王重新争取过来。这个国王总是让人抱有希望。

此外,当时人们不愿直接与英国人进行英国人必然会宣布的这场战争。当时正在德意志开始的土地事务革命不允许到处顶撞这个海洋强国。英国人借口维持欧洲均势,公开反对堂·菲利普在意大利立足。这种均势不管是否被人正确理解,已经变成英吉利民族热衷的事物。然而,一种隐藏更深、秘而不宣的关切和利益,却是伦敦政府的目的。英国政府意欲迫使西班牙分割新世界的商业贸易。它本会以西班牙付出的这个代价帮助堂·菲利普前往意大利,正如它曾经于 1734 年帮助堂·卡洛斯一样。但是,西班牙宫廷丝毫不愿意损己富敌,并打算使堂·菲利普在他的各个邦国中站稳脚跟。

　　自 1741 年的 11 月和 12 月起,西班牙宫廷已经通过海路向意大利派遣多支部队。这些部队由因取得比通托战役的胜利,接着又因失宠而名噪一时的蒙特马尔公爵统率。这些军队接二连三在托斯卡纳和被称为**德格里·普雷西德**的国家的港口登陆。该地属于德西西里。必须前往托斯卡纳的土地。托斯卡纳大公——匈牙利女王的丈夫——不得不允许这些军队过境,不得不宣布匈牙利中立。娶法国摄政王奥尔良公爵的女儿为妻的莫德内公爵宣布中立。西班牙军队必将在这些时机进入奥地利人的领土和教皇本笃十四的领土。这位教皇以各国王侯和人民的共同父亲这个比什么都更好的名分,也同样采取中立,而此时他的子女却随意住在他的领土上。

　　另外一些西班牙军队经由热那亚陆路到达。这个共和国还自称中立,让这些军队通过。将近此时,虽然事关那不勒斯国王的父亲和他的兄弟的事业,这位国王也采取中立。然而,所有这些表面中立的专制君主,实际全都并非如此。

　　关于那不勒斯的中立,其后果如下:8 月 18 日,人们大吃一惊,看到一支由 6 艘每艘装备 60 门大炮的军舰、6 艘三桅战舰和 2 艘荷兰圆头炸弹帆船组成的英国舰队出现在那不勒斯港的视界内。指挥这支舰队,此后成为海军统帅的马丁舰长,派遣一名军官携带一封致首相的信上岸。这封信的基本内容是,那不勒斯国王必须把他的部队从西班牙军队中召回,否则就将立即炮轰这座城市。举行了几次会谈。英国舰队司令最后把他的表放在上甲板上,说他只给一分钟时间让对方做出决定。那不勒斯港没有炮兵。该港对这一始料不及的侮辱没有采取任何预防措施。于是,人们看到**"谁是海洋的主人，谁就是陆地的主人"**这一古老格言往往真实正确、信而有征，不得不答应执行这位英军司令提出的要求，甚至必须信守到有时间保卫港口和王国为止。

英国人自身深切感到那不勒斯国王无法再在意大利保持这种强迫中立，其程度正如英国国王当年无法保持他在德意志的中立一样。

（1743 年 12 月）由蒙特马尔公爵率领开来意大利降伏伦巴第的军队于是撤往那不勒斯王国边境。这支军队一直受到奥地利人压逼。于是撒丁国王返回皮埃蒙和他的萨伏依公爵领地。该地变幻莫测的战争局势要求他身在该地。堂·菲利普王子曾经力图率领另一些部队在热那亚登陆，但劳而无功。英国舰队加以阻拦。但这位王子经由陆路深入萨伏依公爵领地，并加占领。这是个在它与多菲内之间的边境几乎不设防的地区。它土地肥沃却又贫困不堪。它的统治者当时勉勉强强有 10 万利弗的收入。撒丁国王、萨伏依公爵查理-埃马努埃尔舍弃这个地区，前往保卫一个较此重要的地区——皮埃蒙。

读了这段叙述，可以看到事事都会令人提心吊胆，忐忑不安。从西西里的腹地到意大利的腹地，所有省份都遇到失利挫折。当时奥地利只同巴伐利亚公开作战，此时意大利却受到破坏，惨遭蹂躏。米兰内、曼图昂、帕尔玛、莫德内和加斯塔拉的人民目睹所有这些突然入侵和打击，都万分悲痛，却又无可奈何。他们长期以来就已习惯于俯首甘当给予征服者的报偿，而不敢起而反抗，表达己见。

西班牙宫廷让人向瑞士人提出过境要求，以便再把一些军队通过瑞士运往意大利,但遭到拒绝。瑞士向欧洲各个王侯出卖士兵,并保卫自身以防这些王侯入侵。瑞士政府在国内是和平的,而瑞士人民却尚武好战。这样一种中立受到尊重。威尼斯在它那方面,征兵两万以使自己的中立具有力量。

在土伦停泊着一支由 16 艘船舰组成的西班牙舰队。这支舰队首先用于运送堂·菲利普前往意大利。但是,正如已被人看到的那样,他已经取道陆路前往。这支舰队应该向堂·菲利普的军队运去弹药给养,但却无法完成这一任务。它被一支称霸主宰并袭击意大利和普罗旺斯的全部海岸的英国舰队阻留港内。西班牙炮手作战技术不熟练。他们在土伦港内操练了 4 个月。操练方式是进行非实弹射击、悬赏鼓励竞技比武和提高作战技术。

(1744 年 2 月 22 日)当西班牙炮手作战技术日趋熟练时,西班牙舰队奉命由约瑟夫·纳瓦罗率领驶出土伦锚地。这支舰队只有 12 艘船舰,因为西班牙没有足够操作 16 艘船舰的水手和炮手。这支舰队立即与法国的由库尔指挥的 14 艘战舰、4 艘三桅战舰和 3 艘火攻放火小船会合。这位统帅当时已年高 80,但仍然心智健全、体格强壮,有魄力、有能力指挥这样一支武装力量。40 年前他曾经参加马拉加海战。在这次海战中他担任旗舰舰长。从那时起,他除了曾于 1718 年在墨西哥外海作战外,没有在世界任何地区参加过任何战斗。英国海军元帅马修斯率军迎战法、西联合舰队。他率领的舰队有战舰 45 艘、三桅战舰 5 艘、火攻放火小船 4 艘,具有数量优势。他还善于借助风力作战。海战胜负往往取决于操作,正如陆战胜负取决于有利的据点。英国人先于敌方把自己的海上船舰列成作战队形,排列成今天的战斗序列。其他国家就是从英国人那里学来把舰队分开为前卫、后卫和战斗队的惯例。

土伦战役就以这种战斗序列进行。敌对双方旗鼓相当、势均力敌。舰队交锋两败俱伤，都被击溃。

土伦海战日之战因而胜负未决。这与好些其他海战如出一辙。在这些海战中，庞大的战争机器和历时长久的战斗的成果是交战双方兵员被大量杀伤，双方船桅大量折毁，双方都痛苦呻吟、抱怨连天。西班牙人抱怨未能获得足够救助；法国人指责西班牙人侦察敌情过少。尽管两国国王亲密无间、融洽相处，这两个国家尽管结成联盟，却同床异梦，貌合神离，不团结一致。

尽管如此，从这场战斗中真正获益的仍是法、西两国：地中海至少在一段时间内船舶可以通行无阻；堂·菲利普所需弹药给养易于运到普罗旺斯海岸。但无论是法国舰队还是西班牙舰队，当马修斯返回这些海域时，都不能同这位海军元帅分庭抗礼，决一雌雄。法、西两国，不得不为此继续维持供养大量陆军。它们没有那种构成英吉利强国的手段的海运业带来的取之不尽、用之不竭的资金。

第 九 章

孔蒂亲王强行越过阿尔卑斯山　意大利的事态

（1774 年 3 月 15 日）路易十五在做出这种种努力之时向乔治二世国王[①]宣战，（4 月 26 日）不久以后他又向匈牙利女王宣战。女王也在形式上向他宣战。这在双方都只不过是礼尚往来，增加一种虚空的礼仪而已。西班牙和那不勒斯都没有宣战，但却大动干戈。

堂·菲利普率领以拉米纳侯爵为统帅的西班牙军队两万人。孔蒂亲王由法军两万人跟随。两人都竭力激起自己军队的必胜信念和顽强勇敢的精神。军队正需要这种精神以深入皮埃蒙。在这个地区，行军队列遇到的艰难险阻并非微不足道、可以等闲视之的障碍。孔蒂亲王曾经以副长官身份参加过惨烈的巴伐利亚之战，因此具有他在青年时代获得的经验。

1744 年 4 月 1 日，堂·菲利普王子偕同孔蒂亲王渡过从阿尔卑斯山奔腾而下，流入尼斯下方的热那亚的勒瓦尔河。整个尼斯伯爵领地投降。但是，要继续推进，必须进攻维尔弗朗什附近的防

---

① 　乔治二世(1683—1760 年)，英国国王和汉诺威选帝侯。

御工事。这些防御工事后面还有蒙塔尔邦要塞。这个要塞位于悬崖峭壁之中。这些悬崖峭壁形成一长列几乎无法接近的防御工事。只能通过狭窄的山谷和深渊向前推进。敌军炮弹向这些山谷和深渊大量倾泻。必须在炮火之下从一些悬崖峭壁攀登上另一些悬崖峭壁。必须与英国人交锋,直到阿尔卑斯山为止。马修斯海军元帅已经修复他上次海战受损的船舰,前来恢复他的海上霸主地位。他已经在维尔弗朗什登陆。他的士兵与皮埃蒙人协同作战。他的炮手准备进行炮火轰击。尽管有诸如此类的危险,孔蒂亲王仍然出现在皮埃蒙的防御工事——维尔弗朗什的隘口。这道防御工事高约两百托瓦兹①。撒丁国王认为,它远在打击范围之外。那里法国人和西班牙人遍布各处,触目皆是。这位英国海军元帅和他的水手即将被俘。

(1744 年 7 月 19 日)进攻部队向前挺进,最后一直深入到夏托-多凡谷。康波-桑托伯爵率领西班牙军队经由另外一道峡谷跟随孔蒂亲王。康波-桑托伯爵自从康波-桑托之战以来就取用这个名字。他在康波-桑托采取了令人骇异的行动。这个名字是对他的奖赏,正如在比托尼奥②之战后人们把比托尼奥这个名字给予蒙特马尔公爵一样。没有比打赢了的战斗的名称更好的名称了。

古夫里大法官谢维尔在日正中天时攀登一块巨大的岩石。上面有两千名皮埃蒙人筑堡固守。这个勇敢的人,过去曾经在一次

---

① 法国旧长度单位,相当于 1.949 米。
② 比托尼奥为意大利城市。1734 年西班牙军队在此打败奥地利军队。

战斗中身先士卒，登上布拉格的城堡围墙。这次又是首批登上这块巨岩的人之一。这次攀登行动比布拉格那一次造成更多伤亡。攻方没有大炮，而守方皮埃蒙人的大炮则雷电般轰鸣，向进攻者猛轰。撒丁国王置身这些防御阵地后面激励士气。战斗一开始，吉夫里大法官就受了伤。维尔米尔侯爵获悉一条同样重要的通路刚刚被法国人顺利强行打开之后，下令撤退。吉夫里下令打归营鼓，鸣金收兵。但法军兵官过度兴奋激昂，拒不听命。普瓦图中校跳进最前面的防御阵地。投弹手从防御阵地冲向另一些防御阵地。令人难以置信的是，他们甚至就在敌方大炮射击后惯常移动后退的瞬间经过大炮射击孔。这次战斗双方伤亡近两千人，皮埃蒙人无一逃脱。撒丁国王灰心绝望，想自己扑向进攻者。好不容易才把他拦阻。吉夫里大法官阵亡。沙利上校和拉卡特侯爵被杀。阿热诺瓦公爵和另外多人受伤。但在这样一个场地上，作战付出代价少于预期。康波-桑托伯爵未能到达这条进行激战的狭窄而陡峭的峡谷。他致函菲利普麾下的西班牙军队将领拉米纳说："以后会出现几个我们能够干得和法国人同样漂亮的时机，因为不可能干得更好了。"本书作者在将领们的信中找到一些饶有兴味的特别情节时，总是转述这些信。这样，本书作者还将抄录孔蒂亲王奏呈法国国王的关于这一作战日的内容。这是一次曾经进行过的最光辉、最激烈的战斗。军队在这场战斗中表现出超人的勇猛。普瓦图旅由阿热诺瓦大人率领，真是无限光荣。

　　"谢维尔大人的勇敢和沉着机智是促成取得胜利的主要因素。臣谨向陛下举荐索勒米大人和莫德内骑士。拉卡特被杀死。陛下，您是深知友谊的价值的。陛下会感到臣对他的死何等悲伤。"

一位亲王写给一位国王的这些话语对其他人来说不啻关于美德的一课。历史应该把这些课文保存起来。

攻占夏托－多凡，必须占领被称为**路障**的地形地物。这是一条位于直冲云霄的两山之间的 3 托瓦兹长的通道。撒丁国王已经让流经这条山谷的斯图拉河流入这道悬崖绝壁中。三道防御工事和一条隐蔽道路在河的那一边防卫一个又被称为路障的哨所。接着必须攻克德蒙城堡。这座城堡花费巨资建在斯图拉河河谷中间的一块巨石的顶端。在这之后，法国人成了阿尔卑斯山的主人，埃蒙平原已经在望。进攻夏托－多凡前夕，法国人和西班牙人巧妙地绕过这些路障。这些路障几乎不发一枪就被攻占。守卫这些路障的人受到敌我双方炮火夹击。这次胜利是战争艺术杰作之一，因为它是光辉的，它完成了预定目标，而没有让人血染沙场。

第 十 章

德意志皇帝查理七世的新厄运　德廷根战役

壮丽崇高的行动屡见不鲜，但对主要目标却毫无裨益。这种情况几乎在所有战争中经常出现。匈牙利女王的事业并不因此而较少取得胜利。德意志皇帝查理七世实际上是被法国国王任命为皇帝。他也不因此而在他的各个世袭邦国更稳坐江山。法国也并不因此较少被驱退到莱茵河和迈因。最后，法国也并不因此为了一宗与它风马牛不相及的官司，为了一场它本可避免的战争而国力较少枯竭。这个行动是贝尔–伊斯尔元帅仅仅出于一己的野心而进行的战争。法国在这场战争中所得甚少，所失颇多。

德意志皇帝查理七世先在奥格斯堡避难。这座城市是德意志帝国的自由城市，像共和国那样进行管理，因奥古斯特这个名字而著称于世。这座城市是唯一还保存着奥古斯特这个名字的残余的城市，虽然这些残余的外表已经改观。奥古斯特这个名称从前在日尔曼尼和高卢之间的边界上曾为众多城市所共有，十分普遍。查理七世在这座城市居留不长。他于1743年6月离开这座城市时看到一个以杀烧掳掠、恶狠凶残著称的名叫芒泽尔的匈牙利骑兵上校进入该城。这时他真是悲痛欲绝。这个军官在大街上对查理七世破口大骂。

查理七世把他不幸的命运带到法兰克福。这是一个比奥格斯堡享有更多特权的城市。这个城市曾经举行过选他为德意志皇帝的选举。但是，他这次来到这个城市，结果却是看到他的不幸雪上加霜。他在距他新避难所 4 英里的地方进行了一场决定他命运的战斗。

苏格兰人斯泰尔伯爵是马尔巴勒公爵的弟子之一，曾任英国驻法大使。他此时已经率领 5 万英军向法兰克福推进。这支军队由英国人、汉诺威人和奥地利人组成。英国国王经过法兰克福，同他的次子坎伯兰公爵一起到达德意志皇帝的避难所。英国国王一直认为德意志皇帝是他的封君。他对这位封君兴兵动武，大肆挞伐，意在把他赶下帝位。

率军对抗英国国王军队的诺阿耶公爵元帅 15 岁参军。在1701 年的战争中他曾在加泰罗尼亚指挥作战。此后他历任人们可以在政府中担任的各种职务。摄政初期，他任财政首脑，继任军队将领及国务大臣。他在他的各个职位上，不断致力于培植文学。这种例子从前在希腊人和罗马人中屡见不鲜，今天在欧洲则极为罕见。这位法国将军运用高超的作战指挥艺术先控制郊野。他迫近英国国王军队。英军和法军之间隔着迈因河。他攻占位于法军营地上方和下方的通路，以此切断英军的粮秣补给。

英国国王在沿迈因河的属于美因茨选帝侯的阿沙芬堡守候监视。他不顾手下将领斯泰尔的意见，采取这一行动。他接着就开始后悔不迭。他眼见自己的军队被诺阿耶元帅重重围困。粮食短缺，士兵每天口粮减半，忍饥挨饿；草料奇缺，以致有人建议切去马的飞节。如果再处于这种境遇两天，就会这样行事。英国国王最后迫不得已下令撤退，以便在前往法兰克福途中的哈瑙搜寻粮食。然而他撤退时暴露在架设于迈因河岸的敌军大炮的炮火之下。必须让一支被缺粮断炊弄得势衰力竭、疲惫不堪的军队急速行军。这支军队的后卫可能遭到法国军队压逼，因为诺阿耶元帅思虑周密，谨慎小心，在德廷根和阿沙芬堡之间，在通往哈瑙的路上架设了桥梁。英国人一错再错，竟然听任这些桥梁架成。6月26日半夜，英国国王下令军队在夜深人静、万籁俱寂中撤营，冒险采取他已不得不采取的这一仓促而危险的行动。诺阿耶元帅目睹似乎走向灭亡的英国人在一座山和一条河之间的狭窄小路上行进。他首先不失时机，下令由法国国王卫队、龙骑兵和骑兵组成的各个中队向德廷根村进发。英国人将从这个村子前面经过。他下令4个步兵旅在两座桥梁上同法国卫队成纵队行进。这些部队奉命在位于一道很深的溪谷之内的德廷根村子里集结待命。它们未被英国人发现，而英国人的一举一动却都被这位法国元帅看在眼里，了如指掌。瓦利埃大人曾经把炮兵的效用发挥到极致。他这次把敌军控制在一道峡谷中，陷于两排炮火之间。这两排炮火从岸上向敌军俯射。敌军应该通过一条夹在德廷根和一条小河之间的凹陷的道路。作战时只有在一段变为无法超越的陷阱的地带具有某种优势时，才应向敌人猛扑过去。英国国王可能成为俘虏。总之，应该结束战争的决定性时刻似乎已经来到了。

诺阿耶公爵元帅嘱咐卫队副将和上校——他的侄子格拉蒙公爵——在敌人将自动前来投降的地点等待。他前去察看一处可涉水渡河的地方以便让部分骑兵推进。这一行动十分不幸，大部分军官都说他最好仍旧进行指挥，以使他的命令得到遵从。他派遣5个旅占领阿沙芬堡，以使英军四面八方被团团包围。一时的性急却把这种种措施统统打乱。

（6月27日）格拉蒙公爵认为敌军第一纵队已经开过，只需向无力进行抵抗的敌军后卫猛扑过去即可。他命令他的部队穿过溪谷。这样他就离开了他本应在该处停留的有利阵地，连同卫兵团和诺阿耶的步兵团在被称为雄鸡田的一小块平原上行进。以作战队列纵列行进的英军很快列成作战队形。已把敌人诱入陷阱的法军却作茧自缚，苦果自尝，掉下自己布设的陷阱。他们队列混乱不堪，而且力量分布不均。他们向敌人发起攻击。瓦利埃大人沿迈因河布设的，从侧翼朝敌人，特别朝向汉诺威军队猛轰的大炮不再发挥任何作用。因为这炮火甚至可能打中法国军队自身。这个大错误刚刚铸成，诺阿耶元帅即返回。

法国国王的骑马侍从队、短枪队首先迅猛插入敌方步兵的整整两道防线。但这两道防线顷刻之间重新整合，并把法国人包围起来。法国卫队团的军官大胆无畏，率领一支弱小的步兵队伍行进。这些军官中21人当场阵亡。同样多军官伤势危重。这个卫队团被彻底击溃。

此后成为夏尔特尔公爵的奥尔良公爵、克莱蒙亲王、厄伯爵、庞蒂埃尔公爵（尽管非常年轻），竭力防止这一混乱状态。诺阿耶伯爵两匹坐骑在他胯下被杀。他的兄弟阿延公爵受伤倒地。

皮赛居尔元帅的同名儿子皮赛居尔侯爵对他率领的团的士兵训话，在他们身后不断来回奔跑，把他能重新集合起来的人员尽量集合起来。并手刃了几个不愿跟从他并高喊**"各自逃命吧！"**的人。

比龙、卢森堡、黎塞留、珀基尼－谢夫勒日等亲王和公爵率领他们遇见的队伍插入敌军防线。

另一方面，法国国王侍从队和短枪队毫不灰心丧气。这里有一支宪兵队，那里有一个卫队连，另一处有 100 名火枪手。几个骑兵连骑着轻捷快马向前推进。另几个骑兵连跟随短枪队或者骑马的投弹手，手执刀剑，勇往直前，队形较乱，冲向英军。人数极少，大约 50 名火枪手激于狠勇，奋不顾身，插入斯泰尔爵士的骑兵团中。法国国王的骑马侍从队的 27 名军官在这场混战中阵亡，66名身负重伤，生命垂危。厄伯爵、阿尔古伯爵、伯弗龙伯爵、布弗勒尔公爵受伤。王后的荣誉骑士拉莫特－乌当库尔的坐骑在他胯下被杀。他长时间被马践踏，被运回时几乎丧命。贡托侯爵一支膀臂折断。法国国王宫廷首席侍从罗谢舒沙尔公爵两度受伤，仍然坚持战斗，最后战死沙场。萨布朗侯爵、弗勒里侯爵、德斯特拉德伯爵、罗斯坦伯爵都为国捐躯。在这一悲惨的日子里，不应对勒米安库尔家族分支的布弗勒尔伯爵略而不谈。这是个十岁半的孩子。一发炮弹炸断他的大腿。他中弹后，眼见大腿切去，死时同样机智镇定。多少青春朝气、多少英勇热忱，使所有那些目睹这一惨剧的人感动至深。

英军军官伤亡同样惨重。英国国王或徒步战斗，或骑马战斗。他时而率领骑兵，时而率领步兵。坎伯兰公爵两肋受伤。指挥奥地利人的阿雷姆贝格公爵胸膛上部被一颗步枪子弹击中。英军丧失将官多名。战斗持续达三小时之久，但太不平衡。只有勇气战胜了才能、数量和军纪。最后，诺阿耶元帅下令撤退。

英国国王在战场用餐，接着甚至来不及运走英军全体伤兵就往后撤。他丢弃大约伤员 600 名。斯泰尔爵士提请诺阿耶元帅慷慨大度，予以收容。法国人像接待本国同胞那样接待英军伤员。英国人和法国人像互相尊重的民众一样互相对待。

这两位将领互致书信。这些信件让人看到在战争恐怖中人们可以把礼貌和人道推促到何种程度。

这种高尚的灵魂并非斯泰尔伯爵和诺阿耶公爵所独有。坎伯兰公爵尤其有一个应该传诸后世的慷慨行为。一个名叫吉拉尔多的法军火枪手伤势危重，被抬到这位公爵营帐附近。那里没有军医。军医在别处万分忙碌，无法分身。这时即将对这位王侯的伤进行包扎：一颗子弹打穿了他的腿。此时这位王侯说："先救这个法国军官吧。他伤得比我重。他没有人救，我有。"

此外，两军的伤亡人数几乎不相上下。联军方面 2231 人伤亡，死伤人数相等。英国人做出的这项统计为人所知。英国人很少缩小他们的伤亡人数。

法国人的那股过去曾经使他们在普瓦蒂埃、克雷锡、阿赞库尔等战役遭到挫败的匆忙仓促行事的急躁劲头，使得最优秀的作战部署也形同虚设，因而损失巨大。这部历史的作者在六个星期后在海牙见到斯泰尔伯爵。他大胆问伯爵对这一战役有何感想。这位将军回答说："我认为法国人犯了一个大错，而我们犯了两个大错。你们法国人错在不善于等待。我们英国人错在首先是让自身置于明摆着会完蛋的境地，其次是不善于乘胜追击，扩大战果。"

这次军事行动后，很多法国和英国军官前往法兰克福。这个城市始终中立。德意志皇帝在该地先后会见斯泰尔公爵和诺阿耶元帅。除了他那种在遭逢不幸时表现出的毅力之外，他没有向他们表达任何别的感受。

　　诺阿耶元帅发现德意志皇帝忧伤万分，悲痛欲绝，精神崩溃。邦国丧失、希望破灭，没有任何使他的家庭得以在这个帝国城市维持下去所需要的东西。在这个城市，谁也不愿主动接近这位帝国首脑，贷款给他。诺阿耶元帅给这位皇帝一张 4 万埃居的信用证，但肯定被他的主子法国国王撤回。这就是神圣罗马帝国的皇帝陛下所沦落到的境地。

第 十 一 章

路易十五在佛兰德尔进行首次战役　他获得胜
利　他离开佛兰德尔前往援救受到威胁的阿尔萨斯,
此时孔蒂亲王正在打开一条通往阿尔卑斯山的通道
几个新联盟　普鲁士国王仍然手执武器

就是在这些危险的环境中,在众多国王的这次冲突中,在这种
战争的和政治的错综复杂的混乱局势中,路易十五开始进行他的
首次战役(1744 年)。在德意志方面,边境几乎没有设防。匈牙利
女王让巴伐利亚和上帕拉蒂纳的居民对她进行忠诚宣誓。她让人
在查理七世的退休地法兰克福公布一份陈情书,上面载明这位德
意志皇帝的当选被认为**完全无效**。这位皇帝最后迫不得已在被人
剥夺权力和被人抛弃时宣布中立。有人向他建议逊位,并把帝国
让与玛丽亚·特蕾西亚的丈夫托斯卡纳大公。

托斯卡纳大公的兄弟、洛林的查理亲王开始在靠近老布里萨
施的那段莱茵河河中的一个岛上建立基地。一些匈牙利军分队一
直深入到远于萨尔的地区,突破了洛林的边界。著名的匈牙利女
王的拥护者芒泽尔让人在阿尔萨斯、三主教区、弗朗什-孔泰等地
发布宣言。他通过这些宣言,以匈牙利女王的名义号召民众转变

方向,归顺奥地利家族。他威吓"在强迫他们自己割掉鼻子和耳朵后"要绞死那些拿起武器的居民。这种与阿提拉①的士兵的身份相配的蛮横无理、肆无忌惮,只会令人感到卑鄙无耻。但这却是成功的证据。奥地利威吓那不勒斯。与此同时,法、西两国军队只出现在阿尔卑斯山区。英国军队既出现在陆上,又控制着海洋。荷兰人即将表明态度,并允诺在佛兰德尔同奥地利人和英国人会合。完全截然相反的是,普鲁士国王满足于攻占西西里,同匈牙利女王单独缔结和约。

路易十五支撑这整个沉重的负担。他不但使用军队确保莱茵河和莫塞尔河岸上的边界,甚至还准备在英国登陆。他让英国王位觊觎者的儿子、不幸的詹姆士二世国王的孙子查理—爱德华亲王从罗马来到法国。(1744年1月9日)一支由21艘船舰组成的运载登陆部队2400人的舰队把这位亲王送到英吉利运河。这位亲王生平第一次看到祖国的海岸。但是,一场暴风雨,尤其是英国的船舰,使这一行动徒劳无功、枉费心机。

就在这时,法国国王前往佛兰德尔。他拥有一支兵强马壮、士气高涨的军队。陆军军务秘书达让松伯爵向这支军队供应一切利于进行野战和包围战的物资给养。

路易十五到达佛兰德尔。当他即将到达时,曾经允诺同匈牙利女王的军队以及英国军队会师的荷兰人开始魂不守舍、惶恐不安起来。他们不敢履行做出的承诺,于是向法国国王派去使节,而

———————————

① 阿提拉(434—453年在位),匈人王国蛮族领袖,绰号"上帝之鞭"。曾率军西侵欧洲,远达意大利及高卢等地。

不是派兵前去迎战。法国国王在这些使节的目睹下攻占库特雷
（1744 年 5 月 18 日）和梅嫩（1744 年 6 月 5 日）。

就在攻占梅嫩的第二天，法国国王包围伊普雷（1744 年 6 月 6
日）。在包围伊普雷之战中主要指挥进攻的是普雷的圣日耳曼修
道院长克莱蒙亲王。自从拉瓦莱特和苏尔迪两位红衣教主以来，
法国已经没有一身二任、集军务和神职于一身的人。克莱蒙亲王
获得教皇克莱门十二允准。这位教皇认定在大孔代的这位外曾孙
身上，神职应当从属于军职。伊普雷这座地势低下的城市的正面
的隐蔽道路遭到袭击，虽然这一行动似乎为时过早、仓促冒险。身
先士卒，率领波旁和罗亚尔－孔泰掷弹兵的旅长博沃侯爵受到令
他感到痛彻骨髓的致命伤。他在难以忍受的剧痛中死去。他作为
善于指挥作战的将领受到部队官兵沉痛悼念，作为正直廉洁的人
受到整个巴黎深切怀念。他对抬运他的士兵们说："朋友们，让我
死吧，你们去战斗吧！"

伊普雷很快投降（1744 年 6 月 25 日）。正当法国军队进入伊
普雷时，布弗勒尔公爵攻克诺克（1744 年 6 月 29 日）。正当法国
国王在这次远征后即将前往视察边境要塞时，克莱蒙亲王包围了
费尔纳。该城在进行了 5 天堑壕战之后竖起白旗。指挥向布鲁塞
尔进军的英国和奥地利将领目睹法军推进势如破竹，无法遏阻。
一支由萨克森元帅率领，法国国王用以对抗英、奥联军的部队，部
署正确得当，掩护围城行动及时，因此胜券在握。英、奥联军没有
任何固定的和商妥的作战计划。法军参战的各部队协调一致。萨
克森元帅驻守库特雷，遏阻敌方一切行动，使法军全部作战时易于
行动。一支易于从杜埃进行射击的庞大炮队、一支拥有近 4000 名

士兵的、颇不乏善于指挥包围行动的军官的、由大多数为能工巧匠的士兵组成的炮团,最后还加上工程师团,这是那些仓促联合起来共同作战几年的国家无法具有的优势。类似的组织机构在强大的君主政体中,只能是时间和持续恒久的、专心致志的努力的产物。围城战使法国必然占有优势。

在战斗的上述进展中,传来如下的消息:奥地利军队已经朝斯皮尔方向,在法国军队和巴伐利亚军队的视野范围内渡过莱茵河;阿尔萨斯受到震撼;洛林边境暴露于敌方进攻之下(1744 年 6 月29 日、30 日)。最初,这一传闻令人难以置信,但没有什么比这更加肯定无疑的了。查理亲王威胁好几个地方,同时做过多次尝试,最后终于在指挥由法国付给军饷的巴伐利亚、帕拉蒂纳和黑森的联军的赛康多尔夫伯爵驻守的地区的方向获得成功。

一支约 6 万人的奥地利军队兵不血刃,进入阿尔萨斯。查理亲王在 1 小时内占领设防极差,但极为重要的据点洛特堡。他命令纳达斯蒂将军径直推进到不设防城市韦桑堡。该城卫戍部队被迫缴械投降,沦为战俘。查理亲王把一支 1 万人的部队配置在城内和城界上。科瓦尼元帅是位胆大、机智、谦虚的将领,因以后在1738 年的战争中两次在意大利获胜而名声大震。他在这些地区指挥作战,眼见他同法国的交通联系已被切断,眼见黑森、洛林即将遭到奥地利人和匈牙利人的践踏蹂躏。除了踩在敌人的躯体上通过,以返回阿尔萨斯并掩护这一地区之外,别无他途可循。他在敌人刚刚占领韦桑堡(1744 年 7 月 15 日)之时,立刻率领他的大部分军队向该城进发。他在这座城市和各条战线向敌人发起进攻。奥地利人英勇自卫。战斗在各个要塞、在大街小巷展开。这些地方尸横遍野，血流成河。抵抗持续整整 6 个小时。巴伐利亚人过去没有严密防守莱茵河，这次作战却勇猛顽强，弥补了他们的漫不经心、粗心大意的作风。他们特别受到时任德意志皇帝副长官莫塔涅伯爵的鼓舞激励。这位伯爵的衣服被子弹打中十处，法国军队由蒙塔尔侯爵率领。

这一天立下赫赫首功并实际上拯救了阿尔萨斯的是克莱蒙－托内尔侯爵。他统率蒙莫兰旅，所向披靡，无坚不摧。同样是他在下一年的丰特努瓦战斗中指挥军队的一翼。他对取得这次胜利所起的作用无人出其右。他此后成了法国各位元帅的老前辈。他的儿子继承了父亲的勇敢和德行。

韦桑堡和各条防线最终收复。但法军不久以后因奥地利军队全部到达被迫撤往哈格瑙。甚至哈格瑙也被迫放弃。一些地方部队开往超越萨尔几里的地方，使吕内维尔风声鹤唳，草木皆兵。斯塔尼斯拉斯·列琴斯基被迫与全体宫廷人员撤离。

法国国王在敦刻尔克得到这些挫败的消息，对究竟如何决断不再左思右想迟疑不决。他下定决心中止他在佛兰德尔进行的征战的进程，让萨克森元帅率领约 4 万人保存他已经获得的战果，并亲自驰援阿尔萨斯。

首先必须抢在诺阿耶元帅之先采取行动。他派遣阿尔古公爵率领几支部队保住法尔茨堡峡谷。他准备带领 26 个营和 33 个骑兵连进军。法国国王从首次战役起就做出的这一决定，使法国人心大为振奋，并使因敌军渡过莱茵河，尤其因法军先前在德意志进行的战役不幸失利而惶惶不可终日的各个外省安下心来。

法国国王取道圣康坦、拉斐尔、拉昂、兰斯，命令他的军队向前推进，要它们在梅斯会师。进军途中，他增加士兵军饷和给养。这种关怀使士兵对他更加爱戴。他 8 月 5 日抵达梅斯。7 日，人们获悉一起改变局势面貌的事件。这一事件迫使查理亲王阿尔萨斯出走。这一事件重立德意志皇帝，使匈牙利女王置身最大的、她仍然身陷其中的险境。

这位公主——大公夫人似乎在布雷斯劳和约缔结之后，特别在与布雷斯劳和约同年缔结的普鲁士国王和英国国王之间的防御同盟缔结之后，已经不再对普鲁士国王心存丝毫恐惧。但是，显然由于匈牙利女王、英国、撒丁、萨克森和荷兰联合起来通过一项缔结于沃尔姆斯的条约对抗德意志皇帝；由于北欧各个强国，特别是俄罗斯受到迫切央求；由于匈牙利女王的进展在德意志扩大对于普鲁士国王来说迟早一切都会令人胆战心惊，他终于下定决心回归他与法国之间许下的承诺（1744 年 5 月 27 日）。法、普之间的条约与 4 月 5 日秘密签订。自此以后在法兰克福缔结了法国国王、德意志皇帝、普鲁士国王帕拉丁选帝侯、瑞典国王（以黑森的直属司法官的资格）之间的紧密联盟。法兰克福同盟就这样成了沃尔姆斯同盟的制衡体。就这样半个欧洲激励振奋起来，对抗另半个欧洲。双方殚精竭虑，使出浑身解数，用尽政治和军事谋略。

来自普鲁士国王方面的施默托元帅向法国国王宣称他的新同盟者正率领 8 万大军向布拉格进军，宣称他下令 2.2 万人向摩拉维亚进军。德意志境内的这一强有力钳制、法国国王在佛兰德尔的战果以及他在阿尔萨斯的进军，使一切惊恐畏惧情绪一扫而光，全部消散。这时人们感到另外一种恐惧。这种恐惧令法国举国上下胆战心惊，哀叹呻吟。

第 十 二 章

法国国王处于临终状态 他一旦康复就向德意志进军 正当奥地利军队已经深入阿尔萨斯，即将解救波西米亚之际，正当孔蒂亲王在意大利打赢一仗之际，他前往包围弗里堡

人们在梅斯为攻克夏托－多凡高唱感恩赞美诗之日，法国国王频发高烧。时值 1744 年 8 月 8 日。他病势加剧。这种疾病具有一种被称为**腐败性的或恶性的**烧热的特点。自 14 日夜起，法国国王生命垂危，处于临终状态。日常的实际锻炼使他体质良好、身体健壮。然而，最健全的体格也往往抵挡不住这些疾病。这种体格能够经受疾病最初的侵袭，在几天之内把某种疾病的要素聚集起来，开始时加以抵抗。这起事件使恐惧和悲痛蔓延各个城市。民众从梅斯四周蜂拥赶来。上下尊卑、男女老幼，各种各样的人络绎不绝于途，道路为之阻塞。形形色色、各种各样的消息增加了这些人共同的惊恐不安。

法国国王生命垂危的消息传遍巴黎。人们半夜披衣起床，走上街头，闹闹哄哄、乱乱糟糟地四处奔跑，不知前往何处。教堂深夜打开大门。人们再也不知道睡眠、熬夜或进食的时间。

巴黎民众人人离家外出。身居显职高位的人的住宅被络绎不绝前来的人群重重围住。人们聚集在各个十字路口。民众高声呼喊："如果他死，他是为了救我们死的。"所有的人虽然彼此并不相识，却在教堂里互相交谈、探询。在好几座教堂里，神甫为法国国王的健康祈祷。他们的哭声打断了歌声。民众则报之以呜咽啜泣和呼号。19日，把法国国王康复的消息传到巴黎的信使，受到民众热烈拥抱，几乎窒息。人们亲吻自己的马，喜气洋洋，牵着马溜达。大街小巷无不响彻喜悦的呼喊："国王的病好啦！"当有人把继难忘的悲痛的激情而来的难忘的喜悦的激情奏禀法国国王时，国王感动得热泪盈眶。他用一种使他充满力量的动作撑起身子，大声说："啊，被人爱戴多么愉快啊！我究竟做了些什么配得上这样的爱戴呢？"

法国人行事就是这个模样：敏感得直至热情冲动；在深情之中同在怨艾之中一样，什么恣意放纵的事都干得出来。

洛林亲王的配偶、大公夫人，将近这个时期在布鲁塞尔痛苦地死去。她受到布拉邦松人热爱。她也无愧于他们的热爱。然而，这些民族却缺乏法国人的那种热情冲动的灵魂。

法国宫廷的内宠近臣的表现与民众截然不同。路易十五的危险境遇使他们当中阴谋诡计层出不穷，比从前路易十四在加来濒临死亡之际还多。他的孙子在梅斯感受到这些阴谋活动的后果。他似乎已经气息奄奄的危险时刻，是被人选来用作以最轻率冒失的行动压垮他的时刻。这些行动据称是出于宗教原因，然而却深受理性谴责，深受人道声讨。路易十五既逃脱了死亡，又逃脱了这种种阴谋、圈套和诡计。

　　他一旦恢复知觉,清醒过来,就在他身处的险境应付中处理查理亲王因渡过莱茵河而置法国于其中的险境。他进军只是为了抗击这位王侯。但是,他在派遣诺阿耶元帅代替他后,致函达让松伯爵说:"你以我的名义写信告诉诺阿耶元帅,当路易十三被人送到坟墓时,孔代亲王打了一个胜仗。"这时几乎无法重创查理亲王的后卫部队。这支部队井然有序后撤。这位王侯曾经不顾法军顽抗,强渡莱茵,现在又面对一支优势军队渡返莱茵彼岸,未受丝毫挫损。普鲁士国王于是抱怨别人让敌人这样逃脱,使之转而冲向他。又一良机坐失。法国国王的疾病、国王军队行军中的某些延迟、进击查理亲王必须经过的遍布沼泽和危险的地域、查理亲王采取的种种预防措施、这位亲王安全可靠的桥梁,凡此种种都有利于这位亲王的撤退。他甚至连一个军需仓库都没有丢失。

　　查理亲王率领整整 5 万人马渡返莱茵河彼岸之后,以一种令人难以置信的艰苦卓绝精神向多瑙河和易北河进发。他深入法国境内,兵临斯特拉斯堡城下后,第二次前去解救波西米亚。(1744年 9 月 15 日)然而,普鲁士国王此时正向布拉格挺进。9 月 4 日他包围该城。看来奇怪的是,率领一支 1500 人的军队防守这座城市的奥吉尔维将军,竟然在 10 天之后投降。他本人和他的卫戍部队都沦为战俘。就是这同一位要塞司令,1741 年当法国人越过这座城市时,在更短的时间拱手交出这座城市。

　　一支 1500 人的军队沦为战俘、波西米亚首府被攻占、王国的其他地区不久以后俯首降服、摩拉维亚同时遭到入侵、法国军队最终返回德国、在意大利取得胜利,凡此种种都会令人对欧洲的纠纷最终将得到有利于德意志皇帝查理七世的解决抱有希望。路易十五大病初愈,体力尚差,9 月下定决心包围弗里堡,向该地进军。他即将渡过莱茵河。使他的希望倍增的是,他到达斯特拉斯堡时在该地收到孔蒂亲王的捷报。

第 十 三 章

科尼战役 法国国王指挥作战 那不勒斯
国王在罗马附近遭到突然袭击

要深入米兰内必须攻占科尼这座城市。堂·菲利普王子和孔
蒂亲王包围该城。撒丁国王以一支具有数量优势的军队向他们的
防线发起进攻。没有什么行动比这位君王的行动配合得更加协
调。这是一个发动战役会具有深远政治谋略意义的时机。撒丁国
王如果获胜,法国人就会智穷力竭,撤退就会异常困难。撒丁国王
如果战败,这座城市在这个提前到来的季节仍然能够坚持抵抗,他
能够进行稳妥可靠的撤退。他的安排部署被视为人们曾经见过的
最精明巧妙的安排部署。然而,他战败了。法国人同西班牙人像
互相救援的盟友,也像希望各自做出榜样的竞争对手那样战斗。
撒丁国王损兵折将,丧失5000人和阵地。西班牙军队仅丧失900
人。法国军队则死伤1200人。既是将军又是士兵的孔蒂亲王的
护胸甲被两颗子弹洞穿,他的两匹坐骑死在他胯下。他在奏呈法
国国王的信中对此只字未提,但却详细陈述拉福斯、索内特尔、肖
弗兰以及博普雷奥等大人的和那些辅佐他的人员的卓著战功,并
为他们请求嘉奖。假如人们不能列举所有那些在变得简单、平凡

之后不断湮没在群体中的卓越光辉的行动,这部历史就只不过是一张连续不断的名单而已。

　　然而,这次新的胜利还被列入那些使战胜者受到损失而未获得任何实际利益的胜利之中。自1600年以来,在欧洲进行过120次战斗。这些战斗中具有决定性意义的不到10次。为了那种日复一日变幻莫测的利益,鲜血白白流淌。这次胜利首先给人以最大的信心。这种信心顷刻之间又化成悲愁。季节严酷、冰雪融化、斯塔图尔河以及其他湍急的河流泛滥成灾,凡此种种比起科尼之战的胜利对堂·菲利普王子和对孔蒂亲王来说,对撒丁国王更有助益。王子和孔蒂亲王迫不得已撤围,并率领一支遭到削弱的军队重新越过群山。对那些朝着阿尔卑斯山方向作战,得不到皮埃蒙的主子的支持的人来说,他们的命运几乎总是损兵折将,甚至因得胜而丧失军队。

　　法国国王在多雨季节陈兵弗里堡城前。不得不使特雷萨姆河改道,为这条河流开凿一条长2600托瓦兹的运河。但是这项工程甫告完成,一道堤岸溃裂。工程重新开始,在从弗里堡发射来的炮火下进行。必须同时排干这条河流的两条支流。在新运河上架设的桥梁受到河水干扰。这些桥梁一夜之间修复。第二天法军在布雷地面上,在隐蔽的道路上进军,面对连续不断的大炮轰击和火枪齐射。法军500名掷弹兵倒地,或死或伤。整整两个连因隐蔽道路上埋下的地雷爆炸阵亡。第二天,法军终于不顾敌人连续地、可怕地扔投的炸弹、石块、手榴弹,完成了驱赶敌人的任务。60名工程师参加这两次进攻,全部负伤。一块石头击中苏比兹亲王,折断他的一只胳膊。法国国王得知后,立即前去看望。国王以后又多次回到亲王处。他看到在这位亲王的伤口放置着帮助恢复外伤的包扎物。国王的这种慈祥关怀、古道热肠,大大鼓舞了全军。士兵士气高昂,斗志倍增,在战壕中、在进攻中紧跟这位今天已是奥尔良公爵的夏特尔公爵的首位血亲亲王,冲锋杀敌。

弗里堡的总督达姆尼兹将军经过两个月的露天战壕战,才于11月6日竖起白旗。对城堡的包围只历时7天。法国国王入主布里斯告,统治苏阿布、克莱蒙。孔蒂亲王在他那方面则已进抵康斯坦茨。德意志皇帝最终返回慕尼黑。

在意大利,事态尽管发展缓慢,但却顺利。那不勒斯国王追赶奥地利军队。这支奥军在罗马的领土上由洛布科维茨亲王率领。在波西米亚,事事都会受到普鲁士国王钳制。然而由于在这场战争中交战双方都经常会遭到的一次挫败,洛林的查理亲王当时把普鲁士人驱赶出波西米亚,正如他曾经于1742年和1743年迫使法国人撤出该地一样。普鲁士人进行了与他们曾经指责法国人进行的撤退相同的撤退,犯了与他们曾经指责法国军队犯过的错误相同的错误。(1744年11月19日)普鲁士陆陆续续,接二连三放弃了确保布拉格安全无虞的所有据点。最后,他们不得不放弃布拉格(11月27日)。

查理亲王已经在法国军队的视野内渡过莱茵河,同年又在普鲁士国王的视野内渡过易北河。他紧紧跟踪普鲁士国王,直至西里西亚。他的分队向布雷斯劳的大门挺进。最后,人们怀疑那位似乎已在6月份丧权失位的玛丽亚·特蕾西亚是否同年12月能东山再起,卷土重来。人们担心刚刚返回他饱受劫难的首府的德意志皇帝会被迫再次从该城出走。

在德意志,处处都再次闹得天翻地覆,事事都藏伏阴谋诡计。法国国王和英国国王轮番在这个帝国收买党派。波兰国王、萨克森选帝侯奥古斯特以每年 15 万几尼①的代价卖身投靠英国人。如果人们对在这样的环境中一个波兰国王、一个选帝侯竟然被迫收受这笔钱款感到惊奇的话,那么人们就会对英国这一年在为匈牙利女王花费 50 万几尼,为撒丁国王花费 20 万几尼,还给予美因茨选帝侯津贴补助的同时,还能够给予这笔钱款更大吃一惊。英国甚至还收买了德意志皇帝的兄弟科隆选帝侯。这位王侯从英国宫廷收受 22000 枚银币,以准许他的兄弟的敌人在他的科隆、蒙斯特、奥斯纳布吕克、希尔德斯海姆、帕德博恩等主教管辖区内以及从他的各个修道院的辖区中征募军队同他的兄弟对抗。根据德意志习俗,而不是依照教会规定,他在他个人的名下积存了教会的所有财富,卖身投靠,并不光荣体面。但是,他始终认为一个法国在德意志扶立的皇帝不会支撑下去。于是,他损人利己,为了自身的利益牺牲了他兄弟的利益。

玛丽亚·特蕾西亚在佛兰德尔拥有一支由德意志人、英国人和荷兰人组成的令人生畏的军队。荷兰人在多次举棋不定、犹豫不决之后最后表明态度。

法属佛兰德尔由萨克森元帅负责防卫。他率领的军队比盟军少两万人。这位将军使用好运、甚至士兵的勇气都无法参助的这些作战计谋手段:及时扎营、及时撤营、掩护守护地区、消灭敌人、

---

① 英国旧金币,值 21 先令。

保存自身、敌人向他守卫的地区前进时法军开赴敌方阵地并迫使敌军返回、灵活巧妙使敌人的力量无济于事等，被视为军事艺术的杰作。这就是萨克森元帅从 8 月开始直到 11 月的用兵之道和所作所为。

奥地利王位的继承争端尖锐激烈，日甚一日。德意志皇帝的命运变幻无常。各方利益错综复杂。成败始终属于未定之天。

千真万确的是，这场战争在破坏德意志的同时，却又悄然使这个地区富有起来，法国和英国的金钱大把大把慷慨施与，留在德国人手中。归根结底，其结果是使这个幅员辽阔的地区更加富裕，并因此有朝一日如果它统一在一个首领之下就会更加强大。

意大利的情况却不如此。它长期以来不能像德意志那样成为一个令人生畏的巨大团体。法国只派往阿尔卑斯山区 42 个营和 33 个骑兵连。这些部队由于平时员额不满，无法组成一支超过 2600 人的军队。西班牙王子的军队战役开始时差不多就有这样大的力量。这两支军队远未使一个外国富有起来。相反，却从法国的各个外省抽取几乎它们的全部粮秣给养。至于教皇的土地，这些土地与其说变得民康物阜，还不如说惨遭践踏蹂躏。玛丽亚·特蕾西亚的一支军队的将领洛布科维茨亲王当时率部在这些土地上驻留，拥有供养 3000 名军人的经费。在从多瑙河到易北河这一地区内进行的这场战争的辽阔战场上，意大利的这一部分变成一个遍染鲜血的场地。

将近 1744 年 3 月、4 月、5 月，玛丽亚·特蕾西亚的军队即将征服那不勒斯王国。

自从 7 月以来,罗马目睹那不勒斯军队和奥地利的军队在它的领土上交战。那不勒斯国王和莫德内公爵当时正在韦莱特里。该地从前是沃尔斯克的首府,现在则是罗马红衣主教团的教长的驻地。德西西里的国王在该地占有吉内地宫。这个建筑物被认为是一项壮丽宏伟、颇有风格的工程。洛布科维茨亲王对韦莱特里采取了与欧仁亲王 1702 年对克雷莫内采取的行动相同的行动。因为历史只不过是一连串更新了的和变异了的相同事件而已。6000 名奥地利军人夜深人静时进入韦莱特里。守军前哨哨兵被割断喉咙,进行自卫的统统被杀,不进行自卫的全部被俘。处处风声鹤唳,草木皆兵,恐怖笼罩。那不勒斯国王和莫德内公爵眼见就要成为俘虏。曾经伴随这位国王的法国驻那不勒斯大使洛斯皮诺尔侯爵在一片嘈杂喧闹中醒来后(8 月 10 日和 11 日之间的夜里)奔向国王,拯救了他。洛斯皮诺尔大使刚刚走出他的房间向国王走去,房屋就挤满敌人,遭到破坏,被洗劫一空。国王由莫德内公爵和这位大使跟随,前往城外统率他的部队。奥地利人遍布各座房屋。诺瓦蒂将军进入莫德内公爵的住所。

正当那些房舍的抢劫者安下心享受胜利成果之际,出现了类似在克雷莫内出现的情况。瓦洛内卫队、一个爱尔兰团、一些瑞士军队打退了奥地利军队,并且收复了这座城市。大街小巷尸体横陈,触目皆是。没有几天以后,洛布科维茨亲王被迫撤回罗马。(1744 年 11 月 2 日)那不勒斯国王穷追不舍。亲王朝着一道城门,国王朝着另一道城门。两人都渡过台伯河。罗马民众从城堡围墙的高处看到这两支军队形成的场面。那不勒斯国王以普左勒伯爵这个名字在罗马受到接待。他的卫队手执刀剑在街上巡逻。

此时他们的主子正在亲吻教皇的脚。这两支军队继续在罗马的领土上作战。罗马感谢上帝只在它的农村发生了破坏情事。人们看到，最初意大利是西班牙宫廷观察形势的最佳地点，德意志则是法国宫廷的举措最难于处理、最感棘手的对象。双方交锋，胜败未卜。

第十四章

贝尔-伊斯尔元帅　被俘德意志皇帝查理七世去世，但战争却因此更加激烈

法国国王攻占弗里堡后，立即返回巴黎。他在这座城市像为祖国复仇雪恨者和人们生怕失去的父亲那样受到迎接。他在巴黎停留三天，让居民见到自己。居民只希望自己的热情能得到这种奖赏。

法国国王始终打算扶持维护德意志皇帝，派遣贝尔-伊斯尔元帅前往慕尼黑、卡塞尔和西里西亚等地。这位元帅被法国国王和德意志皇帝授予全权。他同他的伯爵兄弟来自德意志皇帝的常驻地慕尼黑。兄弟俩曾经留住卡塞尔。他们毫无疑惧，放心大胆在普鲁士国王到处设有警务所的地区顺路前行。这些警务所由德意志各个诸侯协议设立，一直被认为中立而不可侵犯。（1744年11月13日）这位元帅和他的兄弟从一个隶属汉诺威选帝侯的名叫埃尔宾格罗德的乡镇带走这些警务所的几匹马时，被汉诺威的代表领主执法的大法官逮捕，遭到虐待，不久后被递解到英国。贝尔-伊斯尔是德意志帝国王侯。由于他具有这一身份，这次逮捕可能被视为违犯诸侯社团特权。在别的时期，一位德意志皇帝就

会对这种侵犯行为进行报复。然而,查理七世统治时期,是一个有人敢肆意妄为,对他违旨抗命的时期;是他只能叫苦抱怨的时期。法国政府既要求驻外使节的所有特权,也要求战争权利。如果贝尔-伊斯尔元帅被当作前往德意志帝国宫廷和普鲁士宫廷的德意志王侯和法国国王的大臣,而这两个国家又并未同汉诺威处于战争状态,这位元帅的人身就不可侵犯。如果这位元帅被视为法国元帅和将军,根据 1743 年 6 月 18 日法、英两国在法兰克福签订的交换俘虏及掩埋阵亡者协议书,法国国王就会提出愿为元帅和元帅的兄弟付出赎金。一名法国元帅的赎金为 5 万利弗;一名副长官的赎金为 1 万 5 千利弗。英国国王乔治二世因一次闻所未闻的失败,对这些再三提出的坚决要求避不作答,声明他认为贝尔-伊斯尔等两位大人为国事犯。按照大多数欧洲宫廷的准则,他们在囚禁期间受到最好的照顾。这些准则用人道精神具有的迷人外表使政治具有的不公正性和战争具有的残酷性变得仁慈温和起来。

　　德意志皇帝查理七世在这个帝国被人怠慢,不受尊敬,为人不齿。他在该地区除了得到普鲁士国王的支持以外,别无其他支持。他当时正被查理亲王驱赶,惶惶不可终日,生怕匈牙利女王还会逼迫他从他的首府慕尼黑出走。他眼见自己饱受命运折磨,百病缠身,而悲伤忧郁又使病势加剧,终于一病不起,死于慕尼黑,时年 47 岁半(1745 年 1 月 20 日)。他为世人留下这个教训:人的荣华富贵的顶点可能就是苦难灾祸的顶点。他只是在自从他成为德意志皇帝以来才万分悲惨不幸。自他成为德意志皇帝之日起,大自然给他带来的祸患多于好运。种种痛苦和疾病并发,而生理上的痛苦又雪上加霜，使他精神上的抑郁悲伤更加强烈，把他带到坟墓。他沉疴缠身，患痛风症和结石症。他的肺、肝和胃全部患有坏疽。他的肾脏有结石。他的心脏有息肉。有人认为，他长期以来身无宁日，没有片刻不受折磨。很少王侯具有比他更加优秀的品质。这些品质却无助于减轻他的不幸。这种不幸是一种他无法承受的负担。

这位命途多舛的王侯的遗体用西班牙的方式穿戴展陈起来。查理五世①创制了这个礼仪，虽然在他本人身后没有一位德意志皇帝是西班牙人，虽然查理七世与西班牙这个国家毫不相干。查理七世按照德意志帝国的礼仪安葬。在这种人的灾难和虚荣的排场中，一只地球仪安放在这个人的面前。他在他的帝国的短暂时期，连一个蕞尔小省都未曾拥有。他在几份敕令中被授予天下无敌者的称号。这称号因习俗惯例依附在德意志皇帝的头衔上。这个称号只不过使并未真正拥有它的人的不幸，被人感受得更加深切而已。

人们认为既然战争的因素已不复存在，和平安定就会还给欧洲。不能把德意志帝国赠献给查理七世的 17 岁的儿子。在德意志，人们庆幸匈牙利女王寻求和平，庆幸她以此作为把她的丈夫托斯卡纳大公最终置于德意志帝国的御座之上的手段。然而，她却既要这个御座，又要战争。英国政府既然出钱，同时付给匈牙利女王、波兰国王和撒丁国王钱款，于是，就对它的同盟者发号施令。它认为与法国缔结和约必有所失，而与之兵戎相见则

---

① 神圣罗马帝国皇帝兼西班牙国王，1519—1559 年在位。

必有所得。

这场遍及全欧的普遍战争已经开始持续进行，其目的与其根由并不吻合一致。这是那些拖到最后改变了性质的疾病中的一种。佛兰德尔 1744 年以前受到尊重，不被侵犯。现在则已经成为主要战区。德意志对法国来说，更主要是政治谋略的对象，而非军事行动的对象。法国一直企图拥立一位德意志皇帝，于是把目光投向这同一个奥古斯特二世、波兰国王、萨克森选帝侯。此人当时正受英国人扶养。法国几乎没有能力做出此类赠献。德意志帝国的御座只对不拥有奥地利和匈牙利的人来说是危险的。法国宫廷的企图碰壁。萨克森选帝侯既不敢接受这项荣誉，也不敢脱离英国人，也不敢令匈牙利女王感到不悦。他是拒绝当德意志皇帝的第二位萨克森选帝侯。

对法国来说，除了指望战争的结局来决定各种各样的利害关系之外，别无他途可循。这些利害关系曾经变化多端，曾经在它们所有的变化中使整个欧洲惊恐不安，惶惶不可终日。

巴伐利亚的新选帝侯马克西米利安–约瑟夫是得到法国支持的世代相传的选帝侯。法国曾经在这位选帝侯的各邦中重新拥立他的祖父。法国曾经让人把德意志给予他的父亲。法国国王坚持不懈再次救助这位年轻的王侯。6000 名黑森军人受雇于法国。3000 名帕拉蒂纳军人和 13 个由德意志人组成的营长期以来编入法国军队。这些部队已经加入一直受雇于法国国王的巴伐利亚军队。

要使数量如此巨大的援助有效，巴伐利亚人自身必须互助。然而，他们的命运却是在奥地利人的重压之下屈服。他们防卫自己的大门，但运道极其不佳，以致 4 月伊始，新的巴伐利亚选帝侯就被迫从和他的父亲曾经被迫多次离开的同一个首府出走（1744年 4 月 22 日）。他的家族的不幸灾难，迫使他向玛丽亚·特蕾西亚本人求助，迫使他放弃与法国的同盟，迫使他像别人那样收受英国人的金钱。

法国国王被那些他仅仅为了他们才大动干戈的人抛弃，迫不得已继续作战，其目的仅仅是使战争停止而已，别无其他。悲惨的局势置民众于险境，而不承诺给民众任何报偿。

做出的决定是：在意大利和德意志进行自卫；在佛兰德尔则始终采取攻势。佛兰德尔是古战场。这个省份没有一寸土地不曾鲜血流淌。一支向迈因进发的军队使奥地利人无法以优势过大的兵力进攻当时法国的同盟者普鲁士国王。马耶布瓦元帅已经离开德意志前往意大利。孔蒂亲王被委以指挥朝向迈因方面的战斗的重任。这场战争变成了一种与在阿尔卑斯山区进行过的那种战争截然相反的战争。

法国国王意欲亲自在佛兰德尔完成他在前一年中断了的征伐行动。他刚刚于二月份（1745 年）让王太子娶了西班牙的第二个公主。这位年轻的王子尚未年满 16 岁，5 月初准备随父王出征。

第 十 五 章

图尔内之围　丰特努瓦战役

萨克森元帅已经身在佛兰德尔。他率领一支由 6 个完整营和 172 个骑兵连组成的军队。处于法国统治之下的旧首府图尔内已被重重围困。这是一个壁垒森严、防守强固的要塞。城市和城堡都是沃邦元帅①的杰作之一，因为路易十四下令在佛兰德尔处处设防，修建防御工事。

七省②的三级会议一旦获悉图尔内处于险境，就立即下令必须破釜沉舟，冒险战斗，以拯救这座城市。这些共和主义者尽管审慎小心，考虑周密，当时也率先做出大胆决定。5 月 5 日（1745 年）英、荷、奥联军向康布龙进发，抵达距图尔内 7 里之处。法国国王 6 日带领王太子离开巴黎。国王的副官和王太子的青年侍从跟随左右。

敌军主力有 20 个营和 26 个英国骑兵连，由年轻的坎伯兰公

---

① 沃邦（1633—1707 年），法国元帅、军事工程师、法兰西学院院士。

② 16 世纪尼德兰革命时期，北方七省（荷兰、格尔德兰、泽兰、乌得勒支、弗里斯兰、奥佛赖赛尔、格罗宁根）于 1579 年建立乌得勒支同盟，1581 年宣布脱离西班牙独立。

爵①指挥。这位公爵曾经同他的父王打赢德廷根②之战。5 个汉诺威营和 16 个汉诺威骑兵连与英军会合。瓦尔德克亲王与坎伯兰公爵年龄相仿,急于崭露头角,获得瞩目。他率领 40 个荷兰骑兵连和 26 个营。奥地利人在这支军队中只有 8 个骑兵连。有人在佛兰德尔为奥地利人打仗。该地区长期以来就由英国和荷兰出兵出资防守。但是,率领这支数量不大的奥地利军队的是老将克尼格赛克③。这位老将曾经率军在匈牙利抗击土耳其人,在意大利和德国抗击法国人。他的忠告应该对坎伯兰公爵和瓦尔德克亲王的那股活力和热劲有所助益。他们的部队的兵员估计超过55000 人。法国国王在图尔内前面留置 18000 人。这些兵员布置成梯队,直至战场。6000 人用于把守埃斯科河上的桥梁和交通线。

　　法国军队由一位人们对之判断正确,满怀信心的将军指挥。这位将军——萨克森公爵——曾经因他在德意志指挥的高超灵活的撤退和 1744 年之役而声誉卓著。他把高深的理论与战争的实践紧密结合起来。所有军官证实,警惕、保密、善于及时推迟执行某项计划以及迅速执行这项计划的艺术、善于辨明事态的目光、谋略、远见,这些都是他运筹帷幄、指挥若定的卓越才能。然而,当时这位将军疾病缠身,精力衰竭,几乎已日薄西山、气息奄奄。他重病在身,离开巴黎,前往指挥军队。本书作者甚至在他离去之前遇见过他,不禁问他身体如此衰弱会有何作为。这位元帅回答说:

----

① 坎伯兰(1721—1765 年),英国国王乔治二世第三子。
② 德意志城市。1743 年英、奥联军在此打败法军。
③ 克尼格塞克(1673—1751 年),奥地利陆军元帅。

"问题不在于活着,还在于离开。"

（1745 年）法国国王 5 月 6 日到达杜埃,次日前往埃斯科河附近的蓬塔尚。该地在架设在图内尔的堑壕里的大炮的射程内。他又从该地前去侦察未来的战场。全军官兵眼见法国国王和王太子亲临战场,欢呼雷动。英、荷、奥联军利用 10 日全天和 11 日夜间做出最后部署。法国国王从来没有比在战斗前夕显得更加意气风发。谈话以国王们曾经亲身参与的战役为题。法国国王说,自从普瓦蒂埃战役以来,没有一个法国国王曾经同他的儿子一道作战;自从圣路易①以来没有一个法国国王曾经在对英作战中获得重大胜利。他希望自己能够成为取得这种胜利的第一人。战斗打响之日,法国国王第一个醒来。他自己于早上 4 时唤醒陆军大臣达让松公爵。这位公爵立即派人要求萨克森元帅下达最新命令。这时元帅在一辆充作他的行军床的柳条车上。当他精疲力竭,不能再骑马时,就坐在这辆车上让人拖行。法国国王和王太子已经在搭建在卡洛内的横跨埃斯科河的一座桥上。他们超越一个叫作树林圣母法庭的地方,到距离这座桥 1000 托瓦兹之处去选取战斗岗位,地点正好在战场的起始地。

法国国王和王太子的随从人员形成一支庞大的队伍。这一天的战斗吸引来的一大群形形色色的人紧随这支队伍。这些人之中有的为了观看战斗进行的景象甚至爬到树上。

看一下一张普普通通的地图,一眼就可看到两军部署。人们注意到昂图安这个地方。此地位于法军右侧,离这座卡洛内桥

---

① 即法国国王路易九世(1215—1270 年)。

900 托瓦兹处,距埃斯科很近。法国国王和王太子已经由此向前推进。丰特努瓦村在昂图安之外,几乎在同一条线上。在丰特努瓦和一个被称为巴里树林的小树林之间有一个 450 托瓦兹宽的地带。在这个树林和这些村庄,像在筑壕固守的营地那样,架设着大炮。萨克森元帅在昂图安和丰特努瓦之间修建了棱堡。另外一些位于巴里树林的顶端的棱堡,加固这个圈围地区。从法国国王在丰特努瓦附近的置身之地到巴里树林,战场长不超过 500 托瓦兹,宽不超过 900 托瓦兹,以致战斗将像在德廷根那样封闭地进行,但在一个更加难忘的日子进行。

法军将领成竹在胸,对胜利和失败都已做好准备。卡洛内桥架设有大炮,由防御工事加固,有几个营防守。一旦不幸退败,这座桥梁将充作法国国王和王太子的退路。那时败退的法国军队余部将通过图尔内以外的埃斯科河下流的其他桥梁,列成纵队行进。

所有互相支援、互不妨碍的措施都已采取。法国军队似乎难以接近,因为从巴里树林和从丰特努瓦村发射的交叉炮火,防阻敌方任何迫近行动。除了上述预防措施之外,还在埃斯科河的这边架设了发射 16 公斤重的炮弹的大炮 6 门,用以消灭可能进攻昂图安村的敌方部队。

上午 6 时,敌对双方开始互相炮击。诺阿耶元帅当时在丰特努瓦附近,向萨克森元帅报告他为了连接丰特努瓦村和位于丰特努瓦和昂图安之间的 3 个棱堡中的一个,下令在黑夜降临时修筑一道工事。诺阿耶元帅此时充任萨克森元帅的首席副将。他为了国家的福祉,舍弃了对指挥职位的艳羡;他为了一个比他资历短浅的外籍将领,忘掉自我。萨克森元帅感受到这种宽宏大量的胸怀的全部价值。人们从来没有见过他们两人之间的这种如此伟大的团结。人性的弱点，往往使人与人间的关系疏远冷漠。

诺阿耶元帅拥抱了他的侄儿格拉蒙公爵，然后别离。他们之中一人返回法国国王身边，另一人则奔赴自己的岗位。这时一颗炮弹飞来，公爵中弹身亡。他是这一天的第一个牺牲者。

英国人向丰特努瓦发起三次进攻。荷兰人两度在昂图安前面出现。他们第二次进攻时，一个荷兰骑兵连几乎整连被从昂图安发射的炮弹杀光，只剩下 15 个人。此后荷兰人不再出现。

但是，坎伯兰公爵做出能确保他这一天战斗获胜的决定。他命令一个名叫英戈尔斯拜的参将率军进入巴里树林，然后插入面对丰特努瓦的这个树林的棱堡，攻下对方的拥护者的团队的一个营。这就是被称为格拉辛人的一支队伍。格拉辛这个名称源出这支队伍的创建者。这些士兵在树林前部，在棱堡外面，卧倒在地。英戈尔斯拜认为这是一支颇不寻常、数量可观、不可等闲视之的军队。他返回坎伯兰公爵处，要求炮火支援。时间白白浪费。这位公爵因他的全部措施受到违抗行动的干扰而陷于绝望。随后他在伦敦通过被称为**军事法庭**的法庭对这一抗命违令行动严加惩处。

这位公爵立即决定在这个棱堡和丰特努瓦之间穿行。地形陡峭险峻。必须越过一道深谷。必然会遭到从丰特努瓦和棱堡发射的炮弹袭击。这一行动真是大胆无畏。然而，当时他已经被迫或者停止战斗，或者尝试这次穿越。

英国人和汉诺威人同这位公爵一道行进，他们几乎仍然保持队形，井然有序。他们拖着大炮，通过羊肠小道。他们排成三列，互相紧紧挨靠。每列 4 人平齐成组，在一个约 400 托瓦兹宽的地带,在遭到来自两侧的炮火轰击的情况下前进。到处都有一些士兵行列整列整列在炮火下倒毙。他们前赴后继,倒下的行列立即被取代。他们用人力拖运到丰特努瓦和棱堡前面的大炮,对法军炮火进行还击。他们在这种情况下,昂首阔步,豪情满怀,向前迈进,以6门大炮作为先导,还另有6门大炮配置在他们的行列中。

他们面对的是法军警卫队6个营。这6个营左侧有瑞士警卫队两个营,右侧有库尔当团,其后有奥伯特尔团,稍远处还有法国国王的那个沿着一条凹陷的道路在丰特努瓦的边缘布阵的团。

法军警卫队所在地地势上升,一直到英军集结的地方为止。

法军警卫队的军官互相谈论说:"必须去把英国人的大炮缴获过来。"他们率领掷弹兵迅速向高处发起攻击。但是,他们大吃一惊,发现他们面临的是整整一支军队。大炮的轰击和步枪的齐射把将近60名法国人击倒在地。其余士兵被迫返回队列。

此时英国人正在前进。这个由法国警卫队、瑞士警卫队和库尔当团组成的步兵队列正向敌人步步进逼。它的右侧还有奥伯特尔团和法国国王的团队的一个营。敌对双方相距50步。一个英国警卫团——钱普贝尔团——和皇家苏格兰部队在最前面。钱普贝尔大人身任这支部队的副长官。这支部队的参将是阿尔贝马利伯爵,旅长是马尔巴勒大公爵的私生孙子丘吉尔大人。

英国军官向法国人脱帽致敬。夏巴内伯爵、比龙公爵和法军警卫队的全体军官都向英国军官还礼。伯爵和公爵已经向前移动。英军警卫队队长查理·海大人高声叫道:"法军警卫队的大人们,开枪吧!"

当时任掷弹兵中尉、此后即晋升上尉的昂特洛希伯爵高声回

答英国人："大人们，我们决不开第一枪。你们自己开吧！"英国人
于是进行连续齐射，意即分批轮番射击。具体做法是：一个营的第
一线每4人平齐成组，进行射击后，另一个营紧随进行齐射。接着
第三个营如法炮制。之后前两个营重新齐射。法军步兵不这样射
击。法军步兵单独4人平齐成组，他们的行列之间相距很远，没有
任何其他步兵部队支援。仅仅这次射击就使法军方面19名警卫
队军官受伤倒地。克利松、朗热、珀尔等大人丧命黄泉。95名士
兵长眠沙场。285名士兵受伤。11名瑞士军官和209名瑞士士兵
受伤倒地，其中64人阵亡。库尔当上校、他下属的中校、4名军
官、75名士兵倒地身亡。14名军官和200名士兵伤势严重。法军
第一列就这样遭到歼灭。其他三列往后一看，只见一支英国骑兵
距他们300多托瓦兹，于是四处逃散。他们的上校和第一副长官
格拉蒙公爵本来能够使他们得到支撑，却被杀死。第二副长官吕
托大人在他们溃败时才到达。英国人缓慢推进，似乎在进行操练。
英军士官把他们的木棍紧紧按在士兵枪上，让他们压低直射。他
们迂回包抄丰特努瓦和棱堡。这支以前分为三部分的队伍因地形
狭窄而互相紧挨，变成一支队形长而厚密的纵队，几乎因其庞大的
群团，更因其英勇无畏，而岿然不动，几乎无法摇撼。它向奥伯特
尔团逼进。法军的第一副长官吕托大人得知这一危险，从丰特努
瓦赶来。他刚在该地受伤，伤势严重。他的副官央求他开始时让
人在他的伤口放置帮助外伤恢复的包扎物。他回答说："对我来
说，为国王效劳比我的生命更珍贵。"他会同比龙公爵率领奥伯特
尔指挥的以奥伯特尔为名称的团队前进。吕托到达时身中两颗致
人死命的子弹阵亡。比龙的一匹坐骑在他胯下倒毙。奥伯特尔团

丧失大批官兵。比龙公爵于是让他左侧的纵队同他指挥的国王团一起停止前进。英军警卫队的 1 个营临时调开，向他前进几步，进行射击，造成大量伤亡，接着小步返回再置身于纵队前头。这支纵队始终缓慢前进，队形井然有序，击退所有先后在它前面出现的敌方团队

英军这支队伍始终向前推进，获得进展，队形始终紧密，士气始终高昂，萨克森元帅镇定冷静，眼见局势已经一发千钧，于是通过墨兹侯爵禀告法国国王，恳请国王偕同王太子重新通过桥梁撤离，而他本人则尽其所能挽救颓局。国王回答说："啊，我确信他会做他该做的，但是我要留在我现在所在的位置。"

自法军和瑞士警卫部队溃败之时起，军中一片惊惶，混乱不堪。萨克森元帅下令骑兵向英军纵队猛攻。爱斯特雷伯爵奔袭这支纵队。但是，尽管这支骑兵一往直前，尽力进攻这支结合紧密、军纪严明、英勇无畏的英军步兵团群，其效果却微乎其微。这个团群射击时始终齐射，持续不断，必然把敌方的小股分散部队击溃。此外，众所周知，骑兵根本无法单独击溃一支紧密靠拢的步兵。萨克森元帅身处炮火之下。他的病使他无力披带盔甲。他带上一种类似缝合的塔夫绸的多层盾牌的东西。这东西放置在他的马鞍架上，他扔掉盾牌，跑去指挥第二列骑兵进攻英军纵队。

法军全体参谋人员积极行动。军队参将沃德勒耶大人从右边走到左边。皮塞古尔大人、掩蔽体的元帅助理圣-索弗尔大人、圣乔治大人、麦泽埃尔大人全都负伤。助理参将隆戈内侯爵阵亡。就在这几次进攻中，副将阿歇骑士脚折断。接着他前去禀告法国国王，同国王长时间谈话，没有显露出丝毫他的剧烈伤痛，直到他

终于昏倒为止。

英军纵队越向前推进,变得越厚实,得以弥补对它反复不断的多次冲击给它不断造成的损失。这支部队始终以密集靠拢的队形在交战双方的伤员和死人中间行进,似乎要整合成一支约14000人的队伍。

数量巨大的法军骑兵混乱不堪,被推压驱赶到法国国王和他的儿子所在之处。这两位君王被一群在他们之间匆忙奔逃的士兵隔开。充作后备部队的警卫旅自动向敌人挺进。絮齐和索默西两名骑士受伤阵亡。宪兵的4个骑兵连几乎就在这一时刻从杜埃赶来。他们不顾急行军7里,筋疲劳累,马上前往奔袭敌人。所有这些部队正如其他部队一样,受到敌方以同样的英勇无畏的气概,同样的齐射的迎头痛击。军旗手、年轻的谢弗里埃被杀死。瓦朗蒂诺瓦公爵的儿子莫纳科骑士腿被子弹打穿。格斯克兰大人受伤,伤势严重。马枪手出击。他们当中6名军官被打翻在地,旋即死亡,21名受伤。

萨克森元帅精疲力竭至于极点,仍然骑在马上,在战火纷飞、枪林弹雨中以平常速度来回巡视。他在英军纵队的前方用肉眼观察一切。他在巴里树林附近,朝着左面观察。有人在那里进行与在右面进行的活动同样的活动。法军力图撼动这支英军纵队,但白费力气。法军几个团先后出现。英军的那个团群及时向四面八方架设大炮,始终分部进行射击。当它受到攻击时,这一连续不断的炮火密集而猛烈。对方进攻后,它静止不动,停止射击。法军几个步兵团遵照司令官的唯一命令又前来迎战这支英军纵队。萨克森元帅眼见英军一支部队在战斗中士兵整列整列倒地,队形仍然纹丝不乱。有人告诉他这是格尔奇大人指挥的船舰团。他情不自禁大声叫道："如此军队焉有战而不胜之理？"

埃诺团同样遭到猛烈攻击。它的上校是托斯卡纳总督克拉翁亲王的儿子。父亲为托斯卡纳大公效劳，几个儿子则为法国国王效劳。这个前途似锦、鹏程万里的青年率队作战，身先士卒，战中被杀。他的中校在他身旁伤重身亡。诺曼底团向前推进。这个团被歼官兵与埃诺团同样多。它由中校索朗西大人率领。法国国王在战场上称赞他作战英勇，随后加以奖励，提升他为旅长。几个爱尔兰营向英军纵队侧翼冲击。迪戍上校倒地身亡。情况如此，任何部队、任何进攻都无法冲破这支英军纵队，因为没有任何作战行动协同一致，同时进行。

萨克森元帅再次经过英军纵队前面。这支队伍已经向前推进，越过厄和丰特努瓦棱堡。元帅前往观察丰特努瓦是否仍在坚守。炮弹已经打光，只能用火药来还击。

炮兵副长官迪布罗卡尔同好几名炮兵军官阵亡。萨克森元帅于是请求他遇到的阿尔古公爵前去奏请法国国王离开。他命令守卫昂图安的拉马克伯爵率领团队撤离皮埃蒙。看来法军已经日暮途穷、山穷水尽，这一仗已经打输。法军从四面八方调来野炮。有人准备把丰特努瓦村的那门野炮调走，虽然炮弹已经运到。萨克森元帅的意图是：只要可能，就做出最后努力，更好指挥，更加充实，以抗击英军纵队。英军这个步兵团群遭挫受创，尽管它的纵深仍然均匀平稳。这个团群对自己置身于没有骑兵的法国人之中大为惊诧。它留在原地，静止不动，似乎没有任何命令下达。但它仍然保持一种自豪的举止姿态，似乎控制着战场。当初如果荷兰人已经在朝向丰特努瓦和昂图安的棱堡之间通过,如果他们前来助英军一臂之力,对法军来说,或许也对法国国王和他的儿子来说,就已穷途末路,无计可施,甚至退路已断,法军最后一次进攻胜负未卜。萨克森元帅眼见大获全胜或者彻底失败尽皆系于此举,于是考虑准备进行稳妥可靠的撤退。他向拉马克伯爵下达第二道撤离昂图安的命令,并命令他来卡洛内桥,以便一旦最后遭遇不幸时,利于这次撤退。他对此后升为公爵的洛日伯爵下达第三道命令,要他负责执行上述命令。这位伯爵极不情愿,勉强服从。当时,法方对这一天的战斗已经绝望。

一次乱乱哄哄的会议在御前举行。将军方面以法兰西国家的名义劝促国王不要再冒险暴露。

担任法国国王副官的副长官黎塞留这时赶来。他刚刚对丰特努瓦附近的英军纵队进行过侦察。他这样到处奔跑却毫发未损。他出现时,气喘吁吁,手执刀剑,满身尘土。诺阿耶元帅问他:"有何消息带来? 足下有何高见?"黎塞留公爵回答说:"在下的消息是,如果想打胜仗,这场仗就打赢了。卑意以为必须立即命令大炮4门向前推进,抗击英军纵队正面进攻。炮火动摇敌纵队时,国王侍从卫队和其他部队进行包围。**必须像散开作战的骑兵那样向敌纵队猛扑。**"法国国王率先对他副长官言听计从。

20个人临时调开。此后叫作肖勒公爵的贝基尼公爵被召前去让这4门大炮面对英军纵队瞄准射击。黎塞留飞奔前往,以法国国王的名义命令国王的侍从卫队行动起来。他向指挥这支卫队的蒙特松大人宣布这一消息。苏比兹亲王把他的精骑兵团,肖勒公爵把他的轻捷骑兵重新结合起来。所有人员组成战斗队列,开始进军。4 个精骑兵连在国王侍从卫队右侧推进。马上掷弹兵在队长格里耶大人的率领下充当先锋。火炮手由朱米哈克大人指挥向敌人猛冲。

在这同一个紧要的关键时刻,厄伯爵和比龙公爵在右侧看到昂图安的部队奉萨克森元帅毋庸置疑的命令撤离他们的哨所,十分痛苦。比龙公爵对这些部队官兵说:"我承担违反命令的责任。我确信在这个什么都变幻无常的时刻,国王会批准的。我保证萨克森元帅会认为这个举动是得当的、必要的。"萨克森元帅到达这个地点,被告以国王的决心、部队的良好愿望和坚强意志后,就爽爽快快地依从了。当自己的意见必须改变时,他马上改变。他下令皮埃蒙团返回昂图安。他不顾身体虚弱无力,从右侧奔赴左侧,前往爱尔兰旅,嘱咐所有部队在途中不要再迷路,行动要协调一致。

比龙公爵、爱斯特雷伯爵、克鲁瓦西侯爵、洛旺达尔伯爵等副长官指挥这次新的进攻。庞蒂埃弗尔的 5 个骑兵连跟随克鲁瓦西大人及其部属。夏布里昂团、布里奥内团、布朗卡团、奥伯特尔团、库尔当团在他们的上校率领下赶来,在首次冲锋中为他们被杀的袍泽兄弟报仇雪恨。爱尔兰人予以协助。英军纵队在正面和两个侧翼同时受到冲击。

在七、八分钟之内,这支令人生畏的英军部队的防线四面撕裂。阿尔贝马尔勒伯爵的兄弟波桑拜、警卫部队的 5 名上校、5 名上尉、多名军官被打翻倒地身亡。英国人重新集合,但终于退却。他们毫不喧哗骚乱,井然有序撤离战场。他们打了败仗,败得体体面面。

法国国王逐团巡视。欢呼胜利声、国王万岁声、抛向天空的帽子、子弹打穿的军旗、彼此拥抱的军官、互致的祝贺,形成一个人人都喧闹欢快地享受的场景。法国国王镇定冷静,表示满意和对全体将军、全体部队指挥官的感谢。他下令细心照料伤员,像对待他的臣民那样对待敌人。

萨克森元帅在凯旋中被抬向法国国王。他又有了余力拥抱他下属的将领,并说了这些话:"陛下,我已经活得够长了。我今天希望活着,只是为了看看获得胜利的陛下。"接着他又说:"您看到了战斗取决于什么。"国王把他扶起来,亲切地拥抱他。

这位元帅对黎塞留公爵说:"我永远也不会忘记你对我的帮助。"他也对比龙公爵说了同样的话。他对国王说:"陛下,我必须承认,我责备自己犯了一个错误。我本来应该在巴里树林和丰特努瓦之间多修筑一个棱堡。但是,我没有想到竟有将领大胆得在这个地方经过。"

英、荷、奥联军损失 9000 人,其中将近 2000 人被俘。他们几乎没有俘获法军一人。

根据向法军步兵参将的报告,只有 681 名法军步兵士兵或士官被杀死在战场上,3282 人受伤。在军官中,只有 53 人死于战场,323 人伤势危重,有生命危险。骑兵损失约 1800 人。

自从人类进行战争以来,从来没有人比在这次战争中更加周密细致,花费更多心血来减轻与这一灾难紧密相连的损失。在邻近各个战区的城市,特别在里尔,都筹建了医院,教堂本身也被派上无愧于它们的名称的这种用场。对法国军人也好,对他们的俘虏也好,不仅各种救助,而且各种便宜设施都应有尽有。国民的热情甚至有些过分。人们不断从四面八方向伤病员送来美味食品。医院的医生不得不对这种带有危险性的过分的好意加以约束限制。最后，医院得到的供应好得所有军官都宁愿在医院里而不愿在私人家里接受治疗。这是以往闻所未闻的。

本书作者已经对丰特努瓦之战做了详尽叙述。其重要性、国王和王太子经历的危险，都要求本书作者这样做。法军的这次行动决定了战争的命运，为征服荷兰做了准备，并且抵消了所有不幸事件。还使这一战役令人永志不忘的是，当一个将军身体衰弱，几乎奄奄一息，无法再行动之际，却打赢了这一战役。萨克森元帅做出战斗部署，法国军官获得胜利。

第 十 六 章

丰特努瓦战役(续)

与这次胜利同样举世瞩目的是,法国国王首先关切的,是让人当天致函他派驻海牙的公使、拉维尔修道院院长说,他只要求把欧洲的和解作为对他征战的成果的奖赏;又说他准备派遣全权代表出席一次大会。荷兰三级会议对此十分惊讶,认为他这项建议并非出自真心诚意。更会令人惊讶不置的是,匈牙利女王和英国人对这项建议避不回应。这位女王同时在西里西亚同普鲁士国王,在意大利同法国人、西班牙人和那不勒斯人,在迈因这个方向同法国人作战。她似乎应当自己要求她所需要的和平。然而英国宫廷却丝毫不希望得到这种和平。报仇雪恨的心态和偏见操纵左右宫廷,如同操纵左右个人一样。

这时法国国王派遣一名军队助理副官、一个十分明智的名叫拉图尔的军官,向普鲁士国王带去胜利的消息。这位军官在下西里西亚的腹地,在拉蒂波这一边,在群山之中的一个峡谷里,在一个名叫弗里伯格的村子附近觐见普鲁士国王。(1745 年 6 月 4 日)他曾经在那里目睹这位君主取得一次对奥地利人的重大胜利。这位君主致函他的同盟者法国国王称:"我在弗里伯格偿清了您在丰特努瓦为我开出的汇票。"

法国国王在他那方面,具有丰特努瓦战役的胜利会给他带来的一切优势和好处。丰特努瓦战役结束短短几天后,图尔内的城市和城堡投降。萨克森元帅在攻占根特①之战中与法国国王秘密配合。该地系奥地利所属佛兰德尔的首府,地广人稀,但因其残存的昔日的辉煌而富庶繁荣。

在 1689 年的那场战争②中使卢瓦③侯爵荣殊誉满的战役的一次作战行动,是包围根特之战。当时卢瓦决心进行这次包围,因为该城为敌人的军需仓库所在地。这次路易十五正好又以同一理由夺取该城。按照惯例,军队奉命进行了各种行军和调动,以欺骗迷惑已撤往布鲁塞尔的敌军。采取的措施是:一方面谢拉侯爵,另一方面洛文德尔伯爵,他们两人应于同一时间抵达根特城前。该城卫戍部队只有 600 人。该城居民固然始终对奥地利的统治深恶痛绝,但也视法国为寇仇。然而他们与从前他们自己组建一支军队时的情况迥然不同。上述两位王侯的行军奉将军之令进行。这时这一举动因在战争中司空见惯的一起事件而即将受挫。

英国人虽然在丰特努瓦之役战败,但并未溃散,也未沮丧绝望一蹶不振。他们从他们驻守的布鲁塞尔近郊看到威胁根特的明显危险。最后他们让一支 6000 人的军队进军保卫这座城市。这支

---

① 现为比利时城市。

② 这次战争应根据根特围城战,时间应为 1678 年(巴黎加尼埃兄弟出版社 1878 年版本注)。

③ 卢瓦(1641 —1691 年),法国国王路易十四在位时的陆军国务秘书。积极参与建军、治军、强军。

军队在通往阿洛斯特的马路上行军之际,正当谢拉大人率领 3 个骑兵旅,由诺曼底、克里戍和拉瓦尔三地兵员组成的两个步兵旅,20 门大炮和浮桥队在同一条马路上离英国军队约一里路的地方行军。炮兵已经走在队伍前面,超越这支炮兵队的,是率领一部分他本人征募的轻装部队的格拉森大人。当这 6000 名英国人抵达并向格拉森的部队发起进攻时,正夜深人静,万籁俱寂。格拉森只来得及钻进一个位于梅斯勒修道院附近的农庄。这一战斗日就以该地的名称命名。英国人获悉法国人正在马路上,远离他们的炮兵;炮兵位置在前,仅仅由 50 名士兵护卫;于是冲向法军炮兵,一举把大炮夺为己有(1745 年 7 月 9 日)。克里戍侯爵这时已经抵达离英国人 300 步处,眼见败局已定,无可挽回。英国人已经夺走大炮,把炮口转向他,即将点火发射。他沉着冷静、机智灵活、毫不慌乱,顿时下定决心。他争分夺秒,迅即行动,率领他那个团从敌方一侧奔袭敌军。年轻的拉瓦尔侯爵率领另一个营前进。大炮夺回。行动坚决顽强。正当克里戍和拉瓦尔两位侯爵这样行动遏阻英国人时,一个驻扎在修道院附近的诺曼底连孤军奋战,抗击英国人,进行自卫。

两个诺曼底营火速赶到,由年轻的佩里戈尔伯爵指挥。这位伯爵是塔莱朗侯爵之子,属于一个享有主权的家族。侯爵在图尔内前面不幸阵亡。伯爵 18 岁时刚刚拥有他父亲曾经拥有的这个诺曼底团。他带领一个掷弹兵连,身先士卒,向前挺进。英军连在他攻击之下,丢盔弃甲,抛刀弃枪,逃之夭夭。

谢拉和苏弗雷两位大人不久后就率领骑兵在这条马路上出现。英国人四面楚歌,仍然拼死自卫。格拉威尔侯爵作战受伤。

英国人最终彻底溃败，全军覆没。

诺曼底团的队长、阿赞库尔的布龙代尔大人仅仅率领 40 名士兵就俘虏了英军里奇团的中校、8 名队长以及 280 名扔掉武器向他投降的士兵。当这些俘虏看到他们已经向之投降的法国人当时只有 40 人时，其惊讶程度真是绝无仅有。阿赞库尔大人把他的俘虏带给格拉维尔大人。格拉维尔大人把他的剑端按在英军中校的胸膛上，威胁他说，如果他的人稍有反抗，就杀死他。

另外一个名叫蒙塔朗贝尔大人的诺曼底团的队长也率领 50 名士兵俘虏了 150 个英国人。国王的骑兵团的队长圣-索弗尔大人在战斗将近尾声时也率领同样数量的士兵驱赶敌军 3 个骑兵连。最后，这次战斗最奇特的胜利，可能是在这一战役中最为法国人争光的事物，最使敌军惊愕不已、沮丧万分的事物。构成这个战斗日的特征的还有：所有一切都因法国军官的机智勇敢而得以完成，情况同打赢了丰特努瓦之战如出一辙。

法军在萨克森元帅指定的时刻到达根特前面（7 月 11 日）。法军官兵紧握武器进入城内。没有发生洗劫事情。城堡卫戍部队被俘（7 月 15 日）。

攻占这座城市的巨大得益是，该城有军火、口粮、饲料、武器、服装的巨大储备仓库。英、荷、奥联军拥有的这些物资储存在根特。这是对一场在国王眼里多么光荣，在别处就多么可恨的战争的一点微薄补偿。

根特城堡被攻占之时，奥德纳德被围。就在洛文德尔大人在奥德纳德前面挖掘战壕的同一天，苏弗雷侯爵攻克布鲁日。经过三天的战壕战后，奥德纳德开门乞降。

　　法国国王一旦入主这座城市，又下令同时包围另外两座城市。阿尔库尔侯爵不顾水闸的作用，在洪水泛滥，一片汪洋之中，在进行了两天战壕战后攻克登德蒙德。洛文德尔伯爵则对奥斯坦德进行包围。

　　此次包围奥斯坦德之战被认为最艰苦。人们记得上个世纪开始时，这座城市被围之后曾经坚守 3 年 3 个月之久。把这个要塞的防御工事的平面图同它从前被斯皮诺拉①攻占时的防御工事平面图进行比较，似乎是斯皮诺拉在 15 天内攻占这个要塞，似乎洛文德尔大人在这个要塞驻留 3 年。奥地利军队副长官尚克洛斯大人率领 4000 人保卫这个要塞。这 4000 人中半数为英国人。但是，一旦无愧于充任工程师首领，既是有用的国民又是优秀军官的埃鲁维尔侯爵在沙丘那边的掩蔽道路进军时，城里就风声鹤唳、草木皆兵、灰心失望，士气低落至极点。这座城市的总督不得不开城乞降（9 月 3 日）。

　　（8 月 25 日）一支英国舰队向这座城市运来救援。它炮轰围城部队。但它驶来这座城市，只不过目击这座城市被攻占而已。这座城市的失陷使英国政府和荷兰联省政府大为惊愕沮丧。法国要想成为狭义的佛兰德尔伯爵领地的主人，只剩下纽波特尚待攻克。法国国王下令包围这座城市。

　　际此时机，伦敦政府考虑到在法国的英军俘虏多于在英国的法军俘虏。对贝尔-伊斯尔元帅和对他兄弟的拘留已使一切联系中断：拘留两位将军侵犯了人权。他们被送回法国未付分文赎金。

---

　　①　斯皮诺拉侯爵为西班牙国王菲利普三世的将领。他在率军包围奥斯坦德 3 年 3 个月零 3 天之后，于 1604 年 9 月 21 日进入该城。

的确,在宣布他们两人为国家俘虏后,无法向他们索取赎金。英国的利益乃在于恢复履行交换战俘及掩埋阵亡者协议书。

这时,法国国王首途前往巴黎,于 1745 年 9 月 7 日到达。对上一年为他举行的欢迎会,本书无可补充。上一年的欢迎和这次欢迎、欢庆宴乐活动雷同。但这一次还要增加庆祝丰特努瓦战役和梅斯勒战役的胜利以及佛兰德尔的攻占。

第 十 七 章

德意志的事态发展　洛林的弗朗索瓦、托斯
卡纳大公当选为德意志皇帝　奥地利和萨克森
军队被普鲁士国王腓特烈三世打败　德累斯顿
被攻占

　　路易十五的好运和成就在荷兰日甚一日：军队的优势，各种后勤服务的便捷，英、荷、奥联军的全面溃散和沮丧绝望，联军作战不协调配合，特别是萨克森元帅的卓绝才能，凡此种种都形成除路易十四获得的成就之外别无其他例子的一系列不断取得的胜利。萨克森元帅康复后，比任何时候都更加活跃积极。堂·菲利普在意大利事事一帆风顺。正如读者将在以下的叙述中看到的那样，英国的一场令人吃惊的革命，已经威胁英国国王乔治二世的王位。然而，匈牙利女王却享有隆名盛誉并具有另外一种优势。这种优势使她不花费一滴血就实现了她首要的和最珍视的意愿。甚至早在德意志皇帝查理七世生前，她就从未丧失为她的夫君取得德意志皇帝皇位的希望。这位皇帝死后，尽管普鲁士国王对她兴兵动武，尽管帕拉坦选帝侯对她的意见置若罔闻，尽管一支法国军队离法兰克福近在咫尺,并可阻碍选举,她仍然自信获得这个地位有如囊中取物。这支法国军队就是这同样一支先由马伊布瓦元帅率领,自 1745 年 5 月初转入孔蒂亲王麾下的军队。但是,为在丰特努瓦作战的军队从这支军队抽调去两万人。孔蒂亲王无法阻止匈牙利女王在德意志的这一部分的、开来保护法兰克福的各个部队会师。德意志皇帝选举在十分和平安宁的环境中举行。

因此,法国没有命中它的这个战争目标:把德意志皇帝的帝位从奥地利家族手中夺走。德意志皇帝选举于 1745 年 9 月 13 日举行。普鲁士国王通过他的驻外使节声明此次选举无效。领土遭到奥地利军队践踏蹂躏的帕拉坦选帝侯同样行事。这两位王侯的参选使节撤离法兰克福。但是,选举仍然按照规定举行,因为在教皇的黄金诏书中写道:"如选帝侯或他们委派参选的使节在罗马人的皇帝——未来的德意志皇帝——选出之前离开选举场所,此次他们将被视为弃权而被剥夺选举权。"

此后成为德意志帝国皇后的匈牙利女王来到法兰克福享受她的胜利成果和出席她丈夫的加冕盛典。她从阳台上观看入场仪式。她第一个高呼"万岁"。接着民众对她报之以欢乐的、亲切的欢呼。(10 月 4 日)这是她生命中最美好的一天。她前往检阅列成战斗队形的军队。她的丈夫德意志皇帝排在军队之首,一手执剑接待她。她在军队的各个队列中间通过,向大家致敬并在帐篷里用餐,下令发给每名士兵 1 帝国弗洛林。

吉祥如意的事在各个方面都被背运倒霉的事抵消,这就是这位大公夫人本身的和干扰这位大公夫人的统治的事件的命运。早在德意志皇帝查理七世加冕时,巴伐利亚就已经丧失。匈牙利女

王准备为她的夫君弗朗索瓦一世加冕时,正打输一仗。(10 月 1
日)普鲁士国王在靠近位于索尔的易北河源头仍然凯歌高奏。

有些时代,某个民族保持着它的优越性,经久不衰。这就是人
们在处于查理十二的统治之下的瑞典人中,在处于马尔巴勒的统
治下的英国人中,在处于路易十五和萨克森元帅统治下的住在佛
兰德尔的法国人中,以及在处于腓特烈三世统治下的普鲁士人中
的所见所闻。当匈牙利女王因此丧失佛兰德尔,并让她的夫君登
上她父亲的王位时,普鲁士国王有颇多令她提心吊胆、不寒而栗
之处。

就在这时,正当已在荷兰和意大利取得胜利的法国国王一直
建议缔结和约之际,也取得胜利的普鲁士国王在他自己那方面也
要求俄罗斯女皇伊丽莎白居中调停。胜利者向对方采取这样多的
主动行动,过去从未有过。人们对此大为惊讶。但现在取得胜利
过多却非常危险。当欧洲某个强国摆动身体时,所有其他强国迟
早都会拿起武器。这时出现的就是由百万雄师支持的同盟和反同
盟。能够在这样的时机和局面中保存一个征服的省份,是件非同
小可的事。

在身处这种种巨大困境、令人颇感为难之时,有人提出一个始
料不及的、闻所未闻的调解建议。这就是土耳其皇帝提出的建议。
他的大首相致函交战的各个基督教国家的宫廷,劝说它们止戈息
武,不再让鲜血流淌,向它们提出由他的主子进行调停。这样一次
建议徒劳无功,没有任何结果,但它至少起了促使这么多基督教强
国反躬自省的作用。这些强国已经因自身利益开始战争,现在又
因顽梗不化继续战争,而只能因迫不得已停止战争。此外土耳其

素丹的这一调停是对 1739 年法国国王在德意志皇帝查理六世和土耳其素丹政府之间进行的调停做出的报答。

普鲁士国王为了实现和平和保住西里西亚,做了另外一种尝试。(1745 年 12 月 15 日)他的军队在德累斯顿的峡道把奥地利人和撒克逊人打得一败涂地,全军覆没。取得这一决定性胜利的是年迈的昂阿尔特亲王。这位亲王久经沙场,南征北战达 50 年之久。1706 年都灵之围,他第一个冲入法军的防线。他被视为欧洲首屈一指的指挥步兵的军官。这个伟大的战斗日是最后的使他的军事荣誉达到顶峰之日,是他经历过独一无二的日子。他擅长的只有打仗,仅此而已,别无其他。

普鲁士国王在颇多方面精明强干,从四面八方把德累斯顿这座城市重重包围起来。他攻下该城后,由 10 个营和 10 个骑兵连跟随进入该城。他解除了 3 个组成该城卫戍部队的民兵团的武装。他前往皇宫,探望住在宫中的波兰国王的儿女:两位王子和三位公主。他拥抱他们,给予他们能够期望从这个世纪的教养最好、礼节最周到的人那里得到的关怀照顾。他让已经关闭的商店开门营业。他设宴款待全体外国使节。他安排上演意大利歌剧。人们没有觉察到这座城市已转由胜利者掌权。德累斯顿被攻占一事,仅仅因为胜利者在该城举行的欢庆宴乐才令人瞩目。

最为奇怪的是,普鲁士国王于 18 日进入德累斯顿后,于 25 日同奥地利和萨克森止戈息武,休战言和,把整个担子交给法国国王。

玛丽亚·特蕾西亚由于这第二次媾和违反自己的心愿,放弃西里西亚。普鲁士国王腓特烈三世除了承认她的夫君弗朗索瓦一世为德意志皇帝之外没有给她任何别的好处。帕拉坦选帝侯作为缔约的一方也做出同样的承认。波兰国王、萨克森选帝侯为此只付出了 100 万埃居的代价。这笔钱必须在支付之日连同利息一并付给战胜者。

（1745 年 12 月 28 日）普鲁士国王返回柏林，安安稳稳享受胜利果实。他在凯旋门下受到迎接。他步行时，民众在他身后扔掷杉枝，当时没有比这更好的表示。与此同时，民众高呼：**"腓特烈大帝万岁！"**这位君王既在战争中，也在缔约时洪福齐天、一帆风顺，此后就专心致志于使法律和艺术在他的各个邦州中百花盛开，繁荣昌盛。他在旋踵之间由战争的骚乱喧嚣转入退隐旷达的生活。他潜心于诗作、雄辩术、历史。这一切都是他的天性使然。就是在这一点上，他远比查理十二更加特立独行。他不把查理十二视为伟人，因为查理十二只不过是个英雄而已。本书此处没有叙述关于普鲁士国王的胜利的任何细枝末节。他本人书写了这些胜利。应该由恺撒来对他进行评论①。

法国国王虽然第二次失去这项重大援助，仍然继续进行征伐。在法兰西家族方面当时的战争目标是：匈牙利王后由于她在佛兰德尔遭到的失败，让出她在意大利争夺的东西；迫使荷兰三级会议至少回归它已经离弃的袖手旁观、无动于衷的立场。

匈牙利女王的目标则是：从法国那里有所得，以补偿普鲁士国

---

① 恺撒是罗马统帅、政治家、军事评论家和散文作家。其历史著作《高卢战记》七卷讲述罗马人征服高卢人和日耳曼人的过程。

王对她的掠夺。这个此后被英国宫廷认为难以实施的计划，当时却被这个宫廷认可采纳。因为有些时候人人都真假不分，是非不辨。授予弗朗索瓦一世的德意志帝国，让人期盼一些行政管辖区下定决心拿起武器对抗法国。维也纳宫廷为了怂恿这些行政管辖区这样行事，真是无所不用其极。

德意志帝国经常保持中立，正如整个意大利在这次战乱之初曾经能够保持中立一样。但是，德意志人的心全都倾向玛丽亚·特蕾西亚。

第 十 八 章

奥地利属荷兰被攻占的后续情况　列
日或劳库斯战役

　　奥斯坦德被攻占后,法国国王前往巴黎。他在途中获悉纽波
特已经投降。该城卫戍部队官兵被俘(1745 年 9 月 5 日)。此后
不久,克莱蒙-加尔朗德伯爵攻占阿特域(10 月 8 日)。萨克森元
帅在冬初(1746 年 1 月 29 日)包围布鲁塞尔。众所周知,这座城
市为布拉邦特的首府和奥地利属荷兰的总督的暂住地。当时担任
首相职务,代理该地军政府、总长官查理亲王统率军队的考尼茨伯
爵,正在该城。军队的副长官拉诺瓦伯爵是该城军政府的特别长
官。荷兰方面的范德尔·杜林将军统率 18 个营和 7 个骑兵连。
奥地利部队在该城只有 150 名龙骑兵和数量相同的骑兵。皇后-
女王相信英国人和荷兰人会保卫她的国家。在这场战争中他们在
佛兰德尔挑起全部重担。洛斯-尼奥斯陆军元帅,两位世系亲
王——一位为步兵将领,另一位为骑兵将领、曾经让交出奥斯坦德
的尚克洛斯将军,5 名奥地利副将以及不少贵族当时身在这座围
城中。匈牙利女王在该城的军官实际上大大多于士兵。
　　敌军的残余朝向马利内,由瓦尔德克统率,无力对抗这次围

城。萨克森元帅突然命令他的军队成四路纵队经由四条不同的道路开进。在此次围城战中,显贵中只有船舰团的上校奥贝特尔骑士丧命。卫戍部队官兵,包括全体将军被俘(2月21日)。法军能够俘获首相尼茨伯爵。同汉诺威人有权抓捕贝尔-伊斯尔元帅相比,法军更有权抓捕这位首相。法军也有权抓捕荷兰三级会议的常驻代表。然而,法军不但让考尼茨伯爵充分自由,而且还特别对他们的财物和随从人员加以照顾,还向他们提供护卫。法军把查理亲王的仆从和家用设备送还这位亲王,把敌方士兵的全部武器储存在军火库中,以便这些士兵可以被交换时,把这些武器归还他们。

法国国王对荷兰人具有很多优势,当时把荷兰军队3万人扣作战俘。他始终十分珍惜这个共和国。荷兰三级会议感到十分困惑,茫然不知所措。暴风骤雨顷刻之间即将降临。这个机构深感本身软弱无力。行政部门渴望和平。然而,英国方面因已经采取各种措施,向这个国家派来一名执政。英国方面因得到民众支持,始终大声疾呼必须进行战争。荷兰三级会议因此四分五裂,行事毫无道德准则可言,它的所作所为,预示它何等心烦意乱、焦急不安。

当荷兰联省得知战役开始时法国国王亲自率领120个营以及90个骑兵连向安特卫普进军的时候,这种心烦意乱、焦急不安和分裂不和的心态有增无减,更加严重。从前,当荷兰共和国以武力建国时,它摧毁了欧洲商业最发达的商业城市安特卫普的整个伟大辉煌的局面。它禁止埃斯科河的航运。自那时起,它继续使这个城市衰败没落,江河日下。特别自荷兰三级会议变为奥地利家族的同盟者以来,情况更是如此。两位德意志皇帝——利奥波德和查理六世——查理六世的女儿皇后-女王,他们除了曾经在埃斯科河上有过一艘征收进出口税的港口检查船外,从未有过别的船只。但是,虽然荷兰三级会议对安特卫普的欺凌侮辱达到这个地步,虽然这个城市的商人为此怨声载道,叫苦连天,荷兰仍然把这座城市视为自己的城堡围墙,(1946 年 3 月 15 日)这堵围墙不久后就被攻破。

(7 月 10 日)孔蒂亲王率领一支孤军,对奥地利的艾诺的首府蒙斯进行包围。防守这座城市的 12 个营被俘。这使俘虏数量大增。这支卫戍部队半数为荷兰人。奥地利丧失要塞从来没有如此之多;荷兰丧失士兵从来没有如此之众。圣-吉朗遭到同样命运(7 月 24 日)。夏尔鲁瓦紧随其后(8 月 2 日)。仅仅两天露天堑壕战后,这座城市就被攻占。此后成为元帅的拉法尔侯爵,在与所有意欲进行抵抗的城市被攻占时的情况相同的情况下,进入夏尔鲁瓦。该城卫戍部队官兵被俘。宏伟的计划是向马斯特里希特进军。可以从该地轻而易举控制荷兰联省。但是,为了不使身后留下任何隐患和阻碍,必须包围那慕尔这座重要城市。驻守那慕尔的军队当时由查理亲王指挥。他尽其所能预防这次围城,但全部努力悉付东流。那慕尔位于桑布尔河和默斯河的汇合处,其城堡高耸于悬崖绝壁之上。另外 12 座堡垒则建筑在邻近的悬岩绝壁上。这些堡垒似乎使那慕尔无法接近,固若金汤。这是形成屏障的要塞之一。加弗尔亲王是皇后-女王向该地派任的总督。但防守该城的荷兰人却对这位亲王既不服从,也不尊重。这座城市的四周因卢森堡元帅、布弗勒尔元帅和威廉国王的军队曾经扎营和行军而名驰遐迩,并因萨克森元帅指挥的演习同样为世人所知。加弗尔亲王迫使查理亲王离去,并迫使他让那慕尔被围而不进行抵抗。

(9月5日)克莱蒙亲王肩负包围那慕尔之责,必须攻克要塞十二处。向好几个堡垒同时发起进攻。这些堡垒全被攻克。总助理参谋布律朗大人在一处已被攻克的防御工事上,在投弹手的后面,安排劳工们劳作,允诺如果他们加快劳作,就发给双倍工资。于是这些劳工干得比对他们要求的还多,但却拒领双倍工资。

本书作者无法叙述这次围城战以及其他所有围城战的独特战斗的详情细节。在战争中军官和士兵不创造一些有价值的、令目睹者惊讶不置的、而随后又永远被人遗忘的奇迹的这种情况真是极为罕见。如果一个将军、一个王侯、一个君主进行了这些战斗中的一次,这次战斗将永世流传,传诸子孙后代。然而大量这类军事业绩却反而毁损自身。在各种各样的这类业绩中,只有主要的事物被人铭记于心。

然而,怎能对巴拉尔的堡垒略而不提呢?这座堡垒在日正中天之时,被屈指可数的四名军官攻占。他们是:助理参谋洛内大人,香巴尼团的队长阿梅尔大人,骑士福特拉大人(当时为炮兵军官),同一个团的年轻葡萄牙人克拉穆兹大人。这位年轻军官只身跃入敌防御工事中迫使整个卫戍部队放下武器。

(1746年9月19日)那慕尔前面的堑壕于9月10日被攻破。这座城市19日投降。卫戍部队因城市投降被迫撤入堡垒及另外几座城堡。11天后,这支部队构筑了一座新堡垒,但它在这个堡垒里全体被俘。它有12个营,其中10个为荷兰人营。

那慕尔被攻占后,尚待驱散或者战胜英、荷、奥联军。联军当时扎营于默斯河的此岸,右侧是马斯特里希特,左侧是列日。两军对垒,互相观望,有几天进行小规模接触。雅尔河把两军隔开。萨克森元帅企图开启战斗。他于10月11日黎明把部队分为6个纵队,向敌军发起进攻。就像从剧场楼厅一样,可以看见两支军队:法军兵力为12万人,联军为8万人。敌军从列日到维塞,沿默斯河展开,置身于5个筑有壕垒工事的村子后面。今天进攻一支军队使用大炮,就像进攻一处要塞一样。联军不得不担心在被迫退入这些村子后无法渡河。他们冒着遭到全歼之险,而这正是萨克森元帅的期盼。

法国这一天丧失的唯一将官,是永远不会被人遗忘的康布雷大主教的侄子费内隆侯爵。侯爵由大主教抚养成人,具有大主教的所有美德,只不过性格与大主教迥然不同。他在荷兰使馆任职长达20年,但如此悠长的岁月并未使他那炽热如火的热情和他那股让他付出生命代价的价值巨大的狂热熄灭。他40年来就脚上有伤,几乎无法行走。他因此骑马冲向敌军防御工事。他寻求死亡,他找到了死亡。他的极端虔诚,使他更加勇往直前、无所畏惧。他认为最能取悦上帝的行动,就是为国王而死。必须承认,一支由有这样的想法的人组成的军队是攻无不克、战无不胜的。这一天法国的杰出人士很少人受伤。塞居尔伯爵的儿子被一颗子弹打穿胸膛。这颗子弹被人从背部拔出。他逃避一次比创伤本身更加令人痛苦的手术。吕热克侯爵中弹。这颗子弹击碎了他的下颚,打伤了他的舌头,打穿了他的双颊。在梅斯勒表现突出的拉瓦尔侯爵、摩纳哥亲王、沃贝库尔侯爵、巴勒鲁瓦伯爵都作战负伤,伤势危重。

　　这一仗只不过鲜血白流而已，对交战各方来说都是灾难一场。谁也寸土未得，谁也寸土未失。各方都得到宽恕。败军甚至推进到通格尔。胜利之师把征服的地区延伸到卢万，去享受季节通常在这些地区迫使人们进行的休憩，等待来年春天再带来冬天中止了的残酷和不幸。

第 十 九 章

堂·菲利普王子和马伊布瓦元帅取得胜利

更大的灾难接踵而至

在意大利,朝向阿尔卑斯山的地区的情况则远不如此。在这些地区当时出现了一幅异乎寻常的景象。最悲惨的挫败,已经继最快速的繁荣而来。法兰西家族在意大利之所失,大于它在佛兰德尔之所得。与它在佛兰德尔取得的看来有用的胜利相比,它的损失似乎更无法弥补。因为真正的目的是树立堂·菲利普为国王。如果在意大利受挫,就不再有完成这一树王目标的谋略手段了。在佛兰德尔取得胜利也属徒劳无益之举。人们感到战利品迟早必须归还,这些战利品只不过是抵押品,只不过是一种用来赔偿别处造成的损失的暂时保证。德意志的行政管辖区没有参与任何活动。莱茵河沿岸平静无事。事实上是西班牙最终成了战争的主要一方。陆上也好,海上也好,几乎都是为了西班牙重启战端。西班牙宫廷的眼睛始终盯住帕尔玛、皮亚琴察和米兰内。在同奥地利家族的女继承人争夺的大量州邦中,只剩下意大利的这些省份可以维护和行使自己的权利。

自君主政体建立之日起,这场战争是唯一的一场法国在其中仅仅扮演助手角色的战争。它维护德意志皇帝查理七世一直到这位皇帝去世为止;它维护西班牙王子一直到和平实现为止。

在 1745 年丰特努瓦战役开始时,意大利的局势和 1741 年的奥地利的局势表面上对法国同样有利。对西、法两国军队来说,通过热那亚的道路已经打通。热那亚这个共和国被匈牙利女王和撒丁国王逼迫得走投无路,声明反对他们。最后它缔结了终订条约:它必须提供兵员 18000 名。西班牙每月给予它 3 万皮阿斯特,一次性给予它 10 万皮阿斯特供炮兵使用。这支炮兵由热那亚向西班牙军队提供,因为在这场旷日持久而又复杂多变的战争中,强大而富裕的国家总是对其他国家进行收买。堂·菲利普的军队同法国军队自阿尔卑斯山南下与热那亚军队会合,估计有 8 万人。加日伯爵的军队已经对德意志人穷追不舍,直抵罗马附近。这支军队约 3 万人,仍在推进,其中包括那不勒斯军队。就是在这同一时期,普鲁士国王朝着萨克森方向,孔蒂亲王朝着莱茵方向,防阻奥地利军队前来援救意大利。(1745 年 6 月 28 日)热那亚人甚至信心百倍发表声明,在形式上向撒丁国王宣战。制订的计划是:西班牙军队和那不勒斯军队将开来与法国军队和西班牙军队在米兰内会师。

1745 年 3 月,莫德内公爵和加日伯爵率领西班牙军队和那不勒斯军队把奥地利军队从罗马近郊追赶到里米尼,又从里米尼追赶到切泽纳、伊莫拉、弗利、博洛涅,最后一直追赶到莫德内。

著名的维拉尔的弟子马伊布瓦元帅被宣布为堂·菲利普的军队的首领。他不久就经由文蒂米耶和奥内耶到达,并于 6 月底率领西班牙军队和法国军队南下,进军蒙菲拉。

　　西、法两国军队从奥内耶公国南下菲纳尔侯爵领地。这块领地位于热那亚领土末端。从那里可进入蒙托安的蒙菲拉。这个地区依然悬崖峭壁林立。这些岩壁是阿尔卑斯山的接续部分。西、法军队在山谷中，在这些悬崖峭壁之间行军之后，进入亚历山大的肥沃地带。这两支军队为了直奔米兰，从亚历山大前往托尔托纳。可以在离托尔托纳几英里路的地方渡过波河，接着沿特辛河的帕维亚就出现在眼前。从帕维亚到米兰这个大城市，步行只有一天的行程。米兰为不设防城市。它总是向任何渡过特辛河的人拱手交出城门钥匙。但是它却有一个十分强固并能进行长期抵抗的城堡。

　　要占领这个地区，必须大举进军；要保有这个地区，必须左顾右盼，注意维护这块辽阔广袤的土地：必须控制卡萨尔和克雷蒙纳之间的这段波河；必须保有从蒂罗尔的阿尔卑斯山区奔流而下的奥利奥河；必须至少拥有洛迪、克雷马和皮齐西托纳，以便封阻可能从特兰提诺经过这一边到来的德意志人的行进道路。最后，特别必须在后方保持与热那亚河的，亦即与从昂蒂布起经过摩纳哥、文帝米耶的沿海地区的狭窄道路的交通畅通无阻，以便在发生不幸时有避难场所。这个地区的所有这些据点，都因与佛兰德尔领土同样战斗频繁而为人所知，引人注目。

　　这次后果十分悲惨的意大利战役，以人们曾经举行过的一次最宏伟壮观、规模最大的军事演习开始（1745 年 10 月 17 日）。如果大规模的军事行动今天没有湮没在多如恒河沙数的战斗中，尤其如果这一可喜的事件之后没有继之以极其深重的灾难，那么它就足以给人一种历久不衰的荣誉。

撒丁国王率领一支两万五千人的军队,许朗堡伯爵率领一支由奥地利人组成的差不多同等数量的军队,在塔纳罗河在它的河口形成的小海湾修筑堡垒坚守。这个海湾朝着波河平原,位于瓦伦西亚和亚历山大之间。

撒丁国王一天得到德意志帝国军队的支持,指挥法国军队的马伊布瓦元帅和西班牙将领加日伯爵就一天无法把他从他的据点赶走。元帅的还年轻的儿子想出一个办法:把撒丁国王的军队和德意志帝国军队隔离开,而要做到这一点,就必须欺骗迷惑奥地利人。他制订一项计划:他把经过计算的地点之间的距离、机遇、风险全部组合起来。如果派出一支数量巨大的分队前往通向米兰的道路,许朗堡就会不愿让这座城市被攻占,就会进军援救,就会撤走对撒丁的支援。此时这支兵强马壮的法军分队在奥地利军队返回之前立即回师与主力部队会合。这时法军只需同敌军半数作战。这一突然袭击将把敌军打得狼狈不堪、溃不成军。此后发生的一切都正如年轻的马伊布瓦伯爵所预期、所布设的那样。法国军队和西班牙军队渡过塔纳罗河,水深齐腰。马伊布瓦元帅对正在营帐中的撒丁国王的步兵进行突然袭击,把这支步兵打得弃甲曳兵,落荒而逃。加日将军率领西班牙骑兵向皮埃蒙的骑兵发起攻击,把它打得溃不成军,作鸟兽散,并且对其穷追不舍,直到瓦伦西亚大炮的射程内。于是法、西军队就把整条波河水道置于其控制之中。就在这同一时期,法国国王征服了佛兰德尔,他的同盟者普鲁士国王通过新的胜利巩固加强了他的事业。当时在战争剧院的各种不同舞台上,一切都十分有利。将近1745年末,法国人和西班牙人出现在意大利。他们占领蒙费拉、亚历山德林、托尔托诺瓦、热那亚后面的被称为洛梅利内的帝国采邑地区、帕维桑、洛德桑、米兰、几乎整个米兰内、帕尔玛以及皮亚琴察。所有这些胜利接二连三迅速取得，正如法国国王在荷兰，爱德华亲王①在苏格兰取得的胜利一样。与此同时，普鲁士国王在他那方面，正在德意志腹地战胜奥地利军队。但是，这时意大利恰好发生了与战争之初波西米亚经历过的事同样的事。最幸运可喜的表面，掩盖着最大的灾难。

普鲁士国王兴兵动武为害奥地利家族，与息兵言和为害法兰西家族，程度同等严重。他实现布雷斯劳和平，使得波西米亚丧失；他实现德累斯顿和平，使得意大利丧失。

皇后-女王刚刚第二次摆脱她的这个敌人，就迫不及待于1746 年冬季派遣她的新组建部队经过蒂罗尔和特兰提诺抵达意大利。堂·菲利普王子占有米兰，但未占有城堡。他的母亲、西班牙王后不容他抗拒，命令他进攻城堡。马伊布瓦于 1745 年 12 月写道："我预言如果人们固执己见，坚持留在米兰内，会发生一次全面崩溃。"西班牙枢密院就这样固执，于是成果丧失净尽，局面无法挽回。

一方面皇后-女王的军队，另一方面皮埃蒙的军队在各处作战都颇为得手。要塞丧失、一再受挫，这使法国军队和西班牙军队损兵折将，而最后皮亚琴察作战日迫使这两国军队撤出意大利，状况十分悲惨，令人哀叹不已。

皇后-女王的军队由利奇当斯坦因亲王指挥。这位亲王仍值

---

① 指查理-爱德华。详见本书第二十四章。

风华正茂之年。他在更年轻时曾是皇后的父亲派驻法国宫廷的大使，曾受到普遍尊敬。(1746 年 6 月 16 日)皮亚琴察战斗之日，他因指挥有方、作战英勇更配受到这种尊敬。因为他当时疾病缠身，体力衰竭，身体状况与萨克森在丰特努瓦之战期间的身体状况一模一样。他像萨克森元帅那样克服沉疴，驰往参战，大获全胜。这是这整个战争中历时最长、最为血腥的一次战斗。马伊布瓦元帅不主张进攻德意志帝国军队，然而加日伯爵却向他出示来自马德里宫廷的明确命令。这位法国将领率军在拂晓前进攻三小时，并在他指挥的右翼长时得手。但这支军队的左翼却被数量占优的奥地利军队包围。阿朗比尔将军受伤被俘，而马伊布瓦元帅又无法及时前往救援。于是这个左翼彻底战败，经过九小时的战斗后，被迫撤往皮亚琴察。

如果像从前那样进行近战，一场持续九小时的混战——营与营之间、骑兵连与骑兵连之间、单兵与单兵之间的搏斗——将把整整几支军队消灭。今天发动的成千累万次战斗将使欧洲人口锐减，田园荒芜，万户萧疏。然而，正如本书作者已经指出的那样，从来没有发生过混战。今天的步枪和火炮的杀伤力远不如从前的长矛和刀剑。作战时甚至长时间不进行射击。在从意大利切割出来的地区作战，只在队列之间射击。时间用于攻占设防固守的建筑物，用于火炮瞄准，用于组成和重建队伍。因此九小时的战斗并非九小时的冲杀歼敌行动。

西、法两国军队以及几个那不勒斯团遭受的损失是：8000 多人死伤，4000 人被俘。最后，撒丁国王的军队到达，于是危险倍增，凶多吉少。法国、西班牙和那不勒斯三个王国的军队有可能全部沦为战俘。

　　（1746 年 7 月 12 日）在这些悲惨的时机,西班牙王子堂·菲利普得到一个从表面迹象上看将使纷至沓来的不幸达于顶点的消息:西班牙国王、他的父亲菲利普五世去世。这位君王遭受多次挫败,并两次被迫放弃首都之后,平平安安统治了西班牙。尽管他未能使这个君主国恢复昔日它在菲利普二世①统治之下的宏伟辉煌,但他至少使它处于一种比它在菲利普四世②和查理二世③统治时期更加繁荣昌盛的状态。他需要艰苦努力,迫不得已而为之的,只是经常思考和观察直布罗陀、米诺卡和西班牙属美洲的商业贸易情况。这种商业贸易掌控在已经连续不断干扰破坏他的行政管理部门的英国人手中。1732 年在奥兰对摩尔人作战所取得的胜利、从奥地利人那里夺得的那不勒斯和西西里的、牢牢地戴在他的儿子堂·卡洛斯头上的王冠,已经使他的统治万人瞩目。他在死前的某些时候看见米兰内、帕尔玛和皮亚琴察归顺了他和帕尔玛的公主的第二次婚姻所生的另一个儿子,即堂·菲利普王子,表面上十分庆幸,引以为荣。

　　他像所有其他君王一样,突然陷入这些几乎震撼全欧的剧烈变化中,比任何人都更加感受到显赫威势的虚空,感受到为了日复一日变幻莫测的利益而牺牲千千万万芸芸众生的令人痛苦的势所

---

　　① 　菲利普二世(1527—1598 年),西班牙国王兼葡萄牙国王。在位时期加强专制,反对宗教改革。为英国女王玛丽一世的丈夫。

　　② 　菲利普四世(1605—1665 年)西班牙国王兼葡萄牙国王。在位时期国势日衰,与荷兰作战战败,被迫承认荷兰独立。

　　③ 　查理二世(1661—1700 年),西班牙国王。为哈布斯堡家族在西班牙的最后一个后裔。

必然、身不由己。他对王位感到厌倦，让位给他的长子堂·路易，又在这位王子死后重登王位。但他时时刻刻准备离开王位。由于他那忧郁的气质，他感到的只是附属于人的身份地位的辛酸和苦涩，即使他处于绝对的权势中时也是如此。

他去世的消息传到败军之中，官兵更加心烦意乱，忐忑不安。菲利普五世的接班人费迪南六世是否会像菲利普五世对待儿子那样对待一个第二次婚姻所生的兄弟，这还是个未知数。三个王国兵强马壮的军队剩下的力量，比任何时候都更冒陷入重围、无法挽救的危险。这支军队的位置在波河、朗布罗河、蒂多内河以及特雷比之间。在旷野或者在一个据点同一支具有优势的军队作战的情况屡见不鲜。拯救战败被围的部队则极为罕见。这是军事艺术要作出的努力。

马伊布瓦元帅之子、马伊布瓦伯爵大胆建议且战且退。他承担这一任务，在他父亲的目睹下进行指挥，终于达到目的。三个王国的军队连同4000头负重的骡子和1000辆运粮车全部在一天一夜通过三座桥梁，沿着蒂多内河列成队形。措施采取得非常得当，以致撒丁国王和奥地利人迟迟未做出反应，直到这支军队能够进行自卫时才对它发起进攻。法国人和西班牙人经受一场旷日持久、异常激烈的战役。在这一战役进行期间，他们没有受到丝毫创伤，始终岿然不动。

这一天的战斗受到战争艺术鉴定者的重视多于它在凡夫俗子眼里显出的辉煌。它被视为一个幸运之日，因为预定目标业已完成。这个目标是悲惨的：经过托尔托纳撤退；让皮亚琴察以及整个地区沦入敌手，任敌支配摆布。的确在这一战役停止后的第二天皮亚琴察投降,3000多名伤员在该地被俘。

整个这支本应征服意大利的大军在托尔托纳只剩下16000名尚能作战的兵员。在路易十四时代,在都灵的战斗日后发生过同样的事。弗朗索瓦一世①、路易十二②和查理八世③都蒙受过同样的羞辱。但重大的教训总是无用的教训。

(1746年8月17日)法国军队和西班牙军队不久以后就朝向热那亚的边境,撤向加维。西班牙王国王子和莫德内公爵前往热那亚。然而他们不仅没有使热那亚人心镇定,反而使他们更加惊恐不安。热那亚被英国舰队封锁。维持还剩下的少量骑兵所需的物资短缺。奥地利军队4万人、皮埃蒙军队2万人正步步进逼。如果留在热那亚,还可以保卫这座城市。但是,尼斯公爵领地、萨伏依、普罗旺斯都已弃守。一位新的西班牙将领拉米纳侯爵奉派前来拯救热那亚守军的残余兵员。热那亚人央求这位王侯保卫他们,但希望落空,一无所获。

热那亚并不像米兰那样是个向任何率军逼近它的人拱手交出钥匙的城市。这座城市除了它的内圈围墙之外,还有第二圈长达两里多的围墙。这双重围墙外面,亚平宁山处处充当这座城市的防御工事。敌军经过一向被视为固若金汤、无法攻克的博切塔的据点向前推进。然而防守这一据点的部队却不放一枪一弹,前去

---

① 弗朗索瓦一世(1494—1547年),法国国王。进军意大利获胜,在1525年与德意志皇帝查理五世交战中负伤被俘。获释后,多次发动反查理五世战争。

② 路易十二(1462—1515年),法国国王。在位时期为获得米兰及那不勒斯多次发动战争,均战败。

③ 查理八世(1483—1498年),法国国王。13岁即位,初由其姊安娜摄政。1494年率军入侵意大利,失利。

与经由文蒂米斯后撤的法、西军队的残余会合。热那亚人惊恐不安、丧魂失魄。这种心态使他们无法试图自卫。他们拥有一门巨型大炮，而敌方却没有一门围城炮。但是他们还没有等到这门围城炮运来，恐惧心理就把他们抛到他们惧怕的种种绝境之中。元老院匆匆忙忙派遣四名该院议员前往奥地利军队扎营的山区峡谷，以便接受来自布朗将军、博塔·阿多尔诺侯爵、皇后－女王的副长官米兰内等人意欲下达的命令。这四位元老院议员俯首屈膝做出以下让步：同意在 24 小时内交出他们的城市（9 月 7 日）；让法、西官兵沦为俘虏；交出所有可能属于法国、西班牙、那不勒斯的臣民的衣物、用品。还明确规定：四名元老院参议员作为人质前往米兰；在令胜利者满意的征收税额制定以前，暂时立即支付 5 万热那亚维因（约合 40 万法国利弗）。

人们记得路易十四从前曾经要求热那亚的总督率领四名参议员前来凡尔赛宫向他赔礼道歉。后来皇后－女王如法炮制，添加了元老院议员两名。但她以拒绝提出路易十四那样的要求为荣。她认为羞辱弱者并不是什么体面的事。她只想从热那亚抽取巨额税款。与看见这个小共和国的总督率六名热那亚人跪在御座之下这种虚荣相比，她更需要这笔巨额税款。

热那亚被征税 24000 万利弗。这使它民穷财尽，彻底破产。这个小共和国在为奥地利家族的继承事件进行的战争开始时，没有料到自己会成为牺牲者。但是，一旦有人在欧洲备战武装，穷兵黩武，就没有一个小国不胆战心惊，惶惶不可终日了。

奥地利军队在佛兰德尔节节败退，但却在阿尔卑斯山区连战皆捷。令它为难的，只是在它可能在朝着意大利的这个方向获得的胜利成果做何选择。进入那不勒斯或进入普罗旺斯似乎同样轻而易举。保有那不勒斯更游刃有余。奥地利枢密院认为,攻占土伦和马赛后降伏两个西西里易如反掌;法国人不再能重新越过阿尔卑斯山。

(1746 年)10 月 28 日,马伊布瓦元帅身在瓦尔河边。这条河把法国同皮埃蒙隔开。他的军队不到 11000 人。拉米纳侯爵带回的军队不到 9000 人。当时西班牙军队离开法国军队,经过多菲内转向萨伏依,因为西班牙始终拥有这个公爵领地,并希望抛弃其余土地把这块领地保存下来。

胜利之师将近 4 万人渡过瓦尔河。法军残余撤回普罗旺斯。军需物资尽皆奇缺。半数官兵步行。军需给养匮乏。拆桥工具短缺。粮食极少。教士、贵族、民众迎接奥地利军队的分队,向他们献上税款以求免遭洗劫。

意大利革命的结果就是这样。而此时法国军队正在征服荷兰。下文还将谈到的查理-爱德华亲王对苏格兰已经得而复失。

第 二 十 章

奥地利军队和皮埃蒙军队进入普罗旺斯　英
国军队在布列塔尼

已经开始朝着多瑙河蔓延,几乎燃到维也纳的大门,最初似乎
只会持续短短几个月的这场燎原大火,在点燃了六年以后,燃到法
国西岸。差不多整个普罗旺斯都惨遭奥地利人践踏蹂躏。一方面
他们的军队对多菲内肆意抢劫破坏;另一方面这些军队到达远于
迪朗斯河的地区。旺斯和格拉斯被弃之不顾,任人劫掠。英国人
在布列塔尼登陆。他们的舰队驶到土伦和马赛这两个港口前面,
帮助他们的同盟者攻占这两座城市。与此同时,英国的其他舰队
则进攻亚洲和美洲的法国领地。

必须拯救普罗旺斯。贝尔-伊斯尔元帅被派往该地。但最初
他却钱无一文,兵无一人。他应该补救他一个人点燃的这场普遍
战争的大火带来的这些灾难和痛苦。他这时看到的只是一幅惨绝
人寰的劫后图景:疮痍满目、哀鸿遍野、惊恐万状的民兵、纪律废弛
的团队、残兵败将争夺干草和麦秆。驮运粮食的骡子缺食饿毙。
从瓦尔河到阿尔让,到迪朗斯河,敌人已把什么都勒索一光,抢劫
一光。堂·菲利普王子和莫德内公爵当时身在普罗旺斯的埃克斯

城。他们在那里等待法国和西班牙将为结束这一残酷局面做出的努力。

救援还遥不可得，而危险却迫在眉睫。贝尔－伊斯尔煞费苦心，好不容易才以他自己的名义借到 5 万埃居以供最紧急之需。他不得不同时履行军需官和军粮供应官的职责。以后，随着政府向他派来几个营和几个骑兵连，他攻克了几个据点。他利用这些据点遏阻奥地利军队和皮埃蒙军队的推进。他掩护了即将被敌人攻占的卡斯特拉内、德拉吉尼安和布利略尔等地。

最后，1747 年 1 月初，贝尔－伊斯尔元帅拥有 60 个营和 22 个骑兵连，并由拉米纳侯爵襄助。侯爵向他提供 5000 名西班牙兵员。元帅于是能够逐个据点把敌人赶出普罗旺斯。敌人比他处境更加困难，局促不安，因为他们粮秣给养短缺。这主要的一点是使大部分入侵者行动毫无成果可言的原因。敌人曾经首先从热那亚征集他们的粮食。但是，当时热那亚发生的那场闻所未闻的、史无前例的革命却使他们丧失了不可或缺的救援，并迫使他们返回意大利。

第 二 十 一 章

热那亚革命

当时热那亚发生了既意义十分重大,而又为人始料不及的变化。

(1746年11月30日)奥地利人毫不容情地使用胜利者的权利。热那亚人耗尽他们的人力物力,在把他们的圣-乔治银行的钱款全部交出以支付一笔1600万的巨款之后,要求免付另外一笔800万的钱款。然而从皇后-女王那方面,有人告知热那亚人他们不但必须交出这笔800万巨款,而且还必须支付一笔差不多同一数额的钱款以供养散布在圣皮埃尔-德阿雷内、比萨略郊区以及在邻近村子里的9个团。这些命令一经发布,居民深感绝望。他们商业破产,信用丧尽,银行枯竭。他们的那些装饰美化热那亚外表的美丽的乡间房屋遭到洗劫,居民被敌军士兵当作奴隶对待。他们只剩下一条命。最后似乎没有一个热那亚人不宁可不要这条命,也不愿继续忍受这种这样可耻的、这样粗暴的对待。

沦为战俘的热那亚人,还把科西嘉王国的丧失列入他们蒙受到的羞辱。长期以来,科西嘉就一直叛乱造反,反抗热那亚。这个岛屿的不满分子毫无疑问始终得到奥地利征服者的支持。

　　过去大事抱怨受到热那亚压迫的科西嘉,正如过去受到奥地利人压迫的热那亚一样,在这场革命混乱中眼见它的主子的遭遇,十分幸灾乐祸。增添的痛苦是给热那亚元老院的。这个机构丧失科西嘉,只不过是丧失一种有名无实的权利而已。但其他热那亚人都饱受灾难带来的痛苦折磨。几个元老院议员暗中巧妙策划居民似乎倾向于采纳的进行一场破釜沉舟的斗争的决定。这些议员行事必须更加审慎周全,因为很可能一次莽撞冒失的、得不到支持的暴动,只会使元老院和这座城市遭到毁灭。元老院议员的密使只告诉民众中最受信任的人:"你们会等到什么时候让奥地利人为了抢走你们还剩下的那一点食物,当你们在妻子和子女的怀抱中的时候,来割断你们的喉咙呢? 奥地利军队就分布在房屋的围墙外。在这座城市里只有巡监你们的大门的人。在这里你们 3000 多人是能够打一仗的。难道死亡不比袖手旁观你们祖国的废墟更有价值吗?"千百次同样的讲话把民众激励鼓动起来。但是,民众仍然不敢挺身而起。谁也不敢高举自由的旗帜。

　　奥地利人从热那亚的武器库搬出大炮、臼炮,以远征普罗旺斯。他们让当地居民进行这项劳作。民众尽管怨声载道,仍然听命服从。(1746 年 12 月)奥地利军队的一个队长粗暴地殴打一个干活时劲头不大的居民。这成了一个信号。民众聚集起来,发生骚动,能够找到什么就用什么武装自己:石块、棍棒、刀剑、步枪,各种各样的工具,不一而足。这些民众在敌人还远离他们时,从来不曾有过保卫他们的城市的想法。现在当敌人成了他们的城市的主人,他们就起而保卫。身在圣皮埃尔-德阿雷内的奥地利的博塔侯爵以为这次民众骚乱的势头会自动减弱,以为这个短暂狂怒的城市很快就会再度惊恐不安。第二天他仅仅加强门卫，派几个分队上街巡逻。他哪里料到民众聚集人数比前一天更多。他们奔往总督办公大楼，要求得到存放在这个建筑中的武器。总督不答一词。大楼的仆役指着另一个武器库，于是民众向该处奔去。民众冲进这间房屋，把自己武装起来。十来个军官分布在要塞里。民众在街上筑起街垒路障。在这场突如其来、激烈狂暴的翻天覆地的事变中，民众试图维持的秩序并没有丝毫降低人们的热情。

这一天和随后几天，长期使热那亚人感到万分惊愕沮丧的心态似乎已经传到德意志人中间。德意志人并不试图使用正规部队来镇压热那亚民众。他们听任造反的人占领圣托马门，圣米歇尔门。元老院不知道民众是否支持它已经圆满开局的行动，于是向住在圣皮埃尔-德阿雷内的奥地利将领派去一个使团。这位将领博塔侯爵在必须作战时进行谈判。他同元老院议员们谈话，要他们把在城里已经解除武器的热那亚军队武装起来，让这些军队加入奥地利军队，以便他本人一旦发出信号就向造反者发起猛攻。然而，根本就不应该期待热那亚的元老院会加入祖国的压迫者的行列来压垮祖国的保卫者，让祖国彻底灭亡。

（1746 年 12 月 9 日）德意志人依靠他们安置在城里的内应，经过也叫作比萨略的郊区向比萨略城的大门推进。然而，迎接他们的却是枪炮齐射。那时热那亚组建了一支军队。有人以民众的名义在城内各地敲打箱子，命令全体公民携带武器走出家门，并在他们各个居住区的旗帜下集合列队，违者格杀勿论。德意志人既在比萨略郊区，也在圣皮埃尔-德阿雷内郊区遭到攻击。山谷里的各个村庄同时响起警钟。农民聚集起来，数达两万之多。一名多利亚亲王率领民众进攻在圣皮埃尔-德阿雷内的博塔侯爵。这位侯爵将军和他统率的 9 个团被打得落花流水,4000 人被俘,近1000 人战死。他们丢下全部军需仓库,全部装备,前往博切塔的据点。他们后面有普通农民追赶,最终被迫放弃这个据点,一直逃到加维。

奥地利人就这样因过分轻视民众,因过分压榨民众,因头脑过分简单而相信元老院会加入他们的行列对抗救助元老院本身的居民而丧失热那亚。欧洲目睹一个弱小的,在远离征战杀伐的环境中培养起来的,它周围悬崖绝壁形成的围墙、法国、西班牙和那不勒斯都不能把它从奥地利人的桎梏下解救出来的民族,竟然在孤立无援、毫无救助的情况下粉碎并赶走了它的征服者,真是惊讶不置。

在这些骚乱中,烧杀、抢劫和敲诈勒索层出不穷、频频发生。多数涉嫌帮助奥地利人的元老院议员的住宅遭到民众抢劫。但在这场革命中,最令人惊奇的是,同样这个在它的监狱中关押着4000 个它的奥地利征服者的民族,却并不把它的武装转而对准他的这些奥地利主子。这个民族有首领。但这些首领是元老院指派的。在这些首领中间没有篡夺国家权力的人。民众选择了 36 个公民来进行统治管理。但是,加进了 4 名元老院议员:格里马尔迪、斯卡利亚、洛梅利尼、福纳里。这 4 名贵族暗地向元老院汇报情况。元老院表面上不再插手政府事务,实际上仍在进行统治管理。它向维也纳否认它在热那亚煽起的,它最怕会对之进行最可怕的报复的这场革命。它派驻维也纳宫廷的公使,宣称热那亚贵族丝毫没有参加这场被称为叛乱的变革。维也纳的枢密会仍然以主子自居，认为不久以后能够重新占领热那亚。它通知这位公使：元老院必须立即支付元老院被判处缴纳的钱款总数中余下未交的800万；必须支付3000万以赔偿对维也纳军队造成的损失；必须遣返俘虏；必须严惩叛乱分子。这些一个气急败坏的主子才会对真正犯上作乱、而又软弱无力的臣民发出的命令，只能使热那亚更加坚强，下定决心进行自卫，希望把那些已经被他们赶出首都的人赶出国土。4000个奥地利人关在热那亚监狱里。他们是令热那亚人感到可以踏实放心的人质。

这时奥地利人在皮埃蒙人的帮助下离开普罗旺斯，他们威胁热那亚，扬言要返回热那亚城内。一名奥地利将领已经加强了他那些由习惯于在悬崖绝壁中作战的阿尔巴尼亚人组成的部队。这就是那些从前的、还被认为与他们的祖先同样能征惯战的埃皮罗特人。这个奥地利将军通过他的伯父、著名的许朗堡，得到这些埃皮罗特人。许朗堡过去在抵抗瑞典国王查理十二后，又抵抗奥斯曼帝国的入侵，保卫卡尔富。奥地利人因此重渡博切塔河。他们步步紧逼热那亚。农村处处遭到非正规军狂暴凶残的践踏蹂躏，遭到抢劫，遭到破坏。热那亚惊恐万状，极为沮丧。这种惊恐沮丧的心态，本身引起了同压迫者之间的串通联系。雪上加霜的是，这时元老院和民众之间产生了严重的分裂。热那亚城市有粮食，但无钱款。要维持供养在农村作战或者守卫城市的民兵，每天要花费18000福林。热那亚共和国既没有一支能征惯战的正规军队，也没有经验丰富的军官。救援只能通过海洋运来，而且还要冒被海军上将麦德利指挥的英国舰队截获的危险。这支舰队当时正控制着海岸。

法国国王通过一艘逃脱英国人攻击的大船,让热那亚元老院得到一百万利弗。土伦和马赛的帆桨战船装载 6000 名兵员启航。舰队由于风暴,特别由于英国舰队阻截,航行途中在科西嘉和摩纳哥停泊。这支英国舰队捕获了总共运载兵员约 1000 名的 6 艘海船。然而,剩下的约 4500 法国人终于进入热那亚。他们使希望再度萌生。

不久以后,布弗勒尔公爵到达。他来此指挥保卫热那亚的部队。这些部队的兵员逐日增加。(1747 年 4 月)这位将军必须登上一只小船,迷惑英国海军上将麦德利。

不久以后,布弗勒尔公爵在被封锁的城里率领正规部队将近 8000 人。这座城市预料即将被围。城里混乱不堪,食品短缺,弹药告罄。民众首领对元老院抗命不从。奥地利人始终在城内布设有若干内应。布弗勒尔公爵最初对他来此保卫的人以及他来此抗击的人,都同样感到棘手为难。他到处整顿秩序。采用秘密付给英国船只报酬的办法,让各种食品用船安全运达。个人利益始终大大造成,或者大大弥补公众灾难。奥地利人在他们那一党中,有几个修道士。对方——热那亚这一方——对他们采取以其人之道还治其人之身的办法,而且力度更大。对方怂恿听忏悔神甫拒绝赦免任何在敌我之间摇摆不定的人。一个隐修教士率领民兵,对他们宣讲,并参加战斗,以身作则,借此热情地鼓励他们。他在一次每天都进行的战斗中被杀,死时还勉励热那亚人进行自卫。热那亚妇女把她们的珠宝首饰典当给犹太人,为修筑必要的工事提供费用。

但是,这种鼓励活动中最强有力的、最积极有效的,是法国军队的才能和勇猛。这些品质经常被布弗勒尔用来进攻在热那亚双重围墙之外驻守据点的敌人。法军在这些小规模的战斗中几乎连连得手,屡战屡胜。这些战斗的详情细节当时很引人入胜,但接着就在不可胜数的事件中湮没无闻。

维也纳最后下令撤围。布弗勒尔公爵却丝毫没有享受到这种幸运和这种荣誉。在敌人撤退的同一天,他死于天花(1747 年 6 月 27 日)。他是布弗勒尔元帅①之子。这位元帅在路易十四在位期间倍受尊敬。他德高行美、奉公守法。公爵的品质一如其父。

热那亚于是不再遭到猛攻,紧张局势缓解,但仍然受到皮埃蒙军队、英国舰队和奥地利军队的严重威胁。皮埃蒙军队控制着它的四周。英国舰队阻堵它的港口。奥地利军队从阿尔卑斯山地区返回,准备向它发起猛攻。贝尔-伊斯尔元帅必须挥师南下意大利,而这一行动极为艰巨。

热那亚终于不堪重压。那不勒斯王国风雨飘摇,岌岌可危。堂·菲利普在意大利立足的希望已经丧失净尽。在这种情况下,莫德内公爵也似乎一筹莫展。但路易十五并不灰心气馁。

(1747 年 9 月 27 日)路易十五向热那亚派去黎塞留公爵和新的部队,并送去钱款。黎塞留公爵不顾英国舰队的袭击,乘一艘小船到达这个城市。他的军队如法炮制,采取同样手段通过。马德里宫廷对这种种努力加以支持。它让一支将近 3000 人的军队开到热那亚。它承诺每月付给热那亚人 25 万利弗,但这笔钱款实际

---

① 布弗勒尔(1644—1711 年),1708 年在里尔与奥地利帝国名将、陆军元帅欧仁作战败北。

上由法国国王给予。黎塞留公爵在多次战斗中击退敌人，下令加固所有岗哨和据点，让海岸平安无事。当时英国宫廷为了攻陷热那亚，正如法国宫廷为了保卫热那亚一样，已经民穷财尽，国力枯竭。英国内阁给予皇后—女王 150 万英镑，也给予撒丁国王一笔数额相同的钱款，以进行对热那亚的包围。英国人丧失了他们投入的钱财。贝尔—伊斯尔元帅攻下尼斯伯爵领地，使奥地利人和皮埃蒙人惴惴不安起来。他们如果包围热那亚，这位法国元帅就向他们猛扑过来。就这样，这位元帅虽然还受阻于他们，但也阻止了他们。

第 二 十 二 章

对法国人致命的埃格齐尔战役

要置奥地利和皮埃蒙军队的阻抗于不顾深入意大利境内,应该取道哪条路线呢?西班牙将领拉米纳意欲通过沿波南特海岸的道路向弗纳尔推进。在波南特海岸,人只能单个挨次行走。这位将领既无大炮,也无储备。拖运法国军队的大炮,在一条既狭窄又陡峭的,一切物资全靠骡子驮运的路上保持将近 40 个分开的行军程段的联系,不断暴露在英国军舰炮火威胁之下,这种种困难似乎无法克服。有人建议走通往德蒙和科尼的道路。但是,包围科尼是个其危险性已为人知的行动。于是确定取道通过距离尼斯约 25 里的埃格齐尔山口这条路,并决定攻占这个要塞。

这一行动的危险性并不小于包围科尼。但是,多害权其轻,只能在各种危险中做出选择。贝尔-伊斯尔伯爵急欲抓住这个时机扬名显身,出人头地。他无所畏惧,敢于执行这项计划;也巧妙灵活,能够指挥执行这项计划。他无论在政府部门工作,还是在战场上作战,都废寝忘食,十分勤奋。因此,他离开后,又朝多菲内方向返回,走上他选择的道路。接着他朝着阿西埃特山口方向插入。21 个皮埃蒙营正在用石、木构筑的高 18 英尺、深 13 英尺、配备有大炮的防御工事后面等他到来。

为攻克这些防御工事,贝尔-伊斯尔伯爵拥有 27 个营和 7 门野战炮。但这些大炮却架设不当,不利于作战。他回忆起蒙塔尔万和夏托-多凡两个战斗日的情况,浑身是胆,采取这一行动。这两个战斗日似乎证明他的勇气鼓得有理。从来就没有一模一样的进攻。在连续不断俯射的炮火下进攻,必须用手拔出敌军工事的栅栏。这比攀登悬崖绝壁并在这些崖壁上作战还要困难,更会造成大量伤亡。应该做的,毕竟是最重要的。皮埃蒙军队久经沙场、能征惯战。对撒丁国王指挥过的军队不能等闲视之。(1747 年 7 月 19 日)战斗持续两小时,亦即皮埃蒙军队作战连续两小时,轻而易举,未遇到什么危险,就把他们要杀的法军官兵统统杀光。指挥法军一个师的元帅阿尔诺大人同格里耶大人在首批负伤阵亡者中。

多次血腥的战斗使这场战争在各方面都万众瞩目。而在这些战斗中,这次战斗又是人们最为过早丧失朝气蓬勃、风华正茂、无谓牺牲的青年而哀叹的战斗之一。波旁家族的上校戈阿在这次战斗中丧命。索瓦松家族的上校东日受伤后 6 天身亡。阿图瓦家族的上校布里埃内一只胳膊被打断,返回栅栏,叫喊道:"我还剩下另外一只为国王效劳。"他随后阵亡。3695 人战死,1606 人负伤。这是一场与其他战役截然相反的厄运。在其他战役中伤者总占大多数。法国军队阵亡数字颇大。波旁团几乎所有军官或者负伤,或者战死。皮埃蒙军队战死不到百人。

贝尔-伊斯尔伯爵灰心丧气,沮丧绝望,拔除栅栏。他两手受伤,还用牙齿拔拽木栅,就在这时他受到致命的一击。他过去曾经说过败军之将不应苟且偷生。他只不过证明他这种观念存在于心中。伤员被运往布里昂松。那里谁也没有料到会有这一天的灾难。法国国王的副长官奥迪弗雷大人卖掉他的金银器皿救助伤员。他的妻子即将临盆，也亲自在医院护理，亲手为伤员包扎。她这样在虔诚地效劳时死去。这是既悲哀又高贵的榜样，值得永载史册。

第二十三章

取得胜利的、占领佛兰德尔的法国国王提出和平
建议但徒劳无功　攻占荷属布拉邦特　机遇造就一
位荷兰联省共和国执政

在这些时而悲惨不幸、时而吉祥如意的轰动一时的事件中，在
佛兰德尔所向披靡、无往不胜的法国国王，是绝无仅有的希望和平
的君王。他仍然有权进攻荷兰人的领土、仍然咄咄逼人，但他向他
们建议在他们的某个城市召开代表大会，借此把他们引入他崇高
的普世和平意图中。被选中的城市是布雷达。皮瑟侯爵是首批前
往该地的人士之一，身份是全权大使。荷兰方面没有任何明确看
法，派遣瓦斯纳埃尔大人前往。英国宫廷不倾向和平，但似乎无法
表面上公开拒绝。因母亲支系而成为罗彻斯特伯爵、著名的威尔
莫特的外孙的桑德维奇伯爵担任英方的全权代表。但是，当皇后
—女王的辅助国先后派出公使出席这次劳而无功的代表会议时，
这位大公夫人却未派人参加。

荷兰比任何其他国家都应该更尽力使这些和平的表象尽快产
生令人欢欣鼓舞的成果。一个完全经商的民族、一个不再穷兵黩
武的民族、一个缺乏精兵良将的民族、一个其数达 35 万之多的精

锐部队在法国被俘的民族,似乎除了不再把它已眼见猛烈袭击佛兰德尔的这场风暴引来它自己的土地之外别无其他利益可言。荷兰甚至不再是海上强国。当时它的海军部能下水的军舰不足 20艘。它的摄政们全都感觉如果战争损害、削弱他们各省,他们就不得不为自己拥有一位执政,拥立一个主子。乌得勒支、多德雷赫特、拉布勒的行政官员一直坚持中立。荷兰联省共和国的几个成员公开这样主张。一言以蔽之,荷兰三级会议如果坚决让欧洲和解,它就会达到这个目的。这一点是肯定无疑的。它如果这样行事,就会在它过去曾经把这样一个蕞尔小国造就成一个强大而自由的国家的这种光荣之外(这种光荣长期保存在它手中),再加上让欧洲各国和解的这种光荣。然而亲英和普遍偏见都占上风。本书作者不认为世界上还有哪个民族比荷兰民族更难于摆脱它旧时的烙印。对路易十四的突然入侵以及 1672 年这一年的种种事件①,荷兰三级会议还记忆犹新,耿耿于怀。本书作者敢于这样说:他多次察觉这个民族的心态由于对路易十四的勃勃野心和趾高气扬留有强烈印象,因此无法领会路易十五的温良节制。这个民族从来不相信路易十五的温良节制出自真心诚意。路易十五的所有和平友好举动、所有谨慎小心言行,时而被视为软弱无能的证据,时而被视为陷阱圈套。

　　法国国王无法说服荷兰三级会议,被迫在这次毫无用处可言的大会举行期间征服了它的一部分。法国国王把他的军队开进荷属佛兰德尔。这是对荷兰三级会议负责保卫的同一个奥地利的领

---

① 1672 年,路易十四在位时期,法国入侵荷兰,攻占多个荷兰城市。

土的肢解。肢解范围自距根特南面1里之处起向左右延伸，一方面延伸到沿海的米德尔堡；另一方面延伸到滨埃斯科河的安特卫普的南面。在这个范围内筑有难于接近的、能够进行自卫的小型要塞。法国国王在攻占荷属佛兰德尔这个省份之前，谨言慎行，甚至向荷兰三级会议宣称，他只把这些要塞看作是仓库，并担保一旦荷兰停止煽动战争，停止允准他的敌人过境，停止给予他的敌人以人员及钱款救助，他就归还这个仓库。

但是，人们没有感受到法国国王的这种宽容大度，只看到法国突然入侵和法国军队进军，造就了一个执政。于是就有了拉维尔修道院院长在他担任派驻荷兰的使节期间，对几个荷兰邦州的拒绝任何和解、意欲改变政府形式的领主所说的这句话："不是你们，而是我们将给你们一位主子。"

整个荷兰民族风闻法国入侵，于是要求奥伦治亲王①担任执政（1747年4月25日）。这位亲王曾经是特尔维弗这个城市的领主。特尔维弗率先任命他为执政（1774年4月25日）。泽兰的所有城市紧随其后，如法炮制。鹿特丹和德尔夫特也宣布他为执政。对各位摄政来说，拂逆广大民众的意愿并非稳妥可靠之举，因为处处众口一词。海牙民众把荷兰和维斯特弗里斯省的代表集会的大厦团团包围起来。该省是七个省中最强大的。它单独缴纳全国捐税的一半。该省的首相被人认为是共和国权位最高、举足轻重的人物。为了平息安抚民众，必须刻不容缓在市政厅竖起奥伦治的

---

① 奥伦治王室为中世纪法国古普罗旺斯的奥伦治公国的王公世家，在尼德兰历史上有重要地位。这一王室自16世纪起，一直具有荷兰的执政职位。

旗帜。两天以后,这位亲王当选执政(5月1日)。证书载明:"鉴于所处悲惨之境,兹任命统帅、海军上将威廉-查理-亨利·弗里松、拿骚-迪埃斯特支系的奥伦治亲王为荷兰联省共和国执政。"迪埃斯特这个词发音为迪斯特。奥伦治的执政身份不久以后就得到各省承认,并以执政这个身份在荷兰三级会议大会上受到接待。荷兰联省对他的当选所构想的措辞,过于表明行政官员们选举他,乃是违心之举。众所周知,每个亲王都希望拥有绝对权力,而每个共和国都忘恩负义,不为人所喜。荷兰联省的强大程度,是任何小国都不曾达到过的。它这样强大应该对拿骚家族感恩戴德。它很少能在它对它的解放者的血所欠下的恩情,和它对它的自由所欠下的恩情之间划定准确的中线。

路易十四于1672年,路易十五于1747年用恐怖手段创制了两个荷兰联省共和国的执政官职。荷兰人民两次重立这个行政官员们企图摧毁的官职。

全体摄政曾经尽其所能让亨利·弗里松亲王远离国务。甚至盖尔德斯省于1722年选择他为它的执政时,情况也是如此,尽管这个职位只不过是个称号而已,尽管这位亲王并不拥有任何实职,尽管他既不能改组一支卫戍部队,也不能发号施令。荷兰各个等级强烈致函盖尔德斯各个等级,以便把后者从一次它们称之为痛苦不幸的一个决定转移开。某个时机剥夺了荷兰各个等级将近五十年曾经拥有的这种权力。

新执政上任之初听任社会下层民众抢劫,毁坏收税员住宅。这些官吏全都是市长的亲属或朋党亲信。他这样假民众之手攻击行政官员后,又假士兵之手弹压民众。

　　奥伦治亲王在这些骚乱中处变不惊,泰然自若,让人授予自己和过去威廉国王①曾经拥有的权力相同的权力,并进一步使他的家族稳固起来。执政这个职位不但成了留给他的儿子,而且还成了他的女儿和他们的后世的遗产,因为不久以后,法律通过:在男性后代缺失的情况下,女儿只要让她丈夫履行执政职责,她自己就可成为执政及总统领。执政的遗孀如未成年,②应获得女掌权人称号并任命一位亲王履行执政职责。

　　荷兰联省共和国的政体通过这一变革,成为类似混合君主政体的政体。这种政体在很多方面较之英国、瑞典、波兰的混合政体更少限制。因此在整个这场战争中,没有发生任何人们最初曾经想象会发生的事,但却发生了与各个国家曾经预料的事截然相反的事。查理-爱德华亲王在英国采取的行动、取得的成功和遭遇的不幸,可能是令欧洲感到惊奇的事件中最为怪诞奇特的事件。

---

　　①　威廉一世(1533—1584年),尼德兰联省共和国第一任执政领导荷兰反抗西班牙国王菲利普二世的统治,缔结北方七省乌得勒支同盟。
　　②　原文如此。

第 二 十 四 章

查理-爱德华·斯图亚特亲王采取的行动、取
得的胜利、遭到的失败和可叹的厄运

查理-爱德华亲王是被称为英国王位觊觎者或圣乔治①骑士的人之子。他的祖父曾经被英国人废黜。他的曾祖父曾经被自己的臣民判处死刑,死于断头台上。他的另一位祖先被英国议会处以相同的肉刑。众多国王和众多不幸者的这最后一个后代,在他退隐于罗马的父亲的身边耗尽青春岁月。他曾经不止一次表示他不惜冒生命之险,重登父辈王位的意愿。1742 年他应召前往法国。法国试图让他在英国登岸,但徒劳无功。正当法国在德意志、佛兰德尔、意大利等地作战,耗尽人力、财力之际,他在巴黎等待良机。这场欧洲大战千变万化,波谲云诡,使谁也没有再想到他这个人。他成了公众灾祸的牺牲品。

这位亲王某天同坦辛红衣主教交谈。这位红衣主教过去从他

---

① 指詹姆士·爱德华(1688—1766 年)。他的支持者称他为英格兰的詹姆士三世及苏格兰的詹姆士八世。他被称为老王位觊觎者。他的父亲詹姆士二世(1633—1701 年)是英国最后一个信奉天主教的国王,1688 年被新教统治者奥伦治的威廉废黜。他的儿子即本章提到的查理-爱德华,被称为小王位觊觎者。

的父亲、前国王那里买到对红衣主教职位的提名。坦辛对这位亲王说："你何不试试乘船前去苏格兰北部登陆呢？你只要在那里一出现，就能为自己组建一个政党、一支军队。那时法国就必然会向你提供援助。"

这个大胆的劝告与查理-爱德华亲王的勇敢无畏正好吻合一致，使他下定决心。他只把他秘藏心中的意愿告诉了七个军官，其中有的是爱尔兰人，其他的则是苏格兰人。这些军官都想追求好运和财富。其中两人找到一个出身于一个爱尔兰贵族家庭的、忠心耿耿依附斯图亚特家族的、名叫沃尔什的南特商人。这个商人有一艘装备有 18 门大炮的三桅战舰。1745 年 6 月 12 日，查理-爱德华亲王登上这艘船。他进行这次大不列颠王位攸关的远征，只拥有 7 名军官、约 1800 把刀剑、1200 支步枪和 48000 法郎。三桅战舰由一艘装备有 64 门大炮的法国优等军舰护航。这艘法国军舰名叫"伊丽莎白号"，过去由一个敦刻尔克的船长在航行中加以武装。海军大臣把它租借给船主和商人。这些商人付给国王一笔钱，并在航行期间出资供养全体船员。这是当时的习俗惯例。海军大臣和法国国王本人对这艘战舰作何用途则不闻不问，一无所知。

6 月 20 日，"伊丽莎白号"与三桅战舰在海上一同航行，遇到三艘为一支商船队护航的英国战舰。这三艘战舰中火力最强的一艘装备有 70 门大炮。这艘战舰离开商船队驶来进攻"伊丽莎白号"。由于一种似乎预示爱德华亲王会获得成功的运气，他的三桅战舰没有受到任何攻击。"伊丽莎白号"和英国战舰展开激战。这场战斗打得久而无益。载有詹姆士二世的孙子的三桅战舰逃逸，扬帆驶往苏格兰。

爱德华亲王先在爱尔兰外海靠近北纬 58 度的一个几乎荒无人烟的小岛登陆。他接着再登船张帆航行，驶向苏格兰大陆。（1745 年 6 月）他下了船，登上一个名叫莫伊达特的小区。他向几个居民自报家门。他们向他跪下，对他说："但是，我们能够干点什么呢？我们没有刀枪。我们穷得不名一文。我们就靠吃点燕麦面包活命。我们种的地几乎五谷不生。"亲王回答说："我以后来和你们一同种这块地。我来吃这种燕麦面包，和你们一起过穷日子。我现在给你们带来了武器。"

无法判断这样的感情和这样一席话是否感动了这些居民。几个苏格兰的部族首领来和亲王会合。一个名叫麦克唐纳和一个名叫洛基尔的部族首领、卡梅伦家族的人和弗雷泽家族的人前来找到他。

这些在苏格兰语中叫作 clan（氏族）的苏格兰部族，居住在一块面积两百平方英里、高山林立、森林密布的土地上。在奥尔卡德斯的 33 个岛屿和设得兰群岛的 30 个岛屿上居住着生活在同一统治下的同样一些民族。正如本书在谈到参加丰特努瓦之战的苏格兰山民团时所说的那样，古代的罗马军人服装还保存在他们那里。可以认为，严酷的气候和极端的贫困，使这些山民身体壮实、能耐大劳、吃大苦。他们睡在地上，能忍饥挨饿。他们在冰天雪地长途跋涉。每个氏族服从自己的**地主**，亦即它的领主。领主对山民拥有没有一个英格兰领主拥有的审判权。这些山民通常都对这个**地主**唯命是从。

这种被人称为**封建法规**的古老的无政府状态，过去存在于大不列颠的这一贫瘠、穷困、被人弃之不管、任其自然的部分。这里的居民没有工业,没有任何可以确保他们生活舒适美好的职业。他们随时准备立刻投入那些让他们抱有获得某些财富的希望因而使他们对之感到高兴的行动中。爱尔兰的情况不是这样。这是一个土地比较肥沃,伦敦宫廷管理得较好,土地耕种和制造劳作得到提倡鼓励的地方。爱尔兰人对他们的安宁和对他们的财产的喜爱,开始大于对斯图亚特家族的喜爱。这就是为什么爱尔兰和平宁静,而苏格兰总是骚乱不安。

自从在英国女王安妮统治之下,苏格兰王国和英格兰王国合并以来,好些未被任命为伦敦议会议员、未被用年金来使之依附伦敦宫廷的苏格兰人,暗中效忠斯图亚特家族。总的说来,北方各部分的居民与其说是被团结,不如说是受控制,忍受不了这种被他们看作是奴役的合并。

依附伦敦宫廷的领主如阿盖尔、阿索尔、昆斯公爵以及其他人始终对政府忠贞不贰。但是,必须从这些人中间排除很多人。这些人受到他们的同胞的热情感染,很快加入一个原籍是他们的国家的,并且引起他们赞赏钦佩和热情的亲王的那个党派。

亲王带领来的七个人是:阿索尔公爵的兄弟、图利巴丁侯爵、麦克唐纳、托马斯·谢里登、被指派为军队(并不存在)中士的沙利文、爱尔兰人凯利和英格兰人斯特里克兰。

当有人用沙利文带来的一块塔夫绸制作一面皇家军军旗的时候,集合在这位亲王周围的人还不到300。这支军队无时无刻不在扩大。这位亲王还没有经过费宁镇,就已经成了他用别人向他提供的步枪、刀剑装备起来的1500名战士的首领。

他让他来时乘坐的那艘三桅战舰返回法国，并告知法国国王和西班牙国王他登陆的情况。这两位君主写信给他，待他如**同胞兄弟**。他们这样行事，并不是因为他们正式承认他是大不列颠王位的继承人。但是，他们写信给他时，由于他的出生和他的勇气，无法拒绝给予他这一称号。他们多次向他送去钱款、弹药和武器等援助。运送这些援助必须避开在苏格兰东面和西面海上巡弋的英国军舰。一部分救援物资被中途截获，另一些则运到目的地，并用作鼓励查理–爱德华亲王的那个日益巩固强大的党派。革命的时机似乎从来没有像现在这样有利。英国乔治国王当时正在国外。英国只有常备军不到 6000 人。英军的赛恩克莱尔团的几个连首先从爱丁堡近郊出发，进攻爱德华亲王的那支小军队。这几个连被彻底打败，全军覆没。30 个苏格兰山民俘获英军 80 人，连同他们的军官和辎重。

初战告捷使爱德华亲王的军队越战越勇，希望倍增，并从四面八方招来新兵。这支军队马不停蹄，星夜兼程，向前推进。爱德华亲王始终身先士卒，带领他那些山民士兵步行。他和他们同衣、同食，穿越巴登诺希、阿索尔、珀特郡等地区，占领苏格兰的重要城市珀思。（1745 年 9 月 15 日）就在这个城市他被庄严地正式宣布为英国、法国、苏格兰和爱尔兰的摄政，代替他的父亲詹姆士三世。一个刚刚入主苏格兰一个小城市，仅仅由于法国国王的救助才得以保持自我的亲王擅取的"法国摄政"的这个称号，是一种令人惊奇的习俗惯例产生的后果。这种习俗惯例让英国国王取得法国国王称号。这种做法当时盛行。这是一种理应废止、但并未废止的习俗惯例，因为人们只在滥用情况变得严重、危险，对之不可掉以轻心之时才加以改革。

于是珀思公爵和乔治·默里勋爵来到珀思这个地方向爱德华亲王宣誓。他们带来新的部队。为英国宫廷值勤的一个苏格兰团的一个整连擅自离开,投奔爱德华亲王麾下。亲王攻占了敦提、德拉蒙德、纽堡等地。举行一次作战会议,关于进军问题,会上意见分歧,莫衷一是。亲王认为必须径直前往攻下苏格兰的首府爱丁堡,但全体与会者并不赞同。亲王说:"我必须露面,好让他们全都表态。"他争分夺秒,立即向这个首府进军(9月19日)。他到达该城,立即占领城门。城内风声鹤唳,草木皆兵。一些居民想承认他们过去的国王的继承人,其他人则坚持拥护英国政府。他们担心发生抢劫。最富有的市民把财物运往城堡。格斯特总督也带领卫戍部队士兵400人退入城堡。行政官员前往已被查理-爱德华亲王占领的城门。名叫斯图亚特的爱丁堡市长被人怀疑与查理-爱德华串通勾结。他出现在这位亲王面前,神态狂乱,情不自禁,问他该做什么。一个居民回答他说:"跪下,承认他。"于是查理-爱德华亲王立刻在苏格兰首府被宣布为王位继承人。

这时,伦敦正在悬赏索求这位亲王的脑袋。摄政爵士们在乔治国王离位期间曾经张榜宣布将查理-爱德华解送官府者将获得赏金30万英镑。这一宣布不受法律保护的行为,乃是制定于乔治国王在位时期第18年的国会法令以及同一国会的其他法令的继续。安妮王后本人曾经被迫放逐她自己的兄弟。她在生命最后时刻如果感情用事的话,可能愿意把王位让给她的这个兄弟。她曾经悬赏4000英镑索求她兄弟的头。国会则为此悬赏8万。

如果这样一种宣布不受法律保护的行为是国家行为的准则的

话,那么它就很难同各国宫廷都以展示为荣的节制温和原则协调一致起来。查理-爱德华亲王能够发表同样的声明。但是,他却在几个月后数次发表宣言,反对伦敦当局的残暴血腥的声明。他在这些宣言中,严禁他的拥戴者侵犯在位乔治国王本人的以及任何汉诺威家族亲王的人身。他想借此来巩固加强他的事业,使之更受人尊重。

此外,他只想利用他那个他必须使之坚定不移、始终不懈的党派的那股光复河山的热劲。他刚刚入主爱丁堡这个城市,就了解到他能够发动一次战役。于是他不稍歇息,争分夺秒,赶紧这样行事。他获悉:科普将军正率领英军正规部队前来向他发起攻击;英国民兵正在集结;新的团队正在英格兰组建;一些团队正从佛兰德尔调回;最后情况紧急,刻不容缓。他从爱丁堡出走没有留下一兵一卒。他率领约 3000 山民士兵向 4000 多英军发起进攻。英国军队有龙骑兵两团。爱德华亲王的骑兵只由几匹辎重马组成。他既不花费时间,也不花费劳动去把他的野战炮调来前线。他知道敌军有野战炮 6 门。但他排除万难,勇往直前。他在离爱丁堡 7 英里的地方,在普雷斯顿-潘斯,与敌军遭遇。他刚到达该地,就立刻把他的军队列成战斗队形。帕斯公爵和乔治・默里爵士分别在左、右翼指挥,换句话说,他们每人指挥七、八百人。查理-爱德华亲王在向敌军发起猛攻之前,注意到一个敌人能够通过那里撤退的峡谷。他于是调去 500 名山民士兵抢先占领该地。他就这样开始进行这场随后大约只有 2500 人参加的战斗。既无法有第二线,也无法有预备队。他拔剑出鞘,远扔剑鞘。他说:"朋友们,你们以后自由、幸福的时候,我才再来插剑入鞘。"他刚抵达战场,敌人就来到。

因此他来不及命令炮兵射击。他的整个部队迅速向英军发起攻击，没有保持队列，把风笛当成军号。他的士兵在 20 步的距离射击。接着他们马上扔掉步枪，一只手把盾牌搁在头上，迅猛冲入敌军人马中间，用匕首刺杀敌军战马，手执军刀向敌人进攻（1745 年 10 月 2 日）。怪异新奇的和出乎意料的事物，都会给人以强烈感受。这种新的作战方式令英国人目瞪口呆，丧魂失魄。身体的力量今天在别的战斗中虽然毫无优势可言，但在这次战役中却极为重要。英国人不进行抵抗，节节败退，被杀死 800 人，残余经爱德华亲王先前已经注意到的那个峡谷逃窜。就在该处英军 1400 人被俘。一切都落入胜利者的手中。爱德华用敌军龙骑兵的马匹组建一支骑兵。科普将军被迫逃走。他是第十五名临阵脱逃的将领。英国举国上下议论纷纷，舆论大哗，对他极为不满。他在军事法庭上被控未采取足够措施，但却被证明无罪。这一点毋庸置疑：决定这一战役的真正原因，是出现了一位在自己一方唤起一种大胆无畏的信心的亲王，特别是这种令英国人目瞪口呆，失魂落魄的新进攻方式。这是一种几乎第一次总会获得成功的优势。这是一种可能那些军队指挥官并不很想获得的优势。

爱德华亲王这一天的兵员损失不超过 60 人。他得胜之后，只对如何安置俘虏这个问题颇感为难。他们为数几乎等同战胜者。根本没有一处要塞。因此，他无法留住这些俘虏，于是就在让他们发誓一年之内不再拿起武器与他作对之后，凭他们的保证加以遣返。这种不咎既往、宽大为怀的姿态让他获得新的拥戴者。

取得这次胜利之后没有几天，一艘法国船和一艘西班牙船顺利靠岸，带来钱款和新的希望。这些船上载有在法国和西班牙军中服役之后有能力对爱德华亲王的军队的纪律进行整顿的爱尔兰军官。10 月 11 日，法国船只驶来蒙特罗斯港，为爱德华亲王送来一个法国国王的密使。此人把钱款和武器带到岸上。亲王返回爱丁堡，眼见不久后他的军队人数增至将近 6000 人。他的军队和事务开始正规起来，训练、作战，井然有序，有条不紊。他有了宫廷、军官、国务秘书。轮流供给他的钱款超过 30 万。没有敌人出现。然而他必须拥有爱丁堡城堡。这是唯一的在必要时可以充作军火库隐藏所、可以威慑爱丁堡首府的地方。爱丁堡城堡修建在悬崖绝壁上，有一道开凿在岩石上的壕沟，有厚达 12 尺的围墙。要塞不合规定。需要一个合乎规定的场所，特别需要配置重炮。这些爱德华亲王皆不具备。他不得不准许爱丁堡城市同指挥官格斯特缔结一项由爱丁堡城市向爱丁堡城堡提供粮食，城堡则不向城市射击的协定。

这件不合时宜的事，似乎并没有搅乱他的工作。伦敦宫廷对他提心吊胆，千方百计让他在民众的心目中变得穷凶极恶、面目可憎。宫廷指责他身为罗马天主教徒，却无法无天，胡作非为，违反宗教和国家的法律。爱德华亲王不断声辩，坚称他尊重宗教和法律；并说他虽然身为天主教徒，但英国国教教徒和长老会信徒不必惧怕他甚于惧怕生为路德派教徒的乔治国王。国王的宫廷没有天主教教士。亲王甚至不要求在堂区教堂祈祷时提到他的名字。他满足于人们一般只为国王和皇家祈祷而不指名道姓。

9 月 11 日，英国国王匆匆忙忙返回国内遏阻这场革命的进展。普雷斯顿—潘斯之战的失败使国王惶惶不可终日，以致他认为使用英国民兵部队，并不强得足以进行抵抗。好些领主自己出资征募民兵团,对他有利。特别辉格党①更是如此。这个政党是英国的主宰者,念念不忘保存它已经建立的政府,念念不忘保存它安置在王位之上的这个家族②。然而,如果爱德华亲王得到新的援助,获得新的胜利,这些民兵甚至可能对乔治国王反戈一击。于是这位国王首先要求伦敦城的民兵重新进行宣誓。这项誓言内确确实实载有这些话:"我厌恶,我憎恨这种应受永刑的教义。我像拒绝一种渎神的观点那样拒绝这种教义。这种教义内容是:被教皇开除教籍的王侯,可以被他们的臣民或者被别的什么人废黜,或者谋杀。"然而,问题却在于:在这起事件中,问题既不在于开除教籍,也不在于教皇。至于谋杀,除了正式提出悬赏 3 万英镑的谋杀之外,大可不必害怕什么别的谋杀。(9 月 14 日)根据自威廉三世③以来在动乱时期实施的惯例,天主教徒被命令离开伦敦和他们的领地。但是,具有危险性的并不是天主教徒。这种宗教的教士只构成英国民众的一小部分。令人生畏的倒是爱德华亲王的勇气和影响,是一支受到意想不到的胜利激励的胜利之师的英勇无畏。乔治国王认为自己不得不把英军驻佛兰德尔的部队中的 6000 人调回英国本土,还不得不根据英国同荷兰共和国缔结的条约向荷兰人再要求调来英国 6000 人。

荷兰联省共和国三级会议一人不差向他派来这些部队。根据

---

① 1688 年英国大革命后代表贵族、拥有土地的家族、富裕的中产阶级和银行家的政党。

② 指汉诺威家族。

③ 威廉三世(1650 — 1702 年),尼德兰联省共和国执政及英国国王,与其妻玛丽共同执政,接受国会通过的《权利法案》,确立了英国君主立宪制。

图尔内和登德尔蒙德的降书，这些部队不应服役18个月。这些部队已经承诺不再服役，"甚至不在最远的边境要塞服役。"荷兰三级会议为这种违约行为开脱辩护说，英格兰根本不是**边境要塞**。根据上述降书，这些部队应在法国军队面前放下武器，但荷兰联省共和国三级会议却强调这些军队并不是去同法国人作战。根据上述降书，这些军队不应转为任何外国服役，但荷兰联省共和国三级会议却答复说既然这些军队由荷兰联省共和国三级会议指挥调遣，并由荷兰三级会议付给军饷，就根本不是在国外服役。

正是由于这样一些区别，看起来行文措辞最明确的降书的条款被人巧避。但这份文书中没有详细说明任何一个始料未及的事例。

虽然当时发生了别的重大事件，但本书作者将紧紧跟踪英国革命这一事件。同时间顺序相比，本书作者更加重视本书的目次，而时间顺序也并不因此而受到什么损失。小心提防，比什么都更能证明人们惶恐不安的心态。本书作者不禁要在这里谈到一个伦敦被人用来使查理-爱德华本人变得面目狰狞的花招。有人让人印出一份假想的报纸。这份假想报纸把别的报纸报道过的在乔治国王统治下发生的事件同假设有朝一日会在一位天主教国王统治下发生的事件做了比较：

现在我们的报纸时而向我们报道有人把从法国船只和西班牙船只抢劫来的金银财宝带到银行；时而向我们报道已经夷平了波多伯洛；时而向我们报道我们已经攻下路易斯堡；时而告诉我们我们已经控制了贸易。以下是在王位觊觎者的统治下我们的报纸将会报道的："今天,他已经在伦敦市场被山区居民和僧侣宣布为国王;好些房屋遭到焚毁;好些公民遭到屠杀。

"4 日,南方公司和印度公司被改为修院。

"20 日,6 名国会议员被关进监狱。

"26 日,3 个英国海港割让给法国人。

"28 日,《人身保护法》被废止。通过了一项新的对异端分子执行火刑的法规。

"29 日,意大利耶稣会教士 P. 波瓦纳尔迪尼被任命为掌玺大臣。"

然而,10 月 28 日,《人身保护法》的确被终止执行。在英国这项法律被视为具有根本性质,被视为民族自由的林荫大道。根据这项法律,在公民在 24 小时内未经审讯的情况下,国王不得下令拘留任何公民;公民可以保释,直至对他起诉时为止;如果他被不公正地逮捕,应勒令国务秘书以高价向他支付被拘留的每一小时。

未经议会同意,国王无权以任何借口下令逮捕国会议员。在发生叛乱期间,国会总是引用一项特别法令终止执行这些法律一段时间,并授权国王仅仅在这一时间之内逮捕某些可疑分子。议会两院中没有任何议员予国王以丝毫可乘之机。然而,几个议员却被舆论怀疑为拥护詹姆士二世及其后裔复辟王政的人。伦敦有一些公民私下有这种主张。但是谁也不愿意为了虚无缥缈的希望拿自己的生命和财富去冒险。重重疑虑和惶恐不安,让大家心神不定,极为紧张。人们惧怕交谈。在这个国家为一个被流放的争夺王位的亲王的健康祝酒干杯,是一宗罪行。正如从前在罗马,在某个在位的皇帝的统治下,在家里有这个在位皇帝的竞争者的雕像是一宗罪行一样。在伦敦人们为国王,为亲王的健康祝酒干杯,此举既可能指国王詹姆士[①]和他的儿子查理-爱德华亲王,也可能指国王乔治[②]和他的长子威尔士亲王。革命的秘密拥护者,只限于让人印制一些行文措辞很有分寸的文章。这个党派的成员读这些文章时可以一目了然,心知肚明,而政府却无法判他们犯什么罪。这类文章散发数量很大,范围极广。其中有一篇警告说:"一个鹏程万里的青年即将发一笔大财;在很短的时间内他就为自己弄到一笔两万多英镑的年金。但他需要朋友以便在伦敦成家立业。"印刷出版自由,是英国人最艳羡的权利之一。法律不准许聚集民众,对民众演讲,但却允许以书面形式向全国讲话。政府下令巡查每个印刷所,但因政府无权在无确凿罪证的情况下查封任何一家印刷所,于是这些工厂得以继续存在。

当人们得知爱德华亲王已经进抵卡莱尔,并已占领该城(1745年11月26日),他的队伍日益壮大,最后它出现在得比,亦即在英国本土,距离伦敦30里处时,骚动开始在伦敦初见端倪,萌生显露。那时,爱德华亲王第一次在他的军队中有了英国本国人。兰开斯特伯爵领地300人加入他的曼彻斯特团。他声誉日隆。这时他军队扩大到3万人。据说,整个兰开斯特伯爵领地都表了态。商店和银行在伦敦停业一天。

---

① 英国斯图亚特王朝的国王。这个王朝的第一代为詹姆斯一世(1566-1625年)。

② 英国汉诺威王朝的国王。这个王朝的第一代为乔治一世(1660-1727年)。

第 二 十 五 章

查理–爱德华亲王的险遇的后续情况 他的
失败 他和他的党派的厄运

自从爱德华亲王在苏格兰登陆以来,他的拥戴者就向法国央
求援助。随着形势的发展,央求日益迫切。几个在法国军队中服
役的爱尔兰人设想在英格兰,在朝着普利茅斯的方向登陆进行突
然袭击是切实可行的。从加来或者从布洛涅到英国海岸的这段行
程很短。这些爱尔兰人丝毫不愿有一支舰队,因为装备这支舰队
耗时颇多,因为仅仅这支舰队的外观排场就会引起英国舰队的警
觉,使英国舰队采取措施拦截抗阻登陆行动。他们断定可以让
8000 或者 10000 人以及大炮在夜间登陆,还断定这样一个企图只
需要一些商船和几艘武装民船就可实现。他们让人相信,一旦登
上英国海岸,英国一部分人就会加入法国军队。法国军队就能在
伦敦附近同爱德华亲王的部队会师。他们让人预想到一场完全彻
底的革命会在英国立即爆发。他们要求黎塞留公爵担任这一行动
的首领。这位公爵以他在丰特努瓦战斗日立下的战功,以他在欧
洲的赫赫名声,比其他人都更能机动灵活地指挥这一大胆、棘手的
行动。他们催促十分紧迫,最后他们的要求全部得到满足。此后

成为少将并死得极为悲壮的拉利是这次行动的灵魂。这部历史的作者长期同他一道工作，可以肯定自己从未见过比他更加热情积极的人，可以肯定这一行动缺少的只是这种可能性：下海而不同英国舰队相遇。在伦敦这种企图被视为荒谬绝伦。

只能经过日耳曼海和苏格兰东部向爱德华亲王运去少量人员和钱款援助。珀斯公爵的兄弟、为法国效劳的军官德拉蒙德爵士，成功地率领皇家苏格兰团的 3 个连队的几个随时待命出发的步兵组和骑兵组到达。他刚在蒙特罗斯登陆就让人宣布他奉法国国王圣旨前来援助他的同盟者、苏格兰摄政王、威尔士亲王，并向汉诺威选帝侯英国国王作战。于是因降书不得对法国国王有抗击行为的荷兰军队，不得不遵从战争的这条长期被人规避的规律。这些军队奉命再开赴荷兰，这时伦敦宫廷调回 6000 名黑森雇佣兵取代他们。这种对外国军队的需求，是对遇到的危险的招认。王位觊觎者在英格兰北部和西部广泛散发宣言，号召全国民众同他会合。他声明他对待战俘像对待他自己的人一样。他一再明令禁止他的拥戴者侵害在位国王以及国王家族的其他亲王的人身。在一个脑袋被悬赏索求的亲王的身上，这些显得十分慷慨大度的宣言，有一种只有国家准则能够为之辩白的命运，因为这些宣言被刽子手烧掉了。

阻遏这位亲王的进展，比让人烧毁他的宣言更加重要、更加必要。英国民兵收复爱丁堡。这些民兵遍布兰开斯特，切断爱德华亲王的粮源。亲王不得不折回。他的军队时而强大，时而弱小，因为他无法按时足额发给军饷，缺乏把这支军队继续留在他的麾下所需的物质手段。然而，这时他仍然剩下大约 8000 人。这位亲王被告知敌军已在福尔柯克沼泽附近,离他 6 英里路时,他立即奔赴前方对敌军发起进攻,虽然敌军的兵力差不多超过他的兵力一倍。这次战斗的方式与在普雷斯顿-潘斯的作战方式相同,激烈程度相同。(1746 年 1 月 28 日)爱德华亲王的苏格兰士兵还得到一场向英国人劈头盖脸袭来的狂风暴雨之助,打得这些英国人溃不成军。然而,不久以后,这些苏格兰士兵就因自己冲击过猛而队伍散乱。法国军队的 6 个随时待命出发的步兵组和骑兵组掩护他们,支撑战斗,并让他们来得及重新聚集。爱德华亲王一直认为他只要有正规军 3000 人就能征服整个英国。

英国龙骑兵开始溃逃,接着整个英军尾随其后,跟着败退。将军和军官都无法阻止。黑夜来临时,他们返回营帐。这个营帐筑有防御工事防护,而且几乎全部有沼泽环绕。

爱德华亲王控制了整个战场,立刻做出决定向营帐内的英军发起进攻,尽管狂风大作,暴雨倾盆,而且越来越猛。山民士兵在一片昏天黑地之中寻找他们习惯于在战斗中扔掉的步枪,浪费了大量时间。爱德华亲王开始同他们一起徒步前进,再次作战。他手执刀剑,深入敌营。一时敌营之内一片恐怖,人人魂飞魄散。一日两败的英国军队虽然损失不大,仍然逃往爱丁堡城内。在这一天的战斗中英军死亡人数不超过 400,但是营帐和装备却遗弃在战胜者手中。这些胜利对亲王的声誉大有裨益,但对他的利益却无好处可言。坎伯兰公爵向苏格兰进发,于 2 月 10 日到达爱丁堡。爱德华亲王被迫撤除对斯特林城堡的包围。这年冬季气候严酷,滴水成冰。物资补给奇缺。亲王最好的对策在于派出几个分队。这些分队时而朝向因弗内斯进发,时而朝向阿伯丁游走,以便把冒险从法国运送给他的少量军队和钱款收集起来。运送这些军队的船只大部分遭到英国人侦寻、虏获。菲茨-詹姆士团的三个连顺利登陆。当一艘小船靠岸时,被一片喜悦的欢呼相迎。妇女跑来迎接。她们牵着军官的马缰。最细微的援助也被当作重大的增援使用。但是,爱德华亲王的军队仍然同样受到坎伯兰公爵的强压紧逼。它撤往因弗内斯。因此并非全国都能拥戴他。坎伯兰公爵的军队最后渡过施佩河(1746 年 4 月 23 日),并向因弗内斯进军。最终必然进行一场决战。

爱德华亲王这时拥有与在福尔柯克战斗日数量差不多的部队。坎伯兰公爵拥有 15 个营和 9 个骑兵队,加上 1 个山民士兵队。数量优势总是必然在英国人这边。英国人拥有骑兵和维护良好的炮兵,这就更使他们具有十分巨大的优势。最后,英国人已经习惯于山民士兵的作战方式,山民士兵已不再让他们束手无策。他们必须在坎伯兰的目睹之下为过去遭到的挫败之耻报一箭之仇。1746 年 4 月 7 日下午 2 时,两军在一个名叫卡洛登的地方对垒交锋。山民士兵发起平时那种令人生畏的进攻。他们在这场战斗中彻底溃败。爱德华亲王受了轻伤,在最为仓促的逃跑中被人带走。地点和时间的因素在战斗中极为重要。在这场战争中,在德意志、意大利和佛兰德尔进行过将近有 10 万人参加的战役。这些战役都没有产生过什么重大后果。但在卡洛登进行的这一次,一方为 11000 人,另一方为 7000—8000 人的战斗,却决定了三个王国的命运。在这次战斗中,造反者被杀死的没有超过 900 人。正是因为这样,这些人遭受的灾难使人就在苏格兰本土叫得出他们的姓名来。造反者只有 320 人被俘。其余的全部逃往因弗内斯。胜利者对他们穷追不舍。爱德华亲王由100来名军官跟随左右，被迫跳下一条离因弗内斯3英里的河中。他泅水渡河。当他到达河的彼岸时，远远看见在一个干草仓中，在熊熊烈焰中，500—600名山民士兵正被活活烧死，原来胜利者正纵火焚烧这个仓库。亲王听见山民士兵的呼号。

在爱德华亲王军中有好几个女人。其中的一个名叫赛福特夫人。她率领她带领来的山民士兵作战。她逃脱了敌军的追捕。其他四个女人被俘。全部法国军官被俘。担任驻爱德华亲王处公使职务的法国军官在因弗内斯投降，成为俘虏。在这次决定性的战斗中，英国军队只有50人被杀，259人受伤。

坎伯兰公爵下令发给他的士兵5000英镑（约合155000法郎）。这笔钱款他们从伦敦市长那里领取，由几个公民提供。这些公民只在把钱分发给士兵这一条件下才给予这些钱。这件奇特怪异的事，还证明最富的一方必然胜利。胜利之师没有给败军以喘息之机。败军处处遭到穷追猛打。败军中的普通士兵，轻车熟路撤到他们居住的山中或者荒野。军官逃命真是谈何容易。他们之中有的被人出卖，并被解送官府，其他的则自动投降，希望得到宽免。爱德华亲王、沙利文、谢里登和亲王的几个党徒，先撤退到奥古斯特堡垒的遗址中。不久以后，他们不得不从那里出走。随着远走他乡，亲王眼见他的朋友日益疏离减少。他们中间开始分裂不和。他们为了遭逢的不幸，互相责怪。他们在究竟应该做出何种抉择这个问题上争论不休，情绪激烈起来。好些人退出。爱德华亲王身边只剩下谢里登和沙利文两人。亲王离开法国时他们就一直追随左右。

　　他同两位追随者走了五天五夜，几乎没有片刻休息。经常忍饥挨饿。敌人跟踪追捕。在所有周围地区搜寻他们的士兵满坑满谷。索求他的脑袋的悬赏，让搜寻者干这件差事鼓足了劲。亲王遭逢的命运的种种惨事，在各个方面都与他的叔祖在与卡洛登之战同样尸横遍野、血流成河的伍斯特①之战以后沦落其中的命运的惨事相似。在这个地球上没有与使亲王的整个家族受苦受难的那些灾难同样奇特、同样可怕的一连串灾难的先例。他生于流放之地法国。他离开流放之地后，后果只不过是在胜利之后把他的拥戴者拖上断头台，只不过是他自己在崇山峻岭中到处流浪。他父亲还在摇篮时代就被赶出王宫和祖国。他父亲早已被承认为合法继承人，并同他一样有过几次其结果只不过使他的拥戴者受尽折磨的图谋。整个这长长的一连串极为罕见的事件不断在他脑海中浮现。他没有沮丧绝望。他步行通过敌人的包围圈，伤口没有包扎，兵尽援绝。他最后抵达一个位于苏格兰西北部的名叫阿里泽格的小港口。

　　当时命运似乎愿意给这位亲王些许安慰。两个南特船主驾船朝着这个小港驶来，给他带来钱款、人员和粮食。然而，在两个船主登陆以前，对他的搜捕持续不断，这迫使他离开这个独一无二的当时他可以安全藏身的地方。这两个船主刚刚离开这个港口几英里，他就得知这两艘船已经靠过岸，两个船主已经返航。这一意外情况使他的不幸雪上加霜。他被迫不断四处逃跑，不断东躲西藏。他的爱尔兰籍的、为西班牙效劳的拥戴者之一的奥内尔在这些残

————————
　　①　英格兰中西部城市。

酷的形势下同他会合，对他说，他可以在邻近一个名叫斯托内的小岛上找到一个确实可靠、万无一失的藏匿地。这个岛屿是位于苏格兰西北的最后一个岛屿。他们登上一艘渔船，到达这个岛屿。但是，他们刚刚上岸，就获悉坎伯兰公爵的军队的一个分遣队驻在岛上。爱德华亲王和他的朋友被迫在一块沼泽地过夜，以逃脱一次穷追不舍的追捕。黎明时分，他们冒险回到他们的小船，再次下海，没有食物，也不知道走哪条路。他们刚刚航行两海里就被敌船团团围住。

除了让船在一个荒无人烟、几乎无法停靠的小岛的岸边的岩石间搁浅以外，别无其他逃生之计。这在别的时候会被看作是最惨酷的不幸的办法，这一次对他们来说却是不二法门。他们把小船藏在一块岩石背后，在这个荒无人烟的地方，或者等待英国军舰远去，或者等待死亡来结束他们遭逢的接二连三、纷至沓来的灾难。留给爱德华亲王、他的朋友和水手的只是一点酒用来支撑他们不幸的生命。他们之中有人发现几条干鱼。这是被暴风雨逼上这个岛屿的渔民留在岸上的。当敌舰踪影全失，不再出现时，他们把船从一个岛划到另外一个岛。爱德华亲王登上同一个以前他离开法国后到达苏格兰时登陆的西岛。他在岛上得到一些援助，休息了一些时候。但是，这种轻微的安慰历时不长。坎伯兰公爵的民兵三天后开到亲王的这个新避难所。看来或者被俘或者死亡的命运是无法逃脱了。

爱德华亲王和他的两个同伴在一个洞穴里藏了三天三夜。他太幸运，再次登船，逃到另一个荒无人烟的岛上。他在那里停留了八天。有一点酒、一点大麦面包、一点咸鱼。只有冒着落入沿海岸驻守的英国人手中的危险，才能走出这个荒无人烟的地方，回到苏格兰。然而，不是饿死，就是做出这个冒险抉择，二者必选其一。

　　他们于是再次下海。夜间他们在一个岛上登岸，在岸上游荡，穿的只是山民穿的破烂衣服。黎明时分，他们遇到一个骑马的小姐，后面有个年轻仆人跟随。他们冒险对她讲话。这个小姐是麦克唐纳家族的人，附从斯图亚特家族①。爱德华亲王在他走运成功时期见过她。他认出她来，自己也被她认了出来。她跪在他脚下。爱德华亲王、他的朋友和她见面后都泪如泉涌。麦克唐纳小姐在这次十分奇特、十分感人的会见中泪流满面。她因目睹亲王身处险境而更加涕泗滂沱。亲王每走一步都有被捕之险。她于是劝他躲进一个她指给他的山洞。这个山洞在一个山脚下，离一个她认识的、可靠的山民的小屋很近。她答应把他领到这个隐避地，或者向他派个可靠的负责带领他的人来。

　　爱德华亲王于是同他的忠诚同伴再次隐藏在一个洞穴里。山区农民供给他们一点浸湿的大麦粉。但是，他们在这个可怕的地方度过了两天并没有人前来援助他们。这时他们感到万分绝望。洞穴四周全是民兵。这几个逃亡者没有剩下一粒粮食。一场残酷的疾病使亲王衰弱不堪。他身上生满溃疡疮。这种绝望的状态、他已经遭受的痛苦以及他所担心的一切，使超过人类能够承受的最可怕的不幸达到顶点。但是，他并没有穷途末路。

---

　　①　英国王室。1371－1714年统治苏格兰，1603－1714年统治英格兰。此后英国王位传给汉诺威王室。

　　麦克唐纳小姐终于派来洞穴一个信使。这个信使告诉他们，在陆上藏身是不可能的；还必须逃到一个叫作本贝库拉的小岛，在那里躲在一个有人会指给他们的穷贵族家里；麦克唐纳小姐会去那里；在那里有人会来看为了他们的安全所做的安排。运送他们登上大陆的同一艘船，把他们带到这个岛上。他们前往这个穷贵族的住屋。麦克唐纳小姐在离那里几英里远的地方上船，以便前去找到他们。但是，他们刚到达这个岛上，就得知他们指望在他那里找到避难所的穷贵族连同他全家人夜里被人劫持。爱德华亲王和他的朋友在沼泽地里躲藏起来。最后，奥内尔去进行侦察探寻。他在一个茅屋里遇到麦克唐纳小姐。她对他说，她让亲王穿上她带来的女佣衣服，这样她就能够救他，但是她只能救亲王一个人，多一个人就会露出马脚，遭到怀疑。这两个人毫不犹豫，表示宁愿让亲王而不愿他们自己得救。他们挥泪离别。查理-爱德华亲王穿上女佣衣服，用贝蒂这个名字，跟随麦克唐纳小姐。尽管乔装打扮，依然险象丛生。这个小姐和化妆的亲王先逃到苏格兰西面的斯凯岛上。

　　当一个贵族的房屋突然被敌方民兵包围的时候，他们正在这座房屋里。亲王自己前去为这些民兵开门。幸好他没有被人认出。但不久以后，岛上就有人得知他在这座府邸里。他因此不得不与麦克唐纳小姐离别，自己单独一人听天由命。他走了十英里路，只由一个船夫跟随。最后，他饥饿难挨，快要支撑不住，于是冒险走进一个人家。他明知这户人家的主人并不属于他那个党派。他说："你们国王的儿子来向您讨点面包和一件衣服。我知道您是我的仇敌。但是，我深信您品德高尚，不会滥用我的信任，不会幸

灾乐祸,乘我之危。把罩在我身上的破烂衣服拿掉,留着它。有朝
一日,你可以带它到大不列颠国王的皇宫来还给我。"那个贵族听
了这些话触动很大。他赶紧在这个穷乡僻壤力所能及的范围内尽
力救助他,并为他保守秘密。

他从这个岛屿又回到苏格兰,前往莫拉尔部族所在地。这个
部族对他友好。之后,他在洛夏伯尔、巴德诺奇等地流浪。就在这
些地方他得知他的恩人麦克唐纳小姐以及差不多所有接待过他的
人被捕。他看到他所有的受缺席审判的拥戴者的名单。这就是在
英国称为**关于被判处死刑者的公民权利的剥夺和财产的没收的法
令**的东西。他本人一直身处险境。唯一传到他那里的消息,是关
于他的正等待处决的侍役被监禁的消息。

此时,在法国正风传这位亲王已经落入敌手。他在凡尔赛宫
的代理人惊恐万状,奏请法国国王允准至少让人写信为他求情说
项。当时在法国有好些英国战俘。英国王位觊觎者的拥戴者以为
对这种情况的考虑会阻止英国宫廷报仇,防止发生人们预期会在
断头台上看见的流血惨事。当时陆军国务秘书的兄弟、身任外交
部长的达让松侯爵于是像邀请调解人那样找到荷兰联省共和国驻
法大使范·霍依。这两位大臣在这一点上看法十分相似。这使他
们有别于几乎所有的政治家。这就是:他们总是在别人使用手腕
策略的地方放置真诚和人道。

范·霍依大使于是写了一封长信给英国国务秘书纽卡斯尔公
爵,对他说:"但愿您能够清除仇怨不睦产生的这种极其有害的煽
起人们互相毁灭的技术。用报复、怀疑、贪婪来代替国王的荣誉的
和人的得救的神的告诫,是卑鄙无耻的策略!"

这种规劝就其内容实质及措辞用语而论，都似乎属于有别我们当今这个时代的另一个时代。它被称为讲道说教。这一规劝未能使英国国王回心转意，心慈手软，相反却使之气急败坏，大发雷霆。他就荷兰联省共和国三级会议的大使竟敢向他就他对他的叛乱臣民应如何处置一事寄送他一个敌国国王的谏诤这件事，叫人向荷兰联省共和国三级会议起诉。纽卡斯尔公爵写道，这是一个闻所未闻的举动。荷兰联省共和国三级会议给予它的大使以严厉谴责，并责令他向纽卡斯尔公爵赔礼道歉，改正自己的过错。这位大使写道："如果他有什么失误，这是与人的处境无法分开的不幸。"他可能违反了政治的规律，但没有违反人道的规律。一个内阁和荷兰联省共和国三级会议理应知道法国国王在多大的程度上有权为苏格兰人说项求情。它们理应知道，当路易十三攻占拉罗歇尔，而英国国王的海军又对之救援未果之时，这位英国国王向法国国王派来蒙泰古骑士，请求法国国王宽恕拉罗歇尔的叛乱分子。路易十三尊重这项请求。但英国内阁这次却不同样以宽大为怀。

英国内阁开始尽力把查理-爱德华亲王搞得声名狼藉，让他在民众眼里成为卑鄙无耻之徒，因为他曾经是个可怕的人物。这个内阁让人把在卡洛登战斗中缴获的法国旗帜在众目睽睽之下带到爱丁堡。刽子手则带来爱德华亲王的旗帜。其他旗帜则在通烟囱工人的手中。刽子手把这些旗帜摆放在公共广场上当众统统烧掉。这个闹剧是随之上演的流血悲剧的前奏。

1746年8月10日，开始处决十八名军官。其中最重要的是曼彻斯特团的名叫汤利的上校。他同八个军官被拖到靠近伦敦的肯宁敦平原的行刑场的栅栏那里。他们被绞死后,心脏被挖出,被用来拍打他们的面颊。他们的肢体遭到凌迟碎剐。这种肉刑是古代野蛮残忍的残余。从前被判处的罪犯被活活挖出心脏。现在只在这些罪犯被勒死后才给予这种惩罚。他们的死亡的残酷性稍轻。添加到他们的死亡中去的种种场面用来吓唬民众。上述被处决的军官在死前没有一个不宣称自己为正义事业而死,没有一个不激励民众为正义事业战斗。两天后,三个苏格兰贵族院议员被判处死刑,丢掉了脑袋。

大家知道,在英国,法律只把爵士,亦即贵族院议员,视为贵族。他们犯叛国罪受审方式有别于本国其他人。要挑选一名贵族院议员来主持对他们的审判。这位议员被授以**王国大总管**的称号。这个称号差不多和宫廷总管大臣这个称号对称。大不列颠的贵族院议员接受他的命令。他用盖有他的图章的密封的用拉丁文撰写的信函,在英国议会所在地威斯敏斯特厅召集这些贵族院议员。他至少需要十二名贵族院议员同他一道宣布判决。举行会议时,排场盛大、气派恢宏。他坐在华盖下面。王国政府的秘书把政府的委托书交给一个军职督管。这位军职督管跪着把它呈交给这位**王国大总管**。六名持权标的人始终在他左右跟随。当他前往或离开威斯敏斯特大厅时,这些持权标的人站在他那华丽四轮马车的车门踏板上。案件预审期间,他每天能领到 100 几尼。当受控贵族院议员被带到他和他们的法官——贵族院议员——的面前时,一个执达员用古法语高喊:"动手"。一个执达员在被告面前带着一把斧头,斧刃朝着**王国大总管**。当死刑判决宣布时,斧刃转向罪犯。

（1746 年 8 月 12 日）巴尔梅里诺、基尔马诺克和克罗马蒂三位爵士在一种阴森可怖的仪式中被带到威斯敏斯特。最高法官履行**王国大总管**职责。这三位爵士全都承认犯有向王位觊觎者运送武器罪，并根据法律被判处绞刑和四马分尸刑。**王国大总管**向他们宣读判决书，与此同时又向他们宣布，国王根据王国政府授予的特权，把这一酷刑改为斩首刑。克罗马蒂爵士的已有八个孩子，现在正第九次怀孕的妻子同全家人走来跪在国王脚下，获得对她丈夫的特赦。

（8 月 29 日）另外两名贵族院议员被处决。他们当中，基尔马诺克走上断头台，似乎显得有些后悔。巴尔梅里诺则在断头台上面带一种毫不动摇、视死如归的神情。他要穿着他曾经穿着战斗的那件制服死去。城楼官按照惯例高呼：**"乔治国王万岁！"**后，巴尔梅里诺高声回应：**"詹姆士国王和他当之无愧的儿子万岁！"**他视死如归，面对死亡面无惧色，正如他对审判官面无惧色一样。

几乎每天都有人被处决。监狱人满为患。爱德华亲王的一个名叫默里的秘书，向政府揭露了一些秘密，买回了自己一条命。这些揭露出来的秘密让英国国王了解到他曾经遇到的危险。这个秘书让人了解到在伦敦和外省的确存在一个暗藏党派。这个党派曾经提供数额巨大的金钱。但是，或者由于这些口供不够详尽，或者更由于政府担心进行令人憎恶的搜捕会激怒民心、引发民变，因此只追捕那些铁证如山、参加过叛乱的人。10 人在约克被处决；10 人在卡莱尔被处决；47 人在伦敦被处决。11 月，一些士兵和下级军官奉命抽签。这些官兵中二十分之一被判处死刑。其余的被转移到殖民地。同月还有 70 人在彭里思、布鲁姆普敦和约克被处决;10 人在卡莱尔被处决;9 人在伦敦被处决。当爱德华亲王拥有卡莱尔这个城市时,一个英国国教教士曾经冒冒失失向这位亲王要求卡莱尔教区。他这次也身穿主教服被带上绞架。他向民众演讲,大声疾呼,拥护詹姆士国王家族。他为所有像他那样在这场争斗中死去的人向上帝祷告。

命运显得最令人同情的人,是德尔温特沃特爵士。他的哥哥因为同一事业斗争,于 1715 年在伦敦被斩首。就是他的这个哥哥希望自己的还在孩提时代的儿子也登上断头台。他对儿子说:"让你满身染着我的鲜血吧,要学着为你的国王而死。"爵士的弟弟当时逃脱后去法国当兵,后来被卷入对爵士的哥哥的判决中。他的这个弟弟一旦得知他能够为爱德华亲王效劳,就返回英国。然而,他同他儿子以及好几名军官登乘的并载有武器和钱款的船只被英国人捕获。他和他兄弟死得一样,死时同样视死如归,坚定不移。他死时说法国国王会照顾他的儿子。这个年轻的贵族——他的儿子——因为出生不是英国国王的子民,获释后返回法国。法国国王的确履行了他的父亲的遗愿,给了他和他的姐妹一笔养老金。

最后一个经过刽子手的手死去的是洛瓦特爵士,死时 80 岁。他是这次登陆活动的主使者。他从 1740 年起就打下这次登陆英国的行动的基础。主要的对英国当局心怀不满者,在他家中秘密聚会。当查理-爱德华亲王登船返英时,他本应于 1743 年煽起苏格兰和爱尔兰的氏族造反。他竭尽全力,千方百计借助法律可以提供的遁词来保护他最后丧失在断头台上的那一点余生。他以与他用在艺术般的、细致巧妙的领导活动中的同样伟大的气魄死去。

他在遭到致命的一击以前,高声朗诵贺拉斯①的这个诗句:Dulce et decorum est pro patria mori(我们应该为我们的主和我们伟大祖国死去)。

最奇怪的,也是在英国颇为鲜见的是,一个属于拥戴詹姆斯二世及其后裔复辟王政的政党的,并醉心于那种在热烈的想象中产生过大量奇特事物的狂热的名叫佩因特的牛津学生,要求代替洛沃特老人去死。他一再最迫切地恳求,当局根本不予理睬。他明明知道老人是阴谋的首领,但把他看作是个可敬佩的、不可或缺的人。

英国政府把报旧仇同预防未来集合起来。它组建了一支常驻朝着苏格兰边境的地区的民兵。所有苏格兰领主享有的使他们的部族附从他们的管辖权全被剥夺。忠实这个政府的部族首领被用给予他们养老金或者其他好处的方式加以补偿。

在法国,当人们为爱德华亲王的命运感到忐忑不安之时,自6月起,两艘小三桅战舰一帆风顺地在这位爱德华亲王开始他的不幸事业时曾经下船登岸的苏格兰西海岸靠岸。登岸的人在这个地区和好几个邻近洛查贝尔的岛上寻找他,毫无所获。最后,9月29日,这位亲王历尽艰险,经由偏僻小路到达有人等待他的地点。奇怪而又确切证明人人都归心于他的是,这两艘战舰靠岸、停留和驶离,英国人都被蒙在鼓里。这两艘船把爱德华亲王一直带回能看见布雷斯特的海域内。但是,它们发现一支英国舰队面对着这个港口。它们于是驶回大海,接着又朝着莫尔来克斯那边的布列塔

---

① 贺拉斯(公元前 65—前 8 年),古罗马诗人。作品有《讽刺诗集》、《书札》等。

尼海岸驶去。另外一支英国舰队还留在那里。这两艘三桅战舰冒险通过敌舰集群。最后，爱德华亲王在饱尝不幸和危险之后，于1746年10月10日偕同几个像他那样逃脱了胜利者的搜捕的拥戴者抵达圣波德莱昂港。这就是本会在骑士时代获得成功，但在军纪、大炮，特别在金钱最终决定一切的时代不可能成功的一次冒险行动的结局。

正当爱德华亲王在崇山峻岭中、在苏格兰的岛上到处流浪之际，正当英国各地处处为他的拥戴者竖起断头台之时，战胜这位亲王的坎伯兰公爵已经凯旋伦敦，受到接待。除了他已经领取的钱款外，英国议会还付给他一笔25000银币的年薪。这笔钱约合法国钱币55万利弗。英国国民自动在做别处君主们做的事。

爱德华亲王的灾难还没有到尽头，因为他在法国逃亡，最终又不得不从这个国家出走以满足英国人的要求。英国人在缔结和约时索要他。他的勇气因饱经考验、备受震撼而锋利起来，不愿在不可避免的事物之下善罢甘休。他抗拒劝告、请求、命令，认为人们应该对他信守不抛弃他的诺言。有人则认为不得不抓捕他。他于是被逮捕，被捆绑起来投入监狱，解递出法国。这就是命运在三百年之内打在一代国王身上的最后一击。

从这时起，查理-爱德华亲王就隐藏起来，不与这个世界其余部分接触。但愿那些为遭逢小小的厄运就怨天尤人的个人，把目光投在这个亲王和他的祖先身上。

第 二 十 六 章

法国国王未能获得他倡议的和平，但打赢洛费战
役　贝尔-奥普-佐姆被攻占　俄罗斯人最终进军援
救盟国

　　正当这个注定会出现的景象趋向于在英国成为灾难之际，路
易十五完成了他在欧洲大陆的征战。当时，他不出现的地方，处处
狼烟四起，烽火连天，灾祸绵延。他同萨克森元帅出现的地方，则
处处凯歌高奏。他一直向不再有互相毁灭的借口的各方倡议必要
的和平安定。在荷兰联省共和国的新执政的权力还没有得到确定
的献纳金的支撑，还必须巩固加强的初始时期，这个执政的利益似
乎不在于继续战争。然而对法国宫廷的仇恨和憎恶，实在太难以
消除；对法国宫廷的猜忌、怀疑实在太根深蒂固，以致一位各个等
级的代表在荷兰联省共和国执政就职这一天，把这位执政介绍给
三级会议时，在他的演讲中说："共和国需要一个首领来防范一个
根本不把对条约的承诺当回事的、野心勃勃的、背信弃义的邻居。"
当商谈还正在进行之际，这些话真是奇谈怪论。路易十五只在没
有滥用胜利的情况下才对这些言论进行报复，这肯定会更加令人
感到惊讶不置。

这种激烈的尖刻思想被维也纳宫廷维持在每个人心中。这个宫廷一直对有人不顾条约的承诺，意欲剥夺玛丽亚·特蕾西亚对她祖父的继承这件事切齿痛恨。有人为此后悔不迭。但是，同盟国并不满足于一声悔悟。伦敦宫廷在布雷达会议召开期间，把欧洲搅得天摇地动，旨在为路易十五树立新敌。

最后乔治二世的内阁使北欧的腹地出现了一支令人生畏的援军。俄罗斯人的女皇、沙皇彼得大帝的女儿伊丽莎白·彼得罗芙娜命令俄罗斯军队5万人向利沃尼进军，并允诺装备50艘帆桨战舰。英国国王只需花费10万英镑，就会让这支武装力量投向任何他想调往的地方。为18000名在英国军队里服役的汉诺威士兵花费的钱，等于上述钱款的4倍。很久以前就已开始谈判缔结的这项条约迟至1747年才得以缔结。

这样巨大的来自遥隔万里的异国他乡的援助没有先例。沙皇彼得大帝完全彻底地改变了他统治下的辽阔的各邦的面貌。他已经为欧洲的天翻地覆的变化铺平了道路。但是，当人们这样掀起地球上的过激的、粗暴的活动时，法国国王却把他的征战行动向前推进：佛兰德尔被攻占，速度之快与攻占其他要塞相同。萨克森元帅的目标始终是攻占马斯特里希特。这并不像几乎所有其他意大利城市那样，是一座取得胜利之后易于攻占的城市。法国军队占领马斯特里希特之后，向内伊梅根进军。很可能当时荷兰人在俄国人前来救助他们之前会要求和平。但是，只有发动一次大规模的战役，并大获全胜，才能包围马斯特里希特。

法国国王亲自率领他的军队。英、荷、奥联军在他的驻留地和这座城市之间安营扎寨，仍由坎伯兰公爵指挥。巴蒂亚尼元帅指挥奥地利军队。瓦尔德克亲王指挥荷兰军队。

（1747 年 7 月 2 日）法国国王意欲发动一次战役。萨克森元帅进行备战。发生的事件与列日之战相同。法国军队取得胜利。但联军并未一败涂地，全军覆没，因此包围马斯特里希特的宏伟目标没有实现。联盟军战败后撤入这座城市，让路易十五获得再次获胜的光荣并使他能够完全自由地在荷属布拉邦特采取一切军事行动。英国军队在这一战役中仍然抵抗得最英勇顽强。萨克森元帅身先士卒，亲自带领几个旅冲锋陷阵。法国军队丧失德意志皇帝查理七世的非婚生兄弟巴伐利亚伯爵。鹏程万里、前途似锦的青年弗鲁来侯爵、在爱尔兰军中享有盛名的狄龙上校、优秀军官埃尔拉什旅长、奥蒂香侯爵、在包围布鲁塞尔之战中被杀的奥贝特尔的兄弟奥贝特尔伯爵等也捐躯沙场。死亡数量巨大。博纳克侯爵失去一条腿。他的父亲曾经在担任驻外使节期间获得隆名盛誉。年轻的赛居尔侯爵一只胳膊被砍掉。他从前曾经因伤势危重长期濒临死亡。他刚刚康复。这新的一次打击使他冒生命之险。法国国王对这位侯爵的父亲赛居尔伯爵说："你的儿子堪称刀枪不入、无法伤害。"敌我双方死亡几乎不相上下。这一战斗日因双方伤亡达五六千人之多而万众瞩目。这一天以法国国王对被作为战俘领到他跟前的利戈尼尔将军的讲话而闻名遐迩。国王对将军说"难道认认真真考虑和平不比让这样多正直善良的人丧生更好吗？"

英国军队的这位将官出生为路易十五的子民①。法国国王让他与他同席用餐。一些苏格兰人——在法国军队中服役的军

---

① 戈尼尔之父为法国在英国的逃亡者。

官——在查理－爱德华亲王遭逢的不幸中，在英国进行的最后一次肉刑中丧生。

路易十五每取得一次胜利，每征服一块土地，总是倡议缔结和约，但他的努力悉付东流。他的呼声从未有人倾听理睬。联军指望俄罗斯人前来救援，指望在意大利取得胜利，指望荷兰政府发生变化（这个政府理应组建军队），指望德意志帝国的行政管辖区，指望英国舰队的优势。这些舰队始终威胁着法国在美洲和亚洲的领地。

路易十五必须拥有胜利的果实。法军包围了贝尔－奥普－佐姆。这个要塞以固若金汤、无法攻克著名于世。之所以如此，主要由于该城城后的埃斯科河形成一道海湾，而非由于曾经增强加固这个要塞的科霍恩①技术高超。这个要塞除了有层层防御工事，除了有一支数量巨大的卫戍部队之外，还有布设在防御工事附近的防线。在这些防线中有一个能够随时随地援救要塞的军团。

在法国军队实施过的所有围城战中，这次围城战最困难。洛文德尔伯爵受委派负责指挥这次围城行动。他已经攻占荷属布拉邦特的一部分。这位将军生于丹麦，曾经为俄罗斯帝国效劳。当俄罗斯人在奥克扎科夫强攻土耳其近卫军时，他在进攻中大显身手，万众瞩目。几乎欧洲的所有语言他都能讲。欧洲各国宫廷的情况、它们的特点、它们的作战方法、各民族的特点，他都了如指掌。他最后选中法国。在这个国家，萨克森元帅对他的友情使他被接纳为副长官。

---

① 科霍恩（1641—1704年），荷兰军事工程师。

　　联军和法国军队、受围者、甚至围城者自身，都以为这次围城行动必将失败。几乎只有洛文德尔指望取得胜利。联军千方百计、竭尽所能进行防御：卫戍部队得到增强；经由埃斯科河运来各类食品、援助；大炮保养良好；受围者出城进攻；一支保卫要塞附近的防线的大部队发起多次进攻；在若干地点引发地雷爆炸。围城部队在危害健康的地区扎营，染上疾病。疾病助了这座城的守卫者一臂之力。这些疾病使得两万多名官兵无法作战。但他们很容易就被替换。（1747 年 9 月 17 日）最后，在进行了三个星期的露天堑壕战之后，洛文德尔伯爵让人看到有了一些必须把作战艺术提高一步的时机。对围城进行突破仍然行不通。有三处防御工事受到轻微破坏：埃当的半月形城堡和两个棱堡。一个棱堡叫皮赛尔，另一个叫科霍斯。将军下定决心同时向这三处发起攻击，夺取这座城市。

　　列成散兵线的法国人棋逢对手，有时在军纪方面以对方为师。他们在侦察、袭击以及快速行动方面却无人匹敌。在这些行动中，迅猛、敏捷、灵活、活力以及热劲等顷刻之间就冲破所有障碍。受指挥待命的部队悄无声息。午夜一切准备就绪。被包围者自以为万无一失、平安无事。这促使法国人跳下堑壕，奔向三个缺口。仅仅 12 名投弹兵就占领了埃当堡垒，杀死全部意欲自卫的人，迫使其余丧魂失魄的人放下武器。皮赛尔和科霍斯两个棱堡受到攻击并被攻占，行动同样迅速敏捷。法国军队蜂拥而上，席卷一切，向城堡围墙推进，在该处列队组合，步枪装上刺刀，进入城内。吕热亚克侯爵攻占港口大门。这个港口的堡垒的指挥官向他无条件投降。其余堡垒同样投降。在这个城市担任指挥的克龙斯特龙老男爵逃向防线。赫斯-菲利普斯塔特亲王率领两个团——一个苏格兰团、一个瑞士团——意欲在街上进行抵抗,被打得落花流水、人仰马翻,溃不成军。卫成部队的残余向那些可能保卫他们的防线逃去。他们把丧魂失魄的精神状态带到这些防线里,于是物资人员全都仓皇撤离。武器、粮食、给养、辎重全被抛弃。得胜的士兵在城内大肆抢劫。他们以法国国王的名义在该地夺得在港口停泊、满载各类军火以及荷兰运送给受围者的清凉饮料的大船18艘。在装有这些饮料的箱子上用大字写着:"致战无不胜的贝尔-奥普-佐姆的卫成部队"。法国国王获知这一消息,册封洛文德尔伯爵为元帅。伦敦大为震惊。荷兰联省人心惶惶。联军士气一落千丈。

尽管捷报频传,但仍然很难攻下马斯特里希特。法国军队把这一攻占行动留在下一年进行。萨克森元帅说:**"马斯特里希特城内太平无事。"**

为这次围城所做的准备是马斯特里希特战役的序幕。必须进行的活动与从前包围那幕尔时几乎如出一辙:打开并确保控制各条通路、强迫整整一支军队后撤并使之丧失战斗力,这是这场战争中最精妙灵巧的兵力运用。不欺骗迷惑敌人,就无法达到这一行动的目的。既必须欺骗敌人,又必须让自己的部队不知道这一行动的秘密所在。应该这样结合各个部队的进军:每次进军都欺骗敌人;所有进军都在恰当时间完成。克雷米耶和博特维尔两位大人了解上一年制定的对几个敌军军营进行突击的计划。他们建议萨克森元帅采用这个计划以占领马斯特里希特。他们一开始向元帅描述这项计划,元帅就言听计从,立刻执行。

（1748 年 4 月 5 日）首先要使敌人以为法国军队意欲占领布雷达。萨克森元帅率领 25000 人。他亲自指挥一支向贝尔-奥普-佐姆进发的大军，似乎把背转向马斯特里希特。与此同时，另一个师在蒂尔蒙通往列日的路上行军。第三个师在通格尔，第四个师威胁卢森堡。最后所有的师在默斯河的左侧或右侧，都向马斯特里希特进发。

联军彼此分开为多个集群，它们在已经来不及进行抵抗时才识破卢森堡元帅的意图。（4 月 13 日）马斯特里希特被从河的两岸包围。任何救援都再也无法进入城内。将近 8 万敌军驻守在马泽克和吕尔蒙德。坎伯兰公爵这时只能眼睁睁目睹马斯特里希特被攻占。

为了打破法国军队的这一稳定不变的优势，奥地利、英国、荷兰等国的军队苦苦等待俄罗斯军队的 35000 人，而不是他们最初指望的 50000 人开来救援。这支来自遥远的异邦的援军终于到来。俄军已经到达弗朗科尼。他们是不知疲倦为何物、受到严格纪律训练的军人。他们夜宿露天，只盖一件大衣，经常睡在雪地上。最粗劣的食物对他们来说就已足够。当时军中每团病员不超过 4 人。使这支援军发挥的作用更加巨大的是，俄罗斯人从不开小差。他们的有别于所有拉丁宗教团体的宗教信仰的宗教信仰、他们的与其他各种语言毫无关连的语言、他们对外国人的憎恶，使在别处司空见惯的开小差情事在他们当中闻所未闻。最后，就是这同一个民族曾经战胜过土耳其人和瑞典人。但是，俄罗斯士兵在成为如此优秀的士兵之后，当时却缺乏军官。这些俄罗斯国民善于服从,但首领却不善于指挥。他们既无莫尼赫,也无拉西①,也无基思②,也无洛文德尔那样的人充当他们的首领。

正当萨克森元帅包围马斯特里希特之际,同盟国使得整个欧洲沧海横流、动荡不安起来。战端将很快在意大利重启。英国人已经对法国在美洲和亚洲的领地发动进攻。必须看看他们当时并没有使用什么重要谋略手段,轻而易举就在新、旧世界完成的大事。

---

① 拉西(1678—1751年),出生于爱尔兰,后为俄国将军。
② 基思(1696—1758年),苏格兰军官,后为普鲁士陆军元帅。

第 二 十 七 章

安桑海军上将的环球之旅

无论是法国还是西班牙都无法既与英国作战，又让这种对欧洲的震撼不在全球各地被感受到。我们的现代国家的工业技艺和大胆果敢之所以优于世界的其他地区和古代，乃是因为我们进行了海上远征探险。看到其中单独一艘就可能摧毁古希腊人和古罗马人的全部船舶的舰队驶离不为文明古国所知的几个小省的港口，也许人们对此并不感到十分惊讶。一方面，这些舰队驶向恒河的彼岸，在最强大的帝国的目睹下作战。这些帝国对一种还没有传到它们那里的工业技艺和狂热激情冷眼旁观。另一方面，这些舰队驶向远于美洲的地区，在一个新世界争夺奴隶。

取得的成功与这些行动成比例的情况，极为罕见。这不仅因为人们无法预见所有的障碍，还因为人们几乎从未采取过断然措施。

安桑海军上将进行的远征，是聪明而坚定的人能够有所作为的明证，尽管准备不够充分、凶多吉少。

人们记得，1739 年英国向西班牙宣战时，英国内阁把海军上将弗农派往墨西哥；这位将军在该地摧毁了波多伯洛；他错失了迦太基。与此同时,同一个政府打算让乔治·安桑经过南海闯入秘鲁,以便如果可能,就摧毁,或者至少从两端削弱西班牙在世界的这一部分夺得的辽阔广大的帝国。安桑被委派为分遣舰队指挥官,亦即舰队首领。拨派给他船舰 5 艘,装配 8 门大炮、载有约 100 人的类似小型三桅战舰的军舰 1 艘,载有粮食给养及货物的大船 2 艘。最后这 2 艘大船被用于趁这次行动之机进行贸易,因为把商业贸易同战争混合进行,正是英国人的特性。这支舰队有船员 1400 名,其中有老年残废军人以及 200 名年轻新兵。力量实在太单薄,而且派遣他们出航为时太晚。这支武装 1740 年底才抵达大海。它取道葡属乌德尔岛,驶向佛得角群岛,沿巴西海岸航行。船员在一个名叫圣卡特琳的岛上歇息。这个小岛位于南纬27 度,一年四季满目苍翠,果香四溢。接着在经过沿巴塔贡的寒冷的和未开发的地区航行之后,将近 1741 年 2 月底,分遣舰队指挥官率队进入拉梅尔海峡。这表示在不到五个月的时间,这支舰队越过了纬度 100 度。一艘装配有 8 门大炮的名叫"考验号"的小艇,是这类船舰中第一艘敢于绕过合恩海岬的船。此后,这艘小艇在南海掳获一艘 600 吨的西班牙巨轮。这艘大船的水手始终对这艘船怎样会被一艘从英国驶来大西洋的小船掳获感到大惑莫解。

这时,几股异乎寻常的风暴在穿过拉梅尔海峡之后,正超越合恩角海峡,猛袭安桑率领的船舰,把它们刮得东零西散。一种可怕的坏血病使船员半数丧生。只有分遣舰队指挥官驾乘的那艘船在向卡普里科恩的热带地区溯流而上途中,在南海的荒无人烟的璜·费尔南德斯岛靠岸。

　　一个通情达理的、怀着几分憎厌看到人们深思熟虑，费尽心血，结果却使他们自己和类似他们的人遭到不幸的读者，可能会心满意足地得知乔治·安桑在这个荒无人烟的岛上找到最温暖的气候和最肥沃的土地，在这块土地上种植蔬菜和果树。这些蔬果的种子是他带来的。这些蔬果很快就覆盖全岛。一些西班牙人在英国被俘几年之后，航行途中在这个岛屿停泊。他们认为只有安桑能够这样宽宏大量，专心致志弥补战争造成的损失。他们把他当作施恩行善的人感谢他。

　　这段海岸被发现有大群海豹。雄海豹为了雌海豹争风吃醋，互相争斗。人们在平原上看到一些被割去耳朵的，因而充作一个名叫谢尔基克的英国人在那里进行的探险的证据的山羊，十分惊讶。这个英国人被人抛弃在这个岛上，在那里孤孤单单生活了多年。请允许本书作者用这些细小的情节来减轻只不过是一部凶杀和灾难的故事的历史的悲惨程度。一种更加有趣的观察，是罗盘差的观察。人们发现这种观察与哈雷①的体系相符。磁针准确地遵循这位伟大的天文学家为它划定的道路。正如牛顿为整个大自然得出一些定律一样，这位天文学家也为磁性物质得出一些定律。这支小小的英国舰队越过一些尚不为人知的大海，所抱的希望只不过抢劫而已。它的这一行动为哲学效劳，自己却对此浑然不觉、毫无所知。

　　安桑登上一艘装备有 60 门大炮的军舰，和另外一艘军舰与这

---

　　①　哈雷（1656－1742 年）英国天文学家、数学家。首次测编南天星表，编纂出大量彗星观测记录，推算出以其姓氏命名的哈雷彗星的轨道和公转的周期。著有《彗星天文学论说》。

艘名叫"考验号"的小艇会合。他在向费尔南德斯这个岛屿巡航时，进行了多次满载而归、掳获颇丰的劫掠。不久以后，他朝着春分线驶去，大胆袭击位于美洲同一海岸上的帕依塔城。他尝试这一大胆行动，即行动时不使用战舰，也不使用他还剩下的人员。一艘划桨小艇装载50个人进行远征。他们夜间靠岸。这次突然袭击以及因黑暗而恶化的混乱无序，使得险象环生、凶多吉少。帕依塔城的总督、卫戍部队、居民四处逃散。之后总督前往田野，把300名骑兵和附近的民兵集合起来。这时英国人却安安详详、平平静静地在三天之内把他们在海关和在房屋内能找到的金银财宝抢劫一光，全部运走。一些没有逃跑的，谁第一个占有他们就属于谁的黑人奴隶帮助这些英国人劫掠他们从前的主人的财富。英国战舰靠岸。总督既不敢大胆再去城市作战，也不审慎小心同征服者谈判以便赎回城市和剩下的财物。（1741年11月）安桑下令把帕依塔这座城市付之一炬，化为灰烬。他像西班牙人过去曾经轻而易举剥夺了美洲人那样，轻而易举就把西班牙剥夺一光。西班牙损失150万皮阿斯特，英国人获得约18万皮阿斯特。这笔钱款加上过去的掳获，已经使这支英国舰队大发横财。坏血病夺走大批船员的性命，这使逃脱劫难者所得的份额更大。这支小小的舰队接着溯流而上，朝着位于有人捕捞珍珠的海岸上的巴拿马驶行。它抵达在墨西哥的背面的阿卡普尔科。马德里政府当时还对它所冒的丢失世界的这一大部分的危险浑然不觉。

　　弗农海军上将以前曾经在对面的海上包围过卡塔赫纳。如果那次包围成功，他这次就能助分遣舰队指挥官安桑一臂之力。巴拿马地峡的左、右两侧地区都被英国人攻占。西班牙统治地位已经丧失。马德里内阁过去长期得到警报，被告知这一情况，曾经采取预防措施。而一次几乎史无前例的灾难却使这些措施枉费心机，徒劳无益。它派出一支数量更大、人员更多、火力更强，由堂·约瑟夫·皮扎罗指挥的舰队抢在安桑分舰队之先。曾经袭击英国人的同样风暴，在西班牙人尚未能抵达拉梅尔海峡之时，把他们刮得七零八落。不但曾经使英国人半数丧生的坏血病袭击西班牙人同样凶猛，而且由于他们等待的来自布宜诺斯艾利斯的粮食根本没有运到，于是饥饿与坏血病两相结合，猖獗为害。两艘只载有濒临死亡者的西班牙船撞在海岸的岩石上，裂为碎片。另外两艘搁浅。舰队指挥官把他的旗舰留在布宜诺斯艾利斯。驾驶这艘船的人员已不足够。这艘船在三年之后才能修好。因此这支舰队的司令于1746年带领不到100人返回西班牙。这100人是当初他这支舰队配备的2700人剩下的。这真是一起悲惨事件。这一事件使人看到海战比陆战更加危险，因为尚未开火就几乎总是遇到千难万险和重重困境。

皮扎罗遭逢不幸，使安桑能够在南海放开手脚，完全自由行动。然而，安桑自身遭受的损失也使他无法在陆上大有作为，尤其自从他通过俘虏之口获悉迦太基之围并不得手，而墨西哥又城防强固、安全无恙之后，情况更是如此。

因此安桑把他着手的行动和他的宏图厚望减降为只掳获一艘西班牙的武装运载金银船。墨西哥每年都把这种船只派到中国海的菲律宾的首府马尼拉岛。菲律宾之所以这样命名，是因为它被发现于西班牙国王菲利普二世在位期间。

安桑打算掳获的这艘西班牙武装运载金银船满载银子。如果它的船员看见英国人在海岸外，绝对不会出航。它在英国人离去之后，才会张帆启航。分遣舰队指挥官安桑前往横渡大西洋，体验与位于我们的热带与赤道之间的地区的和与非洲的气候截然相反的各种气候。因疲劳和危险而变得并不受人鄙弃的熏心利欲和贪婪让他带领两艘战舰作环球之旅。

坏血病仍然对船员纠缠袭扰不休。两艘船中的一艘四面进水。不得不抛弃这艘船，并在茫茫大海中加以焚毁，因为担心船的残片被冲到西班牙人的一些岛上，西班牙人能派上用场。这艘船上的水手和士兵剩下的物品都转移到安桑搭乘的船上。现在这位分遣舰队指挥官的分遣舰队只剩下他唯一的一艘"武装带号"。这艘船配备 60 门炮，有两艘小艇跟随。"武装带号"形只影单，一叶孤舟逃脱重重危险，本身也遭到严重损坏，船上只有病员。它为了本身的好运，在马里亚纳群岛中的一个岛边停泊。这个岛屿名叫提尼安岛，当时几乎完全荒无人烟，不久以前曾有居民 3 万，但大部分死于一种流行性病。剩下的人被西班牙人运到另一个岛上。

在提尼安岛的逗留，拯救了"武装带号"的船员。这个岛屿比费尔南德斯岛肥沃，到处都有木材、纯净水、驯服的动物、水果和蔬菜。充作食物的、使生活舒适的，供修理船身的，应有尽有。被发现的最珍奇的东西是一种树。它的果实味道甜美、讨人喜欢，可以取代面包。这是一种真正的财宝。如果能够移植到我们法国的气候条件之下，比起那些从险象丛生的地球的一端抢走的惯常的财富来，它会更逗人喜爱。从这个岛屿出发，分遣舰队指挥官驾船沿着福摩萨岛航行,驶向中国的澳门,到达广州河①的入口,以便在船坞检修他剩下的这艘独一无二的船。

一百五十年来,澳门一直属于葡萄牙人。中国皇帝过去准许他们在这个小岛上修建一座城市。这个小岛其实只不过是一处悬崖,但对葡萄牙人来说,却对他们进行贸易不可或缺。从这个时期起,中国人从来没有侵犯给予葡萄牙人的特权。在本书作者看来,这种忠诺守信的态度,理应把向公众发表《安桑海军上将远征史》一书的作者驳得哑口无言。再者,这位有见地的、教育人的,并且是个优秀公民的历史学家,谈到中国人就像谈到为人所不齿、没有信仰、没有技艺的民族一样。中国人的技艺与我们的技艺迥然不同。至于中国人的习俗风尚,本书作者认为更需要由社会的头面人物,而不应由一个外省穷乡僻壤的下等人来对一个强国进行评价。在本书作者看来,在一个半世纪内,中国政府对条约的信守似乎为中国人带来的荣誉多于他们这个庞大帝国的旁侧的一个卑劣民族的贪婪和狡诈使他们受到的凌辱。难道因为一些企图通过偷摸扒窃,通过发不义之财来抢走英国用武力在南中国海从西班牙人那里抢掠来的财富的最多两千分之一的卑鄙可耻的人,就应该侮辱地球上的最古老的、最文明开化的民族吗?不久以前,旅客在不止一个欧洲国家受到凶狠百倍的欺压。假使一个中国人遭到海难之后,在英国海岸看见当地居民成群结队蜂拥而来,在他眼皮下垂涎三尺,贪得无厌,抢劫他沉在海里的财物,他会作何感想呢?他会说些什么呢?

---

① 原文如此。

这位英国的分遣舰队指挥官，在澳门因得中国人之助，把他的船修葺一新。他收纳了几名印度水手和几个在他看来是帮佣的荷兰人到他船上之后，重新扬帆启航，佯装驶往巴塔维亚，甚至对他的船员也这样说。而实际上他除了向菲律宾返航，追捕那艘他推测当时正在这些沿岸海域航行的西班牙武装运载金银船以外，并无其他打算。一旦航行到大海，他就告知全体船员他的这个打算油水很足，赃财颇丰。会有这样一次让人腰缠万贯、大发横财的掳获的念头，令这些人欢欣鼓舞、心花怒放、希望满怀，于是勇气倍增。

1743 年 6 月 9 日，那艘长期以来被人从东半球的一端跟踪到另一端的西班牙武装运载金银船终于被发现。它正向马尼拉航行，装备有大炮 64 门，其中 28 门只能发射 4 磅重的炮弹。船队由 500 名战斗人员组成。它运载的金银财宝约值 150 万银皮阿斯特，另有价值 800 万银皮阿斯特的财物。因为全部金银财宝和其他财物平时总是双倍数，被分割后，一半由另一艘同样的船载运。

分遣舰队指挥官在他那艘"武装带号"上只有船员 250 人。西班牙武装运载金银船的船长望见敌人后，宁肯拿金银财宝去冒险，也不愿在一个英国人面前逃之夭夭从而丢尽颜面、丧尽荣誉，因此大胆张帆前来迎战。

一方劫掠财富的狂热欲望，胜过另一方为国王保存这批财富尽义务的思想。英国人经验丰富。分遣舰队指挥官灵活操作。凡此种种都使这位指挥官取得胜利。他的船员在战斗中只有两人被杀。武装载运金银船的船员 67 人丧生，被杀死在甲板上。另外有 84 人受伤。它剩下的船员仍然多于剩给分遣舰队指挥官的船员。

然而，它却缴械投降。胜利者带着这笔丰厚的劫财返回广州。他在该地拒绝付给中国皇帝外国船舶应该缴纳的关税，借此维护他国家的荣誉。他硬说军舰不应纳税。他的所作所为令人生畏。广州总督接见他。他在人数达 1 万之多的两列中国士兵中间通过，被引领前去接受接见。之后他取道松德群岛和好望角返回祖国。他就这样在作为胜利者作了环球之旅之后，在旅行了三年半之后，于 1744 年 6 月 14 日在英国登岸。

在锣鼓喧天、喇叭吹奏声中，在民众的欢呼喝彩声中，他用了32 辆四轮运货车把他劫获的金银财宝胜利地运到伦敦。他掳获的金银财宝价值高达法国钱币 1 千万利弗。这是对分遣舰队指挥官、军官、水手和士兵的奖赏。英国国王没有加入瓜分他们的辛劳和勇敢结成的果实。这些金银财宝不久以后就在英国全国流通，有助于这个国家承担战争的巨额费用。

普通海上行劫者的掳获更丰。塔尔博特船长用他唯一的一艘船进行海上行劫，捕获两艘他最初认为来自马提尼克岛，只载有普通商品的法国船只。这两艘法国圣马洛的巨轮在英法战争开始以前被西班牙人租用。他们相信能够平安归来。一个曾任秘鲁总督之职的西班牙人，在这些法国船中的一艘上。两艘都带回金银财宝、钻石、宝石。塔尔博特船长的这一批掳获物估计价值 2600 万利弗。海上行劫者看到被劫船上的金银财宝时目瞪口呆，惊讶不置，以致他们不屑于再夺走每个西班牙旅客身上佩戴的金银首饰。这些旅客几乎无人没有金剑和钻戒。海上行劫者什么都给他们留下。当塔尔博特把他的掳获物带到爱尔兰的金赛尔时，他向他那艘行劫船上的每个水手、每个西班牙仆人赠送 20 几尼。掳获物由两艘海上行劫船瓜分。其中一艘的船长是塔尔博特的伙伴。这艘船白费气力追另一艘名叫"希望号"的船。"希望号"是三艘船中最富有的。这两艘海上行劫船的每个水手所得份额是850几尼。两个船长每人得到3500几尼。其余的被得胜回国、欣喜若狂的行劫者用43辆四轮运货车从布里斯托尔运到伦敦以后，在合伙人中间瓜分掉。这笔钱款最大部分提供给英国国王本人。而国王又把这些钱作为年金给予这些劫财的所有者。仅仅这一掳获价值就超过整个佛兰德尔一年的收入。可以判断出这样的冒险是否鼓励怂恿英国人去进行海上行劫，是否恢复了这个民族中一部分人的希望。这一部分人在公共灾难中看到这样神奇的利益。

第二十八章

路易斯堡　海战　英国人的巨大掳获

晚于安桑海军上将的行动开始的另一个行动,清清楚楚显示出一个既经营商贸又嗜争好斗的民族能够有何作为。本书作者现在想谈谈对路易斯堡的包围。这绝非伦敦内阁采取的行动,而是新英格兰商人肆无忌惮、大胆妄为的举动产生的后果。新英格兰这个英国最繁荣昌盛的殖民地之一,距离路易斯堡岛或者布雷顿角约80里。这个当时对法国人来说极为重要的岛屿位于圣洛朗河的河口,是法国人在北美洲的领地的钥匙。这个地区经乌得勒支和约批准,属于法国。在附近海域进行的捕鳕业,是一种颇为有用的贸易的对象。这种贸易每年雇用500多艘巴荣纳、圣让-德吕兹、哈弗德格雷斯以及其他一些城市的小型船只。每年至少收获3000吨对各种制造业必不可少的油脂。这是一所水手学校。这种贸易加上鳕鱼贸易,让1万人劳作,并让1千万利弗流通于市。

一个名叫沃冈的从事大宗买卖的商人,向他的新英格兰同胞建议征募军队包围路易斯堡。这个想法受到热烈欢迎并被采纳。举行了一次用奖券进行的赌博。赌博的收益用来雇用一支4000

人的小军队。武装这支军队、向它提供食物和大型运输船只,凡此种种都由当地居民负担费用。当地居民任命一名将军。但是,此举必须得到伦敦宫廷钦准。他们尤其需要军舰。除了需要的时间以外,别的什么都没有浪费。伦敦宫廷派遣沃伦海军上将率领4艘军舰前来保护整整一个民族的这项事业。

路易斯堡是个能够进行自卫,而且如果有充足弹药的话,能够使包围行动枉费心机、徒劳无益的要塞。然而,这些远在千里之外的殖民地的需求很少尽早运给它们。这是大部分远方殖民地的命运。法国海军一旦获得有人准备攻击这个殖民地的消息,就立即派出一艘配备60门大炮并装载路易斯堡短缺的物资的大船。这艘船抵达时,在港口入口处被英国人捕获。要塞司令拼死抵抗,经过五天坚强有力的防御后,被迫投降。英国人提出条件:由他们把卫戌部队及2000名当地居民带往法国。几个月以后,法国人非常惊讶地在布雷斯特接收到英国船只抛在海岸上的整整一群法国移民。

路易斯堡被占,对法国印度①公司来说,是个更加致命的打击。这家公司承包了加拿大的毛皮加工。它的船只在从大印度群岛返航途中,经常在路易斯堡海域抛锚。这家公司的两艘巨轮在路易斯堡被攻占后,立即在那里靠岸,并向占领当局投降。事情还不止于此。一个同样奇特怪异的命运,还使这个港口的新占有者大发横财。一艘从船主手中逃脱的名叫"希望号"的西班牙巨轮,像上述两艘船一样,以为能在路易斯堡能够平安无事,但却像它们

---

①　指东印度。

那样在那里丧尽财物。这三艘自动从亚洲和美洲的深处驶来投降的船装载的货物价值达 2500 万利弗。如果人们长期以来把战争称为全凭偶然性决定输赢的赌博的话,那么英国人在一年之内就在这场赌博中赢了将近 300 万英镑。胜利者不仅打算永远保存路易斯堡,还准备占领整个新法兰西①。

看来英国人将采取规模更大的海上行动。他们当时拥有装备 100 门大炮的军舰 6 艘、装备 90 门大炮的军舰 13 艘、装备 80 门大炮的军舰 15 艘、装备 70 门大炮的军舰 26 艘、装备 60 门大炮的军舰 33 艘、装备 50—54 门大炮的军舰 37 艘。在这些型号的船舰之下,还有从装备 40 门大炮的三桅战舰到最小的船只 150 艘。他们还有配备炸弹的荷兰圆头帆船 14 艘和放火小船 10 艘。海上行动船和运输船不计算在内,军舰共计 263 艘②。英国的这支海军有水手 5 万名作为自己的财富。从来没有一个国家拥有这样强大的力量。所有这些船舰不可能同时全都武装起来。远远不能。士兵数量过于不匀称。但是,最后在 1746 年和 1747 年,英国人既在苏格兰海和爱尔兰海,也在斯皮特德,也在东印度群岛,也在朝向牙买加的海域,也在安提瓜等海域各有一支舰队。他们还根据需要武装了新舰队。

法国必须在整个战争期间进行抵抗,它总共只有将近 35 艘精良优质战舰用来抗击英国这支令人生畏的强大力量。对法国来说,支撑和维持殖民地日益困难。如果不向这些殖民地运去大量

---

① 加拿大的旧称。

② 原文如此计算。

物资，它们得不到救援，就会任凭英国人支配摆布，成为刀俎上的鱼肉。如果这些商船队自法国，或者自海岛出发，即使在有军舰护航的情况下，也会连同护航船舰被英国人俘获。法国人的确也几次遭到可怕的损失。一支由每只装备 40 张帆的船只组成的商船队由 4 艘军舰护卫，在从马提尼克岛驶来法国的途中与一支英国舰队遭遇（1745 年 10 月）。这支商船队中 30 艘或者被俘获，或者沉没，或者搁浅。两艘护航军舰中一艘装备 80 门大炮。两艘全都落入敌手。

法国试图前往西部美洲夺回布雷顿角，或者搞垮在新苏格兰的安纳波利斯的英国殖民地，但全都白费力气。拉罗什富科家族的昂维尔公爵奉派率领 14 艘船舰前往（1746 年 6 月）。这位公爵是个大智大勇、礼貌周全、习性温良的人物。这种温良的习性，只有法国人能在与海上服役劳作必然紧密相连的粗鲁习俗举止中保存下来。但是，他的体力不能对他的魄力有所助益。（9 月）他在眼见自己的舰队被风暴吹得七零八落之后，病死于希博克图的蛮荒海岸。他的遗孀因她勇敢的德行、坚毅的灵魂以及忠实坚定——这种品质在法国极为罕见——而在巴黎为自己获得隆名盛誉。

英国人在海上具有的最大优势之一，表现在菲尼斯特雷的海战中（1747 年 5 月 16 日）。在这场海战中，英国人俘获法国的巨型精良优质军舰 6 艘、作战时期武装起来的印度公司的船只 7 艘。在后面这 7 艘中有 4 艘在战斗中投降，其余 3 艘后来投降。以上船舰共载有船员 4000 人。

在伦敦从事大宗买卖的商人和海员满谷满坑，触目皆是。他们对英国海上胜利的兴趣比对德国和佛兰德尔发生的事的兴趣大得多。当人们看见因环球远征而驰名遐迩的"武装带号"抵达泰晤士河时,真是心花怒放,欣喜若狂。这艘船带来同一个当上海军少将的安松和海军上将沃伦两人打赢菲尼斯特雷海战的消息。这个安松顺理成章晋升为海军副司令。22辆满载金、银以及从法国舰队上掳获的财物的四轮运货车到达。这些财物和这些船舰的损失估计高达两千万利弗。英国人用这次掳获来的银子制成几种货币。货币载有铭文:**菲尼斯特雷——既令国民高兴又鼓舞国民的纪念碑**。这是对罗马人的习俗的光辉的模仿。罗马人习惯于像在勋章士和奖章上那样,在流通的钱币上雕刻他们帝国的最重大的事件。菲尼斯特雷之战的胜利令人吃惊,但更光辉,更有用。安松和沃伦两位海军将领率领17艘军舰与6艘精良优质的法国军舰作战。就造价而言,这些法国军舰中最精良的一艘还赶不上英国舰队最小的船。

令人感到惊奇的是,这支法国分舰队的首领拉成基埃侯爵长时间坚持战斗,并且还使他从马提尼克岛带领来的一支商船队来得及逃脱。英国的"温莎号"的船长在他关于这一战役的信中这样写道:"我从来没有看见过比法国分舰队指挥官的指挥更优秀的指挥。说实话,这个国家的全体军官都万死不辞、浑身是胆。除了已决不可能再驾驶操作时,他们之中没有谁投降。"

在这些海域,只剩给法国人7艘军舰在勒斯唐迪埃尔大人的指挥下在美洲的岛屿间为商船队护航。这些军舰与14艘英国军舰遭遇(1947年10月14日)。正如在菲尼斯特雷一样,英、法舰队用同样的勇气和命运展开一场战斗。战斗的结局是寡不敌众。

英国的霍克海军上将把曾经与他交锋的 7 艘舰船中的 6 艘带领到泰晤士河。

　　法国此后只有一艘军舰。弗勒里红衣主教忽视海洋的错误全部暴露无遗、被人知悉。这个错误难以弥补。组建一支海军是一门艺术、一门博大精深的艺术。有时可以看到精明强干、励精图治的将领在两三年内组建起一支精锐的陆军,但需要经年累月才能组建一支令人生畏的海军。

第 二 十 九 章

印度 马德拉斯 本地治里 对拉布尔东内的
远征 迪普莱克斯的治理 其他

正当英国人在各个辽阔的海洋上斩波劈浪，挥戈征战，高奏凯歌之际，正当整个地球都成了战场之际，他们终于在他们的殖民地马德拉斯感受到战争的后果。一个兼为从事大宗买卖的商人和军人的名叫马埃·德·拉布尔东内的人，在亚洲的腹地为法国船舰的国籍旗的荣誉报了一箭之仇。

为了让这起事件更加被人感知，有必要让人对印度、对欧洲人在这个广袤富饶的地区从事的产业贸易活动，对在他们之间形成主流的竞争等有某些概念。这些竞争经常得到军队的支持。

欧洲的各个民族涌入印度。它们善于在印度创建巨大的企业和设施。它们把战争带到印度。好些欧洲人在印度堆金积玉，大发横财。少数人则孜孜不倦，探究这个国家的古代文物。印度这个国家从前更多因其宗教、科学和法律，而较少因其财富而著称于世。寻求这种财富，成了我们今天在这个国家旅行的唯一目的。

一个英国人①在孟加拉住了三十年。他通晓婆罗门②的古代语言和现代语言。他消除了在我们编撰的印度历史中比比皆是、虚无空幻的一大堆错误，证实了少数博学多才之士关于印度的所想所思。毋庸置疑，印度这个国家是世界上最古老的文明开化之国。甚至中国学者也承认它具有这一优势。康熙皇帝收藏在他的珍品保藏室里的最古老的不朽的艺术珍品，全是印度的。那个博学多才、孜孜不倦、于1754年手抄了叫作《摩奴法律》——先于《吠陀》的印度第一部成文法典——的英国人③，肯定在他抄写时这部法典的历史有4666年。这部不朽的地球上最古老的著作（如果相信这一点的话），这部法典，是用传统和古代象形文字完成、确立并传世的。

通常人们并不对关于印度的叙述（这种叙述不经研究，互相模仿）把印度各民族区分为伊斯兰教徒和崇拜偶像者这一点提出什么异议。但是，已经证实，婆罗门教徒和婆罗门商人绝非崇拜偶像者。他们始终承认一个独一无二的、他们的书籍始终称之为"永恒者"的创造神。他们在各种各样、形形色色歪曲古代宗教信仰的迷信中也辨认出这个神来。我们看到在他们庙宇里展出的供公众崇敬的奇形怪状、凶神恶煞的塑像，就认为他们崇拜魔鬼，虽然这些民族从未听见谈到魔鬼。这些象征性的艺术作品，只不过是德行的标志，而不是别的什么。一般说来，德行被用一个有十只胳膊、抵抗邪恶的美丽女人的形象表现出来。这个女人头戴花冠，骑在

---

① 指霍尔维尔（M. Holwell，1711—1798年）。
② 印度封建种姓制的第一种姓，即僧侣贵族。
③ 指亚历山大·唐（Alexandre Don，？—1779年）。

龙上,用她右边的第一只胳膊拿着一根标枪。标枪的矛头像一朵百合花。本书此处不是详谈婆罗门教徒所有的那些一直保存至今的古老的宗教仪式的,也不是讨论《夏斯塔巴德》和《吠陀》的,也不是让人看到今天的婆罗门教徒已经从他们的祖先蜕化变质到何种程度的地方。但是,虽然他们受到鞑靼人的控制和奴役,虽然在他们的海岸定居的欧洲人的可怕的贪婪、荒淫和放荡使他们当中大部分人变得狡猾和凶恶,但是,曾经同他们长期在一起生活的本书作者却认为,没有被与欧洲商人的频繁交往,或者被印度莫卧儿帝国①时代的总督的宫廷阴谋腐蚀的婆罗门教徒"是人们可以在这个地球的表面找到的真正的虔诚的最纯洁的典范。"

毋庸置疑,印度气候对人类来说最温暖宜人。120岁的老人在印度并不鲜见。我们的印度公司的悲惨的回忆录告诉我们,这个国家的一个总督——一个专制君主——向另一个专制君主发起战斗,这两人中一个名叫阿纳维尔迪坎。我们法国人在与人进行的战斗中让他的随从中的一个叛徒暗杀了他。此人年高107岁,他曾经三次率领士兵冲锋陷阵。莫卧儿王朝的奥伦格泽布②皇帝活了100岁。在穆罕默德-夏在位时期被夏-纳迪尔罢免之后又复位的帝国最高法官尼沙姆-埃尔摩努克去世时整整100岁。在这些国家谁饮食有节、起居有常,谁就健康长寿。

如果印度人能够始终不为鞑靼人,不为我们欧洲人知晓,他们会是世界上最幸福的民族。他们的哲学家的远古的古老习俗是在

---

① 莫卧儿族人是印度的穆斯林,尤指16世纪征服印度建立穆斯林帝国的蒙古族人。

② 生于1619年,为莫卧儿王朝(1526—1858年)著名皇帝之一。

焚烧尸体的柴堆上终结生命,希望能重新开始新的生涯。妇女的
古老习俗是在丈夫尸体上自焚,以便同他以不同的形式重生。这
些习俗都证明一种根深蒂固的迷信,但也证明了我们法国人只能
对之高山仰止、无法企及的大勇。从前,这些民族对杀死和他们相
同的人这种行为十分憎恶,但却并不畏惧自杀。在婆罗门教徒的
种姓中,妇女仍然实行自焚,但比从前罕见。我们的虔诚者①折磨
自己的身体,她们则毁损自己的身体。她们全都与自然的目标背
道而驰,认为这个受到毁损的身体将更加安康。

　　在这个古老的民族中,对杀害牲畜的憎恶,增大了对杀害人类
的憎恶。他们的温良风习,总是把他们造就成劣等士兵。这是一
种造成他们的不幸的、使他们沦为奴隶的德行。鞑靼的行政管理
正好是我们古老的大封地的行政管理,它让所有这些民族屈从于
贪赃枉法、敲诈勒索之徒。这些坏蛋由总督任命。总督职位由皇
帝设置。所有这些专制君主全都腰缠万贯,而民众全都不名一钱。
这种行政管理是哥特人、汪达尔人、法兰克人、土耳其人在欧洲、亚
洲和非洲(他们都是鞑靼人的先源)创建的。这种行政管理与古罗
马人的行政管理截然相反,更与中国人的行政管理迥然不同。中
国人的行政管理位列少数保存着它们的自由的文明开化的部落的
行政管理之后,是地球上最好的行政管理②。

　　在这些辽阔广大的地区,马拉特人几乎是唯一的自由人。他
们居住在马拉巴尔海岸后面的果阿和孟买之间的崇山峻岭中,分

---

　　①　指中世纪天主教的鞭笞派教徒。他们以皮鞭自笞,认为可以借此赎罪。

　　②　本书作者在其所著《路易十四时代》一书第三十九章中写道:"由于它(中国)是
世界上最古老的民族,它在伦理道德和治国理政方面,堪称首屈一指。"

布的地区有 700 多平方英里。他们是印度的瑞士人，同瑞士人同样尚武好战，不及瑞士人文明开化，但为数比瑞士人多。那些经常互相寻衅争斗的总督用钱买来他们的援助，付给他们金钱，但又对他们提心吊胆，存有戒心。

欧洲人对东部亚洲人在才华和体力方面具有不可思议的优势。这一点已经被我们欧洲的这些民族在亚洲的这些国家获得的并仍然每天都在互相争夺的征战成果充分证明。葡萄牙人最先在印度海岸定居下来。他们把自己的军队和宗教带到一个两千多平方英里的地区，从好望角一直到马六甲海峡拥有商站和互相支援的堡垒。葡萄牙的主人菲利普二世，本来能够在印度建立至少和他在秘鲁以及在墨西哥建立的统治同样有利的统治。如果荷兰人，接着是英国人，不那样勇敢、灵巧，教皇就会在这些辽阔广大的地区设置比他在意大利设置的主教管辖区和主教府更多的主教管辖区和主教府。他就会从这些地区征收到比从已经变为他的子民的民族那里征收到的钱财更多的钱财。

人们不会不知道，荷兰人是以往在地球的这一部分——从松德群岛到马拉巴尔海岸——拥有最大的殖民地的人。英国人接踵而至。他们在从印度半岛到孟加拉湾的两道海岸上，都势力强大。法国人姗姗来迟，造化最差。这就是他们在东印度和西印度的命运。

路易十四创建、1712 年倒闭、1720 年复兴的法国人在本地治里的公司企业，正如有人已经说过的那样，看来十分兴旺发达。它拥有大量船只、大批职员、大批经理，甚至还有大炮和士兵。然而它却从来未能付给它的股东一分一厘它经营的商业贸易的收益带来的股息。这是唯一的一家处于这种境地的欧洲商业贸易公司。其实,这家公司的股东和债权人从来就只被付给法国国王对烟草包租的一部分所做的让与。这种让与与这家公司的大宗贸易绝对风马牛不相及。这家公司就使用这种手段,使得它在本地治里的业务十分兴旺发达,因为它收回的钱用于增加它的资金,巩固美化这个城市,在印度组建有用的同盟。

迪普莱克斯是个既活跃又精明、既深思又勤奋的人。他曾经长期领导在恒河岸边,在位于肥沃而富庶的孟加拉省,距离本地治里 1100 英里的昌德纳戈尔商站。他在那里创建了一家巨大的公司,修建了一座城市,装备了 15 艘船。这是天才和灵巧创造的成果。这个成果比其他成果都更加可取。这家公司认为每个个人当时为自身利益做生意买卖,是件好事。公司主管为公司效劳,自己也大发其财。人人都发财致富。迪普莱克斯溯恒河而上,直至距离布拉希马内的古代学校布拿雷斯 30 里的地方,在帕塔还创建了另一家公司。

迪普莱克斯的大量劳绩使他获得本地治里的法国殖民地的总管理权。就在那时,英、法两国之间兴兵动武、燃起战火。人们注意到,这些战争的反响总会在地球的两端,在亚洲和美洲被人感受到。

英国人在距离本地治理 90 英里的地方拥有位于阿尔卡特省的马德拉斯这个城市。这个殖民地城市之于英国,正如本地治里之于法国。这两个城市是对手。然而,这个世界——印度——和我们的世界——欧洲——之间的商业贸易如此广泛,欧洲的产业如此活跃、如此优于印度的产业,以至这两个殖民地能够和平相处,各自发财致富而不互相为害。

　　本地治里的总督和法兰西国家在印度的首领迪普莱克斯曾经向英国提出中立的建议。对根本不应该武装出售布料和胡椒的商人来说,没有什么比这个举动更加合适的了。进行商业贸易是为了形成国家之间的纽带,为了安抚大地,而不是为了破坏大地而进行的。人道和理性曾经促使人提出过这些建议。傲慢和吝啬却促使人加以拒绝。英国人像在别处一样,轻而易举就在印度海上摧毁了法国公司企业。

　　马埃·德·拉布尔东内像迪凯内①、巴尔②、迪盖-特鲁安③之类的人一样,能够以少量投入获得巨大效益。他既经营商业精明,又经营海运能干。他是波旁和毛里斯两岛的总督。国王任命他担任这些职务。他还以公司的名义担任经理。在他的管理之下,这些岛屿繁荣起来。最后他率领他在战争时期武装起来的 9 艘大船离开波旁岛。这些船只载有他在战争时期武装起来的将近 2300 个白人和 800 个黑人。他亲自训练这些人,教他们遵守纪律,并把他们培养成优秀炮手。一支由海军上将巴尼特率领的英国分舰队在这些海上巡弋,保卫马德拉斯,进行大量掳获,使得本地治里人心惶惶。马埃·德·拉布尔东内向这支英国分舰队发起进攻,把它驱散,并赶紧把马德拉斯包围起来。

----

　　① 迪凯内(1610—1688 年),法国航海者。长期为瑞典效劳。因指挥对荷兰海战得胜,名声大震。

　　② 巴尔(1650—1702 年),法国航海者。为法国国王路易十四效劳。作为海上行动者多次对英、荷船舶行劫,颇为得手。

　　③ 迪盖-特鲁安(1673—1736 年),法国航海者。路易十四在位期间,多次对英、荷海战得胜。主要战绩为攻占里约热内卢。

（1746 年 7 月 6 日）一些代表前来提醒马埃·德·拉布尔东内，进攻大莫卧儿族人的土地是不允许的。他们做得对。容忍这种行为，是亚洲人的衰败弱小的终极表现；是欧洲人恣意妄为、鲁莽行事的终极表现。法国人登陆，未遇任何抵抗。他们的大炮被拖引到这座城市的城墙前面。这座城市的防御工事修筑得很差，由一支 500 人的卫戍部队防守。这个英国殖民地包括圣－乔治要塞（全部仓库和货栈都在这个要塞里），只有欧洲人居住的、名叫白城的城市和居住着从事大宗买卖的商人、印度各个民族的工人、犹太人、亚美尼亚人、伊斯兰教徒、偶像崇拜者、各种各样的黑人、红色皮肤的印度人、青铜色皮肤的印度人的名叫黑城的城市。这一大群人数达 5 万之多。在法国人的进攻下，这座城市的总督不得不投降。这座城市的赎金估计值 15 万印度银币。这些银币大约值 900 万法郎。

拉布尔东内收到内阁下达的一项明确命令：**不保存任何一件他在印度获得的战利品。**下达这项命令可能未经深思熟虑，有些轻率冒失，正如那些从远方下达的关于人们无法了解的事物的命令一样。拉布尔东内执行这项命令十分及时。给予他没有保存的这次征战成果的酬报，是他得到人质和预防措施。从来没有谁服从得比这更加坚决，从来没有谁效劳得比这更好。他还立下使城市秩序井然、使受惊妇女得到安抚的功劳（这些妇女逃亡到寺院和宝塔里避难）。他让人体体面面把这些妇女带领回家，并使被征服者对得胜国家感到可敬、可爱。

法国的命运几乎总是：它的那些在它的疆域以外的企业，甚至它取得的胜利对它变得有害起来。法国印度公司的总裁迪普莱克斯不幸竟对拉布尔东内心存嫉妒。他撤销后者签订的授予贸易特权的条约,夺走他的船只,甚至打算下令逮捕他。英国人和马德拉斯的居民信赖国际公法。当有人告知他们这项条约和拉布尔东内做出的承诺被人违反时,都目瞪口呆;而当迪普莱克斯在控制了黑城之后把上述承诺彻底推翻时,全城居民更是义愤填膺,怒不可遏。这种野蛮行径对无辜的殖民地移民带来极大祸害,而又对法国人毫无裨益。应该得到的赎金丢失。法国的国名在印度被人深恶痛绝。

在这种行为引发的乖戾尖刻的指责埋怨和粗暴行为中,迪普莱克斯让本地治里的唯他的命是听的枢密院、头面人物签订一份针对他的对手的最欺凌侮辱人的备忘录。他的对手被指控向马德拉斯索要一笔微乎其微的赎金,而自己却收受价值连城的礼品。

最后,作为对拉布尔东内这位马德拉斯的征服者立下的卓著功劳的奖赏,他抵达巴黎时立即被关进巴士底狱。他身陷囹圄达三年半之久。此时有人奉派前往印度搜寻针对他的证据。他请求准许他见到妻子儿女,遭到拒绝。他仅仅由于受到怀疑被投入狱中。他在狱中受到严刑酷罚,感染上一种不治之症。但是,在这种迫害结束他生命之前,他被为审判他而任命的枢密院委员会宣布无罪(1751年2月3日)。在这种情况下,昭雪平反拖延如此迟晚,又如此毫无用途,到底是一种安慰或者是一种增添的痛苦,人们对此十分怀疑。法院没有对他的家族做出任何赔偿。公众称赞拉布尔东内,称他为法国复仇者和嫉妒的受害者。

但是,不久以后,当迪普莱克斯同从陆上和从海上包围本地治里的英国人作战,保卫这座城市时,公众宽恕了拉布尔东内的这个

仇敌。英国的博斯卡文海军上将前来战场投入英国和荷兰士兵
4000 人以及同等数量的印度人包围本地治里。这些兵员还得到
他的由 21 艘帆船组成的舰队的大部分水兵的增援。迪普莱克斯
大人身兼数职,既是司令,又是工程师,又是炮手,又是军需官。他
那夜以继日、孜孜不倦的细心劳作尤其得到比西大人的辅佐。比
西经常身先士卒,率领志愿军打退围城部队。全体军官英勇顽强,
浴血奋战,表现得无愧于祖国对他们的感谢。这个被认为无法进
行抵抗的法国殖民地的首府,这次获救(1748 年 9 月 17 日)。最
后,这是使迪普莱克斯大人荣获圣路易大勋章的战斗之一。这类
勋章是一种从来没有授予任何未服兵役的人的荣誉。我们将会看
到迪普莱克斯怎样成了印度总督的保护人和征服者,看到继殊荣
满誉而来的是什么灾祸。

第三十章

亚琛和约

胜利与失败交替起落，变幻莫测。这几乎是所有战争的共同之处。在当时的形势下，路易十五在荷兰所向披靡，攻无不克，战无不胜。马斯特里希特已经准备向萨克森元帅投降。这位元帅在指挥其他将领从未进行过的最灵巧的行军之后，包围了这座城市。法国军队从该地进军，矛头直指内伊梅根。荷兰人失魂落魄。他们在法国有将近 35000 名士兵战俘。比 1672 年更大的灾难①，似乎正威胁着这个共和国。但是，法国有得于此，却有失于彼。它的海外殖民地岌岌可危。它的商业贸易江河日下。它不再拥有军舰。正如在先前的各次战争中一样，各国都苦难深重。各国都急需和平。将近 7000 艘或者是法国的，或者是西班牙的，或者是英国的，或者是荷兰的商船，在互相劫掠的过程中被掳获。由此可以得出这样的结论：5 万个家庭遭到巨大损失。读者再把新兵的重重困难添加进成千上万个死者的灾难中去吧。这就是所有战争的

———————

① 路易十四在位时期，1672 年法军侵入荷兰。荷兰人在德意志皇帝、西班牙国王、丹麦国王等的援助下抗击法军。战争持续七年，以法军的胜利告终。

命运。德意志和意大利的半壁江山、整个荷兰都惨遭兵燹之害。英国和荷兰的钱财招引来 35000 个俄罗斯人。这就增加并延长了已经无穷无尽的灾祸。这些俄国人已经在弗兰科尼出现。不久就会在朝向法国边境的地区看到同样的曾经打败土耳其人和瑞典人的军队。

这场战争最大的特点是，路易十五每获得一次胜利就提出缔结和约，而这一提议都被拒于千里之外。然而，最后当眼见马斯特里希特即将继贝尔-奥普-佐姆陷落，当荷兰已岌岌可危之时，敌方也要求这种此时已经变得对大家来说必不可少的和平。

（1748 年 10 月 16 日）法国出席亚琛会议的全权代表之一的圣塞弗兰侯爵一开始发言就宣称他前来赴会是实现他主子的诺言。他说："主子希望作为商人而不是作为国王来谈判和平。"

路易十五不想为自己取得什么，却尽力为同盟者着想。他保证通过这项和约为他的血亲王子堂·卡洛斯确保德西西里王国。他把他的女婿堂·菲利普安置在帕尔玛、皮亚琴察和瓜斯塔拉。他让他的同盟者、摄政王奥尔良公爵的女婿莫德内公爵重新拥有他为了法国的利益而丧失的他的国家。热那亚恢复了它的全部权利。对法国宫廷来说，似乎只考虑同盟国的福祉比使自身获得两三个佛兰德尔的城市更加崇高，甚至更加有用。这些佛兰德尔城市可能永远是令人眼红艳羡之物。

在这场席卷全欧的普遍战争中，除了一艘船的利益[①]以外别无其他利益的英国丧失了大量财宝和鲜血。关于这艘船的争端，

---

① 见本书第八章（巴黎加尼埃兄弟出版 1878 年版本注）。

时至今日仍然如故，没有丝毫变化。普鲁士为获利最大者。在各个国家把不允许任何王侯扩大权势奉为行为准则的时期，它仍然占领西里西亚。撒丁国王萨伏依公爵是仅次于普鲁士国王的大获利者。匈牙利女王已经把米兰内的部分土地作为报偿给予她的联盟。

亚琛和约缔结后，法国的元气得到一些恢复，但国力仍很衰弱。当时基督教欧洲被两大派别瓜分。这两大派别都量力行事，都从自己方面保持欧洲的平衡。这种平衡是举不胜举的战争的借口。理应确保欧洲永世和平。匈牙利皇后－女王的各邦、德意志的一部分、俄罗斯、英国、荷兰、撒丁组成这些大乱党集团中的一个。另外一个则由法国、西班牙、德西西里、普鲁士、瑞典组成。这些国家全都保持武装。人们甚至因为担心欧洲的这两部分会互相煽动，因此期盼持久的安宁。

路易十五第一个维持一支数量巨大的军队。这就迫使其他王侯群起效尤、如法炮制，不稍缩减自己的军队。情况如此，以致亚琛和约缔结之后，1748 年，基督教欧洲的国家拥有武装人员约 100 万。这大大有损于技艺的和必不可少的职业的发展，特别是农业的发展。人们庆幸今后长时期内不会出现侵略者，因为所有的国家都为自卫而武装。然而白白庆幸了。

第三十一章

1756 年欧洲的态势　里斯本遭到摧毁　瑞典
的阴谋和苦难　为争夺加拿大的某些土地而进行
的带来深重灾难的战争　马翁港被黎塞留元帅
攻占

整个欧洲几乎从来没有过比自 1748 年亚琛和约缔结起到将
近 1755 年止更加美好的时日。从圣彼得堡到卡迪克斯，商业贸易
欣欣向荣。美术、技艺处处受到重视和倡导。各国之间互相来往
联系。欧洲就好像一个争端止息之后的重新团结和谐的家庭。然
而欧洲的新灾祸，似乎像被已经在好些省份被人感受到的地震那
样，已经初见征兆。里斯本的情况比别处更加可怕。在发生地震
时这个城市的三分之一翻转过来压住它的居民。死亡将近 3 万
人。这些灾祸蔓延到西班牙。锡图巴尔这个小城几乎全被摧毁。
其他一些城市受到破坏。大海升高到卡迪克斯的围堤之上，把路
上的一切统统淹没。震撼欧洲的地震，甚至在非洲也有震感。在
里斯本居民死亡的同一年，土地在摩洛哥附近裂开。整整一个阿
拉伯人部落埋葬在万丈深渊里。菲斯和梅基内兹遭受摧残折磨更
甚于里斯本。

（1756 年 6 月 20 日）这场灾祸似乎必然让人幡然内省，让他们感到他们事实上只不过是死亡的受难者而已。这些受难者至少应该互相安慰。葡萄牙人认为他们按照他们称为 AUTO-DA-FE（忠诚信仰法）的，而被人却称为野蛮法的文字，通过烧死犹太人和其他一些人，得到了上帝的宽恕。但是就从这时起，人们在欧洲的其他一些部分采取措施，使这个正在我们脚下崩塌的地球尸骨堆山，血流成河。

第一批带来深重灾难的灾祸发生在瑞典。这个王国已经变为一个它的国王只不过是首席行政长管的共和国。这个王国有义务遵照元老院大多数议员的意见行事。由贵族、资产者、教士、农民组成的各个社会等级，能够改革元老院的法律，而国王却不能这样。

（1756 年 6 月）几个依附、忠于国王甚于依附、忠于国家的领主，阴谋策划反对元老院，拥护国君。他们一切行动都暴露于光天化日之下。谋反者被判处死刑。这在一个百分之百的君主国家会被当作一次道德高尚的行动的事物，却在一个变得自由的国家被视为卑鄙无耻的背叛。因此同样的行动是罪行还是美德要因地因时而定。

这起冒险事件使瑞典对它的国王感到十分震怒，接着又促成对普鲁士国王腓特烈宣战（正如我们以后会看到的）。这位国王的姐妹已经嫁给瑞典国王。

这同一位普鲁士国王和他的敌人从那时起就策划的动乱，是潜伏在灰烬下的一团火。这团火不久以后就燃遍欧洲。但是，最初的火星却来自美洲。

一场为了争夺几块朝向阿卡迪亚的蛮荒之地而发生在法、英两国之间的无关大局的争端，向全体欧洲的君主启发了一项新政策。这次争端乃是所有在 1712 年和 1723 年积极致力于缔结乌得勒支条约的大臣们行事粗枝大叶的结果。注意到这一点是有用的。根据这项条约，法国把邻近加拿大的阿卡迪亚割让给英国，以这个地区从前的边界为边界，但并没有详细说明这些边界究竟是划在何处。这些边界不为人知。这是一个在私人个人之间签订的合同里永远不会出现的错误。一些争执和纠纷必然产生于这类疏漏。如果哲学和司法掺进人的争端，它们会让人看到法国人和英国人是在争夺他们对之并不拥有寸权的地区。但是这两种重要原则，丝毫没有掺进世界事务。一起同样的争端发生在普通商人之间，会在两小时内被仲裁人平息。但是，在两个国王之间，一个普通特派专员的名利欲望或者情绪，就足以使二十个国家动荡不安。英国人被责怪一味寻求彻底摧毁法国在美洲这部分经营的商业贸易。他们因在北美洲拥有大量富饶的殖民地，而具有很大的优势。他们因拥有舰队，而在海上具有更大的优势。他们在 1741 年的那场战争中摧毁了法国的海军，因而大事吹嘘无论在新世界或者在海上，他们都攻无不克，所向披靡。然而他们的希望落空了。

1755 年，英国人在加拿大地区向法国人发起进攻，以此拉开战争序幕。他们不宣而战，像扣押走私船那样，掳获 300 多艘商船。他们甚至抢夺了几艘向法国人运载商品、属于其他国家的船只。在这样的形式下，法国国王的行动举措却与路易十四迥然不同。他最初满足于要求公道。当时他甚至不允许他的子民在海洋作业中进行武装。路易十四常常以地位优越、高人一等的姿态，向其他国家宫廷讲话。路易十五则让其他各国宫廷感到英国人运用的那种优势。人们责怪路易十四有趋向于在地球上建立全球君主国的勃勃野心。路易十五则让人了解到英国人在海上的的确确具有优势。

然而路易十五得以进行报复。1755 年,在加拿大的各个地区,他的军队打败了英国人。他让一支庞大的舰队在他的港口做好战备。他打算从陆上,在英国国王乔治二世的汉诺威的选帝侯采邑,进攻这位国王。这次对德意志的汉诺威的突然入侵,用在新世界点燃的一场熊熊烈火威胁着欧洲。就是这时,整个欧洲的政治格局改变了。英国国王第二次从北欧腹地招来可能被他收买的 3 万俄罗斯人。俄罗斯帝国是匈牙利皇后−女王的同盟者。鲁普士国王必然担心俄罗斯人、德意志帝国军队和汉诺威人会向他猛扑过来。他拥有武装人员约 14000 人。他还毫不犹豫,同英国国王结成联盟,以便一只手防止俄罗斯人进入德意志,另一只手封堵法国人的路。整个欧洲就这样再度武装起来。法国再度陷入它如果能够避开它的命运就本可避免的新灾难。

法国国王轻而易举,须臾之间就通过人们只能在像法国这样非常富裕的国家才能具有的迅速快捷手段方法中的一种获得它需要的金钱。二十个总税收承包人的新职位和若干笔借款,足够支撑战争的最初几年的耗费。但这很容易使王国陷入带来深重灾难的境地。

法国佯装威胁英国的海岸。但现在英国女王伊丽莎白所处的时代已经一去不复返了。在那个时代,这位女王只能得到英格兰人的援助,对苏格兰心存恐惧,几乎无法制服爱尔兰,并经受菲利普二世的巨大压力。这次英国国王乔治二世觉得自己不得不招来汉诺威人和黑森人保卫他的海岸。英国没有预见到他的行动产生的这一后果，眼见本土大量涌入外国人，因此抱怨连天。好些公民由骄傲转为恐惧，为他们的自由担惊受怕。

英国政府把法国的图谋弄错了。它担心遭到入侵。它没有考虑到米诺卡岛。这个岛屿是在过去的西班牙王位继承战争中成千累万的花费结出的果实。

正如人们看到的那样，英国人已经从西班牙手里夺得米诺卡岛。拥有这个岛屿、得到所有条约确保，这对英国人来说，比拥有直布罗陀更为重要。直布罗陀本身并不是一个港口，却使英国人拥有掌控地中海的最高权力。（1756 年）将近 4 月末，法国国王派遣黎塞留元帅率领约 20 个营在 12 艘头等船舰的护卫下，登上米诺卡岛。一切都安排得正当其时。英国人当时却以为这些法国船舰尚未准备就绪。英国人至少试图 6 月份向拉加利索尼埃侯爵指挥的法国舰队发起进攻，但为时太晚。这场战争无法让他们把米诺卡岛保存在自己手中，但倒也能保护他们的荣誉。英国的这一行动徒劳无功。拉加利索尼埃侯爵击退英国舰队，把它打得七零八落，溃不成军。英国政府在一段时期痛苦地看到它已经迫使法国建立起一支令人生畏的海军。

英国人剩下的希望是，保卫因其地理位置，因其地形的自然条件，因人们为了巩固它所花的三十年的心血，还被视为仅次于直布罗陀的、欧洲最强固的要塞的马翁港城堡。这个城堡位于向各处延伸的、结合为整体的一块巨岩上。这个城堡的壕沟深 20 尺，有些地方深达 30 尺。壕沟开凿在这块巨岩上。在一些防御工事下面有坑道 80 条。不可能在这些防御工事前面挖掘壕沟。一切都炮轰不穿。城堡四周有开凿在这块裸露的巨岩上的外部防御工事环绕。

黎塞留元帅尝试一次比以前在贝尔-奥普-佐姆之战中尝试过的行动更加大胆的行动,即在同一时间向要塞主体的所有防御工事发起攻击。他在这次大胆的行动中由马耶布瓦伯爵辅佐。在这次战争中,这位伯爵一直施展出他在意大利已经运用过的卓越才能。

法军官兵不顾敌军大炮轰击,跳下这个城堡的壕沟,架起 30尺高的梯子。他们到达最后一个梯级后,互相登上他人的肩膀,冲上那块巨岩。就是凭借这种难以理解的勇敢,他们占领了城堡的所有外围防御工事。法国军队必须打败将近 3000 个英国人。自然环境和人工技术为了保卫这些英国人,尽其可能帮助他们。正因为如此,法国人就更加无所畏惧,勇往直前。

第二天要塞投降(6 月 28 日)。英国人无法理解法国人怎样攀登、越过这些壕沟。对一个沉着冷静的人来说,跳下这些壕沟是不可能的。这一行动使这位将军和法兰西民族获得巨大光荣。但这是同英国人对抗中取得的最后一次胜利。

英国军队在海上与法国人交锋,没有压倒对方。伦敦对此怒不可遏,以致曾经与拉加利索尼埃侯爵交过手的伯恩海军上将,被军事法庭根据查理二世时期的一条古老法律判处用火枪射死。按照向这位将军发出的训令,他必须不惜冒一切危险让一支他护航的商船队进入马翁港。黎塞留元帅送交这部历史的作者一项为伯恩海军上将辩护的声明,但这次辩护徒劳无益。这项声明不久就奏呈英国国王。甚至英国军事法庭也竭力建议有权饶恕案犯的英国国王对被判刑者从宽处理。但种种努力悉付东流。这位海军上将将遭到处决。他是另一位打赢了 1718 年的墨西拿之战的海军上将的儿子。他死时十分坚定。他受到打击前把他的回忆录寄交本书作者并向黎塞留元帅表示谢忱。

第三十二章

德意志战争　一位勃兰登堡选帝侯对抗奥地利
家族、德意志帝国、俄罗斯帝国和法国　几起难忘的
事件

路易十四因单枪匹马抗击联合起来和他对抗的英国、意大利、荷兰而备受崇敬。笔者见过一起颇不寻常、非同一般的事件:一个勃兰登堡选帝侯孤军奋战顶抗奥地利家族、法国、俄罗斯、瑞典以及半个德意志联合起来的力量。

这是一个只能归因于这个邦国的军队的严明纪律和这个邦国的统帅的卓越才能的奇迹。偶然性可以使人打赢一仗。但是,当弱者在一个没有设防、国门洞开的国家抗击强国竟达七年之久,并能弥补最大的灾祸时,这就不可能是命运在起作用了。就是在这一点上,这场战争判然有别于所有那些使世界变得一片荒凉、满目疮痍的战争。

大家已经看到,普鲁士的第二个国王是欧洲唯一的拥有一个宝藏、一笔财富的国王,是欧洲唯一的在让他的军队真正纪律严明之后已经在德意志建立起一支新的强大力量的国王。大家已经在前文中看到,父亲的筹划准备怎样使儿子壮起胆来,单枪匹马对抗

奥地利的力量，占领西里西亚。

皇后－女王等待时来运转，时机向她提供返回西里西亚这个省份的方法和手段。一个并入波西米亚的小邦隶属于一个家族或者另一个家族，从前对欧洲来说，本是鸡毛蒜皮、无足轻重的小事一桩。但是，由于欧洲的政治形势已经变得更加微妙，而不是变得更加进步，正如人类思想中所有的其他事物一样，这起无关宏旨的争端却使 50 万人披坚执锐，剑拔弩张。在历次十字军的东征过程中也好，在亚洲的征服者对欧洲入侵的过程中也好，都从来没有数量如此巨大的现役兵员。下面是这出新戏如何拉开帷幕。

俄罗斯女皇伊丽莎白因从前签订的条约，因在对抗奥托曼帝国的斗争中使她们联合起来的共同利益，因她们互相倾慕，而同玛丽亚·特蕾西亚结合起来。波兰国王、萨克森选帝侯奥古斯特三世已经同皇后－女王言归于好，并且依附他因取得波兰国王的称号而应对之感恩戴德的俄罗斯。他现在与上述两位女君主团结无间。这三个国家都对普鲁士国王费德烈三世满腹怨气，极为愤懑。玛丽亚·特蕾西亚眼见西里西亚被人从她的家族夺走。奥古斯特和他的枢密院希望赔偿萨克森。在 1741 年那场战争期间，这个地区遭到普鲁士国王破坏。伊丽莎白和腓特烈之间有个人嫌隙恩怨。这些嫌隙恩怨常常比人们想象的对国家的命运更有影响。

这三个国家同仇敌忾，激励斗志，厉兵秣马，对抗普鲁士国王。它们之间紧密团结，一致行动。普鲁士对这种团结产生的效果惴惴不安。奥地利扩军备战。伊丽莎白的军队则已准备就绪。但是波兰国王、萨克森选帝侯，却无法采取任何措施。他的选帝侯采邑已经财源枯竭。没有一处重要要塞能防阻普鲁士军队向德累斯顿进军。严守秩序和厉行节约在多大的程度上使勃兰登堡变得令人生畏，挥霍浪费、放荡不羁就在多大的程度上使萨克森变得衰弱不堪。波兰国王的萨克森枢密院犹豫不决，踌躇再三，才采取可能对它带来灾难的措施。

普鲁士国王坚决果敢，毫不犹豫，自 1755 年起，不与人商量，就下定决心预防那些他对之颇感不快、提心吊胆的国家。（1756年 1 月 16 日）他在法国拒绝与他联合之后，首先与英国国王汉诺威选帝侯结成联盟。他把黑森和布伦瑞克家族的诸侯争取到他那一边之后，放弃了和法国的同盟。

就在那时，自查理五世和弗朗索一世以来法兰西家族和奥地利家族之间就已煽起的宿仇旧恨，让位于一种似乎真诚建立的、并使各国惊讶不置的友谊。已经同玛丽亚·特蕾西亚进行过一次残酷的战争的法国国王，化敌为友，转而成了她的同盟者，而曾经与法国结盟的普鲁士国家却反目成仇，转而成了法国的敌人。法国和奥地利在经历了三百年的总是引起腥风血雨的争执之后，团结起来。一项不一而足的和约、不知凡几的婚姻都未竟其功的事业，一个选帝侯一次引起的不满以及被普鲁士国王几句笑话刺伤的几个当时颇有威势的人的仇恨，转眼之间就使之大功告成。英国把这次团结称之为**"怪异"**的团结，但因为它是大势所趋必不可少的，因此是顺理成章的，极其自然的。人们甚至可以期望法兰西家族和奥地利家族这两个强大的家族联合起来，再由俄罗斯、瑞典以及德意志帝国的好些邦州助一臂之力，就能够压制欧洲的其他部分。

（1756 年 5 月）路易十五和玛丽亚·特蕾西亚在凡尔赛宫签约。只有此后即成为红衣主教的修道院院长贝尼斯获得参与签订这项摧毁了黎塞留红衣主教的整整一座大厦，似乎建起另一座更高、更宽的大厦的条约的荣誉。这位红衣主教不久以后就身任国务大臣，但又几乎立刻失宠。人们只看到公共事务和私人事务的剧烈变革。

普鲁士国王四面楚歌，饱受威胁，因此加速进行战备。他命令他的军队向几乎没有设防的萨克森进军，打算让这个省份成为一座对抗奥地利的堡垒和一条通往奥地利的大道。他首先占领莱普西克。他的军队一部分在德累斯顿全面出现。奥古斯特国王撤退，就像他父亲曾经在查理十二面前撤退一样。他离开首都，前去占领位于科尼格斯附近通往波西米亚的路上，沿易北河的皮尔纳营地。他认为这个营地会平安无虞。

普鲁士国王腓特烈三世以保护人的名义入主德累斯顿。德意志皇帝约瑟夫的女儿、波兰王后毫无逃跑之意。有人向她索要档案室的钥匙。她拒绝后，这些人就准备动手打开档案室。王后就坐在他们面前。她深信自己的人身和坚定性都会受到尊重。然而别人却对这两者都不尊重。她眼睁睁看到国家的保管室被人打开。对普鲁士国王来说，至关重要的是要在这间屋子里找到萨克森图谋反对他的证据。他的的确确找到一些他引起的恐惧的证据。但是，这同样本应迫使德累斯顿宫廷进行自卫的恐惧，只起了使它沦为强邻的牺牲品、受害者的作用。这个宫廷感觉在萨克森多年来的处境中，必须把全部人力物力用于备战，而不应该把一人一物用于玩乐，但悔之晚矣。处境如此，人在其中除了准备战斗，准备胜利，准备败亡之外，别无他途可循。

（1756年9月20日）德意志帝国皇帝的枢密院风闻这次入

侵,宣布普鲁士国王为公共和平破坏者和叛乱分子。要使这样一项针对一位统率将近 5 万人和已被视为欧洲最伟大的将军的人的声明产生效果真是谈何容易。(10 月 11 日)普鲁士国王以一次战役来回应法律。这次战役在他和奥地利军队之间进行。他前往靠近一个叫作洛沃西茨的市镇的波西米亚的入口,寻求与奥地利军队交锋。

第一次战斗因双方死亡重大,胜负未决。但因它产生的后果,情况就不如此了。无法阻挡普鲁士国王把萨克森人包围在皮尔纳营地内。奥地利永远无法向萨克森人伸出援助之手。波兰国王的这支小军队由大约 13000—14000 人组成,在这次战役开始七天后缴械投降,沦为战俘。

这次奇特的投降,是波兰国王和普鲁士国王之间唯一的一起军事事件。奥古斯特在这次投降中,仅仅要求不要让他的警卫人员成为战俘。腓特烈答复说,他不能依从这个请求;这些警卫人员必定会用来反对他;他不愿意再麻烦一次把他们抓起来。这个答复对所有王侯来说,都是一个可怕的教训。这个教训就是:国有强邻,就须自强。

波兰国王这样丧失了他的选帝侯采邑和军队以后,向敌人申请前往波兰的护照。护照毫无碍难就发给了他。人们对他礼节周全,但却又不无轻慢侮辱之意。向他提供了驿站马匹。他从他世袭的各邦前往他的选帝侯王国。他在该地没有发现有谁建议武装起来救助国王。整个选帝侯采邑被课以重税,遭受横征暴敛。普鲁士进行战争,在它入侵地区找到支撑战争之所需。波兰王后没有随同夫王前来。她留在德累斯顿,郁郁寡欢,在该地终其一生。

欧洲对这个不幸的家庭同情怜悯。但在这些公共灾难发生期间，一百万个家庭遭受的不幸虽然较少为世人所知，但程度并不稍轻。莱普西克的市政官员就征服者强加在他们身上的赋税一事向上进谏。他们声称无力缴付，被投入狱中，最终迫于无奈，只得缴付。从来没有一次战争战斗这样频繁。俄罗斯人经由波兰进入普鲁士各邦。法国人充当匈牙利王后的助手进行战斗，其目的乃在于把同一个他们曾经于几年前当他们还是普鲁士国王的同盟者时促成从她手中夺走的西里西亚归回她。过去曾经明确表态自己是奥地利家族的支持者的英国国王，现在转营易帜，反戈一击，成了这个家族最危险的敌人之一。过去曾经予这个奥地利家族以沉重打击的瑞典，现在为这个家族效力，对抗普鲁士国王，所得酬劳是法国内阁给予它的 90 万法郎。正是这个国家对别国破坏蹂躏最少。

德意志被本土的和外国的军队撕裂破坏之重，远甚于著名的三十年战争时期。[①]

正当俄罗斯人经由波兰前来救援奥地利之际，法国人通过克莱弗公爵领地和俄罗斯人放弃的维塞尔进入这个国家。他们攻占整个黑森，向汉诺威地区进军，与一支由英国人、汉诺威人、黑森人组成，由同一位曾经在丰特努瓦进攻路易十五的坎伯兰公爵指挥的军队交锋。

普鲁士国王在波西米亚寻求与奥地利军队对阵。他使用一支

---

① 指 1618—1648 年奥地利哈布斯堡家族与德意志诸侯争取欧洲均势而进行的战争时期。交战的一方为西班牙、丹麦、荷兰、奥地利等，另一方则为法国、瑞典等。此次战争以签订威斯特伐利亚和约告终。

数量可观的部队抗击俄罗斯人。被人称为行刑队的德意志帝国军队奉命渗入萨克森,却整个落入普鲁士人的掌控中。这样德意志就同时成了六支吞噬它的军队的猎物,受尽痛苦折磨。

普鲁士国王首先驰军奔袭德意志皇帝的兄弟、洛林的查理亲王以及布拉格附近的布朗将军。(1757 年 5 月)战斗极其激烈,血肉横飞,尸横遍野。普鲁士人打赢了这一仗。一部分奥地利步兵被迫钻进布拉格城内,在该城被胜利者围困两月以上。颇多王公贵族在该城居留。食品短缺迹象开始显现。不久后,布拉格就会遭受奴役压迫,奥地利受腓特烈压迫不比受古斯塔夫-阿道夫压迫程度更重。这一点人们并不怀疑。

胜利者意欲毕其功于一役,一举席卷一切,结果却胜利果实丧失殆尽。正如普鲁士国王在征战时积极活跃一样,玛丽亚·特蕾西亚的首相考尼茨在内阁中积极活跃。他已经下令集结一支军队,由沃恩将军指挥。(1757 年 6 月 18 日)普鲁士国王当机立断,毫不犹豫奔袭这支被他的胜利声誉吓得失魂落魄的军队。这支军队被打得落花流水,溃不成军。新近遭到炮火轰击的布拉格,不久后就无条件投降。普鲁士国王成了德意志的绝对主人。沃恩元帅让他的部队在一座丘陵的山头上修筑工事进行固守。普鲁士人登山进攻达 7 次之多,如同进行总攻一样。他们 7 次被击退,并被打得人仰马翻。普鲁士国王丧失约 25000 人。这些人中有的被杀,有的受伤,有的逃亡,有的擅离部队。被再次监禁在布拉格的洛林查理亲王从这座城市出走,并追赶普鲁士人。这次剧变与普鲁士国王从前的功业和期望同样巨大。

法国人在他们那方面给予玛丽亚·特蕾西亚以强有力的援

助。（1757 年 7 月 29 日）埃斯特雷元帅已经渡过威塞尔河。他朝明登的方向步步紧追坎伯兰公爵。他在朝哈斯特姆贝克的方向追上公爵，向公爵发起进攻，大获全胜。孔代和拉马什-孔蒂两位亲王这一天进行的最初几次战斗颇为引人注目。法国的鲜血抗击英国的鲜血，支撑祖国荣誉。在这场战争中，法国失去了赖伐尔-蒙莫郎西伯爵和埃里恩所著的《战术》一书的勇敢军官译者。这个军官是同一个在印度名噪一时的比西的兄弟。被人长期以来认为致人死命的步枪子弹射穿了洛林家族的、著名的夏特勒侯爵夫人的儿子夏特勒伯爵的身体。在那些知道一个娴静的法国夫人曾经评论过伟大的牛顿的人的心中，这位侯爵夫人的名字永远不会消逝。

这里让我们注意到这一点：宫廷阴谋已经剥夺了埃斯特雷元帅的指挥权。当他打赢一仗的时候，发出了侮辱他的命令。宫廷有人装着抱怨他还没有攻占整个汉诺威选帝侯的采邑，装着抱怨他还没有进军到马格勒特堡，而这一切都被认为应在一次战役中完成。1741 年，当法国人造就、扶立一位德意志皇帝，当他们认为拥有奥地利家族的一些邦州的时候，他们的信心就是这样。本世纪伊始，当路易十四和菲利普五世成了意大利和佛兰德尔的主子，并得到两位选帝侯的帮助，意欲对欧洲发号施令的时候，法国人的信心就是这样。人们总是上当受骗。埃斯特雷元帅说，在德意志进军，这还不够；应当准备好手段方法从德意志脱身。他的行为和他的勇敢证明：派遣一支军队，就应该让这支军队的将军自主行事，因为用人不疑，疑人不用，如果选择他，就应该相信他。

第三十三章

几起难忘的事件（续）　英国军队被迫投降
罗斯巴赫日　革命

法国内阁在获悉埃斯特雷元帅取得重大胜利之前，已经派出黎塞留元帅前往指挥这位元帅的军队。黎塞留元帅长期以来以仪表堂堂、气宇轩昂著称，并因保卫热那亚及攻占米诺卡而更加名声大震。他前往与坎伯兰公爵交锋。他把这位公爵驱赶到易北河河口，并在该地迫使他率领全军投降（1757 年 9 月 8 日）。这次投降比打赢的一仗更加奇特怪异，但同样光荣。坎伯兰公爵的军队根据降书被迫撤到易北河彼岸，这使法国人能毫无拘束采取行动抗击普鲁士国王。普鲁士国王对萨克森大肆蹂躏，但他自己的国家也惨遭破坏。奥地利将军哈迪克已经对柏林进行突然袭击，并因收受了 80 万利弗饶了这个城市，免加抢劫。

当时普鲁士国王遭到毁灭，看来已经无法避免。他在布拉格近郊惨遭挫折。他的军队在兰茨胡特附近，在西里西亚的入口处，损兵折将，一败涂地。对俄战争长期难分难解，胜负未决，却又血流成河，尸横遍野。凡此种种都使他遭到削弱，元气大伤。

他可能一边被黎塞留元帅的军队包围，在另一边被德意志帝国军队包围。这时奥地利人和俄罗斯人正进入西里西亚。（1757年8月22日）他遭到毁灭似乎已经确定无疑，以致普鲁士宫廷的枢密院毫不犹豫，宣称他已被判处自帝国流放刑，他已被剥夺所有采邑、权利、特赦、特权等。他似乎对自己的命运已经绝望，只考虑能如何死得光荣。他立下一份冷静达观的类似遗嘱的字据。在他遭受的不幸中，这就是他的精神解脱。他用法语诗句叙述这些不幸。这则轶事是绝无仅有的。

苏比斯亲王是一位沉着冷静、英勇无畏、审慎明智、行事有节的将军，他率领一支法国内阁已经用黎塞留元帅的一部分军队进一步加强了的强大的军队，在萨克森抗击普鲁士国王。这支军队与希尔德堡豪森亲王率领的一些行政管辖区的军队结合。

（1757年11月）普鲁士国王腓特烈被众多敌人重重围困，决定手执武器冲往苏比斯公爵军队中战死。但他同时又采取一切措施以求战胜。他前去侦查法国军队和行政管辖区的军队。他首先撤退到这些军队前面，占据有利位置。希尔德堡豪森亲王意欲倾全力进攻。他的看法占了上风，因为法国人只不过从旁协助而已。他率军进抵罗斯巴赫和梅泽堡附近，向普鲁士军队发起进攻。普鲁士军队好像在它们的营帐中。这些营帐骤然降落。普鲁士军队以战斗序列出现在架设有大炮的两个丘陵之间。

这个景象令法国军队和德意志帝国军队目瞪口呆，手足无措。已经有几年，有人意欲按普鲁士方式训练法国士兵。之后，这种训练改变了几种队形变换方式。士兵不知道自己置身何处，因为从前的战斗方式已经改变。运用这种新的方式，士兵素质并没有得到巩固提高。当法国士兵这次看到普鲁士人排成这种奇特的、几乎在别处从未见过的战斗序列前进时，认为看见了自己的导师。普鲁士国王的炮兵在射击准备和架设安置方面做得更好。行政管辖区的军队几乎未经战斗就逃之夭夭，作鸟兽散。卡斯特里侯爵指挥的法国骑兵向普鲁士骑兵发起冲锋，突破了几个骑兵连的防线。但这种勇气徒劳无功。

不久以后，一个恐怖景象蔓延各地。法国步兵面对六个普鲁士营，慌忙后撤，溃不成军。这根本不是一次战斗。这是整整一支军队开来旋即离去。真是史无前例。战场上只剩下两个瑞士团。苏比斯亲王在炮火轰鸣中向它们走去，让它们小步后撤。

迪埃斯巴赫团尤其长时间遭到炮火和火枪齐射，又受到步兵逼近的威胁。苏比斯亲王为防止这个团受到重创，始终分担它面临的危险。这一天稀奇古怪的战斗，完全改变了事态面貌。整个巴黎议论纷纷，怨声载道。这同一位曾先对汉诺威人，次年又对黑森人取得胜利的将军几乎已不再被人谈起。一个幸福快乐而又游手好闲的城市的这种心态和精神，已经被人注意到。要得到它的赞同、首肯简直是痴心妄想。

法国内阁丝毫不愿批准黎塞留元帅强加给坎伯兰公爵的协议和规定。英国人非无道理，自以为已经从他们做出的承诺中解脱出来。凡尔赛的批准书在罗斯巴赫厄运后五天才到达。良机已经错失。甚至，早在罗斯巴赫之战进行以前，伦敦宫廷就已下定决心撕毁协议。布伦瑞克的费迪南亲王已被选任指挥在施塔德避难的军队。他企图进攻在汉诺威选帝侯的采邑遭到削弱并被驱散的法国军队。黎塞留元帅的坚定不移和马耶布瓦伯爵的能干灵巧，挫败了费迪南亲王的这个计划。法国军队重新集结,未受丝毫损失。高超精巧的军事指挥调动,迫使费迪南亲王后撤并收兵宿营。

如果说罗斯巴赫战斗日闻所未闻,那么普鲁士国王在取得这一始料未及的胜利之后的所作所为就更异乎寻常。他迅速前往西里西亚。胜利的奥地利人在该地已经打败了他的军队,并已占领施维德尼茨和布雷斯劳两地。如果他不坚忍不拔、力挽狂澜,对他来说,西里西亚已经落入敌手,而罗斯巴赫之战对他来说也毫无用处可言。

(1757 年 12 月 5 日)一个月后普鲁士国王到达前线与奥地利人相遇。他刚一到达,就向奥地利人发起猛攻。战斗持续五个小时。这位普鲁士国王腓特烈大获全胜。他返回施维德尼茨和布雷斯劳。自这时起发生的只不过是连续不断、经常进行、时胜时败、变化无常的战斗。只有法国人几乎总是遭到不幸。但法国政府从未灰心丧气。法国耗尽国力,千方百计让它的军队在德意志继续进军。

普鲁士国王在战斗中日渐削弱。俄罗斯从他手中夺走整个普鲁士王国,并对波美拉尼亚践踏蹂躏,而此时普鲁士国王也对萨克森大肆破坏。奥地利人进入柏林,接着俄罗斯人也进入该城。普鲁士国王的父亲和他自己积攒的金银财宝,便在这场对各方来说都耗尽资财的战争中消散无余。他不得不求助于英国人的补助。奥地利人、法国人、俄罗斯人毫不泄气,始终对他穷追不舍。他的家庭不敢再在柏林居留,但又不断处于险境。他避难于马格德堡。他经历了不胜枚举的不同胜利之后,于 1762 年在布雷斯劳退出政坛。玛丽亚·特蕾西亚似乎已经临近收复她的西里西亚的时刻。

普鲁士国王已失去德累斯顿,萨克森邻接波西米亚的那部分也丧失殆尽。(1762 年 1 月 6 日)当俄罗斯女皇伊丽莎白之死又使变化莫测的欧洲局势呈现出新的面貌时,波兰国王希望返回他的世袭各邦。

俄罗斯的新帝彼得三世长期以来是普鲁士国王的秘密朋友。这位皇帝不但在他登基之后立即与这位国王握手言和,而且还成了他的同盟者,共同对抗同一个皇后-女王。而伊丽莎白曾是这位皇后-女王最忠实可靠的朋友。这样,人们一下子就看到昔日曾经遭到俄罗斯人和奥地利人压逼的普鲁士国王,正准备进入波西米亚助同样这些曾在几个星期前同他兵戎相见、大动干戈的俄罗斯人一臂之力。

这个新的格局刚一形成就被搞乱:一场突然发生的革命,改变了俄罗斯的事态。

彼得三世意欲休妻。俄罗斯举国上下对此愤愤不平,大为不满。一天他酒醉之后,对正在接受检阅的布雷奥巴辛斯基团讲话时说,他要用五十名普鲁士士兵来打垮这个团。就是这个团防止了他的所有图谋,并将他废黜。广大士兵和民众表态反对他。(7 月 28 日)他受到追捕,并被抓获投入狱中。他在狱中连续一个星期狂饮滥喝,大喝潘趣酒,借酒浇愁,以此自慰。一星期后他撒手人寰。军队和平民异口同声宣布他的妻子卡特琳-安赫尔特-泽尔布斯特为女皇,虽然她属于欧洲最古老的家族之一的阿斯卡尼家族,是外国人。就是她从此时起成了这个庞大的帝国的真正的法律、法规的制订者。这样一来,俄罗斯就连续由五个女人统治。她们是:彼得大帝的遗孀卡特琳、这位君主的侄女安娜、在她的不幸的儿子伊凡亲王短暂的统治时期任女摄政王的布伦斯维克公爵夫人、沙皇彼得大帝的女儿伊丽莎白，最后是这个在极短时期获得隆名盛誉的卡特琳二世。这五个女人先后继承王位而不中断，在世界史上绝无仅有。

普鲁士国王虽然被夺走愿意在他指挥下作战的俄罗斯皇帝的援军，但并不稍懈怠，仍然继续对抗奥地利家族、半个德意志帝国、法国和瑞典的战争。

不错，瑞典人的功绩并非古斯塔夫-阿道夫①的功绩。这位普鲁士国王的姐妹、瑞典国王的妻子，毫无伤害这位国王之心。并非斯德哥尔摩的宫廷，而是元老院武装起来反对他。而元老院进行武装，只是因为法国给它金钱。宫廷的权势，不足以阻止元老院派遣军队前往波美拉尼亚，但却足以使这些军队毫无用途可言。说到底，瑞典是为了别人给他们的一点微不足道的钱而佯装打仗。

主要在德意志始终鲜血流淌。法国的边境从未受损。德意志是吞咽法国的鲜血和钱财的无底洞。这本书只不过是部简史的历史，篇幅有限，因此本书作者无法叙述从波罗的海岸边起到莱茵河止这个地区进行的层出不穷、举不胜举的战斗。几乎没有一次战役产生过什么重大后果，因为每个强国都有自己的人力、物力资源和计谋策略。美洲和印度的情况则远非如此。在这两个地区，1200 人的损失就无法弥补。

即使在罗斯巴赫这样的作战日后，也并没有任何革命随之发

---

① 古斯塔夫-阿道夫（1594—1632 年），有人称其为瑞典历史上政绩最卓越的国王。

生。(1759年8月1日)法国人在明登打输的一仗和它遭受的其他挫败,使他们倒退。但他们一直留在德意志。(1758年6月23日)他们在克莱弗和位于科隆之间的克雷维尔特兵败之后,仍然是克莱弗公爵领地和盖尔德斯的主人。盖尔德斯战斗日最引人注目的是贝尔-伊斯尔元帅的独生子吉索尔伯爵身先士卒,率领短枪手作战时伤重被俘。这是个鹏程万里、前途无量的青年,在政务方面和军事方面都颇有修养。他眼界宽阔而又处事细致,他彬彬有礼而又英勇无畏,备受宫廷和军队的珍爱。

俘获他的布伦瑞克王储,对他像对自己的兄弟那样关怀照顾,在他死前没有离开他片刻。王储用眼泪向他表示敬意。王储因为在他身上重新找到自己的个性而更加爱他。就是这同一位布伦瑞克王储此后在法国和欧洲大部旅行。本书作者看见他对他的巨大声誉和人们对他欠下的恩情表现得谦虚谨慎,颇有节制。他时而本人统率千军万马,时而在他伯父布伦瑞克亲王麾下作战。布伦瑞克亲王是普鲁士国王的内兄弟,曾经获得巨大声誉,也同样谦虚谨慎。这种德行是他的家庭真正的光荣和封地。王储在几个时机指挥不同的部队。他常常既幸运又勇敢。

在巴黎,人们谈起克雷维尔特战役都灰心丧气,极为沮丧。但这一战役却不能阻止布罗格利公爵在朝法兰克福的方向,在贝尔根与在别处战无不胜的同样这两位布伦瑞克亲王交手时大获全胜(1759年4月13日),不能阻止他效法其父、其祖父沙场建功,无愧于法国元帅的尊严。这同一位亲王公爵还于1760年打赢了瓦尔堡之战。卡斯特里侯爵、罗昂-罗什福尔亲王、他的表兄弟贝蒂西侯爵、拉图尔-迪-潘伯爵、瓦朗斯侯爵以及大批法国军官在这一战役中受伤。他们的不幸是他们的勇敢的佐证。

蒙巴雷伯爵率领王家团长时间顶住敌人的进攻。他身中一炮、两枪，伤势危重。

在历次战争中大批军官和士兵的勇敢行为不可胜数。其中有些非凡卓越、绝无仅有。这些行为如任其被遗忘，湮没无闻，则是对祖国的极大不敬。以下是个值得法国人永远铭记于心的例子。

布伦瑞克王储包围维塞尔。如该地被攻占，战争将引入莱茵和布拉邦特。这起事件会促使荷兰人表态反对我们法国。（1758年10月15日）卡斯特利侯爵指挥一支仓促组成的军队。维塞尔在布伦瑞克王储的进攻下眼见即将陷入敌手。卡斯特利侯爵快步向前，手执刀剑率军攻克莱茵堡，救助维塞尔。他还反复思考琢磨一次更具有决定意义的行动，于10月15日在距离一个名叫克洛斯-冈修道院四分之一英里的地点屯兵扎营。布伦瑞克王储认为不应该在维塞尔前面等待卡斯特利侯爵来攻。他决定向他发起进攻，于15日和16日之间的夜晚强行军，前往迎战。

这位法国将领觉察到王储的意图，让他的军队武装宿夜，枕戈待旦。他夜间派出奥夫涅团的首领阿萨斯大人进行侦察。这个军官刚走几步，埋伏的敌军掷弹手就将其包围，并在离他那个团的不远处把他抓获。他们用刺刀指向他，对他说如果他发出声息就会丢命。阿萨斯大人沉思片刻，提高嗓门吼道："我是奥夫涅，来我这里。有敌人！"他立刻被捅了几刀，倒地身亡。这种忠诚献身精神无愧于古罗马人的传统，将会因古罗马人而永远被人铭记在心。当时为这样的人竖立了雕像。今天他们被人遗忘。本书作者在撰写这部历史很久以后才得知这个如此令人难忘的行为。本书作者获悉,前不久这个行为终于被授予一笔1000利弗的终身抚恤金。这笔钱给予这个姓氏的家庭的长辈们。

(1762年8月30日)年轻的布伦瑞克王储取得的多次胜利,不能阻止与他年龄相差无几、他的荣誉的敌手孔代亲王在距离朝着韦特拉夫的方向的法兰克福6英里的地方与他对阵时对他具有优势。就是在该地,布伦瑞克王储作战受伤。全体法军军官都像对他们自己的亲友那样,对他的痊愈关怀备至。

这些不可胜数的,讲述起来甚至令那些在这些战斗中显声扬名的人感到厌腻的战斗结果如何?呕心沥血,殚精竭虑,结果还剩下什么?剩下的只不过流在或者未经开垦,或者变成荒芜的土地上的鲜血,遭到毁坏的村庄和沦为乞丐的家庭而已。甚至很少有关于这些灾难的低微的声音突破空间,传到巴黎。这座城市始终深深耽于嬉乐欢娱,或者同样轻浮无聊的争吵。

第三十四章

世界四个部分的不幸的法国人　　迪普莱克
斯总督的灾难　　拉利将军遭受的磨难

同它在过去两百年对外战争期间的情况相比,这时法国在与
奥地利的联合,人力、财力都似乎更加枯竭。就是这样,在路易十
五在位时期为援救西班牙而花费的钱财多于自路易十二以来为了
打垮这个国家所花费的钱财。法国的资源使它遭受的这些创伤得
以愈合起来,但并不能弥补它在亚洲、非洲和美洲受到的创伤。

在亚洲,法国似乎是胜利者。印度公司成为征服者,最终却招
致法国的不幸。自从波斯国王纳迪尔[①]突然侵入印度以来,这个
国家就群龙无首,处于无政府状态。这个国家的苏巴布[②]们是这
个帝国的一些总督。与其说他们是总督,不如说他们是这个国家
的一些纳贡国王。他们向莫卧儿的大奥斯曼帝国皇帝的宫廷购来
他们的王国,并把他们的外省转卖给纳巴布[③]们。这些纳巴布把

---

① 纳迪尔(1688—1747 年)。1738 年征服阿富汗。1739 年入侵印度。
② 地区总督。
③ 总督、司令官(从印度带回本国大量财富的英国人)。

一些县区转让给一些拉依亚①以换取银子。莫卧儿王朝的大臣常常在把国王颁发的执照发给人以后，把同一种执照发给出价更高的人。苏巴布、纳巴布、拉依亚也同样使用这些执照。他们每人都用武力来支撑维护用高价买来的权利。马拉特人宣布谁付给他们钱最多就拥护谁。法国军队或英国军队两个营就能打垮这些身无薄技的，这些甚至除了马拉特人之外胆小如鼠的乌合之众。因此，生性怯懦、贪生怕死之辈为了在印度当上君主，甚至祈求来自法国和英国的商人保护。就是逢这样的时机，一个普通的船长能比我们当中的任何一位将军挣得的钱财都更多。

正当这个半岛的君王互相争斗之际，英国商人和法国商人也在互相争斗，因为他们的国王也在欧洲相互敌对，势不两立。

1748 年的和议缔结后，迪普莱克斯把他那硕果仅存的军队保存起来。这支军队既有被称为白人的欧洲士兵，也有从岛上移居到印度的黑人以及印度的西帕耶②和步兵。

这些地区有个名叫尚达萨埃布的副僭王③。他是个出生于位于耶路撒冷以南的沙漠的阿拉伯冒险家。他为了发财致富移居印度，当上一个阿卡特的纳巴布的女婿。这个阿拉伯人杀害了他的岳父、兄弟和侄儿。在经受了同他的罪恶颇不相称的挫折之后，他求助于总督迪普莱克斯以求取得阿卡特的纳巴布职位，而这个职位隶属于本地治里。迪普莱克斯先秘密借给他 1 万金路易。这笔钱加进这个卑鄙无耻的恶棍的剩余的财产，使他获得阿卡特总督

---

① 奥斯曼帝国时期土耳其人对非穆斯林国民的蔑称。
② 欧洲国家殖民地军队中的印度兵。
③ 指冒用帝王尊号者。

的职位和辖区。他的钱财和阴谋诡计、歪门邪道让他获得阿卡特总督证书。他一旦这些权力到手，迪普莱克斯就借给他军队。他使用并入真正阿卡特总督的军队的这些军队打仗。就是这同一个笔者已经谈到的年高 107 岁的阿纳维尔迪坎在率领他的军队时遭到杀害。

胜利者尚达萨埃布占有死者财富后，把 20 万法郎发给本地治里的士兵，给予军官们以丰礼厚赠，接着又把 35 个阿尔德赠与印度公司。**阿尔德**一词意为**村镇**。自阿拉伯人入侵以来，这个用语现在仍在西班牙使用。阿拉伯人对西班牙和印度同样进行过统治。他们的语言在一百多个省份中留下印记。

这次胜利唤醒了英国人。他们立即表态支持战败的家族。有两个纳巴布。正如苏巴布（或者德坎的国王）与本地治里的总督结成联盟一样，另外一个国王——德坎的国王的竞争者——与英国人联合起来。因此在设于克罗曼德尔沿海海岸的英、法两国的商站之间，又一场血腥的战火点燃了，而此时此刻欧洲正在享受和平之福。在这场战争中，作战双方耗光了用于发展商业贸易的资金。双方都希望用印度王公的财富补偿自身。

交战双方官兵作战时都奋不顾身，前仆后继。奥特耶大人、比西大人、拉斯大人和其他很多人都因自己的战绩著称于世。这些战绩像萨克森元帅的军队的战绩那样光辉灿烂。特别有人立下一项既令人惊讶不置，又毋庸置疑的战功：一个名叫德拉图西德的军官由 300 个法国人跟随，遭到一支 8 万人的、威胁本地治里的军队的包围。这个军官夜间插入敌军营帐，杀死敌军 1200 人，而自己损失不到两名士兵。他这一举动令敌人这支大军胆战心惊，失魂落魄,把这整支敌军打得四处逃散,溃不成军。这是比 300 个斯巴达人在塞莫皮莱要隘①作战的那一天更加辉煌的日子,因为这 300 个斯巴达人在这个要隘捐躯沙场,而法国人却在这个日子高奏凯歌。然而,我们可能不会大张旗鼓、大事张扬庆祝值得庆祝的那些事物。我们进行的不可胜数的战斗,淹没了这个日子的光荣。

受到法国人保护的国王名叫穆萨-费尔辛格。他是受到英国人厚待的国王的侄子。这位伯父俘虏了侄子,但他不顾这个家族的习俗惯例,没有把侄子处死。他让他戴上脚镣手铐,让他跟在他军队后面,把他拖着。迪普莱克斯同敌军军官交涉,获得圆满成果,以致在第二次战斗中,曾经战胜穆萨-费尔辛格的人被杀,伯父国王被俘。穆萨-费尔辛格的敌人的财富成了他的战利品。在敌军的营帐中有现金 1700 万。穆萨-费尔辛格承诺把这笔钱的大部分给予印度公司。这支小小的法国军队分得 12 万法郎。全体军官得到的奖赏大大优于任何欧洲国家可能给予他们的奖赏。

迪普莱克斯像一个至高至尊的国王向邻国君主表示尊重那样,在本地地治里接见穆萨-费尔辛格。这位新苏巴布取得王位,应向迪普莱克斯感恩致谢,于是奉赠他的这位保护人 80 个村镇以及一笔 24 万利弗的养老金,也给予迪普莱克斯夫人一笔同等数额的养老金,给予迪普莱克斯的首任夫人的一个女儿一笔 4 万埃居的养老金。既是施恩者又是受保护者的尚达萨埃布,被任命为阿卡特总督。迪普莱克斯的排场之盛大豪华,至少与两位王公的排

---

① 位于希腊。公元前 480 年,斯巴达将领莱奥尼达斯曾在此率领 300 名斯巴达人英勇奋战,顽强坚守,打退来犯的波斯人。

场不相上下。他乘坐轿子，由以军乐为前导的一支由 500 人组成的卫队护送，由武装大象跟随，前往迎接两位王公。

受迪普莱克斯保护的、在一次军队叛乱中被杀的穆萨－费尔辛格死后，迪普莱克斯任命另外一个国王。他从这位国王那里得到四个小省作为对印度公司的馈赠。到处都有人对他说，一年以内他会让大莫卧儿惴惴不安。事实上，他已经是个君主，因为他以 24 万利弗的低价从大莫卧儿的掌玺大臣那里购得卡纳特总督的执照后，就与受他支配的达萨埃布平起平坐，而权势和影响更有过之而无不及。他作为法国侯爵，曾被授予圣路易绶章。但这些不足挂齿的荣誉与他在印度的显职高位以及巨大权势相比，真是微不足道。本书作者读过一些信函。在这些信函中他的妻子被当作王后对待。当时成百上千次胜利和举不胜举的荣誉，令印度公司股东，甚至令法国内阁眼花缭乱，冲昏头脑。热情之高，几乎和这一体制开创之初相同，而希望又更加有根有据，因为似乎仅只特许公司拥有的土地，就财源滚滚，年赚约 3900 万利弗。普通年份，在法国洛里昂港出售价值 2000 万利弗的家具、衣物及日常用品。似乎所有费用扣除后，公司每年能指望挣得 5000 万利弗。欧洲没有一位君主，甚至可能地球上也没有一位君主，在一切捐税缴清付讫后能有这样的巨额收入。正是这宗过于巨大的财富，使这家公司变得疑窦丛生。因此，这所有荣华威势、所有繁荣兴隆，都有如夜间梦幻，统统烟消云散，无影无踪。法国第二次觉察到它堆金积玉、富甲天下，只不过是镜花水月而已。

迪普莱克斯侯爵企图包围邻接阿卡特的马迪雷的首府。英国人向该地派去救兵。法军军官向侯爵指出这一包围行动不可能成功。但他却固执己见。在他更必欲自己作为被人百依百顺的国王，而不作为身负重托维护公司的个人发布命令之后，包围者被被围者打败。他的军队半数被杀，半数被俘。采取这些举措花费的巨额钱款全都白白花掉。受他保护的人尚达萨埃尔在溃逃中被俘，后被斩首（1752 年 3 月）。就是这位著名的克莱夫爵士①在这次胜利中起了主要作用。他由此开始了他光辉的一生。这一生从那时起使英国公司几乎取得整个孟加拉国。他获得并保存迪普莱克斯过去保持的威势、荣誉和财富。最后，自此日起，法国公司日渐式微衰落。

1753 年迪普莱克斯被召回法国。奉派继承这个曾经扮演伟大国王角色的人，是一个只像优秀商人那样为人行事的人。迪普莱克斯在巴黎沦落到与印度公司争夺这家公司的财富的一点可怜的残余，沦落到央求法官在接待室接见他。他不久后就郁郁而终，而本地治里此后又遭到更大的灾难。

1756 年的那场带来深重灾难的战争②在欧洲爆发后，法国内阁颇为本地治里和所有在印度的法国殖民地担忧。这种担忧的正当理由太多。它派遣拉利伯爵副长官前往印度。这位伯爵属于那些随同詹姆士二世的家族移居法国的家族。他在丰特努瓦之战中不同凡响，名声大震，亲手抓获多名英国军官。为此法国国王在战场上就地提升他为上校。正当查理－爱德华亲王在英国争夺王位

---

① 克莱夫（1725—1774 年），英国著名将领。

② 指 1756—1763 年进行的七年战争。交战双方为法国和英国，法国战败。1763 年签订巴黎和约，法国将加拿大、俄亥俄流域、密西西比河左岸的整个路易斯安那、塞内加尔的法国商站以及除五个商站以外的印度法属殖民地全部割让给英国。

时,正是他制订了用一万人的兵力在英国登陆的计划。这项计划的大胆性大于可行性。他对英国人的刻骨仇恨和英勇无畏,使他被优先选派前往印度海岸与英国人争斗。但是不幸的是,他没有把在履行如此困难棘手的委托中不可或缺的审慎、节制、耐心同他的大胆、勇敢结合起来。他想象阿卡特仍然是个富饶地区,本地治里仍然应有尽有。他想象将得到印度公司的、军队的,特别是他带领的老爱尔兰团的稳定可靠、无懈可击的帮助。他沉浸在他所有的期望中,而现实的状况却是:钱柜空空如也,各类武器短缺;只能向军队提供黑人和印度士兵;私人富有;殖民地贫困;没有任何服从隶属关系。凡此种种让他激怒万分,并在他身上点燃一股恶劣烦乱的情绪之火。这种情绪对一个首领来说颇不相宜,总会把事情搞糟。如果他能谨慎对待枢密院,如果他能满足军官,他本会获得金钱援助,搞好团结,确保本土治理安全无虞。

他出发时,印度公司的领导曾经恳求他"改革举不胜举的弊端,清除过度挥霍浪费以及吞噬全部税收的极端混乱状态。"他过分以这一请求炫耀自夸,把所有本应对他服从的人树为仇敌。

尽管他这样悲观地看待一切,最初却取得可喜成就。他从英国人手中夺得距离本地治里几里的圣大卫要塞,并把这座堡垒的围墙夷为平地(1758 年 4 月 28 日)。假使人们想了解对任何军人来说都值得关切的他的灾难的根源何在,就必须读读他从圣大卫要塞前面的营帐致公司在本土治里城的总裁迪瓦尔·莱里特的信函。

(1758 年 5 月 18 日)大人,如果你向我提供完成我的事业的方法手段,这封信将是你我之间的一个永恒的秘密。我曾经为你留下我的钱 10 万利弗,帮助你提供这一事业所需费用。我到来时既没有在你的钱袋里,也没有在你的枢密院的口袋里找到哪怕 100 苏的财源。你们大家全都拒绝我运用你的信誉和影响。然而,我认为你们大家比我更应该对公司感恩。我不幸只在 1720 年为公司丧失了我的一半财富以后才有幸了解这家公司。你如果继续让我一无所有,让我处于面对普遍不满的险境的话,我不仅要把这家公司的雇员在这里表现出的为国王和公司效劳的热情告知国王和公司,而且还将采取有效措施,以便在我想在这个地区所作的短暂逗留期间不依靠党派精神,不依靠利益意识,不依靠个人动机。我看见每个成员似乎都完全冒公司之险对这种动机念念不忘。

这样一封信不会使他结交朋友,也不会使他获得钱财。他没有挪用公款,也没有贪赃枉法。但他不识时务,冒冒失失,显出要同那些发财致富的人斗争,以致公众对他的仇恨有增无减。

军事行动全都因此蒙受不利影响。本书作者在主要军官写于印度的日记上读到这些话:"他只谈镣铐和牢狱,却不考虑人的区别和年龄。他不久前就这样对待莫拉森大人本人。拉利对什么人都抱怨连天。什么人也都对他抱怨连天。他对某伯爵大人说:'我觉得有人讨厌我,有人想看见我离得远远的。我用我的名誉向你担保,我书面向你担保,如果莱里特大人要给我 50 万法郎,我就辞职,我乘三桅战舰去法国。'"

这本日记接着写道:"人们今天在本地治里处于最大的困境。没法在那里筹集 10 万卢比。士兵们明目张胆威胁说要结成团伙投敌。"

(1758 年 12 月)尽管情况混乱得令人惊恐万状,拉利伯爵仍然鼓足勇气前往包围马德拉斯,并首先占领了整个黑城。但是正是这一点使他虽然兵临高城城下,却未能攻占。高城就是圣乔治要塞。1759 年 2 月 11 日,他在这座要塞前面他的营帐中写道:"正如我所想的那样,我们之所以没有拿下马德拉斯,主要应归因于至少 1500 万遭到抢劫。这些钱被抢走的和散落在士兵当中的同样多。谈到下面这件事我真是惭愧万分、无地自容:为了把一批鉴于其数量巨大你们定会让人阻止带到本地治里的掳获物运到那里,有军官竟然胆大妄为用我的名义支配使用谢兰格的西珀耶。"

本书作者有一本一位主要军官的日记。这本日记的话本书作者已经引用。日记的作者不是拉利伯爵的朋友,远远不是。他的证明只在证实了同样的令拉利绝望的抱怨不满时,才更可接受。以下是他特别的自我表露:

军队在黑城中肆无忌惮,大肆抢劫。它们因此大发横财。出售烈酒的大商店让人在那里长时间酗酒滥饮,维持着这种恶行以及这种恶行滋生的种种罪恶。这是个必须看到的局面。防御工事、堑壕的防卫都由酒鬼充任。只有洛林团免于这种传染。然而其他部队都劣迹斑斑。拉利团表现得比以往好。由此产生了隶属关系方面和纪律方面的最卑鄙无耻、最具破坏性的景象。人们看见官、兵互殴以及另外一些可耻的行为,其细节最准确、最真实,看起来会是一种骇人听闻的夸张。

局势极其混乱。什么也不会成功。在丧失了一部分军队之后,(1759 年 2 月 18 日)围城行动撤销。陆上和海上的其他行动更加不幸。部队叛变,勉勉强强加以平定。拉利将军率领这些部队前往阿卡特省,以夺回范达瓦希要塞。此前英国人经过两次徒劳无功的尝试后,占领了这座要塞。在其中一次他们被热奥热昂骑士打得落花流水,全军覆没。拉利敢于用劣势兵力向英国人发起进攻。如果有人从旁协助,他本会打败这些英国人。然而,他得自这次征战的,只不过是再次证明了形成他的性格的顽强勇敢的这种光荣。

拉利伯爵迭遭创损之后,最终不得不撤到本地治里。一支由 16 艘船舰组成的英国海军分舰队在一场胜负未决的海战后,迫使一支奉派前来救援这个殖民地的法国海军分舰队驶离本地治里的锚地,前往一个法属岛屿检修。

这个城市有印度居民和黑人居民 6 万人,有 500—600 个欧洲人家庭。粮食奇缺。拉利首先提出让印度居民和黑人居民离城他迁。这些人使本地治里断粮挨饿。但是,怎样把这 6 万人赶走呢?枢密院不敢采取这一行动。这位将军下定决心把抗击包围的斗争进行到底,发布了一项严禁谈论投降,违者格杀勿论的公告。在此之后,他不得不下令在城内所有房屋中严格搜寻粮食。这一举措甚至在总督、枢密院人员和主要官员家中执行时,搜寻人员也态度生硬,不留情面。这个行动终于令所有精神已经过于错乱的人怒火中烧,气急败坏。这位将军对待整个枢密院态度何等轻蔑、何等冷酷,人们知道得实在太清楚了。他曾在一次征讨中公开扬言:"我不愿意长期等待答应给我运来的军火。如果必要,我要让莱里特总督和全体枢密院参事干这件事。"这位莱里特总督向军官们出示很久以前拉利写给他本人的一封信,信中有这样一些话:"我宁愿去指挥卡弗尔人,而不愿留在这个索多姆。没有老天爷的炮火,英国人的炮火或早或晚摧毁这座城,是不可能的。"

就这样,拉利因他满腹牢骚和急躁狂热,把本地治里的所有军官和所有居民个个树为自己的仇敌。人们与他针锋相对,以辱报辱。有人在他家门上张贴比他的信件和他的谈话更具侮辱性的揭帖。他被激怒的头脑似乎有时昏乱不堪。愤怒和不安,经常产生这种可悲的后果。尚达萨埃布纳巴布的一个儿子当时正在本地治里他母亲身边避难。一个不久后随同驶回的法国舰队登陆的军官——这是个说老实话、大公无私的人——报告说,这个印度人常常看见这位法国将军一丝不挂躺在床上,唱着弥撒和圣诗。在这之后,这个印度人问一个很有名气的法国军官,法国国王为奥斯曼帝国首相选派来一个疯疯癫癫的人,这是否法国的习俗惯例。这个军官听后大吃一惊,对他说:"你为什么问我这样一个稀奇古怪的问题?"这个印度人回嘴反驳道:"因为你们的首相向我们派一个疯子来整顿印度事务。"

英国人已经从陆、海两方面包围了本地治里。拉利将军除了同马拉特人洽商谈判以外,别无他法。马拉特人答应派来一支18000人的救援部队。但是,因他们感到对方已无分文可以付给他们，因此他们的一兵一卒都没有出现。被包围者被迫开门乞降（1761 年 1 月 14 日）。本地治里的枢密院勒令拉利伯爵本人投降。他召集一次军事会议。与会军官决定根据已经签订的交换俘虏及掩埋阵亡尸体协议书投降，成为战俘。但英国军队的库特将军却想无条件拥有这座城市。法国人前次已经拆除圣大卫，因此英国人有权让本地治里变为荒无人烟之地。拉利伯爵白费苦心，口头、书面要求执行上述协议书。城中有人活活饿死（1 月 16 日）。于是这座城市交给了胜利者。胜利者不久以后就把城防工事、城墙、仓库、军火库以及所有主要住宅统统拆毁，夷为平地。

与英国人进入这座城市同时，战败者互相大事责难诟病。居民亟欲杀死他们的将军而后快。英军司令官不得不为这位将军派去一支卫队。他重病在身被用轿子抬走。他手握两支手枪，用来威胁叛乱者。这些怒不可遏的人尊重英国卫队，向军事特派员——一名军需官、资深军官、圣路易骑士——奔去。这位军事特派员手执利剑。人群中一名暴跳如雷的人向他走去，被剑刺死。

这就是本地治里可悲的命运。该城居民彼此造成的伤害比他们受到的来自战胜者方面的伤害更多。拉利这位法国将军连同两千名俘虏被运往英国。在这漫长而艰难的旅程中，他们还为他们共同的不幸互相埋怨责难。

这些俘虏甫抵伦敦，下车伊始就著文抨击拉利和过去曾经忠心依附拉利的极少数人。

拉利和他的亲随左右，则著文抨击枢密院、军官和居民。他坚信这些人都应该受到指责，只有他单独一人正确，因此他虽然身为英国人的俘虏,仍然要前往枫丹白露①,仍然提出前往巴士底狱。
(1762年11月)他的话立即被人抓住把柄。一度曾因出于同情怜
悯之心而人数减少的大批敌人,在他被关押起来后又人数增加。
他身陷囹圄,但在15个月内却无人前来审讯。

1764年,一个名叫拉洛尔的耶稣会教士死于巴黎。此人长期
受雇于印度的传教会。在印度,教士往往在宗教事务的借口下从
事世俗事务。在印度,教士挣得的钱财往往多于居民。这个年轻
的耶稣会教士要求政府发给他一笔400法郎的养老金,以便前往
他的故乡佩里戈尔拯救自己的灵魂。他的小银箱里被发现藏有约
价值110万利弗的财物,或者是票据,或者是金子,或者是钻石。
这就是不久以前著名的耶稣会教士佩普在那不勒斯去世时人们曾
经见到的情况。那时正准备对他封圣,他的金银财宝因引起争议,
被交由第三者保管。他的这只小银箱里有一篇控告拉利的诉状。
在这篇诉状中,拉利被控犯有侵吞公款罪和危害王权罪。在整个
法国,当时耶稣会教士写的东西遭到鄙弃,就和他们本人遭到鄙弃
一样,谁也不会相信。然而,这份诉状却极其详尽,拉利的敌人让
它充分实现它的价值,因此它被用来充作揭发控告拉利的罪证。

被告先被移送到夏特莱②,很快又移送高等法院。这宗诉讼
预审了两年。拉利犯了叛国投敌罪吗? 根本不存在这个问题。因
为假如他与英国人暗中勾结串通,假如他把本地治里出卖给英国
人,他就会留在英国人中间。再者,英国人并不愚蠢荒唐。购买一

---

① 位于巴黎东南的著名市镇,以其壮美的宫殿著称于世。
② 位于巴黎塞纳河右岸,建于1130年。1190年成为巴黎裁判所所在地。17世
纪一度成为法庭和监狱。

块他们作为陆地和海洋的主人确有把握攻占的饥馑之地,会是愚蠢荒唐之至。他犯了侵吞公款罪吗?也同样不存在这个问题,因为他从未负责管理法国国王的或公司的钱财。但是,言行冷酷、滥用职权、凶狠压迫等言辞,法官却在他的仇敌的众口一辞的证言中大量看到。

拉利始终坚信,他只不过是言行严厉而非有罪,因此他冒失轻率地在他的诉状中辱骂被普遍认可的军官。他想把这些军官和整个本地治里的枢密院全体人员搞得声名狼藉、臭名昭著。他越顽固坚持,越想损害他们以此洗刷自己,就越把自己抹黑。他们的朋友比比皆是,而他自己却是孤家寡人。公众的呼声有时充作证据,或者至少加强证据。(1766 年 5 月 6 日)法官只能根据一些断言宣判。他们以"背叛法国国王、国家以及印度的利益罪,滥用职权罪,欺压罪和勒索罪判处副长官拉利斩首。"

必须注意这一点:**背叛国王利益**等字眼,并无在英国被称为**叛国罪**的行为的含义。在我们法国人中间这些字眼的含义是**危害王权**。背叛利益在我们法国人的语言中只表示行为不端、忽略某人利益和损害某人利益,而不表示背信弃义、奸诈作伪。当向拉利宣读对他的判决时,他吃惊得目瞪口呆、怒不可遏、暴跳如雷,想用他手中的一只两脚规刺穿自己的心脏。这个器械以前偶然到他手中之后,他在狱中用来制作科罗曼德尔海岸的地图。他自刺心脏被人阻止。他大发雷霆,他冲着法官表现出的狂怒,比他曾经冲着英国表现出的狂怒有过之而无不及。这或许是他的坚信的新证据:他始终坚信自己有功配受奖,而非有罪应受罚。了解人的内心的人都知道,犯罪的人通常自己会在灵魂深处正确评价自己。他们不会暴跳如雷对抗审判他们的法官。他们闷闷不乐，羞愧狼狈。没有一个对所犯错误供认不讳而又对审判他的法官恶言秽语、肆意辱骂的例子。本书作者并非断言这就证明拉利完全清白无辜，但这却证明他认为自己完全清白无辜。于是他的嘴里被塞入口衔。这个器物伸出到他的嘴唇上。他就这样被带进格雷弗的一座坟墓。人是如此轻浮，以致这个令人憎恶的场景，比他受到的痛苦折磨引起更多怜悯同情。

法院判决没收他的财产，从中提取 10 万埃居救济本地治里的穷人。有人写信给本书作者说，这笔钱无法找到。本书作者对自己一无所知的事物绝对不妄加肯定。如果说有什么事能够让我们信服在世界政治事务的一片混乱中存在一种引发所有事件的命定性的话，这就是看到一个连同他的国王的家族被驱赶出祖国的一个爱尔兰人①。他在 6000 里之外指挥法国军队；在不为亚历山大、成吉思汗、帖木儿等人所知的海岸上，他因在恒河的古老海湾被英国人俘虏，在塞纳河彼岸死于最残酷的肉刑。

这场灾难在本书作者看来，在任何环境、任何形势下都值得传达给子孙后代。它不允许本书作者详细叙述法国人在印度和美洲遭受的一切灾难。这里只是一个令人感到悲痛的梗概。

---

① 指查理—爱德华·斯图亚特亲王。详见前文。

第 三 十 五 章

法 国 人 的 损 失

　　法国在印度最先丧失的殖民地是香德纳戈尔。这是法国公司在恒河出口处拥有的地区。这家公司就是从这个地区获得质量最优的货物。

　　英国人自从攻占香德纳戈尔的城市和堡垒以来，就在印度不断破坏法国人的商业贸易。印度皇帝的政府软弱无能，无法阻止欧洲商人在他自己各邦中结成联盟，进行战争。英国人甚至大胆前来进攻苏拉特。这是印度最美丽的城市之一，商业最发达，属于印度皇帝。(1758 年 3 月)英国人攻占这个城市，对该地大肆抢劫，摧毁法国在该地的商站，抢走大量财物，而既愚蠢无知又豪奢虚浮的大莫卧儿宫廷竟然似乎对这一奇耻大辱毫无感受。这种凌辱会使在一个名叫奥伦格泽布的人统治下的印度的英国人被统统消灭。

　　最后，在世界的这一部分还留给法国人的，只是在四十多年内为了建立一家从未赚得一分一厘利润、从未付给债权人它的大宗买卖赚来的一分一厘红利的公司①花费了巨额钱款的这种遗憾。这家公司只靠了一种秘密掠夺，才得以继续维持下去。这家公司只因有国王给予的烟草包税的一部分，才得以支撑维持。这是法兰西民族迄今为止具有的关于在印度进行的规模巨大而又导致破产的商业贸易方面的愚昧无知的、庸庸碌碌的、难忘的而又可能毫无用途可言的例证。

（1757 年 5 月）英国舰队和英国军队在亚洲使法国人倾家荡产的同时，也把法国人驱逐出了非洲。法国人本是塞内加尔河的主人。这条河是尼日尔河的支流。他们在那里筑有要塞，在那里进行大规模的象牙、金粉、阿拉伯树胶、龙涎香贸易，特别是贩卖黑人。这些黑人时而被他们的首领当作动物卖掉，时而他们又卖掉自己的孩子或者自我出卖，以便前往美洲为欧洲人劳作。英国人夺走了法国人在这些区修建的所有要塞以及价值 300 多万图尔诺瓦的贵重货物。

法国人在非洲的这些海域的最后一个殖民地是科雷岛。这个岛屿无条件投降英国人（1758 年 12 月 29 日）。于是从此在非洲什么都没有给法国人留下。

法国人在美洲的损失，比这更加巨大。这里姑且不去详谈上百次小规模战斗以及所有要塞先后如何丧失。只消谈谈以下情况就已足够：英国人第二次攻占刘易斯堡（1758 年 7 月 26 日）。这一次这座要塞修筑设防之糟、食物供应之差，与上一次不相上下。最后，当英国人在进入位于印度河河岸的苏拉特时（1759 年 3 月 2

－－－－－－－－－－

① 原文如此。

日），他们也正在攻占位于北美洲腹地的魁北克和整个加拿大。尽管蒙卡尔姆将军为拯救魁北克而不屈不挠、拼死抵抗，冒险作战的法国军队（9 月 18 日）仍然招架不住，几乎溃不成军。这位将军这一天阵亡。他在法国受到沉痛悼念。就这样，法国人仅仅在一天之内就失去 1500 平方英里土地。

这 1500 平方英里土地的四分之一是冰冻荒原。因此，这可能并非真正的损失。加拿大让人付出太多，而给人回报却极少。如果把耗费在这块殖民地上的钱的十分之一用于开垦我们法国本地尚未开垦的土地，获利将极为巨大。然而，人们却急欲支撑加拿大，于是丧失了上百年的艰辛劳作。投入的金钱全都有去无回。

雪上加霜的是，几乎所有以法国国王的名义任用的在这块不幸的殖民地工作的人都被控告犯有严重的贪污盗窃罪、敲诈勒索罪。他们在巴黎的夏特勒受审。此时，巴黎高等法院正在对拉利进行侦讯。拉利过去出生入死，在冒了一百次生命之险后，自己的生命丧失在一个刽子手手中，而此时加拿大的贪赃枉法者却只被判处归还非法所得或缴付罚款。在看来相同的事务中，区别何啻霄壤！

英国人在北美大陆上这样进攻法国人的同时，又转向海岛。瓜德罗普岛这个小而繁荣兴旺、生产优质糖料的岛屿，未发一枪一弹就落入英国人手中。

最后英国人攻下马提尼克。这是法国曾经拥有的最好、最富庶的殖民地。

法兰西这个王国无法遭受如此巨大的灾难而不丧失它派去预

防这些灾难的所有船舰。一支法国舰队刚驶入大海，就被俘获或遭到摧毁。法国匆匆忙忙制造、武装一些船舰。这是在为英国劳作，因为这些船舰很快就成了英国的战利品。

法国人意欲为不可胜数的损失报仇雪恨，在爱尔兰登陆袭击。为这一毫无成果可言的行动花费了巨额钱款。投入这一登陆行动的舰队一旦驶出布雷斯特，就部分被驱散，或者被俘，或者沉陷在一条名叫维莱内河的河的淤泥中。船舰在这片淤泥上力求避险得救，但徒劳无功。最后英国人在从法国海岸看得见的地方占领了贝尔岛。法国却无法救援。

只有埃吉戎公爵为法国遭受的举不胜举的凌辱和损失报了仇，雪了耻。一支英国舰队还在靠近圣马洛的圣卡斯特进行了登陆袭击。法国全国都处于遭受攻击的险境。在这个地区担任指挥的埃吉戎公爵，立即率领布列塔尼的贵族，率领他在行军途中遇到的几个营和民兵奔赴前线（1758 年 9 月 1 日）。他迫使英国人返回他们的船舰。英国人的后卫部队部分被歼，另一部分被俘。然而法国人却仍然处处倒霉背运。再说，对埃吉戎公爵立下的这番功劳，对他洒在意大利的鲜血的报答又是什么呢？是对他的公开的、凶残的、几乎和拉利遭受的迫害相同的迫害。拉利证明了，只有那些避开宫廷和公众的人才是有理的。

英国人在海上从来没有具有当时那样大的优势。但是，他们在任何时期都对法国人具有优势：他们在 1741 年的战争中摧毁了法国的海军；他们在西班牙王位继承战争中消灭了路易十四的海军；他们在路易十三时代、亨利四世时代控制着海洋；他们在神圣联盟①的不幸时期更是海洋的主宰；英国国王亨利八世对弗朗索瓦一世具有同样的优势。

读者如果回溯到先前的时代，就会发现查理六世②和菲利普·德瓦洛瓦③的舰队顶抗不住英国国王亨利四世和爱德华三世的舰队的进攻。

英国具有这种恒久不变的优势原因何在？难道不正是因为英国人从根本上需要海洋而法国人却能够想尽办法省却海洋吗？难道不正是因为正如人们已经说过，一个国家、一个民族在为获得他们绝对必需的事物进行的劳作中总是成功的吗？难道不也正是因为英国的首都是个海港，而巴黎却只见到塞纳河上的船只吗？最后，难道不也正是因为，可能正如它出产优种良马和最好的猎犬那样，英国的气候和土地生出比法国人身体更加强壮、性格更加坚韧的人吗？但是，自巴荣纳起一直到卡尔迪和佛兰德尔的海岸，法国也有艰苦勤奋、孜孜不倦的人。只有诺曼底从前曾经征服过英国。

当一个积极活跃、英勇无畏而又明智审慎，与贝尔－伊斯尔元帅同样视野开阔、高瞻远瞩，但比这位元帅更加机智的人④感到法国单独一个国家几乎不足以弥补如此巨大的损失的时候，事情在

---

① 指 16 世纪法国的天主教联盟。
② 查理六世(1368—1442 年)，法国国王，被称为"疯子查理"或"可爱的查理"。在位时期患精神病，王权衰落。与英国交战战败。和约规定他死后王位由英国国王亨利五世继承。
③ 菲利普·德瓦洛瓦(1293—1350 年)，法国国王，即菲利普六世，为法国瓦洛瓦王朝第一代国王。
④ 指舒瓦瑟尔公爵，详见后。

陆上和海上就处于这样一种可悲可叹的状态中。他懂得让西班牙参加进来支撑这场争端。他让波旁家族的所有支派结成同盟一致行动。共同的利益就这样把西班牙、奥地利同法国结合起来。葡萄牙实际上只是英国的一个省份。英国每年从葡萄牙提取 5000万英镑。必须就在这里打击英国。正是这一点让因他的兄弟费迪南去世而成为西班牙国王的堂·卡洛斯下定决心进入葡萄牙。这一行动可能是现代史提到的最重大的行动。但它仍然枉费心机，毫无用途。英国人对西班牙进行抵抗，拯救了葡萄牙。

从前菲利普二世在位时期，单独一个西班牙就令整个欧洲心惊胆战，惶恐不安，而现在它同法国联合起来却对英国人无计可施，无可奈何。维斯特法利亚的一个领主拉利浦－斯雄堡受英国国王派遣，前往救援葡萄牙。他从来没有担任过总司令的职务。他的军队很少。然而，他一抵达前线，就获得对联合起来的西班牙人和法国人的优势。他打退了他们的进攻，让葡萄牙平安无事。

与此同时，一支英国舰队让西班牙人为迟晚表态支持法国付出了昂贵代价。

（1762 年 8 月 13 日）哈瓦那在美洲的最大的岛屿古巴岛的北海岸修建起来。它位于墨西哥湾的入口处，是新世界的人经常聚会的场所。这个海港既宽阔又安全，能容纳船舰 1000 艘。它由三个要塞防卫。从这些要塞发出的交叉火力使敌人无法靠岸。英国的阿尔贝马尔勒伯爵和波科克海军上将前来进攻这个岛屿。但是他们试图尽力避免靠近海港。他们在远处一个被人认为无法靠岸的海滩下船登陆。（1762 年 8 月 13 日）他们从陆上包围并攻占了最重要的要塞,迫使这座城市其他要塞和整个岛屿连同在港内停泊的载有金银财宝的 12 艘船投降。他们在城内发现了 2400 万现金。一切掳获在胜利者中瓜分。他们把战利品的六分之一单独分开,准备发给穷人。掳获的军舰则上交国王。掳获的商船交给海军上将和舰队全体军官。所有这些战利品值达 8000 万。人们注意到,在这次战争和上次战争中,西班牙之所失多于它在二十年内在美洲之所获。

英国人并不满足于在墨西哥海从西班牙人手中夺得哈瓦那和古巴岛。他们奔赴印度海①从西班牙人手中夺取菲律宾群岛。这群岛屿与古巴是地球上地位正好相反的两个地方。菲律宾群岛不比英格兰、苏格兰和爱尔兰加在一起小。如果行政管理得当,会比英伦三岛更加富有。菲律宾的岛屿中有一个有金矿。这些岛屿的海岸盛产珍珠。阿卡比尔科②的大船装载价值 300 万皮阿斯特的货物抵达首都马尼拉。(1762 年 10 月 31 日)尽管一个耶稣会教士以这个城市的主保圣人圣波塔米昂安的名义做出保证,让马尼拉不会被攻占,马尼拉、各个岛屿,特别是船只还是被攻占掳获了。战争就这样使其他国家、民族一贫如洗,使英国这个民族的一部分人大发横财。这时另外一个民族以及所有卷入这场战争的民族都正在苛捐杂税下痛苦呻吟。

法国当时更加不幸。资源耗光,民生凋敝,民穷财尽。几乎全体国民都仿效国王把他们的银质碗碟带到造币厂。主要城市和几

---

① 指包围菲律宾的海域。
② 墨西哥城市。

个行政区自己出资向国家提供船舰。但制造这些船舰尚未竣工。不管怎样，它们终归会造好。缺乏经过训练的海员。

过去的灾难令人对新的灾难心存恐惧。从未暴露于战祸威胁之下的首都，比受苦受难的省份发出更多呼喊。不再有援助，不再有金钱，不再有信誉。那些被选来管理财政的人办了几个月公后被遣回。其他人则拒绝这个职位。当时在这个职位上，只能贪赃枉法、为非作歹。

（1763年2月10日）在这一悲惨的使国家各个等级的人沮丧失望的局势之下，时任外交大臣的普拉斯兰干练灵活，吉星高照，得以签订了和议。这次议和谈判由陆军大臣舒瓦瑟尔公爵开始着手进行。

法国国王用他归还西班牙国王的米诺卡岛换取贝尔岛。英国把贝尔岛交还他。但是，法国丧失了，而且可能永远丧失了加拿大以及它花费大量金钱、大量心血取得而结果却往往成了英国人的战利品的路易斯堡。沿密西西比河这条大江左岸的所有土地全都让与英国人。西班牙把佛罗里达也给了英国人，扩大了他们的征战成果。这样从北纬25度直到北极，几乎这整个地区都属英国人所有。英国人同西班牙人瓜分了美洲半球。后者拥有出产惯常的财富的土地，前者则拥有用金、银购置的真正的财富：所有必需的用于生产食品、饮料以及用于制造业的物资。面积600平方英里的英属海岸地区江河纵横。这些有舟楫之利的河流把英国人的货物一直运到他们土地的四、五十英里的地方。德意志的各个民族急急切切移民到这些土地上。他们在这些土地上找到一种他们在故土丝毫没有享有的自由。于是他们变成了英国人。如果所有这些殖民地同它们的宗主国合并为一，毫无疑问，有朝一日，这个新殖民地将形成一个令人生畏的强国。战争过去就因为争夺两三个贫穷的居住地爆发。英国人在这个地区夺得两千平方英里土地。

圣文森特小岛、格林纳达岛、塔巴戈、多米尼加岛也被英国人占有。正是通过利用这些岛屿和牙买加，英国人和西班牙人进行一种大规模的贸易——一种被严格禁止的贸易，但却又是一种一直在进行的贸易，因为这种贸易对这两个国家都极为有利，因为需求的规律始终是最基本的规律。

法国人经过千辛万苦好容易才获得在新地岛附近的捕鱼权，以及一个名叫密克隆的未经开发的、在那里弄干鳕鱼的小岛，但不能在这个岛上建立殖民地。这是一种可悲的权利、一种经常受到欺凌侮辱的权利。

本地治里和几个商站归还了法国。但在印度，法国却被从它建立在恒河沿岸的几个殖民地赶走。在非洲，法国让与了它在塞内加尔的领地，但戈雷却交给了它。它被迫把敦刻尔克海岸这边的堡垒统统平毁。

在这场带来深重灾难的战争进行期间，法国丧失了朝气蓬勃、风华正茂的青年，半数以上在王国流通的现金，它的海军，它的贸易和它的信誉。有人认为，在一块朝向加拿大的有争议的土地这件事上同英国人言归于好，这样做就很容易防止频频发生的灾难。然而，几个野心勃勃的人想突出自己，抬高自己，成为不可或缺的人物,把法国推下这场带来深重灾难的战争的深渊。1741 年的情况①也如出一辙。两三个人的自尊心,足够让欧洲变得一片荒芜、哀鸿遍野。法国迫切要求缔结和约,以致它把缔结和约的人视为祖国的恩人。国家一直债台高筑、不堪重负,数额之巨超过路易十四时代。仅仅战争的非常开支,一年就多达四个亿。至于其余的开支多少,就根据这一点来判断吧。即使法国胜利了,它仍然会损失巨大。

这种如此令人丢尽颜面、含垢忍辱,而又如此必不可少的和平产生的后果,比这种和平本身更加令人感到痛苦。加拿大的移殖民,宁愿在大不列颠的统治下生活,而不愿来到法国。过了些时间以后,当路易十五把新奥尔良以及密西西比河右岸的整片地区让与西班牙国王时,令人感到更加痛苦和屈辱的是,西班牙国王的军官判处勉强地、违心地服从他们的法国国王的军官绞刑。总检察官、他的女婿圣路易骑士前队长、一些批发商、律师等对宜于遵办的手续提出了若干意见后,从西班牙派来的司令邀请他们晚餐。他们离席时,却遭到起诉。他们被判处绞刑。因捕方宽大为怀,他们被用火枪射死。据说,这样死得比较体面。执行这种奇怪处决的司令就是同一个奥雷利,一个为西班牙效劳的爱尔兰人。但就自此时起,他让阿尔及尔人打垮了西班牙军队。西班牙遭到的这次挫败,在欧洲和非洲都尽人皆知。但法国国王的军官在新奥尔良的受辱性的死亡,至今还不为人所知。

---

① 1740 年神圣罗马帝国皇帝查理六世去世。以普鲁士、巴伐利亚、萨克森、西班牙、法国等为一方和以奥地利、英国、荷兰为另一方之间为争夺皇位开始。战争于 1748 年结束,双方缔结亚琛和约。

第 三 十 六 章

法国国内的治理　　从 1750 年到 1762 年发生的
争端和意外事件

在这场带来深重灾难的战争爆发以前很久以及进行期间,法
国内部被另外一场世俗司法权和教会教规之间由来已久的、永无
休止的战争搞得鸡犬不宁,动乱不已。这两种战争的界限,正如今
天在英国以及其他很多国家,特别在俄罗斯那样,从来没有清清楚
楚标定划出。只要君主政体的权利和国家各个团体的权利受到置
疑,被人否认,由此总会引发危险的纠纷。

将近 1750 年,一个财政大臣无所畏惧,竟让人命令教士和修
会会士交出他们的财产清单,以便国王得以根据他们拥有的财富
了解他们应对国家尽什么义务。从来没有比这更加正确的提议,
但其后果却显得渎圣。马赛的一个老主教致函总检察官说:"别让
我们迫不得已,或者违抗上帝,或者违抗国王。你知道这两者之中
何者更为可取。"这封来自一个年迈力衰、不能亲自动笔书写的主
教的信,出自一个名叫勒梅尔的耶稣会教士之手。主教和他一家
都受这个教士的操纵。这个耶稣会教士是虔诚笃信的狂热崇拜
者、一种始终极其危险的人物。

内阁不得不放弃一个如果无法坚持下去,就不应该冒险采取的行动。教士中有几个人于是想到用一件令人感到为难的分心事让政府应接不暇,忙迫不堪;让政府在教权问题上清醒警觉起来,一边又让人尊重俗权。

这几个教士知道,著名的教皇谕旨《上帝唯一子》被民众深恶痛绝。他们决定要求临终的人出具告解证①。这种证明必须由遵从教皇上述谕旨的教士签名。如果没有就不能领受临终涂油礼②,就不能领受临终圣体③。他们冷酷无情,拒绝给予讼案挑起决斗者和那些向挑起决斗者忏悔的人这两种安慰。一位巴黎大主教特别参与这一图谋。他这样做较多出于神学家的热情,较少出于派别思想。

于是所有的家庭都为此惶惶不可终日。出现了教会分立的预兆。被称为冉森教派教士中的好些人,开始公开明确宣称,如果有人让圣事④变得如此困难,人们就会仿效很多国家,戒免圣事。这些资产者的细节琐事,比欧洲的重大利益攸关的事更使巴黎人关切。这是从莫利那教义⑤和冉森教派教义的尸体里爬出的虫子。这些虫子在城里嗡嗡乱叫,刺蜇叮咬全体国民。人们不再记得梅斯和丰特努瓦,不再记得胜利和屈辱,不再记得一切曾经震撼欧洲

---

①②③④ 天主教的圣事或称圣礼。神学上认为这种活动是借助可见的形式或表象将不可见的神思赋予领受者。圣事有:a. 圣礼(即洗礼)、b. 坚振、c. 告解(即"办神工"。信教者向听忏悔神甫表示忏悔,由听忏悔神甫给予告解证,即赦罪宣言)、d. 圣体、e. 终傅(意为神甫为病危信徒抹油祝福,使灵魂得救)、f. 神品(即授神职)、g. 婚配(指教徒在教堂内由神甫主持婚礼)。

⑤ 莫利那(1535—1600年),西班牙天主教神学家。其教义引起多明我会与耶稣会间长期的神学争论。

的事物。巴黎有 5 万宗教狂热分子不知道多瑙河和易北河流经哪些国家。这些人认为就是为了告解证，宇宙被弄得天翻地覆，天下大乱。民众就是这样。

巴黎的一个小教会堂区蒙圣艾蒂安的本堂神甫，拒绝让夏特莱的法官领受圣事。巴黎高等法院把这个神甫关进监狱。

法国国王看见这场在高等法院和主教之间激发起的小规模内战，禁止他的司法法庭介入有关圣事的案件，并等待时机让他的枢密院受理这类案件。高等法院抱怨它们就这样被剥夺了执行王国总警务治理条例的权力；教士则非常焦急不安地容忍国王的王权意欲调解平息宗教纠纷。仇恨情绪到处激化起来。

女收容所里的一个修道院院长职位问题，终于把这一纠纷点燃。大主教想自己单独一人对这个职位做出任命。巴黎高等法院反对。法国国王做出有利于这位高级神职人员的评断。巴黎高等法院于是停止履行职责，停止进行审判。情况如此，法国国王不得不派他的火枪手向这个法院的成员送下责成他们恢复履行职责、违者以违抗圣旨议处的诏令。

高等法院的各个法庭，因此循例开庭审案。但是，在案件审理过程中，当必须进行原告、被告双方答辩时，却没有律师出席。在某种程度上，这个时期与投石党时期相似。但因摆脱了内战的恐怖和丑恶言行，这个时期只以荒唐可笑的形式显露出来。

然而，这件荒唐可笑的事，却令人感到十分为难，局促不安。法国国王决心运用他温和节制的手段来熄灭这令人担心会引起火灾的小火。他劝说教士不要使用危险的严酷手段。高等法院恢复履行职责。

（1752 年 2 月）但是，不久以后告解证又出现了。又发生了拒绝行圣事①的事。这些拒绝行为使整个巴黎怒不可遏。同样上述那个蒙圣埃蒂安的本堂神甫被认定犯有第二种渎职罪，被高等法院传唤。高等法院禁止他和全体本堂神甫制造同样的引起轰动事件，否则将被俗权机关扣押。同一决定劝促大主教自身停止制造轰动事件。"劝促"一词看来已进入法国国王的温和节制的观点中。大主教甚至不愿意世俗司法部门有权对他进行劝促，于是前往凡尔赛申诉告状。一个米尔普瓦的前任主教为他撑腰。这个主教名叫布瓦耶，曾经受内阁委派向法国国王推荐担任有俸圣职的臣民。此人先为德亚底安修会②修士，继为天主教主教，后成为有俸圣职部门的司职者。他头脑迟钝、智力低下、孤陋寡闻，但对教会赋税免除等事，却极其热心积极。他视教皇谕旨为信条。他具有附属于他的职位的所有权势。他让人信服高等法院已经动手触动圣职。高等法院的决定被撤销。这个机构对国王进行了强烈的、感人的谏诤。

法国国王命令这个机构注意向他禀报人们可能做出的关于这些问题的一切告发，自己则保留严惩那些其引发纷纷议论的狂热劲头可能产生教会分立的种子的神甫的权利。他通过一项他的最高行政法院的决定，禁止臣民互相之间把对方称为革新者、冉森派

---

① 指神甫拒绝为教徒举行圣事。

② 此修会 1524 年创建于罗马。创立人为加埃坦·德·蒂埃内及卡拉法。后由马扎然引入法国。

教徒、贝拉基派①信徒等。实际上,这是在命令疯子听话。

巴黎的本堂神甫们受大主教的煽动唆使,向法国国王呈递了一份维护告解证的申请。高等法院立即发布针对组织这次申请的格雷弗的圣让本堂神甫发布的命令。法国国王撤销了这一诉讼司法程序。高等法院再次停止履行职责。它继续对国王进行谏诤。法国国王坚持劝说双方和解。但他的心血白白花费。

马赛主教的一封信被人向高等法院检举告发,被体刑执行人亲手烧掉。亚眠主教的一篇文章受到谴责。教士们正如为了向国王缴付在国王征收的赋税之外的御用金每五年集会一次那样,当时在巴黎集会,决定大家穿上主教服向国王告状。但是,国王根本不愿有这种奇特仪式。

(1752年8月)另一方面,高等法院判处一个带神像者缴付罚款、认错、跪地求饶、受训诫;判处一个副本堂神甫放逐。法国国王撤销了这项判决。

这类事件频频发生,层出不穷。法国国王始终劝告教士和高等法院和解,但教士总是继续拒绝举行圣事,而高等法院则始终不断同教士分庭抗礼,针锋相对。

最后,法国国王准许高等法院在发生有关它们负责审理的案件的情况下,对圣事进行审理,但禁止它们在没有原告时寻求审理。(11日)高等法院再次恢复履行职责。诉讼人因为案件无人闻问审理,毫无限制耗尽资财。

---

① 贝拉基(360?—420?年),古代基督教隐修士,神学家。首倡贝拉基教义,被教皇斥为异端,并处以绝罚。

（12 月）火总是潜藏在灰烬下面。大主教曾经下令拒绝为圣阿加特的两个穷老修女举行圣事。这两个修女从前听见有人对她们的神师说教皇谕旨《上帝唯一子》是恶魔般的作品以后，担心如果她们临终时收到这道教皇谕旨会遭到永刑，被罚入地狱。她们同时也担心没有被涂上临终圣油遭到永刑，被罚入地狱。高等法院派其书记官前往大主教处，请求他不要拒绝给予这两个老姑娘普通救助。这个高级神职人员在根据他的习惯回答他只对上帝说清问题之后，他的神职收入被没收。血亲亲王和贵卿受邀列席高等法院审判。

当时纠纷可能变得严重起来。人们开始担心投石党和联盟的时代的事件重演。法国国王禁止血亲亲王和贵卿前往高等法院就他把这个机构的受理权赋予他的御前会议一事发言表态。（1753 年 1 月）巴黎大主教甚至有权有势从御前会议取得解散圣阿加特小修院的决定。这两个老姑娘在那里对教皇谕旨《上帝唯一子》评价很坏。

整个巴黎窃窃私议，怨声载道。这些小小的纷争动乱，蔓延到王国不止一个城市。同样的引起轰动的事件、同样的拒绝让人领受圣事事件，使奥尔良这个城市分裂成几派。高等法院为奥尔良和为巴黎做出同样判决。教会分裂即将形成。亚眠教区的罗赞维利埃的本堂神甫在他的主日讲道中有一天竟无所顾忌，大胆地说："那些是冉森教派教徒的人离开这个教堂吧。"他还说，他将第一个双手沾上他们的鲜血。他大胆点了他的教会堂区的几个居民的名。在举行宗教仪式的行列中，最虔诚笃信的教皇法支持者，向这几个居民扔投石块，而被扔石块的人和扔石块的人对教皇谕旨和冉森派教义究系何物都一无所知。

这样的暴力行为可能被处以死刑。亚眠在其管辖范围内的巴黎高等法院,仅仅对这个捣乱的和残暴好杀的教士判处终身流放。法国国王批准这项判决。这种判决不针对纯粹宗教性质的轻罪,但针对扰乱公众安宁的暴徒的罪行。

路易十五在这些动乱中就像一个忙着把自己的相互斗殴的孩子隔开的父亲一样。他禁止他们相互拳打脚踢,禁止他们相互恶语辱骂。他训斥这个,又劝说另一个。他命令大家安静。与此同时,他禁止高等法院审理教权事务,叮嘱主教们行事要谨慎周全,把教皇谕旨视为教会的一项法律,但他却丝毫不愿有人谈论这项危险的法律。他的父亲般的关切对已经激烈冲动、忐忑不安的人能起到的作用微乎其微。高等法院认为,既然宗教纠纷必然导致国家纠纷,就不能把**教权**和**俗权**截然分开。

(3月)高等法院传唤奥尔良主教为圣事出庭受审。它让体刑执行人焚毁它的审判权在其中受到质疑的文书,国王的声明除外。它派遣法官不顾法国国王的命令,让它做出的判决在索邦神学院注册登记。人们看见体刑执行人每天忙于焚毁主教命令、指示,看见枪上刺刀让病人领受圣体的法院的执达吏助理。高等法院目光短浅,在它的一切行动中只考虑它的法律和维护它的权力。法国国王高瞻远瞩。他考虑到经常要求法律屈从迁就习俗风尚。

最后,高等法院第三次停止审理民众案件,以便只处理使整个法国不得安宁的拒绝行圣事事件。

法国国王也第三次向高等法院颁发敕令。这些文件命令高等法院履行它的职责,不要再让他的诉讼人子民为这些与他们无关的争端受到损害:私人诉讼与教皇谕旨《上帝唯一子》风马牛不相及。

(1753年5月)高等法院答复说,它如果承认国王颁发的诏书,它就会违反自己的誓言,因此它无法服从。

于是法国国王认为自己不得不流放所有高等法院预审庭法官,一些流放到布尔日,其他的流放到普瓦蒂埃。有几个则流放到奥弗涅,并把他们之中嗓门最高、情绪最激烈的四个关进监狱。

高等法院大法庭受到赦免。但它认为事关它不受赦免的这种荣誉。它坚持不对民众案件进行审判,坚持针对违犯法律者。法国国王把这个机构打发到逢图瓦兹。这个小镇离巴黎6英里。奥尔良公爵摄政时期也曾经把它打发到该地。

欧洲对法国有人为一丁点鸡毛蒜皮的事大叫大闹、吵嚷不休,感到十分惊讶。法国人被视为轻浮的民族。如果没有公认的良好法律,他们会为了在别国被人不屑一顾的争吵一把火把什么都烧光。当人们看到50万人为了一场皇帝①的选举武装起来,欧洲、印度和非洲田园荒芜、满目疮痍的时候;当人们接着再度陷入这场小笔墨官司中的时候,人们认为听见狂风暴雨、雷鸣闪电之后的雨声。但是,人们应该忆起德意志、瑞典、荷兰和瑞士从前曾经经历过同荒谬言行相比猛烈得多的震撼;应该忆起西班牙的宗教裁判所比国民的骚乱更坏;应该忆起每个民族都有它的癫狂荒诞和灾

---

① 指德意志皇帝。

祸不幸。

（1753 年 7 月）诺曼底的高等法院在圣事问题上亦步亦趋,仿效巴黎的高等法院的做法。它传唤埃夫勒的主教。它停止进行审判。法国国王派遣王家卫队的一名军官前往删除这个高等法院的注册登记。这个机构最后比巴黎高等法院更加驯服。

如果人明智而公正的话,首都中断了的分配性审判本会是一大福祉。然而,由于人既不明智,也不公正;由于诉讼审理必须进行,法国国王就任命他的最高行政法院的一些成员组成法庭,对诉讼案件进行终审判决。（11 月）有人想让夏特莱对这个法庭的设置注册登记,似乎有必要让低级司法部门使王权具有正确性和真实性。这些注册登记的习俗惯例,几乎总有它们的缺陷弊端。这个手续方面的缺陷还有更大的弊端。夏特莱拒绝注册登记。于是用国王敕令强迫它注册登记。这个王家法庭召集开会,但诉讼辩护人丝毫不为所动,拒绝为人打官司。于是王家法庭在巴黎受到嘲笑。它也自嘲。根据法兰西这个民族的天性,什么都会变为笑谈。这个民族总是第二天就把前一天让它瞠目结舌、惶恐不安,或者让它兴奋激动、欢欣鼓舞的事当成笑料。教士们也笑逐颜开,但这是因他们的胜利带来喜悦而欢笑。

（1754 年 7 月）米尔普瓦的前主教布瓦耶作为这些骚动的始作俑者而不自知。他因年迈体弱及身体器官衰退变为稚拙小儿。似乎一切都趋于和解。大臣们同巴黎高等法院进行谈判。这个机构被召回巴黎,并在下层百姓高喊"高等法院万岁!"的喧闹声中,在整个巴黎都心满意足的情况下返回巴黎。（8 月）巴黎高等法院返回巴黎是一次胜利。法国国王对教士们和高等法院强抗硬顶、不屈不挠的态度都十分腻烦，于是下令停止吵闹，进行和议，并准许俗间法官采取措施对付骚乱者。

（9月）教会分立不时在巴黎和外省爆发。尽管法国国王采取种种措施防止拒绝行圣事事件发生，几个主教仍然寻求在罗马宫廷以这些拒绝行动居功自傲。一个南特主教在这个城市做出苛严冷酷、激起公愤的榜样之后，被南特的普通初等法院判处6000法郎罚款。他缴付了这笔罚款。法国国王并不觉得此人恶劣危险，因为他对这类争吵已经感到厌倦不堪。

同样一些场景在整个王国出现。它们令一些当事人悲愤痛苦，心如刀割，与此同时却使大群游手好闲、无所事事的人乐不可支，拍手称快。奥尔良有个冉森教派的老议事司铎。他濒临死亡时，他的教友拒绝让他领圣体。（10月）巴黎高等法院判处他的这些教友12000利弗罚款，并下令让这个垂危的病人领取圣体。刑事长官因此为这个仪式就像为处决仪式那样做出一切安排。议事司铎们大事活动，以致他们的这个教友死时，他们并没有为他举行圣事活动。他们尽可能将他草草埋葬了事。

在法兰西王国，没有什么事比通过高等法院的判决来让人领取圣体更加司空见惯。法国国王曾经因俗间法官不遵从他的命令而流放他们，现在意欲不偏不倚，并流放教士中的那些顽梗不化、坚持教会分立的人。他拿巴黎大主教开刀。（1754年12月）这位大主教被流放到他的孔弗朗家宅，离巴黎城市四分之三英里。这倒是一次温和的流放，更像一次慈父的警告，而不像一次惩罚。

奥尔良的主教和特鲁瓦的主教同样，而且同样温和地被流放到他们的别墅。巴黎大主教在他在孔弗朗的家中和在他的主教住所里同样顽强坚定，因此被流放到更远的地方。

高等法院得以自由行事，于是压制索邦神学院。索邦神学院从前曾经对教皇谕旨极为憎恶反感，现在却把它视为信仰准则。索邦神学院以停止授课相威胁。曾经停止履行自身更重要的职责的高等法院，却命令索邦神学院的各系继续授课。高等法院支持法国教会的各种自由权利。法国国王对此表示赞同。然而，当高等法院走得太远时，法国国王加以阻止。他批准了高等法院的判决中有助于公共福祉的那一部分，撤销了那些在他看来过于缺乏分寸、行事无节的那一部分。这位君王总是置身于两大活跃激烈的派别之间，正如从前罗马皇帝总是置身于蓝党和绿党之间一样。他被英国正开始向他进行的海战弄得无法抽身。陆战似乎不可避免。此时此刻绝非谈论教皇谕旨之时。

法国国王还必须平息大御前会议和他的高等法院之间的争执，因为既然在法国几乎没有什么事物由明确的法律决定；既然每个团体的界限、特权都模糊不清；既然教士始终意欲扩展他们的审判权、管辖权；既然审计法院与高等法院争夺很多特权；既然贵卿经常为他们的特权而反对巴黎高等法院，因此大御前会议同它发生某些争执就毫不令人惊讶了。

这个大御前会议最初是法国历代国王的御前会议，在国王出行旅游时跟随国王。在公务管理方面一切都逐渐发生变化之时，大御前会议也不例外。查理八世在位时期，只有一个司法法庭。这个机构决定案卷移送事宜和法官权限，决定除了国王特权之外的有关王国所有封地、特权的诉讼。它有权审判它自己的职员。（1756 年 1 月、2 月、3 月），这个法院的一名法官因身负重债被传唤到夏特莱。大御前会议要求收回这起诉讼，撤销了夏特莱的判决。这立即在巴黎高等法院引起轩然大波，撤销了大御前会议的判决，而法国国王又撤销了高等法院的判决。高等法院对国王进行了新的谏诤，发生了新的争端。所有的高等法院群起反对大枢密院。公众则发生分裂。巴黎高等法院为这一机构争执再次召集贵卿。法国国王禁止贵卿进行这种**联合**。这宗官司最后像其他很多官司一样，久久不决，不了了之。

这个时期，法国国王有更重要的事务在身。他必须在陆上和海上支撑维持一场耗费巨大的对抗英国的战争。同时他为军事学校奠定值得纪念的基础。这所学校是他在位期间最壮丽宏伟的纪念碑。玛丽亚·特蕾西亚皇后就刻意模仿。他必须获得财政援助。高等法院在登记注册国王征收两项二十分之一税的敕令这件事上刁难作梗。人们此后不得不付三项这种捐税，因为在战争期间，全体公民必须参军作战，不然他们就得付钱给参战者。二者居其一，无折中可言。

（1756 年 8 月 2 日）法国国王在凡尔赛举行审判会议。他召集亲王贵卿和巴黎高等法院与会。他让他的敕令在会上得到登记注册。但是，高等法院返回巴黎后，对这次登记注册提出异议。它声称不仅它没有必须的审议自由，而且这项敕令需要进行既不损害国王的利益，也不损害国家的利益的修改。国王的利益和国家的利益并行不悖，高等法院曾经宣誓加以维护。它声称的义务不是取悦于人，而是尽责效劳。因此，热心同服从相互对立。

教会分立这一棘手的事卷入税收这项重大事务。高等法院的一个法官在他的位于莫城教区的乡间患病。他要求给他举行临终圣事,遭到一个本堂神甫像拒绝教堂的敌人那样拒绝,让他死时没有举行这种宗教仪式。于是有人采取行动整治这个神甫。神甫闻风后逃之夭夭。

埃克斯大主教曾经制定一个教皇谕旨的新程式汇编。埃克斯高等法院曾经为此判处他施舍给穷人1万利弗。他不得不做这次施舍。他拟定新程式汇编,施舍钱财,都毫无意义可言(9月)。特鲁瓦的主教扰乱了他的教区。法国国王把这个主教当成俗人遣送到阿尔萨斯的修道士中间。巴黎大主教宣布把那些可能阅读高等法院关于教皇谕旨和关于告解证的判决和谏诤的人统统开除出教。这位大主教曾被准许返回孔弗朗。

路易十五被高等法院和教会之间的举不胜举的深仇大恨弄得十分为难,于是谨慎小心征求教皇本笃十四朗贝尔蒂尼的意见。这个教皇是个和他同样温和克制的人,因他的温和以及快乐的性格而受到基督教徒喜爱。他今天越来越被人怀念。他除了建议、提倡和平以外,从不介入任何事务。他的敕书秘书帕西奥内红衣主教经管一切。这位红衣主教,这位当时在罗马红衣主教团中的独一无二的文人,是个十分高尚的天才,对在高等法院和教会之间发生的争端嗤之以鼻。他憎恶伪造教皇谕旨的耶稣教会教士。有人在罗马进行错误的奔走活动,在这项伪造的教皇谕旨中谴责合乎道德的、具有永恒真理的、适于任何时代的、属于所有民族的准则。他对这种活动不能保持缄默。例如这些准则中有这样一条:"对不公正的开除教籍这种严罚的惧怕,丝毫不能阻止尽自己的职责。"

这条准则在整个地球上都是对德行的保护。所有古人和今人都说过,职责感必须压倒对肉刑本身的恐惧。

但是,不管教皇谕旨不只一处显得多么诡谲怪异,帕西奥内红衣主教也好,教皇也好,都不能撤回被视为教会法律的教皇谕旨。本笃十四送达法国国王一份给法国全体主教的通报。在这份通报中,他把这项教皇谕旨视为一项普世法律,并告知人们不能抗拒这项法律而不置身于失去永恒得救的险境。他最后决定,"为了避免引起轰动,教士必须警告涉嫌信奉冉森教派教义的濒临死亡的人,他们会受到永罚,下地狱;他们领圣体要自己承担一切后果。"

同一个教皇在他致法国国王的私人信件中劝告国王注意主教职位的权利。当人们求教一位教皇时,不管这位教皇是怎么样一个人,应当预料到他会像一位教皇应该写的那样写。

然而本笃十四在给予他在他的职位上应该给予的东西时,也把他应该给予的一切给了和平,给了礼仪,给了君王的权威。教皇给予主教的敕书印刷出来。(1556年12月9日)高等法院行事大胆,而又轻率鲁莽,发布判决谴责并撤销这项教皇敕书。正因为法国国王本人曾经把这项遭到高等法院谴责的教皇敕书发给主教,高等法院的这一行动大大冒犯了法国国王。在这份教皇敕书中,并不存在法国教会的自由和君主政体的权利的问题。高等法院支持这些自由和权利,并为之洗雪。宫廷在高等法院的这一责难中,看到急躁恶感情绪多于温和节制。

御前会议认为有了另外一个谴责巴黎高等法院的理由。几个有高等法院这个名称的高级法院自称属于**王国高等法院等级**。这是掌玺大臣洛斯皮塔尔给予这些高级法院的名称。这个名称的意义只不过是高等法院在对法律的领会理解和维护坚持方面的团结一致而已。各个高等法院仍然企图代表整个国家。这个国家分为不同的团体。这些团体全体形成一个唯一的主体,将构成王国的永久的三级会议。这种思想是宏大的,但是过于宏大,王权权力机关为此大为激怒。

这种种理由加上人们在登记注册方面制造的重重困难,使法国国王决定来到他主持的一次审判会,对巴黎高等法院进行改革。

不管内阁保密多严,这个秘密仍然泄露于众。法国国王在巴黎受到冷淡的、沉默的接待。民众只把高等法院视为征税的大敌人。他们从未思考过这些税收是否必须。他们甚至对按照税收比例他们出卖劳力和粮价格更高而且负担落在富人头上这一点不加考虑。富人自己满腹牢骚,抱怨连天,并且鼓励下等民众抱怨。

英国人在这场对法战争中比法国人负担更重。但是,在英国,这个民族自己对自己征税。它知道借款用什么偿还。法国人被征了税,却始终不知道用于支付债款的经费向何处摊派。在英国,根本没有在同国家商谈公共税收时损国富己的个人。在法国情况正截然相反。法国高等法院一直向法国国王进行谏诤,反对这些恶习弊端。然而,有时这些谏诤,特别是登记注册困难,比这些税收本身更加危险,因为战争急需眼前的援助。

法国国王来到高等法院,让人宣读一项敕令。这项敕令撤销高等法院的两个审判庭和多名法官。国王降旨遵守教皇谕旨《上帝唯一子》;禁止俗间法官规定举行圣事;只准许俗间法官审判在举行圣事方面的弊端恶习和违反法纪的轻罪;命令主教要求所有本堂神甫温和节制、谨言慎行;希望把所有过去的争端都**统统忘掉,置诸脑后**(1756 年 12 月 13 日)。他还下令任何未满 25 岁的御前会议成员均无审议权、表决权；还下令任何人服兵役未满10年均不得在法庭的会议上发表意见。最后，他明令禁止以任何借口中断通常的服务。

掌玺大臣为了装装门面、做做样子去听取意见。最高法院保持高度缄默，一言不发。法国国王声称他要人对他依顺服从，"他将对任何敢于弃离职守者严惩不贷"。

第二天，15名高等法院大法庭的法官向办公厅递交辞呈。高等法院180名法官很快辞去公职。巴黎一片窃窃私议，怨声四起，遍及全城。

在一场带来深重苦难的战争期间的层出不穷的动荡骚乱中，在使这场战争更加危险的、激发起心存不满者的仇恨敌意的惊人的财政紊乱中，最后在到处播下的行政官吏同教士之间的分裂不和的困难棘手的事务中，在所有这些喧嚣叫嚷的嘈杂声中，行好为善是困难的。几乎问题已不过是阻止人们更多为非作歹而已。

第 三 十 七 章

法国国王遇刺

(1757年)前章叙述的种种动荡骚乱,不久以后就被一起最为人始料未及、最令人失魂落魄的事件淹没在一种遍及全国的惶恐不安中。1月5日,法国国王在凡尔赛庭院中,在他的儿子在场时,在他的卫士和王国的宫廷大臣中间遇刺。以下是这起奇怪事件的始末。

一个出生于阿拉斯附近一个村庄、名叫罗贝尔-弗朗索瓦·达米安的民众败类中的坏蛋,曾经长期在巴黎多户人家当过仆役。这是个性格忧郁、易于激动,始终像精神错乱者的人。

他在公共广场,在市井百姓中,在高楼豪宅中听到的牢骚、怨言,点燃了他的狂思异想。他像一个迷路的人那样前往凡尔赛。他在他那个不可思议的图谋令他产生的焦躁不安中,在住下的客栈里要求放血。身体对人的思想影响极大,以致在审讯他的过程中,他自受审之日起就宣称"如果他像他要求的那样被放了血,他就不会犯罪"。

他的图谋是曾经突然出现在一个这类穷凶极恶的头脑中的最不会被人遗忘的图谋。正如他的确一直坚持的那样,他并不打算杀死法国国王。他本可十恶不赦地杀死国王，但他只想让国王受伤。这就是他在高等法院对他的刑事诉讼过程中的陈述：

"我绝无杀死国王的意图，如果我想过要杀死他，我已将他杀死。我之所以如此行事，仅仅为了让上帝能够感动国王，促使国王整顿一切事物，让他所属各邦和平安宁。只有巴黎大主教一人是所有骚乱的根由。"(《达米安诉讼》第 132 页、第 144 页，1 月 8 日审讯)

这种想法使他头脑非常激动，以致他在另一次审讯中说："我说出了高等法院一些法官的名字，因为我曾为他们当中一人效劳，因为几乎所有法官都对巴黎大主教大人的为人行事怒不可遏，忍无可忍。"(3 月 6 日审讯，第 289 页)。一言以蔽之，狂热使这个卑鄙无耻之徒的头脑极其昏乱，以致可以在他在凡尔赛所受的审讯的记录中看到以下的话：

"在被问到何种动机促使他谋杀国王时，他说是**因为宗教**。"(第 45 页)

所有对基督教君主的谋杀，都有这种动机。葡萄牙国王只是因为按照对三个耶稣会教士做出的决定行事，遭到谋杀。法国国王亨利三世和亨利四世也死于狂热崇拜者之手[①]。但是有这样一个区别：亨利三世和亨利四世被杀[②]，是因为他们好像与教皇为敌，而路易十五遭到谋杀，则是因为他似乎想取悦教皇。

————————————

① 1589 年亨利三世被狂热修道士雅克·克莱芒刺杀于圣克卢。

② 1610 年亨利四世被宗教狂热分子拉瓦亚克刺杀于巴黎。

这个凶手身带弹簧刀一把。刀一端是尖而长的刀身，另一端是削笔小刀，长约 4 法寸。他等待法国国王乘华丽四轮马车前往特里亚农的时刻到来。时间将近六点钟。日已黄昏，寒气袭人。几乎所有朝臣都身穿被误称为男子礼服的斗篷。凶手也这样穿戴，混入国王卫队行列。他经过时碰触到王太子。他在通过国王的贴身警卫和御前卫士的刀剑手柄形成的障碍时，让人给他让路。他接近法国国王，用刀刺中国王的第五根肋骨。刺后他把刀放进衣袋，头戴帽子，留在原地不动。法国国王感到受伤，转过身来，一眼看到这个戴着帽子的陌生人两眼迷惘，茫然若失，说道："就是这个人打了我，抓住他。但别伤害他。"正当人人张皇失措，胆战心惊，把国王送到床上，寻找医生，不知伤情是否致人死命，刀子是否带毒之时，这个弑君凶犯一再说："注意太子大人，要他今天别外出。"

听了这些话，大家更加惶恐不安起来。谁也不怀疑有一起针对国王家族的阴谋。人人都以为还有更大的危险、更大的罪行、更大的罪有应得的罪犯。

幸好国王伤势很轻。但公众骚动却大。宫廷中恐惧、猜疑、阴谋日益增多。拥有审理宫中犯罪权的宫廷大法官，正如他过去在亨利三世遇刺时在圣克卢所做的那样，首先抓住这名弑君凶犯，接着开始诉讼程序。宫廷卫队骑警队的一名队长从这个卑鄙无耻之徒错乱的头脑里得到一点表面的或者真正的信任，于是诱使他从狱中口授一封致国王本人的信。达米安写信给国王！一个凶手竟然写信给他刺杀的人！真是匪夷所思。

他的信荒诞狂妄，符合他的卑下地位，但却也显露出他的狂热的根源。可以从信中看出公众对巴黎大主教的牢骚怨言搅乱了这个罪犯的头脑,并激发他行刺之心。通过他在信中举出的高等法院法官的名字,似乎他因曾经为他们当中一人效过劳,所以认识他们。但如果设想他们曾经向他说过他们的心境和看法,那就十分荒唐可笑、怪诞不经,更不要说他们曾经对他讲过,或者让人对他讲过一句可能唆使他犯罪的话了。

因此,国王毫不犯难,就把审判这名罪犯的任务交给尚未呈请辞职的高等法院大法庭。国王甚至希望王后和贵卿的出庭旁听,会使这起诉讼无论在它的哪一点上,在疑神疑鬼的、过分好奇的,在骇人听闻的意外事件中总是看待问题超越事实的公众的眼里,都更加严肃、更加真实可靠。显然,这个失去理智的人没有任何共犯。他总是宣称他丝毫不想杀死国王,但自从高等法院被流放以来,他就构想出让国王受伤的图谋(《高等法院审讯录》,第 132 页和 135 页)。

首先,他在对他的第一次审讯中说:"只有宗教让他下定决心进行这次暗杀。"(上述文书第 131 页)

他供认他只说过莫利那派信徒和那些拒绝举行圣事的人的坏话。这些人似乎相信两个神。

他在受刑讯拷问时叫道:"我曾经以为我为上天做了一件值得称道的事,这就是我相对那些在王宫里的神甫说的。"他始终坚持说是巴黎大主教拒绝举行圣事、巴黎高等法院的失宠和厄运,使他干出弑君的事。他还对他的听忏悔神甫说了这一点。这个卑鄙无耻之徒只不过是个狂热的丧失理智的人而已。说实话,他并不像拉瓦亚克和让·夏特尔①那样可恶，不比这两个狂热分子有更多共犯，但比这两个人更加疯狂。这些凶神恶煞的家伙的唯一的共犯，通常都是些狂热分子。他们极度发热的脑袋点燃了会使意志薄弱、丧失理智和凶暴残忍的心性燃烧起来的火，而自己却浑然不觉。漫不经心、随随便便、并无目的说出的几句话就足以引起这场大火。达米安和拉瓦亚克在同样的幻觉中行事，死于同样的肉刑。

狂热盲信会产生怎样一种效果啊！国王们有着怎样一种命运啊！亨利三世和亨利四世遭到谋杀，是因为他们坚决维护他们的反对教权的权利。路易十五遭到谋杀，是因为他受到对人惩处力度不够的责备。这就是在一个以热爱它的君主而著称于世的国家里，三个有人向他们伸出弑君之手的君主的命运。

达米安的父亲、妻子和女儿虽然清白无辜，也被从王国流放外地，并被禁止返回，否则处以绞刑。他的所有亲属都因同一判决被迫改名换姓，不再姓达米安。这个姓氏已经令人深恶痛绝。

这起事件在某个时期令那些因他们不幸的教会争端而曾经是这样一宗滔天大罪之源的人反思自省。教义思想和宗教狂热会产生何种后果，这一点人们看得实在太清楚了。谁也不曾想象过一项教皇谕旨和一张告解证会产生如此可怕的后果。但是，就是这样，人的癫狂和狂热结合为一。过去被人认为已经消灭的波尔特

---

①　均为宗教狂热分子。前者于 1610 年杀害法国国王亨利四世，后者于 1594 年谋害亨利四世。两人被捕后均被判处四马分尸刑。

罗①和雅克·克莱芒②的思想,因此还存在于凶恶残暴和愚昧无知的灵魂中。理性白费气力深入主要的国民心中。民众总是易于狂热盲信。也许除了最终启发开导民众本身之外,对这种传染性的顽疾别无他药可治。民众有时却被维持在迷信之中。之后人们又惊讶万分,看见这些迷信产生了何种后果。

这时,十六名提出辞职的法官遭到流放。他们之中有一个是教士。他此后是荣誉法官,因爱国精神和滔滔雄辩而著名。他创立了一种终身弥撒,以感谢上帝保存了流放他的国王的生命。

好几名贝桑松高等法院的法官因为拒绝为第二种二十分之一税进行登记注册并发布命令反对外省总督而被监禁在不同的城市。

尽管他人身遭到谋害,尽管当时正在进行一场耗尽国家资财的战争,法国国王仍然始终关心扑灭高等法院和教士之间的争吵之火,试图把每个等级都抑制在它的范围内。他还流放巴黎大主教,因为这位主教在一次普通的女修道院院长的选举中违反了他制定的法律,但接着他又把这位高级神长召回巴黎。他始终用温和节制的手段,使坚定不移的态度更受尊重。最后,巴黎高等法院事件得到调和。这个机构曾经提出辞职。国内一派国泰民安景象,直到错误的虔诚和党派精神使得新的动乱不安产生为止。

---

① 波尔特罗(1533—1563 年),新教狂热分子。1563 年刺杀法国天主教徒首领吉斯公爵。

② 雅克·克莱芒(1567—1589 年),天主教狂热分子。1584 年刺杀亨利三世。

第三十八章

谋杀葡萄牙国王　　耶稣会教士被驱逐出葡萄牙

宗教修会的活动情况不应该成为历史著作的组成部分。在古代的历史学家中，谁也没有对西布莉①或者对朱诺②的教士机构加以详细叙述。那些被他们的修会命定不会被人理睬，而被人等闲视之的修道士，或者由于他们的万贯家财，或者由于自从他们的修会建立之日起就兴风作浪，掀起动乱，因而和君王们同样轰动一时。

正如人们所知，耶稣会教士在承认西班牙国王的同时，是巴拉圭真正的统治者。西班牙宫廷曾经通过一项交换条约，把巴拉圭和西班牙的几个区让与葡萄牙国王、布拉冈斯家族的约瑟夫二世。耶稣会教士被控告反对过这一做法，并煽动起为此即将转入葡萄牙统治之下的部落叛乱。人们的这种抱怨不满，再加上其他一些愤懑之言，使得耶稣会教士被驱逐了里斯本的宫廷。

不久以后，塔沃拉家族，尤其是阿图吉亚的年轻的阿塔伊德伯

---

① 古代小亚细亚人崇拜的自然女神。
② 罗马神话中的天后。

爵夫人的伯父，最后还有阿塔伊德伯爵、他的妻子和这个不幸的伯爵夫人的兄弟，认为在国王那里受到无法补偿的奇耻大辱，于是下定决心报仇雪耻。复仇与迷信完全吻合一致。那些对谋害行动深思熟虑的人，在我们中间寻找强词夺理的诡辩者和鼓励他们的受人信赖的听忏悔的教士。这个认为自己受到侮辱欺压的家族同三个耶稣会教士——马拉格里达、亚历山大、马托斯——商量。这些强词夺理的诡辩者判定杀死国王不仅仅是他们称为**可宽恕的**罪孽。

为了对这项判定有所了解，知道下面这一点是适当的：强词夺理的诡辩者把导致下地狱的罪孽和引导入炼狱若干时间的罪孽区别开来；把神甫利用一些祈祷或一些施舍赦免的罪孽和不需任何补赎就可以得到赦免的罪孽区别开来。前一种罪孽是**必死的**，后一种是**可宽恕的**。

耳闻的忏悔正如它在其他一些国家引发过的那样，在葡萄牙曾经诱发过弑父母尊长罪或弑君罪。为了补赎罪行而引进的事物却使人犯下这类罪行。正如人们已经经常在这部历史中读到的那样，这就是可悲的人类的境遇。

（1758 年 9 月 3 日）密谋者怀着另一个世界会对他们赦罪的希望，等待国王到来。国王孤身一人，未带仆役，夜间从一座乡间小屋返回里斯本。密谋者向国王乘坐的华丽四轮马车射击。国王受伤，伤势危重。

全体共犯，除一名仆役外，都被逮捕。他们之中有的死于车轮刑，其余被斩首。年轻的阿塔伊德伯爵夫人的丈夫遭到处决。这位夫人奉国王圣旨前往一个女修院。后悔不迭、万分痛苦的她，被认为是这个可怕的灾难的根由。那些曾经为这次谋杀出谋划策并加以认可的耶稣会教士，通过忏悔这个既危险又神圣的办法逃脱了肉刑。

这个时期，葡萄牙还没有被照亮了为数颇多的欧洲国家的光辉照射，因而顺从教皇多于顺从他人。在这个国家不准许国王让他的法官判处犯弑君罪的僧侣死刑。判处这些弑君犯死刑必须获得罗马首肯。其他民族已经生活在 18 世纪。葡萄牙人似乎仍然处于 17 世纪。

子孙后代会难于相信，葡萄牙国王在一年多的时间内让人在罗马请求准许他在他自己的国内审判他自己的臣民——几个耶稣会教士，而且没有获准。里斯本宫廷和罗马宫廷长期公开争吵。人们甚至自信葡萄牙将会抖落它的盟国和保护人英国长期用脚踩着的桎梏。但是，葡萄牙内阁的敌人太多，以致它不敢同伦敦步调一致。它表现得既非常坚定，又极其迁就。

罪行最严重的耶稣会教士在里斯本身陷囹圄。葡萄牙国王让他们留在那里，并做出决定，把他各个邦州的耶稣会教士遣往罗马。这些耶稣会教士被宣布永远从葡萄牙王国流放，但是却没有人敢于把三名遭到控告并被证实犯有弑君罪的耶稣会教士处死。葡萄牙国王被迫采取权宜之计，至少把上述三个耶稣会教士中的马拉格里达作为从前曾经涉嫌提出过一些带有异端气味的主张的人送交宗教裁判所。

多明我会①修道士是教廷圣职部的法官,又是宗教裁判所的大法官的助理。这些修道士从来就不喜欢耶稣会教士。他们为葡萄牙国王效劳,甚于为罗马效劳。这些僧侣发掘出一本由**圣安娜本人口授给尊敬的神甫马拉格里达的关于玛丽的母亲圣安娜的英勇的生命**的小书。玛丽对这位神甫宣称,无玷成胎归她所有,正如归她女儿所有一样;她曾经在她母亲腹中讲话和啼哭;她曾经让她的小天使啼哭。马拉格里达写下的东西都同样严谨审慎。此外,他还作过一些预言和圣迹剧。那篇他 75 岁时在狱中体验手淫的文章并不是最短的一篇。(1761 年 9 月 21 日)这一切都在对他的起诉中作为对他的指控提了出来,这就是为什么他被判处火刑,而未被因犯谋害国王罪受到审讯,因为谋害国王只是针对一个世俗人犯下的错误,其他的则是针对上帝犯下的错误。就这样,极端可笑和极端荒谬之外又加上极端恐怖,罪犯仅仅作为一个预言者而被处以火刑。

正当耶稣会教士被驱逐出葡萄牙之际,这起意外事件在法国重新激起对这些教士的仇恨。他们在法国一直势力强大而又被人深恶痛绝,恨之入骨。发生了这样一件事:他们修会的一个名叫拉瓦莱特的发愿修行者,是被派往马提尼克岛的布道团的首领,是这些岛屿上最精明能干的商人。他破了产,损失在 300 万利弗以上。当事人在巴黎高等法院被起诉。当时有人认为发现驻罗马的耶稣会的将军专制独裁地管理着这个会社的财产。

---

① 指西班牙天主教修士圣多明我(1170—1221 年)于 1215 年所创修会,又称布道兄弟会,1220 年起改称托钵修会。

巴黎高等法院判处这位将军和所有耶稣会修士共同抵偿拉瓦莱特的破产。

这宗诉讼使法国人怒火中烧,对耶稣会教士群起而攻之。它导致人们查究这个奇特的让一个意大利将军成为一个法国人的会社的人员和财产的绝对主人的修会。人们惊奇地发现,在法国,耶稣会从来没有被法兰西王国大多数高等法院正式明确接受。耶稣会教士的组织机构被人发现。所有高等法院都发现这些组织机构的活动违反法律。高等法院于是重新提出所有过去对这个修会的起诉,重新提出五十多卷耶稣会教士侵害历届国王生命安全的神学判定。耶稣会教士只是说,天主教多明我教派修士和圣托马也曾经写过这样多,以此来为自己辩护。除了说天主教多明我教派修士和他们同样应受惩罚外,通过这个答复他们没有表明任何别的什么。至于托马·达坎,他被封圣。在他所著的《教皇全权主义简述》一书中有一些判定。法国高等法院下令,如果有人意欲利用这些判定扰乱国家安宁,就将在这个修会的节日把这些判定焚毁。正如托马·达坎在多处所说,教会有权罢黜一个对教会不忠的君主。他准许在这种情况杀死君主。根据这些道德行为准则,人们可以进天堂或受绞刑。

法国国王屈尊俯就,过问耶稣会教士案件,像平息其他争吵那样平息这起争吵。他意欲通过一项敕令父亲般地改造法国的耶稣会教士。但是有人断言,教皇克莱芒八世说过,耶稣会教士必须或者像他们现在一样留存下来,或者不存在。教皇的这个答复,是断送了耶稣会教士的事物,因为耶稣会教士还被控告秘密集会。法国国王于是让这些教士受他的王国的高等法院处理。这些法院先后取缔了耶稣会教士的社团，剥夺了他们的财产。

高等法院只就这些教士的机构的几条国王能够加以改革的教规、戒律，就几条冷严可怖但遭到蔑视的准则对他们进行了判决。不错，这些准则是可怕的，但大多数是外国耶稣会教士发布的，并且不久以前就遭到法国耶稣会教士正式明确的谴责。

在重大的案件中，总会有一些被人摆到台面上的某个借口和讳莫如深的真正原因。惩处耶稣会教士的借口是他们的坏书包含的所谓的危险，而这些书谁也没有读过；其实惩处他们的真正原因是被他们长期滥用的声望和影响。在一个被思想的光辉照亮的和温和节制的时代，他们遭逢了圣殿骑士团①骑士在愚昧无知、野蛮残忍的时代遭逢的事。骄傲自满把他们全都断送了。但是，耶稣会教士在他们遭到厄运时，却受到温和友善的对待，而圣殿骑士团骑士时乖命蹇时，却受到残酷凶暴的对待。最后，葡萄牙国王通过他于1764年发布的一项庄严的敕令在他所属各邦中废除这个始终产生过值得尊敬的人物，但却产生过更多糊涂虫，两百年中一直引发和挑起分裂不和的修会。

断送耶稣会教士的既不是桑歇斯，也不是勒斯乌斯，也不是埃尔科巴尔，也不是强词夺理的诡辩者，而是勒泰利埃②。是教皇谕旨几乎在法国消灭了他们。耶稣会教士勒泰利埃在皇港的废墟上用过的犁，在六十年后结出了这些耶稣会教士今天摘到的果实。

---

①　1118年为保护圣墓及朝圣者在耶路撒冷建立的基督教军事组织。

②　勒泰利埃(1643—1719年)，路易十四的听忏悔神甫。唆使路易十四反对新教及耶稣会。

这个粗暴而又狡猾的人，曾经煽起的对一些顽梗不化的人①的迫害，使耶稣会教士对法国来说变得令人深恶痛绝，被人视为寇仇。这是一个令人难忘的例子。但是，当一个国王的听忏悔神甫像几乎所有宫廷中的人那样野心勃勃而又要耍弄阴谋，指导一个视听闭塞、年老体弱的君主②的时候，这个例子并不能纠正他。

耶稣会教士的修会接着被驱逐出西班牙国王在欧洲、亚洲和美洲的各个邦国，被驱逐出德西西里、帕尔玛和马耳他。这些都证明，他们并非像人们所想象的那样手眼通天、老奸巨猾。僧侣和教士从来就只是由于他人的盲从糊涂，才势盛力强的，而在这个世纪，人们已经开始张开眼睛。在耶稣会教士遭受几乎是普遍性的灾难中，颇为奇怪的是，在葡萄牙他们因为背离和违犯他们的修会会规，蜕化变质而遭到查封放逐，而在法国他们却因为过于遵从和依附他们的修会会规而遭到查禁放逐。这是因为在葡萄牙，人们还不敢查究一个受到教皇祝圣的修会，而在法国，人们却敢于这样行事。其结果是，一个最终被众多民族视若寇仇、切齿痛恨的修会竟因有这种仇恨而有罪。

这个修会在几乎所有曾经是它的权势的舞台的国家——西班牙、菲律宾、秘鲁、墨西哥、巴拉圭、葡萄牙、巴西、法国、德西西里、帕尔玛公爵领地、马耳他——被消灭了。但它仍然在（至少在一段时间内）匈牙利、波兰、德意志的三分之一的土地上，在佛兰德尔，甚至在威尼斯等地保存下来。它在这些地方没有任何权势影响，

---

① 指16－17世纪法国基督教新教徒，即胡格诺派教徒，多属加尔文宗。
② 指法国国王路易十四。

而且它从前曾经被从这些地方驱逐过。

一些对某个修会心怀不满的君主力图摆脱这个修会,而那些对它感到十分满意的强国却把它保留在自己的邦国内。看来这是合情合理、公正合法的。

(1773 年)经过多次谈判之后,这个宗教社团终于被教皇雷左尼科的继承人、教皇冈加内尔废除。欧洲所有信奉天主教的君主都把耶稣会教士驱逐出境。信奉基督新教的普鲁士国王却把他们保留下来。这令各个国家大为惊讶。这是因为这位君主在他们身上看到他们是能够胜任在他的国家培养青年一代的人,他们是能够胜任在他的各邦把美术技艺传授给他本人以外的还没有在这个领域受到培育的人。他认为他们有用,并不惧怕他们。他用同样的目光看待加尔文派教徒、路德派教徒和天主教徒,即那些被称为福音的使者,以及从前被称为耶稣会的圣父的人。他对他们全都嗤之以鼻。他以普遍容忍作为第一信条。他关注他的军队甚于关注他的社团。他深知用他的士兵就能对所有神学家加以掌控。他对让青年了解西塞罗①和维吉尔②的人是耶稣会教士还是牧师这件事并不介意。

---

① 西塞罗(公元前 106—前 43 年),罗马演说家、政治家。
② 维吉尔(公元前 70—前 19 年),罗马诗人。

第三十九章

教皇克莱门十三雷佐尼科的教皇谕旨及其
产生的后果

帕尔玛的王子公爵、波旁的堂·费迪南在效法他的家族的君王驱逐耶稣会教士之后,在自己的各个邦国中制定了若干有用的制止修道士和僧侣事务的弊端的条例。他的一个大臣在欧洲备受尊敬,尤其行事谨慎周全,防范自以为有权审理帕尔玛、皮亚琴察和瓜斯塔拉的争端,自以为有权授予有俸圣职的罗马宫廷的野心和奢求。这些野心和奢求,首先来自据称曾经是罗马主教的圣彼得①,其次来自曾经把帕尔玛和皮亚琴察连同另外几块肥美的领地奉献给教皇格列高利的玛蒂尔达伯爵夫人。然而,圣彼得曾在罗马居留这件事,从来没有得到证实。倒是已经证实他从来没有在这些地方审理过任何诉讼。

至于德意志皇帝亨利三世的姊妹、被几届教皇弄得命途乖舛、非常不幸的这位德意志皇帝亨利四世的姑母玛蒂尔达伯爵夫人的

---

① 基督教《圣经》故事人物,耶稣十二使徒之一。耶稣死后居众使徒之首。在罗马殉教。

奉献,这个行动始终被德意志帝国的法学家视为无效,因为在未获得宗主国同意的情况下,她未获准处理、支配任何德意志帝国的领地。自从查理五世登基以来,人们甚至深信教皇权利无效,以致正当教皇保罗三世的私生子——他的父亲把皮亚琴察这座城市给予了他——在该地因花天酒地、行凶作恶遭到暗害时,这位德意志皇帝占领了皮亚琴察。查理五世直到去世都把这座城市保留在自己手中。

自从帕尔玛和皮亚琴察两个领地之间有了从属关系以来,几届德意志皇帝一直提出要求归还。最后在康布雷和苏瓦松会议上,皮亚琴察正式给予德意志皇帝。

教皇克莱门十三世一旦获悉帕尔玛公爵堂·费迪南意欲像其他君主那样进行统治,就立即召开一次红衣主教委员会的会议。这个委员会当然把帕尔玛公爵和他的大臣所施行的明智管理视为亵渎行为。1768年1月30日,教皇在圣玛丽-马热尔签署了一项教皇敕书。这项敕书开始说帕尔玛和皮亚琴察两地属他所有(in ducatunostro),又接着说帕尔玛公爵系在俗人士而非教士,因此其枢密院所作所为均**不合法**。这项教皇敕书把参与制定帕尔玛公爵的法令的人全部开除出教,无一例外。教皇禁止在任何情况下赦免他们的罪过。这项教谕盖有渔夫戒指印,张贴在圣让-德拉朗、圣彼得的大教堂以及弗洛尔比武场等地。

这样一项教皇敕书似乎更属于12世纪,而不属于我们生活的这个世纪。教皇和把教皇卷入这个陷阱的红衣主教,不知道欧洲人的思想已经受到何等启发开导。罗马宫廷的不幸,乃在于以古评今。有些时期,一个教士根据一些判例就刻意罢黜一个君主。

还有一些时期，他必须用优越感来掩饰他的虚弱。教皇从未犯过比这次更加严重的错误。他通过对帕尔玛公爵的人身侮辱，侮辱了公爵的伯父、西班牙国王堂·卡洛斯，他的外祖父波旁王朝的首领路易十五以及他的表兄弟德西西里的国王。

自从 1630 年以来，历届教皇没有开除过任何王侯出教。这次开除的正好是一个掌权执政的公爵的母方的先辈帕尔玛公爵。在这起事件中，问题只不过是金钱而已。教皇已经夺得属于帕尔玛公爵奥多阿尔·法尔内斯的卡斯特罗和隆西格利奥内两个公爵领地。

1588 年，这位王侯公爵的一个更加重要的祖辈、法国国王亨利四世被意大利籍教皇西克斯图斯五世开除出教。这个拉马尔凯·丹科纳的放牧人当上了教皇之后，竟敢于把亨利四世称为**波旁家族的私生的和可憎的一代。**

在一个长时期内，罗马宫廷的迷信的和大胆的癫狂达到了登峰造极的程度，以致这个国家的一个教士①以上帝的名义宣布众多国王的后裔不能继承。不仅不能继承圣路易的王国，甚至不能继承一阿尔邦②土地。

这种过于荒谬绝伦的蛮横无理，没有受到过丝毫应得的惩罚。宗教争端和菲利普二世的野心勃勃的政策，当时支持梵蒂冈大胆妄为。但是，这样一个时代到来了：在这个时代人们曾经被迫容忍的事物最终受到制止；弱者因现在已不存在的强者的过去的行动

---

① 指教皇。
② 旧时的土地面积单位（相当于 20—50 公亩）。

而受到惩罚。

不久以后，教皇克莱门十三世就因他对世界事务孤陋寡闻而受到惩罚。巴黎高等法院对他发布的驱逐出教会的教皇敕书加以谴责，以此作为开始。但是，法国国王的御前会议却使用更为实际的武器，下令占有阿维尼翁以及整个维内森伯爵领地。从前法国国王所做的这些让步——把这一伯爵领地让与罗马——一直被覆盖着一大部分历史的变幻莫测的乌云笼罩着。此外，法兰西王国的一个领地的让与，总是被所有的高等法院，特别被阿维尼翁和伯爵领地在其管辖范围的普罗旺斯高等法院看作与王国法律相悖。

路易十四曾经两次返回这个领地，一次是在教皇亚历山大七世在位时期，另一次是为了侮慢曾经表态与他为敌的教皇英诺森十一世。他把这些土地作为王国的领地占有之后，又曾经两次未做任何可能有损于他拥有的重新占领这些土地的权利的声明，就交还了这些土地。

必须了解这一点：有几代法国国王再度占领上述伯爵领地，是依照普罗旺斯高等法院的一项判决行事的。法国内阁认为，必须让这个高等法院的最后一项判决生效。这个法院 1685 年把阿维尼翁和上述伯爵领地并入法兰西王国。这项判决没有被特别撤销。因此它被好像仍然具有它的全部效力那样付诸实施。

1768 年 6 月 11 日，罗什舒亚尔伯爵由一些部队跟随，代表法国国王来到阿维尼翁。他径直前往以教皇名义进行统治的教皇特使处，按照在路易十四在位时期履行的古老外交礼仪对特使说："大人，法国国王命令我把阿维尼翁交给他，请您离开吧。"

　　埃克斯法院的首席院长、第二院长和四名法官让人发布了合并决定。与此同时，万钟齐鸣，响彻全城。民众燃起欢乐之火。自此日起，人们开始把下述话语插入公众文书："受上帝恩典执政的君主路易，名十五，法兰西及纳瓦尔国王，普罗旺斯、阿维尼翁城及维内森伯爵领地的伯爵。"

　　那不勒斯国王则占领了贝内文托和蓬特-科尔沃两城，并宣布"这两个城市及其所属领土隶属那不勒斯王国，并将永远并入那不勒斯"，以此为他的家族和所有天主教君主复仇雪恨。

　　那不勒斯国王也着手占领卡斯特罗和龙西格里奥内，但满足于进行威胁。在那不勒斯宫廷攻占将近730年来一直属于历届教皇的贝内文托的同时，这个宫廷向教皇奉缴封臣贡品。这宗贡品为7000埃居。这些钱币挂在一匹供妇女骑乘的蹓蹄马上。人们不敢摆脱这种奴隶身份。人很少做他能做的一切。这种奴隶身份比教皇具有的对贝内文托的权利还晚十年。此外，这种献礼只不过是，而且只能是一种纯粹虚空的礼仪，决不是真正的封建领地之间的从属关系。这种献礼因前例而创设，也能够很容易被理性废止。那不勒斯国王的大臣唐尼西侯爵对这种棘手的裁判惯例了解最透彻。他不认为摆脱加在（但是是被宗教强行加在）戴着王冠的头上的可耻的桎梏的时机已经来临。

　　尽管教皇篡夺的所有权利还没有被全部剥夺，至少已经从基础上破坏了那座以这些权利的大部分为支柱的大厦。著名的教皇谕旨《在多米心中》到处遭到查禁。自从教皇保罗三世以来，这项谕旨每年都在罗马庄严强劲、大张旗鼓地提出，从未间断。就在被称为圣星期四的这一天，一个红衣主教—副祭在圣彼得教堂大门宣读这项谕旨。教皇把一把点燃的火炬扔下公共广场，向基督教民众表示上帝将就这样在地狱焚烧违反教皇谕旨《在多米心中》的任何人。

这项第 14 号的教皇谕旨，用一种重大的驱逐出教会的手段，把下列人员驱逐出教会：

"任何国王和君主的大法官、普通法官或者特别法官、司法部门的、御前会议的、高等法院的院长以及那些提审宗教诉讼案件或者阻止执行来自教廷的信函指示（即使是在防止暴力行为的借口下这样做）的总检察长。"

教皇通过同一条款只单独为自己保留"宽免上述大法官、法官、总检察长以及其他被驱逐出教会者的权利。这些人只能在公开撤回他们做出的判决，并把这些判决从教区记录取出后，才能获得宽免。"

这项教皇谕旨曾经被生性粗暴的教皇尤里乌斯一世严正宣布。但是尚未制定一项每年公布这项谕旨的法律。教皇保罗 三世制定了一项惯例。根据这项惯例，在《教皇谕旨集》中印出这项教皇谕旨，并有加重惩治罪行的附加条款。奇怪的是，曾经洗劫蹂躏罗马，并把一位教皇关进监狱的查理五世却让一种实话实说十分荒谬可笑并被人嗤之以鼻的，但对德意志帝国皇帝陛下和所有国王都具有侮辱性的礼仪存在。

对帕尔玛的王子公爵的侮辱，在经过两百年的缓和、平息之后，唤醒了天主教欧洲。奥地利内阁仿效巴黎高等法院，在它所属各个邦国中谴责并废除上述教皇谕旨。那不勒斯如法炮制。欧洲各国的君主们的枢密院全都睁开眼睛。终于在把耶稣会教士从众多国家驱逐之后,到处可以看到减少数量大得惊人的僧侣和教士的人数这个举措何等重要。这些人在所有天主教社会中,是由民众出资付费供养的教皇的士兵。明智的威尼斯共和国,尤其因它限制僧侣和教士的巨大数量而引人注目。

这些就是教皇雷佐尼科因为听信了谬误邪恶的佞信,因为没有对我们身处 18 世纪这个事实进行深思熟虑而招引入罗马宫廷的事物。这位教皇德高行美,但不够开明。不久以后去世。他的死被归因于心情忧郁烦恼,尽管老年人患这种病的极为罕见。

在法国被称**外务**大臣,路易十四在位时期被称为外国人大臣的大臣,由贝尼斯红衣主教辅佐。这位大臣在罗马颇有威势影响,让人任命了一位人们希望行事更加谨慎周全的教皇。贝尼斯红衣主教把博学多才和一种罗马的红衣主教团从不以之自炫,只在已故红衣主教帕西奥内身上才能找到的才华,加进意大利人以之自炫的灵巧能干之中。是他造就了教皇克莱芒十四,创建了这位教皇的枢密院。

正如本书作者已经谈到,这个曾经是天主教方济各会修士的教皇名叫冈加内利。他聪明理智、谨慎周全、超脱僧侣修士的偏见,能够以其智慧支撑教皇职位上的似乎即将跌下圣座的巨人。是他通过 1773 年的教皇谕旨最终废除耶稣会。他通过这些举措终于说服所有国家相信使僧侣教士威信扫地和授予他们神职同样轻而易举。他让人怀着希望,总有一天能够在欧洲减少这群对他人也对自己毫无用处可言的人,这群发誓要劳动者出钱生存的人,这群从前曾经非常危险,而今天在大多数家庭父亲心目中只被视为滑稽可笑的人。

当教皇冈加内尔废除了、撤销了耶稣会,承诺以后每年不再严正宣布提出教皇谕旨《在多米心中》之后,人们把阿维尼翁和贝内文托,还加上蓬特−科尔沃归还给他。他为人行事谨慎周全,治愈了他的前任给罗马造成的伤害。

第四十章

科 西 嘉

上述同罗马宫廷之间的细小争端和纠纷花费的代价只不过是纸、笔和墨水而已。但是，要降伏科西嘉这个小岛，使之归附法国国王，却需要黄金和鲜血。

让人对这个岛屿有某些了解是适当的。既然这个岛屿的左邻右舍都一直寻求统治它，因此它的土地不可能是贫瘠不毛之地，拥有这个岛屿不可能毫无用处可言。

迦太基人在他们对抗罗马人的战争以前曾经占领这个岛屿。自第一次布匿战争①起，科尼利厄斯·西庇阿②征服了它。罗马人长期是它的主人。他们在这个岛上修建了好几个城市。哥特人从罗马人手中夺走了这个岛屿。接着阿拉伯人又从哥特人那里获得这个岛屿。

教皇帕斯加尔二世③在位时期，新罗马的几个领主把萨拉森人驱逐出这个岛屿。自那时起，历届教皇就声称，只有他们作为耶

---

① 古罗马与迦太基争夺地中海西部统治权的战争，共三次，最后一次发生于公元前149—前146年，以迦太基覆灭告终。

② 科尼利厄斯·西庇阿（公元前237—前183年），古罗马统帅。

③ 帕斯加尔二世（？—1118年），意大利人。组织并赞助第一次十字军东征。

稣基督的代理人，即教皇，才有权把一些王国授予某人，而这些代理人的王国并不属于这个世界。人们通常认为，教皇格列高利七世第一个确立了一个神圣的、普世的君主国的空想。人们没有想到查理曼的御前秘书埃甘亚尔本人说过，教皇埃蒂安纳废黜了法兰克人的国王希尔佩里克，并把法兰克人的王国授予法国 7 世纪墨洛温王朝的宫相、查理曼的父亲丕平。帕斯加尔二世把科西嘉授予征服者中的一个名叫比昂科的人，自己保留着此人对他的臣从关系。这个岛屿居住着古迦太基人、阿拉伯人以及当地人。随后，皮桑人和热那亚人互相争夺，企图拥有这个岛屿。教皇乌尔班二世通过他的一项谕旨把这个岛屿授予皮桑人。据说这项谕旨的原本现今仍保存在佛罗伦萨。热那亚人置这项教皇谕旨于不顾，于 12 世纪在这个岛屿的一部分安家落户。

一个名叫阿尔方斯的阿拉贡国王在一段时间内把热那亚人驱逐出这个岛屿，而后者又于 1354 年把这位国王赶走。当时科西嘉人心甘情愿做热那亚的臣民，因为他们家徒四壁，一无所有，而热那亚却丰衣足食，绰有余裕。

在所有这些剧烈变化发生的过程中，古罗马人修建的城市坍塌平毁，各个民族陷于蛮荒和苦难之中。这就是自从野蛮人入侵以来，除了君士坦丁堡，一些诸如罗马、威尼斯、佛罗伦萨、米兰等意大利城市以及寥若晨星的其他几个城市之外的所有基督教国家的写照。这些意大利城市保存着在别处遭到清除的管理和技艺。

与其说是热那亚和比萨制服了科西嘉，不如说是科西嘉征服了热那亚和比萨，因为这个岛上的居民比他们的征服者更加强壮、

更加勇敢。他们一无所有。一个身无长物、凶猛残暴的武士的共
和国，会轻而易举就战胜利古里亚的商人，这与那些只有杀人凶器
的匈人、哥特人、埃吕勒人、汪达尔人曾经征服拥有黄金的民族的
理由如出一辙。科西嘉人本身始终兄弟阋墙、分裂不和、毫无纪
律，内部分为互相拼得你死我活、不共戴天的乱党，因此他们总是
因为本身的错误被人征服。

　　对一个具有王国称号的国家的居民来说，成为一个并不知道
它自身是否自由的共和国的臣民，这真是一种悲惨的境遇，因为不
仅德意志帝国的礼仪始终把热那亚视为它的臣属，而且当热那亚
献身法国国王查理六世的时候，当它屠杀了法国人接着又献身一
个米兰公爵的时候，当它归顺查理七世和查理八世的时候，当它位
列路易十二的臣属之中，甚至位列因抗命不从而受到惩处的臣属
之中的时候，热那亚人是遭受凌辱并不比他们轻的臣属的臣属。
这是位列奴隶身份地位之后的人能够想象到的最令人受辱丢脸的
身份和地位。

　　当 1553 年，由于弗朗索瓦一世不善于治国理政，由于弗朗
索瓦·多里亚慷慨宽宏、热忱勇敢，热那亚人真正自由的时候，
科西嘉人却比任何时候都更受奴役。弗朗索瓦·多里亚在现代
欧洲具有最卓越的公民的名号。科西嘉人戴在身上的锁链已经
沉重得难以忍受。他们的灾难，再度激起他们的勇气。自那时
起，就在法国避难并在法国显赫辉煌的奥尔纳诺家族①意欲在科

―――――――――――

　　① 始源为科西嘉人的家族。其多名成员曾为历届法国国王效劳，并在法国宫廷
中身居要职。

西嘉做多里亚家族在那里所做的事,把自由归还他们的祖国。这个奥尔纳诺家族无愧于承担一项如此崇高的计划,但未获成功。因为最大的勇气和最好的措施,都需要好运。可能为了控制科西嘉人而于 1553 年援救科西嘉人的法国国王亨利二世,在一次骑士比武中被杀。

奥尔纳诺家族不再有法国宫廷的具有危险性的支持,于是恳求一种更具有危险性的支持——奥托曼的支持。但是,土耳其素丹政府不屑于插手两个争夺意大利海岸的悬崖峭壁的小民族的争端。科西嘉人依然受到热那亚人的奴役。这些岛民越想抖落他们身上的桎梏,热那亚人就越加重这些桎梏。科西嘉人长期受到一种与查理曼的维米克法或威斯特法利亚类似的法律统治。被委派到这个岛上的专员运用这种法律,根据一项告密,不对被告进行任何审讯,在审理案件时不履行哪怕最简单的手续,就判处人死刑或者划船刑。在一份秘密记载上,判决是用这样的话语写的:"我在意识中得知某某有罪,因此判处他死刑。"除了在宣判过程中外,在执行判决时不再有什么别的手续。查理曼在威斯特法利亚设想出这样一个历时达五百年之久,随后又在科西嘉人的国家受到模仿的诉讼程序,真是不可思议。这些岛民连续不断互相谋杀。接着他们的法官则根据他的了解,让人谋害幸存者。从两个方面看,这真是野蛮到了极点。科西嘉人需加以管理,需要文明开化,但他们却战败受到镇压。必须使他们变得温顺,但却让他们变得更加粗野凶狠。一种极端的、无法消除的血海深仇,在他们和他们的主子之间根深蒂固。这是一种第二天性。发生过十二次被科西嘉人称为**自由努力**,被热那亚人称为**叛国罪行**的暴动。自 1725 年以来,在这个岛上除了动乱、惩罚、暴动、抢劫,科西嘉国民被同胞凶杀之外,别无其他事件。人们难道会相信 1738 年科西嘉的首领奏呈法国国王的一份请愿书所说的在最近 16 个热那亚特派员的执政时期发生过 26000 起凶杀事件,最近两年以来发生过 1700 起凶杀事件吗?申诉人还说,热那亚的特派员默许这些罪行,以便从中捞取更多没收的钱物和罚款。这一控告似乎有些夸大,但结果是政府很糟,而民众更糟。科西嘉让热那亚元老院花费大量钱财,使这个机构感到十分尴尬为难。这大大超过了这个岛屿本身所值。热那亚元老院谈到科西嘉时,可以用路易十一在热那亚想献身于他时,这位法国国王所说的关于热那亚的这句话:他把它交给魔鬼。

自 1729 年起,热那亚和科西嘉之间的战争,就像在两个敌对的、不共戴天的、无法和解的国家之间的公开战争一样。热那亚恳求查理六世作为有责任保护他的封臣的君主给予它援助。除了这条理由,他还加上金钱。于是这位德意志皇帝派去军队。威尔腾伯格家族的一位亲王、一个勇敢的战士和慷慨人士,让科西嘉人放下了武器。他于 1732 年在科西嘉人和热那亚人之间安排了一项妥协和解。但这只不过是一次不久之后就被双方的深仇大恨破坏了的休战而已。

科西嘉人开始有了一些精明强干的,如同在内战中培养造就出来的领袖那样的领袖。例如吉亚弗里、依亚辛特·帕奥利、里瓦洛拉等,尤其是一个名叫奥尔蒂科内的议事司铎。这个司铎在一段时期产生主要影响。然而,这些领袖还不能把使这个岛屿田园荒芜、满目疮痍、人口锐减的纷扰骚乱的无政府状态变为正规有序的管理。

在科西嘉人居住的这块土地上,凶杀事件当时比 15 世纪在意大利大陆上更加司空见惯。科西嘉人和其他意大利人同样虔诚。他们当中的好些神甫行凶杀人时还数着念珠祷告。1735 年,科西嘉人的首领召开一次大会。这次会议提出把科西嘉献给圣母玛利亚。这位圣母似乎不接受科西嘉的这项王冠。热那亚的法律遭到焚毁。谁倡议同热那亚人进行谈判,谁就会被处以死刑。依亚辛特·帕奥利和吉亚弗里被宣布为将军。

科西嘉人刚刚在圣母玛利亚的统领下组成一个共和国,下德意志的一个冒险家就来到这个岛上,未与这里的居民商量就自立为国王。他是维斯特法利亚的一个穷男爵,名叫泰奥多尔·德纳霍夫,是定居在法国奥尔良公爵夫人的庭院中的一位夫人的兄弟。此人在西班牙旅行并和一个突尼斯的使节有了某些勾结串通之后,前往非洲,说服奥斯曼帝国高级官员贝伊。他说如果这位官员愿意拨给他装备有 10 门大炮的军舰 1 艘、步枪 4000 支、威尼斯金币西昆 1000 以及一些粮食储备,他能够使科西嘉归顺这位官员。突尼斯的摄政政府竟然天真轻信得把他索要的全都给了他。他搭乘一艘挂着假英国国旗的海船抵达里窝那,然后卖掉这艘船并写信给科西嘉的首领说,假如这个岛上的人愿意选择他当国王,他承诺在欧洲主要国家的援助下(这一点他是确有把握的)把热那亚人驱逐出这个岛屿。

必然会有些时候,大部分人都晕头转向,懵懵懂懂。泰奥多尔男爵的建议竟被采纳。他于 1736 年 3 月 15 日身着土耳其服装,戴着头巾,在奥莱里亚港上岸。他下车伊始,就宣称他带来大量金银财宝。为证明他所言不虚,并非徒托空言,他当场就在民众中散发 50 来枚西昆的辅币。他分发的步枪、火药是他拥有的武力的证据。他发给用优质皮革制作的皮鞋。在科西嘉,还没有人见识过这样的豪华奢侈。他把一些来自里窝那的送信人布置在一些船上。这些人为他带来一些来自欧洲强国和非洲强国的所谓包裹。他被当成是这个地球上最高贵的王侯之一。他被选为国王。载有他的标记的若干铜币冲制出来。他有了自己的宫廷和国务秘书。特别使他的声誉和权势大增的是,热那亚的长老院悬赏索求他的脑袋。然而,八个月以后,科西嘉的主要人物认清了这个人的真面目。他身上的很少一点钱已经用光,于是他离开这个岛屿前往寻求最强有力的援助。

他在阿姆斯特丹避难时,他的一个债主让他进了牢狱。这个灾祸丝毫没有使他灰心丧气。他甚至就在深牢里再度欺诈行骗。在这方面,他同一个达米·德·孔旺蒂里奥侯爵极为相似。这个侯爵在同一时期跑遍了所有宫廷。向所有需要黄金、白银的王侯、领主馈金赠银,还让自己在欧洲和各个首都锒铛入狱。

1737 年,热那亚人恳求法国进行斡旋。平息了日内瓦动乱的弗勒里红衣主教,也想成为热那亚和科西嘉之间的和平的仲裁者。他让维拉尔元帅的侄儿布瓦西厄伯爵带领几支部队和一些和解条款前往。就在当时,科西嘉的不满分子向法国国王奏呈上文已经谈到的那份请愿书。在这份文书中,他们对两年内在他们岛上发生的 700 起凶杀事件抱怨连天。这并不是他们那一派的辩护书。此外,这项请求因其胜过演说艺术的朴野雄辩,因其在宫廷中甚为鲜见的崇高的自由意识,而颇值得称道。这些请愿者说:"如果陛下的至高无上的命令强迫我们归顺热那亚,那就听便吧!让我们为法国国王陛下的健康吞下这苦涩的圣餐吧，让我们死去吧。"

有人以德意志皇帝和法国国王的名义在凡尔赛制订了一项由法国国王的大臣和德意志皇帝派驻法国的大使利奇腾斯泰因签署的计划。这项计划包含的协定看来是公正的。尤其是热那亚共和国驻科西嘉的特派员窃取的那种仅仅根据他们意识的证明就判处绞刑或划船刑的权利被废除。但是，通过这一条款，所有科西嘉居民都被解除武装。这些居民不愿意被解除武装。他们下定决心，宁可死亡，也不为法国国王的健康干杯。

泰奥多尔国王从他被囚的阿姆斯特丹监狱始终向科西嘉居民承诺他不久以后就会把他们从热那亚人的桎梏和法国的专横独断中解救出来。正如他曾经骗过突尼斯和科西嘉那样，他的确找到在阿姆斯特丹定居的犹太人和外国的巨商富贾。他不仅劝促他们为他付清债款，而且还劝促他们装载一船武器、火药、军火、大炮连同大批货物驶来科西嘉，说服他们单独进行科西嘉的商业贸易，让他们预期获得巨大利润。利益使科西嘉居民的理智丧失殆尽。但是，泰奥多尔的疯狂也丝毫不逊于他们。他设想他让武器在科西嘉卸下，并携带一些钱款在那里出现时，整个岛上的居民都会不顾法国人和热那亚人的弹压，立即归附在他的旗帜下。他毕竟无法在科西嘉登岸。他逃往里窝那。他的荷兰债主全都破产。

不久以后，他又逃往英国避难。正如他在阿姆斯特丹一样，他因他在伦敦负债累累而被投入监狱。他在狱中一直待到 1756 年初。沃波尔大人慷慨大方地捐助他一笔钱。这位大人借助这笔钱平息了他的债主，并把这位所谓的君王解救出狱。这位所谓的君王于同年 12 月 2 日死去。死时状况十分悲惨。他的墓碑上刻着：

"运道给了他一个王国,却拒绝给他面包。"

就在这个泰奥多尔第二次试图统治科西嘉人,枉费心机试图在这个岛屿登岸之时,这个岛屿的居民明明白白地表示,他们自卫并不需要他。他们答应布瓦西厄伯爵,向他带去他们的武器。他们的确于 1738 年 12 月 12 日向他缴交了武器。但采取这一行动是为了对有 400 名法国士兵驻守的一个据点进行突然袭击。这个据点无法抵抗。布瓦西厄率军前往援救,遭到击退并被赶到巴斯蒂亚。科西嘉人称这一天为**"科西嘉的晚祷"**,虽然这只是对西西里晚祷的细微的模仿。

过了一些时间,一支运载受弗勒里红衣主教派遣前往使用武力平定科西嘉的营队的舰队驶离法国本土。这支舰队被一场可怕的风暴刮得七零八落。两艘军舰被风刮到海岸上,船体断裂。400 名士兵连同军官逃脱了沉船之难,落入他们前来奴役的人的手中,并被剥得精光。布瓦西厄伯爵虚弱的体质长期以来就威胁着他,这次他因纷至沓来的不幸而感受到的悲愁忧郁加速了他的死亡的到来,使他出师未捷身先死。几乎没有比这次远征更加不幸的远征。

最后,马耶布瓦侯这个享有盛名的,并在此后不久就晋升为法国元帅的军官,奉命离法前往科西嘉。他习惯于迅速远征。1739年他速战速决,在三个星期内就征服了科西嘉人。

当 1741 年的那场带来深重灾难的战争使半个欧洲田园荒芜、万户萧疏之时,科西嘉从前根本没有见过的警政管理,已经开始在这个岛上建立。身不由己进行这场战争,而其天性又是相信使用小手段支撑大行动的弗勒里红衣主教,在这场重大的战争中厉行节约。他把驻科西嘉的部队全部撤回。热那亚根本无法控制这个岛屿，本身又不堪奥地利人的重压，沦落到一种受奴役的境地。它甚至比科西嘉更为不幸，因为它从更高处跌落下来，摔得更重。

正当欧洲因为奥地利家族的各个邦国的王位继承问题，因为大量掺进主要利益中的多种不同的利益而悲痛忧伤之时，科西嘉人在对自由的热爱中，在他们对过去的主子的仇恨中，坚定强大起来。热那亚仍然据有这个岛屿的首府巴斯蒂亚和其他几个要塞。科西嘉人拥有其余的地区。他们在被他们选为将军的，因英勇无畏，甚至因作为国民品德高尚而在全国闻名遐迩的吉亚弗里的统率下享受着自由，或者确切地说，享受着放纵。1753年这位将军被人暗杀。人们没有忽略为此事控诉热那亚的长老院。其实，这个机构可能根本没有插手参与这次凶杀。

争执不和当时使所有的科西嘉人兄弟阋墙、四分五裂。家族之间的龃龉、嫌隙，总是以谋杀告终。但人们团结一致对抗热那亚人。个人之间的仇恨让步于普遍的仇恨。科西嘉比任何时候都更加需要一个能够引导他们的狂热、使这种狂热为公共大众的福祉效劳的领袖。

年迈的依亚辛特·帕奥利过去曾经领导过科西嘉人，当时他退休在那不勒斯。1755年他向科西嘉人派去他的儿子帕尔卡尔·帕奥利。这个青年这时才29岁，但一出现就被承认为整个岛屿的总指挥官。他不像泰奥多尔那样觊觎国王的称号，但在好几方面实际上就是国王，居于一个民主政府的首脑地位。

不管人们对他作何议论，这个领袖不可能不是个不同凡响、出类拔萃的人。在一个不愿意有正规政府的民族中建立这样一个政府,把四分五裂、毫无纪律的民众团结在同一法律之下;与此同时组建一支正规军队,建立一种能使民俗民风温良的大学,建立法庭,遏制暗害和凶杀的狂想,管理野蛮的风习,通过自己让人服从喜爱,这一切绝非出自凡夫俗子之手。他未能使科西嘉自由,也未能使这个岛屿获得良好治理,但他毕竟做了足够的工作,获得了荣誉。

　　两个迥然不同的强大集团,都介入了热那亚和科西嘉的纠纷。一个是罗马宫廷,另一个是法国宫廷。过去历届教皇曾经觊觎科西嘉这个岛屿的主权。在罗马,人们对此念念不忘。科西嘉的主教们支持热那亚的元老院。这些主教中三人离开祖国。此后,教皇派遣一个总巡视神甫来到这个岛屿。这个神甫使热那亚元老院极为惊惶不安。几个元老担心这些动乱使罗马从前曾经有过的对这个热那亚的觊觎之心再度萌生。罗马现在已不再保有热那亚。这种担心和热那亚人为了控制科西嘉人所做的努力同样徒劳无益。派遣这位总巡视神甫到科西嘉的人是同一个教皇雷佐尼科。他自那时起就狂躁发火,与帕尔玛公爵对抗。这位公爵并不是一个能够征服王国的人。热那亚元老院下令阻止总巡视神甫在科西嘉登岸。但他仍于1760年春季抵达科西嘉。帕尔卡尔·帕奥利将军同他交谈往来,以便为自己在他身上找到个保护人。这位将军让人在绞架下焚毁了热那亚元老院的法令。他自己始终是主人。总巡视神甫只能做些祝圣降福仪式,只能为那些只挂着神甫招牌,有时在弥撒结束时谋害同伴的神甫制定一些教会规章条例。法国内阁比罗马内阁更活跃积极,势力更强大,被请求再次进行斡旋帮助热那亚。最后法国宫廷于1764年派往科西嘉七个营的兵力,此举并非为了对科西嘉进行敌对活动。这些部队只被委以守护热那亚在岛上仍然拥有的要塞之责。这些部队作为调停者开来此岛。据说他们在岛上待了两年。他们的给养供应,部分由热那亚元老院负担费用。

热那亚元老院希望,由于法国已经承担起守护它在岛上的要塞的责任,它使用自己的军队就足以收复这个岛屿的其余地区。它大错特错,因为帕奥利在让民众更加热爱自由的同时,也让军队纪律严明。他有个被人认为胆大包天、经常殴打热那亚商人的兄弟。热那亚共和国在四年内丧失了它的军队和金钱,而与此同时,帕奥利却日复一日增强了他的武力和声誉。欧洲把他视为他的祖国的立法者和报仇雪恨者。

法国军队留驻科西嘉四年期满。热那亚元老院最后终于认识到,它在一次导致破产的行动中,白费钱财,把自身弄得民穷财尽;终于认识到,制服科西嘉人是不可能的。

热那亚于是把它所有的对科西嘉拥有的权利,统统让与法兰西王国。有关条约于 1768 年 7 月在贡比涅签订。按照这项条约,科西嘉王国并非绝对给予法国国王,但被认为属于法国国王;热那亚共和国保留通过偿还法国国王为支持热那亚而支付的巨额费用的方式恢复它对这个岛屿拥有的主权的权利。实际上,这是永远让与科西嘉,因为热那亚人不可能赎回这个王国。热那亚人在赎回这个王国之后,对抗整整一个发誓宁可战死而不生存在热那亚人的桎梏之下的民族、把这个王国保存在自己手里,这更不可能。

因此,热那亚让出一个对它来说是个负担的地区所拥有的虚空和不祥的主权,实际上是做了一笔好交易。既然法国国王足够强大,能在科西嘉岛上让自己被人臣服,能够对这个岛屿进行管理,能够向这个岛移民垦殖,能够在这个岛上使农业、商业发展繁荣从而使之富裕起来,因此他做了一笔更好的交易。此外,可能这样一个时期会来临:在这个时期,在意大利必须分清、辨明的各种利益关系中,拥有科西嘉将是个极大的优势。

尚待了解的是:一个人是否有权利出卖他人。不过这是一个将永远不会在缔结任何条约时商谈考虑的问题。

以同帕奥利将军进行的谈判作为交往的开始。这位将军不得不同一位法国大臣①既玩弄策略手腕,又兵戎相见。这位将军了解到:这位大臣的心灵超越他的出身;这位大臣是欧洲最慷慨大度的人;这位大臣在事关他所有个人利益时以一种英勇高贵气派为人行事;这位大臣在事关他的主子法国国王的利益时以同样崇高伟大的心灵行事。帕奥利能够期望获得荣誉和奖偿,然而他身负维护祖国的自由的重任。他眼前是各个国家、民族的观点和判定。不管他的意图如何,他不能出卖祖国的自由。他即使有心出卖,也无法出卖。科西嘉人狂热地爱好自由。帕奥利本人又使这种非常自然的激情在他们身上与日俱增。这种激情既成了一种神圣的义务,也成了一种狂热。他如果稍让这种激情克制收敛一些,他就会冒丧失他的生命和荣誉之险。

在他身上,这种荣誉并不是战斗的荣誉。他既是立法者又是军人。他的勇气存在于他的精神中。他指挥每次战斗。最后,他

_____

① 指舒瓦瑟尔公爵。

还享有反抗一个法国国王将近一年的这种荣誉。没有一个强国援助过他。只有几个英国人因为热爱他保卫的、他将为之牺牲的自由，为他运来金钱和武器，因为科西嘉人装备低劣。科西嘉人没有装上刺刀的步枪。甚至当有人让他们从伦敦得到一些这种步枪时，大部分科西嘉人都不会使用。他们宁肯使用他们那种普通短筒火枪和刀剑。他们主要的武器，就是他们的勇气。他们浑身是胆、无所畏惧，以致在朝向一条名叫戈洛河的河的战斗中，他们用己方的死人为自己构筑一道防御工事，以便在进行必要的撤退之前来得及在这些死人后面荷枪实弹。他们的伤兵掺混在死人中，以便加固防御工事。他们处处都显现出英勇威猛的气概。但是，只在自由的民族中，才能够看到这样的行动。尽管他们浑身是胆、视死如归，他们仍然战败。沃伯爵在马尔伯夫侯爵的协助下，用了比马伊布瓦元帅还少的时间征服了这个岛屿。

领导这次征服行动的舒瓦瑟尔公爵，获得了这样的荣誉：把一个如果受到良好培育就能够轻而易举养活 20 万人，就能够提供勇敢的士兵，有朝一日就能够进行颇有效益的商业贸易的地区奉献给他的国王。

可以看到，如果说在路易十四在位时期法国的疆域因获得阿尔萨斯、弗朗什-孔泰以及佛兰德尔而得以扩大的话，那么在路易十五在位时期，它的疆域就因有了洛林和科西嘉而扩大了。

同样值得指出的是，由于同一位大臣①付出大量心血，法国在美洲的属地在实力和繁荣两方面都上了一个台阶，其价值等于新

---

① 指舒瓦瑟尔公爵。

获得的土地。取得这些成功,应该归功于选择了埃内里伯爵来连续管理我们法国所有的殖民地。1762年签订和约时,他是个很年轻的将官。当时他仅仅因为具有作战才能才被人知晓。舒瓦瑟尔公爵在他身上辨识出政治家的才能。的确,这位埃内里伯爵在他掌理政务的六年之内,不断显示出他那能够使人珍爱和尊重权威的智慧和德行。有人从马提尼克写信说:"人人都对他心存畏惧,但他没有伤害过谁。"他到处厉行法治,贯彻司法,倡导正义,启发人们热爱荣誉。他到处鼓励推动商业和工业。他终于得以在各邦之间保持团结和睦。这是极其难能可贵的。他减轻奴隶的悲惨命运。他让人对圣路希岛进行开垦。这样他就在这个岛上创建了一个新殖民地。

他在其他一些地区开凿运河、净化空气、肥沃土地,创造了新的财富。与此同时,他让我们的殖民地安全、美化。

他因健康状况欠佳,被召回法国之后没有多久就做出新的牺牲,献身于新的事业。这种牺牲与其说是一个年轻的君主[①]要求的,不如说是这位君主请求的。这位君主新手写信给他:"单是你的隆名盛誉就会在多米尼加岛对我有很大的帮助。"

埃内里伯爵为法国国王效了一次最重要的劳,因而当之无愧地令人又尊敬、又信任。这次效劳,就是同西班牙把法西两国之间的边界确定下来。这个使法国获得颇多荣誉的行政官员,无法抵抗美洲的炎热气候招致的重大不幸的影响。他的去世对我国所有的殖民地来说是个尽人皆知的灾难。这些殖民地迫不及待为他竖

---

① 指法国国王路易十六。(巴黎加尼埃兄弟出版社版本注)

立纪念碑,满怀痛惜和仰慕的感情,呼唤他的名字。

他获得英国人的尊重。英国人经常在处理我国的殖民地和他们的殖民地之间的问题时把他当作仲裁人。英国人用所有颂扬之辞中最确切公正、最讨人喜欢的这一句使他的名字神圣起来:"此人永远不会对人不公正,也永远不会受不公正对待。"

如果对法国宫廷情况毫无所知,舒瓦瑟尔公爵为国家创立无数丰功伟绩却遭到惩罚,就会显得十分荒谬不经了。在他和他的表兄弟普拉斯兰公爵为国家立下功劳之后,在他缔结了路易十五的孙子、此后成了法国国王的王太子和玛丽亚·特蕾西亚皇后的女儿的婚姻之后,一个女人①却使他遭到流放。贝尔-伊斯尔元帅把欧洲的大部分武装起来。罢黜这同一个皇后之后没有几年,这位公爵大臣终于使得这宗婚姻圆满成功,而他本人却遭到逮捕,锒铛入狱。这是命运的盛衰兴败、反复无常的重大例证。舒瓦瑟尔公爵后又遭到流放,这是另外一种,但并不是令人感到惊奇的一种命运的反复无常的现象。

我们已经看到,路易十五不幸过分把他的仆从看成是他可以随意砸坏弄碎的工具。流放是一种惩罚。只有法律才能实施惩罚。对一个君王来说,惩罚其过错不为人知,而其劳绩却尽人皆知,并得到不认可他们的主子的公众舆论认可的人,尤其是个很大的不幸。

---

①　指路易十五的情妇巴里夫人。

第 四 十 一 章

巴黎高等法院被流放　其他　路易十五之死

如果说舒瓦瑟尔公爵、普拉斯兰公爵、贝尼斯①红衣主教、阿尔让松②伯爵、掌玺大臣马肖尔③、莫雷帕④伯爵、拉罗什富科⑤公爵、夏蒂荣公爵以及众多其他公民被流放没有任何法律上的原因的话，那么巴黎高等法院和大批其他行政官员被流放看来就至少有一个法律上的原因了。

过去谁会说这个刚刚摧毁了耶稣会这个修会的古老机构，不久以后就不仅遭到冷酷的流放，而且自身也被摧毁了呢？如果说教训能够有什么用处的话，那么对人来说，这就是个重大教训。

---

① 贝尼斯(1715—1794 年)，法国外交家。曾任驻威尼斯、驻罗马大使及外交大臣。
② 阿尔让松(1652—1721 年)，法国政界人物。曾任掌玺大臣、财政大臣。
③ 马肖尔(1701—1794 年)，法国政界人物。曾任财政总监。主张减少特权，发展财税，遭贵族、教士反对。失宠后被捕，死于狱中。
④ 莫雷帕(1701—1781 年)，法国政界人物。曾在宫廷内担任要职及负责海军事务。
⑤ 拉罗什富科(1613—1680 年)，法国伦理学家、道德作家。曾参军，作战英勇。因反对黎塞留被流放。后又参加投石党运动，反对马扎然。

我们已经看到,路易十四在位时期,高等法院在投石党之战以后并没有遭到流放。我们已经看到,投石党骚乱仅仅以这个机构同糟糕透顶的财政管理部门的对抗作为开始。我们已经看到,这些对抗起初是合法的,不久后转变为一场公开的叛乱和一场内战。我们已经看到,路易十五在位时期,国内既无战争也无叛乱。但是我们已经看到,一个还更加糟糕的财政管理部门加上教皇谕旨《上帝唯一子》的笑料,却引发了高等法院对圣旨的顽强违抗。人们知道,高等法院于1771年4月13日被撤销。后来这个勋贵法院经过某些必要的改动,由国王路易十六重新建立。

另一个主宰世界的天命的例证是路易十五之死。他没有从那些用在自己身上接种天花的办法预防了天花的危险的人的先例得益,尤其没有从血亲亲王奥尔良的先例得到好处。这位亲王有勇气让他的子女接受预防接种。这种医疗方法在国民受到古老的偏见控制的法国,遭到激烈反对。这个国家几乎总是最后一个接受来自别国的真实的事物和有用的习俗。

将近1774年,这位法国国王在前往狩猎途中遇见一个出殡的队列。国王天生对丧事好奇,他走近棺材。他问埋葬的是谁。有人对他说是个死于天花的年轻姑娘。就从这时起他得了不治之症而自己毫不察觉。

两天以后,他的外科医生——牙医检查他的牙龈,发现一种显示某种危险疾病的症候。医生把这件事告诉国王的一个亲随。然而,医生的意见被掉以轻心,遭到忽视。带来最大的不幸的天花发生了。国王的好几个官员,或者因为护理他,或者因为走近他的床,都死于这种疾病。他的女儿们——三位公主,对父亲的柔情和她们的勇气让她们留在国王身边,也受到吞噬她们的父亲的生命的毒菌的袭击,很快就感染了同样的疾病,遭逢同样的危险。幸运的是,她们幸免于难。

路易十五5月10日夜间去世。他的遗体用石灰覆盖,没有举行任何仪式就运往圣路易他的先辈的墓穴的旁侧。

历史将不会略去这一点:另一个法国国王(路易十五的孙子)、普罗旺斯伯爵和阿图瓦伯爵(路易十六的兄弟)等三人都在青春年少之时接受了预防接种。这就告知法国人,为了避免死亡必须敢于冒险。整个国家民族深受感动,受到教导。自此之后,直到1774年末,路易十六的所作所为使他对整个法国来说更加亲切。

第 四 十 二 章

法 律

在路易十四时代，人的头脑受到启发开导。在随后的这个时代，人的头脑比在先前几个时代更加如此。人们已经清清楚楚看到，艺术和文学已经臻于完美。整个国家、整个民族睁大眼睛对法律十分关注，这样的事态还没有来临。路易十四以一部当时法国没有的法典使他的统治举世瞩目。然而，这部法典更主要涉及诉讼程序的一致性，而不是法律的内容实质。这部法典对各个外省来说，应该是共同的、一致的、不变的，并且没有任何专断之处。刑法判例似乎特别还具有古代未开化的特点。它更加导向于寻找罪犯，而非拯救无辜。在法令和法规的制定过程中经常反对诉讼程序的残酷性，这是法院院长拉莫瓦尼翁[①]永恒的荣誉。但是，他的声音，亦即人道的声音，却被皮索尔[②]和其他特派员的声音——严酷的声音——淹没窒息。

最近一个时期，最见多识广、博学多才的人感到，正如人们最

---

① 拉莫瓦尼翁（1617－1677年），巴黎高等法院第一院长。
② 皮索尔（1615－1697年），御前会议参议。

终使得我们的风尚习俗变得温良起来一样,也需要使我们的法律
也变得温良起来。必须承认,直到路易十四在位时期的美好岁月
以前,在我们的思想意识中,凶狠残暴、轻浮随便、愚昧无知铢两悉
称,相去无几。为了让我们自己承认这个令人伤心的真情实况,只
需要把目光投向对法院院长奥古斯坦·图①和对马利亚克元帅②
所施的酷刑,投向对昂克尔元帅③所进行的谋害,投向他的被判处
火刑的遗孀,投向二十多起或者在策划中的或者已经进行的针对
亨利四世的谋害,以及投向这位英明君主遭到的暗杀。先前的时
代更加悲惨痛苦。本书读者从内战的恐怖,从圣巴托罗缪④回溯
到弗朗索瓦一世时代的灾难,再从这个时代回溯到克洛维斯⑤,一
切都野蛮凶残。其他民族也并不更加仁慈,然而没有一个民族,因
凶杀谋害,因滔天大罪,比法兰西民族更加名誉扫地。人们长期用
金钱来补赎这些罪行。随后,法律同风尚习俗同样凶狠残酷。使
法律冷酷无情的,是进行诉讼的方式差不多全部取自教会的判例。
可以用对圣殿骑士团的骑士的刑事诉讼来评论这些。而这种诉
讼,只是由教皇任命的教士来进行预审,这令祖国、理性和公正深

---

① 奥古斯坦·图(1607—1642 年),法官。被控参与反国王阴谋,被黎塞留判处死刑。

② 马利亚克(1573—1632 年),曾率军在意大利作战。参与反对黎塞留,失败。被控盗用公款、贪污,被斩首。

③ 昂克尔,意大利人,原名孔奇尼。路易十三年幼登基,由后母意大利人玛丽·德·美第奇摄政。孔奇尼深得母后宠信,曾任首相。因遭宫廷众人怨恨,被幼王命人杀死。

④ 1572 年 8 月 24 日圣巴托罗缪节,天主教徒在巴黎突然武装袭击新教胡格诺派教徒,致使该派两千余人遭到杀害。

⑤ 克洛维斯(466—511 年),法兰克人国王。

以为耻。

人们已经在漫长的时期内,像猛兽那样受到另一些猛兽的统治。例外的可能是圣路易、路易十二、亨利四世等法国国王在位时期的那些年代。人们的头脑越文明开化,就越会在面对野蛮残暴时战栗发抖。时至今日,这种野蛮残暴还有大量残余。希腊和罗马的任何一个公民都从来没有遭受过的酷刑,对有同情心的和通情达理的法学家来说,是一种比死刑更坏的肉刑。这种刑罚只应该为夏泰尔和拉瓦亚克之流保留起来。整个法兰西王国都对揭露这两个凶犯的同谋犯一事感到关切。在英国和德意志的一部分,这种刑罚已经废止。从那时起不久以后,它又在面积为两千平方英里的一个帝国①取消。比起在我们中间来,在这些国家没有更严重的犯罪。这就证明,酷刑和有人认为可以用酷刑防止但未能防止的犯罪行为,同样应该受到谴责。

也有人起来反对没收这项惩罚。人们已经看到,因父亲的过错惩罚子女是不公平的。一条在律师团体中被认可的格言说:**"谁没收了身体就没收了财产。"**这是一条在习俗代替法律的国家里常用的格言。因此,那些自愿结束自己生命的人的子女就被当成杀人犯的子女。这样,在各种情况下,因为单独一个人的过错而全家人被株连,受到惩罚。

就这样,一家之主或因藏匿讲道者,或因在某一洞穴或荒野听这个讲道者讲道而被无端判决判处终身划船苦刑的时候,他的妻儿就被迫以乞讨为生。

---

①　指俄罗斯。

　　这种其实质在于从孤儿口中夺食，把别人的财产给予某人的法律原则，在罗马共和国的整个时期闻所未闻。西拉①把这个原则引入他的规定中。必须承认，一起西拉捏造的抢劫案件是个不应该仿效的案例。因此，这条似乎只受到不合人道、不近人情的思想和狭窄的心胸主宰的法律，既没有被恺撒，也没有被优秀的罗马皇帝图拉真，也没有被安东尼王朝②遵循采用。各个国家、各个民族提到这些人的名字时，都肃然起敬，仰慕敬爱。最后，在查士丁尼③在位期间，没收这种惩罚仅仅对犯大逆罪者执行。

　　似乎在封建无政府状态时期，君主和领主都家徒四壁，身无长物，因此谋求用判决他们的臣民的手段来增加自己的财富。似乎他们把判决作为一项获得收入的手段。在隶属他们的土地上，法律是独断专行的。罗马的法律原则不为人知。习俗惯例不论怪异或残酷，都占主导地位。今天帝王的权力和威势，是建立在巨大的和确实可靠的财富的基础之上的。他们的金银财宝不需要用某个不幸的家庭的微薄的残余财富来增大。通常这些残余让与第一个请求得到的人。然而，难道一个公民应该用另一个公民的血来养肥自己吗？

　　在罗马法确立了的地方，没收绝不准许，只有图卢兹高等法院的管辖区除外。在一些诸如波内、贝里、曼恩、普瓦图、布列塔尼等

　　①　西拉（公元前136—前78年），古罗马贵族、政治人物、将军、独裁者。
　　②　指罗马帝国安东尼王朝五个皇帝在位时期（96—192年）。此为罗马帝国安定繁荣时期。
　　③　指拜占庭皇帝查士丁尼一世（483—565年）。他曾主持编纂《查士丁尼法典》，征战波斯，征服北非及意大利。

采用习惯法的地区,这种惩罚也决不准许。这种惩罚从前在加来确立。当英国人主宰这个地区时,这种惩罚被英国人废止。奇怪的是,法国首都居民竟然生活在一种比小城市的居民遵守的法律更加严酷的法律之下。这一点是千真万确的:法律原则往往漫无目的地确立起来,毫无规律可言、毫无一致性可言,就好像在村子里修筑茅屋一样。

谁会相信 1673 年在法国最风调雨顺、国泰民安的时代,代理检察长奥马尔·塔隆在高等法院开庭审判过程中就卡尼亚克大郡主案件说:

> 在《申命记》第 13 章,上帝说:"如果你在一个偶像崇拜盛行的城市和地方被人遇到,就不分年龄、性别、身份,用你的刀锋把什么人都斩尽杀绝,把城市里的掠夺物全都集中在公共广场,连同这些掠夺物把这座城市整个烧掉吧!只留给这个令人厌恶憎恨的地方一大堆灰烬。一句话,把这个城市作为向上帝奉献的祭品。让你的手里不留下任何这个被诅咒者的财产。"[①]
>
> 就这样,在大逆罪中,国王是财产的主人。罪犯的子女被剥夺了这些财产。对那波特进行了起诉,quia maledixerat regi(**因为他侮辱了国王**),阿夏布国王获得他的遗产。大卫被告知米菲博泽特参加了叛乱,把他的全部财产给予西巴。

---

① 中国基督教协会 1989 年印发的《新旧约全书》的《申命记》中的这段话的中文译文与本书的这段文字出入太大。本书译者按本书原文译出。

西巴向他带来这个消息：Tua sint omnia quoe fuerunt
Miphibozeth（**属于米菲博泽特的一切都归属你**）。

　　问题在于了解谁将继承卡尼亚克大郡主的财产。这些财产从
前从她的父亲那里没收以后，被国王让与一个御库保管大臣。接
着又被这个大臣给予一个女立遗嘱人。关于奥弗涅的一个少女的
诉讼，一个代理检察长求助于阿夏布。此人是巴勒斯坦的一部分
的国王。他在用司法匕首杀害了一个那波特的葡萄园的主人后，
没收了这个主人的财产。这个令人痛恨的行为成了谚语，唤起人
们对侵占行为的憎恶。当然，那波特的葡萄园和卡尼亚克大郡主
的遗产没有任何关联。犹太小国国王索尔的孙子、大卫的朋友和
保护人若纳塔的儿子米菲博泽特被害以及他的财产被没收和这位
大郡主的遗嘱没有相似性。

　　法律原则就这样被那些在他们自己的领域内很有名望的人用
这种学究气，用这种与诉讼内容风马牛不相及的狂乱荒唐的引证，
用这种对人类本性的原则的愚昧无知，用这些被人错乱理解和应
用的判例对待。

　　有朝一日，如果人类的法律使得法国的某些过分严酷的习俗
惯例变得温良慈柔起来而又为犯罪大开方便之门，给以可乘之机
的话，那么可以相信条款中的诉讼程序就将得到革新改正。法律
的编订者似乎在制定这些条款的过程中，沉湎于一种过分严格的
热切渴求。刑事法规条例难道不应该既让清白无辜的人对之有好
感，又让罪犯对之心惊肉跳吗？在英国，一起执行不当的监禁由下
令执行这起监禁的大臣加以纠正。但是，在法国，当某人被检察官

署起诉，被投入监狱、遭受酷刑拷打的清白无辜者没有希望得到任何安慰，没有任何追索人身损失赔偿的可能。这个无辜者在社会上永远受人谴责，抬不起头来。受人谴责的无辜者啊！为什么？因为他的骨头被打断了！他只应该引起怜悯和尊敬。追查罪行，需要严刑峻法。这是一场人的正义公正向邪恶狠毒进行的战争。但是，甚至在战争时期，也有宽宏大量和同情怜悯。勇敢的人是对人同情怜悯的人。难道法律界人士就必须是野蛮残忍的吗？

这里让我们在几个方面把罗马的刑事诉讼程序和法国的刑事诉讼程序做一比较吧：

在罗马，证人当着被告的面公开让人听取他的证词。被告可以回答证人，可以向证人提问，或者请求律师对付他们。这种诉讼程序是庄严的、公开的。它显示出罗马人的宽宏大度。

在我们法国，一切都秘密进行。只有一个法官和一个书记官对证人发言逐个听取。这种诉讼程序由弗朗索瓦一世确立，于1670年经编订路易十四法规的特派员批准。一个唯一的错误的理解是批准的原因。

在阅读 De Testibus（《作证》）法典的时候，人们以为 testes intrare judicii secretum 意为证人被秘密听取。但是 secretum 在此处意为法官的办公室。intrare secretum 表示秘密说话，并不是拉丁文。这是一个构成我们的法律原则和裁判惯例的一部分的一个句法错误。实话实说，有几个法学家肯定过，如果罪行没有明确证实，contuma（避不到案）就不应判罪。但是，另一些法学家见识和经验逊于前者，但可能思维更有条理，看法却截然相反。他们敢于声称,被告的遁词就是罪证;被告拒绝出庭藐视司法应如同他们已服罪那样受到判处。这样,根据法官将选定的法学家的学派的主张,无辜者将被赦免,或被判刑。

更有甚者,一个低级法官往往让一个乡下人说出这个法官自己想说的话。他让这个乡下人根据他自己设想的看法作证。他向这个乡下人口述,让他写他本人毫无所知的答辩。我见过这方面的例子不止一个。如果对质时,证人推翻前言,就会受到惩罚,被当成诽谤者,被作为发伪誓者对待。曾经有过被判刑的无辜者,这是因为愚蠢的、胆小的无辜者首先不会为自己解释申辩,之后又不敢收回前言。法国的刑事判例对被告设下接二连三的陷阱。似乎皮索尔和大法官布歇拉是人的仇敌。

再者,经常有一些并没有什么职责的书记,把他们的观念当成法律,把他们有时十分残酷的幻想和错误的看法当成法律。这是法国法律原则和裁判惯例的一大弊端。

看来,人的生命过分受到人性的反复无常的支配摆布。当在30名法官中,有10名不赞成对某一罪行判处死刑时,其余的20名就必须占上风,压倒他们的意见吗?很清楚,罪行并没有得到确证;或者很清楚,如果三分之一的明智的人对这种严刑峻法提出抗议,这起罪行就不应该处以极刑。表决时多几张票决不应该足以让一个公民惨死。一般说来,必须承认,人们太常用司法的利剑杀死我们的同胞。当司法当局对一个无辜者判刑时,这是一起法律上的谋杀,是所有谋杀中最可怕的一种。当司法对一起在其他国家只会招致比死刑轻的处罚的错误判处死刑时,这种司法是残酷的,而且并不策略圆通。一个善于理政治国的政府应该使肉刑和苦刑有用。让罪犯为公共福祉劳动是明智之举。罪犯的死除了对刽子手外，不带来任何好处。

路易十四在位时期，有两项法规在整个王国是一致的。以民事诉讼程序为内容的第一项法规规定，在民事案件中，当诉愿未得到证明时，禁止法官在被告不到庭的情况下做出判决。但处理刑事诉讼程序的第二项法规，却没有谈到在缺乏证据的情况下被告将被释放。这真是不可思议！法律规定，有人对之提出金钱的诉愿的人，只能在债务已被确认的情况下才能缺席受到判处。如果人命攸关，被告在未服罪的情况下是否将被判处，这在律师界争论不休。事实上，总是对这种被告进行宣判。他的缺席被视为犯罪；他的财产被没收；他受到谴责。

法律似乎对金钱比对生命更加重视。法律准许贪污分子和欺诈行骗的破产者求助于律师的斡旋调解。而一个体体面面、受人尊敬的人，却往往被剥夺这种援助。如果无辜者能有一个通过律师的斡旋得以被证明清白无辜的机会的话，法律剥夺了他这种机会是不公正的，这一点难道不一目了然吗？

首席法院院长拉穆瓦尼翁反对这项法律。他说："人们过去习惯于提供被告辩护人或者顾问，这既不是法规授予的也不是法律授予的一种特权。这是一种比所有人为的法律都更加古老的天赋权利使人获得的自由。大自然教导每个人，当他没有足够的智慧和知识指导他为人行事时，他必须求助于别人的智慧和知识；当他感到自己没有足够强大的力量自卫时，他必须借助别人的援助。我们的法规削减了被告大量利益，以致把还剩下的利益，主要是把构成这种利益的最主要部分的辩护人为他们保留起来，是正确的、公正的。如果人们愿意把我们的诉讼程序同罗马人的诉讼程序以及同其他国家、民族的诉讼程序进行比较的话，我们就会发现没有比法国的诉讼程序，特别是自 1539 年以来执行的法规颁布以来所遵循的诉讼程序更加苛严的了。"

自从 1670 年的法规颁布执行以来，这诉讼程序更为苛严。假如大多数特派员能够像拉穆瓦尼翁大人那样思考问题，这项诉讼程序本会温良一些。

从前，人越是愚昧无知、荒谬不经，就变得越不容异己、野蛮残忍。荒谬不经竟驱使人判处昂克尔元帅火刑。在这种荒谬不经的支配下，还做出了一次同样的判决。荒谬不经是酿成圣巴托罗缪惨案的主要原因。当理性受到歪曲、被腐蚀毒害时，人就必然变得粗鲁野蛮起来。这时社会只不过是个互相轮流吞食的兽类和审判狼、狐狸的猴子的混合体而已。如果你想把这些兽类改变成人，那么就从容许人通情达理这一点开始吧。

封建的无政府状态已不复存在。然而它的好些法律仍然存在。这种情况就让一种无法容忍的混乱状态存在于法国的立法中。

人们会始终以不同的方式判决在外省和首都同样的案件吗？同样一个人必然会在布列塔尼正确，而在朗格多克却错误了吗？对此本书作者还有什么可说呢？有多少城市，就有多少法律原则。在同样一个高等法院里，一个法庭的法律准则就不是邻接的法庭的法律准则。

在采用成文法的国家，以及在受习俗惯例主宰支配的外省，当这种习俗惯例无法做出决定的时候，人们遵从成文法。然而，这些罗马法律条款数达 40000 之多，而在这 40000 条中，有 1000 条自相矛盾的重要注释和说明。

在这其中总有某条被偶然引用的 40000 条法律条款之外,把小城市,甚至把几个市镇计算在内,还有 540 个不同的惯例。这些惯例与主要的审判惯例抵触。以上情况产生这样的结果:正如有人已经说过的那样,一个在法国骑驿马旅行的人在旅途中,法律改换多于驿马改换;一个在他自己居住的城市是个精明强干、见多识广的律师,在邻近的城市却是个愚昧无知、不学无术之辈。

在同一个王国的各种法律之间存在着何种不可思议的障碍啊!在巴黎,一个在城里安家落户一年零一天的人被认为是城镇自由民。在弗朗什-孔泰,在一座领主有管业权的房屋里居住了一年零一天的自由人变成了奴隶,他的旁支亲属就不能继承他在别处获得的财富。他自己的子女如果在远离他的父亲去世的房屋的地方度过一年,他们就会被迫以乞讨为生。这个省份被称为"自由的",但这是什么样一种自由啊!

更加可悲可叹的是,在弗朗什-孔泰、尼维尔纳、奥弗涅及其他几个外省,议事司铎、僧侣、修道士拥有领主对其财产有永久管业权的人(mainmortable)和奴隶。可以经常看到一些佩戴圣路易勋章、身带伤痕的军官死时是一些修道士的奴隶。这些修道士对世界来说既骄横又无用,但却拥有领主对其财产有永久管业权的农奴。据说领主对其财产有永久管业权的人这个词,源出于从前当农奴之中的一个死时未留下任何他的领主能够收归己有的具有动产性质的家具衣物之类的东西时,死者的右手就被割下交给领主。这是与这个名称相配的起源。不止一项法令废止这个玷污人类的惯例。但是,因根据这项特权拥有土地的行政官员却规避那些只为了公益而制定的法律。教会因拥有农奴,比行政官员更反对这些明智的法律。1615 年的三级会议白费力气,请求路易十三再执行被他的先辈规避的那些法令,并请求他把这些法令付诸实施。拉穆瓦尼翁院长草拟了一个方案以破除这种惯例,对领主进行补偿。这个方案却被束之高阁,弃置不用。

目前,撒丁国王在萨伏依摧毁了这种奴役臣属关系。这种关系在法国依然存在,因为外省的病痛并没有在首都被人感受到。一切远离我们眼睛的事物,永远不足以触动我们。

当有人想在民事权能和教会惯例之间确定界限时,发生了什么样的无穷无尽、永无休止的争论啊!界限在哪里?谁会把税务部门的和法律原则之间的永恒的矛盾调和起来呢?最后,在刑事案件中,难道判决永远不被论证,不被说明理由吗?为什么以君王的名义进行审判的人,在他们做出的判决执行之前,不把这些判决奏呈君王钦定呢?

不管把目光投向哪个方面,都会发现障碍、困难、冷酷、犹豫和专断。最后,在全世界,官职捐纳是一种只有法国才蒙受的耻辱,是一种法国始终希望从自己身上洗刷掉的耻辱。自从弗朗索瓦一世以来,人们始终对这个时代感到惋惜:在这个时代,一个在法律的研究中皓首穷经的普通法学家通过他的劳绩,终于做出他用他通宵达旦的劳动、他的声音、他的信誉和他的影响保卫的审判。西塞罗、霍腾西乌斯①和第一个马克—安东尼②都没有购买元老公职。

---

① 霍腾西乌斯(? —公元前 50 年),古罗马演说家。
② 第一个马克—安东尼(公元前 82? —前 30 年),古罗马统帅和政界人物。

修道院院长布尔泽白费力气,在他错误百出的、书名为《黎塞留红衣主教的政治遗嘱》的这本书中,企图为法官的显职高位的出卖进行辩护。另外一些作者——他们主要是侍臣近幸而不是公民——步这位修道院院长布尔泽的后尘。这种卖官鬻爵是恶习流弊的证据之一是,它是另外一种恶习流弊——对国库的挥霍浪费——产生的。这是一种比出卖教会的有俸圣职更会带来深重灾难的买卖圣物、圣职罪。因为如果个别教士购买一个普通有俸圣职,其结果对国家来说既不好也不坏,因为这个职位没有任何审判权,这个职位对谁都不负有责任。司法官员或行政长官的职位却有人的名誉、财产、生命掌握在它的手中。在本世纪我们寻求使一切都臻于完善,那就让我们使法律臻于完善吧!

第 四 十 三 章

路易十五时代人的思想的进步

整整一个修会①被世俗力量废除之后，另外几个修会的戒律、教规也被这种力量改革。整个法官的和主教的权力之间的分歧矛盾本身就表明多少偏见得到消除、统治管理的科学怎样得到推广，以及人的头脑被启发开导到了何种程度。有用的科学的这些种子，是上个世纪播下的。这些种子在这个世纪内，在各处，一直到在各个外省的腹地都萌芽滋长。萌芽滋长的真正强劲势头，在巴黎还不十分为人所知。这种势头一下子在好几个城市充分展现。在检察院里或者在几个高等法院的审判厅的庭审中发表的演说，就是这种势头的明证。这些演说至少在很多方面是思想和表达艺术的杰作。在阿格索②时代，唯一的几个典型模范都在首都，而且极为罕见。一种高级的理性，最近从比利牛斯山直到法国的北部都被人听到。哲学让人的思想更加正确，消除矫揉造作的饰物，使得好多外省成了首都的竞争者。

---

① 指耶稣会。

② 阿格索（1668—1735 年），政界人物，曾任巴黎高等法院总辩护人、总检察长及掌玺大臣等。后被流放。从政期间积极推行立法改革。

一般说来，有时律师团体对这种普世的法律原则了解得比较清楚。这种原则汲取于大自然。它上升到所有习惯约定的法律或者单纯权力法律之上。这些法律往往受到反复无常的心态和对金钱的需求的支配摆布。这些法律是比有用的法律更加危险的方法手段。正如本书作者已经说过的那样，这种法律形成一堆乱七八糟、杂乱无章的东西，而不是一个法律整体。

专门学校使青年养成读书习惯，奖励激发他们展示才华、参与竞争，从而报效社会。健康合理的物理学照亮了必需的技艺。这些技艺已经开始使两次带来深重苦难的战争让国家受到的创伤愈合起来。最著名的机械师之一[①]所花的大量心血使织物、布料能花少量费用制造出来。一个更加造福于人的法兰西学院院士[②]，用他选择和接受的物品使农业大大臻于完善。一个开明的大臣[③]，最后使小麦得以输出。小麦输出长期是禁止的贸易。这种贸易可能应该既受到限制约束，也受到鼓励提倡。

另外一个法兰西学院院士[④]向巴黎所有缺水房屋提供最方便、最有效的供水方法。这个方案可能只是或者因为贫穷，或者因为被忽视，或者因为吝啬而被束之高阁、弃置不用。

一个医生[⑤]最终找到被人长期寻找的使海水可以饮用的秘诀。以后的问题只是使这种试验易于进行以便在任何时候不花钱

[①]　指沃康松（Vaucanson）。
[②]　指杜阿梅尔·迪·蒙梭（Duhamel du Monceau）。
[③]　指杜尔哥（Turgot）。
[④]　指帕尔西厄（Parcieux）。
[⑤]　指普瓦松尼埃（Poissonier）。

太多就可利用它。

　　如果某种发明创造能够补充我们被拒绝获得的关于海洋的经度的知识，这就是法国最能干灵巧的钟表匠①的发明创造。他在英国与人竞争做出这项发明。但是，必须等待时间来证实和肯定所有这些发明创造。不会有用途和弊端兼而有之的发明；不会有会被人否定的发现；不会有会被人驳倒的观点，这正如在诗歌、雄辩术、音乐、建筑术、雕刻、绘画等方面的那些一下子就以强大的力量获得各个国家民族的一致认可，并因具有一种无法遮掩的光辉将得到后代认可的万世不朽的艺术珍品一样。

　　我们已经谈到一个汇集人类知识的以《百科辞典》②的名称闻名于世的仓库。海战和陆战的军官、从前的行政官员和法官、了解大自然的医生、虽然身为神甫但仍然是真正学者的人、其审美观净化了知识的文人、几何学家、物理学家等人，共同一致促成了这项既有用又艰难的工程。既然他们当中好些人隐姓埋名，因此可以说他们不求名不求利。他们不是一个串通的整体，因此没有什么派性。

　　但是，对祖国来说，更加光荣体面的是，在这个巨大的汇编中，美好良善压倒丑坏邪恶。这种情况过去还未曾有过。对法国来说，美好良善遭受的迫害，并不十分光彩体面。这同样的不适当的和不幸的追求形式和俗套的思想，掺混着骄傲、嫉妒和愚昧，并使印刷术在路易十一时代，戏剧演出在伟大的亨利四世在位时期，健

―――――――――

①　指勒鲁瓦（Leroi）。
②　即德尼·狄德罗（1713—1784 年）主编的《百科全书》。

康的哲学的开端在路易十三在位时期，最后还有催吐药和接种技术等遭到禁止。我认为这同样一种思想——这一切让人获得教益的事物的和一切变得崇高的事物的仇敌——给予这一值得记忆的行动和事业多次致命的打击。这种思想最后甚至束缚这种事业。使这一事业不如它应该的那样好。绝不应该用链条锁住这种值得记忆的事业的理性。因为只应该抑制鲁莽的轻率，而不是明智的大胆。没有这种明智的大胆，人的思想不可能取得任何进步。可以肯定，对自然界的认识、对关于有历史光荣称号的古代的寓言的怀疑精神、摆脱了学派的蛮横放肆的言行的健康的形而上学等，都是这个世纪的成果。理性已经臻于完善。

不错，并不是一切尝试都是一帆风顺获得成功的。为了验证牛顿在书房里论证的一个真理而在天涯海角所做的旅行，留下了关于计算测量的准确性的疑问。锻打的或者转化成钢的粗铁的劳作、在与埃及的气候条件迥然不同的气候条件下使用埃及的方法让动物孵出，以及大量其他同样的劳动努力，使人丧失了宝贵的光阴，甚至使几个家庭倾家荡产。然而，我们具有关于铁的特性的、关于包藏在卵里的胚芽的发育成长的有用的知识，应该归功于同样这些劳作。一些过分轻率冒险、把握不大的方法和方案，歪曲了本会十分有用的劳动。人们以迷惑人的实验为根据，使这个旧的错误死灰复燃：动物能够在没有始源的条件下产生。由此产生了比这些动物更加虚空的想象。一些人推促对牛顿关于引力的发现的滥用，甚至认为婴儿在母亲的腹中是由于引力形成的。另外一些人发明一些有机分子。人们在想入非非时，头脑失控，认为山是海构成的，又认为海是山构成的这种看法也是真实的。

谁会相信一些几何学家①曾经极其荒谬怪诞地想象人们使自己的灵魂激奋起来就会像看到现在一样看到未来？不止一个哲学家仿效笛卡尔②，想代替上帝，像上帝那样用圣经来创造一个世界。然而，所有这些哲学的荒谬的想法都很快遭到圣哲们谴责。这些奇幻的大厦被理性摧毁后，在它们的断垣残壁中残留一些甚至理性也加以利用的材料。

一种类似的荒谬言行，污染了道德伦理。有过一些人盲目地在自以为改造社会的同时破坏社会的所有基础。人们疯狂地坚决认为**你的和我的是罪恶**③；坚决认为丝毫不能享受自己的劳动的成果；坚决认为不仅人人平等，而且人们聚集起来会使自然秩序江河日下；坚决认为人出生的结果是像猛兽那样孤独；肯定河狸、蜜蜂、蚂蚁过团体生活扰乱了永恒的规律。

这些配得上进疯人院的鲁莽放肆言行，正好像被人引逗在集市上跳舞的猴子，曾经在某些时候风靡一时，十分流行。

这些鲁莽放肆的言行，被推动到这样一个难以想象的癫狂程度：一个我不了解的、性格孤僻怪异的江湖医生在一项教育计划④中竟然敢于说："如果彼此的爱好、脾气和性格相互投合，国王应当毫不犹豫，让他的儿子同刽子手的女儿结婚。"神学并没有受到保护不被这些放纵的言行侵害。一些性质是教导感化、启发开导人

---

① 指数学家、散文家、生物学家莫伯尔蒂等人。
② 笛卡尔（1596－1650年），法国哲学家、自然科学家、解析几何的奠基人。
③ 意出卢梭的《论人类不平等的起源和基础》。
④ 指卢梭的《爱弥儿》。

的著作，变成了甚至考验高等法院的严正性的，并会遭到各个学院谴责的诬陷人的诽谤性文字。这些著作写得糟糕透顶。

对不只一种语言的类似的滥用污染了文学。一大群作家迷失在一种矫揉造作的、狂躁粗暴的、晦涩难懂的，或者无视语法的风格文体中。有人甚至于把塔西佗①弄得滑稽可笑。本世纪著作汗牛充栋。在另一个世纪则有天才人物。在路易十四时代，语言的运用在文学艺术的各个门类、各种体裁中都臻于完美之境，但并没使用新词、无用的词，而是灵巧地使用仍在使用的必要的词。今天令人担心的是，这种完美的语言，由于过去那个世纪传给随后两个世纪的它的那种不适当的便于写作的熟巧简易性质而蜕化变质，因为典型产生了一大群模仿者。而这些模仿者总是寻求把他们的才华所欠缺的东西放在言语里。他们不能美化语言，而是毁损语言，使之面目全非。在路易十四时代这个典隆盛世，法国特别因为拉辛把他的戏剧提高到特异的完美无缺的境界，特别因为拉辛使之达到迄他为止无人达到的优雅和净化程度的话语具有无穷魅力，而出类拔萃，超群绝伦。然而，在拉辛之后，人们却对一些写得既粗糙低俗又结构可笑的东西喝彩叫好。

法兰西学院对这种堕落颓废现象不断进行斗争。它只奖励用纯净风格进行的写作，并谴责利用风格文体犯罪的作品，并从全面彻底的破坏、毁灭中把一种优雅良好的情趣保存下来。不错，法国曾经据以对其他国家、民族拥有巨大优势的美术大大蜕化变质了。

---

① 塔西佗（55—120年），古罗马元老院议员，历史学家，曾任行政长官、执政官等职。

如果没有少数天才作品，例如"四季"诗①和《伯利塞尔》②的第十五章这样的作品（如果准许把散文放在最优美的诗歌的旁边的话），法国今天在这种艺术方面就没有什么荣誉可言了。最后谈到文学。文学虽然经常受到腐蚀，仍然吸引着受到良好培养教育的几乎整整一代青年。它在不了解它的那些等级的人中传播。人们远离鄙俗恶劣的花天酒地、荒淫无耻、腐化堕落的习俗风尚，把路易十四和他的母亲引入法国的高雅的事物保存下来，这都应该归功于文学。这种文学在生活的各种条件、各种环境下，都是有用的。它让受到对人类的苦难的沉思过分重压的思想在令人愉快、逗人喜爱的事物上停留下来，借此甚至减轻公众的灾祸。

① 作者为圣朗伯尔（Saint-Lamber）。
② 作者为马尔蒙特尔（Marmontel）。

译 名 对 照 表

A

Aberdeen　阿伯丁

Acadie　阿卡迪亚

Acapulco　阿卡比尔科

Achab　阿夏布

AchemetⅢ　阿施默特三世

Adorno,Botta　阿多尔诺,博塔

Afrique　非洲

Agénois　阿热诺瓦

Aguesseau　阿格索

Aiguillon　埃吉戎

Aix　埃克斯

Aix-la-Chapelle　亚琛

Albanais　阿尔巴尼亚人

Albemarle　阿尔贝马尔勒

Albéroni　阿尔贝罗尼

Aléria　奥莱里亚

Alexandre　亚历山大

Alexandre Ⅶ　亚历山大七世

Alexandrie　亚历山大

Alexandrin　亚历山德林

Alexie　阿莱西亚

Alfonse　阿尔方斯

Algériens　阿尔及利亚人

Ali　阿里

Allemagne　德意志

Alost　阿洛斯特

Alpes　阿尔卑斯山

Alsace　阿尔萨斯

Amboise　昂布瓦兹

Amère　阿梅尔

Amérique　美洲

Amiens　亚眠

Amsterdam　阿姆斯特丹

Anaverdikan　阿纳维尔迪坎

Ancre　昂克尔

André Ⅱ　安德烈二世

André Ⅲ　安德烈三世

Anglais　英国人

Angleterre　英吉利、英格兰、英国

Anglican 英国国教教徒

Anhalt 昂阿尔特

Annapolis 安纳波利斯

Anne 安娜

Anne d'Autriche 奥地利的安娜

Anne, reine d'Angleterre 英国女王
安妮

Anson, George 安桑,乔治

Antoine 昂图安

Antibes 昂蒂布

Antichamp 昂蒂香

Antigoa 安提瓜

Apennin 亚平宁

Arabes 阿拉伯人

Aragon 阿拉贡

Arcate 阿卡特

Aremberg 阿雷姆贝格

Argens 阿尔让

Argenson,d' 达让松

Argyle 阿盖尔

Arizaig 阿里泽格

Arnaud 阿尔诺

Arras 阿拉斯

Artois 阿图瓦

Ascanie 阿斯卡尼

Aschaffenbourg 阿沙芬堡

Asie 亚洲

Assas 阿萨斯

Assiette 阿西埃特

Asturies 阿斯杜里

Ataïde 阿塔伊德

Ath 阿斯

Athènes 雅典

Athol 阿索尔

Atouguia 阿图吉亚

Attila 阿提拉

Aubeterre 奥伯特尔

Augsbourg 奥格斯堡

Auguste 奥古斯特

Augustin,de Thou 奥古斯坦,德·图

Aurengzeb 奥伦格泽布

Auteroche 奥特洛希

Auteuil 奥特耶

Autriche 奥地利

Autrichiens 奥地利人

Auvergne 奥弗涅

Avignon 阿维尼翁

Ayen 阿延

Azincourt 阿赞库尔

B

Badenoch 巴德诺奇

Ballard 巴拉尔

Balleroi 巴勒鲁瓦

Balmerino 巴尔梅里诺

Baltique (la Mer)　波罗的海

Barnet　巴尼特

Barris　巴里

Barrois　巴罗瓦

Bart　巴尔

Batavia　巴塔维亚

Bath　巴斯

Battiani　巴蒂亚尼

Bavarois　巴伐利亚人

Bavière　巴伐利亚

Bayonne　巴荣纳

Beauce　博斯

Beaumont-les-Tours　博蒙-勒-图尔

Beaupréau　博普雷奥

Beauteville　博特维尔

Beauvau　博沃

Belgrade　贝尔格莱德

Belle-Isle　贝尔-伊斯尔

Bénarès　布拿雷斯

Benbecula　本贝库拉

Bénévent　贝内文托

Bengale　孟加拉

Bennoît ⅩⅣ　本笃十四

Berg-Op-Zoom　贝尔-奥普-佐姆

Berlin　柏林

Bernis　贝尼斯

Berry　贝里

Berwick　贝尔维克

Besançon　贝桑松

Bétisy　贝蒂西

Beuvron　伯弗龙

Bianco　比昂科

Biron　比龙

Bisagno　比萨略

Bitonto　比通托

Blondel　布龙代尔

Bocchetta　博切塔

Bohème　波西米亚

Boissieux　布瓦西厄

Bologne　博洛涅

Bonac　博纳克

Bonne-Espérance(le Cap de)　好望角

Bonneval　博内瓦尔

Botta,Adorno　博塔,阿多尔诺

Boucherat　布歇拉

Boufflers　布弗勒尔

Bourbon　波旁

Bourbon-Condé　波旁-孔代

Bourbonnais　布尔邦内

Bourzeys　布尔泽

Boyer　布瓦耶

Brabançons　布拉邦松

Brabant　布拉邦特

Bragance　布拉冈斯

Casimir　卡西米尔

Cassel　卡塞尔

Castellane　卡斯特拉内

Castries　卡斯特里

Castro　卡斯特罗

Catalogne　加泰罗尼亚

Catherine Ⅱ　卡特琳二世

Catherine-Anhalt-Zerbst 卡特琳-安赫
　　尔特-泽尔布斯特

Cellamare　塞拉玛尔

Cénène　切泽纳

César　恺撒

Chabannes　夏巴内

Chabrillant　夏布里昂

Chaila　谢拉

Champagne　香巴尼

Chanclos　尚克洛斯

Chandasaeb　尚达萨埃布

Chandernagor　香德纳戈尔

Chantilly　香蒂利

Charlemagne　查理曼

Charleroi　夏尔鲁瓦

Charles　查理

Charles Ⅱ　查理二世

Charles Ⅴ　查理五世

Charles Ⅵ　查理六世

Charles Ⅶ　查理七世

Charles Ⅷ　查理八世

Charles Ⅻ　查理十二

Charles-Albert　查理-阿尔贝

Charles-Edouard　查理-爱德华

Charles-Emmanuel　查理-埃马努埃尔

Charles-Quint　查理五世

Charost　夏罗斯卡特

Chartres　夏尔特

Château-Dauphin　夏托-多凡

Châtel, Jean　夏特尔, 让

Châtelet　夏特莱

Châtillon　夏蒂荣

Chaulnes　肖尔内

Chauvelin　肖弗兰

Chesterfield　切斯特菲德

Chevert　谢维尔

Chévrier　谢弗里埃

Chiboctou　希博克图

Chilpéric　希尔佩里克

Chine　中国

Chinois　中国人

Choiseul　舒瓦瑟尔

Christine　克里斯蒂娜

Churchill　丘吉尔

Cicéron　西塞罗

Clamouze　克拉穆兹

Clément Ⅷ　克莱门八世

Damnitz　达姆尼兹

Danemark　丹麦

Dantzick　但泽

Danube　多瑙河

Daubenton　多本东

Dauphiné　多菲内

Dawn　达思

Décan　德坎

De La Touche　德拉图西

Delft　德尔夫特

Démont　德蒙

Dendermonde　登德蒙德

Derby　得比

Derwentwater　德尔温特沃特

Descartes　笛卡尔

Dettingen　德廷根

Deux-Siciles　德西西里

De Valois,Philippe　德瓦洛瓦,菲利普

Diesbach　迪埃斯巴赫

Dillon　迪戎

Dominicain　多明我会修道士

Dominique　多米尼加

Donge　东日

D'Aquin,Thomas　达坎,托马

Dordrecht　多德雷赫特

Doria　多里亚

Doria,François　多里亚,弗朗索瓦

Douai　杜埃

Draguignan　德拉吉尼安

Drave　德拉瓦河

Dresde　德累斯顿

Drumond　德拉蒙德

Dubois　杜布瓦

Dubrocard　迪布罗卡尔

Du Guai-Trouin　迪盖-特鲁安

Dunde　敦提

Dunkerque　敦刻尔克

Dupleix　迪普莱克斯

Duquesne　迪盖内

Durance　迪朗斯河

Durin,Van der　杜林,范·德尔

E

Ecossais　苏格兰人

Ecosse　苏格兰

Edem　埃当

Edimbourg　爱丁堡

Edouard Ⅲ　爱德华三世

Eginhard　埃甘亚尔

Egra　埃格拉

Egypte　埃及

Elbe　易北河

Elbingrode　埃尔宾格罗德

Elien　埃里恩

Elisabeth　伊丽莎白

Frédéric Ⅲ　腓特烈三世

Frédéric-Guillaume　腓特烈-威廉

Frédéric-Guillaume Ⅱ　腓特烈-威廉二世

Fréjus　弗雷儒斯

Fribourg　弗里堡

Frieberg　弗里伯格

Frioul　弗里乌尔

Frison, Henri　弗里松, 亨利

Fronde　投石党

Frondeur　投石党人

Froulai　弗鲁来

Furnes　菲尔纳

G

Gages　加日

Gand　根特

Ganganelli　冈加内利

Ganges　恒河

Gaule　高卢

Gavre　加弗尔

Gênes　热那亚

Genève　日内瓦

Gengis　成吉思汗

Génois　热那亚人

Geogeghan　热奥热汉

George Ⅱ　乔治二世

Germanie　日耳曼尼

Germanique(la Mer)　日耳曼海

Giafferi　吉亚弗里

Gibraltar　直布罗陀

Girardeau　吉拉尔多

Gisors　吉索尔

Givry　吉夫里

Goas　戈阿

Golo　戈洛河

Gontaut　贡托

Goths　哥特人

Grammont　格拉蒙

Grande-Bretagne　大不列颠

Grassins　格拉辛人

Graville　格拉威尔

Grecs　希腊人

Grèce　希腊

Grégoire Ⅶ　格列高利七世

Grenades　格林纳达

Grêve　格雷弗

Grille　格里耶

Grimaldi　格里马尔迪

Guadeloupe　瓜德罗普

Guastalla　加斯塔拉

Gueldres　盖尔德斯

Guerchy　格尔奇

Guesclin　格斯克兰

Guest　格斯特

Guillaume　威廉

Guillaume Ⅲ　威廉三世

Guillaum-Charles-Henri Frison　威廉-
　查理-亨利·弗里松

Gustave-Adolphe　古斯塔夫-阿道夫

H

Haddik　哈迪克

Haguenau　哈格瑙

Hainaut　埃诺

Halley　哈雷

Hanau　哈瑙

Hanovre　汉诺威

Hanovriens　汉诺威人

Harcourt　阿尔古

Harembure　阿朗比尔

Hastembeck　哈斯特姆贝克

Havane, La　哈瓦那

Havre-de-Glace　哈弗-德-格拉斯

Hawke　霍克

Haye (La)　海牙

Henri Ⅱ　亨利二世

Henri Ⅲ　亨利三世

Henri Ⅳ　亨利四世

Henri Ⅵ　亨利六世

Henri Ⅷ　亨利八世

Hérouville　埃鲁维尔

Hérule　埃吕勒人

Hesse　黑森

Hesse-Philipstadt　赫斯-菲利普斯塔特

Hessois　黑森人

Hildbourghausen　希尔德堡豪森

Hildesheim　希尔德斯海姆

Hochstedt　霍赫施泰特

Hocquincourt　奥克坎库尔

Hoey, Van　霍依, 范

Hollandais　荷兰人

Hollande　荷兰

Hongrie　匈牙利

Hongrois　匈牙利人

Horace　贺拉斯

Horn (le Cap)　霍恩角

Hortensius　霍腾西乌斯

I

Imola　伊莫拉

Inde　印度

Indiens　印度人

Ingolsby　英戈尔斯拜

Innocent Ⅺ　英诺森十一

Innoncent Ⅻ　英诺森十二

Inverness　因弗内斯

Irlandais　爱尔兰人

Irlande　爱尔兰

Issy　伊西

Italie　意大利

Italiens　意大利人

Ivan　伊凡

J

Jacques Ⅱ　詹姆士二世

Jacques ⅩⅢ　詹姆士十三

Jamaïque　牙买加

Jansénisme　冉森派教义

Janson　冉森

Jarnarc　雅纳尔克

Jean　让,约翰

Jenkins　詹金斯

Jésuite　耶稣会教士

Jésus-Christ　耶稣基督

Jonathas　约纳塔斯

Jonquière　戎基埃尔

Joseph Ⅰ　约瑟夫一世

Juifs　犹太人

Jumihac　朱米哈克

Junon　于农

Justinien　查士丁尼

K

Kang-hi　康熙

Kaunitz　考尼茨

Keith　基思

Kelly　凯利

Kennington　肯宁敦

Kevenhuller　克文弗勒

Kilmarnock　基尔马诺克

Kœnigseck　克尼格塞克

L

La Bourdonnaie，Mahé de　拉布尔东内,马埃·德

La Brille　拉布里耶

La Carte　拉卡特

La Fare　拉法尔

La Fère　拉斐尔

La Force　拉福斯

La Gallissonnière　拉加利索尼埃

La Lippe-Schombourg　拉利浦-斯雄堡

Lally　拉利

La Maire　拉梅尔

La Marche-Conti　拉马什-孔蒂

La Mark　拉马克

Lambertini　朗贝尔蒂尼

Lambro　朗布罗河

La Mina　拉米纳

Lamoignon　拉莫瓦尼翁

La Mothe-Houdancourt　拉莫特-乌当库尔

Lamotte-Houdard　拉莫特-乌达尔

Lancastre　兰开斯特

Landshut　兰茨胡特

Langey　朗热

Langhes　朗日

Louis Ⅻ　路易十二

Louis ⅩⅢ　路易十三

Louis ⅩⅣ　路易十四

Louis XV　路易十五

Louis XVI　路易十六

Louis，don　路易斯，堂

Louisbourg　路易斯堡

Louvois　卢瓦

Louvre　卢浮宫

Lovat　洛瓦特

Lovositz　洛沃西茨

Lowendal　洛文德尔

Lugeac　吕热亚克

Luther　路德

Luthérien　路德派教徒

Luteaux　吕托

Luxembourg　卢森堡

M

Macao　澳门

MacDonald　麦克唐纳

Machault　马肖尔

Madère　马德尔

Madras　马德拉斯

Madrid　马德里

Magdebourg　马格德堡

Mahomet Ⅱ　穆罕默德二世

Mahomet-Sha　穆罕默德-夏

Maillebois　马伊布瓦

Maine　曼恩

Malabar　马拉巴尔

Malaca　马六甲

Malaga　马拉加

Malagrida　马拉格里达

Malte　马耳他

Manchester　曼彻斯特

Manille　马尼拉

Mantouan　曼图昂

Mantoue　曼图亚

Marate　马拉特

Marbœuf　马尔伯夫

Marc-Antoine　马克-安东尼

Maurepas　莫雷帕

Mariannes　马里亚纳

Marie de Médicis　玛丽·德·美第奇

Marie-Thérèse　玛丽亚·特蕾西亚

Marillac　马利亚克

Marlborough　马尔巴勒

Marmontel　马尔蒙特尔

Maroc　摩洛哥

Marseille　马赛

Martin　马丁

Martinique　马提尼克

Mastricht　马斯特里希特

Mathilde　玛蒂尔德

Morar　莫拉尔

Moravie　摩拉维亚

Morlaix　莫尔来克斯

Morosini　摩罗西尼

Moscou　莫斯科

Moselle　莫塞尔河

Mouza-Fersingue　穆萨-费尔辛格

Munich　慕尼黑

Munster　蒙斯特

Murray　默里

Murray，George　默里,乔治

Mustapha　穆斯塔法

N

Naboth　那波特

Namur　那慕尔

Nantes　南特

Naples　那不勒斯

Narcisse　纳尔西斯

Nassau　拿骚

Nassau-Diest　拿骚-迪埃斯特

Navarro,Joseph　纳瓦罗,约瑟夫

Neisse　尼斯河

Neuhoff,Théodore de　纳霍夫,泰奥多
　　尔·德

Neuperg　诺伊帕格

Newbourg　纽堡

Newton　牛顿

Nice　尼斯

Nieuport　纽波特

Niger　尼日尔

Nivernais　尼维尔纳

Noailles　诺阿耶

Normandie　诺曼底

Nouvelle-Ecosse　新苏格兰

Nouvelle-France　新法兰西

Nouvelle-Orléans　新奥尔良

Novarrois　诺瓦罗瓦

Novati　诺瓦蒂

O

Oczakof　奥克扎科夫

Ogilvy　奥吉尔维

Oglio　奥利奥河

Oneille　奥内耶

Oran　奥兰

Orange　奥伦治

Orcades　奥尔卡德斯

Oreilly　奥雷利

Orléans　奥尔良

Ornano　奥尔纳诺

Orticone　奥尔蒂科内

Osman　奥斯曼

Osnarbrück　奥斯纳布吕克

Ostende　奥斯坦德

Ottoman　奥托曼、奥斯曼

Oudenarde 奥德纳德

Oxford 牛津

P

Paderborn 帕德博恩

Painter 佩因特

Palais-Royal 罗亚尔宫

Palatinat 帕拉蒂纳

Palestine 巴勒斯坦

Panama 巴拿马

Paoli 帕奥利

Paoli,Hyacinthe 帕奥利,依亚辛特

Paraguai 巴拉圭

Paris 巴黎

Pâris-Duverney 帕里斯-迪韦内

Parme 帕尔玛

Parmesan 帕尔玛桑

Pascal Ⅱ 帕斯加尔二世

Passarovitz 帕萨罗维茨

Passau 帕绍

Passionei 帕西奥内

Patagons 巴塔贡

Patna 帕特纳

Paul Ⅲ 保罗三世

Pavesan 帕维桑

Pavie 帕维亚

Pays-Bas 荷兰

Payta 帕依塔

Pélagiens 贝拉基派信徒

Péloponèse 伯罗奔尼撒

Penrith 彭里思

Penthièvre 庞蒂埃弗尔

Pepin 丕平

Peppe 佩普

Péquigny-Chevreuse 帕基尼-谢夫勒日

Perigord 佩里戈尔

Pérou 秘鲁

Persans 波斯人

Perse 波斯

Perth 珀思

Perthshire 珀思郡

Petersbourg 彼得堡

Petervaradin 彼得瓦拉丁

Petrowna,Élisabeth 彼得罗芙娜,伊丽莎白

Peyer 珀尔

Phalzbourg 法尔茨堡

Philippe Ⅱ 菲利普二世

Philippe Ⅳ 菲利普四世

Philippe Ⅴ 菲利普五世

Philippe,don 菲利普,堂

Philippines 菲律宾

Picardie 皮卡尔迪

Piémont 皮埃蒙

Piémontais 皮埃蒙人

Pierre Ⅲ　彼得三世

Pierre le Grand　彼得大帝

Pirna　皮尔纳

Pisans　皮桑人

Pise　比萨

Pizarro，don Joseph　皮扎罗，堂·约
瑟夫

Pizzighitone　皮齐西托纳

Plaisance　皮亚琴察

Plélo　普来洛

Pléneuf　普勒纳夫

Plymouth　普利茅斯

Pô　波河

Pocock　波科克

Poignardini　波瓦纳尔迪尼

Poitier　普瓦蒂埃

Poitou　普瓦图

Polignac　波利尼亚克

Pologne　波兰

Poltrot　波尔特罗

Pomérainie　波美拉尼亚

Ponant　波南特

Pondichéry　本地治里

Ponte-Corvo　蓬特-科尔沃

Pontoise　蓬图瓦兹

Port Mahon　马翁港

Port-Royal　皇港

Porto-Bello　贝洛港

Porto-Carrero　波尔托-卡雷罗

Portsmouth　朴次茅斯

Portugais　葡萄牙人

Portugal　葡萄牙

Posomby　波桑拜

Pouzzoles　普左勒

Prague　布拉格

Praslin　普拉斯兰

Piéobasinski　布雷奥巴辛斯基

Presbourg　普雷斯堡

Presbytérien　长老会信徒

Preston-Pans　普雷斯顿-潘斯

Prie　普里

Protestant　新教徒

Provence　普罗旺斯

Provinces-Unies　荷兰联省

Prusse　普鲁士

Prussiens　普鲁士人

Pucelle　皮赛尔

Puisieux　皮瑟

Pultney　普特内

Pussort　皮索尔

Puységur　皮赛居尔

Q

Québec　魁北克

Queenbury　昆斯伯里

Saint-Laurent　圣洛朗河

Saint Louis　圣路易

Saint-Malo　圣马洛

Saint-Marin　圣马兰

Saint-Michel　圣米歇尔

Saint-Pierre　圣彼得

Saint-Pierre-des-Arènes　圣比埃尔-德

　阿雷内

Saifit-Pol-de-Léon　圣波尔-德莱昂

Saint-Quentin　圣康坦

Saint-Sauveur　圣索弗尔

Saint-séverin　圣塞弗竺

Saint-Thomas　圣托马

Saint-Vincent　圣文森特

Salis　沙利

Sambre　桑布尔河

Sanchez　桑歇斯

Sandwich　桑德维奇

Sardaigne　撒丁

Sarrasins　萨拉森人

Saül　萨乌尔

Save　萨瓦河

Savoie　萨伏依

Saxe　萨克森

Saxons　萨克森人

Scaglia　斯卡利亚

Schevidnitz　施维德尼茨

Schmettau　施默托

Schulenbourg　许朗堡

Scipion, Cornélius　西庇阿, 科尼厄斯

Sclavons　斯卡拉冯人

Seckendorff　赛康多尔夫

Seford　赛福特

Ségur　赛居尔

Seine　塞纳河

Selkirk　谢尔基克

Sénégal　塞内加尔

Senneterre　塞内特尔

Sétubal　锡图巴尔

Sforces　斯福塞斯

Sha-Nadir　夏-纳迪尔

Sheridan, Thomas　谢里登, 托马斯

Shetland　设得兰

Siamois　暹罗人

Siba　西巴

Sibérie　西伯利亚

Sicile　西西里

Silésie　西里西亚

Sixte-Quint　西克斯特五世

Skye　斯凯

Sodotne　索多姆

Soissons　苏瓦松

Solémy　索勒米

Soleney　索朗西

Sonde 松德

Sorbonne 索邦

Soubise 苏比斯

Sourdis 莎尔迪

Spartiates 斯巴达人

Spinola 斯皮诺拉

Spire 斯皮尔

Spithead 斯皮特德

Star 斯泰尔

Stirie 斯蒂里

Stirling 斯特林

Stockholm 斯德哥尔摩

Stornay 斯托内

Strasbourg 斯特拉斯堡

Strikland 斯特里克兰

Stuart 斯图亚特

Sture 斯图拉河

Suède 瑞典

Suédois 瑞典人

Suisse 瑞士

Sullivan 沙利文

Surate 苏拉特

Sylla 西拉

T

Tabago 塔巴戈

Tacite 塔西佗

Talbot 塔尔博特

Talleyrand 塔莱朗

Talon, Omer 塔隆, 奥马尔

Tamerlan 帖木儿

Tamise 泰晤士河

Tanaro 塔纳罗河

Tannucci 唐尼西

Tartares 鞑靼人

Tavora 塔沃拉

Témesvar 特梅斯瓦尔

Tencin 坦辛

Terre-Neuve 新地

Tervére 特尔维尔

Tésin 特辛

Texier 特克西埃

Théatin 德亚底安修会修士

Théodore 泰奥多尔

Thermopyles 塞莫皮莱

Tibre 台伯河

Tidone 蒂多内河

Tinian 提尼安

Tirlement 蒂尔蒙

Tongres 通格尔

Tortone 托尔托纳

Tortonois 托尔托诺瓦

Toscane 托斯卡纳

Toulon 土伦

Toulouse 图卢兹

Tournai　图尔内

Townley　汤利

Trajan　图拉真

Trébie　特雷比河

Treisam　特雷萨姆河

Trentino　特兰提诺

Trianon　特里亚农

Trios Évêchés　三主教区

Troyes　特鲁瓦

Tullibardine　图利巴丁

Turcs　土耳其人

Turin　都灵

Turquie　土耳其

Tyrol　蒂罗尔

U

Urbain Ⅱ　乌尔班二世

Utrecht　乌得勒支

V

Valdeck　瓦尔德克

Valence　瓦伦西亚

Valentinois　瓦朗蒂诺瓦

Valliére　瓦利埃尔

Vallonne　瓦洛内

Valsh　瓦尔什

Vandales　汪达尔人

Vandavachi　范达瓦希

Var　瓦尔河

Vassenaer　瓦斯纳埃尔

Vatican　梵蒂冈

Vauban　沃邦

Vaubecourt　沃贝库尔

Vauchon　沃雄

Vaudreuil　沃德勒耶

Vaugan　沃冈

Vaux　沃

Veissembourg　韦桑堡

Velletri　韦莱特里

Venaissin　维内森

Vénise　威尼斯

Vermandois　韦芒杜瓦

Vernon　弗农

Versailles　凡尔赛

Vert（le Cap）　佛得角

Vésel　维塞勒

Véser　维塞尔

Vestfrise　维斯特弗里斯

Vétéravie　韦特拉维

Victor-Amédée　维克多-阿梅代

Vienne　维也纳

Villaine　维莱内河

Villars　维拉尔

Villefranche　维尔弗朗什

Villemur　维尔米尔

Villeneuve　维尔纳夫

巴黎高等法院史

中译本序言

1769 年《巴黎高等法院史》出版。这是继《查理十二传》、《路易十四时代》、《风俗论》、《路易十五时代简史》以及《彼得大帝在位时期的俄罗斯帝国史》等书之后,伏尔泰以其如椽之笔撰写的又一部历史著作。是年伏翁已年高七十有五。

本书法文原名 Histoire du Parlement de Paris 中的 parlement 一词,我国出版的法汉词典中有的将其译为:(1)国会,议会(总称);(2)法国大革命前封建时代的高等法院。法国出版的《法兰西学院词典》对此词的释义为:(1)法国早期的国王在位时期为商讨重要国务而召开的有大领主等重要人物参加的大会;(2)此后的对送交它的案件以及对来自裁判管辖区、伯爵领地-贵卿领地和它管辖的下级法院的案件向它上诉的进行终审,并具有登记国王的敕令和向国王谏诤两种职能的法院。由此可见,法国历史上的 parlement 作为法院,并不是一个单纯的"独立行使审判权的国家机关"(第五版《现代汉语词典》对"法院"一词的释义);它作为议会,也有别于英国的 parliament(议会、国会)、德意志帝国的 Diet(帝国议会)和西班牙的 Cortes(议会)。明乎此,对本书所叙述的一些史实就比较容易理解了。

法国历史悠久长远、曲折多变、内容丰富。本书以法国大革命前的法国历史为框架,紧紧围绕这段历史中的法国王位传承和朝代更替这根主轴,叙述巴黎高等法院的源起、发展、演变和消亡。在这个历史时期,在法兰西的国家大舞台上,或先后,或同时上演了治乱交替、兴衰起伏、王位争夺、宫廷变故、内战外战、政教斗争、金融丑闻等剧目。在这个大舞台上,巴黎高等法院在不同的时期、不同的场合,扮演不同的角色,起着正面或者反面的作用。在较长的时期,它只作为配角,置身舞台的边角,入戏较浅,但也曾在短时期内作为主角置身于舞台的中央,入戏较深。一般说来,当国势鼎盛,王权处于强势地位时,它对国王俯首听命、顺从驯服;当国势衰落,王权处于弱势地位时,它凭恃其具有的登记国王敕令和对国王谏诤的职能抵制王命,与宫廷分庭抗礼,大唱对台戏。投石党之战就是它与宫廷之间的冲突达到顶点的表现。在王权与教权的博弈中,巴黎高等法院通常力挺王权,抗衡教会,矛头指向罗马教廷。本书对上述种种情况进行了相当详细的、生动的叙述。作者行文走笔夹叙夹议,不时对帝王专制、宗教迷信、宗教狂热痛加挞伐。可以认为,在某种程度上,本书不啻法国大革命之前历史的缩影。巴黎高等法院这个机构所起的作用是极其复杂的。认为非白即黑,并因此简单地为它贴上一个这样的或者那样的政治标签,显然远非恰当之举。

　　本书根据巴黎加尼埃兄弟出版社 1878 年版本译出。原书有作者自注和编者注。这些注释多属考据或驳伪性质,量大而繁琐,因此全部略译。译者根据我国读者情况另加注释。译事难。求"信"已属不易,遑论"达""雅"。译者虽已勉力为之,毕竟限于水平,误译、漏译、拙译在所难免。敬盼读者有以教之。

　　本书的翻译和出版蒙商务印书馆副总编辑陈小文先生大力支持，承该馆文史室编辑张艳丽女士积极操作，得乐眉云、吴煜幽、张新木三位教授热情帮助，谨在此向他们深致谢忱。

译者

2013 年 1 月

第一章 古代的议会

几乎所有的民族都曾经有过自己的全体大会（assemblées générales）。希腊人有过他们的埃格里斯（église）[①]。基督教的会社就以这个组织作为它的名称——教会。罗马平民有过他们的科米斯（comices）。鞑靼人有过他们的古尔-伊里德（cour-ilité）。成吉思汗就是在他的这些古尔-伊里德中筹划和准备征服亚洲和欧洲。北方的各个民族有过他们的维特那热摩特（Vittenagemoth）。当法兰克人（或者西坎布尔人）成为高卢人的主人的时候，他们的首领有过他们的巴力门（parliaments）。这个词源出于 parler 或者 parlier（说话）。能读会写的人把拉丁文的词尾附加到这个词后。由此产生了我们法国古代传记中的 parlamentum 这个词。这个词既粗俗又不纯正，如同当时各个民族一样。

前来出席这些全体大会的人都披坚持锐，全副武装，与今天的波兰贵族的情况如出一辙。几乎一切重大事情都在刀光剑影中决定。必须承认，这些粗野的古代武士的全体大会与我们今天的法院风马牛不相及，两者毫无共同之处，只不过全体大会这个名称保存了下来。

[①] 意为公民大会。（本书页下注均为译者注。）

在克洛维①的西坎布尔族所处的可怕的无政府状态中,只有手执刀剑,以议会(parlement)的形式聚集起来的武士。绰号皮皮努斯(Pipinus),我们今天称之为矮子丕平②的主管(或称宫相),让主教获准进入这些巴力门,以便利用这些主教篡夺王位。他让一个名叫卜尼法斯的人为他加冕。此前他已把美因茨大主教教区授予此人。他接受此人加冕后,又接受教皇埃蒂安纳加冕。根据查理曼的御前秘书埃甘亚尔的说法,这位教皇本人废黜了合法国王希尔德里克三世,并命令法兰克人永远承认丕平的后裔为他们的国王。

透过这些投机冒险行动,法兰克人的法律究系何物、民众陷于何种愚昧无知之中,就一目了然了。

丕平的儿子查理曼③主持过多次有名的也被称为宗教评议会(conciles)的议会。城市的大会采取了议会这个名称。最后各个大学也以议会的形式聚集起来。

至今还存留一项在"迪康日"中报道过的图卢兹的雷蒙的古老的公约。它的结尾用拉丁文这样写道:"以公众议会形式制订于图卢兹的公共场馆。"

多菲内的另一项公约载明,大学在响起钟声时以议会形式集合。

同一个词就这样被用来表示千差万别、各不相同的事物。就

---

① 克洛维(466—511),法兰克国王。曾将墨洛温王朝版图扩展到西欧大部分地区。

② 丕平(714—768),法兰克国王,加洛林王朝的创立者。

③ 查理曼(742—814),即查理大帝,法兰克国王。

这样,原义仅为神圣罗马帝国的省份的这个词 diocèse 从此以后就用来指称由一个主教管理的教区。就这样,原义仅为将领的这个词 empereur(或 imperator)从此以后就用来指称欧洲、亚洲和非洲的某一部分的某个统治者的显职高位。就这样,rex(国王)这个词就有好几个各不相同的含义。名称和事物经历过同样的千变万化、兴衰更替。

尽管历届教皇三令五申,于格·卡佩①仍然我行我素。他废黜了丕平家族后,国境内沧海横流,局势之乱较之前两个朝代②有过之无不及。每个领主都以与于格家族所抢夺和霸占国王这个显职高位的权利相同的权利,抢夺和霸占他能够抢夺和霸占的一切。整个法兰西瓜剖豆分,分裂为好些领地。势盛力强的领主使大多数城市沦落到受奴役的境地。有产者不再是某个城市的有产者。他们成了领主的有产者。赎买了自身自由的有产者称为自由有产者。进入城市会议的有产者称为大有产者。仍然身为农奴,正如农奴依附采邑一样依附城市的,称为小有产者。

法兰西的历代国王长时期只不过是领主们的势单力孤的,并无多大权势的首领而已。这些领主的权势与他们不相上下。每块主要封地(或采邑)的所有者为人行事都随自己兴之所至,反复无常,在自己的领地内制定法律。由此而产生不胜枚举、各不相同,而又荒唐可笑的习惯法。一个领主自我授权身着教士白色宽袖法衣,足穿长统靴,握紧拳头,拳头上放着一只鸟,在教堂中就座,置

---

① 于格·卡佩(938—996),法兰西卡佩王朝的创立者。
② 指墨洛温王朝及加洛林王朝。

身议事司铎中间。另外一个领主命令他的全体仆从在他妻子产褥期间拍打池塘的水，让附近的青蛙停止鸣叫。另外一个领主自我授予"完好蜡饼"权、初夜权，亦即在他的女仆的新婚之夜同她过夜的权利。

在这种极端朴野无文的状态中，国王们仍然召集议会。议会由想跻身其中的大贵族、主教以及修道院长组成。说实话，眼见修道士们和僧侣们违反他们的安贫乐道、听天由命的誓愿前来同国家的首要人物出席会议，真是会感到滑稽可笑。但是，这种情况在德意志更是等而下之。那里的修道士和僧侣自立为享有主权的王侯。民众越粗野，教士越有权势。

法兰西的这些议会，是国家的等级会议，只不过国家的主体并没有参与这个会议而已，因为大部分城市和全部村庄无一例外，都处于奴隶地位。

除希腊人的帝国外，整个欧洲长时期就按照这个模式统治管理。有人问，在将近六十个或者八十个本身又统治着其他僭主，并共同形成最令人憎恶的、混乱不堪的、毫无秩序可言的状态的僭主的统治之下，不胜枚举、千差万别、各不相同的民族怎么会似乎和睦相处，生活在这种令人感到羞辱的受奴役的状态中呢？除了以下这一点外，笔者就不知道还有什么其他答案了：大部分人愚昧无知，对征服者——伦巴第人、汪达尔人、法兰克人、匈奴人、勃艮第人——的继承者来说，既然身为城堡所有者，既然全副武装，既然骑着披着铠甲的高头大马，就轻而易举把既无马匹，又手无寸铁，只顾着活命谋生，自认为生来就是为了服侍别人的城乡居民套上枷锁了。

　　因此,每个封建领主都在自己的领地内随心所欲,进行判决。德意志的法律规定,人们有权就对他们做出的判决向德意志皇帝的宫廷上诉。但是,大地主们不久以后就获得进行终审判决的权利。所有的选帝侯①时至今日仍然享有这种权利。这就最终使历届德意志帝国皇帝被贬降为只不过是一个诸侯共和国的首领而已。

　　这就是菲利普·奥古斯都②以前法国各个国王的情况。他们在他们统治的地域内进行终审判决。然而,这种最高审判,他们只在他们大权在握之时才能对大封臣行使。看看胖子路易③仅仅为了降伏一个皮塞的领主、一个蒙莱里的领主,就殚精竭虑,花了九牛二虎之力。

　　当时整个欧洲深陷无政府状态之中。西班牙仍然被一些穆斯林国王、基督教国王和伯爵瓜分。德意志和意大利局势混乱不堪。亨利四世④和罗马教皇格利高利七世之间的多次争端开启了一种新的法律原则和五百年内战。这种新的法律原则就是教皇的法律原则。他们把基督教国家搞得天翻地覆、混乱不堪以便进行统治。

　　教皇利用民众的愚昧无知和局势的动荡不安,使自己成为国王和皇帝的纠纷的仲裁者。这些帝王经年累月,同他们的封臣刀枪相向,大动干戈,往往迫不得已让教皇出面仲裁。在这种朴野无

---

① 德意志有权选举神圣罗马帝国皇帝的诸侯和高级教会人士。
② 菲利普·奥古斯都(1165—1223),即菲利普二世,法国卡佩王朝国王。
③ 胖子路易(1081—1137),法兰西国王。在位时期曾抗击英国国王亨利一世,抗击神圣罗马帝国皇帝亨利五世入侵,恢复王国秩序。
④ 亨利四世(1050—1106),德意志国王,神圣罗马帝国皇帝(1084—1106)。

文的环境中,主教们建立了一种庞大怪异的司法机构。他们的教士官员是唯一能读会写的人,因而在基督教国家主宰一切。

婚姻被视为一种圣事①,于是所有婚姻诉讼案件都交由教士官员审理。他们审理几乎全部民事诉讼,借口是这些争端都附有誓约。所有遗嘱纠纷的审理,都属于他们的职权范围,因为这种文书中都载有对教会的遗赠。任何忘记在遗嘱中立下被称为出自虔诚之心的遗赠中的某一项的立遗嘱人,都被宣布为未办神功②者,亦即几乎无宗教信仰者。此人死后将被剥夺葬身墓地权。其所立遗嘱即被废除。教会为其另立遗嘱,并把可能因此人死亡而归属教会的东西判归教会所有。

如果有人反对这些粗暴过火的行为,就得前往罗马打官司。在罗马,想打官司的人会被定罪判刑。

汹涌而来,遍布各地的蛮族,毫无疑问带来可怕的灾祸。但是,必须承认,教会的侵吞行为造成的苦难更多。

这里不是对史不绝书的灾祸进行探究的场合。让我们只审视一下法国的议会是什么,法院又是什么?

---

① 圣事又称圣礼,是由耶稣所立,并要后世信徒组成的教会按所定程序举行的仪式。天主教承认七件圣事,即:圣洗、坚振、告解、圣体、终傅、神品和婚配。

② 此词中的神功即天主教的圣事(或圣礼)中的告解,一般也称为"忏悔"。

第二章 美男子菲利普[①]
登基以前的议会

　　议会（parlements）始终是高等大贵族的大会（assemblées）。这种统治管理体制是除罗马之外的，从维斯杜拉河到直布罗陀海峡的整个欧洲的统治管理体制。罗马当时处于另外一种无政府状态之中，因为历代德意志帝国皇帝都自称是罗马的君王。历代教皇都在那里争夺俗间权力。民众在那里经常为争取自由而进行斗争。当罗马的主教利用其他民族的动乱和迷信，颁布诏书为国王加冕，自称国王的主子的时候，他们实际上连一个罗马的郊区的主子都不是。

　　德国有自己的议会（diètes）。西班牙有自己的议会（cortès）。法、英两国有它们自己的议会（parlements）。这些议会全都具有尚武性。主教和修道院长也参与其中，因为他们是采邑的领主，他们甚至就因此而被视为大贵族。就仅仅因为这一点，主教还在英国议会中就座。因为在这个岛上，教士从来没有成为国家的一个等级。

　　在这些主要为了决定战争与和平问题而召开的大会中，也审

---

　　① 美男子菲利普（1268—1314），即菲利普四世，法国卡佩王朝国王。

理案件。但是，不应该想象这些案件是关于个人的一笔年金或一幢房屋的，是关于我们今天在法庭中的那些乱乱哄哄、吵吵嚷嚷的、有关个人的鸡毛蒜皮琐事的案件。这些案件是关于高等大贵族的和所有直属王家管辖的采邑的案件。尼古拉·吉尔叙述说，1241 年，因德拉马什伯爵于格·德·吕西尼昂拒绝向国王圣路易①行臣仆宣誓礼，于是就在巴黎召开了一次议会。议会开会期间甚至城市的代表也进入会场。

这件事叙述得语焉不详、晦涩难懂，没有提及城市代表发表他们的意见。这些代表不可能是属于高等大贵族的城市的代表。高等大贵族不会容忍这一点。当时这些城市的居民几乎只由有产者，或者领主的农奴，或者不久前才获得自由的人组成，很可能不会和他们的主子同时发言。毫无疑问，这些代表是巴黎的和直属国王的城市的代表。国王想把他们召集到这些大会中。这些城市的大有产者已经获得自由。市政府的机构已经组成。圣路易能够把他们召来以听取以议会的形式集合起来的大贵族的商议评审。

在德意志，城市的代表有时应召参加德意志帝国皇帝的选举。有人声称，在选举捕鸟者亨利②为德意志帝国皇帝的选举中，德意志城市的代表获准进入选举场地。但是，一个孤单的例子并不足以形成一项惯例。只有出于需要，通过武力，随后通过运用，权利才能确立起来。这个时期的城市既不足够富裕，也不足够强大，也没有较好管理以便脱离封建政府使之深陷其中的卑微无势状态。

---

① 圣路易（1214—1270），即路易九世，法国卡佩王朝国王。
② 亨利一世（876—936），萨克森王朝创建者。

我们十分了解，自从最初几次十字军东征以来，国王和高等大贵族曾经让好些他们的有产者以金钱为代价获得自由，以便向这些怪诞奇特的旅行①提供钱款。使人获得自由，就意味着宣布免除他纳税，给予他一个受到监控的高卢人法兰克人享有的特权。时至今日，还为我们保存着的一个年代最古老的有关获得自由行动的用拉丁文书就的套语是 1185 年的："我让我的家臣、本村的让·比通和他的合法儿子成为自由人，今后不再听命于我的手和口，我解除撒利克法典②对他们的约束，使他的女儿也能成为他的继承人。我恢复他们的公正判断能力。我使他们成为不受束缚的、免交税费的、完全自由的人。我为这一举动收受足足十八维恩利弗。"

积攒了一些钱财的农奴，就这样从他们的国王或者领主那里购买来他们的自由。大部分城市逐渐恢复了它们的天赋权利，恢复了它们的理性和良知。的确，理性和良知同奴役是大相径庭，水火不相容的。

圣路易在位时期是个伟大的时代，几乎法国的高等大贵族全都已经或者死亡，或者在不幸的十字军东征中破产。圣路易本人率军东征返回法国后尽管万分不幸、一贫如洗，但却更加专制独裁。他设置了维芒多瓦、桑斯、圣彼埃尔－勒－穆蒂埃、和马孔等四个代表国王执法的大法官管辖区，以对那些力量不足以反对判决的领主的上诉进行终审判决。过去大贵族们在他们自己的土地

---

① 指十字军东征。
② 海滨法兰克人的一部习惯法，约编纂于 507—511 年间。该法典禁止女子继承遗产和王位。

进行终审判决。现在取而代之的是,这些大贵族大部分被迫容忍人们就他们作出的判决向代表国王执法的大法官管辖区上诉。

不错,这类上诉案件为数寥寥、屈指可数,因为敢于就直接统治他们的顶头领主的行为向封建君主领主申诉告状的人很可能遭到打击报复。

圣路易在议会会议方面还进行了另外一项革新。他有时召集一些小型议会会议。在这些会议中他召集那些研习过基督教教会法的教士。但是,只在审理牵涉高级神职人员的权益的特别案件时才这样做。在议会的一次会议中,对圣伯努瓦—絮—卢瓦尔的修道院院长的案件进行了审理。让·德·特鲁瓦导师和于连·德·帕罗内导师这两位教士同都统蓬蒂安伯爵以及弓弩部队的大统领等人发表了意见。

这些小型议会丝毫没有被视为国家的古代议会。它们被称为国王的接待室(parloirs du roi)或接待国王室(parlois au roi)。这是国王举行的御前会议。这种会议是国王为了审理那些代表国王执法的大法官觉得困难重重、力不胜任的案件时,想召开的。

圣路易的孙子、外号美男子的菲利普四世在位时期,事事都改弦易辙。由于国王的这些接待室,这些不涉及国家利益的御前会议曾经被人称为议会,真正的议会,亦即国家的大会,以后就只以全国三级会议(états généraux)这个名称为人所知。既然这个名称既表示全国的代表,又表示公众利益,因此更加合适。菲利普第一次把第三等级召来参加这种大会(1302 年)。的确,抑制竟然胆敢威胁要废黜法国国王的教皇卜尼法斯八世,乃是国家最重大的利益攸关的事,特别是钱财攸关的事。

自从好些有产者购买了他们的自由以来，自从他们不再是领主对其财产享有永久管业权的农奴以来，自从当他们死时孑然一身，身后无嗣时君王不再没收他们的遗产以来，城市开始变得富有。上行下效，少数领主效法国王，也让他们的臣民获得自由，让臣民付钱向他们购买自身的自由。

（1302 年 3 月 28 日）市镇因此用第三等级这个名称以派遣代表的方式参加在巴黎圣母院教堂举行的大议会或者全国三级会议。会场内已经为国王修建了御座。在国王身旁就座的有他的兄弟埃夫勒伯爵、他的侄子阿图瓦伯爵、勃艮第公爵、布列塔尼公爵、洛林公爵、埃诺公爵、奥朗德公爵、卢森堡公爵、圣波尔公爵、德勒公爵、拉马什公爵、布洛涅公爵和内维尔公爵。这是一次最高官级的会议。主教们的姓名未被告知。他们为数寥寥，这或许是因为他们仍然对教皇心存畏惧，或许是因为他们是教皇党人。

民众代表大群大群占据教堂的四边。这些代表的姓名没有为我们保存下来。这真令人感到郁闷。我们只知道他们跪着向国王呈上一份陈情书。他们在这份陈情书中说："顷悉这个卜尼法斯行同恶棍，恶意曲解这句精神格言：'你将在尘世捆绑的东西也将在上天被捆绑起来。'似乎这意味着如果他将某人关进俗间监狱，上帝也会为此将此人关进天上监狱。"

此外，只有第三等级才会让某个教士文书写出这些话来。这些话用拉丁文书就，送往罗马，因为当时在罗马，人们不懂法国粗俗的行话。毫无疑问，正如我们现在所看到的那样，此后这些话被译成蒂瓦法语，即条顿人的法语。

在英国市镇代表自那时起就进入英国的议会。这样，法国国王只不过模仿一种已经在邻国确立的习俗惯例而已。英国的国家大会始终以议会这个名称延续,而法国议会则以全国三级会议这个名称延续。①

1305 年,同一个美男子菲利普确定他已于 1302 年打算进行的事项,即:接待国王室(正如当时这样称呼)每年在巴黎进行两次审判,日期靠近复活节或诸圣节。这就是最高法院,正如英国的国王最高法院、德国的帝国法院,以及卡斯蒂利亚的法院一样。这是古代具有王权的法院的革新。

以下是美男子菲利普在他 1302 年的敕令中用拉丁文进行的表述:"朕为造福臣民及快速处理诉讼案件,拟颁令仿古制每年于巴黎举行议会会议两次,于鲁昂举行最高审判会议两次,于特鲁瓦举行大审判日活动数次,于图卢兹举行议会会议一次,如同古时曾举行过的一样。"

显然,通过以上陈述,可以看出所有这些法庭是为审理诉讼事件而设,它们拥有平等的审判权,它们彼此独立。

主持巴黎高等法院的王家法庭以及拥有具有王权地位的伯爵地位的是布洛涅伯爵,由德勒伯爵担任助理。纳尔榜大主教和雷恩主教和他们同为主席。在法官中有都统戈歇·德·夏蒂翁。

正好在同一时期,并在同一宫殿内,菲利普国王创设了审计法院。这个法院,或者法庭,或者接待室,或者议会,也由高等大贵

_____

① 自此段起原书中 parlement 一词的"议会"和"高等法院"两义开始混用,并逐渐只指"高等法院"。

族、主教等担任主席。在菲利普·德·瓦卢瓦①在位时期,这个机构享有高等法院法庭不享有的颁发特赦证的王家特权。但是,这个机构从来没有声称或企图代表国家的大会、三月校场②和五月校场③。巴黎高等法院从来没有代表过国家的大会,但它却享有很大的特权。

---

① 菲利普·德·瓦卢瓦,即菲利普六世(1293—1350),法国瓦卢瓦王朝第一代国王。因与英国国王爱德华三世争夺法国王位及其他争端引起英法百年战争(1337)。

② 在法兰克国家的墨洛温王朝时期,每年三月举行一次民兵检阅,称为"三月校场"。

③ 在法兰克国家的加洛林王朝查理大帝在位时期,军事大检阅在五月举行,称为"五月校场"。

第三章 出席高等法院的和可撤换的大贵族 助理文书 他们的薪俸 审判

高等法院[①]每年开庭期约六周或两月。法官全部是高等大贵族。国家不会蒙受由其他人审理之苦。绝对没有农奴、获得自由者、平民、有产者出席法庭审判案件的例子，只在有产者贵卿[②]在刑事案件中审理他们的同类人时除外。

因此，正如当时人们所说，只有大贵族才是法官-审理员[③]。他们按照古代习俗出席审判时，腰挎刀剑。在某种程度上可以把他们比拟为古罗马元老。这些元老在元老院中履行了法官职责后，转而在军队中服役或指挥。

但是，法国大贵族在法律和习惯法两方面都孤陋寡闻，一无所知。他们之中大多数几乎连自己的名字都不会签。有两个高等法院预审庭。文书或被称为导师或法学士的世俗人员获准进入这两

---

① 本书所述高等法院凡未冠地名者均指巴黎高等法院。

② 贵卿的原文为 pair。本书第八章对此有较为详细的叙述。这个词在不同的历史时期指称不同的人物。在查理大帝时期，此词指称查理大帝卫队的 12 个领主。后来此词作为荣誉头衔赐给王国中 12 个领主。拥有此头衔的人后增至 18 人，能出席御前会议。在法国旧制度时期，此词指为君主的宫廷或法院服务的封臣。

③ 原文 jugeur，一译为妄加评论的人，指不具有法律知识的参与审理案件的人。

个机构。他们是法官-推事。他们并非法官，但他们预审案件，准备案件，然后在大贵族法官-审理员面前宣读这些案件。后者只凭天赋的理智良心和公正精神书写他们的意见，有时也率性行事。这些法官-推事、这些导师与大贵族们混同为一。就是这样，在德国的帝国法院和德国的枢密院中，佩剑的人和博士混在一起。同样，在宗教评议会中，第二等级几乎总是被视最博学多才的人。几乎各个国家都既有拥有权力的大人物，也有自己奋发努力，终于能与大人物分享权力的小人物。

高等法院预审庭也由领主和主教主持。教士文书和俗间文书操作整个诉讼程序。人们十分清楚，那些上过学的人被称为文书，虽然他们并不属于神职人员。国王的公证人称为国王的文书。国王的侍从人员中，有厨房文书，即那些擅长读、写，负责厨房账目的人。现在在英国国王那里还保存着很多在法国宫廷已经失传的古老习俗。

知识叫做 clergie。由此产生 mauclerc 这个词。这个词的词义为不学无术、愚昧无知者或滥用自己的知识的博学者。

预审庭推事并非全是教士文书。在民法和基督教教会法方面，有俗间学者，亦即在当时占主导地位的判例方面知识略微多于他人的人。

布兰维里埃伯爵和著名的费内隆①都声称他们从奴隶地位脱离。然而，当时在巴黎、奥尔良、兰斯等地有一些绝非农奴的有产

---

① 费内隆（1651—1715），法国天主教大主教、作家、教育家。支持寂静主义，主张限制王权和教会脱离政府控制，因此被国王及教皇贬斥。著有《死人对话》等。

者。毫无疑问，他们数量最大。1302 年和 1355 年，的确可能有过一些奴隶获准进入全国三级会议、大议会或法国全国三级会议中吗？

这些不久以后就与新的高等法院结合为一的特派员-调查员凭借他们的优长和知识学问迫使君主把这个重要的政府部门交给他们，迫使大贵族-法官按照他们的看法形成自己的意见。

有人声称每年聚集两次进行审判的被称为议会的司法机关，其实是法国古代议会的继续。这些人似乎陷入一个明知故犯的错误中。这个错误只是建立在一种含糊不清的状态之上。

参加真正的议会和全国三级会议的贵卿-大贵族因他们的出生权利和采邑权利来到这些机构。国王无法阻止他们这样做。他们把自己的权利和国王的权利结合起来。他们远远没有收领薪俸以便前来三月校场和五月校场决定他们自身权益。但是，在这个新的司法议会中，在这个继承国王接待室，继承国王的御前会议的法院中，法官们每天收到五巴黎苏。他们行使暂时的委托。往往那些在复活节出席审判的，在诸圣节就不再是法官。

（1320 年）长人菲利普①不再愿意主教有权出席这个法院的审判。这证明新的议会除了名称之外，不再具有古代的议会的任何性质。如果这是国家真正的议会，至关重要的是国王不能把主教开除出议会。这些主教自从丕平登基以来就有权参加这些大会。

总而言之，一个为审理争执和纠纷而设的法院，并不比一个斯特拉斯堡的债主像罗马共和国的债主那样，或者比一个领事裁判

---

①　即菲利普五世(1292—1322)，卡佩王朝第 14 任国王(1316—1322 年在位)。

机关的领事像罗马的执政官那样，更像全国三级会议，更像科米斯，更像整个国家的古代议会。

　　人所共知，同一个美男子菲利普，正如他为奥依语①地区设立了一个高等法院那样，也在图卢兹为奥克语②地区设立了一个高等法院。可以认为这些司法机关代表法国国家的主体吗？不错，图卢兹的高等法院存在时期不长。尽管国王颁发圣旨，仍然未能获得足够钱款付给法官。

　　图卢兹已经设有一个高等法院法庭或者在圣路易的兄弟普瓦提埃伯爵统领下的接待室。这再次证明同样的名称并不表示同样的事物。这些特别法庭同所有其他特别法庭一样，存续时期十分短暂。图卢兹伯爵-贵卿普瓦提埃伯爵的这个接待室也称为审计法院。图卢兹亲王身在巴黎时让人核查他在图卢兹的财务。然而，在一位图卢兹伯爵的某些官员和古代的法兰克议会之间可能存在什么样关系呢？只是在查理七世③在位时期图卢兹的高等法院才臻于完善。

　　也由美男子菲利普最后创设的特鲁瓦的大审判日拥有同巴黎高等法院同样充分的和完整的审判权，这就完成了对下述事实的证明：把被人称为议会的法院当成是法兰西国家的古代议会，是一种幼稚的误会、一种关于词义的争执、一种真正的文字游戏。

　　我们现在还保存着长人菲利普就宫廷的、就高等法院法庭的

---

　　①　奥依语为中世纪法国北方的方言。
　　②　奥克语为中世纪法国卢瓦尔河以南地区的方言。
　　③　查理七世(1403—1461)，法兰西国王。依靠女英雄贞德协助抗英，收复失地。1453年取得英法百年战争的最后胜利。

和就国库审计申请书等事项颁发的敕令。以下是在帕斯吉耶①的著作中的这项敕令的译文：

"法兰西及纳瓦尔国王菲利普蒙上帝恩泽通告全体子民：朕已自朕之大御前会议制定之法令中摘取下述文件。"但是，向高等法院如此颁布法律的、如此支配处理其管理事务的这个大御前会议的究系何种机构？是当时王国的贵卿和国王召集的高官。国王有他的大御前会议和小御前会议。高等法院法庭服从它们的命令。因此，既然它服从一个本身并非古代的、真正国家的议会的御前会议颁布的法律，它当然不能视为五月校场的古代大会。

———————————

① 　帕斯吉耶(1529—1615)，法国法学家和法官。

第四章 圣殿骑士团骑士案

当美男子菲利普设置巴黎高等法院的最高审判权限时,似乎并没有授予这个机构刑事案件审理权。的确,最初没有任何这类案件由这个机构审理。圣殿骑士团①案这个永远疑窦丛生的、臭名远扬的事由,是当时最高法院根本不审理重罪的铁证。在这个机构内,教士多于世俗人。这个机构有骑士和法学家。这个机构要审判这些圣殿骑士团骑士所需人、物应有尽有。这些骑士既是国王的子民,又以一种教派著称于世。当时他们只受教皇克莱门五世的特派员审判。

(1307年10月13日)首先法国国王让代表他的执法大法官和他派驻南方各省的司法总管逮捕圣殿骑士团骑士。教皇亲自在普瓦提埃城审讯这些骑士中的七十二人。必须指出,在这些骑士中间有神甫。这些骑士被以教皇和国王的名义加以监管。教皇向每个主教管辖区派去两名议事司铎、两名多明我会修士和两名方济各会修士②,

---

① 圣殿骑士团是第一次十字军东征时期建立的僧侣骑士组织。十字军东征期间,它在东方掠夺了大量财富。它开设银行,放高利贷,在西欧拥有大量地产和城堡。

② 多明我会和方济各会均为天主教的托钵僧修会。两会修士标榜赤贫,腰系草绳,脚穿草鞋,靠布施维持生活,混迹于下层民众中,一面传道,一面侦查异端,充当罗马教廷镇压异端的工具。

以便按照神圣的教规判处这些曾经为基督教抛头颅,洒热血,但却被控有淫乱、放荡、亵渎、玷污等行为的武士。法国国王本人想通过与教皇联手,采取一个回避教皇权威行动的权威行动,让他的御前会议向教皇在法国的宗教裁判所法官纪尧姆·帕里西乌斯修士派出一个特别法庭参与对圣殿骑士团骑士的审判,并任命诸如骑士贝尔特朗·德阿加萨以及博格尔和比戈尔两位司法总管等大贵族进入这个特别法庭。

(1308年)法国国王在图尔召开大会,以便和教皇面对面决定被托管封存的圣殿骑士团骑士的财产的用途。好些高等大贵族交来委托书。时至今日,法国国王图书馆还保存着佛兰德伯爵罗贝尔、马伊里夫人伊斯尔的德·让娜、布列塔尼公爵的长子德·让、佩里戈尔伯爵德利·德·塔莱朗、此后具有布列塔尼公爵称号的里谢蒙伯爵阿蒂、一个名叫蒂波的罗什福尔领主,最后还有勃艮第公爵于格等人的委托书。

至于宣布的对圣殿骑士团骑士的判决,这项判决只由教皇的特派员贝尔纳、埃蒂安和朗迪尔普三位红衣主教、几位主教和几个宗教裁判所的僧侣法官宣布。死刑判决不是1307年,而是1309年作出。这一点有文件足资证明。圣德尼的编年史明确谈到这一点。据说,教会憎恶流血。表面上教会对火刑并不非常憎恶。九十九名圣殿骑士团骑士在巴黎圣安东门被活活烧死时,全都高喊自己清白无辜、冤枉无罪,全都对他们受刑讯逼供招认的罪行翻供。

显贵地位与帝王不相上下的圣殿骑士团大首领雅克·莫莱、王太子奥弗涅的兄弟吉也在广场上被火刑处死。今天这个广场面对着亨利四世①的塑像。当这些被火刑处死的人还能开口讲话，并向上帝提及法国国王和教皇时，他们请求上帝作证。

　　高等法院丝毫没有介入审理这宗非常奇特的诉讼案件。时至今日这宗案件仍然是基督教国家身陷其中的暴行的铁证。（1312年）但是，正当教皇克莱门五世在维也纳的总宗教评议会中不顾全体宗教评议会成员要他收回成命的请求（在这次评议会上只有四个主教同意他的意见），只凭恃他的权力取缔圣殿骑士团时，正当需要处置圣殿骑士团骑士的不动产时，正当教皇已经把这些财产给予耶路撒冷的圣·让的看护病人或接待客人的修士或修女时，在法国国王同意教皇的这个赠予行动之后，最高法院于1312年从圣马丁节起第八天发布决定，让这些修士、修女拥有这些财产。在这项决定中只谈到法国国王敕令，丝毫没有谈到教皇谕旨。这个机构既没有参与执行肉刑的邪恶行动，也没有参与审理有关圣职的诉讼案件。它只介入一个修会的财产向另一个修会的移交事宜。可以看到，自这个时期起，高等法院就支持王权反对教皇的权力。这是它始终坚持不渝、从未中断遵循的准则。

---

①　亨利四世（1553—1610），法国波旁王朝第一代国王。其业绩见后文。

第五章　高等法院变为法律家大会，正如这些法律家在贵卿法院任陪审官一样

查理六世①在位时期，在使法国备受煎熬、民生凋敝的可怕的灾祸中，法国政府的各个行政部门都被束之高阁，弃置不顾。延长委任高等法院法官一事，也被人抛到脑后。这些法官忠于职守，自我继续担任他们所任职务，而不是弃离这些职务。就是在这方面，他们为国家效了大劳，至少为他们所辖省份效了大劳。没有他们，这些省份可能已经无法再要求司法裁判公正。

正是在这个时代，充任法官的领主不得不先后率领他们的附庸离开法院，奔赴前线保卫家园。那些在被指定接替这些领主法官的、初期只担任预审职务的法学家，接替这些领主，充任法官。当上法院院长的人穿上古代骑士的衣服。法官们仍然身着学士学位获得者的袍子。这种袍子穿在身上绷得很紧，与今天西班牙的情况一模一样。后来法官们让这种袍子改得稍较宽大。

不错，这些法官在取代在学识方面被他们超越的大贵族、骑

---

① 查理六世(1368—1422)，法兰西国王，通称疯子查理或可爱的查理。因患精神病，王权衰落。因英法战争法国战败签订的《英法特鲁瓦条约》(1420)规定其死后王位由英王亨利五世继承。

士、领主时,不能享有这些人的贵族地位。当时没有任何一种显职高位能够使人成为贵族。首批法院院长如西蒙·德·比西、布拉克、多维甚至纪尧姆·德·多芒以及阿尔诺·德·科比等骑士都不得不设法使自己被册封为贵族。

可以说,那些对贵族案件进行终审判决的人并不享有贵族的权利,这是一个很大的矛盾,极为荒谬不经。但是,归根结蒂,这就是这些人在一个原本具有军事性质的而笔者敢于名之为粗野的政府里的处境和地位。这些人仿效骑士和骑士的青年侍从获得法律骑士、法律业士称号,但这全都枉费心机。他们永远不被接纳进入贵族团体。他们的子女永远不会进入贵族的教士会议。他们不能列席全国三级会议。大贵族不愿接纳他们。他们不愿意同第三等级混同为一。(1355 年)甚至当全国三级会议在王宫大厅举行期间,正在相邻的房间开会的高等法院中没有任何成员在这个大厅拥有席位。如果有某个大贵族法官获准参与这次全国三级会议,这是以大贵族身份,而非以法官身份。巴黎市长是第三等级的首领。这再次证明,作为具有最高司法权的法院的高等法院(parlement)同古代法国的议会(parlement)风马牛不相及。

当爱德华三世①最初在同菲利普·德·瓦卢瓦争夺法国王位之前争夺法国摄政地位时,这两个竞对手中谁也没有向巴黎高等法院诉求。如果这个机构那时具有那些代表国家的古代议会的地位,它肯定会被当成裁判者、仲裁人。那个时期的编年史都告诉我

---

① 爱德华三世(1312—1377),英格兰国王。在位时降服英格兰,征战法国,挑起英法百年战争。

们,菲利普向授予他摄政地位的法国国家贵卿,向主要的大贵族诉求。在这个摄政期间,当美男子查理①的遗孀产下一个女儿的时候,菲利普·德·瓦卢瓦不同任何人商量就拥有王国。

爱德华十分庄重地向菲利普表示敬意时,高等法庭没有任何代表出席这个庄严盛大的典礼。

菲利普·德·瓦卢瓦意欲审判阿图瓦伯爵罗贝尔,亲自用盖上他的印章的信函召集贵卿"以使他们来到我面前。宫廷车水马龙,贵卿盈门"。

国王在卢浮宫召集廷臣会商。他把儿子让立为法国贵卿,让他能够参加这次大会。高等法院的法官作为精通法律的陪审官出席这次会议。他们获得与波西米亚国王、全体亲王和贵卿相同的审判案件的荣誉。国王的诉讼代理人提出责难。阿图瓦的罗贝尔不能在最高法院的法庭受审,这与惯例不合。如果国王不出席,阿图瓦的罗贝尔就不能被认为受到审判。

长人菲利普的妻子、勃艮第的让娜和阿朗松公爵路易·于坦的妻子、勃艮第的玛格丽特两人先前被控与人通奸,但没有受到最高法院审讯。龙格维尔伯爵昂格朗·德·马里尼被控在路易·于坦在位时期贪污渎职,也没有受到最高法院审讯。菲利普·德·瓦卢瓦在位时期,王室财务官皮埃尔·雷米受审,也没有以最高法院的法庭作为审判机构。判处马里尼死刑的是查理·德·瓦卢瓦,由王国的几位高级官员和忠于王国利益的几位领主襄助。(1315年)他在万森被定罪判刑。(1328年)皮埃尔·雷米同样受

---

① 美男子查理(1294—1328),即法兰西国王查理四世,卡佩王朝嫡系末代国王。

到菲利普·德·瓦卢瓦任命的特派员审判。

（1409 年）勃艮第公爵让人逮捕查理六世的宫廷侍从的大统领以及财政总监蒙泰古。编年史称，向他派去特派员-专制法官。这些特派员对他严刑拷问，但白费力气。他要求由高等法院审判。审判他的法官让他被斩首于菜场。就是这同一个蒙泰古埋葬在马尔古西斯的塞勒斯坦。一个修道士对弗朗索瓦一世[1]所作的答复众所周知。这位国王走进教堂时，看到蒙泰古的坟墓。国王说蒙泰古是司法机关判处的。这时，这位善良的修道士回答说："不，大人，他是特派员判处的。"

毫无疑问，当时巴黎高等法院还没有设置刑事审判庭。那个时期巴黎高等法院根本没有判处过谁死刑。由巴黎行政官和夏特莱[2]来判处为非作歹之徒。国王让命令巴黎行政官逮捕他的都统、法国国家贵卿厄伯爵。（1350 年）这位行政官审讯都统，在三天内判处他一人。都统在国王自己的宫中当着整个宫廷所有官员的面被斩首示众。没有一个高等法院的法庭的法官被召进宫中。国王当时身在内斯勒府邸。

笔者在此并不把这个行为作为司法行为加以叙述。但是，这个行为有助于证明常驻巴黎的新的高等法院的权力当时并未牢固确立。

---

　　① 弗朗索瓦一世（1494—1547），法国国王。在位时期保护、倡导文艺。进军意大利获胜。在与神圣罗马帝国皇帝交战中被俘。获释后又多次发动反查理五世的战争。
　　② 巴黎的两座城堡，古时为刑事案件审讯处和监狱。

第六章 巴黎高等法院
在单独审判任何贵卿以前
怎样成了法国王太子的审判者

由于一种奇特的命定性，从来没有在它下属的法庭里审判过任何王国贵卿的巴黎高等法院成了王位继承人法国王太子的审判官（1420年）。以下是这一奇特怪异的意外事件的详情：

不幸的国王查理六世的兄弟奥尔良公爵路易，在巴黎被人奉勃艮第公爵无畏的让之命暗杀。案发时勃艮第公爵本人在作案现场（1407年）。这起国王唯一的兄弟被害事件，在巴黎高等法院没有经过任何诉讼程序。在高等法院大法庭中举行了一次御前审判会。但这时正值国王查理六世旧病复发。圣路易的王宫的房间被选作会议地点，因为有关人士不愿在国王的圣保罗府邸，在国王眼皮下开会讨论国王因病不能亲自理政期间应采取何种办法治国理政。国王病弱的身体受到悉心养护。全体在巴黎的贵卿、以都统为首的全体王室高级官员、全体主教、全体骑士、国王大御前会议的全体贵人、全体审计官员、几名助理、全体国库官员、夏特莱的官员等出席了会议。这是一次显贵大会。会议决定：如果国王患病或死亡，不设置摄政职位；国家一如既往由王后和血缘亲王统治，由都统阿尔玛尼亚克、大法官、掌玺大臣，以及御前会议中最贤明的人士襄助。

正如新《法国史》①一书的作者所指出,这一决定突然使得人们亟欲摆脱的动乱更加严重。这次大会对奥尔良公爵被暗杀一事只字未提。杀人凶手勃艮第公爵让巴黎人成了他的朋党。他不是前来巴黎高等法院,而是径直来到王宫,在圣保罗府邸面对全体血缘亲王,高级神职人员以及高级官员。审计法院的、大学的以及巴黎城的代表出席了这次会议。勃艮第公爵在他首席贵卿的席位就座。他带领一个名叫让·帕蒂的诺曼底的方济各会修士前来。此人为大学博士,他就奥尔良公爵被害一事为勃艮第公爵进行辩护,并作出结论称,国王应该仿效上帝因天使长②圣米歇尔大人杀死恶魔鬼以及因菲内埃斯杀死臧布里人酬劳他们的榜样奖赏勃艮第公爵。

同一个帕蒂第二天在巴黎圣母院教堂前的广场,在所有民众面前高谈阔论,哗众取宠,重复他的这番讲话。听众对他报以极其热烈的掌声。国王极为悲惨不幸,已不能主宰法国和自己,被迫发布致高等法院诏书,宣布“他鼓足勇气消除他兄弟之死引起的不快;他的表兄弟勃艮第公爵依然为他所爱”。就这样,这些用当时的不合规范的话语说出的话以后被传布开来,为众所周知。

从这天起,巴黎城大受持异见党派、阴谋、凶杀之害。为非作歹之徒全都逍遥法外。

1419 年,十六岁半的遭到母后背叛,被父王抛弃,受到同一个

---

① 此书作者为维拉雷。

② 指基督教《圣经》中所说的天使长。

勃艮第公爵无畏的让迫害的年轻王太子查理的几个朋友为这位亲王以及他的叔父奥尔良公爵之死，向杀人凶手勃艮第公爵报仇。他们诱使这位公爵参加蒙特罗桥上的一次聚会，就在王太子的眼皮下杀死了这位公爵。从来没有证实王太子对这一共谋事先知情，更不用说这个行动由他主使。他的余生证明他并非心狠手辣、嗜杀成性之徒。自那时起，他容忍他的亲信遭到暗杀，但他从未下令杀害他人。只能责备他软弱无能。如果说塔内吉·杜·夏特尔和王太子的其他亲信滥用了王太子的年幼无知，让他允准这次杀害勃艮第公爵的行动的话，他年幼无知这个事实本身就可用来为他允准这次杀害行动进行辩护开脱。他的罪当然轻于勃艮第公爵。还可以说，他只准许对一个刚刚与英国国王签订了一项秘密条约的卖国贼[①]加以惩罚。根据这项条约，这个卖国贼承认亨利四世拥有对法国王位的权利。他还发誓“要对自称法国国王的查理六世和对他的儿子进行一场致命的战争”。因此，在这个时期的各次谋杀中，谋杀勃艮第公爵是最情有可原的一次。

　　自从这次暗杀事件在巴黎家喻户晓、无人不知以来，几乎所有的有产者和所有不是王太子的朋党的团体都在当天聚集起来。他们披着象征勃艮第地区的红色肩带。卢森堡家族的圣保罗伯爵让人在市政厅向有产者中的首要人物发誓要惩罚自称的王太子查理。掌玺大臣德·莱特尔、圣保罗伯爵以及好几个行政官员以巴

---

　　① 英法百年战争期间，1415年英王亨利五世趁法国两大封建派别——勃艮第公爵派与奥尔良公爵派——内讧之际，在诺曼底登陆，打败法军。与英国结盟的勃艮第公爵控制巴黎。1420年，在勃艮第公爵派的影响下，英法缔结《特鲁瓦条约》。这项密约指《特鲁瓦条约》；卖国贼指勃艮第公爵。

黎城的名义前往请求对当时正大肆蹂躏法国的英国国王亨利四世加以保护。

当时巴黎高等法院院长之一的莫尔维利埃奉派作为代表前往敦请勃艮第新公爵菲利普来到巴黎。法国王后①巴伐利亚的伊莎贝尔长期与他的儿子②为敌,朝思暮想要剥夺她儿子的王位继承权。她利用她丈夫的低能痴愚,让他签订了著名的《特鲁瓦条约》。根据这项条约,英国国王亨利五世通过娶法国的卡特琳③为妻被宣布以法国摄政王这个虚空名义与法国的查理六世共同为法国国王;在查理六世死后则为法国的唯一国王(查理六世只承认亨利五世为自己的儿子)。该约第二十九条规定,法国国王承诺未得法、英两个王国的三级会议的同意,永远不与所谓的维也纳的王太子查理缔结任何协定。

必须对这个条款稍加解释,以便了解:既然等级大会在英国绝没有任何其他名称,三级会议就是真正的议会。

这项条约缔结后,法、英两国国王和勃艮第新公爵菲利普于1420年11月1日抵达巴黎。在街头向他们演出了耶稣受难的神秘剧。有产者的所有首领都前来巴黎,宣誓承认英国国王,由莫尔维利埃院长监督。召开了法国国王的御前会议,参加这次会议的有:王室高级官员、高等法院的法庭法官以及其他团体的代表,以便严正地审判王太子。有人甚至把这个大会称为全国三级会议以使之更加庄严。勃艮第的菲利普、他的母亲公爵夫人玛格丽特、吉

---

① 查理六世之妻。
② 指前述法国王太子。
③ 查理六世之女。

埃内公爵夫人以及各位女儿公主都是原告。

　　首先是此后成为勃艮第的掌玺大臣的辩护人罗兰控诉王太子。大学代表让·拉歇继他之后发言，言辞比前者激烈得多。查理六世的辩护人皮埃尔·马里尼作总结性发言。掌玺大臣让·勒克莱克承诺，在英国国王、法国摄政王以及上述国王继承人的协助下案件将得到公正处理。

　　尽管英国自身风雨飘摇，动乱不已，但由于英国人始终比我们法国人更加注意保存档案，因此他们在伦敦塔里找到这次大会的预备性决议的不完整的、残缺的原文。以下是这项决议的不完整的主要条款：

　　"……也听取了我们的检察长的发言。该检察长对案件作出结论。结论附有调查报告及请愿书。这些调查报告及请愿书由我们亲爱的女儿巴黎大学、我们的美好城市巴黎的亲爱的市政官员、有产者、居民、好些美好城市的三个等级的人……向我们提出。我们根据这次大规模的和成熟的讨论，考虑到我们的忠告以及我们已故表兄弟勃艮第公爵与自称王太子的查理之间的关于结盟的信函，仔细研读了……这个同盟是在上帝真正的十字架下和手放在圣福音书之上发誓签订的。尽管都属于法兰西家族，我们的已故勃艮第表兄弟作为我们的嫡亲的非常亲近的表兄弟、贵卿的老前辈、两度法国的贵卿……他曾经而且始终爱护我们的各个王国的福祉而且……他为了维护和平，应上述犯罪方面之邀，由好几个领主陪同前往蒙特罗。他在蒙特罗被他及其同谋凶狠地、阴险地、罪该万死地、该入地狱地杀害，尽管他及其同谋作出而且反复作出承诺和宣誓……根据我们的大御前会议的、我们高等法院的，以及大多数其他法官的讨论及意见,我们已经宣布,现在仍然宣布,所有犯上述罪不容诛的罪行的罪犯,他们之中每人犯有弑君罪,对我们的主体和财产犯有重大罪行,因而无资格,不配拥有任何直系(旁系的)继承及各种显贵地位、荣誉和特权。他们还应受弑君犯应受的其他惩罚……他们的世系和后代……如果我们通告形式……我们高等法院人员及我们其他的有审判权者……关于原告方以及我们的……并给予诉讼双方判决,并通过特别途径对上述罪犯进行起诉。如果情况需要……一切就如案件需求……恩典年 1420 年 12 月 23 日于巴黎,本国王在位 41 年。国王于其御前会议。"

显然是根据以国王的名义发布的决定,巴黎高等法院法庭几天以后发布它的判决,判处王太子流放。

国王的辩护人或代理人,此后即任兰斯大主教于尔森的让·朱维纳尔,身后留下关于这个不幸时期的回忆录。在这些回忆录里可以读到下述评注:

"1420 年 11 月 12 日开始的高等法院审判,自 1 月 3 日起延期短短三天。在流放的情况下,在喇叭声中,在大理石平台上,应检察长的要求,维安诺瓦王太子、国王的独子查理·德·瓦卢瓦大人,因谋杀勃艮第公爵,在为这样一起案件举行的一切庄重仪式之后,在被证实犯有对他指控的罪行之后,作为这样一个被判处放逐并被永远流放到王国之外的人,被宣布为不配继承已有的和将有的领地。上述瓦卢瓦为自身,同时也为他的追随者,用他的剑尖对上述判决提出上诉,并发誓既在法国,也在英国,在勃艮第公爵的所有地区,振兴并继续他的称号。"

时代的灾祸就这样使高等法院的法庭作出的第一项针对贵卿

的判决,是针对贵卿中的第一人,针对王位的必然继承者,针对国王的独子的。这项判决违反了王国和天然的所有法律,对外国和国家的敌人有利。这项判决废除了过去铭刻在每个人心中的撒利克法典。

学识渊博的布兰维利耶伯爵在其所著《法国政府论》一书中把这项判决称为巴黎高等法院的永恒的耻辱。不仅如此,这还是那些不能进行自卫,不能抵抗国王亨利四世的军队将领的耻辱,还是宫廷异见党派的耻辱,特别是一个为了进行报复而牺牲自己儿子的薄情寡义的母亲的耻辱。

王太子退隐到远于卢瓦尔河的地区。奥克语地区因奥依语地区同王太子势不两立,而更加积极热情拥戴他。当时法兰西王国的这两个部分彼此视若寇仇,不共戴天。他们不讲同一种语言,没有同样的法律。全部奥依语城市都按照法兰克人和封建领主引进的习俗和惯例管理,而全部奥克语城市却都遵循罗马法。它们都自以为大大优于其他城市。

已在父王卧病期间自己宣布为王国摄政王的王太子,在普瓦提埃设置了另一个由少数几个法学家组成的高等法院。但是,在使得整个法国满目疮痍、忧伤悲痛的战争当时正在进行,这个软弱无力的高等法院长时期没有丝毫权威可言。它除了徒劳地撤销巴黎高等法院的判决以外,除了宣布贞德①为圣女之外,别无其他职能。

_____

① 圣女贞德(1412—1431),法国民族英雄。英法百年战争期间率军解除英军对奥尔良之围。后被俘,受火刑处死。

第七章　判处阿朗松公爵

　　既然查理七世在他生命的最后几年询问过掌管注册登记的高等法院应该怎样起诉被控犯有叛国罪的阿朗松公爵让二世，看来当贵卿不幸深深陷入某种罪行之中时，对必须用何种方式来审判王国的这些贵卿这个问题，并未作出明确规定。（1458年）高等法院对这个问题的答复是，国王必须由法国贵卿、具有贵卿爵位的领主以及其他的显贵名流——高级教士及御前会议人员——陪同，亲自对他进行审判。

　　人们无法理解高等法院为何声称高级教士应当参加刑事审判会。显然，他们只应该作为证人参加以使审判更加严正。

　　国王在旺多姆召开审判会。在右边席位就座是年仅十二岁的王太子、奥尔良公爵、波旁公爵、昂古勒姆伯爵、曼恩伯爵、厄伯爵、弗瓦克斯伯爵、旺多姆伯爵及拉瓦尔伯爵。在这排座位之下就座是高等法院的三名院长、骑士团大首领夏巴内、四名高等法院诉状审理庭庭长、桑利斯的代表国王执法的大法官以及十名法官。

　　在左侧上边的长凳就座，面对王侯和在俗贵卿的是掌玺大臣特雷内尔、六名教士贵卿、内维尔主教、巴黎主教、阿格德主教以及圣德尼修道院长。在这些人士下面,在另一长凳上就座的是图尔-多维尼多尔西、沃维尔等地的领主、图雷内的代表国王执法的大法官、普利大人和布雷西尼大人、鲁昂的代表国王执法的大法官和艾斯卡尔大人。

在旁边的一张长凳上就座的是四名法国财务主管官、巴黎市长及王宫行政官。在他们后面就座的是四名高等法院法官。

必须指出,就是在这次大会上,掌玺大臣首次位居教士之前。自此以后,在好几年内,他们在排序方面不再向红衣主教让步。

我们法国没有任何不朽的著作告知人们,阿朗松公爵是否受到审判或对大会进行抗辩。人们只知道对他的死刑判决首先由高等法院院长多雷、法官让·布朗热以及法国的财务主管官让·比罗在狱中通知他。

之后特雷内尔男爵、法国掌玺大臣于尔森的纪尧姆当着法国国王的面宣读判决。兰斯大主教让·维纳尔劝谏国王宽大为怀,发慈悲之心。(1458 年 10 月 10 日)教士贵卿和其他高级教士参加这次决定。他们似乎都各抒己见,无人同意死刑。

国王饶了阿朗松一命,但让他在监狱度过余生。路易十一①登基后他获释出狱。但是,这个王侯以后却对路易十一心怀不满。他居心叵测,与英国结成同盟对抗这位法国国王。并非所有王侯都能结成这样的同盟。是勃艮第公爵、布列塔尼公爵,而非阿朗松

---

① 　路易十一(1423—1483),法国国王。在位时期奖励工商,加强王权,统一法国。

公爵，势盛力强，敢于采取这类行动。

路易十一让他的宪兵司令特利斯唐·勒米特逮捕阿朗松公爵。对这位公爵的所作所为进行了调查，发现他在自己的领地上铸造假币；他曾下令杀害一个在查理七世在位时期泄露了他谋反秘密的人中的一个。

1472 年阿朗松公爵被囚禁于洛什城堡，受到掌玺大臣于尔森的法朗士·纪尧姆审讯。迪诺瓦伯爵、国王侍从纪尧姆·库西诺、高等法院首席院长让·布朗热、这个机构的多名成员、大御前会议的两名成员等从旁协助。所有手续都专横独断。一个耶路撒冷的牧首巴耶主教、一个鲁昂的代表国王执法的大法官、一个审计法院的校审员等人甚至在审判阿朗松之前就没收了他的公爵领地以及这名罪犯的所有土地，收归国王所有。

对阿朗松的诉讼由特派员在卢浮宫继续进行。1474 年 7 月 18 日由合议法庭、当时还不是法国贵卿的迪诺瓦伯爵、一位普通国王侍从、大御前会议的参事进行终审判决。这些手续今天当然无人遵行。

就在这个时期，高等法院开始被人看作贵卿法院，因为它联合其他贵卿审判过一个王侯贵卿。

法国财务主管官也审讯了阿朗松公爵。然而却始终没有授予他们贵卿法院这个名称。他们只有四人，没有争端审判权。只有国王的个人意愿能够把他们召来出席这些大会。他们的式微衰落证明在何等程度上万事万物都会改变。一些团体崛起，另一些团体衰落，最后烟消云散，化为乌有。各种高位显职莫不如此。掌玺大臣这个显职高位长期位列第五，现在则跃居首位。御膳官、负责马厩和交通运输的管家(connétable)①等高位不复存在。

　　由于高等法院的法庭当时获得贵卿法院这个名称并非由于任何国王的特别让步，而是由于公众呼声和惯例，因此就在此处必须三言两语论述一下有关情况。

---

　　①　该官职的拉丁语头衔的意思是"马厩伯爵"。从 12 世纪起至 1627 年，该官职演变为法国陆军最高统帅。

第八章　贵卿　判处无地王约翰死刑的贵卿是谁

　　法文 pair 一词不仅仅指在爵禄方面不相上下的领主（贵卿），还始终指职业相同、地位相同、状况相同的人（同等人）。我们今天还有巴吕兹转述的虔诚者、温厚者或者弱者路易①向名为阿尼左拉的修道院提出的公约。他说："你们的贵卿老奸巨猾，欺骗了我。"就这样僧侣也成了贵卿。

　　在教皇英诺森二世的一项向康布雷城颁发的教皇谕旨中谈到康布雷的所有居民同等人。

　　不需要列举其他例子。这是毋庸置疑的事实。受自己的同类审判的权利与人类的历史同样古老。一个雅典人受与其地位相同的雅典人的审判。一个罗马人受罗马百人法庭大法官审判时，往往还受聚集的民众的审判。任何受审判的人都能够在轮到自己时成为审判者。如果可以这样说的话，终生受他人审判而永远不能审判他人，乃是一种奴隶制度。就这样，时至今日，在英国，曾经在他的十二个被任命为陪审员的同等人面前到庭的人，此后不久自己也被任命为陪审员。因此波兰贵族由他们的贵族同等人审判。

───────────

　　① 即路易一世（778—840），法兰克皇帝查理大帝之子。将领土分给三个儿子，引起宗室内讧。其帝国数度分裂。

这个贵族本人也是这些人的审判者。在北方所有的民族中没有其他法律原则和案例。

在散居于多瑙河、易北河、维斯杜拉河、塔纳伊河以及波里斯特内河以远的这些民族入侵罗马帝国以前，它们经常举行公共大会。那些一无所有的人可能有的为数不多的诉讼案件都由同等人和陪审员审判。

但是，人们问法国的贵卿是何许人？查理大帝的十二个元勋贵卿经常被人提及。所有那些已经构成我们法国历史的一部分的古代传奇故事经常引证这十二个名不见经传的贵卿，以致关于他们的传说肯定有几分真实之处。极其可能这十二个元勋贵卿是查理大帝的十二个高级官员。查理大帝和他们共同审判主要案件。同样，在每个城市，公民受十二名陪审员审判。十二这个数字在古代的法兰克人中似乎被神圣化。一个公爵属下有十二个伯爵；一个伯爵统领十二个下级官员。大家知道，这些公爵和这些伯爵在查理家族衰落式微时归还了他们的管辖区和继承的显职爵位。这并非难事。奥通家族和腓特烈家族的高级官员在德意志也如此行事，甚至过之而无不及。他们为自己保留了选举德意志帝国皇帝的权利。是真正的贵卿把今天已经在法国废止的封建统治管理连同其他古代习俗延续下来，并加以巩固加强。

法国所有拥有土地的领主一旦确保了他们的采邑继承，所有那些直接隶属法国国王的领主也全都成了贵卿。其结果是，一个普通大贵族有时成了一个大省的统治者的审判者。（1203 年）这就是英国国王、菲利普·奥古斯都的封臣无地王约翰①被真正的法国高等法院,亦即被聚集起来的贵卿独一无二地判处死刑时发生的事。

奇怪的是,我们法国的历史竟然从来没有告诉我们这些敢于判处一个英国国王死刑的人究系何人。一起如此重大的事件理当受到更多关注。一般来说,我们法国人对本国的历史知之甚少。笔者记起一个认为无地王约翰曾经受到合议法庭审判的法官。

这些法官毫无困难就成了几个月后在维尔内夫-勒鲁瓦城举行的同样的高等法院大会的法官。(1204年5月2日)。他们是:勃艮第公爵厄德、内韦尔伯爵埃尔维、布洛涅伯爵雷诺、圣保罗伯爵戈歇、吉·德·当皮埃尔等人,并由大批大贵族襄助。没有任何文书、研究法律者或拥有大师称号的人与会。召开这个大会目的在于巩固加强封建权利的建立。毫无疑问,这个大会与曾经使这些封建法律为判处无地王约翰服务,并意欲使其判决合法的大会为同一个大会。

公爵贵卿、伯爵贵卿毫无疑问都是比大贵族贵卿更大的领主,因为他们拥有面积大得多的领地。所有的公爵和伯爵的确是隶属于国王的统治者。但他们在自己领地上却是绝对的统治者。

当诺曼底贵卿领地和香巴尼贵卿领地消失时,布列塔尼和阿图瓦伯爵领地被美男子菲利普在前两个贵卿领地的原址上建立起来。

---

① 无地王约翰(1166—1216),英国国王亨利二世之子。与法国作战,丧失其大部分在法领土。1215年被迫签署大宪章。

美男子菲利普的继承人把埃夫勒、博蒙、埃当普、阿朗松、莫尔塔尼、克莱蒙、拉马什、波旁等地建立为贵卿领地，以利于他们的血缘亲王。这些王侯对其他贵卿并不享有在先权。他们遵循由法规定下的顺序、贵卿爵位的顺序。他们在举行典礼时全都根据自己的贵卿爵位的年资顺序而不是根据家族和世系顺序行进。

因此，今天在德意志，德意志帝国皇帝的表兄和兄弟，不向德意志帝国选帝侯和王侯争夺任何等级地位。

人们没有见到这些贵卿中的任何人先于弗朗索瓦一世前来巴黎高等法院出席过会议。与此相反，高等法院法庭的法官却去贵卿法院。

高等法院法官一直由国王任命，一直由国王付给薪俸，一直可以撤换，过去不能被视为属于王国的贵卿团体。一名由国王付给薪俸的、被任命的、并且会被随意撤职的法学家当然不可能与勃艮第公爵或者另一个血缘亲王有任何共同之处。路易十一把雅克·达尔马尼亚克伯爵、内穆尔公爵封立为贵卿和公爵之后，他不通过高等法院的普通判决，而是通过掌玺大臣和一些特派员判处此人死刑。这些特派员大多数是法官。

成为法国的公爵-贵卿的第一个外国人是克莱弗家族的领主。他被封立为内维尔公爵。第一个获得这种荣誉的法国贵族是都统蒙莫朗西（1551年）。

此后一直有国家的一些贵族成为王国贵卿。他们的贵卿领地附接他们的土地，直接隶属国王宫廷。他们列席高等法院大法庭的会议。但是，除了举行御前审判会以及重大时机之外，他们几乎从不前往出席。贵卿在全国三级会议的会议中根本不形成贵族的一个分离的单独团体。

　　长期以来，在英国同法国一样，贵卿都是绅士。但是，英国的贵卿根本不拥有贵卿领地，不拥有这个贵卿称号附于其上的土地。他们还保存着比较大的特权，即：在他们代表从前隶属于王权的古代大贵族的群体这一点上，作为贵族的唯一团体，他们不仅是国家的法官，而且连同国王和下院是立法者。

第九章　为什么巴黎高等法院
称为贵卿法院

　　预审庭和诉状审理庭书面向高等法院的法庭陈述诉讼案件。这个法庭既然在它的组织结构方面由大贵族组成,大贵卿、公爵和伯爵就能进入这个机构,并在他们身在巴黎期间享有表决权这一点就顺理成章,十分自然了。他们是国王御前会议的天生的当然成员。他们在大御前会议中居于首位。他们也必然是一个由贵族组成的法庭的天生的法官。因此,他们能够进入此后被称为高等法院大法庭的法庭,因为那里全体法官原来都是大贵族。正如他们拥有出席外省高等法院的权利一样,他们的确拥有这种权利,虽然他们并没有行使这种权利。但是,他们却从未出现在预审庭中。这些法庭的大部分官员曾经是没有尊贵称号、没有贵族身份的法学家。

　　当外省主教和修道院长被排除在高等法院的法庭之外时,贵卿之所以能够列席高等法院大法庭,是因为不能从勃艮第公爵、吉埃内公爵、阿图瓦伯爵之类的人那里褫夺一种人们能够轻而易举从无权无势的主教那里褫夺的特权;之所以这些主教被褫夺了这种特权,是因为在同教皇频繁的纠纷中要担心主教们有时会支持教皇损害国家的利益。六名教士贵卿连同巴黎主教和克吕尼修道院院长只保存着出席高等法院的权利。必须指出，这六名教士贵卿是自从青年路易①登基以来他们所属的那个等级仅有的几个拥有教士贵卿这个称号的人。他们拥有这个称号的唯一理由是，在这位帝王在位期间，他们是仅有的几个拥有直属国王的大采邑的主教。

在有关大贵卿领地案件的审理及起诉的方式方面，长期以来就既没有任何规定，也没有任何决定。但是，古时的习俗和惯例却是：一个王侯只受与他地位相同的人审判。国王可以在他想的地点——时而在一个城市，时而在另一个城市，在他自己家中，在另一个贵卿家中，在高等法院的法官—审理员聚集的房间，在教堂，一句话在国王想选择的某个地点——召集王国的贵卿。

法国习俗风尚的模仿者和保存者——英国的历届国王——就这样使用这些风俗习尚。他们把想要集合的英国贵卿集合起来。菲利普·德·瓦卢瓦首先在 1341 年在巴黎集合贵卿，以裁决争夺布列塔尼公爵领地的查理·德·布洛瓦和让·德·蒙福尔两人之间的争端。菲利普·德·瓦卢瓦袒护查理·德·布洛瓦。他为了装装门面，首先让一些贵卿、几个法官-骑士和几个法官-教士审理这起案件。在孔弗朗的一所乡村房屋由国王、贵卿、高等大贵族、高级官员在法官-骑士和法官-教士的协助下宣布了判决。

查理五世②国王采取政策弥补了几次战争③为法国造成的灾

---

① 即路易七世(1120—1180)。

② 查理五世(1338—1380)，通称明智的查理。于英法百年战争第一阶段后即位。即位后大力改革，加强军事政治实力，使法国转败为胜，收复大片失地。

③ 指英法百年战争的几次战争。

难和不幸,于 1368 年 1 月 26 日让人把绰号为黑王子的英国威尔士亲王传唤到贵卿法院。这位王子①曾经战胜过查理五世的父亲、祖先和此后成了卡斯蒂利亚国王的亨利·德·特朗斯塔马尔,最后战胜了贝特朗·杜·盖克兰②。查理五世在这位英雄王子开始受到致命的疾病的袭击时,抓住机会,命令此人如同去他的封建君主领主面前那样,去他面前进行抗辩。不错,他并不是这位英雄王子的封建君主领主。根据《布雷蒂尼条约》,吉埃内的全部财产所有权和绝对主权割让给英国国王爱德华三世。爱德华国王则把这块土地作为对他的儿子——黑王子——作战英勇、多次获胜的奖赏。

查理五世用这些他自己独有的话语写信给英雄王子:"朕以王家威严和领主权力命令汝亲自前来朕之巴黎城,出席朕之的贵卿法庭以便直接听取汝激发起的民众之埋怨和不满。彼等大声疾呼要求听见朕之朝廷的力量和手段。"

这一召见书不是由巴黎高等法院的执达使送达,而是由国王本人送交贵族的法官和首领、国王派驻图卢兹的司法总管。后者让一个名叫让·德·夏蓬瓦尔的骑士由一名法官协助传达这一召见通知。

查理五世国王为了掩饰这个奇怪的程序,通知奥克语地区,他的父王只把出让吉埃内的主权的义务承担到 1361 年以前。

----

① 指英格兰国王爱德华三世之子爱德华(1330—1376)。他曾在英法百年战争的两次重大战役中指挥英军,大败法军,战功卓著。

② 贝特朗·杜·盖克兰(约 1320—1380),法国元帅。查理五世在位时期,曾多次战胜黑王子。

弄虚作假，莫此为甚。《布雷蒂尼条约》缔结于 1360 年 5 月 8 日。国王让签约后获释出狱。查理五世作为法国的摄政王太子，在父王让①身陷囹圄期间本人起草、签署并缔结了这项条约。是这位王太子本人在国家主权方面把吉埃内、普瓦图、圣通日、利穆赞、佩里戈尔、格尔西、比戈尔、昂古莫瓦、鲁埃格等地割让给英国。

这项著名的条约的第一条载明，英国国王及其继承人将以与法国国王、他的长子、他的祖辈法国国王等曾经拥有这些地区的方式相同的方式拥有所有这些地区。

查理五世怎样能写他只把所有这些外省的主权让给他的战胜者一年呢？毫无疑问，他意欲让人相信他的事业是正义的，并借此激发法国的各个民族奋起捍卫他的事业。

不管怎样，肯定无疑的是：国王本人以他的王国的贵卿的名义表彰了威尔士亲王；是国王本人于 1370 年 5 月 14 日签字，把吉埃内归并入万森。当黑王子濒临死亡之际，都统盖克兰把决定付诸实施。

----

①　即好人让二世（1350—1364 在位）。1356 年英王长子黑太子在普瓦提埃附近击溃法军。让二世（一译约翰二世）及大批法国贵族被俘。

第十章　查理七世重建的巴黎高等法院

　　当查理七世利用王国贵族的几乎始终无偿的效劳，利用一个巴罗瓦的农女①的非凡独特的热情，尤其利用英国人和勃艮第公爵好人菲利普之间的分裂不和夺回他的王国时，一切都被人抛到脑后，事事都得到和解平定。他把普瓦提埃的小高等法院并入巴黎高等法院。这后者于是面貌一新。它的大法庭有法官三十名，全部为法学家，其中俗间人士十五人，教士十五人。查理七世把法官四十名安置到预审庭。图尔内尔的法庭为审理刑事案件而设。但是，这一机构当时不能判处死刑。当罪行应判处死刑时，这个案件必须移送高等法院大法庭审理。全部官员领取薪金。诉讼人仅仅赠送法官香料之类的菲薄礼品和酒若干瓶。这些薄礼不久以后即转变为缴付的税款。就这样，情随事迁，时移事易，事事都一改旧貌。

---

① 指圣女贞德。

第十一章　在高等法院登记敕令的惯例和最初的谏诤

高等法院的法庭只由精通法律的人士组成，日益成为更加有效用的机构。它拥有的重大权力之一，是长期以来对君王的敕令和法令进行登记。以下对这项权力如何确立和规定加以说明。

一个生活在美男子菲利普在位时期的名叫让·德·蒙吕克的高等法院法官制备了一本记事簿供自己使用，内容包括古代敕令、主要判决和一些他审理的某些值得记忆的事情。这个记事簿被人抄写了几份。在一个王国的习惯法甚至没有书写成文的蒙昧无知的时代，这个汇编的用途显得无比巨大。法国历代国王已经失去他们的公约保存处。他们感觉需要有一个易于查阅文件资料的文件档案保管室。宫廷不知不觉地养成了把敕令和法令保存于高等法院书记室的习惯。这种习惯逐渐成了一种不可或缺的手续。但是，无法得知第一次登记如何进行，因为高等法院大部分登记的文件已经毁于 1618 年的那场王宫大火。

高等法院对国王的最初几次谏诤，是就查理七世以及在布尔日聚集的法国教士宣布的著名的国事诏书向路易十一所作的进谏。这是一道对抗罗马教廷欺凌的堤坝。这道堤坝过于薄弱以致不久以后就被掀翻冲垮。在这次集会中，与会者和出席巴塞尔主教会议的代表一道,作出了主教会议高于教皇,能够罢黜教皇的决定。长期以来,罗马教廷把一个令人惊愕的、在基督教的初始的教会中找不到其根源的枷锁强加在民众、国王和教士身上。罗马教廷到处发放教士俸禄和授予有俸圣职。当自然的有俸圣职授予者授予一个圣职时,教皇声称他已经把这个秘密地储存于心。他把这个圣职授予付费最多者。这笔付款称为储备金。教皇也允诺授予并不空缺的圣职。这些圣职人们朝思暮想,热切期盼获得。如果有人终于获得一个有俸圣职,他必须付给教皇他任职第一年的收入。这种称为年金的弊端至今留存,贻害无穷。所有教会能够为自己招揽的案件立刻就被转给教皇。一个法国人为了使自己的婚姻有效,或者为了父亲的遗嘱,不得不奔波三五百里路,弄得倾家荡产。

这些无法想象的专制暴虐、横行霸道的行径中的一大部分,已被查理七世的国事诏书废除。路易十一想从教皇庇护二世那里为他的嫡亲堂兄弟、卡拉布里亚的拥有称号的公爵让·德·安茹取得那不勒斯王国。教皇性情比较沉稳,不轻易发火,比路易十一更加精明狡猾。他的第一招是要求路易十一废除上述国事诏书。路易十一二话不说,毫不犹豫就舍弃了这项国事诏书的原件。这个原件在罗马的大街小巷被人可耻地拖来拖去。这个文件就像罗马教廷的一个敌人被打垮一样。祝福、恩惠、感谢雪片似的向路易十一飞来,令他大感心满意足。把国事诏书带到罗马的阿拉斯主教当天就戴上红衣主教冠冕。庇护二世向法国国王送去一把圣剑。但是,他愚弄了这位国王,根本不把那不勒斯王国给予国王的嫡亲堂兄弟。

　　路易十一在掉下这个陷阱之前,曾经征求高等法院的法庭的意见。这个机构奏呈国王一份包含八十九条的、标题为《关于法国教会特权的谏诤》报告书。这些谏诤以下述语句开始:"理智地服从国王陛下旨意。"必须指出,自这个报告书的第七十三条起到第八十条止,高等法院统计自从这些专营独占的职位创设以来,教廷对法国敲诈勒索多达四百六十四万五千八百埃居。这里让我们注意,约翰二十二世①避居阿维尼翁不到三十年就创设了这些横征暴敛的手段。横征暴敛所得,使这位教皇在历届教皇中堆金积玉、富冠同侪,虽然他在意大利并不拥有一处地产。

　　路易十一国王自从与教皇言归于好以来,还于 1469 年为教皇废弃了国事诏书。就在那时高等法院维护支持国家利益,主动对国王提出言辞十分激烈的谏诤,而国王对此却充耳不闻。但是,因这些谏诤是这个国家的意愿,而路易十一仍然与教皇相处不睦,国事诏书虽然在罗马被扔在污泥浊水中拖来拖去,但在法国全国却大受尊崇,并付诸实施。

　　行文至此,笔者应该观察到高等法院这个机构在任何时期都是法国对抗罗马教廷的侵害劫掠行径的盾牌。没有这个机构,法国会受尽屈辱,成为一个俯仰由人,听命他国的国家。对这个机构人们既把呼吁和上诉的办法手段,也把滥用和越权的办法手段归诸它。这些方法和手段仿自英国的蔑视王权罪法。1329 年,国王的辩护人比埃尔·德·居尼埃尔第一个建议服用这剂对抗教会的侵占僭越行动的良药。

---

　　① 约翰二十二世(约 1249—1334),驻阿维尼翁第二任教皇,法国人。

不论路易十一多么专制独裁,高等法院仍然对王家地产的丧失提出异议。但是,它对国王谏诤却不被人注意。1482 年,它就麦价高昂一事向国王进谏。这些谏诤目的只在于公共福祉。因此,它可以在最专制的国王在位时期陈情请愿。但它对公共管理、财政管理都没有陈述过任何意见。它就小麦的进谏只属于管理事务。

这个机构关于印刷术的决定被路易十一撤销。当为非作歹绝非他的利益所在时,这位国王颇善于行善造福。印刷术这种令人赞叹的技艺的发明者是德国人。1470 年,三个德国人把这种新生技术的几张校样带来法国。他们就在索邦神学院人员的目睹下发挥自己的才能。民众当时还十分朴野无文,并且长期以来就是如此,因而把这几个德国人当作巫师。以抄写法国为数不多的古代手稿为生的抄写人员上书高等法院反对德国印刷工人。这个法院让人查封并没收了这些工人的全部书籍。国王禁止高等法院受理这宗案件,把这起案件移送到他的御前会议。他让人为德国人取得的成果授予他们奖赏,但丝毫没有对古代习俗的保存和珍惜甚于对新生事物效用的学习和关心的这个团体表示愤怒。

第十二章　查理八世未成年 不能执政时期的高等法院 它怎样拒绝参与国务管理和财政事务

　　路易十一去世后，即将年满十四岁的查理八世①极其年轻稚嫩。这时高等法院没有进行任何活动以求扩大它的权力。在路易十一的女儿波旁-博热夫人、后来成为路易十二②的王储的奥尔良公爵以及波旁-博热亲王的长兄波旁公爵等人之间的分裂不和与密谋活动中，高等法院始终保持平静稳定，从不卷入。它只关注案件判决，为民众树立服从和忠诚的榜样。

　　博热夫人掌握主要权力。虽然这项权力被人质疑，遭到否认，她仍然于 1484 年召集全国三级会议。高等法院甚至没有要求获准与会。全国三级会议根据路易十一的遗嘱让国王的姊妹博热夫人照管国王。这时奥尔良公爵已在招兵买马，认为如果高等法院表态支持他，他将把巴黎城争取安置到他那一方面。1484 年 1 月 10 日，他前往高等法院，并通过他的封邑的掌玺大臣德尼·勒梅

---

　　①　查理八世(1470—1498)，法兰西国王，路易十一的独子。十三岁即位。初由其姊安娜摄政，1494 年率军入侵意大利，挑起意大利战争。
　　②　路易十二(1462—1515)，法兰西国王。在位期间对内励精图治。对外战争均告失败。

尔西耶之口向高等法院的合议庭表示，必须把当时身在默伦的国王领回巴黎，由国王本人连同各个亲王治国理政。

高等法院首席院长让·德·拉瓦格里代表合议庭用以下的话回答："高等法院的职责为对民众诉讼案件作出判决。财政、战争以及对国王的照管等不属于其管辖范围。"他苦口婆心劝告奥尔良公爵把自己限定在自身职责之内，不要扰乱王国安宁。

奥尔良公爵书面保留他的要求。高等法院不做任何答复。首席院长由四名法官和国王的辩护人陪同前往默伦领受宫廷命令。宫廷对这位院长的表现给予适当表扬。

高等法院的这种无论在奥尔良公爵对他的君主进行战争期间，或者在此后查理八世在意大利进行战争期间都非常值得敬佩的行为从未中断。

查理八世在位时期，高等法院丝毫没有介入王国财政事务。王国政务的这个部分全都掌握在审计法院和王室财务官手中。只在查理八世于 1496 年对意大利进行的举世瞩目却又不幸的远征期间，这位国王才意欲向巴黎城借贷十万埃居。每个团体都被敦促出借这笔钱款的一部分。巴黎市政府出借五万埃居。行业团体也出借五万埃居。人们不知道审计法院官员出借数额。这个机构的账簿、登记表册已被焚毁。在焚毁王宫的一部分的另一场大火中幸免于难的账簿和登记表册载明，曼恩红衣主教阿尔贝大人、巴黎总督克莱利厄大人、法国海军上将德格维尔大人于 8 月 6 日来到高等法院，建议法院官员也借给国王若干德尼埃。查理八世和御前会议肯定因为在这场不幸的战争中举措不当，才不得不让一名法国海军上将、一名红衣主教、一名亲王充当交易联系人，向一个从来就并不富有的法官团体借贷。高等法院没有出借分文,"它再度向特派员们进谏,指出王国情况紧急而且贫困,情况极其令人怜悯。"特派员们像大人物那样被请求向国王进谏。国王是位圣主明君。简言之,高等法院守护着它的钱财,不出借分文。这是一起特殊事件。这件事除了高等法院所声称的拒绝把王国情况紧急而且贫困作为原因之外,与公共利益毫无关系。

第十三章　路易十二在位时期的
高等法院

　　路易十二在位时期,宫廷与巴黎高等法院之间和睦相处,风平浪静,没有产生任何分歧。这位君主休了他的妻子路易十一的女儿。他曾经同她共同生活二十年。他娶他昔日倾心的对象布列塔尼的安娜为妻,根本没有征询高等法院的意见,虽然这个机构是王国法律的解释者、缓和者和管理者。这个团体由俗间法学家和教士法学家组成。王国贵卿代表整个国家从前的法官出席高等法院的会议。世界各国国王在这样的时机只让他王国的第一法院有所行动,这是正常的、合乎情理的。然而,先例和偏见却强于立法和整个国家的利益,长期以来就使欧洲各国君王习惯于把自己的婚姻和床第秘密交由教皇仲裁。这种古怪的习俗被人当作宗教问题。根据这种习俗,普通个人和君王未获一个外国高级神职人员允准,都不得驱逐和自己同床共枕的女人,以迎娶另一女人。

　　教皇亚历山大六世花天酒地、荒淫无耻、罪行累累、劣迹斑斑,把他的私生子之一、基督教世界最恶毒的人、恶贯满盈的凯撒·波贾派往法国。波贾携带一项撤销法国国王与路易十一的女儿让娜的婚姻,并批准他娶布列塔尼的安娜为妻的教皇谕旨。高等法院除遵循惯例集体迎接教皇特使恺撒·波贾外别无其他行动。

路易十二把内维尔的公爵领地-贵卿领地授予一个外国人、一个克莱弗家族的领主。这在法国尚属首例。贵卿和高等法院都没有为此埋怨不满,啧有烦言。当亨利二世册封一个其家族与克莱弗家族不相上下的蒙莫朗西为公爵-贵卿时,必须下达二十封敕令书使这位蒙莫朗西公爵的信件得到登记。这就是为何在路易十二在位时期没有任何骚乱的酵母,而在亨利二世在位时期国家的各个等级却开始骚动和乖戾起来。

第十四章　被大多数历史学家
过分忽略的路易十二
在位时期发生的巨大变化

路易十二完成了常驻巴黎的大御前会议的法律原则的工作。他使诺曼底和普罗旺斯两地的高等法院初具规模。国王采取这项措施没有征询巴黎高等法院的意见。这个机构并没有对此满腹猜疑和十分不快。

路易十二在贵族和法官之间设置的这道永恒障碍，几乎我国所有的历史学家迄今为止在他们的著作中都只字未提。

代表国王执法的大法官和行政官员几乎全是骑士，是古代伯爵和子爵的继承人。因此，巴黎的行政官曾经代替巴黎的子爵成为最高法官。

圣路易设置的四个代表国王执法的大法官是法兰西王国最高法官。路易十二想使所有代表国王执法的大法官和行政官员如果不是文人和获得大学学位者，就不能审理案件。认为如果会读会写就会降低身份的贵族，没有受益于路易十二的这项规定。代表国王执法的大法官保存着他们的爵禄显位和愚昧无知的状态。有知识文化的副长官以这些代表国王执法的大法官的名义审理案件并且夺走这些大法官的全部权力。

　　让笔者在此抄录一个著名作者的一篇文章的整整一段①："路易十二只有大约一千三百万利弗的收入，但是，这一千三百万今天约值五千万。那时粮食远不如今天昂贵，国家没有负债。因此，他以这样少的货币收入，加上审慎节约，支度裕如，并且使百姓丰衣足食，这就不足为奇了。他注意使审判到处都能迅速而公正地进行，几乎不需付诉讼费。当时付给法官的诉讼费只合今天这种费用的四十分之一。巴黎大法官管辖区只有执达吏四十九名，而今天却有五百多名之多。不错，巴黎当时的面积不及今天的五分之一。但是，后来司法官员的数目却以比巴黎的扩展大得多的比例增加。与大城市无法分离的犯罪案件比居民人口数增加得更多。""路易十二保留了这种习俗：当官职出缺时，王国高等法院在庶民中挑选三人候补，再由国王任命三人中的一人。法官这种显职高位当时只授予辩护士，这是对有功的人或有相当声望的人的奖赏。路易十二在 1499 年颁布的那道永远值得铭记在心的、我们的历史家不应忘却的敕令，使他在后来担任审判的人和爱戴他的人中间流芳百世。他在这道敕令中命令 ：'要始终遵守法律，如果君主因一时迷惑发布违反法律的命令，可以置之不理。'"

---

① 　这个作者即伏尔泰本人。这段话见于其所著《风俗论》第一一四章。

第十五章　高等法院
在教务专约纠纷中的表现

弗朗索瓦一世在位时期是个挥霍无度、穷奢极欲，而又灾祸连绵、民生凋敝的时期。如果有过一线光辉的话，那就是到那时为止一直备受轻视，被投闲置散的文学的复兴。查理五世[①]、弗朗索瓦一世和利奥十世[②]竞相倡导、鼓励科学和美术，使得这个时代令人难以忘怀。当时法国开始在某些时期脱离朴野无文的蛮荒状态，然而战乱频仍、治国无方和理政不良等造成的深重灾难远远大于开始自我教化带来的好处。

高等法院以明智和恭谨的坚定态度投身处理的第一起事件，是罗马教皇与法国国王之间的教务专约事件。路易十一轻率冒失，在废弃国事书诏书之后，又始终让这个文件继续留存。路易十二在被教皇亚历山大六世背弃并遭到教皇尤里乌斯二世粗暴的凌辱之后，恢复了王国的这项法令的全部效力。这项法令应该是所有基督教国家的法令。罗马教廷主宰着所有其他宫廷，至少它总是

---

① 查理五世（1500—1558），一译查理五世，即西班牙国王卡洛斯一世（1516—1556 在位）、神圣罗马帝国皇帝（1519—1556 在位）。反对宗教改革。与新教诸侯、法国和土耳其进行战争，争夺欧洲霸权。

② 利奥十世（1475—1521），意大利籍教皇。

进行谈判，使之有利于己。

德意志帝国皇帝腓特烈三世、选帝侯和各个德意志诸侯在路易六世放弃国事诏书后接着又赞助这项法令之前，已于 1448 年同教皇尼古拉五世缔结了一项罗马教皇与国王之间的教务专约，这项德国与教皇的教务专约至今仍然留存。教皇从中大获其利。不错，教皇既没有出卖任何期待的目标，也没有出卖任何储留物品。他指定向大多数教士发给六个月月薪。不错，没有教士付给教皇他担任神职第一年的收入，但是教皇被付给代替这种收入的税费。在繁多的名目下，教会的什么东西都可出售。腓特烈三世受到他所属各邦的责难。他与教皇之间的教务专约仍然有效。弗朗索瓦一世需要教皇利奥十世，正如路易十一曾经需要教皇庇护二世一样。他仿效腓特烈三世，缔结了一项他与教皇之间的教务专约。该约载明，国王和教皇已经获得不属于他们的东西，并且已经给予他人他们无法给予的东西。但是，法国国王的确凭借这项条约重新获得任命他的王国的主教和修道院院长的权利。这只不过是重新获得法国最初的几位国王在他们的王国任命主教和修道院长的特权而已。一般说来，选举这些神职人员往往引发动乱。由国王任命这些神职人员则不会如此。国王们已经创建了教会的全部财产，或者继承了一些王侯的财产。教会曾经从这些王侯那里收受这些财产。不错，国王的确把他们建立的封地授予他人，领主除外。这些领主被承认是最初的创始者的子孙后代。不错，国王在他们的土地上任命人员管理教会的这些财产是合法的、正当的，（这些财产是他们的祖先授予的）正如国王应该授予他人他们的祖先国王给予的财产一样。

但是,一个阿尔卑斯山南侧的主教收受他人任职第一年用现金支付的这些土地上生产的农作物、一个主教的职位晋升使一个外国高级神职人员获得两处主教管辖区的一年的收入、一个主教只敢在获得从前在各个方面与其他主教平起平坐的罗马教廷批准后才敢于为自己加上他的羊群的牧人称号,这些既在天然法律中,也在耶路撒冷的法律中都没有规定。

这时,获得大学学位的教士的这些权利仍然保存着:他们可以根据国事诏书从三个空缺的有俸教职中申请一个;根据教皇与某国国王之间的教务专约,他们被给予可以在每年四个月内求得一个有俸圣职的权利。这样,高等学校就对这项协议没有什么可以埋怨不满之处了。

教皇与法国国王之间的教务专约令整个法国都深感厌恶。法国国王躬亲前往高等法院。他在该处召集了好几位主教、巴黎主教教堂的教务会议成员及高等学校代表。率领被召集的教士的布瓦西红衣主教说:"没有召集整个法国教会开会,就不能接纳教皇与法国国王之间的教务专约。"弗朗索瓦回答他说:"你去罗马同教皇争论吧!"

高等法院经过多次开会讨论,决定在法国教会接受教皇与法国国王之间的教务专约以前拒绝接受这项教务专约。高等学校禁止当时依存于它们的书商印刷这项教务专约。高等学校向未来的宗教评议会上诉。法国国王御前会议发布一项敕令,禁止高等学校干预国家事务,否则剥夺其享有的特权。高等法院拒绝登记这项敕令。于是乱象顿时显现。国王任命一位主教,而教务会议却选举另一位。官司于是势在必打。弗朗索瓦进行的各次倒霉的战争只能使这些动乱更形严重。教皇与法国国王之间的教务专约的第一个发起人、自此时起即成为红衣大主教的掌玺大臣迪普拉已经被在这位国王被俘期间担任摄政女王的母后任命为桑斯大主教。该地不愿接纳这位新任命的主教。高等法院反对这项任命。于是等待国王获释。就在那时,弗朗索瓦一世把所有关于圣职任命的审理权赋予大御前会议。

讲述这一点是适宜的:这个大御前会议接替了历届法国国王的真正的御前会议(这个机构从前由王国的首要人物组成);同样,高等法院接替了圣路易时期的代表国王执法的大法官,接替了国王接见室。在历史上每前进一步,都会看到国家的各个阶层、各个等级以及各个团体发生的变化。

这个大御前会议被查理八世设置在巴黎。它没有像高等法院那样受到重视,但是,它享有一种使之在以下几个方面对所有高等法院都具有优势的权利:它有权审理移交给它的高等法院审理过的案件;它决定某一案件的审理应该属于某个高等法院或者属于另一高等法院;它对那些包含一些无效内容的判决加以更改。一句话,它发挥了被称为当事人事务会议的最高行政法院的职能。各个高等法院一直否认它的审判权。国王过分忙于操心不幸的战争,或者更为不幸的内乱,极少得以抽身把每个政府机构的权限固定下来,确立一种确定的和不变的法律原则。当其他权力都意欲削减某种权力时,任何权力都始终谋求扩大自身。人类的机构设施就像江河一样,其中一些使它们的水流鼓胀起来,另一些则在沙地里消失。

第十六章　官职捐纳和
弗朗索瓦一世在位时期的谏诤

　　自从封建统治在法国消亡以来,就只用金钱来打仗,在国外打仗更是如此。法兰克人和其他北方蛮族从前并不用金钱打仗。他们用铁器从其他民族那里掠夺金钱。当路易十二和弗朗索瓦一世进军意大利时,情况正好截然相反。路易十二收买瑞士人,但未付给他们分文。这些瑞士人于是手执刀剑索要酬金。他们包围了第戎。软弱无力的路易十二耗尽心血才把它们安抚平息下来。同样这些瑞士人反戈一击,把矛头转而指向弗朗索瓦一世。

　　教皇利奥十世尚未与弗朗索瓦一世签订他与法国国王之间的教务专约,于是煽动这些瑞士邦州起来反对法国国王。就是为了抵抗瑞士人,曾任高等法院首席院长的掌玺大臣迪普拉玷污了法官这一职称,竟然达到出卖这种官职的地步。他把二十个新设置的高等法院法官职位进行拍卖。

　　路易十二出于同样需求,曾经出售捐纳的财务官这个职位。这种弊端恶行危害远逊于拍卖高等法院法官职位,远不那样可耻。把法官职位出卖给出价最高的竞买人,是一种令高等法院大为惊愕的奇耻大辱。高等法院进行了极其强烈的规劝、告诫、责难,然而迪普拉不屑理睬,避而不予搭理,于是高等法院不得不服从。这二十名买得官职的新法官被高等法院接纳。他们之中十名被分配到高等法院的一个预审庭，四名被分配到另一个。

同样的改革也在王国其他高等法院进行。就从这个时期起，官职在法国几乎全都可以用金钱购买。一种平均分摊的，城市集团和金融家甚至会预付税款的税收本会比较合理、比较有用。但是内阁却指望资产者对官职的热衷急切心理。资产者崇慕虚荣，购买新设的官职。

这种交易有时为一些不配进入司法圣殿的人敞开仕途的大门。这扇大门敞开的程度可以从桑布朗赛的案件中看出。据说此人被他的一个名叫让蒂的雇员背弃，受到了法院特派员审判，被判处在蒙福孔的绞刑场处决。这个让蒂盗窃了他主子的充作辩护之用的证件之后，担心有朝一日东窗事发自己会受到追究。他为了逃避，在高等法院购买了一个法官职位。他从法官晋升为院长，但在继续贪污渎职，盗用公款之后东窗事发，遭到罢官，并被高等法院本身判处绞刑，在蒙福孔绞刑场被处决。这就是他的不忠把他的主人带往的地方。

在巴黎出售二十个行政官职位所得的钱款和在王国其他地区出售将近三十个同样职位所得的钱款加在一起不足以支付弗朗索瓦一世在意大利进行的不幸的远征的需求，因此他买下路易十一用以装饰图尔的圣马丁教堂的银栅栏。这扇门差一格罗①重六千七百六十六马克二盎司。他还从其他教堂取得一些银质饰物。这对征服他并未征服的米兰和那不勒斯王国所需来说都只是杯水车

---

① 法国古代度量衡单位，等于八分之一盎司。

薪而已。

这些银器的购买费用指定由他的领地负担,共二十五万法郎。僧侣和司铎为了免遭罗马责难,更为了保证这笔钱由国王领地支付,意欲使这笔交易在高等法院进行登记。

国王派遣苏格兰警卫队队长腓特烈上尉把他下达高等法院的诏书带到高等法院进行登记(1522 年 6 月 20 日)。国王的辩护人让·勒利埃弗发言。他对下述两种情况进行陈述:在一种情况下,从教会那里获取钱款并非惯例;在另一种情况下,准许如此行事。作出了决定,由法院书面奏呈国王颁发的诏书不能公布的理由。

这是我们法国的关于高等法院就财政问题进谏的首例。确切地说,问题在于预防国王和教会人士相互责难。

6 月 27 日,国王再次派遣同一个腓特烈上尉携带信函前往高等法院。此信结尾称:

"购置图尔圣马丁教堂栅栏及其他仅三座或四座教堂之珍宝一事,不可能不为公众知晓。通过此项购置获悉此事者,较之通过敕令之发布获悉此事者会为数更众。朕现再次明确告知卿等,乃特因卿等忧虑朕行事中断。此事之重要性乃在于众人皆知卿等发布并验证朕之敕令;乃在于上述圣马丁教堂要求得知朕所颁此种形式之敕令。如卿等不再碍难,朕之事对朕之催迫远甚于卿等所书对朕及对朕之王国之催迫。6 月 23 日于里昂。弗朗索瓦(签名)。热多安(签名)。"

高等法院下令阅读、公布及登记国王的诏书,*quoad domanium duntaxat*,意即:只谈与国王领地有关情况。宫廷下令掌玺大臣到达这个城市后,宫廷将传唤他来此向宫廷进谏;宫廷将为司法机关之权益及王国之公共事务进行考虑。

巴黎高等法院以书信形式通知召见一个身为它的首领以及所有法庭的首领的最高法官。高等法院称此人阁下（Monseigneur），而在同一时期，这个机构只给予第一血缘亲王大人（Monsieur）这个称号。我们已经见到一切习俗礼节变化何等巨大。此外，教皇和法国国王之间的教务专约以及纷至沓来、层出不穷的烦扰事件的始作俑者迪普拉掌玺大臣为千夫所指，被人切齿痛恨。公众仇恨毫无尺度可言。

同一个 1522 年，高等法院就国王为了酒税和叉蹄税的支付把领地让与巴黎市政厅大厦一事，也进行过几次谏净。这项税收的利息巴黎市政府已经预付。这些谏净是随后几位国王在位时期高等法院进行的谏净的始源。

第十七章　对波旁公爵、贵卿、
王室大总管、法国大将军查理的审判

曾经在为法国的荣誉，为马里尼昂战役的胜利作出重大贡献，立下汗马功劳之后，又在帕维亚战役中俘虏了自己的国王，其后又在攻占罗马时捐躯沙场的著名的波旁的查理，当时没有离开法国。他仅仅因为在一场官司中败诉才灾连祸接。不错，问题几乎在于他的全部财产。

弗朗索瓦一世的母亲、萨伏依的路易丝，未能使这位波旁公爵查理在他的第二次婚姻中娶她为妻，因而蓄意加以陷害。她是一个姓波旁的女人的女儿、波旁的苏珊娜的表姊妹。苏珊娜是这位法国大将军查理的妻子。她刚刚去世。

苏珊娜不但立下遗嘱把她的全部财产留给她的丈夫，而且这个丈夫根据各个时代都遵守的古代的家庭契约是他的亡妻的继承人。根据他的婚约波旁的查理的权利更毋庸置疑，因为这个查理和苏珊娜互相让与他们的权利和财产。这些财产应该属于后亡者。这个文书经路易十二庄严地批准，似乎不会产生任何争议。然而，曾经遭受欺凌的国王弗朗索瓦一世的母亲、摄政母后在她的儿子前往征战意大利期间摄政时期，炙手可热，权倾朝野。她受掌玺大臣迪普拉的怂恿，向巴黎高等法院起诉，她运用她的权势和影响使法国大将军查理的全部财产作为有争议之物交付保管。

查理在受到弗朗索瓦一世冷遇苛待的情况下,无法抗拒德意志帝国皇帝查理五世的央求,前往统率德意志帝国军队,于是成了那些迫害他的人的祸患。

法国国王获悉这位法国大将军变节投敌,推迟了他的意大利之行。他委派他的侍从总管夏巴内元帅、高等法院首席院长以及一个诉状审理庭庭长前往审讯这位法国大将军的亲信。这些人首先被投入狱中。

在这些亲信和从犯中有两名主教——奥顿主教和皮伊主教。国王的秘书充任录事。这是又一个办事手续因时因地而异的明显标志。

预审的剩余部分由几名新任特派员进行。他们是:巴黎高等法院的首席院长让·德·塞尔夫、诉状审理庭长让·索拉、预审庭庭长弗朗索瓦·德·洛瓦内以及法官让·帕皮翁。

国王于 1522 年 9 月 20 日、10 月 15 日及 20 日,数次函令对这位缺席的法国大将军和已经关在狱中的从犯起诉。

四位特派员谏劝国王将这宗案件移交高等法院审理。国王于11 月 1 日函复他们,表示对这个谏诤颇不以为然。

因此,这几位特派员在洛什对犯人进行预审。但是,最后国王因对须以何种方式审判两个主教心中无数,而且担心触犯罗马,因而把案件移交巴黎高等法院审理。于是,问题不再在于两位主教。他们以后不再被人提及。只有几位世俗人被判决。这些世俗人于1523 年 1 月受审,一些人被判死刑,其余的被判处其他刑罚。其中圣瓦利耶的领主于 1523 年 1 月 16 日被判处斩首。据传此人在宣读对他的判决后，在短短几个小时内头发突然变白。传闻还称，仅仅因为弗朗索瓦一世曾经玩弄过他的女儿迪亚内·德·普瓦蒂埃，才饶他一命。如果当时迪亚内不是一个十四岁的，没有在宫廷出现过的孩子，这个传闻会更加若有其事。

至于波旁的法国大将军、波旁公爵查理，国王于 1523 年 3 月 8 日只由两个新贵卿——一个阿朗松公爵和一个波旁·旺多姆公爵——陪同，亲自来到高等法院对他进行缺席审判。朗格勒主教和努瓦永主教是仅有的身在该地的教士贵卿。当即将进行表决时，他们和法官-教士退席。仅仅下令以后吹喇叭传唤这位法国大将军。

在里昂举行了这个徒劳无益的仪式，因为这个城市被视为王国朝向意大利方面的最后一个城市。属于王太子的多菲内不被视为王国行省。

这项起诉进行期间，这位法国大将军已身任敌军统帅。他率军进入普罗旺斯以回答对他的传唤，并包围马赛以此作为出庭。国王对巴黎高等法院未把这位王侯的从犯全体判处死刑十分恼怒，于是任命一名图卢兹的法院院长再加上五名法官、两名波尔多法院院长以及四名法官、两名大御前会议的参赞和一名布列塔尼的法院院长同巴黎高等法院共同审判剩下的尚未被起诉的被告。这是又一个给人深刻印象的习俗和形式变化繁多的例子。

这时，对这位法国大将军的起诉正在缓慢进行。正如当时所说，必须有三次拒绝出庭才能审判为利用拒绝出庭。但是，国王在帕维亚战役被俘时，这支俘获法国国王的军队的首领之一就是同一个波旁的查理。根据马德里条约，不应对这个查理起诉，而须在两周之内归还这位王侯的全部土地、全部财产——动产和不动产，让他获得行使他声称的他对普罗旺斯拥有的主权的权利，并承诺不对他的朋友和仆从进行起诉。国王签署了这项条约。

当国王弗朗索瓦一世返回法国时，认为国内政局不允许他对战胜者信守诺言。这位法国大将军进攻罗马时阵亡。他死后，弗朗索瓦一世于 1527 年 7 月 26 日在高等法院大法庭，由几位贵卿襄助，判处这位大将军。掌玺大臣迪普拉宣读判决书。判决书称"永远撤销对他的纪念和他享有的声誉，将他罚入地狱。"判决书规定没收他的全部财产——动产和不动产。

大将军的财产部分归还他的家族。关于他的声誉永远是一个不幸过分为己身遭受的冤屈报仇雪恨的英雄的声誉。

第十八章　查理五世和弗朗索瓦一世进行决斗之际在王宫大厅举行的一次大会

弗朗索瓦一世勇令智昏,又被海军上将博尼维错误进言,在帕维亚战役受挫。他在该地浴血奋战,勇冠三军,但却战败被俘。他整整一年身陷囹圄,受尽煎熬。以上两事之后,必须履行不利的马德里条约。根据该约,他承诺把被德意志皇帝查理五世视为其祖产的勃艮第割让给这位得胜的君王。关于这件十分棘手的事,弗朗索瓦一世既没有同巴黎最高法院,也没有同路易十一设置的勃艮第高等法院商量。但是,他在他当时所在的科涅克,让出席勃艮第三级会议的代表代表他声称,他未能割让他的领地;如果他坚持将勃艮第割让给德意志皇帝,勃艮第三级会议的代表将就此事向全国三级会议上诉。全国三级会议是唯一有权就此事作出判决的机构。

勃艮第三级会议的代表深知德意志帝国全国三级会议与法国全国三级会议有同等权力审理这一问题,更确切地说,这个问题仅仅属于战争法的管辖范围。战胜者以前把法律强加给战败者。战败者必须履行或者违反他的承诺吗?

德意志帝国皇帝把他的俘虏驱赶到比马德里更远的地方时,

曾经恳求这个俘虏对他直言不讳,问他本着君子一言既出驷马难追的誓言他是否已经下定决心履行条约规定。这位皇帝甚至还加上这一句,不管这位法国国王的意向如何,他不会因此而受监禁。弗朗索瓦一世回答说,他将始终不渝,信守诺言。德意志帝国皇帝接话说:"我相信你,但是,如果你不讲诚信,我会到处宣告你没有像正人君子那样为人行事。"德意志帝国皇帝因此有权谴责法国国王,说这位国王尽管在帕维亚作战时是个勇敢的骑士,但因不信守承诺却没有像个光明磊落,堂堂正正的骑士那样为人行事。这位皇帝对法国的使节说,他们的国王主子为人行事不讲诚信,并说,如果他们的主子愿意,他愿意同他一对一单挑,意即同他本人单独格斗。

有人向法国国王禀奏德意志帝国皇帝这次公开谈话。国王向皇帝的大使作了书面答复。大使请求国王原谅他不阅读这个答复,因为他已经辞职。法国国王说"你至少听听。"他让人对这位大使宣读这份他亲手签署、国务秘书罗贝尔副署的文书。这个文书载有以下词句:

"我让人知晓,如果你已意欲指控或现在意欲指控我曾为爱惜荣誉之贵族不当为之事,我就要说你曾经卑鄙无耻散布谎言。你今后谈及此事的次数,即散布谎言的次数。我决意捍卫我的声誉直至生命终结。既然你曾意欲不顾事实对我指控,今后勿再写来只字片语。但我保证营地。我将为你带来武器。我声明,如果此声明发布后,你在其他地方撰写或口述其他玷辱我的荣誉的词句,为此延期的耻辱将属于你。鉴于所谈的格斗来临,此为所有文字往来的终结。此函写于我的美好城市巴黎,1527年9月10日,复活节前。弗朗索瓦。"

（1528 年 9 月 10 日）法国派遣一名武装传令官将这封决斗书送交德意志帝国皇帝。查理五世派遣另一位传令官把他的覆信送交法国国王。法国国王在王宫大厅中收到这封覆信。当时他正坐在大理石平台前的高十五梯级的御座上。在他的右边，在一个巨大的木台上就座的是：纳瓦尔国王、阿朗松公爵、富瓦伯爵、旺多姆公爵、埃斯特家族的费拉尔公爵、沙特尔公爵、苏格兰的摄政王阿尔巴尼公爵。在另一边就座的是：教皇使节萨尔维亚蒂红衣主教、波旁红衣主教、洛林红衣主教以及纳尔博内·迪普拉大主教。

在这些王侯下面就座的是：法院院长和高等法院法官。在这些高等神职人员的席位下面就座的是外国使节。这是高等法院作为一个机构出席一次有全体高官勋贵以及全体外国使节参加的大会。它在这次会上据有能给予它的最体面的席位。

不错，这个冠盖如云、恢宏盛大的排场，烟消云散，化为乌有。法国国王只在查理五世派来的这位传令官转达德意志帝国皇帝带来营地的安全可靠性，亦即查理五世选定他意欲进行的格斗的地点的情况下，才听取这位使者的陈述。传令官急欲开口，但白费力气。法国国王逼使他噤若寒蝉。

笔者在此仅仅为了让人看到巴黎高等法院当时受到何等重视才在这里叙述这个堂堂皇皇却又只不过是虚文浮礼的仪式。诉状审理庭庭长和大御前会议的参事位列法国国家主教以及其他高级神职人员之后。审计法院法官虽然通常在举行所有公众仪式时具有与高等法院法官相同的出席权，这次却没有出席。

　　举行仪式时队伍的排列顺序正如在其他地区一样,在法国也发生了变化。法国国王路易十二即位之初,教区的仪式队伍位居最前,四支托钵修会①的游行队伍次之。尾随托钵修会队伍的是审计法院队伍。随后出现市政府大厅人员。市政大厅人员由夏特莱人员跟随。继夏特莱人员来到的是身穿红袍的高等法院法官。国王府邸的骑士和两百名全副武装的人员骑马跟随。骑马的巴黎行政官带领十二名卫兵殿后。大学人员不出席。他们在巴黎圣母院大门迎候国王。

　　弗朗索瓦一世即位后,遵行的仪式与上述仪式迥然不同。亨利二世②和查理九世③的即位大典又有变化。主宰小事的因素正如主宰大事的因素一样,真是何等变幻莫测。

　　(1537年)高等法院举行了一个无法另外命名的新仪式。这是在法理上对德意志帝国皇帝查理五世进行谴责。这位皇帝一直对弗朗索瓦一世口诛笔伐,指控他在整个欧洲面前食言而肥,指控他把土耳其人引来意大利。法国国王为了佛兰德伯爵领地和阿图瓦伯爵领地,让人像传唤封臣那样传唤这位皇帝。当然,履行这样的手续程序必须能在自己的国土上当家做主。他忘了缔结马德里条约时为了赎回己身自由,放弃他对这些采邑的全部要求。

――――――――――

　　①　中世纪中期出现的旨在传教、铲除异端、以行乞方式活动于民间的修会。方济各会、多明我会、奥斯定会、加尔默多会合称天主教四大托钵修会。
　　②　亨利二世(1519—1559),弗朗索瓦一世之子,法国国王。进行行政改革,继续对神圣罗马帝国皇帝作战,设置火焰法庭,镇压新教教徒。
　　③　查理九世(1550—1574),法国国王。即位后由母后摄政,在其怂恿下制造了屠杀胡格诺教徒的圣巴托罗缪日惨案。

　　这位法国国王由王侯和贵卿陪同来到高等法院。总辩护人卡佩尔列举查理五世的罪状。判决作出。按照判决书,在前线吹奏喇叭,传讯德意志帝国皇帝查理五世。因这位皇帝未进行答复,高等法院没收了这位皇帝仍然拥有的佛兰德、阿图瓦和沙罗卢瓦等地。

第十九章　对新教徒施加的酷刑

梅兰多尔和卡布里埃惨案

受巴黎高等法院刑事审判的

普罗旺斯高等法院

审判抱不同宗教信仰者、判处他们死刑，这种可怕的习俗，是自粗暴野蛮时代的第四世纪起传入基督教国家的。正如此后另一个西班牙人传入宗教法庭的恐怖一样，这种毁灭人类本性的新灾祸，由两个分别名叫伊塔斯和伊达斯的主教从西班牙传入法国。这是可以大致在《风俗论》一书中见到的情况。

基督教徒长期以来就自相残杀，但他们还未曾想到使用司法裁判这把利剑。

这种新的野蛮行径传入基督教国家后，法国国王罗贝尔寻求与罗马教廷和解，想当着自己的面，在奥尔良烧死几个被指控保存高卢人的古代教会的古代教义的司铎，以此取悦罗马教廷。这同一个罗贝尔曾因娶一个长舌妇为妻被教皇格列高利五世开除出教。这同一个罗贝尔以此为借口，弃离了妻子。这同一个罗贝尔作为地位不稳的篡权者的儿子，积极争取罗马教廷。高卢古代教会既不了解雕像崇拜，也不了解圣餐变体，也不了解其他什么制度和法规。这些高卢人被称为摩尼教徒。这是当时给所有异端分子的名称。

康斯坦茨新王后的听忏悔神甫就是这些不幸的人之一。当他受到酷刑时，他的女忏悔者在狂热的冲动下，用小棍子捅爆他的一只眼珠。他同所有的同伴高唱赞美诗投进火焰，认为获得了殉教者的冠冕。

被称为伏多瓦派①教徒和阿尔比教派②教徒的人随后来到。他们全都希望重建原始教会。由于他们的主要教义之一是贫苦，或者说至少是他们意欲迫使高级神职人员和僧侣置身其中的合乎福音的中庸状态，纳博讷大主教和里昂大主教就运用他们独有的权力把这些人中的几个活活烧死。历届教皇下令对他们发起十字军征伐，正如对土耳其人和对萨拉森人发起十字军征伐一样。他们被用火和铁消灭。百里地区惨遭蹂躏，荒无人烟。

教皇亚历山大六世荒淫无耻、花天酒地、暗害谋杀、投毒害人。教皇尤利乌斯二世野心勃勃，好战喜征。教皇利奥十四恣情纵欲，为提供自己肉体享乐所需，横征暴敛、巧取豪夺，公开出售赦罪符。凡此种种都激起整个欧洲的反抗，把这个大陆掀得天翻地覆。沧海横流，苦难深重。至少改革势在必行。这个改革已经开始，但是是以整体逃亡的形式进行，逃亡到德国、瑞士和日内瓦。

弗朗索瓦一世倡导赞助文学，于是出现了黎明的曙光。在这道曙光的照耀下，人们开始在法国看到教会的种种邪恶和弊端。然而，这位法国国王始终不得不小心翼翼，谨慎对待教皇和土耳其人，以便得以坚持对抗德意志帝国皇帝查理五世。这项政策使他

① 伏多瓦教派为1170年出现于法国南部的一个基督教派别，十六世纪参加宗教改革运动。

② 起源于十一世纪法国阿尔比的基督教派别，十三世纪被诬为异教，受迫害。

承担义务,下令烧死那些被证实加入和赞同所谓宗教改革的人,尽管他的姐妹纳瓦尔皇后再三央求他不要这样行事。这位王后当时已经是加尔文教派教徒。弗朗索瓦一世甚至1535年伊始就下令由巴黎主教让·迪·贝莱组织引导一个他手执火把参加的总的宗教游行队列,这样做就如同是为了轻微处罚教会的宗派分子的亵渎行为。这位主教带着圣体。王太子、奥尔良公爵、昂古勒姆公爵和旺多姆公爵等手执华盖纽带。各个修会和全体教士在前面开路。红衣主教、主教、使节、王室的高级官员紧随国王。高等法院、审计法院、所有其他机构殿后。队伍保持这个顺序前往巴黎圣母院教堂。之后,游行队列的一部分离开,前往埃斯特拉帕德观看用细火焚烧六名因抱新的宗教信仰而被高等法院的图尔内尔法庭判处的有产者。这些有产者被悬吊在一根长梁的一端。这根长梁安放在一个置于一根高二十尺的柱子上的滑车上。他们被多次下降到燃烧着的柴堆上。这个酷刑延续了两小时,直到刽子手感到厌倦,使观众的热劲消失为止。

曼布尔和达尼埃尔两位耶稣会教士在梅泽雷之后叙述说,在执行这次判决期间,弗朗索瓦一世让人在主教管辖区的大厅设置一个御座,他在这个御座上,在一篇哀婉动人的谈话中宣称,如果他自己的孩子不幸身陷同样的谬误,他会同样牺牲他们。达尼埃尔还补充说,这篇谈话使听众心肠变软,泪流满面。

笔者不知道这两位作者在何处找到弗朗索瓦一世发表的这篇令人疾首蹙额的谈话。事实真相是,就在这个时期,这位国王致函梅兰希顿①，邀他前来宫廷。他激励德国的路德教教徒，收买他们对抗德意志帝国皇帝。他同苏利曼素丹②结盟。这个同盟两年后缔结成功。他让意大利听任土耳其人支配摆布。基督教徒在巴黎和在外省被烧死后，穆斯林在马赛有了一座清真寺。

　　几年后出现了一个更加悲惨的景象。在普罗旺斯和阿维尼翁伯爵领地的边境，古代的伏多瓦教派和阿尔比教派的残余分子仍然保留着高卢人的教会的宗教仪式。这些仪式在十三世纪得到都灵主教克洛德的支持，一直延续到今天新教社团中。这些民众居住在群山环绕、人迹罕至的山谷中的二十二个乡镇里。这些山谷使他们与世隔绝，几乎不为世人所知。两百多年来，他们一直在这些不毛之地上耕作，并使这些荒原变为沃土。笔者正谈到的案件的审理法官之一、正直诚实的法院院长图对这些群众的无辜的、勤劳的一生作出公正评价。描绘他们"在艰苦的劳动中耐心细致、正直公道、饮食有节、起居有常、憎恶诉讼、对穷人慷慨大度、缴纳贡物愉快、缴纳地租不待领主催索、从不叩拜偶像、从不画十字、雷鸣电闪时只抬头望天……"

　　阿维尼翁的代理教皇特使和图尔农的红衣主教下定决心灭绝这些不幸的人。他们两人谁也没有想到他们即将使法国国王和教皇丧失有用的臣民。

　　普罗旺斯高等法院的首席院长奥佩德男爵梅尼耶收到弗朗索

---

①　梅兰希顿(1497—1560)，德国宗教改革家、新教神学家、教育家。马丁·路德去世(1546 年)后成为路德教派的主要首领。起草《奥格斯堡信纲》，主张废除教士独身制，改弥撒为圣餐。

②　某些伊斯兰国家最高统治者的称号。

瓦一世来信。这些信载有依法对这些粗野之人采取行动的命令。

　　普罗旺斯高等法院开始采取的行动是判处十九个梅兰多尔的居民以及他们的妻室儿女火刑，而不听取他们之中的任何人的申辩。行动就这样开始，这些居民是邻近原野的牧人。这些判决让整个村镇惴惴不安，惊恐万状。几个农民拿起武器，抢劫了阿维尼翁地区的一个加尔默罗会的女修道院。

　　奥佩德院长求援于军队。教皇的臣属卡瓦翁主教领来几名士兵。这是行动的开始。他率领这些士兵抢劫了几个家庭，杀死了几个人。被他追赶的人退到法国领土内。这些人在法国领土内发现三千名奥佩德首席院长率领的士兵。这位院长在省长出缺期间掌理政务。总辩护人在这支军队中担任队长副手。被抓捕的人被押到这位总辩护人处。他让他们背诵主祷文和以"万福玛利亚"开头的祷词，借此判断他们是否异教徒。当他们把这些祷词背得很糟时，他用拉丁文大喝一声"动手执行"，并让人用火枪丧尽天良地把他们射杀在脚下。法国士兵有时非常残忍。当宗教来火上加油时，这种残忍就不再有止境。

　　已经证实，刽子手在纵火焚烧梅兰多尔和卡布里埃这两个城镇以及附近的村庄时，甚至奸污还被母亲抱在怀里的八九岁的女孩。男人、女人、儿童被乱七八糟地关在谷仓里，在谷仓点上火，谷仓化为灰烬。少数幸免于死的人被士兵作为奴隶卖给帆桨战船的首领。整个地区一片荒凉，土地灌满鲜血，无人耕作。

　　这起事件发生于 1545 年。这些惨遭血洗和蹂躏的领地的好几个领主，因这次处决而失去他们的财产，向亨利二世呈递诉状，告发奥佩德院长、拉弗龙院长、特里比蒂和巴德两法官以及总辩护人盖兰。

亨利二世在位时期，这起案件于 1550 年送交大御前会议的法庭。问题在于首先要了解是否有理由控告埃克斯高等法院。大御前会议判决，应该移审此案。此案被提交到巴黎高等法院。该法院因而首次判决另一法院有罪。

普罗旺斯高等法院的两位院长和国王的辩护人盖兰被关进监狱。开庭审讯达五十次之多。阿维尼翁的代理教皇特使勒纳尔以教皇名义介入此案，并通过他的辩护人要求高等法院不得对在教皇土地上犯下的凶杀案件进行审判。勒纳尔的请求未被置理。

1552 年 2 月 13 日总辩护人盖兰终于被砍掉脑袋。图院长让笔者了解到，吉斯①兄弟的声望使得其他罪当受罚的人免受酷刑之苦。但是，奥佩德的梅尼耶却在悔恨内疚引起的痛苦中死去。这种痛苦甚于酷刑。

---

① 吉斯(1519—1563)，法国军人，吉斯家族最重要的人物。将英军逐出法国。捍卫天主教，屠杀新教教徒，引起宗教战争。后被暗杀。

第二十章　亨利二世在位时期的
高等法院

　　亨利二世统治时期的开始的标志,是这位国王在御前会议召开时命令雅纳尔克①和拉夏泰尼雷两人于 1547 年 6 月 11 日进行的那场著名的决斗。问题在于雅纳尔克是否曾向拉夏泰尼雷供认他同他的岳母曾经同床共枕。德意志帝国皇帝也好,罗马元老院也好,本来都不会就这样一起事件下令进行决斗。现代国家的荣誉观并非罗马人的荣誉观。

　　高等法院没有采取任何措施来防止这种法律上的争斗。这次决斗的决斗书由武装传令官送达,并由公证人当面通知。巴黎高等法院本身过去曾经下令进行过多次决斗。这样的决斗今天被视为不可饶恕的罪行,过去则在获得法律准许的情况经常进行。巴黎高等法院在查理六世在位时期,曾经于 1386 年下令进行卡鲁日和勒格里的决斗,于 1354 年下令进行阿尔雄骑士和他的岳父让·皮卡尔的决斗。

　　这些争斗全都是为了女人,无一例外。卡鲁日控告勒格里奸

---

　　①　法国将领,曾于 1547 年与仇敌拉夏泰尼雷决斗,在决斗中出人意料地利用腿弯予对方一击,取得决定性胜利。

污了他的妻子。阿尔雄骑士控告让·皮卡尔同他的亲生女儿睡觉。教士法官不但准许进行这些决斗，而且主教和修道院院长们也通过代理人决斗。在《荣誉和骑士气概的真正舞台》一书中，可以看到昂热主教热奥弗瓦·迪·曼内在为了一座磨坊的租金同圣塞尔日的修道院长发生争执后，这件官司被判决由因非贵族而无权用刀剑互杀的两个决斗者用棍棒互打。

时过境迁，这个古代的判例正如其他判例一样已经发生变化。不久以后，在亨利二世在位时期，人们可以看到一出更不光彩、更加恐怖的屠杀戏剧上演。弗朗索瓦一世设置的捐税，尤其是敲诈勒索者征收盐税时的欺凌压逼行径，在王国的多处地区激起民变。波尔多高等法院被指控与暴民联手串通，而不是与之对抗，致使波尔多的司令莫南在高等法院法官的眼皮底下被暴民杀害。这个法院的成员装扮成水手，同暴民一起游行。朗格多克总督、都统安纳·德·蒙莫朗西与一个名叫埃蒂安纳·德·纳伊的行政法院审查官前来让高等法院停止行使职能一年。他让城市管理部门的所有官员把莫南大人的尸体挖出。这些官员不得不用指甲挖出这具尸体。一百个有产者在刽子手手中丧命。

这种做法令王国所有高等法院大为不快。巴黎高等法院比其他高等法院更令宫廷不悦。1554 年，国王让高等法院的法官半数在上半年聚集，半数在下半年聚集，并增加了这个机构的职位。他出售了七十个新设置的法官职位。这些敕令未经任何核查，但却在一年内执行。在这之后，高等法院不再是半年性职能机构，但人员超编。尸位素餐者达七十人之多。这些冗员用钱购得官职。法院院长雅克-奥古斯特·德·图面对这个局面喟然长叹，慷慨陈词,感慨万千。

亨利二世的统治并不比他父亲弗朗索瓦一世的统治更为顺利。在圣康坦和格拉沃利纳两地遭受的败绩使公众对王室的敬意大为降减。苛捐杂税使公众对王室的爱戴几乎丧失净尽。各地高等法院都心怀不满。

国王为了更易于获得钱款,于 1558 年在巴黎高等法院的会议室召集一次大会。法国的几个历史学家称这次会议为全国三级会议,但实际上这是一次名流显贵大会。参加的有身在巴黎的头面人物和几个外省代表。召集真正的全国三级会议需要时间更长,排场更大。高等法院大法庭房间太小,远不能容纳这样多人。

总财务官在这次会上致词。会议只开了八天。国王唯一的目的是取得三百万金埃居。其中三分之一由教士支付;其余三分之二由民众支付。到那时为止,法国鸡犬不惊、天下太平。

第二十一章 安纳·迪布尔
遭受的酷刑

弗朗索瓦·德·吉斯公爵和他的兄弟洛林红衣主教开始在亨利二世在位时期统治管理国家。弗朗索瓦·德·吉斯已被宣布为国家摄政官。他以这个身份在排序时位列都统之前，并且以上级身份致函都统。洛林红衣主教在御前会议位居首席。他为了使自己成为舍我其谁、更加不可或缺的人物，企图在法国设立宗教裁判所。最后他终于在几个方面都达到目的。

实际上，这个宗教法庭并未真正设立起来，因为它既违反天然的规律，又违反国家的所有法律，也违反人的自由，以及它一方面支持又一方面玷污的宗教。几个获准在对所谓改革宗教的教士的查究诉讼中充任审判员的教士，被授以宗教裁判所法官的称号。有名的被人称为德莫夏雷的大学校长穆希就属于这种情况。确切地说，此人是为洛林红衣主教效劳的告密者和密探。他被人起的这个绰号就指密探。仅仅叫他的名字就成了一种对人的辱骂。

这个宗教裁判所法官收买了两个年轻人，以证明所谓的宗教改革派教徒在圣星期四①召开了一次大会。会议期间这些教徒吃

---

① 天主教的复活节前的星期四，即建立圣体节。

了古代安息日的一头受嘲弄的猪后,灭了灯火,男男女女投入一次淫乱活动中。

这样的污蔑,矛头始终指向所有的新教派别,甚至就从基督教本身开始。这是一件颇值得注意的事。同样的令人憎恶的事物和行为全都归咎基督教本身。被称为胡格诺派教徒、改革派教徒、新教徒、福音派教徒的宗派信徒到处受到追捕、迫害、起诉。他们之中好些人被判处火刑。对轻罪来说,这种酷刑看来实在过于严酷。一些仅仅被证明用他们自出生之日起就使用的语言向上帝祷告、用发酵面包和酒领取圣体的人,看来不应当受这样可怕的酷刑。但是,长期以来,就一贯用火刑来惩罚那些不幸没有同教会思想保持一致、不唯教会之命是听的人。有人猜想,这既是仿效神的审判,也是抢在神的审判之先进行的审判。这种审判注定会把教会的所有敌人赶到永恒的烈火中。火刑场被视为地狱的开端。

高等法院的两个法庭——大法庭和图尔内尔法庭也审理异端罪,虽然此后当大法庭单独审判时,只审理民事案件。法国国王也设置特别法庭审判轻罪犯人。这些特别法庭称为火刑法庭。酷刑实在屡见不鲜、罄竹难书。最后激起人的怜恤之心。高等法院好几个法官专心致志于文学,认为教会更应该改革它的习俗风尚和法律,而不应让人流血或者让他们在烈火中灭亡。

1559 年 4 月,在一次被称为周三大会①的大会上,高等法院中最博学、最温和的法官建议减少使用残酷手段,并力求改革教会。

----

① 古时法院一年两次在星期三举行的大会。会上由法院院长提出对司法及法官的批评意见。

这是朗科内院长、阿尔诺·弗里埃、安托万·菲梅、保尔·德·富瓦、尼古拉·迪瓦尔、克洛德·维奥尔、厄斯塔什·德·拉波尔特、德·路易·迪·福尔以及著名的安纳·迪布尔德等人的意见。

他们的一个同事向国王检举揭发他们。此人在这件事上违反他发过的法官誓言，即关于法院的讨论情况要严守秘密。他还违反了有关荣誉和公平的法律。

国王在吉斯兄弟的挑唆怂恿下，又受到一项邪恶的政策的诱惑。这项政策让人相信，思想自由摧毁了服从精神。他不待人迎候，于1559年6月15日来到高等法院。他由身兼红衣主教、掌玺大臣、前高等法院首席院长，对教皇全权主义准则严守笃信、忠贞不渝的贝尔特朗（或贝尔特朗迪）陪同。都统蒙莫朗西和好几个王室官员参与。

国王知道有人当时正在讨论同一问题，希望这些人继续自由谈论，畅所欲言。于是，好几个人中了圈套。法官克洛德·奥维尔和路易·迪·福尔眉飞色舞，滔滔不绝，谏劝国王厉行改革、采取宗教宽容政策。法官迪布尔更是大声疾呼，指出宫廷内花天酒地、男女通奸、贪赃枉法、营私舞弊、杀人行凶，而此时遵照王国及上帝的法律凭良心为国王效劳的国民却饱受折磨，惨遭杀害。目睹这一景象真是令人深恶痛绝。

迪布尔是个副祭，与他同名的掌玺大臣是他的伯父。他担任的神职促使他比别人更潜心研究这种好多世纪以来就一直是一堆互相对立、矛盾百出的主张的有害的神学。科学使他倾听这些改革者的看法。此外，他作为法官，刚正不阿，立身处世白璧无瑕。他作为国民，热情积极。

国王命令都统让人立即逮捕迪布尔、迪·福尔、德·富瓦、菲梅、拉波尔特。其他人还来得及逃走。高等法院法官中依附吉斯兄弟的大大多于服膺科学的。

高等法院预审庭的圣安德烈和米纳尔两位庭长力争判处安纳·迪布尔死刑。迪布尔身任圣职,因此首先由巴黎主教迪·伯来在宗教裁判所法官穆希的襄助之下审问。迪布尔把主教作出的判决斥之为滥用职权。他要求享有由贵卿,即由高等法院的各个法庭会同审判的权利。然而派性和对吉斯家族的依服顺从思想,却在高等法院里压倒他享有的最大的一项特权。他先后连续在巴黎的、桑斯的以及里昂的宗教裁判所受到审讯。这三个裁判所都判处他降级,并作为异端被解送俗间司法部门。他首先被押往宗教裁判所。他在该处还穿着教士服装,但被人一件件剥光。接着举行了仪式。这个仪式就是用一片玻璃轻轻在他剃去头发的圆头顶上和指甲上擦刮。之后,他被押解到巴士底狱,并被他的迫害者任命的高等法院特派员判处绞刑和火刑。他忍从地、勇敢地收领他的判决书。他对法官们说:"把你们的火灭掉吧。抛弃你们的罪恶吧。皈依上帝吧。"1559 年 10 月 19 日,他在格雷弗广场被绞死后,尸体遭到焚毁。

吉·迪·福尔同样被那些特派员判处禁治产五年、罚金五百利弗。他的判决书载称:"因胆大包天,竟然提出除召开大公会议,并在召开这次会议之前停止酷刑之外,别无其他结束教会动乱的良方妙策。"

高等法院的大部分人员群起反对这项判决并接受吉·迪·福尔的抗议书。整个高等法院长期意见分歧,莫衷一是。人们情绪激动。最后理智派终于战胜狂热和奴性派。特派员对吉·迪·福尔作出的判决在高等法院根据大多数人的意见涂去，删除。

这时法官安纳·迪布尔已经在绞架上宣称他已死为上帝仆从，死为罗马教会弊端的敌人。他遭受的酷刑使得在一天之内征集到的新教徒，比书籍和传道在几年内征集的还多。没有一天不以导致流血的争论，不以导致个人之间的流血的或集体之间的流血的争论，不以谋杀，不以监禁，不以酷刑为其标志。这就是在一个半世纪内宗教争端使法兰西王国沦落其中的状态。与此同时，同样的缘由，在英国、德国和荷兰也产生了几乎同样的后果。

第二十二章 昂布瓦兹密谋
波旁的路易、孔代亲王被判处死刑

　　如果说安纳·迪布尔没有受到聚集起来的,他的同等人(pair)的审判的话,一个血缘亲王同样也没有受到他的同等人的审判。弗朗索瓦·德·吉斯和他的兄弟洛林红衣主教两人都是外国人,但却都成了法兰西王国的贵卿。前者由于他的吉斯公爵领地,后者由于他的兰斯大主教教区和职位,两人在娶他们的侄女玛丽·斯图亚特为妻的幼弱的法国国王弗朗索瓦二世在位时期都是国家的专制主宰者。

　　遭受排挤和羞辱的血缘亲王只能暗中与新教徒串联结合起来才能支撑自己对抗弗朗索瓦·德·吉斯和洛林公爵等人。这时新教徒正开始在法兰西王国创建一个不可等闲视之的党派。新教徒越遭迫害,数量就越增大。殉教者在任何时代都会吸引人成为他们的教派的新信奉者。

　　下纳瓦尔国王、安托万·德·波旁的兄弟路易·德·孔代试图从吉斯兄弟手中夺走并不属于他们的权力,因参与有名的昂布瓦兹密谋活动在一项正义的事业中成为罪人。这起密谋由各个外省的大批贵族策划。其中有天主教徒,其他的则是新教徒。这起密谋组织领导有方,以致被揭发以后仍然令人生畏。如果不是一个名叫达维内尔的辩护人并非出于爱国之心，而是出于一己私利揭露了这起密谋，它的成功是绝对稳妥可靠的。两个洛林亲王会在昂布瓦兹或者被劫持，或者被杀死。这个行动的首领孔代亲王从法国国土的一端到另一端征集和调遣参与密谋者，却没有向他们暴露自己。从来没有一次密谋的组织领导比这次更加巧妙、更加大胆。

密谋的首要人物大多数死时仍然紧握武器。那些在昂布瓦兹附近被捕的人都死于酷刑。但是，这时在外省，仍然有贵族敢于对抗已经取得胜利的、力量异常强大的洛林亲王。在这些贵族中，穆旺的领主仍然在普罗旺斯拥有武装。当吉斯公爵想再争取他时，他对他派来的密使做了这样的答复："告诉洛林亲王们，他们迫害血缘亲王们一天，他们就一天会在穆旺有个同他们势不两立的敌人。不管他多么穷，他有对他忠贞不渝、披肝沥胆的朋友。"

孔代亲王在昂布瓦兹，在国王身边等待他的拥护者取得胜利或者遭到失败之时，在昂布瓦兹城堡被王宫总管安托万·迪普莱西·黎塞留逮捕。此时他的同谋者正被用绳索绞死或者用斧头劈死。但是，他采取的措施十分得当，说话时信心百倍、滴水不漏，因而获释。

谋叛行动遭到揭露，受到严惩，其结果只不过使弗朗索瓦·德·吉斯权势大增而已。都统安纳·德·蒙莫朗西被迫对他唯命是从，谋求得到他的青睐。他作为国王的一个普通侍从奉派前往巴黎高等法院汇报昂布瓦兹之日发生的事件，以及下达对异端分子杀无赦的命令。

忠诚老实的德·图恰如其分地记述说："法院院长和法官竞相

对洛林亲王们大事歌功颂德。高等法院作为一个机构违反惯例，降低了自身的地位和尊严，竟然致函吉斯公爵，卑鄙无耻地对他阿谀奉承，称他为祖国的守护者。"因此，这一天高等法院也好，都统也好，全都懦弱无能，胆小如鼠。

在同一个 1569 年，孔代亲王从昂布瓦兹逃脱，退避到贝亚恩，在该地公开宣布信奉经过改革的基督教。海军上将科利尼以王国全体新教徒的名义奏呈国王一份申请书，奏请国王让新教徒在进行他们的宗教活动方面获得完全自由。此时他们已经拥有教堂二千五百个，有的公开，有的隐秘。新教徒意欲把里昂城交给孔代亲王掌管，但未获成功。该城的天主教徒武装起来反对他们。在昂布瓦兹密谋事件中流了多少鲜血，在里昂密谋事件中就流了多少鲜血。

无法想象在这个行动之后，孔代亲王和他的兄弟纳瓦尔国王①怎样敢于在奥尔良的宫中出现。国王将在奥尔良召集三级会议。或许因为孔代亲王认为已经把他的种种图谋布设和进行得非常巧妙，因而不会被证实有罪；或许因为他认为自己足够强大，别人不敢对他贸然下手。他出现后被菲利普·德·马耶和卫队长夏维尼·勒·罗瓦逮捕。吉斯兄弟认为掌握了足够证据判处他死刑。但是洛林红衣主教却没有足够证据判处安托万·德·纳瓦尔国王，于是下定决心让人暗杀他。他让国王弗朗索瓦二世同意这个做法。这个做法是：让安托万·德·纳瓦尔来到国王的卧室；这个年轻君主将责备国王，证人将大声喊叫安托万对国王放肆无礼。

---

① 即亨利四世。

埋伏的刺客将当着年轻国王本人的面杀死这个安托万。

安托万奉召来到弗朗索瓦二世的卧室。他到达房门时被他的一个亲信告知有人策划的夺走他生命的阴谋。他对这个亲信说："我现在已无退路。如果你爱我，我就命令你把我血淋淋的衬衫带给我的儿子。有朝一日，他会在我的血里看懂他应该为我复仇雪恨。"弗朗索瓦二世不敢犯这宗罪行，没有发出约定的暗号。

仅仅对孔代亲王进行了起诉。这里必须注意到，只向他派去特派员、掌玺大臣德·洛斯皮塔尔、高等法院院长、历史学家图的父亲克里斯托夫·德·图、法官法耶和维奥尔。他们审讯他，还将会同与国王关系密切的御前会议的领主审讯。因此，吉斯公爵本人将是审问他的法官。在这次诉讼案件中，事事都违反法律。孔代亲王向国王上诉，但徒劳无益。他提醒说，他只应该由集合起来的贵卿审讯，这也同样徒劳无益。他的上诉申请被宣布根据不足。

高等法院受到吉斯公爵兄弟的恫吓，或者说被他们拉拢，没有采取任何步骤。在国王御前会议上，孔代亲王被多数票判处。高等法院院长克里斯托夫·德·图和这个法院的两个法官获准出席这次会议。

弗朗索瓦二世此时已病入膏肓，奄奄一息。一切都将改变。都统德·蒙莫朗西正在急迫赶路途中，即将重掌大权。这位都统的侄子海军上将科利尼正向前推进。母后卡特琳·德·美第奇犹豫不决，饱受诟病。掌玺大臣德·洛斯皮塔尔丝毫不愿签署这项判决。两个吉斯亲王竟然敢逼促母后处决已被判刑的孔代亲王以及亲王的兄弟纳瓦尔国王。一天之内就能对后者起诉。掌玺大臣德·洛斯皮塔尔支持踌躇再三、动摇不定的母后反对这项走极端的决定。母后作出一个明智的决断。她的儿子国王气息奄奄,生命正在终结。她利用她还主宰着这两个亲王的生命的这个时机,同他们和解,不顾洛林家族的意愿,保住自己的权力。她要求安托万·德·纳瓦尔出具一纸文书声明放弃摄政权位。她在自己的办公室内办妥了这件事,既没有同御前会议,也没有同将在奥尔良召开的全国三级会议的代表,更没有同王国的任何一个高等法院商量。

她的儿子弗朗索瓦二世于 12 月 5 日死去,终年十七岁零十个月。他的兄弟查理九世当时只有十岁半。卡特琳·德·美第奇在这个统治时期之初似乎是国家的绝对主子。她使用她独自一人的权力释放孔代亲王出狱。这位亲王同吉斯公爵言归于好,两人当着母后的面热烈拥抱,但却都暗下决心消灭对方。果然不久以后就开始了一个惨绝人寰、暴戾恣睢的过程。执异见党的派性、迷信、披着神学外衣的愚昧无知、狂热崇拜和癫狂,把人卷入这个过程中。

正当弗朗索瓦二世到达他生命的终点之际,巴黎高等法院尽其所能通过一项真正的决定制止会使国家更加沧海横流、鸡犬不宁的教皇绝对权力主义的行动准则。索邦神学院进行神学论文答辩。这种论文一般来说不为世人所知,但当时却万众瞩目。在这些论文的一篇中,作者坚持认为"教皇——教会的最高帝王——有权剥夺对他抗命不从的王侯的王国。"掌玺大臣克里斯托夫·德·洛斯皮塔尔向高等法院院长克里斯托夫·德·图以及两位法官送去国王致高等法院的诏书,告知他们这篇论文既有罪,又荒谬。这篇论文的答辩者唐凯雷尔闻讯后逃之夭夭。高等法院发出一项判决,要求索邦神学院的人员集中起来,发誓弃绝唐凯雷尔的错误。1560 年 12 月 12 日,勒古斯特博士以索邦神学院的名义请求宽饶唐凯雷尔。接下去还有更加令人极为憎恶的行为准则需要批驳。

第二十三章　卡特琳·德·美第奇
摄政初期的动乱

　　自从体弱多病的弗朗索瓦二世结束了他毫无作为的生命以来，我们称为德·美第奇的卡特琳·美第奇于 1560 年 12 月 13 日在奥尔良召集三级会议。巴黎高等法院或任何其他机构都没有派遣代表出席这次会议。在这次会议中几乎没有谈到摄政问题。会议只向纳瓦尔国王保证授予他国王的摄政官的称号。这个称号从前曾经三次授予弗朗索瓦·吉斯公爵。

　　王后丝毫没有接纳女摄政王这个称号。这或许由于她身为国王的母亲，母后这个称号对她来说已经足够；或许由于她意欲避免种种繁文缛节，只想独揽大权。三级会议本身没有授予她陛下这个称号。当时的国王很少接纳这个称号。笔者还有这个时期的大量书信。在这些信件中查理九世和亨利三世被称为殿下。种类繁多，变化无常的现象在名称和事物方面普遍存在。

　　卡特琳·德·美第奇处心积虑、刻意贬压弗朗索瓦二世在位时期曾经凌辱她的吉斯兄弟。出于这个想法，她最初偏爱加尔文教派。纳瓦尔国王就是加尔文教派教徒，但他始终懦于采取行动。都统蒙莫朗西这个宫廷中最愚昧无知，只勉勉强强会签自己名字的人物长期犹豫不决。但是，他的妻子马格利内·德·萨伏依虔诚盲信和她丈夫的愚昧无知不相上下，却压倒了科利尼的拥护者，让她丈夫下定决心同吉斯公爵联合起来。圣安德烈元帅加入他们一伙。这个联盟被人给予三头联盟这个称号，因为人们始终喜欢把小事物比作大事物。圣安德烈在各个方面都逊于弗朗索瓦·德·吉斯和蒙莫朗西。他是这个三头执政中的雷必达①。而且与他的行动相比，他更以花天酒地、巧取豪夺为人所知。

这是奥尔良三级会议分裂的第一个信号。母后首先以她的国王儿子的名义向各省总督发布一道敕令，命令他们尽可能平息宗教动乱。这项命令宣告禁止民众使用胡格诺教派教徒和教皇拥护者等令人无法忍受的可恶名称。她释放了因宗教被捕的全部犯人。她召回自弗朗索瓦一世在位以来因恐惧而避居国外的人。如果人们能唯理性是从，就没有比这些更能恢复和平的举措了。

巴黎高等法院经过多次讨论，对母后进行谏诤。它声称，这项命令应下达给王国高等法院，而不应下达给各省总督。它抱怨给予革新者的自由太多。7月，母后带领她的儿子前往高等法院。该院从未举行过比这规模更大的会议。孔代亲王亲临会议。会议对称为七月敕令的敕令进行了登记。这项敕令是和谐与太平的敕令，比被人对之怨声载道的命令更加详尽。这项敕令向全体臣民提倡宽容，禁止传道者传道时使用辱骂言词，违者处以死刑。这项敕令还禁止公众集会。这项敕令在只为教士保留审理异端权利的同时，规定法官永远不得判处那些教会解送给俗间权力机构的人的死刑。

---

①　此人与安东尼和屋大维共同组成古罗马第二届三头执政，后被清洗。

这项敕令发布后 1561 年随即举行了普瓦西讨论会。在两个
与会党派水火不容、势不两立的情况下，这次会议只能是徒劳无
益、毫无用途可言。一方是一位洛林红衣主教、一位图尔农红衣主
教、一些腰缠万贯的主教、一个名叫莱内兹的耶稣会教士、一些教
皇权力的死硬捍卫者；另一方是普通的新教牧师。这些牧师全都
恶衣恶食，希望人人都像他们那样身无长物。他们全都是被他们
视为最暴虐无道的篡权者的教皇权力的势不两立、不共戴天的
敌人。

这两个党派分手时都对对方怒目而视，颇为不满。情况也只
能如此，别无其他。

雅克-奥古斯特·德·图记述说，图尔农红衣主教激烈抱怨母
后允准进行这场公开争论，这样就把罗马宗教置于险境。卡特琳
答复说："我只不过表述御前会议和巴黎高等法院的意见而已。"

但是，巴黎高等法院法官当时似乎大多数都反对宗教改革者。
从表面上看，母后想表明这个机构的首领曾经建议她召开普瓦西
讨论会。

这次会议结束，与会的人走出会场时比走进会场时情绪更加
激动。会后宫廷为了防止动乱，于 1562 年 1 月 17 日在圣日耳曼
昂莱召集王国所有高等法院的代表开会。掌玺大臣德·洛斯皮
塔尔对与会代表说，在国家陷于分裂和灾难之中时不能效法加图
其人。西塞罗责备此人在腐败的环境中像他在共和国的道德美
好、世风清正时期同样发表意见。

有人建议采取一些调和折中的解决办法以减缓七月敕令的力
度。根据这项长期以来以《一月敕令》这个名称为人所知的新敕

令，准许改革派教徒在各个城市郊区拥有教堂。任何地方行政长官均不得进行干扰，相反，应该予以支援，使之不受任何侮辱；对扰乱他们的集会者罚款一千金埃居，但是，他们应归还他们侵占的教堂、房屋、土地、什一税等。根据这项敕令，他们只能在当地行政长官在场的情况下召开教务会议。最后，命令他们在各方面都应是遵纪守法、循规蹈矩的公民，根据他们的信仰为上帝效命。

当需要登记这项新敕令时，高等法院又进行了多次谏诤。最后，在发出了三封敕令书之后，高等法院于 3 月 6 日服从敕令，并加上这一条款："它向国王的绝对意志作出让步；它毫不赞同新宗教；敕令在另有命令发布以前继续有效。"这个条款由吉斯党和三头联盟授意强加，因而引起宗教改革派的怀疑，使两项安定、和解的敕令变为一纸空文，毫无价值可言。

国家的和宗教的争端，就因为旨在平息这些争端的手段措施而更形激烈。小小的三头联盟、吉斯兄弟的持异见派别和教士的执异见派别在所有场合威胁和冲击孔代、科利尼和改革派的派别。这时局势虽然仍然平静，但内战已端倪初露。

引发瓦西惨案①的偶发事件终于使得整个法国举国大动干戈，狼烟四起，自相残杀。假使战争并非缘起于这一偶发事件，其他的星星之火也会点燃这一熊熊烈火。

孔代亲王占领奥尔良城（1562 年 4 月），并让他的那个党派宣布他为法兰西国王的护国公。这或许是因为他行动举措酷似护国

———————————

①　1562 年 3 月 1 日吉斯公爵率部突然袭击在第戎附近的瓦西镇举行宗教仪式的胡格诺派新教徒，杀死 25 人，打伤 100 多人。各地天主教徒争相效尤。

公,于是这个党从一个英国人①那里借来了这个称号;或许是因为当时的局势和环境自然而然为他提供了这个称号。

　　始终处于吉斯兄弟的派别掌控之下的高等法院不寻求平息内战,反而在 1562 年 7 月作出多项决定放逐新教徒,命令所有社团拿起武器追捕、杀死所有集结起来用法文向上帝祷告的革新派教徒②。

　　民众在地方行政官员的纵容下,哪里他们势力最强大,就在哪里杀烧掳掠,残酷施暴。在图兰的利格耶,他们绞死了好几个居民,挖掉一个教堂的牧师的眼珠并用细火把他烧死。科尔默里、洛什、布夏尔岛、阿泽勒里多以及旺多姆等地都惨遭洗劫。几位旺多姆公爵的坟墓被捣成碎土,他们的遗骸被挖上地面。挖掘者希望能在遗骸中找到珠宝首饰。他们的遗骸被抛扬风中。这是十年以后那场令欧洲震惊、骇异,而对它的记忆又引起永恒的恐怖的圣巴托罗缪日惨案的前奏。

---

　　①　指英国军人、政治家克伦威尔(1599—1658)。他内战时率领国会军战胜王党军队,成立共和国,任英格兰、苏格兰和爱尔兰护国公。
　　②　天主教徒用拉丁文祷告。

第二十四章　掌玺大臣
米歇尔·德·洛斯皮塔尔
弗朗索瓦·德·吉斯遇刺

这些暴行并非没有遭到报复。新教徒对给他们造成的灾难以牙还牙，以眼还眼，法国于是成了一个巨大的杀戮场地。图卢兹的高等法院被双方瓜分。二十二名法官仍然坚决拥护和平敕令。其余的则希望对新教徒斩草除根。新教徒在市政厅构筑工事固守自卫。在图卢兹双方疯狂战斗，十分惨烈。死亡人数达三千到四千之多。每年2月10日为纪念人们本应忘记但却仍然在图卢兹举行的著名宗教游行，其源盖出于此。掌玺大臣德·洛斯皮塔尔在这种遍及各地的疯狂中是个明智但却回春乏术的医生。他撤销下令每年举行这种不祥仪式的决定，但白费力气。

这时孔代亲王正在进行一场真正的战争。他的兄弟纳瓦尔国王长期在宫廷和新教党之间左右摇摆不定之后，不知道自己究竟是加尔文教派教徒还是教皇拥护者，态度始终含糊暧昧、犹豫不决而又软弱无力，跟随吉斯公爵包围已被孔代亲王的部队占领的鲁昂。1562年10月13日，他巡视战壕时受伤身亡。这座城市被占领后，听任占领者肆意烧杀抢掠。在该城被发现的孔代亲王的拥护者统统惨遭杀戮，无一幸免。只有那些被留下受酷刑者除外。

在这些暴行猖獗期间,掌玺大臣德·洛斯皮塔尔又让人发布一道国王及母后的敕令,命令王国所有高等法院停止对异端分子的一切刑事诉讼程序,提出对配受赦免者实行大赦。

这是这个伟大的人物在不到两年之内作出的第三项温良和平的决定。然而既是战争的、也是宗教的狂怒,始终压倒这位掌玺大臣的宽容。

诺曼底高等法院对国王的敕令置若罔闻,下令吊死三名城市参赞、马尔洛拉这位讲道人或者牧师,以及好几名行政官员。

孔代亲王自己也容忍他人主的奥尔良的城市议会让人吊死了一个名叫萨班的高等法院法官和一个在旅途中被捕的教士。在此期间,除了战争的法规以外,别无其他法规可言。

这同一年,在德勒这个小城市附近,离伊弗里的郊野不远处,进行了天主教徒和胡格诺教派教徒之间的第一次正规战争。伟人亨利四世就在这个伊弗里获得,并当之无愧地戴上王冠。

在斗争的一方,人们看到这三头联盟的人物是:年迈力衰的不幸的都统蒙莫朗西、不再是国家摄政官,但因其声誉而居三人之首的弗朗索瓦·德·吉斯、在都统领导指挥之下统帅军队的圣安德烈。

新教军队的首领是路易·德·孔代亲王、海军上将科利尼和他的兄弟当德洛。双方军队的军官几乎都是统帅本人的亲戚或者同盟者。两个党派都征召外国军队进行援助。

天主教军队中有瑞士人。另一方的军队中则有德国雇佣兵。这里不是叙述这一战役之处。这一战役正如法国人曾经进行过的所有战役一样,既无作战队形可言,也无战术、技术可言,也无战备物资。只有吉斯公爵懂得使他率领的一支小后备队有某些战斗序列和部署。都统正如他过去在圣康坦战役中一样，被围被俘。孔代亲王遭逢同样的厄运。圣安德烈元帅众叛亲离，被巴黎市政府的书记官的儿子，一个名叫博比尼的人杀死。这位元帅曾经向这位书记官借钱。他不但没有把钱还给出借人，反而虐待他的儿子。这个当儿子的发誓要为父亲报仇雪恨。他信守誓言。战争时期一个勇敢的普通公民往往强于一个只会趾高气扬、妄自尊大的宫廷老爷。

吉斯公爵眼见对方两个首领被俘，局势一片混乱，及时调来后备部队控制了战场。这一天是 1562 年 12 月 20 日。弗朗索瓦·德·吉斯不久以后即率军前往包围奥尔良。就在该地他于 1563 年 2 月 18 日被奥古穆瓦的贵族波尔特罗·德·梅雷暗杀。这是并非宗教的疯狂引发的第一起暗杀事件。各个外省已发生过类似事件四千多起。但这一起因被暗杀者的鼎鼎大名，和凶手的丧心病狂而最为举世瞩目。这个凶手认为杀死他那个教派的敌人乃是为上帝效劳。

笔者在此略微提前谈谈这一点：当查理九世成年后返回巴黎时，吉斯公爵的母亲、波旁的安托万内特、吉斯公爵的妻子安娜·德斯特和他全家穿着丧服前往向国王下跪，央求秉公执法，惩处被指控怂恿、煽动波尔特罗行凶犯罪的海军上将科利尼。

3 月 18 日，高等法院判处凶手波尔特罗烧红铁钳碎身刑、四马分尸刑。这是专为刺杀国王者设置的酷刑。罪犯对审问不断变更答复，时而归咎海军上将科利尼和上将的兄弟当德洛；时而为他们辩护。他要求在前往接受酷刑以前对高等法院的首席院长克里斯托夫·德·图讲话。在这位院长面前,他同样不断变更说法。最终人们可以猜测出来的最可能属实的是,他除了疯狂和愤怒之外,并无其他从犯。这就是几乎所有那些基督教的流弊陋习在各个时代让他们全都手执匕首,全都被雅亿①、奥德、犹滴②以及马塔蒂亚斯的榜样蒙蔽的人的情况。马塔蒂亚斯在教堂刺杀了国王安条克③的官员。当时这个队长官员正要执行他主子的命令,在祭坛上杀一头猪作为祭品。这些凶手全都令人憎恶地被祝圣认可,因此,后来的荒谬透顶的狂热盲信之徒,不区别时间、地点,争相模仿会令人不寒而栗、毛骨悚然的暗杀(虽然这些暗杀事件在一本令人赞佩的书④中已加以叙述)。

---

① 雅亿为《圣经》中杀死来帐篷避难的西塞拉的希伯来妇人。
② 犹滴为古犹太寡妇,相传杀死亚述大将荷洛弗尔斯而救全城。
③ 安条克(公元前 215—前 164 年)塞琉古王国国王。
④ 可能指伏尔泰本人的著作《风俗论》。

第二十五章　查理九世成年及后续事件

　　攻占鲁昂和进行德勒战役后，掌玺大臣德·洛斯皮塔尔让法国得以稍较安定和平。敌对双方放下武器，遣返全部战俘。1563年3月9日，国王在昂布瓦兹签署第四号和解敕令，并由巴黎高等法院及王国所有法院公布和登记。

　　接着国王在诺曼底高等法院被宣布成年。其实，他实足年龄还不到十四岁。他生于1550年6月。他成年证书的日期为1563年8月14日。因此他的实际年龄是十三年一月十七天。掌玺大臣德·洛斯皮塔尔谈话时说，这是首次虚龄被当作实龄。很难辨清他缘何口出此言。因为1380年在兰斯为查理六世举行宗教仪式加冕，他当时年十三岁零几天。更确切地说，这是第一次一个国王在一个高等法院里被宣布成年。查理九世端坐御座之上。母后前来跪在地上亲吻他的手。母后由此后成为国王亨利三世的奥尔良公爵亚历山大、纳瓦尔亲王、伟人亨利四世等人跟随。接着波旁红衣主教查理、路易·德·蒙庞西埃亲王、这个亲王的儿子、被称为多弗涅王太子的弗朗索瓦、永河畔拉罗什的查理也都前来同样表示敬意，并在国王身旁排列。

　　洛林红衣主教及海军上将的兄弟、红衣主教奥德·德·夏蒂戎跟随各位王侯。必须指出,夏蒂戎红衣主教这时已经宣称自己为新教徒。他已经公开与帕基尼的女继承人结为夫妻,但并不因此而较少身穿红衣主教袍出席这个典礼。隆格公爵埃勒奥诺尔是著名的迪诺瓦的后代,他继几位红衣主教之后亲吻国王的手。接着都统蒙莫朗西到来,手执出鞘利剑。掌玺大臣米歇尔·德·洛斯皮塔尔尽管是个医生的儿子,而且不位居贵族行列,但也跟随都统前来。他走在布里萨克、蒙莫朗西以及布尔迪戎三位元帅前面。古菲耶·德·布瓦西侯爵是大马术教师,出现在这几位法国国家元帅之后。

国王敕令由圣热莱·德·朗萨克侯爵送往巴黎高等法院进行登记。法院院长图说,这个高等法院拒绝领受这道敕令。该院派遣克里斯托夫·德·图(他的父亲)、预审庭庭长尼古拉·普雷沃和法官纪尧姆·维奥尔等人进言劝谏:未经巴黎高等法院审查,任何敕令不得传达至王国任何高等法院;关于国王成年的敕令载明胡格诺教派教徒享有宗教信仰自由,但在法国只有一种宗教;同一敕令命令人人放下武器,但巴黎城应该始终武装,因为该城为王国之首都及堡垒。

国王尽管年幼,但深受母后教诲,回答说:"我命令你们不要像在国王未成年时那样对待成年国王;不要介入不属于你们应该知道的事务;牢记你们的国王设置你们的机构仅仅是为了根据帝王圣旨进行判决;让国王和他的御前会议处理国务;纠正你们自视为国王的监护人、王国的保卫者和巴黎的守护者的错误。"

巴黎高等法院的这三个代表向这个机构汇报了国王的意愿后,这个机构进行商议。意见分歧,莫衷一是。被人称为戴圆形法官帽的庭长,亦即高等法院大法庭庭长的皮埃尔·塞吉埃和预审庭庭长前往向国王奏禀这种意见分歧。国王当时身在默朗。9月24日,国王撤销这项有人赞成有人反对的决定,下令将原本涂抹、撕碎。最后,同年9月28日,巴黎高等法院登记了关于国王成年的敕令。

第二十六章　耶稣会教士被引进法国

大家对西班牙人依纳爵·德·罗耀拉①已经相当了解：此人自称圣母玛利亚的巡游骑士，并在为向圣母表示敬意武装守夜之后，三十三岁时来到巴黎学了一些拉丁文。他因在这方面未获成功，于是打算同几个同伴前往土耳其使土耳其人改宗，虽然他通晓土耳其文并不优于他通晓拉丁文。最后，他因无法前往土耳其，于是和他那伙人改教孩童教理问答以及做教皇期望的一切。但是，了解他缘何称他新诞生的宗教团体为耶稣会的人则寥寥无几。

撰写他的一生的历史学家叙述说：在前往罗马的大道上，他狂喜入迷，神魂颠倒；永恒的圣父带着他背负长十字架的圣子一并出现在他眼前；他埋怨他的痛苦；永恒的圣父把依纳爵托付给耶稣，又把耶稣托付给依纳爵。从这天起，他就称同伴为耶稣会教士或耶稣会同伴。不应该对这样一个人们因大量政治事件而对之诟病责难的团体以可笑的事作为其开端感到大惊小怪。谨慎小心往往建成建立在狂热盲信的基础之上的大厦。

依纳爵的弟子在法国受到保护。红衣主教迪普拉的儿子、克

---

① 罗耀拉（1491—1556），西班牙教士。原为军人。创立天主教耶稣会。1540年经教皇批准任首任总会长。制定会规，强调该会成员绝对服从会长，无条件听命于教皇。

莱蒙的主教纪尧姆·迪普拉在巴黎给予他们一幢他们称之为克莱蒙学院的房屋,还立下遗嘱馈赠他们三万六千埃居。

　　他们立刻开始教学。1554 年,巴黎大学反对这一新生事物。主教厄斯塔什·迪·贝莱收到高等法院转达他的巴黎大学的抱怨不满,宣布这个学院违反法律,而且对国家具有危险性。1560 年 4 月 25 日,保护他们的洛林红衣主教获得弗朗索瓦二世致巴黎高等法院的信件。这些信件载有登记、确立耶稣会教士的地位的教皇谕旨以及国王的特许命令。高等法院没有对这些信函进行登记,而是把此事转交法国教会大会。这正值普瓦西会谈进行时期。在出席这次会谈的高级教士中,很多人赞成该机构以会社的名称而不以宗教修会的名称出现,条件是他们用耶稣会教士修会之外的其他名称。

　　巴黎大学在向著名的查理·迪穆兰咨询后,向高等法院对他们提出起诉。皮埃尔·维索里为他们辩护。学识渊博的埃蒂安纳·帕斯吉耶则为巴黎大学辩护(1562 年 4 月 5 日)。高等法院作出判决。这项判决称,该院重新更加广泛地对他们的学院进行审查,准许他们暂时对青年进行教学。

　　这就是他们的机构的情况。这就是他们所经受的,他们从此引发的和最后使他们被驱赶出法国的所有争端的根源所在。

第二十七章　掌玺大臣
德·洛斯皮塔尔　法律

耶稣会教士被引进法国无助于熄灭宗教已经点燃的熊熊烈火。他们出于一种特殊的意愿忠于教皇的命令。由于西班牙是他们的机构的摇篮,最先在巴黎立足的耶稣会教士是菲利普二世的密使。这个菲利普二世[①]把他的部分丰功伟绩和强盛建立在法国的不幸和灾难之上。

掌玺大臣德·洛斯皮塔尔几乎是御前会议中唯一企望和平的人。他刚刚发布了一项和解法令,天主教的和新教的传道者就在若干外省宣讲杀戮,并叫嚣拿起武器。

作为最后一招,洛斯皮塔尔想让年轻的查理九世巡幸王国各个外省。国王作为一个有责治愈百病的人,有人让他逐一亲眼目睹各个城市。这次巡幸所需费用勉勉强强凑足。巡幸所到之地农业耕作被疏忽弃置,田园荒芜。几乎全部手工业生产都一落千丈。法国既穷困不堪,又嗜争好斗。

就是在国王的这次巡幸中,立法者洛斯皮塔尔于 1566 年制定

[①]　菲利普二世(1527—1598),西班牙国王,英国国王玛丽一世的丈夫。兼并葡萄牙,任葡萄牙国王。反对宗教改革,迫害异端。加强专制统治。派无敌舰队远征英国,遭到惨败。

了著名的穆兰法令。人们看到最明智的法律产生于最大的动乱。他刚刚在巴黎和好几个城市设置了商事裁判管辖区。他通过这项举措缩减了耗时耗财的诉讼程序。这些程序是民众的灾难之一。穆兰法令决定生活须节俭、衣着须简朴。这一点民众的贫困使之犹如一道命令，而穷奢极欲的达官贵人并不遵从。

自这项法令颁布之日起，不再准许诉诸法律讨还数额在一百利弗以上的债款而不出示票据或者契约。与此相反的习俗惯例，只是因为民众的愚昧无知才得以形成。在民众当中能提笔书写的人真是凤毛麟角。古代层出不穷、不可胜数、永无休止的法律上的替代和继承，限制在第四个等级。所有赠予都在位置最近的法院书记室登记，以便具有一种确切无疑的真实可靠性。

再婚母亲不再有权把她们的财产给予第二任丈夫。这些有用的规定时至今日仍然具有效力。还有一项比其他规定更加有益的规定。但这项规定却只遭到公众抱怨。这就是取缔社团。迷信使这些社团建立在有产者中。放荡淫乱之风使之保存下来。人们举行宗教仪式游行拥赞某个圣徒。他恶俗的画像放置在棍子的一端。在这之后，人们狂饮暴食，酩酊大醉。醉酒后的狂怒，使得持异见派别的狂暴行为变本加厉。

这些社团颇有助于组建洛林红衣主教长期以来就已处心积虑、悉心策划的联盟[①]。

这一条款和另外几条阻碍巴黎高等法院对穆兰法令进行登记。但经过两次谏诤，这个条款于 1566 年 12 月 23 日得到审核。

---

① 指 16 世纪法国的天主教联盟，即神圣联盟。

使高等法院变得刁难苛求、难于相处的,是这位掌玺大臣在显贵大会上发言表态的那种有些冷酷无情的方式。这次大会在穆兰召开,以颁布这些法律。这次大会有全体血缘亲王、王国全体高官以及多名主教参加。应召参加这次会议的有:巴黎高等法院首席院长克里斯托夫·德·图、巴黎高等法院院长皮埃尔·塞吉埃、图卢兹高等法院首席院长让·达菲思、波尔多高等法院首席院长雅克-本笃·德·拉日巴斯东、格勒诺布尔高等法院首席院长让·特吕雄、第戎高等法院首席院长路易·勒·费夫尔、埃克斯高等法院首席院长亨利·富尔诺。

洛斯皮塔尔开始讲话。他说几乎国家的所有弊端和灾难,都可以在恶劣的司法行政管理中找到根源:过于容忍一些法官把他们的职位让与碌碌无为之辈。他说必须裁减法官中尸位素餐的冗员;取消诉讼费用;让法官接受审查。他在国王的此行中,在波尔多召开的审判会上,更加慷慨陈词、大声疾呼。

他说:"大人们,国王在这个高等法院中找出大量错误。这个机构新近成立。旧的高等法院成立于一百零二年前。你们放弃旧法规的借口较少。你们却和过去的人同样腐化堕落,在偶然的情况下甚至更坏。……最后,这是一个法纪废弛、管理极差的机构。我看到你们犯下的第一个错误,就是不保存各项法令。在这一点上,你们违抗圣旨。如果你们要向国王进谏,就进谏吧。在他发表最终的旨意后,你们就会明白的。你们——法院院长和国王手下的人——这也是你们的错误。你们应该下令遵纪守法。但是,你们自以为比国王更加明智,过于重视你们的判决,以致把这些判决置于敕令之上。你们随心所欲解释这些敕令。对国王来说,我荣幸地作为司法审判的首领。但是，如果我对国王的敕令作出我自己的解释，而不奏禀国王，我会十分懊恼和遗憾。

你们被指控犯下大量暴行。你们用你们的判决对人威逼恐吓。这些判决中好几项因你们的行事方式而令人愤慨，尤其是关于你们的婚姻，当人们知道某个富女继承人是为了法官大人，就不予理睬。

在你们中间，有在动乱中趁机使自己当上统领的人，其他人使自己当上粮食专员……你们甚至把你们的钱出借给商人，以此收取利息。你们人人都野心勃勃。好，你们应该渴求国王的恩典，而不是其他人的恩典。"

掌玺大臣洛斯皮塔尔这种坚定不移的严格态度，似乎与他的宽容思想南辕北辙，完全背道而驰，其损害的程度远远大于良好的法律有益于人的程度。他应该严厉谴责有罪的个人，不应该侮辱这些整体。他使这些整体颇为不快。他本身就构成了反对和解敕令的根由，他摧毁了他自己的劳作。天主教徒攻击新教徒，却逍遥法外。不久以后战端重启，比以前更加激烈。

第二十八章 内战（续）
掌玺大臣德·洛斯皮塔尔退隐
高等法院的表现

　　当代人奥古斯特·德·图长期以来一直亲眼目睹祖国的灾难，他希望减少这些灾难，但徒劳无功。他十分真切地、坦诚地叙述这些灾难。他告诉我们国王敕令不被遵从、肉刑、流放、剥夺财产以及一再发生而又始终逍遥法外的凶杀等情事。凡此种种最终使得新教教徒下定决心奋起自卫。他们当时为数已逾百万。这一百多万人不愿再受其他一千四百万或一千五百万组成法国的人的迫害。他们深信在查理九世巡幸法国各省期间，这位国王和母后在巴约纳秘密接见了阿尔贝公爵；深信在教皇和洛林红衣主教的煽动下，他们会同阿尔贝公爵采取了血腥手段在法国消灭人称经过改革的、唯一真实的宗教。

　　首先在巴黎城下进行了圣德尼之战。都统德·蒙莫朗西在这次战役身受七处致命伤。掌玺大臣洛斯皮塔尔在每个战役后，都设法发布一项和解敕令。这些命令过去既极为必要而又毫无效果可言。这次发布的这项敕令内容十分广泛、丰富。它给人最大的宗教信仰自由，由巴黎高等法院登记（1568 年 3 月 2 日）。然而，当国王让一个名叫拉潘的曾经属于孔代亲王的宫内侍从把这道敕令带到图卢兹高等法院时,这个法院不查核这项敕令,而是砍掉拉潘的脑袋。可以判断出这样一起暴行是否有助于人心和解。尤其因为这起暴行没有受到惩处,因而更加有害。西皮埃尔公爵勒内·德·萨伏依遭到杀害。这位公爵因厚待并非他信奉的新教的教徒而在弗雷瑞斯同他的随从人员一起惨遭杀害,这是新的战争信号。

雪上加霜的是,恰好这时,从前曾是多明我会修道士,并对与他的权力为敌的宗教穷凶极恶,疯狂迫害的教皇庇护五世吉斯勒里,向法国国王送去一道教皇谕旨。这道谕旨准许让与法国国王教产岁入五万埃居,条件是法国国王在他国内消灭胡格诺教派教徒。

洛斯皮塔尔于是在御前会议中大声疾呼,竭力反对这项用法国人的鲜血进行肮脏交易的教皇谕旨。但是,洛林红衣主教却占了上风。洛斯皮塔尔于是辞去他的掌玺大臣职务,隐退到他乡下的居所。他可以相信,如果他保住这个职位,法国遭到的灾难会不那么深重可怕;人们不会看到圣巴托罗缪日惨案发生。

自从这个独一无二的激发人们温情的人从御前会议离去后,宫廷完全听凭洛林红衣主教和教皇支配摆布。和解敕令全部废除。接二连三发布了取缔罗马天主教之外的所有其他宗教的敕令,违者处以死刑。命令所有加尔文教派的讲道者或者牧师自命令发布之日起半月内离开法兰西王国。新教徒的行政职务和司法官职务都被剥夺一光。巴黎高等法院在公布这些敕令时添加了一条,这在从前从来不曾有过。这个条款规定:今后凡被吸纳担任公职者均应宣誓无论生死都是罗马天主教徒。这条法律从此以后就始终保持法律效力。

这些下令几千公民改宗的敕令只能引发战争。整个法国仍然是一个杀戮场地。

继 1569 年 3 月 13 日的雅纳尔克战役而来的是二十次战斗。雅纳尔克战役是 1569 年的标志。这一年以所有战役中伤亡最惨重的蒙孔图尔战役终结。科利尼海军上将当时是新教徒最负盛名的首领(1569 年 9 月 13 日)。巴黎高等法院判处他死刑。判决书承诺赏付将其活捉解送官府者五万埃居。(9 月 28 日)总检察长布尔丹命令赏给任何将其刺杀者同样一笔钱款；即使凶手将犯有弑君罪,也承诺对之宽饶赦免。判决书因此根据检察官的公诉状改变。对夏尔特尔的主教代理官让·德·拉费里埃尔以及蒙戈梅里公爵也作出类似判决。他们的肖像连同海军上将科利尼的肖像由一辆两轮载重车拖运,然后悬吊在一座绞架上,但是,德·拉费里埃尔和蒙戈梅里两人的头却没有被悬赏索求。

这是自罗马三头政治时期发布这类法令以后发布的这类法令的首例。洛林红衣主教让人把这一放逐判决书译为拉丁文、意大利文和英文。

一个名叫多米尼克·达尔布的科利尼的跟班,认为毒杀他的主子配得上领取悬赏的五万埃居。但是毒杀行为会使他获得允诺的赏金颇不可信,何况此事难以证明。他在犯罪现场被人认出,并被吊死。吊死时身上挂着一个字牌。字牌上有"上帝的、祖国的、主子的叛徒"字样。

新教党尽管在雅尔纳克和蒙孔图尔两次战役受挫,在王国国内仍然获得巨大进展。它控制住拉罗歇尔以及卢瓦河彼侧的地区的一半。此后成了法国国王的纳瓦尔国王、年轻的亨利以及他的表兄弟亨利·德·孔代亲王继承在雅纳尔克战役中阵亡的路易·德·孔代亲王。让娜·德·纳瓦尔亲自把她的儿子年轻的亨利交给军队以及新教教会的代表。这些代表承认他为他们的首相,尽管他还十分年轻。

新教徒东山再起,重振旗鼓,新的希望萌生。尽管下达了教皇谕旨,宫廷仍然缺少钱款。它被迫派人向亨利四世的母亲让娜·德·纳瓦尔求和。以这位亲王的名字命名的政党的首领海军上将科利尼对战争十分厌倦。最后,宫廷自认为十分幸运,恢复掌玺大臣洛斯皮塔尔的体制。它废除了所有剥夺加尔文教派教徒的职位以及他们的宗教信仰自由的新敕令。加尔文教派教徒在巴黎的所有教堂全都交还他们和宫廷。他们甚至获准在朗格多克不再属图卢兹高等法院管辖。这个法院曾经让人砍掉加尔文教派教徒、国王本人的特派员拉潘的脑袋。他们能够把所有涉及他们的案件从朗格多克的下级法院移送到王宫的诉状审理庭庭长处审理。他们可以在鲁昂、第戎、埃克斯、格勒诺布尔以及雷恩等地的高等法院中根据他们的选择拒绝六名法官(法院院长或者法官)审判,可以在波尔多拒绝四名法官审判。拉罗歇尔、蒙托邦、科涅克、拉夏里特交给他们两年。如此行事,大大超过曾经为他们采取的举措。这时,国王的敕令在巴黎高等法院登记,也被所有其他高等法院登记,无人提出任何异议。

战争引发的、而且变得极端严重的公众灾难,是这次普遍赞同的原因。这项被称为坐得不稳的和跛脚的和约于 1570 年 8 月 15 日缔结。罗马宫廷没有任何怨言。它的缄默令人想到它已被告知卡特琳·德·美第奇和她的儿子的秘而不宣的意图。宫廷给予新教徒过分优厚的条件,表明给予这些条件可能言不由衷,并非出自内心。安排制定了在和好期间消灭那些用战争手段未能摧毁的人的计划。如果没有这一点,国王敦促海军上将科利尼前来宫廷、大量施予异乎寻常的恩典,并把在御前会议中的席位归还给那同一个模拟像被施以绞刑,脑袋被砍掉的人,就不是自然而然、顺理成章的了。他甚至获准在巴黎期间有贴身侍从五十名。这可能是人们使之落入陷阱的五十名受害者。

最后,策划筹备已达两年之久的圣巴托罗缪日惨案终于发生了。这一天国家的一部分对另一部分大肆屠杀。这一天人们目睹杀人凶手追捕被流放者一直追到一些为了保护他们徒劳无功地说情的公主的床下和怀抱中,这一天查理九世本人甚至从卢浮宫的一扇窗户向他的逃脱了杀人凶手的臣民射击。笔者应该在这里略而不谈的这些屠杀的详情细节,将永远在人们脑海里出现,直到最后的子孙后代。

笔者将只指出,这一天掌玺大臣德·拉比格连同此后成为德·雷斯元帅的阿贝尔·德·贡迪就是策划这一天的屠杀的人物。他们两人都是意大利人。比拉格过去常说,战胜胡格诺教派教徒必须使用厨师,而不是使用士兵。这里的掌玺大臣不再是掌玺大臣洛斯皮塔尔。

圣巴托罗缪惨案日这个日子,是曾经出现过的最令人毛骨悚然、胆战心惊的一天。宫廷意欲用来支持和为这些屠杀进行辩护洗刷的法律手段,是人们曾经目睹过的最卑鄙无耻、最凶恶残忍的事物。查理九世在惨案发生后的第三天,而且当屠杀还在持续期间,亲自前往高等法院。他猜想海军上将科利尼和所有已被割断喉咙但还继续遭受折磨的人会组织策划一起针对他本人人身和王室家族的密谋。他还猜想这起密谋即将在人们不得不在从犯的血泊中扑灭它的时候爆发。

科利尼三天以前似乎就已经在国王的眼皮底下被莫雷维尔刺杀,并且伤势非常严重,因此他不可能躺在床上进行这次所谓的密谋。

这时正值高等法院休庭时期。特别为此召集了一次非常法庭会议。1572 年 9 月 27 日,已经死亡并遭到碎尸的海军上将科利尼被判处置于柳条筐里被人拖去吊在格雷弗广场上的一个示众架上。然后他将被从该地带往蒙福孔的绞刑架。根据这项判决,他在卢万河畔沙蒂永的城堡被夷为平地。花园的树砍光。这块领地的属地撒上盐。人们以为如此行事就可以使这片土地五谷不生、一片荒芜,似乎在这个令人悲叹、不堪回首的时期,在法国还没有足够的荒地一样。一种古老的偏见让人认为盐会使土地失去它的肥力,而情况恰好相反。但是,当时人的蒙昧无知和他们的凶狠残暴不相上下。

科利尼的子孙虽然出生就具有最高贵的血统,却被宣布为平民,不但被剥夺了所有财富,而且被褫夺了公民权。他们不能立遗嘱。最后,高等法院下令每年在巴黎举行一次宗教行列游行以便感谢上帝让他们进行屠杀,并纪念屠杀。这种游行后来从未举行,因为星移斗转,时移事易。这至少没有让国家蒙上这种耻辱。

根据同一天巴黎高等法院发布的另一项判决,布里格摩和卡瓦涅这两个侍从、海军上将的两个朋友逃脱了圣巴托罗缪惨案日的凶手的魔掌之后，被作为所谓的密谋的从犯判处绞刑。同日，他们被用两轮马车连同海军上将的雕像拖到格弗雷。德·图肯定国王同母后卡特琳曾经来到市政厅观看这个场景。他们把纳瓦尔国王、我们的亨利四世强带领到那里。

宫廷首先在好些外省出面声称，巴黎的惨案只不过是海军上将煽起的轻微骚乱。但是通过派出的第二个邮班，向各个外省发出一道要像在巴黎对待新教徒那样对待各省新教徒的明确命令。

里昂和波尔多的民众灭绝人性、丧尽天良地对巴黎人的疯狂暴怒行为亦步亦趋，群起效尤。一个名叫埃德蒙·奥吉耶的犹太人煽动波尔多民众手执十字架进行杀戮。他把杀人凶手带领到他认为有可责难埋怨之处的两个高等法院的法官家中。让人在他目睹下割断他们的喉咙。

洛林红衣主教当时身在罗马。法国宫廷向他派去一个宫内侍从，告知他这些消息。这个主教立刻赠送这个宫内侍从一千金埃居。教皇格列高利十三立即下令从圣昂日城堡鸣炮庆贺。当晚在整个罗马城燃起欢乐之火。第二天教皇由全体红衣主教陪同前往圣马克教堂向上帝谢恩。他参加宗教仪式行列，步行前往该处。德意志帝国皇帝的大使为他手捧执燕尾服。洛林红衣主教念弥撒。就这起事件轧制了奖章（笔者手中有一枚）。让人绘制了四幅巨型图画。画上绘有圣巴托罗缪惨案的图景。在画的上端，在一个标语横幅上用拉丁文写着这样几个字：教皇赞许杀死科利尼。

查理九世在这些恐怖暴行后不久于人世。他看到，雪上加霜的是，这些恐怖暴行徒劳无益。他的王国的新教徒受到绝望的推逼，除拼死斗争以外别无他途可循，因此绝处逢生。圣巴托罗缪惨案日的暴行使得颇多天主教徒疾首蹙额。他们无法相信一种如此血腥的宗教会是一种真正的宗教，因此转而信奉新教。

深受悔恨、内疚、不安折磨的查理九世身罹绝症，一病不起。他的血液沸腾，败坏。血有时通过毛孔渗出。他无法入睡。当他享受到片刻安宁时，以为看见奉他之命被割断喉咙的臣民。他惊恐万状，大声喊叫，从梦中醒来，全身都浸泡在自己的血里。他自己流的血使他万分恐惧。只有他的乳母是他的安慰。他哽咽地对她说："我的乳母，多少血啊！多少凶杀啊！我干了些什么呢？我完蛋了。"

他于 1574 年 5 月 30 日死去，当时还不满二十四岁。艾诺尔院长注意到在为他在圣德尼举行葬礼的那天，高等法院开会，派遣一名执达员命令大指导神甫阿米约前来像饶恕法国国王那样，饶恕他。人们很清楚，这位大指导神甫拒绝前来参加这个仪式。

第二十九章　卡特琳·德·美第奇
第二次摄政　布洛瓦最初的三级会议
亨利·德·孔代被人投毒
亨利四世的信　其他

查理九世死前十二天,感到自己来日无多,于是于5月18日把政府交到母后卡特琳手中。第二天诏书拟定,宣布母后为摄政女王,直到他的兄弟亨利到来为止。亨利当时正在波兰。诏书6月3日才在巴黎高等法院登记。这份文件载明"母后在阿朗松公爵、纳瓦尔国王、波旁红衣主教以及高等法院几位院长和法官的急切恳求下,愿意接受摄政职位。"仅仅在那时她才获得摄政王后的称号。

波兰国王亨利三世不久以后逃离华沙,前来用一只虽然沾满鲜血,但却软弱无力的手来挽住最不幸的国家和当时世界上最不称职的政府的缰绳。

绰号"疤脸人"的亨利·德·吉斯公爵来就任他的父亲弗朗索瓦·德·吉斯公爵的国家摄政官之职。他的兄弟红衣主教路易来就任洛林红衣主教之职。兄弟俩领导过去的党,始终同波旁家族的各个亲王分庭抗礼,大唱对台戏。

洛林红衣主教曾经构想过联盟①的规划。亨利·德·吉斯公爵和他的兄弟执行了这个规划。这个联盟1576年就在亨利三世

---

① 指下述神圣联盟。

刚刚让他的臣民安享太平的时期在皮卡尔迪开始成立。亨利三世在穆兰大会上宣布他反对圣巴托罗缪日惨案。他没有过多参与这个事件。他为科利尼以及曾经被高等法院判处的这位将军的所有朋友昭雪平反。他划归新教党若干安全地区。他甚至在当时瓜分整个王国的审判权管辖区的八个高等法院中的每一个设置法官半数为新教教徒的法庭，以大公无私地审判他们的诉讼。吉斯兄弟就利用这个时间策划组织有名的、长期的、名为神圣联盟的组织的密谋。

高等法院院长埃内坎、夏特莱的一个名叫拉布律耶尔的法官和他的父亲、蓬托香日的香料经营商，是头几个在巴黎点燃这场大火的人。三个月后，国王身处一个依附吉斯兄弟和教皇的党派的包围中。

席卷半个王国的这起密谋没有任何叛变动乱和违抗王命的先兆。宗教使这起密谋令人敬佩而又危险之至。亨利三世宣称自己是这起密谋的首领，能够掌控驾驭它。然而，他实际上只不过是这起密谋的奴隶而已，接着又成了这起密谋的受害者。他迫不得已撤销了他的所有敕令并对纳瓦尔国王作战。纳瓦尔国王此后却成了他的继承人，但为时过于短暂。只有纳瓦尔国王能够成为他的保护人。亨利三世首先于 1576 年 12 月 3 日在布洛瓦召开最初的三级会议。会上第三等级和教士、贵族同样就座。血缘亲王按照他们的出生顺序就座，而不是像过去那样按照贵族爵位高低就座。他们的席位按照与王室的接近程度安排。他们走在王国其他贵卿的前面，毫无碍难。颁布了一项 1577 年 1 月 8 日进行登记的声明。以集体的形式也好，以代表的形式也好，高等法院在这些三级会议中都没有席位。但是，审计法院的首席院长安托万·尼科莱却前往与会，并在会上发言。三个等级中每个都任命一些特派员与他共同审核国家需求。

布洛瓦最初的几次三级会议不给予国王一分一厘钱，而国王又急需钱款。教士要求公布特兰托宗教评议会的召开情况。该会有二十四多项教谕直接与各个王国的法律和王室的权利相悖。贵族和第三等级竭力反对教士的要求。参加这次三级会议的三个等级只不过是为了让国王沦于一贫如洗、度日如年的境地，才同心协力，联合一致的。国王本身的穷奢极欲、挥霍浪费以及一场对抗他的推定继承人的战争也使他沦于这个境地。

有人声称，在布洛瓦的最初几次三级会议中，三个等级的代表曾经受托执行一项钦准训令。该训令称，"高等法院的各个法庭是小型的全国三级会议。"这个细节见诸一本关于亨利四世的历史著作《研究》中，鲜为人知，由一个叫做德·比里先生的作家撰写。然而，《研究》一书的作者叙述有误。此书颇多虚假不实之处。全国三级会议命令它的代表对国王说，高等法院是三级会议。这是不可能的。训令载有这些话："所有敕令均须在高等法院开会期间进行审查及登录。此机构即使减缩到最低限度，仍有权力中止、修改及拒绝上述敕令。"读者看看内维尔的回忆录第 1 卷第 449 页。由此可见布洛瓦的最初的几次三级会议发布了几乎与有人意欲让它发表的内容截然相反的内容。评论一部历史时必须正确引证史实，而且不招致批评，尤其必须考虑到当时是个沧海横流、动乱迭起、异见党派林立的时代。

国王在他的事务江河日下、衰退没落的情况下，恣情纵欲、吃喝玩乐,以此自娱自乐。他准许一个叫做格利·热洛西的剧团的意大利演员在波旁大厦搭建一个舞台。高等法院下令禁止,违者罚金一万利弗。但是,这些意大利人却对高等法院禁令置若罔闻,不予理睬,于 1577 年 4 月在获得大量赞助的情况下演出。只付四苏即可购买一个座位。如果此事不足以证明罗马宫廷的势力已经使意大利文在巴黎风靡一时,不足以证明国王钱款奇缺,不足以证明国王个人的简单旨意足以使高等法院的决定成为一纸空文的话,此事就不值得历史记载。

　　亨利三世当时表演了另外一出喜剧。他加入鞭笞派教徒[①]的慈善社团。这里转述奥古斯特·德·图的话最好不过。他说:"这些苦修会会员对赞美诗的这一段加以歪曲。在这段诗中,大卫[②]说他受到上帝的愤怒的连枷的抽打。在这些戴假面具的人的队列中,他们在街上一边走,一边鞭打自己。"[③]

　　高等法院没有发布反对这一危险的、滥用权力的行为。已于 1574 年像国王那样赤脚参加鞭笞派第一次宗教行列游行的洛林红衣主教为此患了一种让他进入坟墓的病。国王认为必须向民众演出这出闹剧,以便使正开始组建的神圣联盟和认为他是异教徒的秘密保护人的民众闭嘴。然而,由于他把一些过于为人所知的放荡不羁、荒淫无耻的情节掺混到这种虔诚的演出中,因此使自己

---

　　① 十三、十四世纪天主教的一个派别,教徒当众自笞借以赎罪。

　　② 大卫(约前 1040—约前 970),古以色列国国王,建立统一的以色列王国,定都耶路撒冷。据基督教《圣经》记载,他系耶稣的祖先。

　　③ 本书法文原版注称:此句应为《圣经》中《诗篇》第 37 篇的第 18 句"耶和华知道完全人的日子,他们的产业要存到永远。"

对他意欲吸引争取的民众来说为人所不齿。他认为他自己作为联盟的首领,能够对之掌控约束。但是,他没有看到如此行事,乃是庄严地认可这个组织,对它加以肯定;乃是向这个组织提供武器用来反对自己。所有这些步骤活动,促成挖掘自己跌下的万丈深渊。联盟强迫他把他将用来反对联盟的武器的矛头转向亨利·德·纳瓦尔。

在库特拉①战役之后,并在这场战争期间,1588 年 3 月 5 日亨利·德·孔代亲王在圣通日的圣让-当热利被人投毒丧命。关于这起已被证实的投毒事件,必须读读亨利四世致格拉蒙公爵夫人的一封信。这封信是这个恐怖时代最宝贵的不朽作品之一。

圣让-当热利的大行政官让人用四匹马拖拽一个名叫昂塞兰·布里扬的人。此人从前是波尔多高等法院的辩护人、膳食总管或者亲王的监督人。他被证实提供毒药。孔代王妃的侍从贝尔卡斯特尔的模拟像遭到处决。王妃本人被投入狱中。她向贵卿法院上诉。她长期身陷囹圄。只是在亨利四世统治时期,高等法院在没有任何贵卿参与的情况下才宣布她无罪。

---

① 法国地名。1587 年,亨利·德·纳瓦尔在此战胜儒瓦耶兹公爵。

第三十章　吉斯兄弟遭到谋杀
针对国王亨利三世的刑事诉讼开始

　　1588 年 5 月 9 日是被称为街垒日的日子。这一天产生了非常怪异的后果。吉斯公爵不顾国王的命令抵达巴黎，借口是他没有收到上述命令。此前亨利三世的侍卫已被解除武装并被逮捕。他离开巴黎前往召开第二次布洛瓦三级会议。该会没有任何巴黎高等法院代表出席。组成这次三级会议的人员几乎全都依附吉斯兄弟。

　　国王首先不得不重提神圣联盟的团结誓言。这是他必须强加于己的一个悲伤的虚礼客套。这个行动使教士胆壮起来，异口同声要求宣布把亨利·德·纳瓦尔排除于一切王权之外。教士得到贵族团体和第三等级团体的支持。

　　埃姆布伦大主教纪尧姆·达旺松由每个修会的十二名代表跟随，前来请求国王认可他们的上述决议。这一对王国基本法的违犯既然是代表整个王国的人的行为，因此比对国王查理七世的判决①更加重大。但是，亨利三世这时已开始反复思考琢磨另一迥然不同的违犯法律的行动。

　　他目睹吉斯公爵和吉斯红衣主教两人掌控三级会议的讨论。

---

① 见本书第六章。

他被迫同亨利·德·纳瓦尔兵戎相见。他被拒绝给予他进行这场战争所需的钱款。他下定决心置这兄弟两人于死地。奥蒙元帅建议他把他们交由司法部门处理，把他们作为弑君罪犯加以惩处。这个主意本来会是最正确的，但却是不可能实现的。贵卿的大部分以及高等法院的官员的大部分属于神圣联盟。此外，无法取得任何针对吉斯公爵的罪证。公爵是国王本人宣布为神圣联盟的将军的。他在街垒日行事十分诡秘、巧妙，以致他似乎是镇压民众，而非煽起民众造反。再者，国王已经庄严宣布大赦，而且把手放在圣体上发誓忘记过去。

最后，当时的事态和正盛行一时的迷信，都使俗间法官不敢判处吉斯红衣主教死刑。由于民众的成见，罗马仍然势盛力强，让红衣主教享有犯弑君罪而不受惩罚的权利。即使根据法律，证明红衣主教犯有轻罪，也比证明他的公爵兄弟犯有轻罪更加困难。

亨利三世让他的宫内侍从——人称四十五人中的九人——暗杀吉斯公爵。准备这次报复，必须使用大量阴险狡诈手段。进行这次报复别无他途可循，只能如此行事。吉斯公爵在国王的成套房间中被刺。这支四十五人的队伍，虽然已经双手沾染他们将军的鲜血，却不敢承担杀死一个教士——吉斯红衣主教——的责任。人们发现四个较少忌惮、令人憎恶的士兵。他们用戟一下一下捅死了这个教士。

这双重谋杀让国王抱着神圣联盟受此惊愕不久即将瓦解消失的希望。然而，他觉察到他只不过是犯下一个轻率鲁莽的暴行而已。两位被刺断喉咙的亲王的兄弟马延公爵武装一支队伍为他们的死报仇。教皇开除了亨利三世的教籍。巴黎全城起来造反，抢夺武器。

诚实可信的德·图告诉笔者，亨利·德·纳瓦尔，亦即那个对我们留下非常珍贵的记忆的亨利四世，始终深恶痛绝地拒绝他那个党派的好些宫内侍从对他作出的谋杀的建议。此时，他怨恨吉斯公爵之处比亨利三世更多。正是他对吉斯其人恨之入骨，不共戴天。正是他被吉斯让三级会议宣布永远不配拥有法国王位。正是他被吉斯的持异见党让人在罗马用一道称他为"波旁家族的退化的和可恶的一辈"的教皇谕旨褫夺了公权并加以流放。正是他被吉斯公爵确实意欲让人宣布为私生子，借口是他的母亲让娜·德·纳瓦尔过去曾经许婚嫁给克莱弗公爵。尽管理由举不胜举，亨利四世仍然不断拒绝用卑鄙无耻的手段进行报复，而亨利三世却用一种会激起强烈公愤的方式实施了这种报复。

法国举国上下，除了国王宫廷外，都声称谋杀行为在一个帝王身上和在一个普通人身上同样是弥天大罪。这项罪行由于过分易于实施，由于这样可怕的例子引导一个民族群起效尤，因此更加可恨可憎。两位被杀亲王的母亲安娜·德斯特以及吉斯公爵的遗孀卡特琳·德·克莱弗向巴黎高等法院递交诉状，要求严惩杀人凶手。高等法院答称：

"呈交法院的诉状业经法院及合议庭审阅。考虑到各种情况，上述法院已命令并仍命令向恳求者派出特别法庭。"

（同日）皮埃尔·米雄及让·库尔丹两位大人已于 1589 年 1 月被第二项决定任命为特派员以对案件进行调查和预审。前此，亨利三世已下令对已故公爵起诉。他派往布洛瓦一特别法庭。高等法院根据一项新诉状作出下述决定：

"已故吉斯公爵的遗孀吉斯公爵夫人卡特琳·德·克莱弗呈交法院的诉状已经法院及合议庭审阅。夫人被告知：毁损(吉斯兄弟)肉体的人正竭力在吉斯兄弟死后用起诉方式凌辱和诋毁吉斯兄弟，并已为此目的派出若干所谓特派法官。这一举动实有损于根据人所共知的法国法律以及属于上述法院的、就个人而言属于其他法官(不管这些法官为何人)的审判权。据此，法院将上述(亨利三世派出的)特别法庭(要求接纳上诉人)的允准、授予及执行，以及由此产生的和可能产生的一切后果称为明显无法律效力的、由显然无权能的法官进行的诉讼程序。法院现命令派出另一特别法庭就上述事项通知前述(亨利三世)已派出的并允准上诉的人以及特派法官。法院命令自即日起禁止上述特派法官如此行事，违者将被宣布为法国的确定的及公认的法律的违反者，并作为非常例的受惩罚者，而无需考虑审判权及受理问题。法院对各种情况加以考虑后，已接纳，现在仍接纳上述克莱弗夫人为对上述的允准、授予及执行以及由此产生的和可能由此产生的一切后果提出上诉的上诉人，并特别压制、禁止所有上述特派法官继续进行活动。1589 年 2 月 1 日迪蒂埃"

在德尼·比内处印刷的另一文件于 1589 年获准转述。

诉讼通告

一方面根据皮埃尔·迪福·莱弗勒斯大人 1589 年 1 月 12 日的传票和通知：法兰西王国各省的代表大人作为原告，民众和为控告亨利·德·瓦卢瓦而结集的共同利害人也作为原告；另一方面亨利·德·瓦卢瓦以他进行诉讼的名义和资格作为被告，这两方面对你们——法国王室官员和参议大人，巴黎高等法院中的王室拥护者——的面，说明下述推论出的原因、理由和手段：

"上述亨利·德·瓦卢瓦因杀害及暗杀吉斯公爵及吉斯红衣主教两位杰出人物，为就此暗杀谢罪赔礼将被判处进行当众公开认罪。他将半身裸露、光头、赤脚、颈套绳索，由最高司法当局的执行法官从旁协助，手执重三十斤重的点燃火炬。此人将在三级会议大会上双膝跪地，声明他极端错误地、毫无缘由地、凶狠恶毒地、鲁莽冒失地对上述吉斯公爵和吉斯红衣主教犯下或者让人犯下谋杀罪。为此他请求上帝、司法部门和三级会议饶恕。他将声明自即日起，他作为罪犯以及公开认罪者，将被废黜，而且被宣布不配拥有法国王位，他将放弃他以后能声称拥有的权利。这一点是为了在诉讼中有更充分提及的并充分说明的情况。因这起诉讼，他将遭受打击并被证实犯有罪行。他除了将被流放并终生关闭在位于万森森林附近的伊埃罗米特修会的修道院，在该处靠面包和水度过余生外，他还将被判支付全部诉讼费用。原告以特赦法院能出于善意好心极好地补充的方法，收领诉讼费，结束此事。辩护人缺席。希科（签名）。"

这段文字十分可疑。在笔者看来，贝尔在从亨利·德·吉斯的文章中引证这段文字时，本应考虑到这段文字不是取自高等法院的记载，没有辩护人签字，被假定由希科签名。希科这个名字与国王的小丑的名字相同。文内丝毫没有提及被杀亲王的母亲和遗孀。向高等法院详细说明司法部门可能对一个罪犯进行的惩罚，这不符合习俗惯例。最后，这个诉状更应该被视为那个时代的诽谤性小册子，而不应该视为司法文书。它只有助于让人看到在那些令人悲叹的时代人们的狂热究系何物。

第三十一章　被叛乱分子强行拖押到 巴士底狱的高等法院法官 索邦神学院针对亨利三世的公告 这位君主被谋杀

有正当的和充分的理由不把当时正在巴黎这个城市开会的高等法院看成巴黎高等法院。这里必须仔细观察日期。吉斯公爵 1588 年 3 月 23 日，星期五遇刺；吉斯红衣主教于同年同月 24 日遭到暗杀。

神圣联盟在巴黎势力强大。人称十六人党的执异见党派由有产者组成，卖身投靠西班牙和教皇，是巴黎这座城市的主宰。

1589 年 1 月 16 日，星期一，曾任高等法院检察官、现任巴士底狱总监、被称为比西的让·勒克莱克由十五名身披甲胄，手握手枪的侍卫跟随，前往高等法院大法庭。他命令高等法院首席院长德·阿尔莱及院长德·图和院长波蒂埃在他身后跟随。他从一个法庭到另一个法庭，抓捕被他怀疑忠于国王亨利三世的法官。这些法官共五十人被解往巴士底狱，途中有产者夹道观看。

审计法院的、大御前会议的和间接税法院的几个成员关在其他监狱。

高等法院当时由将近一百八十名成员组成。其中一百二十六名曾经把手放在十字架上宣誓永不背弃神圣联盟,要为吉斯公爵和吉斯红衣主教之死报仇雪恨,向凶手主犯及从犯讨还血债。高等法院的书记官、辩护人、检察官、公证人作了同样宣誓。他们共三百二十六人。

1月17日,星期三,即上述五十名法官被监禁的第二天,高等法院一如平时开庭审案。由接受了这个危险职位的院长巴尔纳贝·布里松主持庭审。他向吕松和勒诺瓦两位公证员的悄悄声明他身不由己主持这个高等法院,认为这样做可以为自己准备一个对付国王的愤怒的对策。他屈从于暴力。这种声明很少充作借口,只不过暴露了一种软弱的心态而已。

高等法院首席院长阿西尔·德·哈尔莱胆量较大,宁肯留在巴士底狱而不愿背叛他的国王和自己的良心。布里松认为自己可以在两党之间左右逢源,两面讨好,起调节作用。但是,不久以后他就成了自己的不幸的策略的牺牲品。

就在这同一个1月,索邦神学院特别集会。与会者为七十个博士。此会用拉丁文宣告民众不受他们曾经对国王所作的忠诚宣誓的约束。这样的行动在别的任何时期只能是对国家首脑犯下的危害王权罪,但在当时这却是良心和信仰的至高无上的法院的一项决定。这项决定赞许公众舆论,因此被积极付诸实施。

1月26日,星期四,传令官奥弗涅奉国王之派遣来到巴黎城门,取缔高等法院及其他高等法庭。他被关进监狱,受到绞刑威胁,被遣回后没有作出任何回应。国王曾经指出他的高等法院将在图尔活动,正如查理七世曾在普瓦提埃让他的高等法院活动一样。然而,他并不比查理七世更加得手。他设置了几个新法官职位。那些巴黎高等法院中颇得他青睐的法官没有自由前往图尔。这个法院仍然继续履行自身的职责，毫无困难。

3月13日，马延公爵作为王室国家的及法国王室的国王指定的摄政官在高等法院的大法庭宣誓。高等法院院长布里松宣读誓词。马延公爵逐字逐句跟着念。

同样的叛乱思想蔓延到王国的几乎所有城市。图卢兹的暴民割断该城高等法院首席院长迪朗蒂及总辩护人达菲斯的喉咙。这两位法官以对国王忠心耿耿、刚正不阿、为官清廉广为人知。迪朗蒂的尸体吊在一座绞架上。图卢兹高等法院的其他成员全都选择跟从神圣联盟的政党。正如德·图指出，这些成员中有两位法官双手还沾有他们的首席院长的鲜血。亨利三世的模拟像被愤怒的民众吊在公共广场上。有人贩卖一种他的劣质的木刻像，一边高喊："我们的暴君售价五苏。"

亨利三世因不欲与亨利·德·纳瓦尔结盟，因想象自己能够同时战胜神圣联盟和这个正直诚实的亲王而引火烧身，屡罹灾难。他因此最后不得不向这个亲王求助。这两位国王的联军开赴巴黎城下的圣克卢安营扎寨。吉斯公爵和洛林红衣主教的姊妹蒙庞西埃公爵夫人狂热地鼓动巴黎人强忍围城的恐怖。

《亨利三世日记》记叙说，国王让人对这位公爵夫人说，他将要把她活活烧死。她的答复是："这火是为像他那样的鸡奸者点着的。"

她的这番话说了三天后，天主教多明我会僧侣雅克·克莱门在圣克卢暗杀了亨利三世。根据德·图院长的说法，刺客只有二十二岁。

当时的回忆录叙述说，总检察长拉格斯勒此前已经设法逃离
巴黎，又不幸亲自把这个凶手僧侣引荐给国王，这次却没有被传到
庭对凶手的尸体起诉。凶手行凶后当场被国王的卫士用拳头三下
五下打死。法国大行政长官黎塞留侯爵对凶手尸体起诉时，拉格
斯勒像另一个人那样作证。是亨利四世本人于1589年8月2日
作出决定，判处这个僧侣的尸体车裂、焚毁。两天后，一个名叫
让·勒罗瓦的方济各会修士因杀死这同一亲王的一名仆人被这位
亲王判处装进一个袋子里活活扔到塞纳河中。

至于僧侣雅克·克莱门，他是受一个名叫布尔戈安的修隐院
院长以及蒙庞西埃公爵夫人唆使犯了这项弑君之罪。当时的回忆
录称这个王侯夫人曾对这位凶犯以身相许，以便加大力度煽动他。
但是，此事疑窦丛生。雅克·克莱门来不及以此自炫。毫无疑问，
这位王侯夫人并未如此供认。撰写历史必须坚持公认的以及确认
的事实。

第三十二章 多所高等法院
在亨利三世死后作出的判决
首席院长布里松被十六人异见党绞死

亨利三世死后，亨利四世似乎并不会成为法国国王。好几个天主教领主离弃了他，借口是他是异端，而真实意图却是瓜分王国，并占有一些古迹遗址。巴黎的传教讲道者因亨利·德·瓦卢瓦之死而感谢上帝。

8月7日，马延公爵让人在高等法院发布并登记一项敕令。该令承认查理·德·波旁红衣主教为国王，人称为查理十世。以他的名字轧制了钱币。这个查理十世垂垂老矣，无力履行赋予他的职责，而且他当时还是因于希农的国事犯。亨利四世被迫查实确认此人，而神圣联盟则只视他为它可以借其口窃取王国最高权力的幽灵。

波尔多高等法院既不承认亨利四世，也不承认查理十世。但是，图卢兹高等法院却作出一个令人吃惊的榜样。以下是它8月22日的表态：

"法院在各个法庭聚集的情况下，被告知本月1日亨利三世的奇异的、可怖的、血腥的猝然死亡后，已经劝告并仍在劝告全体主教和牧师……每人在各自的教堂教人感谢上帝施予我们的把巴黎城和其他城市从国王统治之下解救出来的恩典，已经命令并仍在命令每年 8 月 1 日组成宗教仪式行列，进行公共祈祷以感谢上帝在上述日子为我们带来的特惠。"

这项奇怪的决定还补充这一点：禁止承认所谓的纳瓦尔国王亨利·德·波旁，违者处以死刑。这项决定下令严格遵守教皇西克斯特五世开除这位王侯基督教教籍的谕旨。根据这项谕旨，法院第二次宣布这位王侯因已犯有在上述判决中列举的被确认的多项臭名昭著的罪行，不配继承法国王位。

就这样，所有神的和人的法律都在司法和宗教的名义遭到践踏。

正当亨利四世刚刚只率领三千人在迪埃普附近的阿尔格的战斗中战胜拥有将近一万人马的马延公爵之时，正当他日夜手执刀枪，披挂上阵，凭借勇敢和他与生俱来的好运，收复他的王国的一部分之时，已经以西克斯特五世之名成为教皇的多明我会修士的佩雷蒂弗，向巴黎派来一个特使，并且在几乎全部属于王家管辖审判权限范围的案件方面授予他对在俗教徒的全部管辖审判权。这位教皇特使是卡热坦红衣主教。他与在法国仍然臭名昭著的教皇卜尼法斯八世属于同一家族。他的委任状和他的最高审判管辖审判权限的保证金 1590 年 2 月 2 日应总检察官的申请毫无困难地在巴黎高等法院进行了登记。

与此同时，索邦神学院继续在它的职权范围内支持这种胡作非为、倒行逆施。（2 月 10 日）这个机构郑重申明：教皇有权开除国王出教并罢黜国王；甚至不准许与异教徒及重又归附异端者亨利·德·贝亚思①进行商谈;承认亨利·德·贝亚思为国王者犯死罪。索邦神学院以三神一体的名义肯定:"凡谈论和平均者为不服从我们的圣母基督教会,并理当像腐烂的、生了坏疽的肢体那样截除。"

同年 3 月 5 日,高等法院让人发表一项新决定,严禁与亨利四世进行任何联系往来,违者处以死刑;并命令承认幽灵查理十世为国王,王国司法长官马延公爵为国王指定的摄政官。

亨利四世打赢伊弗里之战,以此作为对高等法院和索邦神学院的答复。波旁红衣主教查理十世在巴黎及法国的一部分被承认为国王,不久后死于普瓦图的夏特内城堡。此前亨利四世曾经让人把他转移到该地。神圣联盟只专注于选举一位新王。菲利普二世意欲把法兰西王国给予他的女儿,即把女儿克莱尔-欧仁妮嫁给"疤脸"的儿子、后来在布洛瓦遭到暗杀的吉斯公爵。

高等法院一直受命发布判决。索邦神学院一直受命发布称为法令的文件。这所学院于 1590 年 5 月 7 日发布一项法令,承诺授予荣幸地为反抗亨利四世而死者烈士花冠。

正是根据这项法令,当着教皇特使卡热坦红衣主教和跟随他的几个意大利主教以及此后成为红衣主教的耶稣会教士的贝拉尔曼等人的面,组织进行了神圣联盟的这次著名宗教行列游行。

桑利斯主教纪尧姆·罗斯走在游行队伍的最前面,一只手执十字架,另一只手拿着一支戟。随后走来夏特勒的隐修院的院长。此人由所有僧侣跟随,衣服撩起,风帽压得很低,戴头盔。四个托

----

① 即亨利四世。

钵修会修士、小兄弟会①修士和嘉布遣会②修士同组行进,带着老式毛瑟枪,凶神恶煞,眼睛燃烧,发出光来,正如德·图院长所说,咬牙切齿,杀气腾腾。

圣科姆的本堂神甫担任士官职务。他喊着开步走、立定、鸣枪等口令。僧侣在教皇特使的马车前面游行。他们当中一人子弹上膛,一枪打死他的司祭。这个意外事件没有扰乱典礼仪式。德·图叙述说,僧侣们高呼,既然这个司祭死于这样一个神圣的典礼上,那他就得救了。民众对这个司祭之死并不关注。

在此期间,那些谈论与国王③商谈的人全被无情地绞死。这个君王在伊弗里取得胜利后现在正率领一支数量远远超过宗教仪式游行队伍的军队兵临巴黎城下。

他下令准备在圣雅克郊区那个方向,在伸手不见五指的夜晚进行攀登。这个举措即将成功。但是,谁会想到一个书商、一个辩护人和一个耶稣会教士竟然妨碍亨利四世入主他的首都呢? 当一个士兵手腕已经紧紧攀到城墙上时,一个耶稣会教士一斧头砍掉他的手。点燃的麦秆扔到王军已经下降到的壕沟中。到处响起警报。亨利四世被迫下令撤退。

战争四处继续进行。巴黎人每天一再发誓不承认国王。

新教皇格列高利十四世目睹一些军队前往救援神圣联盟。他每月向巴黎的执异见分子提供取自西克斯特五世存储的财富中的一万五千利弗。救援军队随同一个名叫马特奇的、担任军队总特

---

① 即方济各会。此会宣传清贫福音,倡导文化,效忠教皇,反对异端。
② 为方济各会的一支。该会会服附有尖形风帽。
③ 指亨利四世。

派员的大主教行进。凡尔登城是会师地点。耶稣会教士约旺奇在
其所著《耶稣军团史》一书中承认，巴黎的初学修士的上级名叫尼
格里。他把这个修会的初学修士集合起来，带往凡尔登的教皇军
中，编入这支军队。这个行为真是匪夷所思，可能看起来令人难以
置信，但在我们耳闻目染种种情况后绝对毋庸置疑。

在风起云涌、瞬息万变、事件迭生——其中一些十分恐怖，另
一些则荒唐可笑——的局面中，被称为十六人的执异见党派新树
立了暴戾恣睢的榜样。内战把人卷入其中。这个执异见党派在巴
黎比高等法院更有权威，甚至摆脱了马延公爵的权威。这十六个
人发现一个名叫布里加尔的市区检察官曾经寄往当时正处于王军
占领下的圣德尼一封信，于是向高等法院控告他，对他起诉。高等
法院首席院长巴尔纳贝·布里松救了这个不幸的人一命。这十六
人怀疑布里松身在巴黎，心在王党。以下是他们如何进行报复：

就是那个已经把高等法院的一部分人关押起来的巴士底狱总
管比西·让·勒克莱克首先要求得到有首要执异见分子中的十人
签名的一张空白纸，这是行动的开始。他对这些人说，这是为了同
索邦神学院洽商。他一旦获得他们的签名，就用对法院首席院长
的死刑判决的词句填满这张白纸。这时已经有人等候这位院长冒
冒失失在大街上行走的时刻到来。这位院长被捕，并被解送到小
夏特莱。他一旦被关进该处，大御前会议的参赞克罗梅就身穿武
装工作服出现在他面前，让他跪下，向他宣读他因犯神和人的弑君
罪被判处绞刑的判决书。

他在这个恐怖的时刻，依旧满脑子那些抚育培养他成长起来
的诉讼、判决等法律手续，要求同控告他的证人进行对质。这真是

一件相当荒谬怪异的事。克罗梅对此只答以一阵哈哈大笑。布里松央求推迟处决，直至他把他那已经开始动笔撰写的司法著作完成为止。克罗梅笑得前仰后合，更加厉害。布里松被吊死在一根柱子上。

一小时后，一个名叫舒耶的大行政官的副手来到法院抓捕拉尔歇尔。这个高等法院大法官、法官中的第二位元老、一个七旬老人也被控告为国王的支持者。他被押解到置放布里松尸体的同一地方。拉尔歇尔目睹这个场景，就要求自己赴死。他被吊死在一根柱子上。

与此同时，圣科姆的本堂神甫由一批教士和大学的帮凶跟随，前往抓捕病重卧床并刚刚放了血的法官夏特莱·塔尔迪弗。他把这位法官指给死刑执行人看，并让他同样死去。

有这样的人：他们执行这些处决；他们的职业就是夺走别人的生命而不去了解这种死是否正义以及下令处死的人的权力为何物。这也是人的暴行之一。

第二天这三个人暴尸于格雷弗广场，吊在一根柱子上，附有字牌。字牌宣告三人是叛徒、上帝的敌人及异端分子。马延公爵当时不在巴黎。以这个城市的主人自居的十六人执异见党派利用这个时机致函西班牙国王。他们向他派去耶稣会教士克洛德·马蒂厄，央求西班牙国王把他的女儿嫁给年轻的吉斯公爵作为法国王后。马蒂厄携带的信途中被人截获并送呈法国国王。法国国王没有忘记让马延这封信的一份副本万无一失地落入马延公爵手中。在这位公爵和他的侄儿之间散播嫉妒猜疑，是分化瓦解神圣联盟的不二法门。

　　马延到达巴黎后以解除比西·让·勒克莱克对巴士底狱的管理权作为第一步。他不通过任何诉讼形式绞死四个让人弄死法官的罪大恶极的家伙。同一个曾为这四人效劳的刽子手接着也被吊死。

　　罪孽最深重的克罗梅逃脱。高等法院恢复它平时的职能。院长勒梅特尔取代了布里松。他没有被他前任遭到的灾祸吓倒。

第三十三章　被肢解的王国
只有设在亨利四世近旁的高等
法院能够显示它的忠心
它下令逮捕教廷大使

正当巴黎高等法院时而成为神圣联盟的喉舌，时而成为它的受害者时，必须看看王国的其他高等法院所为何事。普罗旺斯高等法院向菲利普二世的女婿萨瓦公爵菲利贝尔－埃马纽埃尔派去一个由里埃兹主教夏斯特尔、昂皮男爵和一个名叫法布雷格的辩护人共三人组成的庄严的使团。

11月14日，萨瓦公爵到达埃克斯。他受到像对国王那样的接待。向他呈上华盖。高等法院全体法官吻他的手。奥诺雷·迪·拉朗代表这个机构发言。公爵被承认为这个省的保护者。向他进行了忠诚宣誓。

格勒诺布尔高等法院内部意见分歧。法院中仍然忠于国王的人已经撤退到佩尔蒂乌斯。但是，此后成为都统的勒斯迪基埃尔攻占了这个城市后，高等法院重新集合，此后只以国王的名义履行司法权能。

鲁昂高等法院的处境与巴黎高等法院的处境类似。它完完全全、彻头彻尾处于神圣联盟的执异见党派的控制之下，听任西班牙军队的支配摆布。它不幸于 1592 年 1 月 1 日发布下列决定：

"法院已毫无例外地禁止，并仍然禁止各类人员，不论其属于何种等级，具有何种爵位，具有何种地位，以任何行动、任何方式赞助亨利·德·波旁的党派。上述人员须立即弃绝该党，违者吊死或绞死。上述法院下令将由总检察长发布罪行检举命令书，以对那些赞助上述亨利·德·波旁及其徒众者进行侦讯……上述法院下令在公共广场竖立绞架以吊死那些恶毒之极的为害国家者。"

只有当时时而在图尔，时而在夏隆开会的国王的高等法院能够自由表达它的爱国之情。教皇格列高利十四登基时，曾经首先向神圣联盟派去一位教廷大使以襄助当时在巴黎履行教皇特使职责的卡热坦红衣主教。这位教廷大使名叫朗德里亚诺。他带来重申开除亨利三世和亨利四世教籍的教皇谕旨和罪行检举命令书。

夏隆的小高等法院当时甚至没有一位院长作为首脑，但却发挥出它的全部效能。其他高等法院如果更加自由，或者受诱受贿较少，才能发挥出这种效能。这个法院发布命令逮捕所谓的竟然敢于未获钦准就进入法兰西王国的教皇大使朗德里亚诺。它下令在三个市场交易日吹喇叭，悬赏一万利弗，奖给将此人送交司法部门者。它禁止大主教和主教发布教皇谕旨，违者将被宣布为弑君罪犯。最后它就选举格列高利十四为教皇一事向未来的主教会议上诉。

这个令整个法国异常震惊的举措是正规合法的、普通单纯的。一个外国主教竟敢决定王权，这实在是对所有法律以及人类理智的一种玷辱。充作这种玷辱行为的借口的宗教本身，也谴责这种肆无忌惮、放肆无礼的行径。理智让人感到这种行径荒唐可笑。

然而,自从格列高利七世以来,无事不能的舆论却让这些有百害而无一利的思想在所有教士的脑袋里根深蒂固。这些脑袋又把这种毒素灌注到民众的脑袋里。愚昧无知使人接受这些准则;欺诈行骗使人扶植支撑这些准则;刀枪剑戟支持这些准则。当时天主教徒中一个僧侣就足以让人深信,从未到过罗马的、不通拉丁文的使徒彼得①在主教管辖区这个称号尚未给予任何地方的时代,曾在提比略②及其他帝王在位时期占有主教席位二十五年;就足以让人深信他从这个所谓的主教席位把以导师的身份向全体帝王、全体教会训话的权利传给在他两千五百年之后的格列高利十四。只有疯狂的神圣联盟的成员或者傻瓜才会相信这样一些荒诞可笑的无稽之谈,才会对这样一种专制暴政百依百顺。

　　对法国的荣誉来说,有两个红衣主教和八个主教支持了真正的高等法院的坚定立场,并使这个机构强毅刚正。这些红衣主教是国王的表兄弟波旁红衣主教和虽身为洛林人的勒蒙库尔红衣主教。高级神长是:布尔日的大主教德·博内、南特主教迪·贝克、夏尔特尔主教德·图、布维主教德·菲梅、马伊泽主教苏尔迪、曼斯主教当热内、夏农主教克洛兹和巴耶主教达戎。他们的名字应该永久被后代铭记在心。

　　(1591 年 9 月 21 日)这些红衣主教和主教在夏尔特尔草拟一项通告,向王国全体天主教徒发出。他们说:"我等获悉,格列高利十四教养极差、耳目闭塞,且又受国家敌人奸诈诡计欺骗蒙蔽,已

---

　　① 又称圣彼得,为耶稣十二使徒之一。耶稣死后为众使徒之首,在罗马殉教。

　　② 提比略(前 42—37),古罗马皇帝。长期从事征战,军功显赫。即帝位后,因暴虐引起普遍不满。后被近卫军长官杀害。

经发布教皇谕旨及罪行检举命令书以取缔并开除并不背叛其国王的主教、王侯、贵族等人之教籍……我等经深思熟虑，深入商议，宣布上述开除教籍……之决定形式上及实际上完全无效且不公平，系受法国敌人指使……而无损于教皇之荣誉。"

国王的高等法院当时正在图尔开会，举措更好。它假死刑执行人之手焚毁教皇谕旨，并宣布所谓的教皇格列高利为公共安宁的破坏者及杀害亨利三世的帮凶，既然他认可这次凶杀。

巴黎高等法院在它那方面受到神圣联盟分子的压逼，让人在大楼梯脚下烧掉图尔高等法院的决定，并把这项决定定性为可恶、极坏。图尔高等法院以其人之道还治其人之身，对待巴黎高等法院的决定。胜者为王，败者为寇。必须用胜利来评断这些争论中的是非。但是，亨利四世对巴黎以及对鲁昂之围被帕尔玛公爵解除，因此他一时还无法正确有理。

高等法院首席院长阿西尔·德·哈尔莱当时正在国王左右。是他支撑图尔高等法院和夏隆高等法院的尊严。他在终于使自己从巴士底狱赎身出狱后，设法前去亨利四世身边。他构思出第一个永远挣脱教皇的桎梏和创设主教教职的办法。勒蒙库尔红衣主教和布尔日大主教参与了这项规划。但是，这项规划却无法付诸实施。必须一下就改变人们的观念，而人们的观念却只能随着时间的推移改变；或者必须拥有足够的军队和钱款以控制和操纵舆论。

但是，这个高等法院仍然制定了法国教会应该享有的自由的规章。国王对主教和对修道院院长的任命，应由大主教府所在的城市的大主教认可，而无需颁发教皇谕旨。全体教士都独立于罗马的命令，都保留他们的权利。主教与教皇授予同样的宽免证书。
这个规章既明智又大胆。它抑制一个外国宫廷的野心，迎合了国
家的教士。然而，它产生才几个月，教会便同国家一样瓜剖豆分、
四分五裂。同一个城市被天主教徒和新教徒轮番攻占。秩序和安
宁并非内战的命运。

第三十四章　西班牙人和意大利人
在巴黎举行全国三级会议
高等法院支持撒利克法典
亨利四世发誓弃绝

在亨利四世命运的所有狂风暴雨般的落潮时期，菲利普二世认为给法国一个主子的时机到来。他从埃斯古里亚尔①的隐深之处遥控，让人在巴黎举行法国全国三级会议。这次会议较少奉马延公爵之命，主要在菲利普二世派驻法国的大使和教皇使节红衣主教两人的阴谋策划之下召开。巴黎有一支西班牙卫成部队。菲利普二世承诺提供一支两万四千人的军队及大量钱款。亨利四世则身无分文，而且他的军队兵员不足。他在圣德尼安营扎寨。从该地他可以看到参加这次全国三级会议的代表到达巴黎。这个会议即将把他的祖产给予他人。

继格列高利十四之位的教皇克莱门八世于 4 月 15 日向教皇特使红衣主教下达一项教皇敕书，命令他着手进行选举一个法国国王。这项敕书 10 月 28 日才被登记。夏隆高等法院竭力反对这一蛮横无理之举。但它没有像曾经对待朗德里亚诺那样，下令逮

捕这位教皇特使。教皇特使这个称号仍然让人听而生畏，而且还存在一些哪怕下定最坚定不移的决心有时也无法谋求克服的偏见。

夏隆高等法院的决定再次被巴黎高等法院焚毁。这两家高等法院通过死刑执行人进行斗争。法国举国武装起来，等待三级会议让哪位国王与合法国王分庭抗礼，唱对台戏。

巴黎高等法院没有出席全国三级会议的权利。1593 年 1 月 25 日全国三级会议在卢浮宫开幕。一个煽动成性达到丧心病狂的程度的名叫让·布歇的圣伯努瓦的本堂神甫、一个圣日耳曼-洛克塞鲁瓦的本堂神甫、一个名叫克利的索邦神学院的博士等人出席。但是，德·纳利院长、勒梅特尔院长和纪尧姆·迪·维尔法官以高等法院的名义在会场就座。开会期间发表的高谈阔论、冗长的演说同《梅尼珀讽刺诗》①中的这类谈论同样荒唐可笑。这件可笑的事丝毫不能阻止有人意欲指定一位国王。西班牙的黄金白银和罗马的教皇谕旨能量巨大。西班牙军队仍在推进。西班牙大使菲里亚公爵获准参加全国三级会议。他在会上对可怜不幸而又一盘散沙并且需要他的民众发言，俨然是他们的保护人。最后，他宣布：必须选举西班牙公主；必须让年幼的吉斯公爵或者公爵的同母兄弟内穆尔·德·萨瓦公爵作为她的丈夫。选中的是吉斯公爵。

三个西班牙人掌控操纵这次法国的全国三级会议。他们是：

---

①　政治性小册子，所载文章以推翻以亨利三世为首的天主教联盟为目的，并拥护亨利四世继承王位。

特别大使菲里亚公爵、普通大使唐·迪埃戈·迪巴拉·德·塔克西斯和芒多扎学士。塔克西斯和芒多扎每人发表一篇长篇演说反对撒利克法典。查理六世在位时期,该法典已遭到践踏,此前它曾被严重违犯。如果西班牙人在教皇支持下竟然得逞,这一法典只不过是空幻之物而已,亨利四世会希望破灭。幸亏马延公爵和亨利四世同样关切,防止这一致命打击。选上一个西班牙王后,将使这位公爵从他位居首位的王权的梯级上跌下。他将眼见自己成了他的侄儿、年幼的吉斯的臣民。他不可能接受这一双重羞辱。

巴黎高等法院处于这种绝境,最后支持亨利四世和马延公爵,拯救了法国。

被马延公爵立为高等法院首席院长的勒梅特尔于 1593 年 6 月 29 日把所有法庭集合起来。撒利克法典被宣布为不可违犯。人们抗议一个外国王侯当选,认为无效。勒梅特尔受托通告马延公爵这项决定,并进一步向他陈述说明。马延公爵听取这些表述说明时装着怒火冲天,暴跳如雷,因为他难道能够由于法院拒绝一项将剥夺他的权力的选举而悲痛吗? 这些谏诤甚至大合他心意,他求之而不可得。高等法院既灵活巧妙地,而又坚定不移地告诉他:"效法你的曾祖父路易十二。他对祖国的热爱,使人为他起了人民之父这个称号。"这番话让人充分了解人们并不把他看成是个外国王侯;选择远离西班牙公主一天,他就一天以护国者和法兰西王国国王指定的摄政官的名义被授予最高权力。

在全国三级会议的这种不确定状态中,组成了若干党派:西班牙-罗马党仍然是最强大的党。但是优秀的公民——其中有好几个高等法院的成员——暗中支持亨利四世,并且倾向于承认他为国王,而不论他信奉何种宗教。他们认为亨利四世取得王位的权利来自血缘,血缘使任何人都是他祖先的财产的继承者。

如果说绝对不应该因一个公民为了获得享有他父亲的财产的权利而问他对圣体、对忏悔有何想法的话,那么就更有理由绝对不应该问这个作为历代众多国王的天然继承人的这种想法。既然亨利四世不要求神圣联盟的成员成为新教徒,那么为什么要希望亨利四世成为天主教徒呢? 为什么要束缚人中的精英、王侯中的最勇敢者的思想意识呢? 他们可没有束缚谁的思想意识啊。

这就是有理智的人的观念,而这种人却始终寥若晨星。

感到自身的不幸和灾难而又从不深思熟虑的大部分民众,热切祝愿亨利四世成为国王,但又希望他只是天主教徒。既受到迟早会对人的良心讲话的公正思想的紧逼,又更受到索邦神学院和教士的统治,迷信思想和义务思想兼而有之的民众,从来没有承认过一个用法文向上帝祷告,以面包和葡萄酒的形式领圣体的国王。

亨利四世终于作出唯一适合他的处境和他的性格的决定。他必须下定决心作出抉择:或者把他的生命用于把法国投入战火与血海中,并拿他的王冠进行冒险;或者改变自己的宗教信仰以重新引导人心。奥伦治①、古斯塔夫·阿道夫②、查理十二③之类的君主最终都不会作出这样的决定。坚定不移、百折不挠会产生更多的英雄主义,但在他的自豪中却有更多人道和策略。这种使他付出

---

①　指曾多次与法国国王路易十四抗衡争雄的荷兰的奥伦治亲王。

②　古斯塔夫·阿道夫(1594—1632),瑞典国王。

③　查理十二(1682—1718),瑞典国王。即位后加强王权,进行北方战争,击败丹麦、俄罗斯、萨克森、波兰等国。1708 年再度攻俄兵败。1718 进攻挪威阵亡。

心灵代价的、但却必不可少的谈判,自从三级会议第一次举行后就已经开始。他的那个党派的主教在絮雷内与对方党派的主教频繁会谈。尽管索邦神学院倨傲蛮横而又虚弱无力地宣称这些会谈不合法、不敬神。但这个机构的已被公民嗤之以鼻的法规和决定,现在开始也被下层人弃如敝屣。

因此在国王和马延公爵两人商定的休战期间,举行了这些会谈。参加谈判的两个主要首领是国王方面的布尔日大主教雷诺和神圣联盟方面的里昂大主教德斯皮纳克。前者因他勇敢的德行而备受尊敬;后者则因与他的姊妹乱伦而名誉扫地,因他的阴谋诡计而令人憎恶。

不管德斯皮纳克能够怎样绕弯兜圈,阻止缔结和约,不管他和同事花了多大力气千方百计对国王派出的主教进行恐吓威胁,他都无法阻止王党的高级神职人员接受国王弃绝他原来的宗教。西班牙、罗马、马延公爵和神圣联盟为教权主义而战。他们所担心的一切就是亨利四世改宗天主教。1593 年 7 月 25 日,亨利四世在教堂跨越了这个门槛。

一个圣德斯塔什的本堂神甫连同他的六个教友在要求马延公爵准许他们前往圣德尼观看这个仪式之后,马延公爵把他们解送给教皇特使。这个教皇特使威胁他们,如果他们敢于前往见证国王改宗,就开除他们的教籍。这些善良的教士根本不把这位教皇的意大利特使看在眼里,对他嗤之以鼻。他们穿过一群为他们祝福的民众出席了国王的弃绝仪式,而教皇特使却并不敢开除他们的教籍。告知人们这一情况,并非与这部历史著作不相称之举。

没有必要用宗教仪式来为一个因其出生权而独一无二成为国

王的人祝圣加冕。加冕礼只不过是一个仪式而已，但却使民众对受加冕者肃然起敬。对一个勉勉强强与主宰国家的教会联合起来的国王来说，这个仪式不可或缺。亨利四世不能在兰斯接受加冕。这个城市仍然为他的仇敌据有。有人建议夏尔特尔这个城市。有人让人注意到统治家族的始祖于格·卡佩的后代丕平、查理曼、罗贝尔、胖子路易以及其他好些国王都没有在兰斯加冕。被称为圣油瓶的、受到民众崇敬的油瓶引起一些麻烦。是否一个天使把这个油瓶从天上带来，圣勒米从来没有谈过。叙述大量圣迹的格列高利·德·图尔对这个油瓶一直保持缄默。以上两点都容易证实。如果绝对需要天使携来的圣油的话，那么在图尔有满满一瓶。这瓶圣油的价值远远超过兰斯的那一瓶，因为在克洛维斯领洗之前很久，一个天使把这瓶圣油带来治愈圣马丁的风湿病。最后，兰斯的那瓶只是为了克洛维斯的领洗而不是为了加冕才发给的。因此，借来了图尔的那一瓶。夏尔特尔主教尼科拉·德·图是一位历史学家的伯父。他荣幸地为曾经统治过的法国的最伟大的、其家族中唯一的、法国人曾经争夺他的王冠的国王加冕。

第三十五章　亨利四世在巴黎
得到承认

亨利四世改宗和加冕后,并未进一步执掌巴黎和很多其他被神圣联盟的其他首领据有的城市的主管大权。排除了障碍、破除既仇恨他信仰的宗教又仇恨他本人的公民的偏见,已经非同小可。他的改宗成功地分化了三级会议,这更颇不寻常。然而,他的改宗和他的涂油仪式却既没有使他获得军队,也没有使他获得金钱。

教皇特使帕勒维红衣主教和神圣联盟的所有其他高级神职人员举行宗教仪式游行,散发诽谤性小册子,在巴黎反对国王改宗。教坛一片对这同一个改皈天主教的国王的责难和诅咒。他的改宗被视为奸诈作伪。他本人被当作叛教者。更加危险的武器的矛头指向他。各地的凶手全被贿买。在众多凶手中有一个名叫皮埃尔·巴里埃尔的人。此人是民众中的渣滓,过度虔信狂热而又胆大包天,过去曾被"疤脸"吉斯公爵用来在于松城堡绑架亨利四世的妻子玛格丽特王后。他向一个多明我会修士、一个加尔默罗会修士、一个嘉布遣会修士、一个圣安德烈·德·阿克的本堂神甫、神圣联盟最狂热的成员奥布里,最后向巴黎耶稣会社团的团长瓦拉德忏悔。他向他们所有的人表述了他为了抵偿自身罪愆而杀死国王的图谋。他们全都怂恿他,煽动他,并为他保守秘密。只有那个多明我会修士除外。这个修士是佛罗伦萨人，拥护国王的那个党派，而且是托斯卡纳大公斐迪南的密探。

如果说其他人利用宗教信仰来煽起弑君罪行的话，那么此人就是利用宗教信仰来阻止这种行为。他泄露巴里埃尔的秘密图谋。有人说这是一种罪孽，但阻止弑君罪的罪孽却是一种美德懿行。这个佛罗伦萨人把凶手描述得惟妙惟肖，以致当这个凶手预备下毒手时就在默伦被捕。国王任命的十名特派员判处这个罪犯车轮刑。他死前声称，那些建议他犯这起罪行的人曾经向他保证"如果他完成了他的行动，他的灵魂将由天使带到永恒的极乐世界。"

这是亨利四世改宗结出的第一个果实。这时被马延公爵立为法兰西元帅的布里萨克进行的谈判和巴黎的几个公民的热忱，把伊弗里的胜利、巴黎全部郊区的攻克和攀爬巴黎城墙的行动都未能使他得到的这个首都给了他。

马延公爵已经离开这个城市。布里萨克元帅留下担任城市总督。这位大人在动乱中首先设想把法国建成一个共和国。但是，一个名叫朗格洛瓦的城镇助理地方长官在这个城市里享有盛誉，思想比布里萨克元帅更加健康、更加理智，已经同国王秘密洽商。巴黎市长吕伊利埃不久后也有了同样的设想。他们两人引领布里萨克参与这个设想。高等法院好几个法官与布里萨克秘密结合。高等法院首席院长勒梅特尔带头行事。总检察官莫勒、法官皮埃尔·达穆尔、纪尧姆·迪·韦尔在拉尔塞纳尔秘密聚集会商。高等法院的其他成员对此毫不知情。他们甚至发布决定禁止各种集会以及积存军火。决定声称，举行这些秘密会议的房舍、场所均将夷为平地;反对神圣联盟的行动和言论均被视为国事罪。

这项决定平息了神圣联盟成员的惶恐不安。帕勒维红衣主教让人在巴黎游展圣女日尼薇的遗骸盒。这位特使、西班牙特使、十六人异见党、索邦神学院等都安下心来,平平静静。第二天,3月22日一阵火枪声和国王万岁的呼喊把他们惊醒。

巴黎市长吕伊利埃、城镇助理地方长官朗格洛瓦同那些参与这一密谋的有产者枕戈待旦。杜伊勒里宫的、圣德尼的和波尔特——纳弗的城门同时洞开。国王军队从三个方面进入巴黎城内并向巴士底狱进军。只有驻扎在卢浮宫以远的外国军队的六十人丧命。亨利四世在教皇特使红衣主教醒来之前已经入主巴黎。

这里转述一下这个可敬的弗朗索瓦·德·图的这番话再好不过:"几乎顷刻之间人们就看到国家的敌人被驱逐出巴黎城。异见党销声匿迹。一个合法的国王的王位得到了巩固。行政官的权利、公众的自由和法律秩序得到重建。"

亨利四世对一切都加以整顿。他的第一个关注是责成掌玺大臣希维尔尼从高等法院的档案室取出并销毁这个不幸的时代的所有决议、所有有损于王权的决定。学者皮埃尔·皮图奉掌玺大臣之命完成了这项职责 。此人是个几乎博古通今、学富五车的人。德·图说,他是国家大臣的顾问,是没有法官称谓的、国家大事的永恒的评审者。

(1594年3月28日)掌玺大臣希维尔尼由公爵、贵卿、王室高官、国务参事和诉状审理庭法官陪同来到高等法院。这同一个皮埃尔·皮图并非法官,却行使总检察官职责。掌玺大臣带来一道国王敕令。该敕令宽免高等法院,恢复高等法院,同时表扬高等法院不顾教皇特使和西班牙使节阻挠发布有利于撒利克法典的决定。在这以后，这个机构的全体成员在掌玺大臣监督下进行了忠诚宣誓。

夏隆高等法院和图尔高等法院的官员不久以后返回。他们承认巴黎高等法院的官员为同事。他们唯一的突显之处，是对巴黎高等法院法官拥有在先权。

巴黎高等法院同一天被国王恢复后，把所有制定的反对亨利三世和亨利四世的文件统统撤销。它还撤销了神圣联盟领导的三级会议。它命令马延公爵服从国王，否则以弑君罪论处。它创设了一个每年3月22日它的成员都身穿红袍参加的永恒的仪式，以感谢上帝把巴黎归还亨利四世，把亨利四世归还巴黎。从这一天起，它从叛逆转到忠诚，特别再度恢复了它的爱国主义的崇高感情。这种感情曾经是法国的最坚固的抗击罗马宫廷的行动的壁垒。

第三十六章　亨利四世遭让·夏特尔刺杀　耶稣会教士被驱赶法国在罗马受到惩罚，然后被赦罪

　　国王亨利四世成了他的首都的主人。他还准备入主鲁昂。但是，此时法国的半壁江山仍然在神圣联盟和西班牙手中。他获得巴黎高等法院承认，但没有得到僧侣承认。巴黎的大多数本堂神甫拒绝为他祈祷。他进入这个城市下车伊始，就心怀好意，保存教皇特使红衣主教的住宅，担心这个住所遭到抢劫。他邀请这位使者前来与他会见。这位特使却拒绝向他履行这个义务。他既不把亨利视为国王，也不把他视为天主教徒，理由是：这位君主没有受到教皇宽免。除了少数记得他们在成为教士之前是法国人的人以外，这个成见在所有的教士思想上根深蒂固。

　　如果懊悔不足以使人获得上帝的慈悲的话，如果一个人必须受到另外一个人的宽恕的话，那么亨利四世已经受到布尔日大主教的宽恕。实在看不出一个意大利人的宽恕能够对一个法国人的宽恕有何增添，除非这个意大利人是普天之下的所有心灵良知的主宰。或者布尔日大主教有权利向亨利四世打开天堂之门；或者教皇没有这种权利。当他们都没有这种权利时，亨利四世无论以他的出生或者以他的才能都并不因此而不是国王。这就是被称为

弊端的情况。亨利四世巩固他的王位，并不需要罗马宫廷。所有高等法院都会宣布他为合法国王和优秀天主教徒而无需与教皇商量。但是，大家已经看到所谓成见究系何物。

亨利四世被迫请求被称为克莱门八世教皇的罗马主教阿尔多布朗丹原谅他让自己受到布尔日主教赦免，提出他只是因为迫于需要和时势才犯下这个错误。他央求这位教皇接纳他成为他的孩子。他通过他的大使内韦尔公爵把这些话传给教皇。但是，教皇根本不愿接纳内韦尔公爵作为亨利四世的大使。他准许他作为个人吻他的脚。阿尔多布朗丹用这种冷酷无情的手段显示他的教皇权威，但与此同时，也显出他的弱点。从所有这些行动表现中可以看到，他既担心菲利普二世不悦，又显摆作为教皇的骄傲。韦内尔公爵只是通过前不久才晋升为红衣主教的耶稣会教士托勒才收到对他的陈情书的答复。

研究一下这个耶稣会教士红衣主教向韦内尔公爵提出的理由并非毫无裨益。他说："耶稣基督并无让四处流浪者迷途知返之责。他命令这些流浪者向他的使徒请教。圣安德烈[①]就是这样处理异教徒的。"

老好人托勒不知这个耶稣会教士所云为何。他把安德烈当成了菲利普。那个菲利普遇到了埃塞俄比亚的王后的太监康达斯在他的车上读《以赛亚书》的一章。这一章大概译成埃塞俄比亚文，但他一点不懂。毫无疑问，博学多才的菲利普向他解释了这段文

---

① 基督教《圣经》中耶稣十二使徒之一。

字,让他改变了宗教信仰。之后他被神灵卷走①。

但是,这个太监与亨利四世之间的情况,和菲利普与克莱门八世之间的情况,这两者之间有什么关联呢?为什么布尔日大主教不能同克莱门一样与犹太人菲利普相像呢?想用这样譬喻来支持罗马的最高主教的行为是在阴阳怪气地玩弄宗教。这个主教使法国遭逢再度陷入内战恐怖的危险。韦内尔公爵怒气冲冲离开罗马。这时迪·帕龙和多萨前往重开这次荒诞离奇的谈判。促使克莱门八世拒绝的同样思想,磨快刺客向亨利四世举起的匕首。

一个疯疯癫癫、精神失常的名叫让·夏特尔的年轻人是巴黎一个呢绒巨商的儿子。这个商人在这个城市人脉很广。他的妻子的娘家在这个城市至今仍然人丁兴旺。这个青年在耶稣会教士那里求学后,获准进入他们的一个修会,并且获准做某些神功。这些神功在一间叫做默祷房的房屋进行。墙上挂满阴森恐怖的地狱的以及折磨被罚入地狱的人的魔鬼的绘画。点燃的火把的光使这些图像更加令人心惊肉跳,使这个青年的想象错乱。他暴戾恣睢,行凶作恶。他认为自己已经是地狱的受难者。有人声称,一个耶稣会教士在他头脑昏乱时对他说,他只有让法国摆脱一个仍然是异端的国王,才能逃脱永恒的惩罚。这个十九岁的不幸的人认为,如果他刺杀亨利四世就可以赎地狱为他准备的部分惩罚。他说:"我很清楚我将被罚下地狱。但我更愿意作为极端虔信上帝的人那样被罚下地狱。"在重大罪行中,总是有精神错乱的成分。他企求死

①见《圣经·新约》的《使徒行传》第8章36节。有关情节的译文是:"……,腓利和太监同下水里去,腓力就给他施洗。从水里上来,主的灵把腓力提了去……"

亡。他过分狂想，以致他供认，他曾经打定主意在大庭广众之中犯兽奸罪，想象他当场就会被人用酷刑处死。接着他改变主意，一直憎恶生命，恢复刺杀国王的图谋。

他在国王拥抱蒙蒂尼大人的时刻混进国王侍臣中。他对准国王的心脏刺了一刀。国王这时身子俯得很低，因此这一刀刺在嘴唇上。这一刀刺得很猛，弄碎了国王的一颗牙齿。国王这次幸免于难。在让·夏特尔的口袋里搜到他写的一个东西。上面是他的忏悔。一种年代如此久远的法规，制定它原是为了赎罪或者防罪，但却往往促使犯罪。这真是可怕之至，令人骇然失色。这是一种与耳闻的忏悔相联系的灾祸。

宪兵司令首先把这个十恶不赦的家伙扣押起来。历史学家奥古斯特·德·图争取到让这个罪犯由高等法院审判。罪犯在被审讯时承认他曾经在耶稣会教士那里习读，向他们做过忏悔，是他们修会的成员。高等法院让人查抄并审查了这些耶稣会教士的文件。在耶稣会教士让·吉尼亚尔的文件中有这些话："没有把贵要静脉的血放掉，这是在圣巴托罗缪日所犯的一个大错误。"贵要静脉意为王家的。这句话的意义是本应消灭亨利和孔代亲王。接着又找到这些字句："需要把法国国王的称号给予一个萨尔达纳帕尔①、一个尼禄②、一只贝亚恩的狐狸③吗？雅克·克莱门的行为是英雄行为。如果能向贝亚恩人发起战争，就必须跟他打仗。不然，

---

①　传奇中的亚述末代国王，以穷奢极侈著称。

②　尼禄（37—68），罗马皇帝。即位初期施行仁政，后转向残暴统治，处死其母及妻。后因帝国各地发生叛乱逃离罗马，途穷自杀，一说被处死。

③　指亨利四世。

让人暗杀他。"

夏特尔被判处车裂刑。耶稣会教士吉尼亚尔被绞死。奇怪的是，约旺奇在其所著《耶稣会教士史》一书中将这位教士视为烈士，并把他比作耶稣基督。夏特尔的一个名叫格雷的辅导教师和另一个名叫埃的耶稣会教士仅被判处终生流放。

就在这个时期，耶稣会教士在高等法院同索邦神学院打了一场官司。高等法院发布判决，把耶稣会教士驱逐出法兰西王国。高等法院的确通过一项在整个巴黎辖区、鲁昂辖区和第戎辖区执行的判决，驱逐了他们。执行这项判决当然不会使教皇感到开心。迪·帕龙和多萨当时都请求教皇给予法国国王长期以来他一直拒绝给予的赦免。这位君王无日不取得巨大胜利并开始步步为营，谨慎小心地和四分五裂的法国的各个部分团结起来，以致教皇无法再置之不顾，无动于衷。多萨告知国王说，"你把你那方面的事搞好，我向你保证我负责这里的事。"亨利四世对这个忠告字字遵从。克莱门八世却首先为他对法国国王作出的宽免大赦提出一些形同压逼、无法接受的条件。他想让国王发誓如果他重犯错误，就放弃所有王权；发誓他对土耳其人作战，而不是对菲利普二世作战。这两项诛求无厌的建议遭到拒绝。最后教皇限于要求法国国王每天背诵他的念珠祷文，每个星期三作连祷，每个星期日背诵圣母玛利亚的玫瑰经。

克莱门八世还意欲把这段话插进他的谕旨里："根据教皇的宽恕，国王恢复他在他的王国的一切权利。"这个被巧妙地悄悄塞入这个文件的条款，比背诵玫瑰经的训令更加严重。多萨事事审慎周全，觉察到这一点，让人对这项谕旨作了修改。但是，他和迪·

帕龙都无法逃避唱《米泽里厄里》[1]时代表国王俯身躺地，背上挨棍子打的仪式。

五百年前，事物发展的命定性，曾经让另外一个亨利四世[2]跪在另外一个教皇脚下。

亨利四世皇帝在很多事物上与这位法国国王相似：英勇，对女人殷勤，敢想敢干，像他那样能屈能伸。他作出的姿态甚至更加令人感到丢脸羞辱。他赤着脚，身上穿着苦行者或忏悔者贴身穿的刚毛衬衣，跪在教皇格列高利七世脚下。这两个亨利四世都是迷信的受害者，以同样的最令人哀叹的方式死去。

---

[1]　指《圣经》第 51 诗篇（在天主教拉丁文《圣经》中为第 50 篇），它的首句为"上帝啊，求你按你的慈爱怜恤我……"

[2]　亨利四世（1050—1106），德意志国王（1056—1106）、神圣罗马帝国皇帝（1084—1106）。6 岁继承王位，由母后摄政，1066 年开始亲政。加强王权，废黜教皇格列高利七世（1076），被开除教籍。被迫悔罪后重新取得教籍。后举兵进占罗马（1084）。

第三十七章　鲁昂大会　财政管理

亨利四世通常只被人看作是个勇敢、忠诚的骑士,像迪·盖克兰、巴亚尔①、克里戎②之类的人物那样勇敢。他与人交往温和、平易,一如在战斗中积极、无畏。他对朋友、仆役、情妇宽容。他是他的王国的头一个士兵、最为人喜爱的贵族。然而,深入研究他的行为举止,就会在他身上发现多萨③和维勒鲁瓦④的谋略。

他在谈判巴黎、鲁昂、兰斯和若干其他城市投降问题时表现出的灵活性,彰显出他在处理事务时具有的最机动灵活、最训练有素、最老谋深算的心智。他对神圣联盟中彼此对立的各个首领的不同利益洞若观火。他在同一时间同二十多个敌人谈判。他根据他的每个代理人的性格使用他们。他无时无刻不小心谨慎地抑制自己的急躁冲动。他身处这个可怕的错综复杂的环境,勇往直前,奔向国家的福祉。任何密切观察他的行为的人都会承认他能得到

---

① 巴亚尔(1473—1524),法国军人,屡建战功的英雄,人称"无畏无瑕骑士"。最后战死于意大利战场。
② 克里戎(1543—1615),法国军人。参加宗教战争。
③ 多萨(1536—1604),法国天主教高级神长。
④ 维勒鲁瓦(1542—1617),法国国务秘书。曾多次代表国王与新教徒谈判。

他的王国,既要归功于他的精神,也要归功于他的勇敢。他的伟大心灵在时代和形势的需求下能伸能屈。他宁可用金钱买来神圣联盟大多数首领的服从,而不让他国家的人民的鲜血继续流淌。他利用他们的贪婪来抑制他们的野心。德高行美的苏利公爵、这个配得上这样一个主子的大臣,告诉我们,亨利四世在不同的时期花去三千两百万来征服神圣联盟的残余分子。

亨利四世认为不应该在他在位期间逃避分文不少地支付这笔巨款的承诺。虽然说到底这些承诺是造反者勒索的。他把拒腐蚀、永不沾的坚定信仰添加到他大量的机动灵活的活动中。

他还没有同罗马妥协和解,言归于好。当他在鲁昂以显贵大会的名义召开一次类似全国三级会议的会议时,他用他的勇敢和灵巧一步步夺回他的王国。通过这些不同会议的召开,大家看得相当清楚,在法国没有一成不变的事物。这不是王国古代的议会。在这种古代议会中,全体贵族和军人凭权利参加。这也不是神圣罗马帝国的 diètes(议会),不是瑞典的 états(等级会议),不是西班牙的 Cortès(议会),不是其所有成员被法律固定下来的英国的 parliament(议会)。所有稍微值得重视的,能够来鲁昂旅行的人都能获准进入这次会议。教皇特使亚历山大·德·美第奇经人介绍参加这次会议并在会中有表决权。曾经举行神圣联盟的三级会议的皮亚琴察红衣主教的例子,充作这位特使的借口。对教皇有所需求的法国国王违反了王国的法律,但毫不担心一种毫无意义可言的仪式会产生何种后果。

1596 年 11 月 4 日三级会议在圣乌昂修道院的大厅开幕。必须指出,能够举行大会的这些大教堂只在住有僧侣的地方。在巴黎,法国教士只在住有奥古斯丁①派僧侣的地方集会。英国议会本身也只在威斯敏斯特修道院开会。

　　法国国王在御座上就座。在他下面的左、右两侧是血缘亲王、都统、公爵和贵卿亨利·德·蒙莫朗西。只有两位其他公爵:德佩龙和阿尔贝·德·贡迪。另有法国元帅雅克·德·马蒂尼翁。在他们后面是四个国务秘书。教皇特使面对国王御座就座,周围有很多主教。有人会以为这是另外一个有自己的宫廷的国王面对亨利四世。在这些主教下面是巴黎高等法院头戴圆形法官帽的首席院长阿西尔·德·阿尔莱和戴圆形法官帽的法院院长皮埃尔·塞吉埃。这些法国政要、显贵本不会向主教们让步。但是,这位红衣主教教皇特使却令他们畏服。一个图卢兹的高等法院院长、一个波尔多的高等法院院长、几个审计法院法官、几个间接税法院法官、法国司库、法官、外省市长等与阿西尔·德·阿尔莱坐在同一排长凳上。他们人数众多。阿西尔·德·阿尔莱坐在这一排的中央。

　　就在这里亨利四世发表了他的著名演讲。对这篇演讲的记忆将与法国同样永世长存。人们看到真正的口若悬河的口才存在于伟大的心灵中。

　　他说:"我来这里要求你们给我忠告,我相信这些忠告,遵从这些忠告,把自己置于你们的手的监护之下。这是一种对国王,对白胡子老人和对胜利者都不会起什么作用的羡慕之心。但是,我对

────────────

① 奥古斯丁(354—430),基督教哲学家、拉丁教父哲学的主要代表、古罗马帝国北非领地希波教区主教。

我的臣民的热爱,使我认为一切都是可能的,一切都是可敬的。"

至关紧要的大事,是整顿处理财政。三级会议对政府管理的这一部分了解极差,构想出新的规章制度,但一无可取之处。这个机构首先假设国王的收入每年达到三千万。它建议把这笔收入一分为二:一部分绝对由国王支配;另一部分由三级会议设置的一个委员会征收和管理。这实际上是把亨利四世置于监管之下。国王采纳苏利的忠告,接受了这个并不适宜的建议,认为只应该用让提出这项建议的人承担一项他们无法承担的义务的办法使这些人哑口无言,感激涕零。率先提出这个建议的巴黎大主教德·贡迪红衣主教被任命担任这个新的财政委员会的首领。他应该负责征收所谓的一千五百万,即国家收入的半数。

贡迪出生于意大利。他以一种近乎吝啬的节约方式管理他的那个家族。这两种原因使他相信他能够管理一个庞大的王国最困难棘手的那部分事务。三级会议和他本人却忘记,对一个大主教来说,担任财政官员之职多么不当。

苏利是国王财政委员会中最年轻,但却最能干的成员,正如他为人铁面无私、诚实不欺一样。他在很短的时间内夙兴夜寐,废寝忘食,征收了责成他负责征收的那部分钱款。苏利说,巴黎大主教的委员会——自称为理智委员会——干不出任何理智的事来。几个星期、几个月过去了,他们没有征收到一个德尼埃。最后,他们不得不辞去他们的管理职务,请求国王宽恕,承认他们一无所能。就是这起意外事件让国王打定主意让苏利担任财政总监职务。

第三十八章 亨利四世
无法获得收复亚眠所需经费
他放弃这项计划 他收复亚眠

　　财政问题有时在国王和高等法院之间的关系上投下阴影。正如人们所说，这个国王并非用刀剑夺回他的王国。事实的确远非如此。神圣联盟的首领把王国的一半卖给他。苏利刚刚开始清理国家收入这个烂摊子。当一起始料未及的意外事件置法国于危难凶险之境时，国王正在进行对菲利普二世的战争。

　　菲利普二世的荷兰总督埃尔内斯特大公对居民背信弃义，很不光彩地使用一大袋击发暗射武器突然袭击，攻占了亚眠城。西班牙军队能够从亚眠发起进攻，直抵巴黎城门。绝对需要进行长期包围以收复大公顷刻之间攻占的地区。

　　在这样的时机，始终短缺的钱款是必须使用的第一动力。国王开始对之言听计从的苏利，匆匆忙忙制定出一项制造所需钱币的计划，让国王立刻拥有一支军队和一支巨大的令人生畏的炮兵。他独辟蹊径，创建了一所比过去任何时候的巴黎医院都供应更好的医院。这可能是法国军队第一次粮秣充足、装备齐全。但是，为了提供用于这一举措的全部钱款，苏利不得不在他的天才的和巧妙的创举之外添加某些捐税，设置某些需要国王发布敕令的职位。

这些敕令需要在高等法院登记。

国王在离开巴黎前往亚眠以前,函令巴黎高等法院首席院长称:"应该养育那些保卫国家的人。如果给我一支军队,我会愉快地献出我的生命以拯救你们和振兴法国。"敕令被拒绝登记。国王最初得到的只是谏诤,而不是金钱。高等法院首席院长和几个代表前来向国王再度提出国家的需求。国王回答这位院长说:"最大的需求是把敌人赶出国土。你们就像亚眠的那些傻子一样。他们拒绝给我两千埃居,结果却丢了一百万埃居。我去军队让人用手枪朝我的脑袋开枪。你们会看到失去你们的国王会是什么情况。"首席院长阿尔莱回答他说:"我们不得不遵从裁判权。上帝把它交到我们和您的手中。"国王说:"上帝把它交给我,而不是交给你们。"国王不得不发出几封敕令书,并亲自前往高等法院让他的敕令书得到登记。

国王前往高等法院之前,认为应该让高等法院院长塞吉埃和法官拉里维埃这两个最反对审查的人离开巴黎城。但是,这个善良的国王发出这道敕令后立即收回成命。他以国王的高傲和父亲的仁慈举行由他主持的审判会议。人们看到这位库特拉、阿尔克、伊弗里、奥马尔和弗丹内-弗朗塞斯等战役的胜利者,在他的高等法院里就好像在他的家里一样,亲切随和地对这同样一些法官讲话。这些人过分关注形式,反对救国所依靠的实地基础。国王大公无私、语气温和地谴责年轻的高等法院预审庭法官,对他们说:"年轻人,学习这些善良的老人吧,让你们的狂热降降温吧。"

不能一下就了解他的极端需求。他前往亚眠营地时,不得不从被他册封为公爵夫人,而被博福尔呆笨的民众称为下流胚公爵夫人,他的情妇加布里埃尔·德·斯特雷那里借来四千埃居。所谓的借给他的钱全都给了他的军官和士兵。他没有为自己留下分文。营地的财政特派员让他缺吃少穿。人们知道他通知苏利公爵,"他的锅打翻了;他的紧身短上衣被手肘弄穿了;他的衬衫有洞了。"这样写的就是欧洲最伟大的国王。

第三十九章 一个十恶不赦的恶棍

巴黎高等法院循规蹈矩，把自己的活动限制在自己的职权范围内，因而更受尊敬。它在亨利四世的统治下，比在神圣联盟的统治下更享有盛誉。它始终反对接受特兰托宗教评议会，从而为法国立下大功。的确，这个宗教评议会发布过二十八项与法国王权完全背道而驰、水火不容的教谕，以致如果赞同这些教谕，法国将会蒙受沦为一个唯教会之命是听的国家之耻。

使高等法院的谨慎小心精神彰显得最充分的事件，是那起让几个教士最丢失脸面的教会事件。国王已经改宗，信仰他们的天主教，但是他们是国王的秘密敌人。他们想让一个着魔的人在戏台上出现，以使那些因忠心耿耿为国王效劳而受到国王奖励的，他们之中有好些人在宫廷中有巨大的影响的新教徒神志迷乱。有人企图通过让信仰天主教的民众看见上帝使他们与胡格诺教派教徒如何判若云泥，分到什么程度，使他们感情激愤冲动起来。上帝只给予胡格诺派教徒向他们派来一些着魔的人这种恩惠。人们施用驱邪术强迫魔鬼宣布天主教才是真正的宗教。放弃新教，就是放弃魔鬼。

几乎总是女孩子被选来演出这些荒唐可笑的戏。她们的性别的弱点，使她们比男人更容易受她们的头目诱惑，而且由于她们的弱点本身，她们习惯于隐藏这些头目的秘密。她们比男人更加死心塌地确信这些怪异的角色。

一个罗莫朗坦的女孩身肢异常柔软,在法国大部分地区扮演着魔者的角色。一些嘉布遣会教徒领着她从一个教区到另一个教区。一个名叫迪瓦尔的人是索邦神学院的博士,在巴黎传播这出闹剧。一个克莱门的主教,一个圣马丁修道院院长想把这个女孩像胜利归来者那样带到罗马。

高等法院对上述嘉布遣会教士及博士等人全体进行起诉。迪瓦尔和嘉布遣修会教士受到传讯。他们书面答辩说,教皇谕旨《在上帝心中》禁止他们服从王家法官。高等法院下令烧毁他们的书面答辩,并对教皇的这项谕旨加以谴责,禁止嘉布遣修会教士传道。这唯一的一项禁令在别的时候肯定会引来一场被人称为罗马向法国国王和高等法院劈头盖脸袭来的霹雳的风暴。然而,这个场景发生在1599年。这时国王已经是他的王国的绝对主人。曾经长期统治罗马宫廷的菲利普二世已经不在人世。教皇开始尊重亨利四世。

高等法院院长德・阿尔莱对一些巴黎的女有产者所作的明智而有趣的答复不应该在此略而不提。国王的姐妹卡特琳夫人没有像国王那样迫不得已改皈天主教。她在她宫中举行一次布道会。这在城内是不允许的。但是,法律的严格如同君主的意志一样在正确的考虑下屈服了。三十个或者四十个女虔诚教徒在她们的听忏悔神甫的煽动下,乱乱哄哄、吵吵嚷嚷,在街上游行,要求对一起凶杀事件秉公处理。这些女人戴着十字架和念珠在教堂的左门驻扎起来,纠集煽动民众,冲击行政官员。她们走到高等法院首席院长的家里,祈求他履行他的职责。这位院长说:"夫人们,把你们的丈夫送来吧,我命令他们让你们留在家里。"

第四十章　南特敕令
亨利四世在高等法院的讲话
维尔万和约

　　王国的新教徒看到他们的宗教被亨利四世抛弃，心如刀割。他们当中明智的人谅解他必须采取这项政策，仍然对他忠贞不贰。其他的人则长时期怨声载道、啧有烦言。他们眼见自己成了天主教徒的受害者，经常要求国王采取使他们不受敌人迫害的安全措施。布荣公爵和拉特里穆依公爵是这个党群的首领。国王压制叛逆性最强的人，鼓励最忠实的人，承认所有的人的权利。他和这两位公爵商谈，如同他曾经和神圣联盟分子商谈一样。但是，他这样行事并没有像神圣联盟分子向他敲诈勒索的那样，让他花费钱财，也没有让他劳神管理。他始终牢记他曾经长期是他们的领袖，他曾经同他们并肩作战，打赢过几次战役。如果说他曾经为了他们出生入死，不吝惜自己的鲜血的话，那么他们的父辈、他们的兄弟是为他而死的。

　　他派遣三名全权特派员和他们一道草拟一项庄严的、不能取消的、保证一种长期遭受迫害的宗教的安全和自由的敕令，使这种宗教今后既不受迫害，也不压迫他人。

　　这项敕令于 1598 年 4 月签署。不仅给予新教徒一种似乎属于天生权利的宗教信仰自由,而且让他们在八年之内拥有安全要塞。这些要塞是亨利三世给予他们的,位于卢瓦河以远,特别位于朗格多克。他们能够像天主教徒那样据有一切职位。在高等法院设置了由天主教徒和新教徒组成的法庭。

高等法院会同主教联手向国王进谏,指出国王已经轻易而且过于仓促签署的敕令中的一个条款,从而为国王和王国效了大劳。这个条款载明,主教可以在他们愿意的某地、某时集合而无须要求批准;主教可以准许外国人进入他们的教务会议,可以去王国之外参加外国的教务会议。

亨利四世看见高等法院对这一条款惊惶不安,于是取消了这个会为阴谋和动乱大开方便之门的让步。最后,他把为感谢新教徒而做的事、同为感谢天主教徒的节制和宽容而做的事调和得完美无缺,以致人人心满意足,皆大欢喜。他的措施采取得十分得当,以致在他在位时期新教不再是个异端党派。

但是,高等法院担心国王的善良慈悲会产生不良后果,因此长期拒绝登记这项敕令。国王让高等法院的每个法庭派遣两名代表前来卢浮宫。法院院长德·图在他直言无讳、秉笔直书的历史中,从未记叙亨利四世的真实演说。这令人深感纳闷。这个历史学家、这个用拉丁文写作的作家,不仅把国王的话语中的那种产生魅力之处和无法翻译的、令人感到亲切的天真憨厚的话删掉,还模仿拉丁文作家。拉丁文作家把自己的想法塞进他们叙述的人物口中。他们主要是自吹自擂、口若悬河的演说家,而非忠实的叙述者。以下是亨利四世在高等法院发表的演说最主要的部分:

"我对我全体仆人的意见善加采纳。当他们向我提出善策良谋时，我加以采纳。如我发觉他们的意见优于我的意见时，我心甘情愿改变己见。你们当中没有谁在想来见我并想对我说'大人，你在做某些违反一切理智的事'的时候，我会不乐意听取他的话。现在的问题在于使种种谣传和喧嚣统统销声匿迹。不应该再分什么天主教徒和胡格诺派教徒。大家都是法国人。必须让天主教徒以他们优良生活的榜样使胡格诺派教徒改变宗教信仰。但是，绝对不应该让流言蜚语、恶毒谣言自由泛滥，传遍整个王国。没有迅速核查敕令，原因就在你们。

我比你们当中的任何人都从上帝那里得到的好处和恩典更多。我不愿意做忘恩负义之徒。我的天性不是忘恩负义。我怎样会对上帝是个另类啊！我至少希望上帝施予我恩典，始终对我怀有善意。我是天主教徒，我不愿意在我的王国有谁装着比我更是天主教徒。出于功利之心成为天主教徒毫无价值可言。

有人说我愿意偏袒信仰宗教的人。有人对我疑神疑鬼。如果我想毁灭天主教，我不会对这个宗教这样行事。我会调来两万名士兵。我会把我高兴赶走的人统统从这里赶走。当我下令某人离开时，他必须服从。我说：法官大人们，你们必须核查这项敕令，不然，我会让你们死亡。但是，这样做我就成了暴君。我丝毫没有用专制暴虐手段征服这个王国。我出于天性，通过我的劳动获得这个王国。

我喜爱我的巴黎高等法院，甚于喜爱其他法院。我必须了解事实真相。这个机构在我的王国里必须是独一无二的正义得以伸张的地方。它没有受到金钱丝毫腐蚀。在大多数其他高等法院，正义被人出卖。出两千埃居的人就会占出得比这少的人的上风。

这个情况我了如指掌,因为从前我也曾经帮助别人行不义之事。但是,这是为我的特别图谋服务的。

你们的拖延和刁难在各个城市引发了奇怪的骚动。有人举行宗教仪式队伍游行反对敕令。甚至在图尔也发生这样的事。这样的事那里本应比别处更少,何况那里的大主教是我一手培养的。在芒市也举行了这种游行,目的在于鼓动法官们反对敕令。这是由于邪恶的煽动才形成的。你们要防止此类事件再度发生。我请求你们让我以后不再谈论此事。这是最后一次。就这样吧!我命令你们,我请求你们。"

国王尽管发表了这篇演说,但人们的成见仍然根深蒂固。为了核查问题,高等法院举行了大辩论。这个机构分为两派。一派长期依附神圣联盟,在有关宗教事务方面保存着他们旧的感情。另一派在图尔和夏隆,曾经追随国王,对国王个人和国家的需求了解较深。两个法官口若悬河、滔滔不绝的发言和卓识明智,让人恢复了理智。一个名叫科克莱的法官过去曾是激烈的神圣联盟的成员,在那之后,醒悟过来。他描绘了一幅战争使人深陷其中的深重灾难的图景以及一幅充满宽容思想的幸福图景。这两幅图景动人心弦、感人肺腑。但是,高等法院有些人精通法律。这些人过分受到两个狄奥多西①的古代针对异端的严酷的法律的影响,认为法国应该根据这两位皇帝定下的制度行事。

高等法院院长奥古斯特·德·图学识比这些人高出一筹,以

---

①　指罗马帝国皇帝狄奥多西一世(约346—395)和其孙东罗马帝国皇帝狄奥多西二世(401—450)。前者为最后一位统治整个罗马帝国的君主,在位期间立基督教为国教。

其人之道还治其人之身。他对他们说,"查士丁尼一世①意欲在东方根除阿里乌斯派②的教义。他认为可以通过剥夺信仰阿里乌斯教义者的教堂的办法来达到这个目的。当时罗马和意大利的主人大泰奥多里克做了些什么呢?他派遣罗马主教约翰一世、一个领事和两个古罗马贵族出使君士坦丁堡,向查士丁尼一世宣布,如果他迫害那些人称信仰阿里乌斯教派教义的人,那么,狄奥多尔③将让那些自称为唯一的天主教徒的人死亡。"这项声明阻止了查士丁尼一世的行动,于是在东方和西方都没有发生宗教迫害情事。

由像德·图这样的人叙述的这样一个重大的例子、一个亲自从罗马前往君士坦丁堡为异教徒谋福祉的给人深刻印象的教皇④的形象,给人的思想一个非常强烈的印象,以致南特敕令被异口同声一致通过,接着又在王国的高等法院得到登记。

亨利四世同时给予宗教和给予国家和平。他当时和西班牙国王缔结了《维尔万⑤条约》。这是第一项有利于法国的条约。在亨利二世统治时期缔结的《卡托-康布雷亚和约》使亨利二世丧失很多城市。弗朗索瓦一世和他的几个祖先缔结的那些和约则导致国王破产。亨利四世使人把菲利普二世在神圣联盟掌权的不幸的时期侵占和夺取的法国领土全部归还给他。他作为胜利者缔结和约。菲利普二世的骄焰傲气受到打压。他忍受在维尔万和会上他

---

①　查士丁尼一世(483—565),拜占庭帝国皇帝。

②　阿里乌斯为公元 4 世纪基督教异端派神学家。阿里乌斯教派教义认为耶稣并非神,仅为高于其他生物的被造物。

③　狄奥多尔(? —649),耶路撒冷出生的教皇。

④　即约翰一世。

⑤　法国地名。1598 年亨利四世和西班牙国王菲利普二世在此签订和约。

的使臣在各个方面都把在先权让给法国使臣，同时用他的全权使臣只是荷兰的总督埃尔内斯特大公的使臣，而不是西班牙国王的使臣这个虚空的借口来掩盖他遭受的屈辱。

这同一个西班牙君主在神圣联盟执政时期说："我的巴黎城、我的兰斯城、我的里昂城。"那时他只称亨利四世为贝亚恩亲王，现在则被迫接受那个他曾经对之嗤之以鼻，颇为不屑，但如果他了解什么是光荣的话他就会从内心深处尊敬的人的法律。

亨利四世来到巴黎的大教堂，手拿福音书，发誓保证这项和约。他的私生活多么简单朴素，这个仪式就多么豪华宏伟。（1598年6月4日至21日）西班牙使臣们由四百名贵族随同。法国国王骑着马率领所有亲王、公爵、贵卿、高级官员，其后跟随着六百名王国最显贵的贵族，教皇特使在他右侧，西班牙使节在他左侧。他在这样的氛围中签署了这项条约。

高等法院成员出席了这个仪式，并登记了这项条约。这两件事都没有丝毫被谈及。这或者是因为极为重大庄严的宣誓已被视为足够，或者是因为有人认为高等法院的登记只对国王敕令来说是必不可少的。法官应该坚决遵从这些敕令。这一天是亨利四世过于短暂的最著名的统治时期之一。

第四十一章 亨利四世离异

高等法院没有丝毫介入亨利四世和他的第一任妻子玛格丽特·德·瓦卢瓦的离婚事件。玛格丽特·德·瓦卢瓦被认为不能生育,虽然或许她私下并非如此。她四十六岁。夫妻之间极其互不相容,这使她与丈夫分居已达十五年之久。亨利四世必须有己出的儿女。人们推测他的儿女肯定无愧于他这位父亲。一件如此重大的事归根结底完全是非宗教的,只是根据上帝的恩典才成了一件圣事。这种恩典虽然是在教会内给予新婚夫妇的,但这件如此重大的事似乎理所当然属于法律的范畴。圣事则属于一种与个人和帝王的利益毫无共同之处的超越自然的范畴。

然而,古老的风俗习尚先于一切,主宰一切毫无困难。人们有事求教于教皇正如求教于至高无上的法官一样。在这种情况下,如无这位至高无上的法官的命令,就不准许一位国王得到他的继承人。英国国王亨利八世的例子毫无令人骇异之处,因为人们信任教皇。玛格丽特同意离婚。教皇让几位特派员审查有关亨利四世的婚姻的这起诉讼。他们是红衣主教儒瓦耶兹、意大利人莫德内主教和另一个意大利人阿尔主教。他们来到巴黎,从法律的角度询问了国王和王后。进行了走走过场、装装门面的究诉,以便达成一项事先已经准备就绪的判决。一些理由被作为依据。这些理由中肯定没有任何一项能够比得上国是,能够比得上双方的同意。禁止娶自己的代父的女儿为妻的这条古老的教会戒律被重新援用。玛格丽特的父亲亨利二世曾经是亨利四世的代父。这条法律显然被人滥用。但是,什么都会被人利用。

有人还硬说国王和玛格丽特属于三等亲戚。国王没有请求教皇宽免,因为他在他婚配期间信奉一种视婚姻为民事契约而非圣事的,一种绝不认为为了有子息而需教皇允准的宗教。

最后,有人猜想玛格丽特系受母亲之迫与亨利四世结婚。这种猜想是既求助于谎言,也求助于幼稚可笑的说法。古罗马人、我们的主子和我们的立法者在类似场合也并不如此行事。混淆教会法规和民事法律,败坏了几乎所有现代国家的法律学。长期以来,使这两者调和起来真是谈何容易。玛格丽特·德·瓦卢瓦通情达理,教皇又手腕灵活,亨利因而十分走运。

第四十二章　耶稣会教士被召回

教皇准许法国国王娶另一个女人为妻。他还被请求宽免始终是新教徒的卡特琳夫人同洛林公爵的儿子的婚姻。他因此一直要求上述两事应以下述两点作为代价：法国接受特兰托宗教评议会的决议；把耶稣会教士召回法国。关于接受特兰托宗教评议会决议，这是不可能的，因为服从关于基督教教义的全部规定固然毫无问题，但宗教评议会的决议中却有二十四项条款违反各国君主的权利，特别违反法国的法律。人们甚至不敢建议高等法院接受这样一个令人强烈反感的事物。至于在法国恢复耶稣会教士的活动，国王认为应该对教皇持一种屈尊俯就但心怀优越感的态度。

耶稣会教士为了获得圆满成功求教于拉瓦雷内。到那时为止此人的行业并非介入僧侣事务。他最初是国王的姊妹的厨师。他曾经在国王的兄弟与他所有的情妇之间牵线搭桥。这个新差使让他挣得钱财，取得信用。耶稣会教士把他争取到手。他现在是属于国王的拉弗莱什城堡的高级官员。他想方设法让这个城堡变成了城市。他想通过耶稣会教士社团使这个城市成为一个非同寻常的地方。他已经提出给耶稣会教士一笔高达八万法郎的收入，用以抚养十二名家境贫困的小学生以及每年嫁出十二个女孩。这是很了不起的。但是，最重要的还是使耶稣会教士返回巴黎。在耶稣会教士吉尼亚尔身受酷刑之后，在驱逐他们的高等法院发布判决之后，他们返回，十分困难。

苏利公爵提醒国王接纳耶稣会教士一事的危险性。然而，亨利四世却封住他的嘴，对他说："如果我让他们走投无路，陷于绝望，他们会更加危险。"国王又说："你们担保我的人身安全吗？难道仅仅一次完全信赖他们不比总是对他们提心吊胆更好吗？"

没有什么比这番话更加令人瞠目结舌、惊愕万分的了。无法设想一个像亨利四世这样的人因为担心被耶稣会教士暗杀而独一无二地召回他们。不错，自从让·夏特尔犯弑君罪以来，好几个耶稣会教士阴谋策划夺走这位圣主明君的生命。仅仅四年前，阿韦纳城的一个天主教多明我教派的修士就曾经自告奋勇杀死国王。此人收受了教皇派驻布鲁塞尔的大使马尔韦齐的金钱。他接着又毛遂自荐给一个名叫奥杜姆的耶稣会教士。这个教士是他母亲的听忏悔神甫。这个母亲十分虔诚笃信，并不相信亨利四世是个好天主教徒，怂恿煽动他的儿子以天主教多明我教派的修士雅克·克莱门为榜样。奥杜姆回答说，需要一个身体更强壮、更结实的人。

但是，这个凶手希望上帝给予他必需的力量。他前往巴黎，企图执行他的罪恶图谋。他的阴谋败露，于1599年被活活肢解。

与此同时，一个图勒教区的名叫朗格洛瓦的嘉布遣会教士在为同样的图谋被人收买，在事情败露之后遭受同样的酷刑，咽了气。无人不受同样的暴烈狂热的袭击，直到最后一个名叫乌安的囚犯为止。国王对这些暗杀行为和这些酷刑深感厌倦，满足于把此人作为疯子关押起来，不想让一个夏尔特勒修士被当作弑君罪犯处决。

在当时主宰各个宗教修会的可怕的意识观念招致大量痛苦的考验之后，亨利四世怎能容许一个总的来说比其他宗教修会更加令人怀疑的修会呢。他希望用他的善举使这个修会归附自己。如果国王有时像父亲那样对高等法院讲话，在这个时机高等法院就会像担心父亲将不久于人世的儿子那样对他讲话。高等法院把一种对耶稣会教士极大的憎恶添进这种感情中。高等法院首席院长德·阿尔莱在两种动机的推动鼓舞下，在卢浮宫发表了非常哀婉动人、非常强劲有力的谏诤以致国王深受感动。他感谢高等法院，但他仍然坚持己见。他说："不应该再为神圣联盟的问题责备耶稣会教士。这是时代造成的损害嘛。他们原想行善，但却像好些别的人一样上当受骗。我愿意相信这和别的相比，坏心眼少一些。我相信同样的觉悟加上我给他们的恩惠，会使他们会像喜爱神圣联盟那样喜爱，甚至更加喜爱为我效劳。有人说西班牙国王利用他们，法国的条件不应该比西班牙差。既然人人都认为他们有用，我就把他们看成对我的国家必不可少。如果他们因为人的宽容到过这个国家，我愿意他们因为人的判决来到这个国家。上帝留给我把他们重新安置在法国的光荣。在服从我的条件下，我不愿意对我的天然臣民感到怀疑和不安。假使我担心他们会把我的秘密告诉我的敌人，我就会只告诉他们我愿意告诉的东西。让我自己来处理这件事。我已处理过其他比这难得多的事。你们就只再考虑干我说的和我命令的事吧。"

高等法院最后审查了将发给耶稣会教士的许可证。它在许可证中加了一些必要的限制。这些限制接着被耶稣会教士的声望和影响废除了。

第四十三章　高等法院
对孔代亲王作出奇特判决，因为
这位亲王把他的妻子带至布鲁塞尔

亨利四世是他那个时代最伟大的人物。然而，他却有一些不可原谅的缺点。他五十七岁时向他刚让她嫁人的孔代公主求爱。这一点颇不被人谅解。以下是国务参事勒内告知笔者他从这位公主本人口里得知的情况。公主的丈夫孔代亲王同她一道退隐到皮卡尔迪的入口地。亨利四世的一个名叫特里尼的心腹工于心计，让这位亲王的母亲和妻子答应前来观看国王狩猎，并且使她们愿意受邀在国王家中用午后便餐。

她们赴约。一个穿着国王家庭制服的马场管理员眼睛贴着药膏走近门帘，借口引领她们。此人就是亨利四世本人。作为这个奇怪的化妆行动的目标的女人，后来向勒内承认，她没有为这件事生气，并不是因为她能爱国王，而是因为她为取悦讨好国王，甚至能使国王屈尊俯就感到高兴。她一到达特里尼大人的城堡，就看见国王在那里等候，而且扑到她的脚下。她惊恐万状。她的公婆冒冒失失把这件事告诉了孔代亲王。不久以后，这位亲王白费力气地向国王抱怨，并且正如苏利的《回忆录》所承认的那样，称他是暴君。接着他强迫他的妻子跟随他，坐在他身后，骑马逃到布鲁塞尔。

如果相信和遵从荣誉的和礼节的所有法则，如果相信和遵从所有为人之夫的、天然的和自由的权利，孔代亲王就无可指责之处，错在国王一人。当时国王和西班牙之间还没有战争，因此不能责怪孔代亲王避居敌国。然而，显然对那些具有王家血统的人来说，存在一些对别的男人来说并不存在的法律。亨利四世没有前呼后拥，没有任何仪式，来到高等法院，在下面的席位就座。法官席由普通执法吏守卫。国王让高等法院发布一条决定。根据该项决定，王侯可被判处国王陛下乐意下令执行的惩罚。毫无疑问，高等法院肯定国王不会下令进行此类判决。但根据上述决定，国王似乎有权下令判处死刑。但是，天然的公平和对人类的尊重不应该把这种权利交付给个人，即使是亨利四世那样的人。

有传闻说，这个伟大的国王在他的其他短处之外，还意欲在他那个年龄进行战争，以便从一个年轻女子的丈夫手中夺走这个女子。幸好这纯系虚构不实之谈。他既不可能为人如此不公，也不可能如此荒唐可笑。维托里奥·西里对他进行这一指控。须知，这个意大利人依附玛丽·德·美第奇，而不依附亨利四世。毫无疑问，这大大损害了亨利四世的声誉。仍然统治着法兰西王国的神圣联盟的残余分子、意大利和西班牙的异见党派对亨利四世肆意诋毁，恶意中伤，无所不用其极。他厉行节约，被指责为锱铢必较；他谨慎小心，被指责为徒劳无益。他的爱心没有使他受到尊敬。他有生之日不广为人知。他自己谈到了这一点。他只是在令人深感遗憾地去世后才受人尊崇敬爱。

第四十四章　亨利四世遇刺
高等法院宣布他的遗孀为摄政女王

自从《维尔万和约》缔结以来，法国尝到它过去几乎从未享受过的至福极乐。天主教的和新教的异见党派处于这个国王的明智的掌控之下。如果他的才能和善良没有使他的其他优长黯然失色，他就会被视为伟大的政治家。民众得以休养生息。达官贵人不像过去那样专横暴虐。农业处处受到鼓励。商业开始欣欣向荣。法律重新有了权威。这个君主生命的最后十年或许是君主政体最昌盛兴隆的时期。正如他已经改变了法国的面貌一样，他即将改变欧洲的面貌。他准备去国，前往援救他的朋友，创造德国的命运，率领世间曾经有过的最强大的军队。众所周知，他遭到一个民众渣滓中的卑鄙无耻的家伙暗杀。只有神圣联盟分子的和僧侣的恶棍的狂热盲信，才煽起了这个疯狂行为。

人类毫无止境的好奇心能够在拉瓦亚克的罪恶中追寻和探究到的一切、邪恶狠毒行为能够使人想出的一切，都应当归集到奇谈谬说之列。拉瓦亚克除了对迷信的狂热之外没有其他帮凶共犯，这一点确切无疑。人们已经注意到，因虔诚盲信而杀害弗朗索瓦·德·吉斯的第一个狂热的凶手，和本着同样的原则杀害亨利四世的拉瓦亚克两人都是昂古勒姆人。

这个刺客听说国王为了胡格诺派教徒的利益即将向天主教徒进行战争。民间风闻国王甚至即将前往攻击教皇。凡此种种都足以让这个恶棍横下一条心来。他在受审讯时对这一点供认不讳。他受酷刑时仍然坚持这一点。

对他的第二次审讯记录载明："他认为，对教皇作战就是对上帝作战，尤其因为教皇就是上帝，上帝就是教皇。"这些话理应永远在人们心中出现。这些话理应使人了解到防止本应使人明智和公正的宗教蜕化变质为荒诞和疯狂的妖魔何等重要。

在一个如此至关重要，而又如此聚讼纷纭、莫衷一是的问题上，历史学家们能够有法官的看法之外的其他看法吗？猜疑国王的妻子王后，怀疑国王的情妇韦尔纳依侯爵夫人参与了这一罪行是精神错乱、荒谬透顶之举。两个情敌怎能合谋引导拉瓦亚克动手呢？

指控德佩龙公爵①犯下这起罪行，其可笑的程度也不稍亚于上述的猜疑。民间种种千奇百怪的传闻，不应该成为不朽的历史著作。必须统一认识：只有拉瓦亚克改变了整个欧洲的命运。

这一件恐怖的意外事件发生于 1610 年 5 月 14 日晚，将近 4 点钟。事发后高等法院立即在奥古斯丁大厅开会，因为当时正在为祝圣典礼和王后加冕庆典两事进行筹备。掌玺大臣西勒里首先前往领受玛丽·德·美第奇的命令。

当玛丽·德·美第奇泪流满面，泣不成声，对这位大臣说："国王死啦！"这位大臣说："夫人，国王在法国绝不会死的。"对这个答

---

① 法国国王亨利三世宠臣（1554—1642）。

复真是好评如潮。其实这样一番话既不正确，也不能安慰人，既不真实，也不恰当。这是一种学究似的模棱两可、含糊其词的说法。它的根基是：血缘继承人的继承行为是理所当然、毋庸置疑的。如果没有血缘继承人，这个答复就会是错误的。而且在西班牙、英国同在法国一样，由儿子继承父亲。

德佩龙公爵没有穿太平盛世的礼服，来到高等法院。他同院长塞吉埃商谈了些时候，就把手按在剑的护手上，用威胁的口气说："这把剑还在鞘里。如果在法院散会前，王后还没有被宣布为摄政女王，就必须拔它出鞘。你们当中有几个人要求有充裕的时间来讨论这件事。他们这样谨慎行事，太不合时宜。今天能够不冒风险做到的，或许明天就不能够做到而不杀人流血。"

奥古斯丁修道院被警卫团重兵包围，无法进行抵抗。高等法院绝不愿意放弃为王国任命一位摄政的这种荣誉。过去谁也没有比这次更自觉自愿做过武力要求做的事。高等法院从来没有发布与此类似的决定的先例。这种新生事态授予高等法院所有权利中最大的权利。为了装装门面、走走过场，进行了商议讨论。王后被宣布为摄政女王。国王被杀害同作出这项决议只间隔三小时。

第二天八岁零九个月的幼王路易十三同他的母亲前来出席在这同一个奥古斯丁大厅举行的被称为御前审判会的会议。两位血缘亲王、四个世俗贵卿和三个法国元帅在上面的席位，在国王的右侧就座。左侧是四个红衣主教和四个主教。根据御前审判会的惯例，高等法院成员在下面的席位就座。这只不过一种仪式而已。

亨利四世的宏图大略、法国人的光荣和幸福，都随着他的去世而烟消云散。他的财富很快就被挥霍一光。他让庶民百姓享受的太平转化为内战。

　　法国被托付到佛罗伦萨人孔奇尼和他的妻子加利加伊手中。这个女人控制着母后。高等法院任命摄政之后，别人就什么事也不同它商量。它只是一个被人先用来充作一个光亮炫目的装置，接着又被锁藏起来的器物。它尽了它的职责，谴责所有宣传教皇绝对权力主义和教皇至上论的书籍。这些书籍含有教皇对国王拥有权力的疯狂愚蠢观点和曾经把刀子放到大批弑君者手中的可怕的准则。这些书籍今天受到各国的憎恶，既令人厌腻，又十分可恨。

第四十五章　伟人亨利的葬礼

　　法国国王死后四十天才为他们举行葬礼。这是一种习俗。亨利四世的置放了防腐香料的遗体封存在一具铅制棺材里。棺材上竖起一座尽可能体现他自然真实的形象的塑像。面对这尊塑像摆放着平时的王家膳食。肉食弃让给了穷人。教士夜以继日围着国王的塑像诵读祷文。这种习俗从亚洲传到我们法国这样的环境。要了解这种习俗的根源，必须回溯到古代的波斯国王。这种习俗极少被人保持和遵从。在一个生活必需品经常短缺的国家，它耗费过于巨大。亨利身后留下巨额财富。他的去世越令人扼腕叹息，他豪华的葬礼就越盛大。

　　6 月 29 日，他的遗体从卢浮宫的大厅运到巴黎圣母院，当天就存放在该处。第二天转运到圣德尼。他的蜡像由棺材后面的一副担架载运。国家的全部公务员都身穿丧服参加这个典礼仪式。但是，高等法院人员却穿着红袍，表示国王之死并不中断国家的司法裁判。

　　高等法院想紧随国王蜡像之后。但是，巴黎主教却声称这是他的权利。这个争议扰乱了这个典礼仪式很长时间。高等法院的执达吏想让担任大司祭的巴黎主教亨利·德·贡迪和昂热主教米龙两人退出葬礼。

殡车停了下来。民众惊讶不置并且万分愤慨。殡仪队伍行进次序理应安排得能够杜绝任何争议。但是，类似的争端却又在举行这类仪式时频频发生，屡见不鲜。必须求助于母后的决定。既然现在的问题是举行葬礼，而举行葬礼是教会的职能，那么率领警卫连的苏瓦松伯爵就必须把这两个主教安置在似乎应该属于他们的位置上。警卫队队员甚至动手抓捕一个反抗的法官。这个法官就是保罗·斯卡龙。他是著名滑稽可笑的诗人保罗·斯卡龙[1]的父亲。这个诗人因他妻子的缘故更加闻名遐迩。

殡仪队伍到达圣德尼后，国王的普通宫内侍从把棺材运进墓穴。豪华丰盛的饭餐总是这些盛大排场的结尾。在圣德尼主持宗教仪式，负责祭礼的德·儒瓦耶兹红衣主教和朗读祭文的昂热主教同全体教士在修士食堂晚餐。大厅安排了三桌酒席。第一桌是为亲王和王室的大官安排的。第二桌是为高等法院安排的，第三桌是为国王家中的所有官员安排的。

看来高等法院如果过去在这些仪式中被视为贵卿法院，那么高等法院法官就本应同身为贵卿的血缘亲王同桌就餐；看来高等法院法官既然在法院同血缘亲王一道出席，高等法院法官就能够同身为贵卿的血缘亲王同桌就餐。然而，所有习俗、惯例始终有矛盾之处。有人声称高等法院只是当血缘亲王和贵卿来主持掌管这

---

① 　保罗·斯卡龙（1610—1660），法国作家。在戏剧、滑稽叙事诗和小说创作方面有所成就。

个法院时才是贵卿法庭；还声称仪式、礼仪不准许王侯，特别是血缘亲王允准高等法院法官和他们同桌就餐。

这些关于等级地位的详情细节，是历史研究中最微不足道的细枝末节。所有因在先权而引发的争端，都是微不足道、无关宏旨的档案资料。

第四十六章　全国三级会议
迪佩隆红衣主教的奇特论点
高等法院的忠诚和坚定

　　玛丽·德·美第奇摄政时期局势混乱、国运衰微、严刑滥施、动乱频仍、风暴不绝。亨利四世呕心沥血、辛劳备至积攒的金钱，被必须争取的领主和敲诈勒索摄政女王的宠信贪得无厌地巧取豪夺一光。

　　佛罗伦萨人孔奇尼从未率领过军队的一个营，但却很快晋升为法国元帅。他伙同他那操纵控制母后的妻子加利加伊，在短短几年聚敛的钱财比当时好些国王的合在一起的钱财还多。在这种遍及各地的侵吞掠夺中，在这个众多异见党派相互倾轧的局面下，将近 1614 年末，在巴黎的同一个奥古斯丁大厅召集了全国三级会议。高等法院就曾经在这个大厅里授予了摄政权。从来没有一次三级会议比这次与会的人更多，比这次更徒劳无功。贵族院由一百三十二名代表组成。教士院由一百四十名代表组成。第三等级院由一百八十二名代表组成。高等法院没有一人列席这次会议。巴黎大学要求准许它与会，甚至让人知晓它指定的出席人员。但是这项要求却在普遍哄笑中遭到拒绝。它的指定被认为蛮横无理。它建立在过去愚昧无知的时代它享有的特权之上。人们让它感到时过境迁、今非昔比，习俗惯例也随之改变。

巴黎大学只进行过一次冒失鲁莽的奔走活动，高等法院则进行过一次在各个时代都堪受全国热烈鼓掌，但却在宫廷受到慢待冷遇的奔走活动。

毫无疑问，第三等级就是国家本身。当时它比过去任何时期都更是如此。过去没有像今天这样增加过出席全国三级会议的贵族代表的名额。与贵族和教士相比，民众为数众多，比例是一千比二。三级会议中第三等级院建议任何教权都无权罢黜国王，无权解除臣民对国王的忠诚宣誓。人们被迫建议制定这样一项仅仅所有的人的理性和所有的人的利益就已经在各个时期使之神圣而不可违犯的法律，这已经令人汗颜无地。但是，还更加令人感到羞愧的、会使后代惊愕的是，三级会议中的教士院的首领竟然把这项建议视为异端。

只要路过巴黎的费罗内里大街，只要对亨利四世遇刺殒命地点投以一瞥，就足以让人不会为看到第三等级的建议遭到反对而战栗发抖。

迪佩隆红衣主教能享有今日的所有权位，本应对亨利四世感恩图报，但现在却大搞阴谋诡计，在三个会议厅里滔滔不绝，高谈阔论，竭力阻止建立在自然权利之上的君王的独立和安全凭借王国的一项法律得到确定。他同意不准许刺杀君主。但他说教会有权罢黜国王乃是教义。

此人非常不配拥有他已经窃取的荣誉。应该清楚看到，授予教士们这种荒谬的剥夺和摆脱国王的权力，事实上就是把国王交到刺客和凶犯的手中，因为夺走一个国王的王冠而不夺走他的生命,这样的事古往今来极为罕见。国王一旦遭到废黜就不再是国王。如果他为他的王位而战,他就成为罪该万死的叛逆。迪佩隆还应看到,他所反对的乃是人类的利益;如果教会能够剥夺一个国王的话,那么它就更有理由有权剥夺国王之外的任何人。

迪佩隆在他冗长的高谈阔论中说,如果一个在他的加冕典礼中发誓成为天主教徒的国王成为阿里乌斯教派的信徒,或者穆斯林的话,难道没有必要罢黜他吗? 这一席话使贵族团体大为惊愕不安。对这个问题,这个团体可以轻而易举地回答:国王加冕典礼并没有授予王权;加尔文教派教徒亨利四世被这同一贵族等级的最神圣的部分,甚至被某些主教,被威尼斯共和国,被佛罗伦萨公爵,被英国,被北方各国的国王,被所有没有戴上教皇的和奥地利家族的镣铐的王侯承认为国王。所有基督教徒从前曾经服从信奉阿里乌斯教派的皇帝。他们从来没有发动叛乱反对变成了异教徒的、他们称为叛教者的哲学家朱利安①。宗教与公民权利毫无共同之处。一个人虽然是伊斯兰教徒,仍然是他的父亲的继承人。信仰希腊教的二十万基督教徒,定居在君士坦丁堡,仍然承认土耳其素丹。一句话,整个地球的人应该齐声振臂高呼反对迪佩隆红衣主教。

但是,这位主教却和他的同事让贵族院相信人们需要罗马教廷,不应该用徒劳无益而又棘手难办的问题来冒犯得罪罗马教廷。每个等级都有一些应该留在一层薄纱之后的秘密。迪佩隆的这番有害的高谈阔论冲昏了贵族的头脑,更何况贵族也对第三等级心

---

　　① 　朱利安(331—363),罗马皇帝。宣布与基督教决裂及宗教信仰自由。

怀不满。

国家在那些对它啧有烦言、怨声载道的人中间遭到粗暴的抗拒后，通过审慎明智的、口若悬河的和大胆无畏的公民、总辩护人赛尔万的喉舌求助于高等法院。高等法院在没有任何贵卿出席的情况下，就这个重大问题颁布一项恢复全部旧有法律并保证王室权利的决定。整个巴黎齐声欢呼，接受这项决定。一些回忆录记载，迪佩隆向王侯们埋怨这项决定，表示如果不撤销这项决定，他就不得不乞灵于开除教籍这个手段。

一个臣属对他的君王说：“如果你不惩罚那些支持你的权利的人，我就把他们开除出教。”这看来真是匪夷所思。慑于教皇和教会的声威权势，母后浑浑噩噩，不能审时度势，兼之又处于帮派包围之中，于是懦弱无能地让她的御前会议撤销这项决定，甚至把高等法院的印刷工投入狱中，借口是他不隶属于那个在三级会议审议的问题上进行裁决的机构。高等法院采取了明智的预防措施，只限于恢复从前的决定。但是，这项预防措施毫无用处可言。一项卑怯的政策压倒了国王和王国的利益。人们已经看到到那时为止法国遭到的比这更大的灾害，但从来没有看到比这更加耻辱的灾害。

这个耻辱只在 1682 年，当教士大会在伟大的博絮埃的启发开导下从它的登记册中抽掉了迪佩隆发言，并尽可能消除了这个卑躬屈膝、背信弃义的遗迹时才得抹除。

第四十七章　德佩龙公爵和
高等法院的争吵
受到冷遇的谏诤

正当这最后一次全国三级会议徒劳无益地召开时，正当针锋相对的阴谋活动使法国宫廷动荡不安时，正当各个异见党派震撼各个外省时，德佩龙公爵和高等法院之间发生了一次使双方都大感不快的争吵。

德佩龙公爵过去深受亨利三世宠信，曾经迫使伟人亨利四世对他宽容、照顾；曾经在授予亨利四世的遗孀摄政权位后，顶撞掌控王后的孔奇尼和他的妻子。他狂妄自大使母后厌腻不堪。但是，他功绩犹在。他的巨额财富、他的显职高位，特别是他的步兵总大统领这个职位，使他权倾朝野，炙手可热。他总是要弄阴谋诡计，更是自高自大。他不是高贵而又令人信服，自豪而又很得体，而是事事趾高气扬，目空一切，令人无法忍受。

一次警卫团的一名士兵在普雷附近的圣日耳曼修道院杀死了他的一个同伴。警卫团团长的权力是让罪犯在他的军事法庭受审。死者和凶犯都已在修道院的代表国王执法的大法官手中。僧侣成了领主，而且竟然拥有司法审判机构，这是一种很大的流弊。但是，最后查明，开始审问的首席法官仍然是案件的主管。人们唯恐丧失这一点微不足道的权力。德佩龙公爵更唯恐丧失他自己的权力，于是再次要求把这个士兵解交到他那里，以便让他作为军人受到审讯。上述执法的大法官拒绝解交。德佩龙公爵于是让人砸烂监狱的门连同死人一起，抢走这名凶犯。大法官向高等法院告状。这个法院传讯德佩龙以表赞同。

这位公爵领主认为不是由高等法院，而是由御前会议来决定司法管辖权限。他把高等法院的传讯视为羞辱而非法律程序。他带领五百名贵族出庭，其目的只在于蔑视、嘲弄高等法院。这些随从全都脚穿皮靴，装有马刺，全副武装。高等法院目睹他带领这套人马，摆出这副架势来临，于是宣布休会。法官离会时，不得不站在道路两旁的用凌辱神气看着他们的年轻官员中间列队走过。这些年轻人还用他们的靴刺撕破这些法官的法官袍子。

结束这宗案件非常困难。一方面，良好秩序要求对高等法院真正赔礼道歉；另一方面，这个法院又需要慎重对待德佩龙公爵，以便让他对抗已在威胁要发动内战的孔代亲王。

采取了一项缓解措施：宫廷的一封御玺诏书命令高等法院中止针对德佩龙公爵的诉讼程序，接受公爵赔礼道歉。

公爵因此第二次现身高等法院，照例有一大群贵族前呼后拥。

他说："诸位大人，我请求你们原谅一个可怜的将领。他专心致志，行胜于说。"

这个例子是法律并非为有权有势者制定的证明之一。德佩龙公爵总是违法乱纪。正是在差不多同一个时期，他因不能容忍掌玺大臣迪维尔在卢浮宫教区的一次典礼仪式上走在公爵和贵卿的前面，粗暴地用手臂把这位大臣驱离他的席位和教堂，对他说一个有产者不应该弄错自己的身份。

正是这位公爵几年后率领五十名骑兵前往布洛瓦城堡劫持母后，把她带往昂古勒姆，接着又同相继登基的国王商谈。当时类似的大胆鲁莽的例子并不鲜见。法国不知不觉重新陷入亨利四世经过千辛万苦，殚精竭虑才使之脱离的法纪废弛、秩序荡然状态。

全国三级会议一事无成。异见党派声势大振。布荣元帅意欲自己建立一个强大党派，推促高等法院召集王侯和贵卿商议公共事务。母后惊恐万状，警觉不安起来，禁止领主们接受这项危险的邀请。高等法院院长和法官被召到卢浮宫。掌玺大臣苏利对他们讲了以下这番话："你们过问涉及政府的事的权利不多于了解账目和盐税的权利。"高等法院准备进谏。母后还召四十名行政官员到卢浮宫。她说："国王是你们的主子，如果你们违犯他的禁令，他就会使用他的权力。"她还说，高等法院里有一群异见党派分子。她禁止谏诤。但是，高等法院拟出措词非常激烈尖锐的谏诤。

5月22日，高等法院首席院长德·凡尔登率领高等法院人员前来母后处宣读这些谏诤。这些谏诤明确涉及国家的统治管理。这些谏诤被听取之后，遭到忽视冷遇。事事都以登记国王的致高等法院的诏书结束。这些诏书命令外国犹太人离开法国。这是针对当时来到法国侵占法国人还是门外汉的商业贸易的葡萄牙犹太人中的大部分人的。他们大部分还留在波尔多，并继续从事禁止他们经营的种种商业贸易。

一项更特别关涉高等法院的事件是鲍勒特税①问题。这是一种年度税，是苏利掌理国政时一个名叫鲍勒特的人创设的。凡已

---

① 鲍勒特为法国国王亨利四世的税务大臣。鲍勒特税为一种卖官年金。此税由鲍勒特经管故名鲍勒特税。

获得法官职位者每年须缴付其职位收入的六十分之一,凭借这一手续,其职位可传给其继承人。正如出售某物一样,其继承人可以保存或将这一职位转售给他人。这也可能是苏利的那届内阁的唯一污点。

1614 年和 1615 年,三级会议强烈要求废止这项税收及卖官鬻爵的官职捐纳制度。内阁承诺废止,但只是一纸空文。把官职留给家人因而获得的好处,压倒缴付年税的负担。这项税款的征收真是千变万化。这项税收像几千年所有的法律和所有的惯例一样,曾经用二十种方式进行修改。然而,这种出卖司法职位的权利的耻辱以及把这种权利传给继承人的耻辱始终留存。自那以后有人声称黎塞留红衣主教在他所谓的政治遗嘱中认可并批准了这个耻辱的行为。人们还没有发觉这项遗嘱出自一个既无知、又荒唐的弄虚作假者之手。

第四十八章　昂克尔元帅和
他的妻子被杀害

　　山雨欲来，重大事变正在酝酿，即将爆发。异见党派日益乖戾。昂克尔元帅孔奇尼没有进入御前会议，但他却领导这个机构。他主宰国政。第一血缘亲王孔代亲王被排斥于御前会议之外。他不幸认为自己不得不仿效他的父亲和祖父，拿起武器。这场内战历时短暂。继之而来是《路登条约》的缔结。该约赋予孔代亲王和赋予摄政女王几乎平起平坐、不相上下的权力。孔代亲王刚刚认为他拥有这个权力，孔奇尼就让人把他关进巴士底狱。这位亲王银铛入狱，这不但未能扑灭内战的余烬，反而使之死灰复燃。领主、王侯和外省总督人人都打定他们认为最合乎己身利益的主意，却又朝定夕改。人人肆意抢掠。已经退隐于昂古莫瓦的德佩龙公爵仍然企图入主拉罗歇尔。德·勒斯迪基埃尔元帅是多菲内名副其实的君主。贡扎格家族的德·内维尔公爵在他的土地上雌伏以待，蓄势待发。亨利四世和加布里埃尔·德斯特雷所生的儿子旺多姆公爵、神圣联盟首领的儿子马延公爵和色当亲王布荣公爵元帅等人把他们的军队合并起来。他们全都声称，这是为了反对佛罗伦萨人孔奇尼，而非反对国王。

　　在风声鹤唳、草木皆兵的态势中，一个曾经被引领到路易十三身边并成为这个君王童年玩乐时不可须臾离的人物、一个阿维尼翁伯爵领地的年轻贵族，策划一场谁也始料未及的革命。国王当时十六岁半。这个年轻人说服国王。他声言：国王是独一无二能够治理好他的王国的人；母后既不爱国王本人，也不爱国家；孔奇尼是个卖国贼。在这个时期，这个孔奇尼甚至起过一种值得为他竖立塑像的作用。玛丽·德·美第奇过分的慷慨施与和挥霍浪费使他堆金积玉，大发横财。他于是自己出资募集组建一支五千到六千人的军队用以镇压叛乱分子。他支持法国，似乎法国就是他自己的祖国。上述的年轻贵族名叫查理·达尔贝，以吕依内这个名字为人所知。他把法国元帅孔奇尼近期的劳绩描述得十分可疑，以致他让国王同意暗杀这位元帅，并把母后投入狱中。

已被人称为正直义人的路易十三同意让人在他自己的或者他母亲的套间里杀死这位元帅。孔奇尼虽然那天没有在卢浮宫出现，但也只多活了一天。第二天他走进府邸的庭院时被人用手枪打死。维特里和几名贴身保镖是凶手。维特里被奖给法国元帅杖。玛丽·德·美第奇被关押在她的套间里。这个套间开向花园的门统统用墙封堵起来。不久以后她作为女犯被解送到布洛瓦。如前所述，三年后德佩龙公爵把她释放出狱。

昂克尔元帅夫人、王后贴身侍女埃勒奥诺蕾·加莉加伊立刻被捕，随身物品被搜光，被解送到巴士底狱，再从该处递解到拉孔西埃热里。

吕依内的宠信图谋侵吞这位丈夫和妻子的巨大财富，让人命令高等法院预审遇刺的元帅和他的可怜的遗孀的诉讼案件。至于元帅，他的遗体已无法找到，因为狂怒的民众已经挖出他的遗体将其碎尸万段。甚至他的心也被吃掉。这种暴戾恣睢、惨绝人寰的野蛮行径与曾经进行圣巴托罗缪日大屠杀的民众的所作所为真是不相上下，在一个今天被认为如此轻浮又如此温柔的国家，还真是难以想象、不可思议。很难找到什么可据以判处元帅夫人死刑的理由。这是一个高贵的、偕同王后来到法国的意大利女人。说实话，她做的大量善事、她的特异好运、她的古怪脾气，这些都是以往从不会据以砍掉任何人的脑袋的缺点和错误。

不得不认为她犯了曾经向马德里和布鲁塞尔写过几封贺信的罪行。但是，这一罪行还不足以对她重判。于是又想到让人宣布她为巫婆。当时人们想到巫术、魔术，就像想到宗教问题一样。这种迷信在所有迷信中最古老、最普遍。它从不信教的人，从犹太人一直传到最早的基督教徒中间，一直留存到些许哲学开始打开了被那么多世纪弄瞎了的人的眼睛的时代结束为止。

昂克尔元帅夫人曾经从意大利叫来一个名叫蒙塔尔托的犹太医生。她甚至小心审慎地为这件事呈请教皇允准。当时巴黎的医生在欧洲没有什么声誉。意大利掌握和拥有着各门技艺。有人声称犹太人蒙塔尔托是巫师。他在元帅夫人家中杀了一只白公鸡当成祭品。但是，他并不能治愈元帅夫人的忧郁病。这种忧郁病非常严重，以致这位元帅夫人并不认为自己是巫婆，而是认为自己中了妖术魔法。玛丽·德·美第奇对她说，洛林最后的红衣主教亨利，生过同样的病，曾经让米兰的僧侣驱邪。这位母后懦弱得让人召来两个米兰的驱邪者。这两个驱邪者为这个神志不清的元帅夫人在奥古斯丁大教堂做弥撒，并且向她保证她已经痊愈。

就亨利四世遇刺一事审讯了这位元帅夫人。她被问到她是否对国王遇刺一事毫无所知。她对对她施巫术一事的指控哈哈大笑之后，对已故国王之死号啕大哭，并让法官感到对母后的心腹的这项罪行指控多么残酷凶狠。

预审这起诉讼的两名独任推事中一人叫库尔坦。此人已经卖身投靠国王新宠并央求恩赐。另一个叫德斯朗德·帕延。此人廉洁奉公、刚正不阿。他从来不愿终审判处死刑，也不同意缺席审判。正式开庭审案时五名法官缺席。几名法官发言赞成单纯流放。但是，吕依内大声疾呼，强烈要求，以致多数法官赞成把一位法国元帅夫人当成女巫，对之判处火刑。她被当成民众渣滓中的一个女人拖到格雷弗的墓地。对她的全部恩典，就是在把她的尸体扔进火中之前，砍掉脑袋。

有人会认为这样一项判决属于十世纪。高等法院在谴责已死的元帅的同时，注意在判决中插入今后任何外国人都不得参加御前会议这一内容。这个条款比要求的分量更重。吕依内比孔奇尼更位高权重，本人是外国人，生为教皇的臣民。

第四十九章　高等法院作出的有利于亚里士多德的判决一个教廷大使精明的诈骗总辩护人塞尔万在高等法院发言时死亡

为了一起人不可能犯的罪而判处人火刑,这种荒唐而疯狂的行径并非法国所独有。几乎整个欧洲都感染了对魔法妖术,对魔鬼附身,对形形色色的巫术咒语的确信。有时甚至在信仰新教的国家,巫师和术士也遭到判处。这种迷信不幸总是与宗教相关。人类的智慧还没有进化到足以把上帝准许法老①有巫师术士,准许扫罗②有女预卜者的时代,同我们生活的时代区别开来。

有另外一种危险性较小的迷信。这就是对古代事物的盲目崇敬。普天之下,古往今来,在很多时代,这种崇敬都有碍思想的进步。对亚里士多德的崇敬,被推促发展到奴性十足、全无独立精神的轻信程度。他的著作的命运,同它首次在阿尔比教派时代在法国出现时的情况相比已经大大改变。曾经有一次宗教评议会把亚

---

① 古埃及君主称号。
② 基督教《圣经》故事人物,以色列的第一个国王。

里士多德斥为异端。但是,自那以后,他却专横独裁地统治着学校。

1624 年,两个化学家在巴黎出现。化学是一门相当新颖的科学。这两个科学家接纳有别于亚里士多德提出的四种元素的五种元素。他们也不赞同这位希腊哲学家的关于范畴和物质形式的观点。他们发表了反对这位哲学家的这些观点的论文。于是,法国大学界大声叫嚷出现了异端。它向巴黎高等法院呈递诉状。谣言铺天盖地,来势汹汹,以致新博士们被投入监狱。一个执达吏当着他们的面把他们的论文撕得粉碎。这两个化学家以轻罪在高等法院的管辖范围内被判处流放。最后,同一项判决还禁止支持任何未获医学院批准的论文,违者处以死刑。

应该怜悯这些愚昧虚妄和等而下之的伪科学就这样败坏了人类的理智的时代。不幸的是,这些时代离我们的时代还并不遥远。我们有过蒙田①、沙朗②、德·图和洛斯皮塔尔这类人物。但是,他们传给我们的些许光辉已经熄灭。而且被这种光辉照亮了的人从来就寥若晨星。

尽管高等法院在研究王室的和国王的权利多于研究哲学之后陷入这些谬误,亦即陷入时代的谬误,它仍然始终继续破除罗马教廷过去亟欲引进各个地区、各个时期的另一种谬误,亦即几乎各个僧侣修会的谬误。这种谬误就是这种难以置信的自教皇格列高利七世起就已经产生的成见:国王是应由教会审判的人。人们已经看到,在 1614 年和 1615 年的三级会议上,这种成见压倒了民众的

---

① 蒙田(1533—1592),文艺复兴时期法国思想家、散文作家。
② 沙朗(1541—1603),法国道德伦理学家。

心愿和高等法院的积极性。这个令人憎恶的问题在一个把诽谤短文的发表归咎于一个名叫加拉斯的耶稣会教士的时机再度提出。这个教士是当时耶稣会教士中最危险的狂热分子。这篇短文责备法国国王和黎塞留红衣主教让法国与一些信仰新教的君主结成同盟。责备的理由似乎是他们因政治而不得不缔结的条约会与宗教有某些关联。在这些诽谤性的短文中，蛮横傲慢被推到极致，竟至宣称法国国王和他的大臣应被开除教籍。高等法院既少不了举行徒劳无益的仪式焚毁这些诽谤性短文，又少不了更加严肃认真地追查这篇文章的作者。

教士大会履行它的职责，对这本书加以谴责。然而，教皇特使斯帕达使用一个与意大利教士身份相称的诡计，让人把这项谴责译成拉丁法。这是一篇不忠实的译文，而且文内的谴责内容全部避而未译。他让几位主教签名，作为王国王室对罗马教皇表示忠顺的传世之作送到罗马。

高等法院发现了这一欺诈行骗、弄虚作假的行为，不仅谴责这篇拉丁译文，而且对进行这一欺诈行骗活动的外国人进行起诉。教士于是站在教皇特使斯帕达一边。他们举行集会。由于他们合法的大会已经结束，高等法院命令大会解散并根据法律勒令主教们前往住在他们各自的教区。然而，当时教皇在他的宗教团体所属的私立学校中势力非常强大，以致黎塞留红衣主教不得不既作为红衣主教，又作为首相，小心翼翼和他打交道。这整个案件移送御前会议审理。这个案件被大事化小，小事化无，平缓下来，不了了之，直到以后又出现了第一次使之死灰复燃的时机。当时没有什么别的政治活动。

恰好在这个时期金钱匮乏。这是无法大事化小，小事化了的事。吕依内公爵执政时期的对抗胡格诺教派的内战和黎塞留执政时期的瓦特林①之战耗尽法国全部人力物力。王国的胡格诺教派教徒受到黎塞留的迫害，重启战端。国王不得不亲自前往法院让人核查比尔索敕令。这些敕令往往主要谈及紧迫的需求，而非税收的平等比例以及民众的实利。总辩护人塞尔万在向国王奏呈他的致词时猝然死亡。他说："陛下通过赢得臣民之心，比通过降服臣民将获得更加牢固之光荣。"他说最后的话时哑然失声，中风倒地，奄奄一息，被人抬走。

《编年回忆录》一书的作者耶稣会教士达佛里尼为人严谨、好奇，声称这位总辩护人临终时就一件随后立即突然发生的案件谈话，反对耶稣会教士。

问题始终在于教皇对国王和对民众拥有的权力的这个可怕可憎的制度。似乎亨利四世的血已经使这条七头蛇的几个头又长了起来。意大利耶稣会教士桑克塔雷尔在一本得到这个修会的将军维特勒斯希认可，并献给萨伏依的红衣主教的书中发表了这个主张。从来没有谁用这样令人愤慨的方式抒发己见。根据习俗惯例，这本书在巴黎遭到焚毁。这些行动没有引发任何事变。高等法院再次对是否驱逐耶稣会教士一事进行讨论。这个机构命令教区主教、三位教区神甫和三位发誓修行者翌日出庭。他们到达聚集在通往法院的街道两旁的怒不可遏的民众中。当时身任教区主教的耶稣会教士科通发言。大家问他是否认为教皇有权开除法国

---

① 意大利地名。三十年战争时期，德意志军队曾在此阻击西班牙军队。

国王教籍,是否有权剥夺他对法国的拥有权。他回答说:"国王是教会的长子。他永远不会干出任何逼使教皇采取这种极端行动的事。"高等法院首席院长对他说:"但是,你不像你的教派的总父亲那样思想吗?他授予教皇这种权力。我们的总父亲遵从他所在的罗马的意见,而我们遵从我们所在的法国的意见。假使你在罗马,你怎么办呢?""别人怎么办我们就怎么办。"这些答复可能为耶稣会教士招惹来他们的修会在法国遭到取缔之祸。他们签下了关于法国教会的,更确切地说,关于所有教会的自由的四项建议才得以了事脱身。这四项建议中部分是我们以后在1682年见到的建议。法国国王禁止高等法院走得太远,做得太过。

　　巴黎大学在亨利三世和亨利四世在位时期曾经是教皇全权主义者后,重新成了法国的国家机关。它不但仅发布反对桑克塔雷利和反对罗马的一切主张和要求的通告,而且下令这项通告每年公开宣读。宫廷不准许这项条款。谨慎对待无法足够抑制约束的事物,看来仍然何等重要。

第五十章　国王的母亲和
大弟离开王国　高等法院的行为

　　黎塞留红衣主教在法国专制独裁。偶然性几乎总是重大命运的根源，或者说得更准确些，几乎总是被人称为偶然性的这根所有事件的不为人知的链条，最先使在玛丽·德·美第奇摄政时期在她身边出现了西戎修道院长（黎塞留），使她让他成为吕松的主教、国务秘书和她的家庭总监。接着，在分担了这位母后在昂克尔元帅和他的妻子被杀害后受到的困扰之后，由于母后的庇佑，他获得红衣主教这个显职高位，最后得以出席御前会议。他一旦权力在手并得到加强巩固后，就不容忍他的恩人同他分享。从那时起，他们就矛盾日增，反目成仇了。

　　路易十三体弱多病、才识疏浅、无法问政，离开首相寸步难行，不得不在他母亲和首相之间进行选择。他的母亲天生更多是为了搞阴谋诡计而不是为了治国理政。她珍惜自身的权势威望，胜于能精明能干地保存这种权势威望。她体弱多病、顽梗不化，一如其子，而反复无常、受人操纵、庸碌无能，则有过之。她甚至不能掌控她的家族，当然更不能掌控她的王国。黎塞留忘恩负义、野心勃勃、专横暴虐。但是，他功勋卓著。路易十三深感他这个首相对他来说必不可少，不可须臾离。他的母亲和他的兄弟加斯东越对这位首相抱怨连天、满腹牢骚，黎塞留就越势盛力强，权倾朝野。玛丽·德·美第奇和加斯东的宠信亲随通过那些在别的时期会发展演变为内战的异见党派活动，把宫廷和王国搞得动荡不安、国无宁日。黎塞留纵横捭阖、精明灵活，施用并非一直合法的严刑峻法平息了一切。

国王唯一的大弟加斯东离开法国，退居洛林。他的母亲玛丽逃往布鲁塞尔，公开置身于西班牙国王的庇佑之下。尽管战争尚未宣布，但这位国王对法国的敌意已经公开表露无遗。

洛林公爵的情况则不如此。法国宫廷不能把他视为敌对的王侯。但是，黎塞留红衣主教却发布了国王的一项声明。这项声明把所有陪同这位国王的大弟到他的退隐之地的朋友和仆从全都视为弑君罪犯。这项声明看来过于严厉，因为仆从可以跟随主子旅行而无罪过；当他们没有进行任何反对国家的活动时，就不得对他们进行任何指控。国王的声明需要进行登记时，这个问题长时在巴黎高等法院讨论。诉状审理庭的两位庭长加扬、巴里荣以及法官勒纳三人滔滔不绝、口若悬河，吸引来半数表决票。于是作出了一项赞成票和反对票票数相等的判决。

就在即将前往投票时，国王的大弟通过总检察官罗热奏呈国王一份请愿书。这份请愿书以这些话语开始："法国之子、国王陛下唯一的兄弟谦卑地恳求。"他在他的这份请愿书中声称，他从王国出走只是因为黎塞留红衣主教意欲让人暗杀他。他为此请求高等法院对此事予以证明。

高等法院首席院长勒热阻止这一文书直接奏呈国王，而由他亲自交到国王手中。国王宣布该文书污衊诽谤、恶意中伤，并将其废毁。如果这一文书在高等法院大法庭被人读到，高等法院就会在王位的推定继承人和黎塞留红衣主教之间充当仲裁者。

国王对高等法院的这项赞成票和反对票票数相等的判决大发雷霆，把高等法院有关人员召来卢浮宫，并下令这些人步行前来。高等法院全体成员在国王面前下跪。掌玺大臣对他们说，他们既无权利也无责任讨论国王的声明。总辩护人塔龙说高等法院这个机构应该始终遵行它以往一直公开宣称的对国王的服从。国王说："如果我想把某人培养教育得具有这种服从的德行，我就会把他安置在我的警卫队的一个连队里，而不是把他安置在高等法院里。"

国王放逐了加扬、巴里荣和勒纳三人，禁止他们五年内担任他们的现有职务。他亲自把那份赞成票和反对票票数相等的判决书撕得粉碎，扔到地上。

母后前往荷兰之前，像他的儿子加斯东那样向国王哀求，但同样无济于事。她的信函和请愿书高等法院都不敢接收。她让人把这些信函和请愿书印刷出来。这些文书今天还能在当时出版的回忆录中找到。这些请愿书以下面这些话语开始：

"法国和纳瓦尔的王后玛丽恩请……说：黎塞留红衣主教阿尔芒·让·迪普莱西使用各种阴谋诡计、鬼蜮伎俩，像去年那样力图毁损国王健康；他使用邪恶的主意把国王卷入战争，迫使国王亲自于盛夏酷暑置身疠疫猖獗为害的军中；他千方百计让国王对其亲随左右及忠心耿耿之仆从满怀偏见，心存疑惧；他企图使其亲信党羽身居王国要津，亦即把大量海防及边境要塞添加到布列塔尼及普罗旺斯政府管辖范围之内，以使法国处于两端受围状态，并通过这一手段能够取得他与之秘密串通的外国人的援助。"

这份请愿书以下述话语结束："上述王后夫人恳求就以下两事向您作卑微谏净：一，一个忘恩负义的奴仆目前正就，今后仍可能就上述夫人的婚姻和国王的出生对上述夫人进行的人身攻击以及毁损其名誉等粗暴行为引起的纷纷议论；二，所有包括在本请愿书中的有关财政浪费、武器购置、各省要塞、违反国家法律及其他已向王国全国公布并为王国全国所知的事。您会圆满处理此事。玛丽"

不会有读者看不出玛丽·德·美第奇的愤懑怨恨之情把她卷带越出所有界限。她作为哀求者求教于她从前曾经睥睨傲视的同一个高等法院。当她身为摄政女王时，曾以女君王的身份讲话，而今她却在她的请愿书中以一个不幸的女人的身份讲话。

黎塞留红衣主教让人在阿尔塞纳尔设置一个审判庭判处那些高等法院不愿判处的人。这个审判庭由两名国务参赞、六名诉状审理官和六名大御前会议参赞组成，于1631年9月10日开庭。

高等法院发布决定禁止这个审判庭开庭。这项决定遭到废除。高等法院再次被迫前往国王当时所在的梅斯向国王求饶。这个机构的人员等了十五天，并受到申斥。阿尔塞纳尔的审判庭的判决得到执行。

这些枉费心机的企图有助于加强巩固黎塞留红衣主教的权力。他强压、侮辱各个机构、团体。他放逐母后，使之床头金尽、一贫如洗，直到去世。他使国王的大弟惶惶不可终日，而又痛悔莫及。他使血缘亲王丧权失势，遭受屈辱。他使不喜爱他的国王俯仰由他，任其摆布。起而反对他的人无不只受到特派员的判处。

他甚至骄横狂妄到让他的特派员，亦即他的奴仆，就在吕埃尔，在他的乡间住房里审判马里亚克元帅。当时任总检察长的享有盛名的莫勒起而行动，维护遭到肆无忌惮、卑鄙无耻地违犯的法律的时候，这位红衣主教让人传唤莫勒到御前会议，并禁止他履行他的职责。最后他为千夫所指，受到国家所有机构、团体切齿痛恨。然而，他却在治国理政方面，凡所从事均成就斐然。这就使人对他敬怨交集、恨爱参半。

第五十一章　巴黎高等法院和教士大会撤销加斯东·德·弗朗斯和玛格丽特·德·洛林的婚姻

　　路易十三唯一的兄弟加斯东于1631年在南希娶洛林公爵查理四世的姊妹玛格丽特为妻。应办手续均已遵办。他时年仅约二十四岁。母后和洛林公爵同意并催促这宗婚姻。婚契已经通报教皇乌尔班八世。南希位于洛林红衣主教、图勒主教管辖的教区内。因此，这位主教特别免除公布教堂应公布的预备结婚的夫妇的姓氏名单。这对配偶当着证婚人之面结了婚。两年后，当加斯东二十五岁[①]时，夫妇两人在马林大教堂庄重地认可这次婚礼，以便正式补全所有可能发生的疏漏。他们相亲相爱。两人都远未抱怨这一被教皇和全欧视为合法而且牢不可破的结合。但是，这宗婚姻却使黎塞留红衣主教忐忑不安、警觉起来。他看到母后、国王的大弟、推定继承人同洛林公爵结成联盟同他分庭抗礼。

　　路易十三的所思所想与他的首相如出一辙，毫无二致。必须让高等法院和教士想他们的所思所想，并促使他们废止这宗婚姻。于是有人声称，加斯东结婚拂逆了他的兄长国王的意愿。但是，并无法律明确规定国王不同意时一宗婚姻无效。加斯东个人曾经冒

---

① 原文如此。

犯得罪过他的国王兄长。但是，为人弟者的婚姻难道仅仅因为他令兄长不悦这个理由就无效吗？路易十一还是太子时就不顾父王意愿，娶了一个萨伏依公爵的女儿为妻，并同这个女子逃离王国，而查理七世并没有试图把这个结合视为非法。

婚姻被视为一种圣事，或者一种公民契约。作为圣事，这是"一种只有死亡才能抹除的看不见的事物的看得见的标记、一种奥秘、一种不可磨灭的特征"。不管教会能够把什么概念赋予看不见的事物这个词，这个问题都显得不属于人类的判断的范畴。

至于公民契约，它通过各国法律把夫妻两人结合起来。废除这项庄严的契约，就是为最悲惨不幸的内战打开大门，因为如果加斯东的婚姻生下一个儿子，而法国国王又没有子嗣，这个儿子被教皇和欧洲各国承认为合法，在法国却被宣布为私生子，他还会有半个法国站在他那一边。

黎塞留红衣主教对将产生于废止这项婚约的行动的一目了然的危险却闭目塞听。他使出浑身解数，千方百计终于从对他切齿痛恨的高等法院和对他同样深恶痛绝的教士大会等两个机构那里取得一项有利于他的观点的决定。他的这种高傲骄横并不令人感到惊奇。这位红衣主教权倾朝野、势可敌国。他入侵洛林公爵的各个邦州，一切都屈从于他的意志。

总辩护人奥马尔·塔隆叙述说，高等法院开会，会上有人说希律①的兄弟费罗拉斯控告萨乐美②同阿拉伯的副长官西勒纳商讨他的婚姻。在迪戎③的传记中引证了普鲁塔克④的话。之后，高等

---

①　希律（公元前73—前4），罗马统治时期的犹太国王、希律王朝的创建人、基督教《圣经》故事人物。

②　基督教《圣经》故事人物。

③　古希腊僭主。

④　普鲁塔克（46？—120？），古希腊传记作家、散文家。著有《希腊罗马名人传》。

法院下令逮捕洛林公爵查理、新洛林公爵弗朗索瓦（查理把他的公爵领地让与此人）以及他们的姊妹法尔斯堡公主。此三人被认为对国王的大弟——国王的唯一兄弟——犯有诱拐罪。

接着高等法院判处他们犯有弑君罪，流放他们出王国，没收他们的土地。

这项判决有两项内容令人吃惊：首先是因巴尔公爵领地而对一个身为国王封臣的最高亲王所作的宣判，但这个亲王根本没有在巴尔公爵领地嫁出他的姊妹；其次是假设的对国王的大弟的诱拐。国王的这位大弟是来洛林恳求洛林公爵把他的姊妹嫁给他的。很难证明玛格丽特公主强迫国王的大弟娶她。

正当高等法院进行起诉之际，教士大会颁布了一条规定王位继承人未获家族首领同意不得结婚的民法法律。一位蒙彼利埃的主教被派往罗马让教皇接受这项决定。教皇拒绝接受，并加以谴责。在教皇眼里行政管理条例并非教会法律。如果弱不禁风、朝不保夕的国王当时死亡，加斯东就会轻而易举让人把这同一宗高等法院和教士大会都宣布无效的婚姻视为十分有效。幸运的是，路易十三最终批准了他大弟的婚姻。但是禁止血缘亲王未经国王同意留下后代的这项法律自那时起始终继续有效。罗马的把这些婚姻视为有效的观念和看法也同样始终有效。国家分裂不和的根源盖源出于此。直至人人深信在巴黎为真而在阿维尼翁伯爵领地为假这一情况无关宏旨，深信各个国家应根据本国的法律自行治理，而不唯教皇全权主义的神学是从，这个根源才被清除。

第五十二章　高等法院
反对创办法兰西学院

　　高等法院没有片刻犹豫就推翻并废除了获得母后首肯，按照教会所有规定缔结的王国继承人的婚姻。它在十八个月内始终拒绝登记国王就创办法兰西学院一事向高等法院下达的诏书。以上两事怪异奇特、世所罕见。一些人认为，一项有利于大学和亚里士多德的决议发布后，这个机构对一个受到王家权威鼓励的、由思想开明、知识渊博的人士组成的团体心存疑惧，担心它会教授新事物。另一些人认为，高等法院不愿通过培育在法国人中无人知晓的雄辩术，使律师界的粗鄙文笔变成人们鄙夷轻蔑的谈资。最后，另外一些人想象，无日不受黎塞留红衣主教折磨凌辱的高等法院，希望轮到它来使这个红衣主教疾首蹙额。

　　粗俗的编辑、曾经就路易十三的历史写过一部十八卷的讽刺文集的拉瓦索尔说："创办法兰西学院是红衣主教[①]施行的暴政的证明。他不容忍忠诚老实的人自由聚集在一个私人的房间里。"

　　这个责难被人感到不值一驳，但不应在此略而不指出这位作家本应更好利用法兰西学院的头几次功课。这些功课本会教给他

---

①　指黎塞留。

使用稍较文明优雅的文体，使用令人反感较少的挖苦讽刺，使用更加合理明智的既无损于真实性也无损于语言和良知的方式写作。

法兰西学院的创办，是对在意大利的这类机构的模仿。特别因为各种各样的雄辩术，尤其是传道的和律师业的各种雄辩术，当时被粗俗低下的判断和见解以及糟糕透顶的、比最初几个世纪的愚昧无知更低下的趣味、爱好和议论研究败坏、玷污，这一创举就更加不可或缺。仍然笼罩着法国的野蛮粗俗风习，不允许最初的那些法兰西学院院士成为伟人。但是，这些院士却为那些成为伟人的人披荆斩棘，筚路蓝缕。他们为思想意识的改造奠定了基础。他们教导人怎样思想、怎样表达。这一点千真万确。黎塞留红衣主教创办这个机构真正为祖国立下殊勋。

高等法院之所以整整推迟一年登记国王下达的诏书，是因为它担心法兰西学院把有关出版业的裁夺权归于自己。黎塞留红衣主教让人对高等法院首席院长勒热说，他喜爱这些先生，正如他们喜爱他一样。最后，当这个机构经受核查时，高等法院把这一点添加到国王下达的诏书中：法兰西学院只通晓了解法语和一些它将编著的或者将送呈它评审的书。巴黎高等法院采取的这项预防措施证明法兰西学院的创办令人产生某些怀疑，使人感到不快。这个机构只享有荣誉性的特权，无法完成任何有用的事物。它的创办者本人甚至没有让它拥有一个会议厅。

第五十三章　巴黎高等法院向国王提供援助　它的多名法官被监禁　高等法院法官和审计法院法官在巴黎圣母院教堂拳脚相向，大打出手

1635年黎塞留让人庄严宣布在德意志和西班牙对整个奥地利家族宣战之后，即将目睹王国于次年遭到侵犯和破坏。敌军渡河，攻占卡尔比，对皮卡尔迪和勃艮第大肆蹂躏。巴黎已经无险可守，暴露于敌人攻击之下。好些公民出离。守城部队屈指可数，士兵失魂落魄，四处分散。优秀的军官或深受黎塞留红衣主教怀疑，或被投入狱中，或被流放异乡。国库枯竭，财力耗尽。这个首相当时只被看作昏庸无能的暴君。

值此国家深陷危机之际，巴黎城自愿雇佣士兵六千五百名。高等法院决定征募两千五百名。教育界自身也承诺提供四百名士兵，黎塞留红衣主教对它们提供这些兵员是针对敌人还是针对他本人，捉摸不定，疑虑重重。

高等法院意欲任命十二名法官以便监督巴黎的防务，以便有助于征募巴黎应该提供的军队。

黎塞留首相觉得这样一个行动对他更是侮辱，而非援助。高等法院组建它的那个连队，在他看来并非为了把守巴黎的大门，也

并非为了履行王室高官和军队将领的职责。他知道有人在开会时对他大加议论。国王在卢浮宫召见各个法庭的庭长和年事最高的法官，向他们重申禁止他们插手国务。最后，首相和将领纠正了自身错误，敌军被驱逐出王国，高等法院服从王命。

只有使用巨额钱款才能结束这场战争。财政是行政当局的首要手段。使用这个手段总会受到干扰。黎塞留不是那个善于战前确有把握筹集四千万法郎，备办粮秣、军火、医药的苏利。他的健康状况、他的天才、他的志向都不允许他详察深研必不可少的细节。他这方面的粗疏大意，使他的荣誉一落千丈，大大降损。他不得不扣减国王应该付给市政府的靠利息或年金生活的人员的年金以及债券的过期未付款的四分之三。这次国家信用的破产实在令人憎恨。毫无疑问，较好的做法，是设置平等分摊的捐税。但这项举措是在对既不光彩、又耗尽资财的方法进行长期试验后才得以在法国付诸实施。自从苏利以后，政府只会设置毫无用处可言、崇慕虚荣的人用钱购买的官职，以及绝对依靠商人。

1635 年，黎塞留在高等法院设置了二十个新法官职位。这个机构对此大为震怒。对靠利息或年金生活的人造成的破产，使整个巴黎一片怒斥之声。这些国民的收入遭到剥夺，于是来到掌玺大臣夏托纳夫处抱怨诉苦。对他们的回答却是他们当中三人被送进巴士底狱。高等法院开会讨论此事，会上言词十分尖锐激烈。黎塞留红衣主教在这个机构里布设有卧底。他让人绑架加扬、香普龙、萨洛、塞万、蒂伯夫、博维尔、斯卡龙等人。国王一道敕令撤销第三诉状预审庭。被捕法官遭到流放或者关押。靠利息或年金生活者丧失了他们的年金和债券的过期未付款。

显然,黎塞留红衣主教的政府既专横邪恶,又暴虐无道。但他始终对异见党派进行打击镇压。这也是一目了然的事实。首相的血腥手段和骄横以及王国各类人的不满,是此后投石党之战[①]的种子。高等法院在黎塞留掌权时期失去了它要求收回的特权之后,在路易十三在位时期的最后几年只对抗审计法院。

这个君主剥夺了圣日尼薇对法国的保护之后,把这种荣誉授予圣母玛利亚。圣日尼薇过去一直被视为王国的主保圣徒,因为她是巴黎的圣徒。

这是在巴黎圣母院教堂举行的一个极其庄严的典礼。高级法庭法官出席。高等法院首席院长在宗教仪式行列行进时走在最前面。戴圆形法官帽的几位院长不容忍审计法院院长跟随其后。这位院长身材魁梧壮实,拦腰抱住一个戴圆形法官帽的高等法院院长,把他打翻在地。每个审计法院院长对一位高等法院院长拳打脚踢。自己也大挨拳脚。他们还袭击高等法院法官。蒙巴宗公爵手执刀剑,率领卫士前来制止这场混乱,其结果却是为这场混乱火上加油。双方都作记录口供。国王命令会后高等法院人员从巴黎圣母院的大门出入,审计法庭人员从小门出入。

---

① 投石党之战又称投石党运动或"福隆德运动",为 1648—1653 年法国反对专制制度的两次政治运动。"福隆德"(la fronde)为一种投石器,在巴黎禁止使用,因此"福隆德"一词便转而具有破坏秩序、反对当局的意义。法国"福隆德运动"有两次。本书第五十六章所述为第一次,称为"法院福隆德"。第二次为 1650 年的"亲王福隆德",以孔代亲王为首的法国贵族依靠西班牙军队与法国政府军对抗,1653 年被镇压。此后法国封建制度进一步加强巩固。

第五十四章 马扎然内阁 执政时期动乱开始 高等法院首次暂时停止它的 审判职能

路易十三死后,高等法院顷刻之间就从黎塞留将它投入其中的屈辱境地跃升到权力的巅峰。德佩龙公爵刀剑在手,强迫它抓住授予玛丽·德·美第奇摄政职位的权力。在奥地利的安娜的眼中,这项新的权力似乎像君主政体那样古老。高等法院不受制约、充分行使这项权力。它不仅发布决定,宣布母后为摄政女王,还像废止一个普通公民的遗嘱那样,废止了路易十三的遗嘱。摄政女王和宫廷当时远未怀疑高等法院的权力,远未对它拥有的他们从中得到一切好处的一项特权提出质疑。高等法院在没有任何反对的情况下决定王国的命运。随后高等法院重新跌入路易十三之死曾经使之摆脱的困境。王后意欲亲自掌握全权,她也的确掌握了全权,直至路障时期[①]为止。

但是,在高等法院这样授予摄政职位并作为贵卿充斥的贵卿法院废止国王路易十三的遗嘱之前,必须注意到这一点:根据法

[①] 指后文谈到的投石党之战时期。

律，高等法院已不复存在。这位国王之死使这个法院解散。因此高等法院的几位院长和法官的职位必须得到新君主确认；他们必须重新宣誓。这个仪式在因亨利四世遇刺而出现的混乱和恐怖中无人遵从。掌玺大臣塞吉埃想恢复已被废弃的法律。高等法院回避此事，前往卢浮宫觐见母后。它向新王表示崇敬，并向新王表态，它遵从圣旨。问题并不在于职位确认，也不在于忠诚宣誓。

马扎然红衣主教专制独裁，操纵控制母后和国王，最初并无任何大人物对此有一言半句牢骚不满。人人都已习惯于接受一种权势和命令。马扎然是个外国人这个事实，竟然也无人耿耿于怀，说三道四，对之置评。以大孔代这个名字而名驰遐迩的昂甘公爵取得的胜利，使公众大大松了一口气，心情轻松；使母后备受尊敬。然而，这个财政金融的重要问题不久以后就开始酿成动乱。这个问题是一切事物的基础，往往引发革命，而又防止革命，平息革命。

马扎然对政府管理这一部分的了解比黎塞留更差。他把自己才智和能力的使用限于最主要之点上，限于他的政府的运作上，限于获得一笔一亿法郎的钱款上。搞阴谋诡计，他位列这个世界之首；搞其他事务，他位列这个世界之末。那些在他手下管理国家钱财的人，除了采取卑劣低下、谋略极差、歪门邪道的方法手段迅速获得援助外，别无其他意图。巴黎最穷的居民在巴黎城从前的范围界限之外修建了一些破烂不堪的房屋或者窝棚。一个名叫帕尔蒂塞利·德梅里的意大利人是马扎然的宠信，身任总监督官，谋求对贫穷家庭征收一项相当苛重的税收。这些家庭聚集起来，成群结队前往高等法院法庭鸣冤告状，在那里少不了受到好几位预审庭法官的激励鼓动。这几位法官要求预审庭开庭审理穷人控告政府的这场官司。政府行事十分笨拙，使整个巴黎民众颇为不快。这一笨拙举动使得民众怨声载道，啸聚会集。高等法院大法庭的一部分成员为了宫廷的利益，不欲容忍预审庭要求召开高等法院大会。

预审庭坚持不让。对宫廷来说，幸好当时高等法院的各个法庭已经分裂。诉状审理庭与预审庭对立；预审庭又与高等法院大法庭对立。诉状审理庭想受到与预审庭相同的待遇；预审庭想受到与高等法院大法庭相同的待遇。发生了关于地位、等级、排序的争吵。高等法院的年事最高的法官按照惯例位居并非戴法官圆帽的法院院长之前。在巴黎圣母院为格布里昂元帅举行的葬礼中，预审庭庭长在致悼词时抓住年事最高的法官萨瓦尔的手臂，把他拖离他的位置。高等法院首席院长叫来国王的出席这个仪式的卫士前来支持年事最高的法官。大教堂的人于是再次目睹法官为了追求一种虚荣的利益使得民众哗然、极度愤慨的场景。

母后居中调停。高等法庭信服她下达的命令，审理争端。她注意自己不发言表态。分而治之这句名言，马扎然真是烂熟于心，稔知其义。他想把高等法院弃置于这些争吵之中，借此使之受人鄙弃，为人不齿。但是，他让四名弓箭手抓捕预审庭庭长巴里荣，这样行事却过分令人鄙弃。他把这位庭长解送到皮涅罗。巴里荣对蹲监狱已经习以为常。在黎塞留掌权时期，他曾经被关押过。这次还有另外几人遭到流放。马扎然首相自以为权势已经强大，足以效法黎塞留红衣主教，虽然他并无其人之残酷、骄横和才能。

高等法院还已经使血缘亲王、贵卿等弃离它。血缘亲王弃离它，是因为它竟敢在举行一次奏感恩赞美诗的仪式时从伟人孔代的父亲那里抢夺居先权；贵卿弃离它，是因为它不愿容忍在御前裁判会上掌玺大臣前往投票时在求教于它之前求教于贵卿。这一切都使这个机构对宫廷来说十分令人不悦。过去使用它是为了授予摄政职位。这样使用它就像过河拆桥，鸟尽弓藏一样。

预审庭无法使它的被关押的成员获释，于是整整四个月停止审理和判决案件。这是此类违犯法律的第一例。几个诉讼人因此大受损害。另外一些诉讼人却把他人的财物扣留更久，借此获利。宫廷并不为此担忧。它认为高等法院同时令王侯、贵卿、民众颇为不满，就会永无信誉可言。就是这一点宫廷铸成大错。它没有预见到一旦时机到来，人人都会联合起来反对一个开始像昂克尔元帅那样极尽令人反感厌恶之能事的外国首相。

如果正如有个孔代那样的人统领军队，有个柯尔伯或者苏利那样的人掌理财政，奥地利的安娜摄政时期本会歌舞升平，国泰民安。虽然像这样两个优秀卓越的人物能否在当时拨乱反正，整顿秩序，以便克服十分愚昧无知的民族成见，以便设置毫无专横武断成分的普遍税收，以便发行以某些确实可靠的基金为基础的可以偿还的债券，以便既提倡商业，也提倡农业，以便最后进行在英国进行的事业，这一点仍然是可疑的，属于未定之天。

政府内部既存在愚昧无知，也存在挥霍浪费，还存在一种顽梗固执的急迫心态，企图使用急躁的手段从民众手里夺得一点钱款。这些钱款更少归国家所有。对修建在郊区的房屋征税一事，几乎没有产生任何效益。有人意欲强迫公民购买总额为十五万利弗的新公债。必须说服劝购，而不应强迫购买。民众的呼号在高等法院的拒绝行动的支持下，使这些令人憎恶的敕令毫无效用可言。

政府设想出比斯索敕令。仅仅这些敕令的发布就使这个政府蒙受耻辱、成为笑柄。这些敕令设置国王参议、束薪稽查员、宣誓干草出售员、交易所经纪人、四年一次的财税收税员等职位，在所有行政机构中以钱为报酬加薪，最后是出卖贵族头衔。

发布了十九道这类敕令。路易十四穿着童装被带领到高等法院，让这些使人蒙羞受辱的敕令得以登记。他被安放在一张充作王位的小扶手椅上。右边是母后、叔父奥尔良公爵、大孔代的父亲、八个公爵；左边是五个红衣主教、黎塞留红衣主教的兄弟里昂红衣主教、利尼红衣主教和马扎然。他口齿伶俐，讲了下面的话："我的事务把我领到高等法院，掌玺大臣大人会解释我的旨意。"

掌玺大臣塞吉埃解释国王的旨意，宣读了十九道敕令。总辩护人奥马尔·塔隆按照习俗把膝盖抬到软垫长凳上，开始致词。此人是这个机构中最口若悬河、滔滔不绝的高谈阔论者。他对国王说："国王是太阳，当太阳穿过窗户只射进一个房间几道光线时，它的光丰足、有益。这是洪福齐天的标志。但是，想到这颗硕大的星辰整个进入，则是危险的。因为它会以它的活力摧毁进入它的轨道的一切……"

这篇特别对一个七岁的孩子来说相当冗长的高谈阔论发表后，王侯和贵卿投票。高等法院几位院长为这个投票次序不是从他们开始大发雷霆。他们的意见是要对国王进行谏诤。预审庭法官说，他们的良知不允许他们登记这些敕令。掌玺大臣回答说，关于国家事务的良知，具有不同于普通良知的另外一种性质。他擅自专横地使这些敕令得到登记。

第五十五章　财政管理引发的
动乱开始

　　宫廷依然势力强大。马扎然红衣主教小心谨慎地对待著名的《蒙斯特①和约》。按照这项条约,法国人和瑞典人是神圣罗马帝国的立法者。该约最终于 1648 年缔结。孔代亲王因其历次作战胜利使法国在此约中占有优势。西班牙比法国更债台高筑,看来并非危险敌人。尽管它在新世界拥有大量财富,财源却与法国同样枯竭。治理无方、吏治腐败,这几乎是各个国家的命运。几个大人物的勃勃野心把这些国家投入战争。被人称之为政治的卑鄙无耻的阴谋诡计,使国家长期动乱、国无宁日,而此时边境又遭强邻蹂躏,经济被弃置不顾,异见党派迭起,帮派林立。这些党帮佯装提出的治腐救危良药,其实是各种祸患之中为害最烈者。

　　法国政府始终坚持奉行这种颇为不当的、用于一时应急救助的权宜之计。提高了对叉裂蹄动物及其他食品的进口税。设置了十二个诉状审理庭新法官职位。要求法官提前缴付称为鲍勒特税的年度税款。有人有先见之明,早已预想到一起如此无关紧要的案件会使国家鸡犬不宁、沧海横流吗?但是,大厦既然已经受到震

---

　　① 德国地名,1648 年在此签订《威斯特伐利亚条约》的预备性条文。

撼，稍一刮风，就会掀翻倾塌。一场当时正使英国惨遭破坏、田园荒芜，使国王查理一世①在刽子手刀斧之下人头落地的内战，就肇始于一项对每吨货物征收两先令的税收。

马扎然万万没有想到在他颁布法令之时，高等法院竟然能与诉状审理庭法官联合起来。它经常责备这些法官使御前会议废除它作出的决定。高等法院将与审计法院合二为一，这很可能吗？它曾经在巴黎圣母院教堂与后者大打出手。它对大御前会议也心存妒忌。该会议决定各个高等法院的管辖范围，并剥夺了它们除有关滥用职权的上诉之外的一切教会诉讼事务。高等法院能够同间接税法庭和解吗？它曾经忧心如焚，看到这个机构掌握了关于财务的登记权和在这个方面的纠纷的审理权。更不大可能的是，国王的贵卿受到高等法院院长佯装的与他们之间的平等的冒犯，会站在这个曾经引起他们敌意的机构的一边。这些贵卿自以为身为贵卿，不但是高等法院的首要人物，而且是高等法院的精英。高等法院如果没有他们，只不过是个审理争端诉讼的普通法庭而已。高等法院只在他们大驾光临之时才能改变其性质。就这样，这种种情况凑在一起，促使母后和她的首相认为高等法院既无胆量，也无力量违反他们的旨意。然而他们错估形势，大错特错。邪恶的卖官鬻爵的官职捐纳制度引进法国。鲍勒特税又使这种制度永远存在。这两者是灾祸的首要根源。王国的全体行政官员和司法官员应当九年一次交付这种保证他们家庭拥有他们的官职的鲍勒特税。

---

①　查理一世(1600—1649)，英国国王，对抗国会，压迫清教徒，引起内战。

新敕令恢复为下个九年缴付这项税款的规定。这项敕令免除高等法院法官缴付这项税款，但作为补偿，却削减他们四年的薪俸。这些削减的薪俸非常菲薄，以至宁可不收取。但这一举措却令人颇为不快。宫廷为了安抚高等法院，把它列在这项削减规定之外，保留了它的成员的薪俸，以为使用这一权宜之计，可以迫使高等法院保持缄默。然而，事与愿违，适得其反。宫廷怎么会意识不到高等法院如果让自己被人用这种小恩小惠软化，显得为了一己私利而忘掉公利，它的声誉和影响就会在民众中一落千丈，丧失殆尽，因此它只能通过拒绝才能令人钦佩呢？

大御前会议、审计法院、间接税法庭首先派出代表集会，要求与高等法院联手反对上述敕令。高等法院没有片刻犹豫。被宫廷认为互相水火不容的这四个机构竟然联合一致。政府始终抱有定见，认为王权至高无上，应该废止它们的联合决定。马扎然法语讲得十分蹩脚，把这项决定称为多瓦尼翁决定(l'arrêt d'oignon)①，因而在民众眼中既可笑又可厌。宫廷命令遭到蔑视鄙夷。宫廷甚至禁止高等法院的各个法庭集会。而这些法庭偏要集会。母后下令逮捕大御前会议的五名参事以及间接税法庭的两名法官。这一严厉行动使社会上的有识之士群情激愤，怒不可遏，但未引发任何运动。

诉状审理法庭全体法官在他们那方面，在一个叫做王宫诉状审理院的法庭里签署发布了一份告示，承诺不能容忍设置十二个

---

① 联合决定法语为 l'arrêt d'union。马扎然把 union(联合)误念为 oignon(洋葱)。

新法官职位。他们停止向御前会议汇报诉讼事务。这正如高等法院停止宣判一样。母后召来高等法院诉状审理庭法官。她虽然性情温和，但讲话时言词有些尖刻。她对他们说，他们想限制国王的权力，这实在令人笑掉大牙。

帝王可以坚定不移采取有力行动，但应尽量避免态度生硬。诉状审理庭法官因母后这一席话态度更加坚定起来。掌玺大臣禁止他们履行职责。他们本身也不履行。

他们结成团伙，前往高等法院反对登记国王敕令。他们作为诉讼的当事人受到接待。一切集团之间的嫉妒、猜疑当时都让步给对内阁的仇恨。一切狭隘的利益都为对新生事物的热爱以及为激励整个巴黎城的异见党派精神作出自我牺牲。高等法院在它那一派内还没有一个王侯、贵卿，甚至还没有一个领主。母后对它异常愤慨，多次扬言她不容忍"这群流氓、恶棍侮辱国王陛下"。

这些话无助于使有识之士归返常态。高等法院要求实行行政改革，特别要求撤销被它视为没有名号的行政官员的、充作政府掠夺工具的、必须使法国永远摆脱的政府派驻外省的总督。

反对意大利人帕尔蒂塞利·德梅里的呼声更加强烈。此人先前升任总监后，曾因贪赃枉法、营私舞弊在里昂被判处绞刑，未执行。后来他却福星高照，跃至好运的顶峰。公众呼声非常强烈，异见集团非常顽强，以致宫廷认为不得不屈服让步，把这位总监放逐到他自己的土地并承诺撤销外省的总督。这种上级对下级表面谦虚有礼而心怀优越感的态度，未能安抚平息不满人士，相反却使之胆壮起来。国王的叔父、位居母后之下的国王指定的摄政官奥尔良公爵当时正紧随母后同高等法院谈判。他时而前往法院，时而在家中同这个机构的代表会商。这些奔走活动全都徒劳无功。

动乱丛生使得政府信誉丧尽，声望全无。它既无法得到拥护的徒众，也无法让普通捐税进入国库。它还不得不支撑一场耗尽国力的战争。母后沦降到抵押典当宫廷的和她本人的珍宝的地步，沦降到解雇国王和她本人的仆役的地步，沦降到节衣缩食的地步，还不得不求贷于宫中许多人。身陷绝境，但不像黎塞留那样坚挺对抗重重困难的马扎然红衣主教，劝她再次把她的儿子带领到高等法院，以便作出当时事态使之势在必作的承诺。

召开御前审判会并不比其他举措更加成功。总辩护人嘱咐年幼的国王思考天宫之间的自然钳制、天体的冲、构成地球之外的天使的美的相反的星辰方位的冲。但白费唇舌。掌玺大臣代表国王给予多于索求，只禁止法庭召开大会。举行这些会议应获宫廷批准。从第二天起举行会议。

尤其因为就在此时亨利四世的女儿、英国国王查理一世的妻子同她的孩子逃亡法国，尤其因为就在此时英国议会正在搭建让查理一世带去他的脑袋的断头台，高等法院的这种顽梗不化的态度对母后来说就更加令人感到痛苦。单单是高等法院这个名称，就使奥地利的安娜方寸大乱，虽然名为高等法院的这个巴黎法庭与英国的议会毫无共同之处。她忧心如焚，愁肠百结，卧病床榻，而民众对她却无丝毫怜悯之情。

第五十六章　街垒和投石党之战

　　不仅仅财政方面的敲诈勒索、横征暴敛激怒法院和公民，而且监禁、下狱和流放之类的大臣们无视王国法律用来进行报复的武器也都大大伤害民众感情，使得群情激愤。在伟人亨利四世明智而坚定的统治下，这些武器从未有人使用。在使用刽子手多于使用监狱看守的黎塞留的专制主义的统治下，这些武器几乎不惹人注目。

　　马扎然比黎塞留温和，没有让人流血，但他下令把除了与之争权夺位，除了在宫廷中利用威信和影响与之分庭抗礼之外别无其他罪行的博福尔公爵投入万森监狱。红衣主教雷兹在他的回忆录中写道："当人们看见尤利乌斯·马扎然让人把亨利四世的孙子关押起来并流放他全家时，又惊愕又尊敬。"他又写道："这个首相一周之内没有把人投入监狱，人们就认为应该对之感激涕零。"他又写道："夏佩兰特别赞赏这个非同寻常的结局。"

　　这个名字变得十分可笑的夏佩兰为所欲为，奴颜婢膝，赞赏这种滥用权力的行径。旺多姆家族在高等法院中有一些朋友。这些人憎厌鄙弃这种行径。他们总是激发挑动这个机构反对首相。

　　孔代亲王打赢了朗斯①之战，这使宫廷最终大起胆来向高等法院复仇雪恨。院长波蒂埃·德·布朗克梅米尔和法官布鲁瑟尔

---

　　①　法国地名。1648年孔代亲王在此率军作战获胜，使得《威斯特伐利亚条约》得以签订。

两人被捕。宫廷也派人抓捕在逃的另外多名法官。

布鲁瑟尔是个年高七十三岁的老者，满头白发，备受民众敬爱。这是因为他住在一个下层百姓聚居地区，更因为他是高等法院中党派首领的工具。这些首领总是把他们自己的所思所想通过这位老人之口说出。他口无遮拦，提的意见最大胆无忌，认为这些意见出于他自己的所思所想。

这个老人被绑架后，下层民众像他们被抢走了父亲那样怒不可遏，于是起而造反。他们并没有受到任何政要挑动。布鲁瑟尔的女佣人开始起来闹事，第一个引发一场街垒战。有产者参加民众行列。高等法院加入有产者行列。不久以后，当时被称为大人物的人同高等法院联合起来。

法官遭到绑架以及民众群情激愤起而抗争后的次日，就是街垒日。民众重演他们在亨利三世在位时期的所作所为，而激烈狂热，鲜血流淌更有过之。雷兹红衣主教当时还是巴黎大主教的助手。他在回忆录中自吹自擂，声称他是引发内战的这场值得纪念的叛乱的唯一的发起人。毫无疑问，他的确在这场暴动中上蹿下跳，十分卖力，起了重大作用。

这位巴黎大主教当时有三个主要爱好：花天酒地、造反叛乱、追求虚名。同时可以看到此人有时恣情纵欲，卑鄙可耻，向宫廷布道说教，对他的恩人母后发难。

大家知道，最初内阁因街垒事件而惊恐不安，不得不释放被囚禁的法官。这种宽大纵容却使叛乱分子胆大包天起来。母后最后被迫两次携带她的国王儿子、亲王和首相逃离巴黎。她第二次从叛乱分子手中逃脱，是为了前往圣日耳曼。此行非常仓促急迫。

宫廷人员在那里全都睡在麦秆上。孔代公爵深受王后眼泪感动，并且颇以身为王权保卫者为荣，准备封锁巴黎。高等法院在它那方面则招兵买马，任命将领，征募军队。每个法官被课税五百利弗。这个机构的二十个成员因在黎塞留掌权时期购买新设置的法官职位而遭到同僚仇恨，成为众矢之的。他们每人出资一万五千利弗以博取这个机构中其他人的欢心好意。这个机构命令拥有能通过车辆的大门的房屋的户主缴纳五十埃居。它用这笔抢劫来的、下令征收的、巧取豪夺得来的钱组建几个有产者团队。用来对抗宫廷的军队多于宫廷用来对抗叛乱的巴黎的军队。

　　高等法院在进行这种种备战的同时，宣布红衣主教首相为国家公敌及公共安宁破坏者，勒令他于八天之内离开王国。过了这个时限，命令法国人群起攻之。这是往昔君王对君王宣战的套话。

　　就在这时，大孔代率军七到八千人把巴黎封锁起来，使这座城市草木皆兵，惶惶不可终日。大家知道，大孔代曾经对这种他称之为夜壶战争的，而且他认为只能用滑稽可笑的诗来描述的战争何等轻蔑嘲笑。今天人们只记得关于这首次投石党之战的笑料，只记得因他们每人曾经向巴黎军队提供一万五千利弗而被称为十五—二十人的高等法院的二十名法官，只记得因当时雷兹红衣主教拥有科林多主教头衔而被称为科林多团队的大主教助手团队，而只记得被称为对科林多人的首次演出的这个团队的失败，最后只记得针对庆祝巴黎有产者的战绩的挖苦讽刺而又让人拍手称快的歌曲。

　　内穆尔公爵夫人说，在一次同几个造反派代表的商谈中，有人让他们相信孔代亲王一贯让人在他吃晚餐时为他端上一盘巴黎人的耳朵。尽管有这种种形成法国国民的特性的玩笑,鲜血仍然流淌,村庄仍被焚毁,田野仍遭破坏,抢劫仍然猖獗,不幸的人仍然成千累万。

就是在这个时期,马扎然红衣主教刚刚最终缔结了《威斯特伐利亚条约》①。他使阿尔萨斯并入法国版图。高等法院宣布他为国家公敌,下令全国对他共诛之,共讨之。

连篇累牍记载这些动乱,记载巴黎的异见党派,记载宫廷阴谋以及连绵不绝、时起时落的和解、破裂的细枝末节的书籍汗牛充栋。笔者在此只拟叙述涉及高等法院的事件。内穆尔公爵夫人的回忆录告知笔者,一个让大孔代下定决心袒助马扎然,并表态反对高等法院的理由之一是:某天他出席一次集会,以便平息新起的动乱。他在会上讲话时,做了一个得胜的将领的手势。这个手势被人当作是威胁。在这之后,嘉特苏法官对他说,这是个卑鄙下流的手势。被雷兹红衣主教经常称为巴黎高等法院预审庭的叽叽喳喳的咕哝埋怨,使这位亲王大发雷霆。他在高等法院中的朋友必须在嘉特苏法官那里为他辩解。但是对他这次愤怒火上加油的是一个更加崇高的动机,即救助受压迫的少年国王以及受凌辱的摄政母后。

使法国惨遭破坏、满目疮痍的历次内战,都比投石党战争引发的这次内战为害更烈,但是,哪一次也不比这次更无正义可言、更轻率冒失、更荒唐可笑。一个巴黎大主教和一个法院没有任何言之有理的借口,就武装起来反对国王。这真是一件史无前例而以

---

① 1648 年参加三十年战争的德、法、西、瑞典等国分别在属于德国威斯特伐利亚省的蒙斯特和奥斯纳布吕克两地签订条约,合称《威斯特伐利亚条约》。根据这项条约,西班牙正式承认荷兰独立。

后也可能不为人仿效的事件。

在这首次小规模的投石党战争中，双方谈判多于作战。这就是马扎然的天性和才能。宫廷一名武装传令官由一名国王的普通宫内侍从伴随，前往巴黎高等法院。这个传令官没有受到任何接待，借口是传令官这样的人只向敌方派遣，而高等法院并非敌方。但是，几天以后高等法院却接见了西班牙国王派来的一位使节。此人以他的国王主子的名义承诺提供一万八千名兵员来对抗马扎然红衣主教。

西班牙的这项建议加速了法官、宫廷与投石党人之间的和约的缔结。母后把她的儿子带回巴黎，但是，事态却更加错综复杂、混乱不堪。

孔代亲王为他所立下的功劳索要高价。马扎然红衣主教觉得他漫天要价。他对这位亲王的抱怨不满所作的答复是让人把这位亲王、亲王的兄弟孔蒂亲王、亲王的妹夫隆格维尔公爵等人一并关进监狱。因布鲁瑟尔被监禁一事已经筑起街垒的民众，为大孔代被监禁一事在露天点燃节日之火。采用关押监禁这种令人不寒而栗、心惊胆战因而似乎可以确保公共安宁的办法却只不过引发了第二次内战。最高法院终于站在这同一位它曾经招兵买马、与之抗衡的亲王一边。有人看到大孔代母亲来到最高法院的大法庭的大门呈递她的诉状。全体法官经过时，她向他们鞠躬，央求保护。

波尔多高等法院向巴黎高等法院派出代表，同它联合起来。马扎然被迫从巴黎出走，亲自前往释放已被他转移到哈弗·德·格拉斯去的几位亲王。巴黎高等法院奉国王新近下达给全体臣民的对马扎然群起攻之的命令，作出判决将马扎然流放出王国。

　　高等法院发布第二项判决，委托比托和皮图两位法官前往边境对马扎然的情况进行调查侦讯，如果发现他，就把他作为犯人解送到当地高等法院的监狱。

　　高等法院发布第三项判决，悬赏索求红衣主教马扎然的人头，把赏金定为五万埃居。

　　高等法院发布第四项判决，出售马扎然红衣主教的家具什物和藏书，以取得支付索求这颗人头所需钱款。

　　高等法院发布第五项判决，派出两名法官前往调查侦讯马扎然红衣主教率领的一支小分队。正在此时这位红衣主教率领这支小分队返回王国同国王的军队会师。高等法院派出的两位法官中的一人——这同一个比托——被抓捕后，受到宽大待遇，获释返回，未付分文。

　　总辩护人塔隆于是在高等法院对大主教助手说："我们不知现在在干什么？"但是，王侯们、将领们、政党首领们、大臣们知道得并不更多。

　　这不仅仅是一场内战。这是一百场在宫廷、在巴黎、在外省、在熊熊烈火燃遍的各地每天都在更换目标、更换利益的小战争。王侯、首领、大臣、妇女，人人缔结协定、条约，旋即又中止和解除这些协定和条约。年幼的国王在他的王国的中部地区像逃亡者那样到处漂泊流浪。曾经是法国的保卫者、支持者的孔代亲王变成了这个国家的祸患。蒂雷纳①在背叛宫廷之后，却转而成了宫廷的解放者。

　　国王的事业终于胜出，占了优势。母后再度带领儿子凯旋巴

---

　　① 法国元帅。在路易十四登基之初，因与法国宫廷不和投奔西班牙，并率西班牙军队与法军作战。后与法国宫廷言归于好，率军战胜反对法国宫廷的孔代亲王。

黎。这同样的曾经极尽污辱之能事压垮了王家的民众,显示出他们反复无常、朝秦暮楚的特点,转向高等法院发泄他们的狂怒。在卢浮宫、在王宫和卢森堡,在法院的院子,在广场,在教堂,都有人高唱这首虽然写得非常糟糕,但却长期名传四方的歌曲:

> 黑暗的法庭的老爷们,
> 要把恩典施与战争。
> 你们指挥地球万物,
> 你们在卢森堡跳舞。
> 挑剔找茬的贱民,
> 木棍打响你们全身。
> 人们会看到安娜夫人
> 让你们死于车轮刑。

这首滑稽可笑的歌曲突显出在那个连最重大的事件也在酒吧间里,在滑稽歌舞剧剧场商谈处理的时代的精神和思想。国王把马扎然红衣主教再带回巴黎。巴黎全城平安无事。叛乱者受到惩罚。

第五十七章　巴黎内战结束
高等法院恢复它的职能
高等法院对马扎然发表讲话

对红衣主教雷兹的惩罚只限于把他关押在万森。对于一个在法国全国到处煽风点火、挑拨离间的人来说，这个惩罚真是轻而又轻。老法官布鲁瑟尔作为频仍的动乱与深重的灾祸的始作俑者而不自知，以辞去造反派授予他的巴黎市长这个官职了结了这宗案件。

国王在卢浮宫亲自主持审判会。他命令布鲁瑟尔、弗勒里、马蒂诺、佩罗等法官以及另外几位法官离开巴黎，但不久以后他们就被召回。

马扎然红衣主教凯旋京城。曾经悬赏索求他的人头，并拍卖他的家具以偿付杀手的高等法院的法官，几乎全体先后对他恭维祝贺，又因受到他亲切和蔼的接待更感到羞辱。

大孔代比别人高傲自尊，他受到复仇思想激励，丝毫不愿在一个曾经剥夺他的自由的外国人面前弯腰折背、低三下四。他宁愿继续进行那场已由巴黎高等法院发动，当时波尔多高等法院仍在坚持的内战。这个亲王此时正率领曾经被他打败的西班牙军队。

最后，刚刚摆脱了异见党派活动的巴黎高等法院，正如它曾经判处马扎然那样，对这个亲王进行缺席审判，没收其在法国的全部财产。这个机构是曾经用来打击伤害它的法国国王主子，这个主子接着又用它来打击敌人的武器。

路易十四这时尚未亲政。有人甚至怀疑他是否有能力挽缰掌舵，治国理政。但是，自 1655 年起，他却让人感到他那高傲自负的个性。高等法院决定就一项有关货币的敕令进行谏诤，干预此事。首相声称，货币法院已经组建，高等法院不得过问此事。国王骑马离开万森，穿着长靴，手执马鞭来到高等法院。他对首席院长说："大家都知道你们的集会造成的灾难。我命令你们停开你们已经开始的讨论敕令的会议。首席院长大人，我禁止你准许召开这些会议。（他把身子转向预审庭的法官）你们，我禁止你们要求召开这些会议。"听了国王的这席话大家噤若寒蝉，一言不发，老老实实服从。自这个时刻起，在这个国王的统治期间，帝王的权威不再遭到反对。

当红衣主教马扎然缔结了《比利牛斯条约》，并让路易十四结婚后，高等法院派遣代表向这位首相发表一篇讲话。这是它对红衣主教黎塞留，对任何王侯都从来没有采取过的行动。这篇讲话满纸歌颂赞扬之词，甚至对廷臣内宠来说，这些颂赞之词都显得太过分。这篇讲话成了对这些代表的挖苦讽刺的缘由。梅纳日禀呈这位胸无点墨、毫无鉴赏能力的首相一首当时十分出名的拉丁诗。他如同整个宫廷一样，在这首诗中大发议论。他在这个作品中用拉丁文写道："毫无疑问你蔑视这些卑劣低贱的法官。"

　　有人在高等法院大法庭里大发牢骚,抱怨连天。但是,这个机构能为它遭受的奇耻大辱报仇雪恨的时代已经一去不复返了。宫廷认可这种屈辱。梅纳日自我辩解。他丝毫不想用 robes(长袍)这个词来指高等法院这个机构,虽然这个词的确只能指这个机构。高等法院认为回击这个侮辱是降低自己的身份。

第五十八章　路易十四亲政以来的高等法院

　　路易十四自亲政以来，把国家各个机构都约束在其职责范围之内。他事事进行革新：在财政、军纪、海军、治安、教会、司法等方面莫不如此。在司法诉讼程序方面有不少武断和任意之处。他首先想到要使诉讼程序在整个王国统一起来；如有可能，要根除一切流弊。但是，这个宏伟的图谋1667年才得以部分实施。实现这一宏图伟略需要时间。必须治疗更加紧迫凶险的恶疾。

　　正当整个这次普遍改革开始打下基础之时，王国的贵卿和巴黎的戴圆形法官帽的院长之间发生了一场值得铭记在心、令人难忘的争论。不错，在这场争论中个人的浮名和虚荣的利益似乎重于国家的利益。但问题最终还在于对整个行政管理来说不可或缺的秩序和礼仪。贵卿们除了陪同国王出席御前审判会外，不再来高等法院。他们抱怨自从路易十三去世以来，高等法院的院长可以随意先于他们发言和表态。这件事在国王御前会议上当着血缘亲王和大臣的面进行了讨论。

　　贵卿们再度提出：从本源上讲，他们是国家天生的法官；他们继承了王国古代贵卿的各种权利；吉斯家族、克莱弗家族和贡扎格家族拥有贵卿领地，曾经享有与勃艮第公爵、吉埃内公爵、诺曼底公爵等的特权相同的特权；蒙莫朗西、于塞兹、布里萨克、拉特里穆伊以及其他被授予这种显职高位的人有与吉斯之类的人曾经拥有的地位相同的地位；这种显职高位是继承性的，不像法院院长职位那样要遵从鲍勒特税的规定；最后，高等法院的法庭因贵卿出庭，因拥有贵卿法庭这个称号而获得它最大的荣誉。

高等法院的各个院长声称：他们同首席院长形成一片，合为一体；院长的整体代表国王；高等法院就是贵卿法院，这不仅因为贵卿已经得以出席这个法院的审判，还因为他们自己也在这个法院受审。

路易十四及其御前会议决定：归还贵卿原应给予他们的荣誉；在重大庄严的会议中他们率先发言。

高等法院院长仍然保有在国王不出席，而且由首席院长，而非由掌玺大臣收集、记录选票的普通会议中享有率先发言权。首席院长们不但坚持只在采纳院长们的意见之后才采取贵卿的意见，而且还坚持要在这些院长面前脱帽，坚持要求征求贵卿的意见时戴帽。贵卿对此经常抱怨不满。但是，这个争论一直悬而未决，是未获任何解决的大量争论之一，其数量大得不可思议。

自1655年起，国王总是脚穿粗大长靴，手执马鞭，来到高等法院，禁止各个法庭集会。他发言时趾高气扬、唯我独尊，以致自此时起，人们预见王国将会发生彻底变化。

1657年国王颁发一项此后又于1673年修订的敕令，规定高等法院今后只能在登记敕令一个星期之后提出意见。

国王始终对高等法院在他未成年时期的过火做法和恶劣行径耿耿于怀，愤愤不平。这种愤懑之情，甚至使他下定决心于1669

年来到高等法院大法庭下达敕令,取消母后于 1644 年授予各个高等法庭的贵族特权。然而,这项当他的面登记了的敕令却毫无效果可言,惯例和习俗仍然强于帝王的命令。

为了国家的福祉,路易十四准备作出更加重大的决定。不久以后,他让一项全国统一的法律生效。这项法律确定了所有司法法院——民事法院或者刑事法院——的诉讼程序。他确定了法官的诉讼费,确定了在何种情况下准许法官把这种费款收为己有,在何种情况下禁止他们收受。

终于有了一部确定的法典,至少是一部诉讼方式的法典,因为审判方式在民事案件和刑事案件两方面都始终过于专断和随意。

路易十四在他漫长的统治时期,自从他在理政治国方面挽缰掌舵以来,既不埋怨任何高等法院,也不抱怨任何团体。

必须指出,在他同妄自尊大的教皇英诺森九世奥德斯卡尔西之间的长期争吵中,法国各个高等法院和教士始终竞相支持法国的宫廷反对罗马的言行。这场斗争从 1680 年一直持续到这位高级神职人员去世。这是自路易十二以来法国国内从未有过的、罕见的举国上下齐心协调一致。高等法院甚至亟欲使国家彻底挣脱罗马教会的枷锁。它一直撼摇这副枷锁,但从未砸碎。

总辩护人塔隆和总检察官阿尔莱 1687 年就他们所称的对英诺森九世的谕旨的滥用进行上诉。此举让人清清楚楚了解到,法国在教义方面同罗马教坛联合统一,而在其他方面则同罗马教坛分道扬镳,截然分离多么轻而易举。

主教们直到那时没有到达这个地步。但是,受到伟大的博絮埃启发推动的教士于 1682 年严正地否定迪帕佩隆红衣主教的学说和主张,这已经非同寻常。这位红衣主教和他的学说以及主张仍在 1614 年的三级会议中占有上风,这是颇为不幸的。

这些作为法国国家公民胜于作为罗马公民的教士在四项值得记忆、令人难忘的提案中作出这样的解释:

1.上帝并未在俗间事务方面授予彼得及其继承者任何直接的或者间接的权力;

2.法国教会认可康斯坦茨的宗教评议会,该会宣布普世宗教评议会在教权方面高于教皇;

3.在法兰西王国及法国教会中被接纳的教规、惯例、习俗、做法应该不可动摇;

4.教皇有关信仰、教义的决议在被法国教会接受后才确实可靠。

实话实说,这四项决定只不过是用以对抗罗马教廷数不胜数的侵犯行为的盾牌而已。几年以后,路易十四自以为足够强大,可以忽略这些防御性武器,于是准许教士抛弃这些决定,而那些同样的曾经效力反对英诺森十一的主教中的大部分人却向英诺森十二求饶。可是,只应该懂得法律而非政治的高等法院一直以一种不屈不挠、坚定不移的气概保存这四项决定。

高等法院在有关教皇谕旨《上帝唯一子》的滑稽可笑,而又几乎不祥有害的这一事件上却并非同样不屈不挠。教皇的这道谕旨1713 年从罗马下达。人们十分清楚,这道谕旨系三名耶稣会教士在巴黎伪造。这道谕旨谴责最为人接受,甚至最不可违反的准则和格言。谁会相信一些基督教徒可能曾经谴责过这项建议:"礼拜天阅读虔诚的书籍,特别是《圣经》是有益的。"以及下述建议:"对被不公正地开除出教这种惩罚所怀的恐惧，不应该阻止我们尽我们的义务。"

但是，出于爱好和平安定，高等法院仍然于 1714 年把这项谕旨登记在案。这实际上是对之厌恶，试着千方百计加以修改削弱。这样一种登记与其说是赞同，毋宁说是谴责。

国王意欲他的敕令获得登记。在这之后如果有人愿意，就对他书面谏诤。高等法院没有进行任何谏诤。

路易十四对高等法院表面上对他百依百顺、唯命是听感到心满意足。不久以后，他让这个机构成为他的遗嘱的受托保管者。这份文书妥藏在一个特别为此修建的房间里。但这个文件以后正是被同样那些他所委托的人废止。这是他始料未及的。他只需对这个文书包含的条款稍加思虑，就应该料到这个情况。但是，他过于专制独裁，以致认为他死后也应该如此。

第五十九章　奥尔良公爵摄政

路易十四于 1715 年 9 月 1 日去世。高等法院不待人召集就于翌日集会。王位推定继承人奥尔良公爵偕同亲王和贵卿与会。

王宫被警卫团重重包围。已与高等法院主要成员会商采取措施废止已故国王的遗嘱。这与当年他的父王的遗嘱被废止如出一辙。

这项遗嘱拆封之前，奥尔良公爵发表谈话，要求他主要根据他的出生权，而非根据路易十四的临终旨意执行摄政。

他说："不管以何种名义我都应该企求摄政。大人们，我敢向你们保证，我凭我对国王效命的热忱，以及对公众福祉的热爱，尤其在你们的忠告良谋和你们的明智谏诤的帮助下，我应该受之无愧地获得这一职位。"

向高等法院保证按照同样的、已被路易十四废止的谏诤行事，这是曲意逢迎，讨好这个机构。路易十四只准许高等法院在服从国王旨意之后书面对他进谏。路易十四的遗嘱很快被低声宣读，这只不过是走走过场，履行一项普通的手续而已。这项文书实际上剥夺了奥尔良公爵的摄政权位。路易十四生前已经设置一个行政委员会。该会讨论的所有事项都以多数票决定，仿佛他生前已经组成一个国务委员会，仿佛他死后仍然应当执掌统治国家的大权。奥尔良公爵居于这个委员会之首，只拥有裁决权。路易十四的，实际上已被承认的，但生于双重偷情的儿子曼恩公爵①负责照料和保护路易十五的人身安全，并作为最高指挥官统率组成国王侍从人员的，并构成一支将近一万人的队伍的军队。

这些条款和安排在一个生怕把孙子的生命和财产委托给一个本应继承这些财产的人的一家之主的身上，本会十分明智，但在君主制度下却难以实施。这些规定和安排分散权力，因而取消了权力。它们似乎在酿成内战。它们与已被接纳的惯例背道而驰。这些惯例代替基本法（如果地球上有这种法律的话）。

高等法院发布一项早已作出的决定。这项决定用特异的词语拟就。这绝对不是一项判决，绝对不是一项申请，绝对不是一种普通司法程式，没有任何可争议之处。这项决定称："高等法院合议庭讨论了有关事宜；已经宣布，现在再宣布奥尔良公爵大人为法国摄政王，在国王尚未成年期间管理王国政务。高等法院命令：波旁公爵自即日起在奥尔良公爵的统领下为摄政委员会首领，并在奥尔良公爵缺席时主持摄政委员会。高等法院命令：血缘亲王年满二十三周岁也有权列席上述委员会。在奥尔良公爵大人宣布他愿在所有事务方面均按摄政委员会多数票的决定行事之后（有关官职、税收、特赦、封地等事务除外。这方面他在与摄政委员会商讨后，不需遵从摄政委员会多数票决定，可以把这些权益授予他认为适当的任何人）。高等法院命令：奥尔良公爵大人可组建摄政委员会，甚至这类他认为适宜的委员会，并准许他让他认为最有资格的

---

① 其母蒙特斯庞夫人曾为路易十四情妇。

人进入该委员会。凡此种种均须遵循奥尔良公爵大人已经宣布的他将通知高等法院的计划。高等法院命令：曼恩公爵任国王陛下教育的总监；对上述国王陛下的侍从部队甚至对用于保卫国王人身的部队拥有的全部权力和统领指挥权仍然属于奥尔良公爵大人；曼恩公爵对国王侍从部门的首领波旁公爵不具有任何等级优势。"

高等法院如此行事，是以至高无上的统治地位表达和显示自身。这种统治者的用语是因为亲王和贵卿在场而依法获得批准吗？这样一次会议不管多么庄重，丝毫不代表全国三级会议。这次会议并不代表一个孩童国王讲话。它做些什么呢？它使用一项通过两个先例——玛丽·德·美第奇的例子和路易十四的母亲奥地利的安娜的先例——获得的权力。这两个女人都以同样的理由获得摄政权位。

高等法院是否应该把它拥有这项重大特权归恩于亲王和贵卿出席这次会议？贵卿是否应该把拥有任命王国摄政王的权利归恩于高等法院？这两者一直都难以辨明弄清。种种说法都疑云笼罩、真伪难辨。正如人们已经看到的那样，在法国历史的研究中，每前进一步都证明任何事物都不能用独一无二的、恒久不变的方式解决处理，而偶然性、当前利益、一时的意志却往往成了立法者。

当路易十四私生的，后被认为婚生的儿子曼恩公爵和图卢兹伯爵被剥夺了 1714 年他们的父亲庄重地授予他们的特权时，事情已经一目了然、清清楚楚。高等法院发布一项永恒的、不能取消的、具有肯定的科学性、充分的权威和王室权力的法令，宣布这两人为血缘亲王以及在真正血缘亲王族系统绝嗣的情况下的王位继承人。

三个血统相同的血缘亲王,亦即在奥尔良支系之后法国曾经有过的仅有的三个血缘亲王,连同也投了票的好几名贵卿,同意上述法令。路易十四的这两个儿子因而在授予摄政王权位的御前审判会上享有随附于血缘亲王的显贵地位的荣誉。

但是,不久以后,同样这些亲王——波旁公爵、夏罗莱伯爵和孔蒂亲王——却向年轻国王奏呈一份申请书。该文书旨在在高等法院的举行的新御前审判会上取消赋予被认为婚生亲王的非婚生亲王的权利。就这样,不到六个月巴黎高等法院就成了国王摄政权位和王位继承事宜的仲裁者。

被认为婚生亲王的非婚生亲王提出更充分的理由。血缘亲王作出十分有理有据的答复。贵卿们介入。最高等贵族中三十九位领主声称这一重大案件是国家案件,应召集全国三级会议进行审理讨论。

一百多年来,此类案件还闻所未闻、见所未见,而又为人企求审理。人们开始对已经计划完毕的拉斯体制担忧。这个体制使法官们忧心忡忡,忐忑不宁。他们始终对新生事物心怀疑惧。一个庞大的反摄政王的政党已在筹建。三级会议的大会能够使国王陷于巨大危机之中。但是,有时想取三级会议而代之的高等法院远不希望召开三级会议。它拒绝接受 1717 年 6 月 17 日由一名执达吏送达总检察官和首席书记官的贵族的抗议书。它甚至让执达吏停职六个月。

曼恩公爵和图卢兹伯爵于是亲自把诉状呈递给高等法院大法庭,声称此事有关王位继承,不能仅由一位成年国王或者仅由全国三级会议审理。高等法院大法院颇感不安,不予答复。

最后,7月2日,摄政王颁发一项于7月8日轻而易举就获得高等法院登记的敕令。该敕令剥夺了路易十四的被认为婚生儿子的非婚生儿子的血缘亲王称号。这个称号是他们的父亲违反各个民族和王国的法律授予他们的。只为他们保留了像血缘亲王那样穿过一段高等法院里的被称为镶木地板的特权。这段镶木地板是一个木质的圈围地段。他们穿过这个地段前往就座。在这个世界的所有荣誉中这肯定最微不足道、无足轻重的。这样一来,路易十四所创建的事物统统遭到废弃。甚至连他的政府的形式也彻底改变。御前会议被用来代替国务秘书。

这个时期摄政王本人同高等法院之间产生了一种奇特的分歧。他问高等法院,当摄政王和高等法院这个机构的人员同在宗教仪式行列中行进时,在这个典礼上人员的位置怎样排序。这是关于在人称八月圣母日的这一天前往巴黎大教堂的宗教仪式行列问题。在这一天路易十三把法国置于圣母玛利亚的佑护之下。对于摄政王提出的上述问题,高等法院回答称,王国的摄政王应在两个法院院长之间行进。摄政王自己则认为有义务以国王的名义发布一项摄政王应该独自在高等法院人员面前行进的敕令。这似乎是自然而然、顺理成章的事。但是,正如人们已经屡见不鲜的那样,这却又一次让人看到在法国没有任何一成不变的事物。

再者,摄政王丝毫不反对高等法院已经习惯于像一个法官那样始终称他为,并习惯于在致函他时称他为 Monsieur[①]。而与此

---

① Monsieur 为对法国国王的大弟的尊称,似可译为阁下或殿下。

同时，高等法院致函掌玺大臣时称这位大臣为 Monseigneur①。全国三级会议的贵族团体把 Monseigneur 这个称号给予摄政王。这又是法国的一种普遍矛盾。奥尔良亲王对此并不介意，一门心思考虑实际权力，对传入的习俗和惯例的可笑之处则嗤之以鼻，一笑置之。

---

① Monseigneur 为对王族、主教等的尊称，似可译为大人或阁下。

第六十章　财政及奥尔良公爵 摄政时期的拉斯体制

在实行劳(Law)或者拉斯(Lass)体制之前,在法国只有屈指可数的几个金融家、几个大商人对货币、货币的实际价值、货币用于计算的价值、货币流通、外汇交易、公共信用等问题了然于心,有清晰的概念。这个劳的体制震撼、开导了法国。这些问题让摄政王和高等法院十分操心烦神。

此后成为法国元帅的安德里安·德·诺阿伊公爵-贵卿是财政委员会的首领。他不是苏利,也不是一个亨利四世式的人物的首相。他天性更加热情、更加激烈、更加多才。他发表看法直抒己见,但却不够勤奋,学养较差。他前来掌理国家财政。就任之前他没有进行任何准备。他不得不用他那迅速敏捷、系统清晰的思想来弥补他欠缺的基本知识。

在这个内阁执政之初,国家必须支付年金和债券等的过期未付款共九亿马克。国王当时的收入不超过六千九百万马克(三十法郎为一马克)。1716 年,诺阿伊公爵乞灵于设置一个对抗金融家的法庭。职能部门对四千四百一十人的财产进行了调查研究。他们缴纳的税款总共将近两亿一千九百四十万利弗。但从这笔巨额钱款中收进国王的保险柜的只有七千万利弗。必须另觅蹊径,另辟财源。

1716 年 5 月，摄政王准许苏格兰人拉斯建立他的银行。这家银行的资金仅由一千二百股组成，每股股值为一千埃居。当这个机构的运作因此大受限制，它拥有的证券和票据不多于现金时，其结果就是有大量赊欠并因此影响王国财富。但是，当拉斯把一家名叫西方的公司成功地并入他的银行之后，当他承担经营一个当时只值四百万马克的烟草农场时，当他年底进行塞内加尔的商业贸易时，所有这些企业都合并在这单独一个外国人的手中。这使王国的巨商富贾、大金融家们极为眼红。高等法院过早地惊恐警觉起来。掌玺大臣达格索在举止作风方面在宫中是个品德高尚的人，在法律方面是个学识渊博的人，但了解王国内政情况却比较肤浅。他处理事务对人苛求，又犹豫不决。但他为官清廉、刚正不阿。他竭尽所能，反对拉斯的谋取私利、野心勃勃的革新。

这时组建了一个相当大的反对奥尔良公爵的摄政权位的政党。曼恩公爵夫人是这个党派的灵魂。曼恩公爵本人为讨好妻子也加入该党。波利尼里克红衣主教置身该党之内积极活动。好几个领主等待时机亮相表态。这个党派暗中与西班牙首相阿尔贝罗尼协调配合。一切尚处于高度保密状态。奥尔良公爵对此只不过满腹猜疑而已。他必须准备一场看来已无法避免的对西班牙的战争。与此同时，他还必须付清一部分路易十四遗留的巨额债款，还必须制定若干他作为摄政王认为有用，而掌玺大臣达格索却认为有害的条例和规章。他把掌玺大臣流放到他的乡间住地。他任命出身古老贵族家族、遇到困难无所畏惧、处事果敢快速、当机立断、孜孜不倦、大公无私、坚定不移，但强横专制，是他所能找到的最佳专制工具的国务参赞、警察总监德·波尔米·达让松为掌玺官和副掌玺大臣。此人一举而跃升到达格索的职位，掌管国玺；一举而跃升到诺阿伊公爵的职位，掌管财政。但是，他是尽其所能，以建立即将全面展开的拉斯体制作为条件才跃居这两个职位的。拉斯即将成为王国全部钱财的绝对主人，而被宣布为副掌玺大臣的掌玺官达让松在这一局博弈中只有为一个外国人的任性妄为、反复无常的行为签字盖章的职能。

首先，他毫无保留，积极支持拉斯体制。不久以后，他就感到这个体制奇特怪异，有种种弊端。这个体制的极端荒谬性和疯狂性之一，就是贬低货币代之以纸币和票据，而不是使纸币和票据同货币互相支撑。拉斯模仿他在瑞典、威尼斯、荷兰以及其他国家的所见所闻，组建了一家总银行，为国家立了一大功。但是，他把这家银行的股票的价值拔高到一种虚幻的价值，加上一些虚构的商业公司，这就使这些信用票据同在王国流通的货币不成比例，因此把法国弄得天翻地覆，沧海横流。

重新铸造货币，使之开始大幅度贬值。1718 年 5 月 3 日，内阁发布命令：将自路易十四死后曾经多次迅速变动，当时等同四十利弗的一银马克改为等同六十利弗；把称为国家票据的政府过去的承诺证券连同一笔现金带到造币厂的人，就会收到总共付给他们的钱和证券。

这种操作十分荒唐，且不公平，产生的有害后果如下：

一个公民把旧货币两千五百利弗连同国家票据一千利弗带到国王的造币厂，被给予现金新货币三千五百利弗。这个公民自以为得计，赚了大钱，实际却大大亏赔，因为他只被付给具有欺骗性名称的钱三千五百利弗，约值五十八马克。他实际上损失四马克以上，此外还损失了他的全部国家票据。

政府还比个人承受的损失更大。它欺骗国民，自己也上当受骗。因为在以法定价值计算的税款支付中，它实际上少收三分之一。总的说来，国家因这种货币的伪劣化，还遭受另外一种损失：这些货币在国外重铸，外国人从法国人那里收到值六十利弗的材料却只付还法国人四十利弗。

这充分证明，摄政王也好，掌玺官也好，尽管都颇有头脑，都博学多才，但对他们从未丝毫研究、涉猎过的财政却浑浑噩噩，一窍不通。对摄政王正确进谏的高等法院，对这个行道了解也不更多。它的劝诫固然合法合情，却构想很糟。它对钱估价错误。在这个计算错误之外，它发表下述言论，铸成更大错误："关于外国人，如果我们从他们那里取来固有价值只为二十五利弗的一马克银子，我们就将被迫付给他们六十利弗。他们将从我们这里取走的，他们用我们的货币付还我们。这笔钱只让他们付它的固有价值。"

固有价值既不是二十五利弗①，也不是十利弗，也不是五十利弗。利弗或者法郎这个词只不过是个任意的术语，源出于一个真实古代名称。一银马克②的唯一固有价值就是一马克③银子，就是重八盎司的半利弗④。只有重量和成色形成这种固有价值。

摄政王十分克制温和地答复高等法院，对这个机构讲了这番

---

① 此处的利弗为法国古代的记账货币名。
② 此处的马克为货币名。
③ 此处的马克为重量单位名。
④ 此处的利弗为重量单位名。

话:"我权衡考虑利弊得失,但我不能推卸发布这道敕令。我将下令再进行审查,以便加以补救。"

摄政王的学识既然不足以指出高等法院弄错了问题,他实际上就没有考虑权衡这些缺点和弊端。这个机构根本没有说所当说,而摄政王也根本没有答所当答。

高等法院不满足于摄政王的答复。几乎所有明智通达之士对拉斯的怨言责难使得这个机构激怒乖戾起来。它的几个成员受到曼恩公爵夫人、波利尼亚克红衣主教和另外几个心怀不满、居心叵测的异见党派分子煽动。

第二天高等法院的各个法庭开会。参加者达一百六十五人之多。这些法庭发布一项决定,禁止服从国王敕令。

摄政王只以这项决定有损国王权威为由加以废止,并派两个警卫连队进驻造币厂。他仍然容忍高等法院派出代表前往向国王本人进谏。七名院长和三十二名法官前往卢浮宫。这次行进被认为会煽动民众。但是,只不过有人在他们路过时聚集观看而已。

巴黎人只忙于拉斯使之进行的炒股活动。那些被告知四法郎值六法郎的下层民众急急忙忙前去造币厂,并让高等法院前往徒劳无益地向国王进谏。

拉斯把西方公司并入银行以后,又并入对他来说价值极大的烟草农场。

高等法院采取大胆措施,禁止王家货币的收税员携带钱款前往银行。它重申它过去发布的反对在国家财政金融部门雇用外国人的决定。最后它颁令对拉斯先生进行个人传唤,接着颁令将其逮捕。

奥尔良公爵于是决定让国王在杜伊勒里宫举行御前审判会。国王的侍从拿起武器包围卢浮宫，进行自卫。高等法院人员奉命身穿红袍，步行到达。这次审判会令人难忘：它让人对掌玺官执有的国王下达高等法院的诏书进行登记，以此作为开始。到那时为止高等法院一直不愿接受掌玺官执有的这种文书。掌玺官达让松先生接着致辞，以此拉开会议的序幕。以下是这一致词的最值得注意的话语：

"似乎它（高等法院）甚至已经把自己的举动提高到这种程度：声称未经它同意，国王就不能有任何作为；它下达进行它喜好的事的命令无需钦准。

这样高等法院就可无国王而为所欲为；国王无高等法院则寸步难行。高等法院将很快成为国王不可或缺的立法者。陛下能于喜好之时示知臣民他意欲何为的情况已不复存在。"

上述谈话发表后，宣读了一道禁止高等法院过问任何国务、任何财务、任何年金支付以及任何有关财政问题的敕令。国王的辩护人德拉莫瓦尼翁大人总结这道敕令，同时作了谦逊稳重的声明。高等法院首席院长要求准许进行审议。

达让松大人回答说："国王意欲受人遵从，而且就在此时受到遵从。"

立即宣读了一道新敕令。这道敕令恢复贵卿对戴圆形法官帽的法院院长的在先权，恢复贵卿先于戴圆形法官帽的法院院长的发言权。这些权利贵卿以前并不想在御前审判会议上取得，他们会在更有利的时机要求得到。

最后，这次令人难忘的会议结束。结束时涉嫌与高等法院联系过于紧密的曼恩公爵遭到贬降。他被解除了国王教育总监之职。这一职位立即授予波旁-孔代公爵。曼恩公爵还被剥夺了血缘亲王的荣誉。为图卢兹伯爵则保留了这项荣誉。

高等法院在这次庄严的会上受到如此羞辱,于次日发布一项决定,宣称它未能,也不应,亦不欲与发生在御前审判会的事有任何瓜葛。这次会议上的发言十分尖锐激烈。好几名高等法院法官被怀疑为曼恩公爵的异见党派出谋策划,更准确地说,为公爵夫人的异见党派秘密策划革命。没有证据。正在搜寻证据。

8月28日与29日之间的夜晚,火枪手分队把高等法院院长布拉蒙、法官费多·德·卡朗德和圣马丁等人从他们家中抓走。从第二天起,就有人向国王提出新的谏诤。

掌玺官态度生硬,冷冷地回答说:"涉及的事均系需要保密,并对之保持缄默的国家事务。国王不得不让人遵从他的权威。高等法院将来的举止表现将决定陛下对此机构的印象和感情。"

高等法院于是停止对案件进行审判。9月5日,摄政王派德菲亚侯爵命令这个机构恢复行使它的职能,同时让它心存召回该院被流放人员的希望。高等法院遵令照办。在一段时间内,一切恢复常态。

布列塔尼高等法院致巴黎高等法院一封慰问信,并就巴黎高等法院三名法官被绑架抓捕一事对国王进谏。奥尔良公爵于是开始猜疑在西班牙受红衣主教阿尔贝罗尼煽动的曼恩公爵的异见党派在布列塔尼已拥有大批党徒。但这并未阻止他释放三名被捕法官。他的坚定总是伴有宽容。

第六十一章 财政总监苏格兰人拉斯 他的活动 国家资财耗尽

　　想了解情况的人都会发现,在路易十四童年,最微不足道的原因都会使巴黎高等法院武装起来,并引发一场内战;但也会发现,在路易十五童年,国家遭到的破坏却**丝毫没有引起骚乱**。原因一目了然。黎塞留红衣主教使得民众人人乖戾起来,但并没有加以压抑。路易十三去世时还有一些大人物,事事都散发出异见党派的气味。路易十四去世时情况截然相反。人们已经习惯于桎梏和枷锁。势盛力强的人物极为罕见。有个理由更加充分有力,这就是拉斯体制在刺激诱使所有公民贪欲的同时,使得他们变得对其他事物漠不关心,麻木不仁。当局威信逐日增强巩固。西班牙大使塞拉马尔亲王的密谋[①] 1719 年在巴黎被揭露。密谋的参与者遭到监禁和流放。不久后法国向西班牙国王宣战。这种种事件和有关传闻在巴黎只有助于维持几个无钱炒股、懒惰成性的中、短篇小说作者的生计。摄政王需要五千万法郎支撑这场对西战争。拉斯用纸来制造这笔钱款。

---

　　① 奥尔良公爵摄政时期,西班牙首相阿尔贝罗尼红衣主教欲剥夺奥尔良公爵的摄政权位,并把这一权位给予西班牙国王菲利普五世。他为此企图煽起在布列塔尼暴动,并派兵与暴动分子配合。西班牙驻巴黎大使策划、领导这一密谋。

这个已经成为天主教徒,但尚未合法入籍法国的苏格兰人,最终被宣布为法国财政总监,但高等法院发布的对他的拘捕令仍然有效。

这是一个应邀前来医治一个国家,用他的伪劣药物毒害这个国家和自己的江湖医生。人们对他的体制非常痴迷陶醉,以致他在法国购置土地分文未付。他只用钞票付给预付款。他当上了圣罗什天主教堂区的荣誉财政管理员。他给予这个教区十万埃居,但付的是纸币。

在把货币的法定价值抬升到过高的价格之后,价格持续减降。公众担心钱的这种贬降,认为根据拉斯的许诺,票据具有一种不变的价格,于是成群结队,急急忙忙把钱带到银行。爱开玩笑的人对他们说:"先生们,别担心,有人会从你们那里把钱全部取走的。"

王国所有的钱变成了什么呢?精明能干的人进一步紧缩这些钱。拉斯把其中大部分浪费在创建那个最后在他垮台后还长期存在的东印度公司上。他至少对国王带来这个好处:让人认为如果他的这个体制的一部分温和节制,就会十分有用。然而,他却用纸币来偿还国家的全部债款:已经取消的捐税、王家票据、市政府年金。全体债务人用纸币来付给债权人。法国自认为富有。豪华奢侈与这种信心同步增长。然而,不久以后,人人都看到自己一贫如洗,只有那些弄明了事实真相的人除外。这是拉斯体制引入语言的一个新术语。最后他竟敢让人发布一项委员会的决定,禁止家中保存的现金超过五百利弗,违者没收。暴政的荒谬真是莫此为甚,达到极致。高等法院对这些过火行为厌倦不堪,被御前会议的大量互相矛盾的决定弄得麻木不仁,不进行谏诤,因为如果这样行事，它就得每天谏诤。

骚动日益严重。有人认为可以用使全部钞票面额减半的办法加以补救。这一招只能促使人人都感到国家处于糟糕透顶的状态。人人都因身无分文，丧失拥有的一半票券，而倾家荡产。虽然人们甚少思考，但却感到另外一半也已丧失净尽。

政府惊愕不已，而又心中无数，毫无定准，撤销了令人憎恶的禁止在家中保存货币的命令，允许从国外引进金银，似乎人们能够用购买之外的其他手段引来这些金银。政府对自身处境浑然不知，手脚无措。任何措施对缓解公众的惊慌不安都无济于事。

摄政王被迫解除掌玺官达让松的职务，并召回掌玺大臣达格索。

拉斯把召回书送达掌玺大臣，后者从不应从其手中收受任何物品的人的手中接受了这封召回书。当拉斯仍在掌理财政时，对这位复位的大臣来说，返回御前会议任职是与他自身的为人，与他的地位颇不相称的。他同意一些遭到高等法院反对的新的虚幻不实的安排举措，耐心容忍被派遣到篷图瓦兹的高等法院人员遭到流放。他这样就似乎进一步牺牲了他的个人荣誉。高等法院这个机构自建立之日起从来没有被整体流放。在别的时期，对这个机构的这一在权力威信方面的打击，肯定会激起巴黎反抗，引发叛乱。但半数国民只关注自身破产，另外半数则只关注即将化为乌有的纸面财富。

高等法院的法官人人都收到一封密札[1]。国王的卫队占领高

---

[1]　或译为御玺诏书。此为由国务秘书副署的国王信函。执有此函可无须对涉嫌犯罪者进行审判便加以囚禁或放逐。

等法院的大法庭。这支队伍又被火枪手替换。火枪手团队当时由清一色的年轻人组成。这些人处处表露出他们那个年龄的欢快活泼、乐乐哈哈的气质。他们玩乐嬉戏,在法国王室标志的百合花徽下进行审判。正如在喜剧《好打官司的人》那样,他们判处一只猫死刑,他们创作歌曲,把高等法院置诸脑后,忘得干干净净。

　　炒股活动仍在继续。御前会议的自相矛盾的决定举不胜举。混乱至于极点,无以复加。民众缺乏面包,短少金钱,成群结队奔向银行把面值十利弗的钞票换成钱币。在拥挤不堪的人群中有三人窒息死亡。民众把他们的尸体抬到王宫的院子里,但只能向摄政王高喊:"这就是你们的体制的成果。"这一意外事件本会引发激烈骚乱,开启一场投石党运动时期那样的内战。奥尔良公爵让人平平静静埋葬了这三具尸体。他增设民众能用钞票兑换钱币的处点。局势缓和平静下来。

　　拉斯既无法抗阻他作为其始作俑者的混乱状态,也无法抗阻公众仇恨。天怒人怨,他很快就辞去官职。他离开这个王国时比他进入时更加穷困潦倒。他是自己的幻象的牺牲品,但带走了他重新建立柯尔伯创立的印度公司的荣誉。他用纸币使这家公司死而复生,但这家公司自此以后花费了巨额钱款。

第六十二章　康布雷大主教、杜布瓦红衣主教内阁执政时期的高等法院和教皇谕旨《上帝唯一子》

高等法院坚持不懈反对拉斯体制的巧取豪夺，并非这个机构遭到流放的唯一原因。它还同另一个其荒谬不经的程度并不稍低的体制——有名的教皇谕旨《上帝唯一子》——进行斗争。这项谕旨长期以来就是公众嘲笑的对象，是耶稣会教士耍弄阴谋和对反对派进行迫害的缘由。

有人说过，这项谕旨由三个耶稣会教士炮制于巴黎，由路易十四送往罗马，由教皇克莱门十一世签署，激起有识之士的公愤。受到这项谕旨谴责的主张，大部分都以自由意志的玄奥的、形而上学的问题为中心内容。这些问题冉森①派教士并不比耶稣会教士和教皇召开的红衣主教会议了解得更加深透。

两个宗教派别都把一个受到健康的哲学谴责的原则作为它们的截然相反的观点和思想意识的基础。这个原则就是设想永恒的生灵本着一些特殊规律运作。就是从这个原则萌生出一百种关于圣宠的看法。这些看法全都深含奥义，难于理解。因为欲知上帝如何行动，就必须是上帝本身。

---

①　冉森(1585—1638)，荷兰天主教神学家。创立冉森教派，反对耶稣会，被罗马教皇斥为异端。

　　奥尔良公爵对冉森教派教士的狂热崇拜,和对莫利纳①教派教士的荒谬无稽同样嘲笑。他在摄政之初,让耶稣会教士党饱受国民怒斥和轻蔑。他长期偏袒在路易十四在位时期惨遭耶稣会教士勒泰利埃②迫害的诺阿伊红衣主教及其徒众。但是,在一场短期战争之后,当他同西班牙国王菲利普五世止戈息武,言归于好;当他企图让法国国王和西班牙的公主,以及让他的女儿之一与阿斯杜里亲王结为伉俪时,已经星移斗转,时过境迁。西班牙国王菲利普五世处于一个名叫多本东的耶稣会教士、他的听忏悔神父的掌控操纵之下。耶稣会会长要求在法国把教皇谕旨当作信条接纳这一点,作为这项婚约的首要条款。这真是笑料一个,与引入欧洲一部分的一些习俗十分相称。根据这些习俗,两个大王侯之间的婚姻取决于一场关于有效圣宠的争论。但是,只能以这个条件获得西班牙国王的同意。

　　周密安排这个新的故事情节的是修道院长杜布瓦。此人后来成了大主教康布雷。他希望获得红衣主教的尊荣。这是一个干劲十足、易于冲动,但精明灵活的人。他在一段时期曾任奥尔良公爵的家庭教师,最后他安排娱乐消遣事务的大臣变为国务大臣。诺阿伊公爵和卡尼里克侯爵在对摄政王谈到他时,都只称他弗里篷诺修道院长。他道德败坏,他的行为放荡,因此染上恶疾,他外表卑微,他出身低贱,凡此种种都使他受尽嘲笑和奚落,而无法抹除。但他仍然主理王国事务,职权丝毫不减。

----

　　①　莫利纳(1535—1600),西班牙天主教耶稣会神学家。提出莫利纳主义,引起多明我会与耶稣会之间长期的神学争论。
　　②　路易十四的最后一个听忏悔神甫。

他比上诉主教，比王国各个高等法院对教皇谕旨《上帝唯一子》更加蔑视。他大概曾经试着使伊斯兰教的古兰经在法国被接纳，只要这部经书稍微能促成他的晋升。

他是那种青年时代受教于朗克诺的著名的尼农①的，摆脱了成见的胸襟旷达者之一。他两年后去世，死时就身在该地。他曾经经常对他的朋友说，他将寻找死而无需教会行圣事的方法。他信守自己作出的承诺。

这就是那个头脑里装着要完成路易十四未竟事业的念头，迫使诺阿伊红衣主教撤销他就教皇谕旨提出的上诉，并让这项谕旨毫无限制在巴黎高等法院获得登记的人。

当时有个名叫郎格的苏瓦松主教。此人被认为笔下功底不错，因为他写作时喜造长句，动辄引用教会祖先的言谈和文章。他与此后撰写《玛丽·阿·拉科克》一书的人为同一人。杜布瓦邀他编写一部既能满足附从教皇的神甫，而又不使红衣主教诺阿伊的那个党派感到惊恐和不快的教义汇编。郎格认为他的著作会带来教会的安宁，认为他将得到杜布瓦为自己取得的那顶帽子。

杜布瓦对诺阿伊红衣主教极尽阿谀奉承、讨好迎合之能事，威胁巴黎高等法院，如这个机构拒绝登记，将将其流放到布洛瓦。他长期受到来自两个方面的拒绝，但毫不灰心丧气。

他首先设想，他如果让教皇谕旨在巴黎高等法院之外的另一个法院登记，巴黎高等法院就会因担心人们将习惯于对它弃之不顾而变得更加驯服。他因此求教于大御前会议。他在这个机构遇

---

① 尼农(1620—1705)，法国女文学家。

到的抗阻，同在巴黎高等法院遇到的不相上下。但他仍不灰心气馁。这个法院只由约五十名普通成员组成，问题只在于同人数比这更多的有权列席这个法院的人一道前往该院。

奥尔良亲王把全体亲王、全体贵卿、一些国务参事、一些诉状审理庭法官带领到该院。掌玺大臣达格索把他所有的原则全部抛到九霄云外，忘得一干二净，投身这件事情中。他是国务秘书杜布瓦的工具。他已经不可能再进一步降低身份，更卑躬屈节了。

教皇谕旨正如一个国家的法律或者教会的戒律一样，轻易就以多数票在巴黎高等法院获得登记。这个法院非常不愿前往布洛瓦，极其厌倦于留驻蓬图瓦兹，承诺在人们不再求助于大御前会议的条件下进行登记载录事宜。它因而"根据教会的教规，根据国王的关于向未来宗教评议会的上诉的准则"登记了它曾经在路易十四统治时期已经登记过的教皇谕旨。

这次登记尽管意义含糊不清、模棱两可，却使宫廷大喜过望，心满意足。诺阿伊红衣主教庄严地收回了成命。罗马深感满意。巴黎高等法院返回巴黎。皆大欢喜。不久以后，杜布瓦晋升为红衣主教及首相。在他任职首相期间，事事都荒唐可笑，但倒也平安无事。

这种过于荒唐可笑的状况达到这样的程度：1712 年召开的教士大会公开奖给一个补鞋匠一笔年金，因他曾在他的居住区大声呼喊拥护教皇谕旨《上帝唯一子》。

只需指出这一点：1722 年，当杜布瓦一身二任，集红衣主教和首相两职于一身时，奥尔良公爵让他在御前会议上，在血缘亲王之后居于首位。黎塞留和马扎然两位红衣主教曾经敢于位列血缘亲王之前，但这种令人难以接受的例子无人起而效尤。这两个只具有外国显职高位的红衣主教就座于属于国家的王国贵卿、法兰西元帅以及掌玺大臣之前，是件非同寻常的事。杜布瓦主持会议之日，诺阿伊公爵、维勒鲁瓦和维拉尔两位元帅离开会场。达格索掌玺大臣缺席。根据惯例进行了商讨。每个党派都递交了诉状。掌玺大臣和诺阿伊公爵坚定不移。达格索维护他的职位的特权，反对杜布瓦，效果好于他跟随苏格兰人拉斯返回巴黎时他维护这个职位的尊严的效果。但结果却是，他第二次被遣回他在弗雷纳的田园。当时，他无权无势，人微言轻，甚至在后续几届内阁掌理国政期间都没有被召回。他只在红衣主教弗勒里执政期间才东山再起，再现身于宫廷，只在他被召回十年后才重新掌管国玺。

对诺阿伊公爵来说，杜布瓦红衣主教首相乐于把他流放到利穆赞的布里弗·拉加亚尔德小城或者市镇一段时间。杜布瓦是一个名叫布里弗·拉加亚尔德的药剂师的儿子。诺阿伊公爵过去在他的故乡和在他出生地都没有放过他。投桃报李，礼尚往来，这位红衣主教首相现在把他对他曾经开过的玩笑还给他，把他囚禁在他父亲的小店铺附近。

在一生逆来顺受，十分旷达，总的来说仍不失为一个颇有风趣、博学多才的人的杜布瓦死后，与这个人物在这两方面十分相像的奥尔良公爵亟欲自任首相。他没有因为教皇谕旨事件迫害过任何人。高等法院和他之间没有任何纠葛和争执。

波旁-孔代公爵继摄政王公爵之后进入内阁，掌理政务。但是，前弗雷儒斯主教、此后即成为红衣主教的修道院长专制独裁，掌理教会事务。在波旁公爵担任首相期间，这个修道院长暗中进行烦扰，使人不得安宁。但是，他一旦终于罢免这位首相后，就公开烦扰，虽然他装着为人行事温良和蔼。

第六十三章 波旁公爵
内阁执政时期的高等法院

波旁公爵仅仅因为奥尔良公爵死后他争分夺秒,迅即行动,经由一道隐秘的楼梯登上当时刚刚成年的国王的住处,告知国王这位亲王之死,要求国王授予他官职,并获得弗雷儒斯主教弗勒里不敢使之变为拒绝的"是"这个词,才当上了首相。国家当时由普里侯爵夫人和帕里斯兄弟中的一人操纵控制。侯爵夫人是一个名叫普勒纳夫的粮商的女儿。帕里斯的兄弟中的一人从前也是粮商,名叫帕里斯—迪韦内。普里侯爵夫人是个二十四岁的年轻女人,波旁公爵对之颇为倾心。帕里斯—迪韦内在财务方面学识丰富。他当上了亲王首相的秘书。正是他想出让年轻的国王与波兰国王斯塔尼斯拉斯·勒琴斯基的女儿结为伉俪这个点子。勒琴斯基失去了瑞典国王查理十二给他的波兰后退隐于韦桑堡。财政尚未重建,需要税收。迪韦内对所有贵族的、平民的以及教会的地产收入征收五十分之一的实物税。这是一种国王喜庆登基税,另一种税称为王后腰带税。关于更新和重建管理经由水路运往巴黎的商品的局、所的敕令,以及其他一些敕令,全都令国民大感不快。他们目睹自己受到这样一个新人和一个其行为作风不齿于人、饱受诟病的女人的掌控,已经十分恼怒。

高等法院拒绝对这项敕令进行登记。必须引导促使国王举行一次会上所有事项都奉帝王之命得到登记的御前审判会。掌玺大臣达格索这时远在外地。由掌玺官达尔梅农维尔执行宫廷旨意。这道敕令为高等法院保留了谏诤自由。但是，这个机构的成员奉命在事关谏诤时只在从事业务工作十年后才拥有表决权。这个时限后来减至五年。

这个新内阁使教士、贵族和民众同样大为不满、愤愤不平。几乎整个宫廷同心协力、团结一致反对这个内阁。弗雷儒斯主教利用这个局势，轻而易举就让人流放了波旁公爵、他的秘书和他的情妇。他就像创建一个修道院那样，不费吹灰之力就成了王国的主子。说实话，弗勒里并没有首相这个头衔。然而，他虽然除国王御前会议参赞这个头衔之外别无其他头衔，却比昂布瓦兹、黎塞留和马扎然等三位红衣主教更加专制独裁、更集大权于一身。他以最简单朴素的外表执行最不受限制的权力。

第六十四章 弗勒里红衣主教
执政时期的高等法院

　　为了当上红衣主教,杜布瓦已经让人接受了教皇谕旨《上帝唯一子》、教义以及过去曾经被他嘲弄不屑的教皇的装腔作势的表现。自从波旁公爵被革职以来,弗勒里就有了首相这种尊荣。他用他为自己制订的方针和原则来支持罗马宫廷的思想。他天资平平,缺乏激情和热劲,但却爱好秩序。他认为秩序在于服从教皇。他通过一项他认为不可或缺的政策,做了耶稣会教士勒泰利埃利用派性以及掺有恶意和欺诈的狂热做过的事。他签发更多密札,在他的内阁的任期内采取了比勒泰利埃听路易十四忏悔期间更加严厉的行动。

　　1730 年,奥尔良教区的三名本堂神甫暴露了国家各个等级对于教皇谕旨的真实想法和感受,敢于像所有公民思考的那样讲话表态,被他们的主教开除教籍。他们根据向四十名辩护人所作的咨询,把他们被开除教籍一事作为他们的主教滥用职权行为,向高等法院上诉。这些辩护人可能像红衣主教会议那样把事情弄错。他们的意见并非法律。他们充当辩护人仅仅为了发表意见。他们使用他们的权利。弗勒里红衣主教让人针对他们所作的咨询发布一项予以痛斥的御前会议的判决。该判决判处这些人收回前言。

判处一些法律家用他们自己的思想方式之外的其他方式进行思考,这是一种难于让人执行的强制执行性行为。整个巴黎的和鲁昂的辩护人团体签署一项颇有说服力的声明,在这项声明中对王国法律进行了解释。他们全都停止为人诉讼,直到他们的声明,说得更确切些,直到他们的怨言被宫廷认可为止。这次他们获得他们之所求。一些只有理智这种武器的公民胜利了。

就是将近这个时期,辩护人采用了同业公会这个名称。他们觉得团体这个词过于普通。虽然他们既非国家的一个等级,也非军队的一个等级,也非宗教的一个修会;虽然辩护人同业公会这个词对他们的职业来说是绝对外来的、陌生的,但因他们经常重复使用这个词,以致公众已对之习以为常。

正当这个微不足道的争执滋生两个党派之间的仇恨之际,一个人称帕里斯修道院长的副祭在圣梅达尔公墓的坟墓似乎成了教皇谕旨的坟墓。

这个帕里斯修道院长是一位高等法院法官的兄弟,死时一再向未来的宗教评议会就教皇的谕旨提出上诉。民众把多得难以想象的圣迹归因于他。白天黑夜都有人去他的坟墓用法语祷告。用法语向上帝祷告被认为是侮辱只用拉丁文祷告的罗马教会。

这个新圣徒的伟大圣迹之一是他使那些向他祈求保佑的人抽搐、惊厥不止。从未有过比这传播更广、更被人深信不疑的盲目崇拜。

这种新的疯狂愚蠢行为在通情达理、清醒明智的人的眼中,并不利于冉森教派教义,但却在全国激起一种对教皇谕旨的、对所有来源于罗马的事物的憎恨。有人仓仓促促、匆匆忙忙印刷出版了

《圣帕里斯传》。"圣罗马教会的最杰出的、最受尊敬的红衣主教们、整个反对异教徒的基督教界的宗教裁判所的总法官们的神圣团体"，严正宣布把那些阅读那个受真福品者副祭的传记的人开除出教，并判决焚毁这本传记。举行了特别的、隆重的仪式执行上述判决。在面对拉米纳弗修道院的广场上竖起一个巨大的绞刑台。距离绞刑台三十步的地方有个巨大的柴堆。红衣主教们登上这个绞刑台。那本传记用细铁链捆扎，交给红衣主教教长。这位教长把它转交给宗教裁判所大法官。大法官把它转交给法院的书记官，书记官书记把它转交给司法官。司法官把它转交给执达吏。执达吏把它转交给弓箭手。弓箭手把它转交给刽子手。刽子手把它举在空中，同时庄严地把身子朝着四个基本方位转动。接着他为这个犯人——这本传记——松了绑，一页一页把它撕碎。每页浸泡在煮沸的树脂中，接着把树脂倾倒在柴堆上。民众高声诅咒冉森派教徒，要求把他们革除教门。

罗马装腔作势演出的这出闹剧，使圣梅达尔的那些闹剧接连出台，其声势有过之而无不及。在整个法国，除了耶稣会教士和拥护罗马的党的主教外，全都属于冉森教派。巴黎高等法院不断颁布决定，对抗那些要求临终的人接受教皇谕旨和拒绝为那些桀骜不驯的人举行圣事，并拒绝给予他们墓地的主教。当时只以促使苏格兰人拉斯改宗而为人所知，但已打算获得一顶红衣主教的帽子的修道院长、昂布伦的大主教，认为一封措词激烈的反对高等法院的信可以使他戴上这顶帽子而受之无愧。高等法院即将按照惯例焚毁这封信。但御前会议的一项废除这封信的决定抢在法院之先作出。

这些被欧洲的其他地区不屑一顾的鸡毛蒜皮小事引起的纠纷无日不在高等法院和主教们之间与日俱增。诺阿伊的继承人、巴黎大主教万蒂米尔作了一场言词激烈的教士训言反对辩护士。巴黎高等法院严厉谴责此人。

弗勒里红衣主教让御前会议撤销高等法院的决定。正如高等法院有时停止审理和判决案件一样，辩护士们停止为人辩护。他们似乎比高等法院更有权利中止他们的职能运作，因为法官曾经宣誓出庭，而辩护士们并没有宣誓为辩护人。红衣主教首相流放了他们当中的十一人。国王禁止高等法院介入此事。当然，既然没有辩护人，也就难于进行判决，这个机构就非介入不可。国王于是补偿自身，发布一项反对判处《受真福品者圣帕里斯的一生》一书的教皇谕旨以及反对其他谴责蒙彼利埃主教柯尔柏的教皇谕旨的决定。这位主教是极其恶劣的、大量动乱之源的教皇谕旨《上帝唯一子》的公开敌人。

高等法院认为它如果在弗勒里红衣主教缺离期间对国王讲话，就可能感动国王。它知道这位红衣主教首相当时在他在伊西村拥有的一所乡间小房里。它的几位代表乘这个时机前去宫廷。国王不愿接见他们。他们坚持要见国王，但仍被驱离。他们在大街上遇见自伊西村返回的红衣主教首相。当时名声远扬并且是代表之一的皮赛尔修道院长对红衣主教首相说，高等法院从来没有受到如此冷遇。红衣主教首相维护御前会议的权威，认为承认有些事要在形式方面重新处理就可以摆脱困境。皮赛尔修道院长反驳说形式的价值不比内容更大。双方争执不决，不欢而散。

宫廷十分为难，把十一个辩护人从他们的流放地召回，以使司法工作不致中断。但是,红衣主教首相坚持阻止国王接见高等法院代表团。

一封密札召见他们到凡尔赛。掌玺大臣达格索以国王的名义斥责他们,并命令他们把登记簿上的有关当前争端的决定的所有记载统统删除。由于这一向红衣主教首相屈服的行动,高等法院最终在过去曾经长期对它有好感的人当中威信丧尽、信誉扫地。高等法院奉命不得以任何方式介入教会事务。这类事务全部移交御前会议处理。由此,弗勒里红衣主教首相似乎废止,而且如果他能够的话,的确本会废止,由于滥用提出的上诉。这种上诉是法国教会捍卫自身的自由的唯一壁垒和国家以及高等法院的最古老的特权之一。马扎然红衣主教可能从来不敢采取这个步骤。黎塞留红衣主教可能不愿意如此行事,而弗勒里红衣主教却把它当成一件简单平常的事做了。

高等法院惊愕不已,开会商议。它宣布如果基础这样遭到破坏,它将不再管理司法审判事务。几位代表前往国王所在的贡比涅。高等法院的首席院长想讲话,但国王让他保持缄默。

皮赛尔修道院长大胆书面呈奏国王他经过深思熟虑后的所思所想。国王拿来这个书面材料,并让国王秘书莫尔帕伯爵把它撕毁。皮赛尔修道院长遭到放逐。法官蒂通被押解到巴士底狱。

高等法院再度派出代表讨还皮赛尔和蒂通两位法官。代表团在贡比涅出现。

弗勒里红衣主教首相流放高等法院院长奥吉耶、法官德·弗雷万、罗贝尔和德·拉福特里埃。教皇谕旨的拥护者们滥用他们的胜利。阿尔的一个大主教在他的教士训言中侮辱了王国的所有的高等法院，把它们看作暴动分子和叛乱分子的渊薮。在主教训谕中人们过去从未见过歌曲。阿尔的这位大主教却让人看到这样的新事物。在这道训谕中有一首反对巴黎高等法院的歌。这首歌以这些诗句结束：

西米斯①我央求你复仇

反抗这些造反的乌合之众。

你难道不了解这些家伙的狂妄骄横？

不，你的手中我不再看到杆秤。

为什么你仍在眼前留着你的蒙眼袋？

埃克斯的高等法院让人烧掉教士训言和这首歌。弗勒里红衣主教首相明智地让人流放这首歌的作者。

1733年这一年在主教训谕、高等法院的判决满天飞中，在社会动乱频仍中度过。政府已经让人关闭了圣梅达尔公墓并禁止在那里显现圣迹。但是，参加动乱者前去房馆里秘密跳舞，甚至在好几个高等法院法官家里秘密跳舞。

弗勒里红衣主教首相预见到一场对抗奥地利家族的战争会得到支持，因此不愿为了一些如此为人所不屑的利益打一场内战。这次他把教皇谕旨、动乱、圣迹和主教训谕等都束之高阁，弃置一旁。他能屈能伸，懂得退让屈服之道。他召回被流放者。已经恢复履行职能和义务的高等法院一如往昔，向公民宣判案件。红衣

———————————

①　西米斯，希腊神话中司法律与正义的女神。

主教首相手腕灵活巧妙,使用国王诏书向高等法院退还对圣迹和对动乱的审理权。高等法院审理这类属于治安管理对象的闹剧,不需要任何国王诏书。此时,高等法院对这一关怀的表示十分满意,以此为荣,以致它下令逮捕几名骚乱者,虽然这些骚乱者受到一个名叫杜布瓦的院长和几名自己在这些喜剧扮演了角色的法官的公开保护。所有这些荒唐愚蠢举动引发的谣传都被 1733 年的那场战争①平息。这个原因使其他谣传烟消云散,消失净尽。

---

①　法国国王的岳父斯塔尼斯拉斯·勒琴斯基于 1733 年被选为波兰国王之后,俄国人立即入侵波兰。他避难于但泽港,向路易十五求援。俄、法两国因此兵戎相见。

第六十五章　高等法院　动乱
1752 年以前巴黎的疯狂

　　高等法院因此在这场幸运的、顺利的战争中平安无事。公众刚刚发觉一些在巴黎大学进行答辩的支持教皇绝对权力者的要求的论文受到谴责和批判，一封路易十四致路易十五的信[①]、另外一些卑鄙可耻的讽刺作品以及几个支持教皇法的主教的信就有人让人焚毁。最令人难忘的，也最不值得记忆的事件，是高等法院的一个名叫卡雷·德·蒙塔热龙的法官的事件。此人是个生意买卖人的儿子，愚昧无知、弱不禁风、贪淫好色，而又毫无灵性。冉森派教士让他冲昏了头脑。他变成激烈的动乱分子。他认为自己见过一些圣迹，甚至制造过一些圣迹。他那个党派的人委托他负责一部巨型的圣迹汇编。他说这些圣迹经过四千人查验证实。这个汇编附有一封致国王的信。卡雷其人傻里傻气地在这封信上签了名，并疯疯癫癫亲自带着这封信去凡尔赛。这个可怜虫在他这封信中对国王说，他年轻时生活放荡淫乱，他曾经放肆到成为自然神论者的地步，似乎对一个神的了解和崇拜可能是他的荒淫放荡结出的果实。愚蠢的盲目狂热就这样让人进行思考推理。1737 年 8

---

　　① 　原文如此。

月 29 日,卡雷法官携带他的汇编和信件前往凡尔赛。他在途中等待国王,他见到国王后跪下,奏呈他的圣迹。国王收下,转交给弗勒里红衣主教首相。当局弄明白了这是怎么回事后,就发出一封密札,下令把卡雷法官投入巴士底狱中。次日他在巴黎家中被捕。他像真正的殉教者那样吻了吻这个密札。高等法院为此集会。以前一封密札送交血缘亲王及王国贵卿波旁公爵时,高等法院没有发表任何言论。它这次却派出代表为卡雷说项。这个行为使得犯人被递解到阿维尼翁附近,接着又被解送到瓦朗斯城堡。他后来在该地发疯死亡。在英国这样一个人物只会在被全国民众嘘叫,喝倒彩之后脱身了事。他本来不会关进牢狱,因为看见过圣迹根本不是什么罪行,因为在英国这个法治国家,笑话绝对不会受到惩罚。巴黎的骚乱者把卡雷安置在宗教信仰的最伟大的听忏悔的教士的行列中。

1738 年 1 月,高等法院反对对加斯贡神甫、名噪一时的味增爵·德·保罗的封圣。教皇本笃十三发出的封圣谕旨似乎包括一些法国的法律与之不适应、不协调的准则。这道谕旨遭到拒绝。但是佑护被味增爵授以神职的天主教遣使会的修士,并暗中用他们来反对耶稣会教士的弗勒里红衣主教首相,却让御前会议撤销了高等法院的决定。于是尽管高等法院进谏,味增爵仍被承认为圣徒。这类鸡毛蒜皮的争执没有扰乱法国的安宁。

弗勒里红衣主教首相去世和 1741 年的战争①失利以后,高等

---

① 1740 年神圣罗马帝国皇帝查理六世去世,其女玛丽亚-特蕾西继承王位。普鲁士国王向玛丽亚-特蕾西提出以割让西里西亚为条件换取他对皇位继承的承认。遭到拒绝后,他出兵强占西里西亚,挑起战争。西班牙、法国等加入普鲁士一方。

法院东山再起，重振威势。税收使人愤慨万分，大臣们被责备犯的错误使得民怨沸腾、举国骚动。宗教纠纷的传染病同乖戾的人心，使骚乱蔓延，遍及各地。弗勒里红衣主教首相去世前曾经把一个名叫布瓦耶的，他曾使之成为王太子的家庭教师的德亚底安修会①教士作为他在处理教会事务方面的接班人。此人把他作为僧侣的一切学究气带到他那默默无闻的大臣职位上。他让法国教会中的主要职位全部由那些把过去过于有名的《上帝唯一子》教皇谕旨视为信条和国家法律的主教据有。多亏此人而获得巴黎大主教职位的博蒙深信他将对冉森教派斩草除根。这位大主教唆使和怂恿他那个教区的本堂神甫拒绝把被称为临终圣体，意为旅途干粮的圣餐，发给那些曾经就教皇谕旨上诉，以及向进行上诉的神甫忏悔的濒临死亡的人。继这种拒绝发给圣餐的行为而来的是，应当剥夺已被确认为冉森派教徒的埋葬权。在有些国家这种拒绝埋葬，是一种该当受到最严酷的肉刑的罪行。在各个国家的法律里，拒绝向死者尽最后的义务，是一种应受惩罚的不人道的行为。

　　一个圣日尼薇司铎名叫布瓦坦修士。他是圣艾蒂安-迪蒙教区的本堂神甫。他拒绝为一个著名的大学教授、有名的罗兰的继任者行圣事。巴黎大主教没有觉察到，本欲强迫他的教区的教徒尊重教皇谕旨，结果却使他们养成了不尊重圣事的习惯。科凡死时没有领圣体。埋葬他时有人刁难作梗。他的侄儿夏特莱的参事最后强迫本堂神甫给他墓地。然而，这同一位参事六个月后，1750年年终病情严重，濒于死亡时，却因埋葬他的叔叔而受到惩罚。同

① 　天主教修会，1524 年创立。

一个布瓦坦拒绝给他圣体和圣油，向他指明，如果他不出具一纸证明，证明他收受过一个遵从教皇谕旨《上帝唯一子》的神甫的赦免，他就不会领到圣体，也不会被涂圣油，也不会被人安葬。取得这种证明——告解证——开始被巴黎大主教付诸实施，成为惯例。这种专制暴政的改革，被所有严肃认真的有识之士视为对平民社会的侵害。其他人则只看到其中的荒谬可笑之处。对巴黎大主教的轻蔑不幸落到宗教身上。高等法院宣布这个本堂神甫煽动暴乱，对他加以训斥和警告，判处他布施，并让人把他关押在孔西埃耶里几个小时。

高等法院为阻止巴黎大主教的改革继续进行，多次向国王进谏。这些谏净大受国人赞许认可。国王丝毫不愿为此事连累自身，整整一年让这些谏净如石沉大海，得不到明确答复。

在此期间，巴黎大主教撤换了一个女修道院院长和总医院的一个女财务管理人，因而变得让人笑话，为千夫所指，万人憎厌。这两人长期以来由高等法院的法官安置在这两个职位上。借口冉森教派问题对人撤职查办，看来是在利用对折磨侮辱高等法院的渴求煽动起来的荒诞反常的行动。这种渴求比对宗教的虔信的煽动力度更大。国王创建的，至少国王被认为是其奠基人的总医院由在俗的高等法院和审计法院法官以及宗教界的巴黎大主教管理。很少有与负有大量家庭职责的妇女相联系的宗教职能。但是，由于这些妇女有时也能让孩子背诵教理问答，因此巴黎大主教坚决认为这些职位隶属他。整个巴黎群情激愤，怒不可遏。医院停止布施。高等法院意欲起诉。御前会议宣布支持巴黎大主教，因为"教会的"一词似乎保证它的权利。高等法院求助于惯常的谏净，丝毫不愿登记国王的声明。

对这个在二十分之一税和在驿站年金两个问题上大肆刁难作梗的高等法院这个机构，人们已经怒不可遏。国王禁止这个机构今后插手医院事务并把这些事务全部移交御前会议。第二天高等法院首席院长莫佩乌、其他两名院长、辩护人和总检察长被召到凡尔赛，奉命带去高等法院的登记簿，以便所有已经作出的关于此事的决定全部删除。从来没有一件比这更微不足道的事在有识之士中间引发比这更大的骚乱。高等法院停止发挥它审理案件的职能；辩护人关闭他们的办公室。司法程序因一个医院的两个女人的问题而中断。但是，可怕的是，在发生这些异乎寻常的、荒唐可笑的争吵期间，穷人因无人救助而死亡。天主救济院的贪图钱财的行政官员却因可怜人的死亡而大发横财。在党派思想左右主宰一切的时期，就不再有什么慈悲可言。穷人成千上万死亡。谁也不去思考这个问题。生者为一些愚蠢荒谬的言行互相诽谤，互相撕裂。

国王让他的火枪手把敕令书送到高等法院的每个成员手中。法官们事实上遵旨行事。他们恢复开庭审判。但根本没有收到密札的辩护人没有在辩护人席上出现。他们的职能是自由的。他们的职位绝不是用钱买的。他们有权为别人的案件进行辩护或不进行辩护。他们当中谁也没有出庭。他们和高等法院串通联手，越来越激怒宫廷。最后，辩护人恢复诉讼活动。案件像往常一样审理。似乎什么都抛到脑后，被忘得干干净净。

圣艾蒂安-迪蒙的本堂神甫布瓦坦修士再次在巴黎激起争吵和笑谈。他拒绝对一个名叫勒梅尔的，在教皇谕旨《上帝唯一子》

发布期间曾经支持过冉森教派，支持过颇不得力的穷神甫授圣体和临终涂圣油。这次这个修士被命令接受个人传讯。这次高等法院各个法庭集会要求给修道院长勒梅尔临终涂圣油。法院的一个秘书向大主教发出出席高等法院的邀请。这位大主教回答称他因有颇多教会事务羁身不克前往高等法院参加审理案件，并称拒绝给予勒梅尔教士圣体和圣油一事系奉他之命。高等法院法庭开会至半夜，这样一次集会从无先例。布瓦坦还被判处施舍财物。高等法院命令巴黎大主教别再干丑事以免激起公愤。总检察长奉高等法院之命于圣枝主日前去劝说这位大主教为奄奄一息的修道院长勒梅尔涂圣油。这位大主教却对这位院长之死听之任之，并迅即前往凡尔赛向国王抱怨高等法院插手神职事务。高等法院首席院长德·莫佩乌则立即前往凡尔赛。他禀奏国王，法国发生教会分裂，巴黎大主教引发国家动乱，有识之士群情激愤。他恳请国王降旨平定动乱。国王把一个蜡封的包裹交到他手里，要他在集会的法庭中撕开。高等法院法庭开会，宣读了国王签署的一份下令取消对布瓦坦的诉讼的文书。宣读后，高等法院下令逮捕布瓦坦，并派遣执达吏前往逮捕此人。这位本堂神甫逃之夭夭。国王撤销逮捕令。首席院长德·莫佩乌会同好几名代表就教会分裂的危险、宗教的滥用，以及所有这些不幸的争吵在全国散播的怀疑的、不信神以及不受束缚的思想，向国王奏呈比过去奏呈的谏净内容更充分、更有说服力的谏净。

第二天高等法院再次集会。它发布一项著名的判决书，宣称它将决不停止禁绝丑事发生；教皇谕旨《上帝唯一子》的内容绝非信条；绝不应该让被告逃脱司法诉究。在巴黎这项判决书售出十多万份。人人都说:"这就是我的告解证嘛。"

由于德亚底安修会修士布瓦耶已经让人把巴黎的主教职位给予一个立宪派高级教士,由于这位高级教士也把一些神甫职位和教区给予同党的教士,只剩下七到八个本堂神甫依附法国教会过去的系统。

巴黎大主教纠集和煽动教皇法支持者签署并奏呈国王一份维护告解证、反对高等法院决定的请愿书。高等法院各个法庭立即集会向圣让-昂格雷弗的个本堂神甫下达命令。此人是上述请愿书的起草者。御前会议撤销高等法院的命令,并支持这位本堂神甫。高等法院再次停止履行自身职责,而且除了针对本堂神甫的案件外,不再进行任何判决。佩戴圣像者被投入牢狱,似乎这些可怜的人无需教堂本堂神甫的帮助完全有权自由佩戴圣像。

各地有人前来高等法院抱怨对临终者拒绝行圣事。朗格尔教区的一个本堂神甫,公开让被控信奉冉森教义的两个女孩领圣体,对她们说:"我给你们圣体,就像耶稣给犹大圣体一样。"这两个女孩同犹大毫无相似之处,呈交了诉状。那个自比耶稣基督的人当众认罪,并付给两个女孩三千法郎。她们就用这笔钱结了婚。好些主教训谕和好些宣布教会分立的文章被焚毁。民众拍手称快,把这些东西称为"欢乐之火"。王国其他高等法院也在它们的管辖范围内同样行事。宫廷有时废除所有决定,有时则因感到不胜其烦,疲于应付,于是听之任之。两方面的文章著作充斥各地,泛滥成灾。有识之士无比激动、怒火中烧。最后,巴黎大主教禁止圣梅达尔的教士为一个圣阿加特女修院的修女佩尔佩蒂行圣事。高等法院命令他让她领圣体,否则没收他的圣职收入。

　　国王过去为自己保留了对所有事务的审理权,斥责高等法院并撤销了对巴黎大主教的年金的扣押。高等法院想召集贵卿开会,被国王禁止。高等法院各个法庭坚持,并声称修女佩尔佩蒂案件关涉贵卿领地的本质。它们作出决定称:"这些禁令大大涉及宫廷的和贵卿的本质以及亲王的权利,以致高等法院不可能在他们缺席的情况下审议此事。"1753 年 1 月 24 日,国王的御前会议一反通常的形式,就此事作出一项决定,通知高等法院的书记官。高等法院就此事向国王本人要求"废除这项通知的原稿和抄本,以此赔礼道歉。"

　　这个机构始终同样激奋热切地对那些鼓吹教会分裂和叛乱的本堂神甫起诉。有个名叫布托尔的狂热盲信分子是普勒西-罗森维里埃的本堂神甫。耶稣会教士在他家中做了一次布道。几个在这个教区有乡村房屋的行政官员对耶稣会教士和这个本堂神甫都颇为不满。布托尔怒气冲天,疾言厉声要他们离开教堂,称他们为冉森教派教徒、加尔文教派教徒和无神论者,对他们说,他将是第一个把手浸在他们的鲜血中的人。然而,高等法院只判处他无期流放。

　　巴黎大主教不站在这个狂热盲信者这一边。但是,关于拒绝行圣事的问题,高等法院的决定总是遭到撤销。由于这个机构意欲迫使首都的大主教发放圣体,那些副主教就未被放过。一些执达吏经常被派往奥尔良或者夏尔特尔让人领取圣体。没有一个星期高等法院不在它的管辖范围发布发放圣体的决定;没有一个星期御前会议不发布不发放圣体的决定。使有识之士激怒乖戾起来的是修女佩尔佩蒂遭到劫持一事。巴黎大主教奉宫廷之命让人劫持这个女孩，因为这个女孩不顾巴黎大主教的命令意欲领取圣体。她的修女伴侣们被分遣到各地。圣阿加特的小修院被解散。冉森教派教士大声疾呼他们散发的讽刺小册子遍布法国全境，传到各地。他们宣告王朝覆灭。高等法院始终深信圣阿加特一案需要召开王国贵卿会议。国王则坚持认为发放圣体并非贵卿领地事务。

在朴野无文、蒙昧无知的时期，诸如此类的幼稚可笑的言行，本会颠覆法国。狂热崇拜用最细小的借口武装自己。单单圣事这个词，就可能使从王国从此端到彼端血流成河。主教会停止城市的圣事活动。教皇会支持主教。有人则会招兵买马，手执刀剑发放圣体。但是，所有正直诚实的人对这些争论的内容和实质的鄙视，拯救了法国。民众渣滓中的三百或者四百个动乱分子的确认为必须为教皇的谕旨，为修女佩尔佩蒂自相残杀。国家其余的人则无所不虑。高等法院因它反对巴黎大主教、反对御前会议的决定而深受民众喜爱。但是，人们仅仅喜爱而已。任何家长的脑袋里都没有像投石党运动时期有人所做的那样，突然出现拿起武器或捐献钱款支持这个机构反对宫廷的念头。高等法院深受公众爱戴，顽强坚持它的它认定正确的决定，但并不起来造反作乱。

第六十六章　巴黎的疯狂（续）

拒绝举行圣事以及民事法庭和教会的企求之间的争执冲突，在巴黎、亚眠、奥尔良、图尔等教区此起彼伏、层出不穷。耶稣会教士在这场大火灾中暗地大肆煽风点火。冉森派教士怒不可遏，大声疾呼。教会分立似乎即将爆发。高等法院已经准备好内容广泛、说理充分的谏诤。它将向国王派去一个规模庞大的代表团。国王不愿接见这个团体。他先要求看看这些陈述和劝诫针对的项目和问题。于是向他呈交了这些项目和问题。国王阅后回答说，他已经审查过这些谏诤的缘由和内容，不欲再仔细听取。

高等法院各个法庭立即集会，宣布它们除了履行维护社会安宁、反对教士侵犯行为的职能之外，停止履行其他一切职能。国王通过敕令书命令它们：恢复日常职能；对臣民诉讼进行审判；不得介入与其无关的事务。高等法院答复国王称它碍难遵从。"遵从"一词对宫廷产生了一种奇特作用。全体妇女问这个词意义为何。当她们了解到此词意为"服从"时，就比大臣们，比大臣的办事员们更大事吵闹喧嚷。

国王召开大御前会议。向除高等法院大法庭的法官之外的高等法院的所有成员发去密札。5月8日和9日之间的夜晚，国王的火枪手在全城来回巡逻，并让高等法院的全体院长、诉状审理庭的和预审庭的法官离开巴黎前往他们的流放地。修道院长肖弗兰被押送到蒙圣·米歇尔,接着又被押送到冈城堡。一个有名的征税官的孙子弗雷蒙·德·马齐院长被押送到皮卡尔迪的哈姆城堡。莫罗·德·纳西尼院长被押送到圣玛格丽特群岛。贝斯·德·利斯被押送到皮埃尔-昂西斯。

高等法院大法庭法官集合起来。他们成为例外,没有受到这次普遍惩罚,因为他们之中有好些人领取宫廷发放的年金。他们的高龄也使他们变得比较顺从和灵活机变。有人本来希望他们更加温顺。但是,当他们聚集起来时,就受到与激励高等法院预审庭法官的精神相同的精神控制左右。他们说,他们愿意遭受与他们的袍泽遭受的流放同样的流放,而且在这同一会议中,他们下令逮捕几名本堂神甫。国王把这个高等法院大法庭派往蓬图瓦兹,正如奥尔良摄政王曾经把该庭流放到该地一样。当这个法庭在蓬图瓦兹时,它只负责审理分立教会的罪行案件。没有任何个人案件呈交它审理。

但是,必须准备并安排对国民案件进行审理判决。于是设置了一个由六名国务参事和二十一名最高法院诉状审理庭法官组成的法庭。这些官员在大奥古斯丁开会。他们似乎不敢在法院中集会。惯例和习俗在人身上具有这样一股强大的力量,以致国王在谈到他使用他某种学识的和他充分的权力设置的这个法庭时,却不敢使用他的权力使他的这项设施在他的国家参议会上得到登记,虽然这个机构和其他法庭都有登记册簿。人们当时能够找到的只不过是个低级司法机构的夏特莱。该机构以从不进行任何登记事宜著称。在它拒绝登记的这一决定诸多理由中,它举出克罗泰尔一世和克罗泰尔二世①曾经禁止人们违反法兰克人的古代法令。宫廷满足于撤销夏特莱所作的拒绝登记国王设置的这个法庭的决定。奉宫廷命令，上述法庭的一个代表团奉派前往夏特莱删除了登记簿上的决定，自己进行登记。这个无用的程序作出后，夏特莱进行了一项更为徒劳无益的抗议。这个到那时为止只称为法院休庭期间的紧急议事审判庭的上述新设置的法庭的名称被人更改。它接受了王家法庭这个名称。它不设在奥古斯丁，而设在卢浮宫，但却并不因此更受公众欢迎。密札发给夏特莱的全体成员，以便在王家法庭这个名称下登记所有人们不愿在法院休庭期间的紧急议事审判庭的名义下登记的事物。这种微不足道的遁词和借口损害了王权的尊严。民事副长官非常明确地登记了国王的命令。

根本没有进行任何讨论商议。整个巴黎纠缠不放，嘲笑这个王家法庭。这个机构也对此习以为常，以致它本身也嘻嘻哈哈，在谈笑逗乐中开会，以它的决议为题大开玩笑。

然而却发生了一起严重事件。一个名叫桑德兰的坏蛋被夏特莱判处绞刑后，向王家法庭上诉。王家法庭维持原判。夏特莱声称只应向高等法院上诉，并拒绝对这个罪犯执行绞刑。负责这一刑事案件的独任推事名叫米隆，因未教人绞死桑德兰而被关进巴士底狱。夏特莱于是也像高等法院那样停止履行它的职能。这样一来，巴黎就没有任何司法审判机关。三名最积极肯干的法官遭到劫持。半个巴黎嘻笑逗乐；半个巴黎怨声载道。动乱分子断言

---

① 两人均为墨洛温王朝时期的法兰克王国奠基者克洛维的后裔。

这些纠纷将以悲剧的形式告终。在巴黎被称为好群体的人都肯定诸如此类的事都将只不过是一出拙劣的闹剧而已。

其他地区的高等法院对巴黎高等法院亦步亦趋。哪里拒绝行圣事，哪里就有法院作出决定。而这些决定又被撤销。巴黎的夏特莱混乱不堪。王家法庭几乎被闲置一旁，无所事事。高等法院遭到流放，但一切却都平安无事。行政管理部门展开活动，发挥效能。市场井然有序。商贸欣欣向荣。文艺演出使城市感到欢快。诉讼案件既然不可能得到审判，这就使打官司的人不得不妥协和解。受到聘请的不是审判官，而是仲裁人。

正当司法官员就这样贬降衰微之时，教士却得意洋洋。被高等法院流放的教士全部返回。受到法院命令处置的本堂神甫重操旧业。当时内阁的想法是袒助教会，反对高等法院，因为到那时为止，无法指控巴黎大主教违抗圣上，而高等法院却被指责拂逆圣意，违抗圣旨，证据确凿。但是，整个法院都急于下海经商，因为它无所事事。必须结束这种无政府状态。不能撤销高等法院，因为国家必须清偿债务，因为国家已经囊中羞涩，不名一分。既然民众不会那么温良恭俭让、柔顺老实得绝不打官司，就不能让高等法院始终处于流放状态。

最后，国王趁贝里公爵出生之际宣布大赦。高等法院被召回巴黎。首席院长德·莫佩乌在民众欢呼声中在巴黎受到接待。王家法庭撤销。但是，召回高等法院比安抚有识之士，稳定人心容易得多。这个机构刚刚集合起来，拒绝行圣事情事又再度发生。

巴黎大主教在这次告解证战中，比任何时期都更加引人注目。因其明智而曾经对国王颇有影响力的高等法院首席院长德·莫佩乌终于让人了解到这位巴黎大主教的过于极端的行为。国王意欲测知了解这位高级教士是否像高等法院那样违抗圣旨。他下令不得再使用他那股危险的热劲扰乱国家。巴黎大主教博蒙则声称，更须服从上帝而非服从人。国王将其流放。但是流放到孔菲扬他的乡下住宅，距巴黎两里。他在孔菲扬为非作歹，和在他的大主教辖区为非作歹毫无二致。

高等法院那时完全有自由撰写证明文书，对付那些拒绝为临终的人行圣事的屡教不改者、助理神甫、本堂神甫和佩戴上帝像者。博蒙不屈不挠，一如过去高等法院坚韧不拔。国王把他流放到其教区的最后一个小镇香波。高等法院过去曾在法国全境被视为法律的殉道者。这位大主教则在他那小党派内被视为宗教信仰的殉道者。他又从香波被押解到拉尼。属于他那个异见党派的奥尔良和特鲁瓦两地的主教受到轻微惩罚。他们去了他们的别墅。这样就了结了他们的案子。但是，那个因其引起纷纷议论的生活作风而弄得他那股热劲显得滑稽可笑的、债台高筑的特鲁瓦主教却被关押在阿尔萨斯的一些僧侣所在地，并不得不辞去他的主教职务。

国王降旨对一切教会事务保持缄默，但谁也不遵旨照办。

索邦神学院过去属于冉森教派，当时却是宪政主义者，曾经支持与王国的准则背道而驰、截然相反的论点。因此高等法院命令教长、长老、居民代表、六名过去的神学博士和教授以及学院的抄写手携带登记册前来。他们受到斥责。他们所作的结论全被删除。命令他们按照国王的声明保持沉默。

索邦神学院声称，既然高等法院对索邦神学院各个学院内部发生的事不沉默保密,因此正是高等法院自身违反了保密禁规。高等法院禁止这些博士集会。这些博士声称由于高等法院中断了开庭,他们就将停止他们的日课。必须发布决定,强迫他们继续学习。荒谬可笑的事必然掺进这些争吵。

1755 年整整一年都在这些关于细枝末节的争吵中度过。国民开始烦腻厌倦起来。一个更加重大的景象展现出来。法国受到一场致命的战争①的威胁。在这场战争中,英国从法国国王手中夺走了它在北美大陆拥有的全部土地和资产,摧毁了它的各支舰队,破坏了法国人在大印度和非洲的商业贸易。准备这场战争需要金钱,而国家财政管理却极其糟糕。根据惯例,未获高等法院登记不得设置新税。这个时刻让人感到高等法院忆起它仍在流放之中的时刻。国王在保护这个机构不受立宪派主教攻击之后,现在反过来保护这些主教不受高等法院攻击。宫廷事物真是变幻莫测、瞬息万变。1756 年召开的一次主教大会对王国的各个高等法院抱怨连天,大加指责。这次会议似乎受到听信。此外,国王采纳了大御前会议的意见,反对对他的审判权提出异议的巴黎高等法院。宫廷支撑下一次战争十分困难,这使得有识之士更加傲慢、更加苛严。

高等法院把它从前制订的对付立宪派的谋略的矛头整个转向大御前会议。它于 2 月 18 日召开王侯和贵卿会议。国王顿时获悉此事,禁止王侯和贵卿接受邀请赴会。高等法院坚决维护它邀请贵卿的权利,但白费力气,其结果只是使宫廷大为不悦。没有一

_____

① 指英法两国争夺海外殖民地的七年战争(1756—1763)。

个贵卿与会。

最令政府感到不快的是,王国各个高等法院的结合。此举是在等级的名义下进行的。巴黎高等法院是第一等级。所有高等法院似乎形成代表法兰西王国的同一机构。等级一词受到掌玺大臣德·拉莫瓦尼翁严斥。必须对新税进行登记,但却什么都没有登记。无法用谏诤来支撑战争。这个事由比教皇谕旨、动乱以及关于反佩戴圣像者的决定都更为重要。

国王在凡尔赛召开御前审判会议。王侯和贵卿与会。高等法院成员分乘五十四辆四轮豪华马车前往。但是,此前它曾决定对此不置一词。它也的确未作任何表态。但两项二十分之二税以及其他一些税收尽管高等法院反对却得到登记。自从这个机构能在巴黎集会之日起,它就对在凡尔赛举行的御前审判会进行抗议。宫廷万分恼怒。立宪派教士认为时机有利,于是肆无忌惮,无视法纪,变本加厉行动。几乎王国的所有高等法院都向国王进谏。波尔多和鲁昂两地的高等法院已经停止审理和宣判案件。国民中最健康的部分极为不满,怨声载道:"为什么惩罚法庭行动中的个人?"

在举行了多次秘密御前会议后,国王宣布于 12 月 13 日举行一次新御前审判会。他偕同血缘亲王、掌玺大臣及全体贵卿来到高等法院。他让人宣读一项敕令,其主要条款如下:

1.尽管教皇谕旨并非教规,仍应服从和接受;

2.尽管有秘密团体的保密禁规,主教只要出于善意仍可言所欲言;

3.拒绝行圣事问题由教会法庭而非非宗教法庭审理,除非被视为滥用情事而被上诉;

4.先前与争执有关事件应统统不再计较。

在教会事务方面及有关高等法院管理方面发布命令如下：

1.只有高等法院大法庭有权审理总的管理案件；

2.各法庭未经高等法院大法庭批准不得聚会；

3.只有总检察官有权检控；

4.国王对获准的谏诤作出答复后下令立即对所有敕令进行登记；

5.任职未满十年者在各法庭的集会中无表决权；

6.未满二十五岁无豁免证书；

7.禁止停止宣判案件，违者以抗命不从论处。

这两道敕令使高等法院这个机构惊愕不已。撤销高等法院第三和第四预审庭的第三道敕令，摧垮了这个机构。国王会后离开会场，穿过面露出惊愕和沮丧的民众汇集成的巨大人流。他刚刚离去，高等法院的大多数法官就签名辞职。第二天和第三天高等法院大法庭同样行事。最后只有戴圆形法官帽的法官和十名法官未签名。如果说国王此举令高等法院惊异的话，高等法院的决议令国王的惊异程度也并不稍低。这个机构镇静而坚定，但是整个巴黎的言论却激烈而冲动。

递交的辞职书共一百八十份。国王全部收受。还剩下十位院长和几个高等法院法庭的法官组成这个高等法院。这个机构因此被人看作已经彻底解散。看来填补空缺并非易事。巴黎大主教的朋党比过去更加趾高气扬，气焰万丈。正当一起始料未及的事件惊震法国和欧洲之际，告解证、拒绝行圣事等，使整个巴黎鸡犬不宁、城无宁日。

第六十七章　达米安刺杀国王

　　自从 1744 年以来，在所有文章和公共谈话中，法国国王都被人取了"亲爱的"这个绰号。这个称号首先是巴黎民众给他的，接着被全国认可。但是"亲爱的路易"当时在巴黎人中并不像过去那样受人珍爱。一场指挥失当的对英格兰和对德意志北部的战争、在战争中挥霍浪费的钱财、过分慷慨的施与、将军们和大臣们接二连三一犯再犯的错误等，都使法国人痛心疾首，激怒万分。当时宫廷有个千夫所指，而又丝毫不应蒙受此恨的女人。这位夫人 1745 年被国王下诏册封为蓬帕杜尔侯爵夫人。虽然她远未成为专制独裁者，却被认为是国王的操纵左右者。国王家族不喜爱她。这种憎厌之情加深公众仇恨，使这种仇恨合情合理。卑微的民众把一切都归咎于她。高等法院的争吵使这种憎恨之情达到顶点。宗教争吵终于刺伤了所有的心。动乱分子，特别是残酷的、恶魔附身的狂热分子，他们整整一年扬言必须流血，上帝要求流血。

　　一个名叫戈蒂埃的人是费里埃尔侯爵的管家。他的兄弟是高等法院的一名法官。戈蒂埃是最狂热、最积极的动乱分子之一。他有过一些十分轻率冒失的言论。他被认为对政府恨之入骨、不共戴天。他因让人分发《手抄新闻》，政府曾于 1740 年把他关进巴士底狱。自此时起，他就时不时发泄不满。他的一些谈话虽然含

糊不清,却给予民众渣滓中的一个恶棍深刻印象。这个恶棍的的
确确是个疯子。他名叫罗贝尔-弗朗索瓦·达米安。他的父亲是
个破产农庄主。达米安这个卑鄙无耻之徒不值得为了了解他于
1715 年 1 月 9 日生于一个名叫拉蒂厄洛瓦的小村子这件事所进
行的调查。这个村子位于阿图瓦的蒙希—勒—布雷通教区。他当
时四十二岁。他过去曾经当过仆役、锁匹学徒、士兵、厨房侍者。
他还在巴黎耶稣会社团当过十五个月食堂雇工。他被赶出这个社
团后,曾经返回该团一次。他最后结婚成家,有了孩子。他在耶稣
会社团总共待了三十个月后,第二次离开。离开后在巴黎先后接
连为好几个东家干活。他当时没有什么社会地位,在法官和教士
争吵最激烈的时期,他常去法院的大厅。

这个大厅当时是所有被称为冉森教派教徒的人的聚会场所。
这些教徒吵嚷喧闹永无休止。这些人谈话时的那股冲动狂热劲
头,点燃了达米安已经过于发烧的想象。他向谁也不敢开心扉,单
独一人设想出最疯狂的、从来没有进入过谁的脑袋的图谋。他后
来在受审期间和遭到严刑拷打时对这个图谋供认不讳。他在耶稣
会社团干活期间注意到几个新手在认为自己蒙冤受惩时用小折刀
防身。他想象捅国王一刀,不是为了杀死他(因为这种小折刀杀不
死人),而是为了给国王一个忠告,为了让国王担心有公民会用一
种致命的武器对付他。

1757 年 1 月 5 日晚 7 时,国王偕同太子在高官和卫士的前呼
后拥之下正准备登上豪华四轮马车前往位于特里亚农的凡尔赛
宫,突然在这些高官和卫士中间被人捅了一刀。这一刀刺在第五
根肋骨下面,深入肌肉四法分。国王用手去按住他的伤口,抽出时

手上染有几滴鲜血。

国王转过身来,看见那个戴着帽子的恶徒。此人正好在他身后。在这之前他乘天黑,穿过国王的卫士群向前走,身上裹着男子礼服。国王的卫士把他当成国王的侍从。他被捕后,从他的口袋里搜出三十七枚金路易和一本祈祷用书。他说:"要照顾好王太子大人。他今天整天别外出。"他胡言乱语,大声喊叫讲出的这番话只是为了吓唬宫廷,的的确确也让宫廷人员惊恐不安、瞠目结舌。国王被扶到床上,还不知道自己的伤情轻重如何。他的脉搏跳动稍快,但没有发烧。他首先要求叫一位听忏悔神甫前来。但没有找到。最后来了一位普通教士听他忏悔。

按照王国的法律,罪犯首先被押解送到宫廷大法官法庭。笔者注意到,过去对雅克·克莱门的尸体起诉时就是这样行事。

国王的卫士一旦抓获达米安,就把他押往一间被称为卫士沙龙的低矮房间。卫士首领阿延公爵、掌玺大臣拉莫瓦尼翁、掌玺官马肖尔、一个从一个驿站雇员的儿子后来成为外交国务秘书的鲁耶等人迅即赶来。卫士已经把罪犯衣服剥光,让他全身裸露,并取走一把在他身上搜到的双刃刀。双刃之一是一把长四寸的小刀。罪犯就是用这把小刀袭击国王,刺穿国王身穿的斗篷和其他衣服。斗篷很厚,以致万幸国王的伤口只稍大于针刺的伤口。

宫廷大法官的副手名叫勒克勒克·迪·布里耶。他以宫廷大法官的名义到达事发现场之前,几名卫士盛怒之下,在对他们的主子的生命危险还没有准定,心中无数的情况下,用烧红了的火钳夹这个恶徒,而掌玺官马肖尔甚至出手帮助他们。

罪犯在面对宫廷大法官副手布里耶进行的第一次审讯中说,

他出于宗教原因刺杀国王。

举行第二次审讯后,卫队代理队长贝洛在狱中。这时宫廷大法官的卫士都不在场。达米安对贝洛说,他认识高等法院的很多法官。贝洛写下他口授的这几位法官的名字:拉格朗日、贝兹·德·利、拉纪尧姆、克莱门、朗贝尔、法院院长里厄·博南维里耶(他想说的其实是布兰维利耶)。这位院长的父亲是当时王国最富有的银行家、著名的萨米埃尔·贝尔纳多。他之所以采取了布兰维利耶这个姓氏,是因为他娶了这个显赫的姓氏的家族的女儿为妻。把女儿嫁给那些其财富使其社会地位大大高于破落贫困、不齿于人的贵族的巨富商贾的儿子,在当时上等贵族中是相当普遍的习尚。

达米安也写下同一个法庭的首席庭长马齐的名字,再加上"以及几乎全部"这几个字。他在这张名单下面写道:"他必须宽恕他的高等法院恢复原状,支持它,他承诺不对上述人员及机构采取任何行动",并签了他的名。

达米安口授给卫队代理队长贝洛一封相当长的奏呈国王的信。信中有这些主要的话:"如您在从现在起几年之内不采纳您的臣民的意见,您和太子大人以及其他一些人将死亡。一位如此善良仁慈的君王因对他完全信任的教士过于仁慈宽厚,不能对其自己的生命感到平安无虞,这会是极为令人不快的。如果您没有善良仁慈地下令在您的臣民临终时对他们行圣事,您的生命就不会平安无虞。巴黎大主教是一切动乱之源。"

这封有罪犯签名的信,在奏呈国王并随后交给司法官吏的档案室后,宫廷中有几个人主张传讯达米安指名道姓的那几个高等法院的法官。这至少表示该函陈述各节已被听取。这几个人声称，此举会使高等法院这一机构丧失它对宫廷经常的过分束缚和阻碍产生的影响。内阁当时正分成彼此公开敌对的、分别以达让松公爵和掌玺官马肖尔为首的两派。达让松公爵公开与蓬帕杜尔侯爵夫人相处不睦。掌玺官则是侯爵夫人的亲信和顾问。公爵和掌玺官并没有言归于好，但却协调一致想让人把侯爵夫人赶出宫廷。他们意欲通过其成员家庭与所有家庭有联系，并易于形成公共舆论的高等法院，煽起全国民众反对侯爵夫人。由于人们对刺伤国王的刀是否有毒尚心中无数，就认为，或者让人认为：国王的状况凶多吉少；而且在人们即将发现王国所处的险境中，必须遣离这位夫人并责成高等法院负责对达米安的诉讼事宜。两者都获钦准。掌玺官前往告知蓬帕杜尔夫人她必须离去。她起初未能见国王一面，认为自己已经没有希望，于是下定决心离去。但她很快镇定起来。首席外科医生宣布国王伤势并不危险。接下来只受人关注的就是，一起如此古怪离奇的谋杀需要如何惩处。

　　达让松伯爵被责成安排起草一封国王下达当时正出席会议的高等法院大法庭的二十二名法官的信。艾诺尔院长拟就此信。国王在信中要求光荣复仇。接着国务秘书圣弗洛朗坦伯爵 1 月 15 日寄出几封国王致高等法院的诏书。诏书的签名为费利波。1 月 17 日晚 10 时，三辆四匹马拉的并由警卫团六十名近卫兵、四名副长官和八名下副长官护送的豪华马车点着火炬，获准离开凡尔赛。很多骑警队分队在前面开路。此行取道沃吉拉尔。整整一个警卫连后来又加入护送行列。一个瑞士连队列于街道两旁。可能有人把这次进入当成是某位大使进入。街道两旁还部署有其他警卫连队。徒步和骑马的警戒部署在这条路上。

禁止公民站在窗前观看违者处死这一说法不确。这一荒谬不经的谎言的的确确出现在这个时期的新闻报道中。这些用钱雇人撰写的新闻报道出自那些地位卑微因而无法消息灵通的人的笔下。

当国王责成人员不全的高等法院大法庭审理达米安案件时，仍然流放了十六名呈请辞职的法官。他们甚至蒙受这种差辱：让担任警戒的弓箭手自1月27日起到30日止把他们软禁在家中，直到他们离开前往流放地为止。高等法院大法庭向国王进谏，但未被听取。这个法庭舍弃它的机构的其他部分。它是当时唯一肩负预审达米安案件职责的法庭。关于这一案件整个巴黎都在作最坏的也最互相矛盾的猜测。

很快就轮到大臣们遭到流放。路易十五已经流放了好几个为他效劳的亲随近幸。他就这样对待了服装保管总管、宫廷中最正直诚实的拉罗什富科公爵、他儿子的家庭教师夏蒂翁公爵、他最资深的大臣莫尔帕伯爵、始终在欧洲享有隆名盛誉的掌玺官肖弗兰、巴黎高等法院的全部法官、大批其他行政官员、主教、修道院长、神甫以及各行各业、各种身份和各种社会地位的人。

曾经让人辞退莫尔帕伯爵的蓬帕杜尔侯爵夫人同样让人辞退了掌玺官马肖尔和达让松伯爵。公开敌人的辱骂比同党的人的背叛或者软弱更容易被人原谅。侯爵夫人向达让松伯爵建议同他言归于好，为他牺牲掌玺官。伯爵拒绝。当时伯爵和掌玺官两人身败名裂已经肯定无疑，无法挽回。他们于2月1日同一天收到密札。这往往就是法国大臣的命运。他们流放过别人，也轮到自己被流放。他们投毒，也轮到自己被人投毒。这些千真万确的事散见于外国报刊，此处收集起来并无取悦于人或者加害于人之意，只不过使那些在历史上寻求慰藉的人获得知识，如此而已，别无其他。

在由高等法院大法庭预审的达米安一案中，罪犯始终坚称宗教让他下定决心袭击国王，但他从未企图杀死国王。他从不改口，声明自从整个高等法院遭到流放以来，他的计划就已经构想完毕，他就已经打定主意。

他被问到有人在一个曾经在一段时间雇佣他当仆人的名叫科尔涅·德·洛纳的索邦神学院博士的家中发表过什么言论时，他回答说，有人在这个博士家中说高等法院的人是这个地球上最大的无赖和最大的坏蛋。他的这些答复和他的行动统统是精神失常者的所说所为。

他被问到他为何让贝洛写下高等法院的几个法官的名字，为何他加上"几乎全部"这几个字时，他回答说："因为他们几乎全都对巴黎大主教的行为怒气冲天，大发雷霆。"

国王贴身卫队的掌旗官瓦雷耶被传来同他对质，这个掌旗官硬对他说，他说过如果有人砍掉四五个主教的脑袋，他就不会为了宗教刺杀国王。对此达米安回答说，他没有说过砍脑袋，而是说惩罚他们，他没有谈过用什么肉刑惩罚。他始终说"如果没有巴黎大主教，此事就不会发生；他袭击国王只是因为有人拒绝对老老实实的百姓行圣事。他加上这一句，自从巴黎大主教以身垂范，为人作出一些这样好的榜样以来他就不再去忏悔"。

特别在 3 月 26 日这一天对他的审讯中，他声称如果他不常来法院大厅，他本不会犯罪的，他在那里听到的演说让他下定犯罪的决心。

最奇特怪异的是，首席院长问他他是否认为宗教准许人刺杀国王，他三次说他无可答复。

当着五位血缘亲王、二十二位公爵贵卿、六位戴圆形法官帽的法院院长、七位荣誉法官、四位诉状审理庭庭长、十九位高等法院大法庭法官的面，对他的宣判进行了一读之后，对他施行了楔子审讯。这些楔子深深插入他被两块木板紧紧夹住的两腿之间。他开始大喊大叫："就是巴黎大主教这个恶棍，什么都是他造的孽。"接着，他陈述说，是一个高等法院的法官的兄弟费里埃尔先生的名叫戈蒂埃的代理人当着这个费里埃尔的面对他说："只有杀死国王才能了结这些争吵。"他又说他同戈蒂埃住在同一条街上。他还说，他听这番话说了十次，还加上这一句："这可是项殊堪嘉奖的业绩啊！"

在他被夹住的两腿中间插入第八根，也是最后一根楔子时，他仍然重复他是受到这个戈蒂埃的言谈和那些他在法院听到的言论的激发。审讯完毕，立即让多米尼克-弗朗索瓦·戈蒂耶同他对质。这位对质人先说，他没有什么要责备他的，但是他否定了他的全部陈述。也召来费里埃尔先生同他对质。这位先生让人相信达米安有几次给他带来高等法院的一些判决书。他竭尽全力为他的仆人戈蒂耶辩护。

万事俱备让这个恶棍接受肉刑。对他处决时，有一种前所未有的排场和庄严气氛。一个紧靠市政府大厦的大门，四边各一百尺长的场地用栅栏围了起来。里里外外都设置了巴黎夜间巡逻警戒。法国警卫队部署在各条大街上。瑞士兵警卫队遍布巴黎全城。将近五点钟,罪犯被安置在一个长宽各八尺半的刑罚架上。用粗绳子把他捆绑住。这些绳子用铁箍拉住。铁箍固定他的臂膀和大腿。他的手被放在一个盛满点着的硫磺的火盆里烧,以此作为开始。紧接着,他的肩膀、大腿、胸膛都被用烧红的夹钳钳烙。融化的铅混合着松脂和滚烫的油倒在他所有的伤口上。这些反复施加的酷刑使他发出令人毛骨悚然的叫喊。四匹壮马由四名死刑执行人的仆从用鞭子抽着,拉拽系缠在受刑人血淋淋的和肿胀的伤口处的绳子。这些拖拽和摇动动作持续达一个多小时之久。受刑人的手脚被拉长,但未分离。死刑执行人最后割下几块肌肉。于是手脚先后分离。达米安失去两只大腿和一只手臂,但还在呼吸。当剩下的那只膀臂脱离浑身是血的躯干时,他才咽下最后一口气。他的四肢和躯干被抛到设置在离绞刑架十步远的柴火堆中。

至于这个戈蒂耶,他被强烈指控发表过一些促使达米安犯罪的言论。达米安死后,他仍然受审。他供认他的确某一天听见达米安言辞激烈,谈到高等法院的事,他说过"这是个好公民"。下达给他在一年之内听候进一步传讯的命令。一年以后他获释出狱。

在同一时期,国王让人绑走三十四名反对布尔索敕令的贝桑松高等法院的法官。弓箭手把他们带到外省。王国的各个高等法院向国王呈递诉状。辩护人全都不在巴黎为人进行诉讼。国民全被激怒。

国王为了平息这些呼声,给予两名达米安案的报案人每人一笔六千利弗的年金,给予首席书记官两千,给予副书记官一千五。

在战场上抛头颅、洒热血的军官中能获得如此优渥奖赏者寥寥无几。当局希望借此使高等法院的其他法官返回岗位，尅尽厥职。正当大手大足向高等法院大法庭发放养老金之际，有人提出偿还对十三名被放逐的法官的欠款。但是，钱款短缺。正把人卷入其中的那场不祥的战争弄得国库空虚、民穷财尽，人口锐减。每六个月就撤换一次财政大臣。总是召请新大夫来治病。这表明国家已经身患沉疴，病入膏肓。必须同已经递交了申请辞职书的高等法院大法庭、高等法院预审庭、高等法院诉状审理庭的新大夫进行商谈。这些辞职书退还了他们。他们恢复自己的职能，但却变得更为乖戾。

被关在监狱中的三名法官也送还雷恩高等法院，而这个高等法院却更加激怒。

高等法院一旦显得平静下来，巴黎大主教博蒙却并不如此。他再度激起似乎已经缓解平息的争吵。他拒绝施行圣事，对修女宣布禁治产。此前国王曾经致函教皇本笃十四，请求他教他平息动乱的办法和手段——很难获得的办法和手段，博蒙却在他那方面挥笔撰文，使教皇变得乖戾起来，也使国王和教皇都大为不悦。路易十五已经习于流放此人，把他遣往佩里戈尔。1757 年就这样结束。

第六十八章　取缔耶稣会教士

　　所有长期以来耶稣会教士的遭到诟病指责的行为已为世人所知。一般而论，他们被认为精明能干、殷实富有、事业顺利，但却与国家为敌。实际上，他们并不如此。但是，当他们有了影响，获得信誉时，就加以滥用。其他一些修会比他们富裕得多，但并没有像耶稣会教士那样搞阴谋诡计，迫害他人；并没有像耶稣会教士那样为千夫所指，万人所恨。

　　有人声称，他们的将军轻率冒失，在罗马伤害了法国大使。这位大使是那些为国效劳，功绩卓著的人中之一。他良好的天性应该受到谨慎对待，而不是受到轻慢冒犯。耶稣会将军因了解他的修会的信誉和影响，几乎不再依附于谁，因而行事更加无忌莽撞。这一点在随后发生的事件中更加凸显。

　　自从 1747 年以来，在马提尼克岛有个名叫拉瓦莱特的耶稣会教士。他是几个传教会的上司，其职务是让黑人皈依基督教。他宁肯让黑人为他自身利益干活，而不关怀他们得救。在经营商贸方面，此人既是多面手，又大胆敢闯。他同一个在多米尼加岛安家落户的、名叫伊萨克的犹太人合伙。他同欧洲各个主要城市都有联系往来。他最大的客户是耶稣会教士萨西。此人是传教会的总财务管理教士。他住在巴黎的发愿修行院。内阁根据马提尼克岛居民 1753 年的诉状，以拉瓦莱特从事大规模的垄断活动为由把他召回法国。但是，耶稣会教士却争取到把他送回他的教士岗位。这件事让拉瓦莱特付出的代价只不过是作出以后只过问争取人的灵魂的行动，不再装备船舶经商的一纸承诺。他的上司于是任命他为总巡视神甫和宗座监牧。他拥有这些头衔，前往继续他的商贸活动。英国人干扰妨碍他。他们抢走他的船只。拉瓦莱特和萨西因而破产。破产数额之巨大，超过他们已经丧失的钱财，因为英国抢走的实物售价不到我国货币一百二十万法郎，而这两个耶稣会教士的破产却高达三百万法郎。

马赛两个从事大宗买卖的商人古弗尔和利翁西，在这一事故中一下就亏损一百五十万利弗。耶稣会在巴黎的传教会的财务管理教士奉他的将军之命提出赠献五十万法郎抚慰他们。他提出赠献这笔钱，但实际上并没有交给他们分文。他把其中一部分用于归还所欠几个巴黎债主的债。这些人的叫嚷看来比那些更远地区的债主的叫嚷更加危险。

这两个马赛人去他们所在的城市的领事裁判所互相起诉。1759 年 11 月 19 日，拉瓦莱特和萨西因与这两人有连带责任被判刑。但是，怎样让人付给两位耶稣会教士一百五十万法郎呢？同样的债主和另外几个人，要求该项判决对整个设在法国的商社都具有执行效力。这项判决于 1760 年 5 月 29 日在涉案人未到庭的情况作出。然而，让商社支付钱款和从萨西以及拉瓦莱特这两个耶稣会教士那里获得钱款同样困难。

正如人所共知，这并非耶稣会教士造成的首次破产。大家对塞维利亚的那次破产还记忆犹新。此次破产曾于 1644 年迫使一百个家庭沦落到沿门托钵，乞讨度日。这些耶稣会教士发给破产家庭赦罪符，并接纳这些家庭主要的和最虔诚的成员进入他们的修会。这样他们才算是债务得以清偿。

他们可以就马赛商事裁判官的判决向一个政务会议的委员会当面上诉。这个委员会系为审理所有关涉美洲贸易的纠纷而设。但是，向他们提供咨询的国务顾问和合伙人却劝告他们去巴黎高等法院打这场官司。他们听从这个劝告。但这个劝告却对他们十分不利。这起案件在高等法院大法庭进行了十分严肃认真的答辩。辩护人热尔比耶对他们痛加驳斥，因此声誉鹊起，与从前阿尔诺和帕斯吉耶之类的人获得的声誉不相上下。

经过多次开庭审问，总辩护人、圣法尔戈的勒佩勒蒂埃大人，总结概述整个案件，让人了解到：拉瓦莱特作为罗马教廷总巡视神甫，萨西作为传教会的财务管理教士，两人都是银行家；这两位银行家是耶稣会驻节罗马的将军的代理商；这位将军是该修会所有商行的总管。根据总辩护人所作结论作出判决如下：判处耶稣会教士的将军和整个商社归还债款；并支付利息和诉讼费；赔偿五万利弗。1761 年 5 月 8 日。

耶稣会教士的将军不受强制约束，法国的耶稣会教士也是如此。公众对上述判决欢呼雷动，拍手称快，令人难以置信。几个耶稣会教士胆大包天，头脑简单，前去旁听庭审。下层民众对他们又是嘘叫，又是挖苦，把他们赶出法院。欢乐与仇恨同样普遍存在。人们对受耶稣会教士迫害记忆犹新。他们自己也承认，公众搬来他们在路易十四在位时期毁掉的皇港的石头向他们扔投。

正当这场诉讼进行之际，有识之士全都激动振奋起来。对耶稣会这个团体的夙怨旧恨再度被高高激起，以致在就他们的破产一事对他们进行判决之前，高等法院的合议庭已经命令他们把他们的章程、法规带往法院文件收发室。是肖弗兰修道院长率先检举揭发他们的修会是国家的敌人。这个举动使这位修道院长因此为祖国立下一个千秋万载永不磨灭的巨大功勋。

耶稣会教士施展阴谋诡计，争取到国王本人在他的御前会议上为自己保留对他们的章程法规的审理权。国王的确发表声明，下令把这些章程、法规带到他处。8月6日，高等法院登记了国王的这项声明，但同一天高等法院的合议庭让体刑执行人焚毁耶稣会教士神学家的鸿篇巨制二十五厚卷。高等法院把这个修会的章程、法规的一份送呈国王。与此同时，该院命令耶稣会教士三天内带来另一份，并禁止他们自1761年10月1日起接纳初学修士以及公开宣讲日课。他们对此置若罔闻。必须由国王亲自于1762年4月1日命令他们关闭日课课堂。这时他们才老老实实、听命服从了。

在这个耶稣会教士自己掀起的风暴持续期间，不仅颇多教士，而且还有高等法院的若干法官通过公开著作让他们遭到万人憎恶，千夫唾弃。修道院长肖弗兰就是最突出的，加速了他们的灭亡的人。

耶稣会教士对以上种种作出回答。但是，他们的书籍产生的效果，并不大于当他们气焰万丈，不可一世时出版的对他们的挖苦讽刺作品。王国的各个高等法院先后宣布耶稣会的修会与王国法律相悖。1762年8月6日，巴黎高等法院命令他们："永久放弃他们的会社的名称、服装、誓愿、他们的会社的规章制度；在一月内撤

走了初修院、社团和发愿修行院;禁止他们两人以上聚集。高等法
院还禁止他们在任何时期以任何方式重建组织,违者以大逆不道
罪论处。"

1764 年 2 月 20 日,高等法院作出另一项决定,规定愿留居法
国的耶稣会教士均须宣誓弃绝耶稣会修会。

随后的 3 月 9 日,高等法院发布决定流放所有未宣誓弃绝耶
稣会修会者。最后,国王于 1764 年 11 月发布一项敕令,向各地高
等法院和举国上下发出的呼声让步,宣布永远解散耶稣会这个
社团。

自此以后,法国作出的这个在西班牙、德西西里、帕尔玛、马耳
他等地都被模仿、被超越的伟大范例,让人看到被认为千难万险、
荆棘载途的事往往做起来轻而易举。人们深信,摧毁历届教皇所
有越权僭夺侵占之物,和消除那些被视为教皇的首要仆从的修会
会士同样易如反掌。最后,方济各会修士冈加内利成为教皇后,颁
布一道教皇谕令(1773 年),将耶稣会彻底摧毁。在两百年来坚持
认为教皇权力无边、无所不能之后,耶稣会教士不得不逐渐认识到
他甚至不能解散一个僧侣团队。

第六十九章 高等法院使国王和国家一部分人感到不满 它对德·拉巴尔和拉利将军的判决

当时谁会想到不久以后巴黎高等法院就遭受到与耶稣会教士的命运相同的命运呢？多年以来它令国王忍无可忍。它没有对德·拉巴尔骑士和对拉利将军施加酷刑而赢得公众的好感。

这个机构对国王的敕令的持续顶抗，比它对几个公民所施的暴行，更令政府大为不快。它诚然站在民众一边，但它妨碍国家行政运作。它似乎始终意欲在最高权力的废墟之上树立自己的权威。

它的确同王国其他高等法院团结一致，并意欲同它们合为一体，它是这个团体的首要成员。这个团体的所有成员都称为属于高等法院等级。巴黎高等法院为第一等级。每个等级都对敕令进行谏诤，而不对之进行登记。这些机构中甚至有些对从国王处派往它们那里敦促登记的外省高级骑士进行起诉。有几个等级发出命令逮捕这些官员。如果这些法令付诸实施，将产生极其奇特怪异的后果：在这些王家地产上收缴钱款；这些钱款被用于支付司法费用。这样一来，国王就用他自己的地产来支付那些对他抗命不从，反对执行他的命令的重要成员的人颁布的决定。

这种令人吃惊的纲纪废弛的无政府状态绝不能存在。或者王权重振，或者高等法院占优，二者必居其一。

局势如此危急，需要一位敢闯敢干的宰相。这个宰相终于被找到。王国的司法管理必须改弦更张。这种管理的确有了改变。

国王以试着重建巴黎高等法院之举作为行动之始。他把这个机构的成员召来参加在凡尔赛举行的有王侯、贵卿、王室高级官员与会的御前审判会。（1770 年 9 月 7 日）会上国王禁止巴黎高等法院成员使用团结、不可分割性和等级等词语。国王还禁止该法院：

向其他高等法院递送除法令规定的诉状之外的其他诉状；

除在上述法令规定的情况外停止履行职责；

集体辞职；

发布延迟登记的决定，违者全部废除。

高等法院成员在上述庄严的敕令发布后，仍然停止履行职责。国王派人向他们送去敕令书。他们仍拒不服从。国王再次派人向他们送去敕令书。他们再次拒不服从。国王最后被逼得走投无路，忍无可忍，于是作出最后一次尝试，于 1 月 22 日（1771 年）凌晨 4 时向他们派去火枪手。火枪手带给每个法官一份需要签名的文书。这份文书只含有一道要他们声明服从或者拒绝服从的命令，好几名法官意欲领会解读国王的旨意。火枪手对他们说，他们奉命避免评论；必须写下是或否。

四十名法官签了是，其余的则避不回应，推卸不签。签是的人偕同同僚次日来到高等法院，请求同僚原谅他们接受了国王的命令，接着签了否。全部法官都遭到流放。

审判同 1753 年一样仍由国务参赞以及诉状审理庭庭长负责

执行。但这并非长久之计，只是临时措施。不久以后，就从混乱局面中取得有效的整顿处理。

首先，国王采取措施符合民众心愿。多年以来民众就因两件使人吃尽了苦的事而怨声载道。其中之一使人倾家荡产。其中之二既卑鄙可耻，又耗资巨大。

前一个苦情是：巴黎高等法院管辖范围过大，迫使有的公民为打官司长途跋涉，自一百五十里之外前来，在这个机关前面耗尽钱财，数额之高甚至超过自己的财产。后一个苦情是：司法部门买官卖官。这种卖官鬻爵导致征收高额诉讼费用。

为革除上述两种弊端，1771 年 2 月 23 日设置了六个以高等委员会为名称的新高等法院，并颁布案件审判免费的命令。这些委员会设置在阿拉斯、布洛瓦、夏隆、克莱蒙、里昂、普瓦提埃等地。其后又添设另外一些，以取代几所外省的已被撤销的高等法院。

特别需要在巴黎组建一所新高等法院。此院所需费用将由国王支付，不得买卖法官职位，不得向诉讼人索取任何费用。此院 4月 13 日成立。国王弗朗索瓦一世和首相迪普拉不幸使其玷污法国声誉的卖官鬻爵的奇耻大辱，终于被路易十五和第二个名叫莫佩乌的首相洗刷干净。所有高等法院的改革都已完成。人们希望见到法律原则和裁判惯例得到改革。但这个愿望成了泡影。

1774 年路易十五死后，产生了一个新政府。他的继承人路易十六重建了他的高等法院，进行若干必要的改革。这些改革使降旨进行这些改革的国王、制定这些改革的首相和遵从这些改革的高等法院获得荣誉。法国看见了一个弊绝风清、物阜民康的朝代的曙光。

图书在版编目(CIP)数据

伏尔泰文集.第9卷,路易十五时代简史　巴黎高
等法院史/(法)伏尔泰著;吴模信译.—北京:商务印
书馆,2019
ISBN 978-7-100-17510-4

Ⅰ.①伏…　Ⅱ.①伏…②吴…　Ⅲ.①伏尔泰
(Voltaire,Francois-Marie,Arouet 1694—1778)—
文集 ②法国—中世纪史 ③法院—法制史—法国
Ⅳ.①B565.25-53 ②K565.3 ③D956.562

中国版本图书馆 CIP 数据核字(2019)第 097951 号

伏尔泰文集
第 9 卷
路易十五时代简史
巴黎高等法院史
〔法〕 伏尔泰 著
吴模信 译

商务印书馆出版
(北京王府井大街 36 号　邮政编码 100710)
商务印书馆发行
北京冠中印刷厂印刷
ISBN 978-7-100-17510-4

2019 年 8 月第 1 版　　　开本 710×1000 1/16
2019 年 8 月北京第 1 次印刷　印张 44½
定价:178.00 元